AF559215

Jürgen
Wertheimer

EUROPA

EINE GESCHICHTE SEINER KULTUREN

Pantheon

Penguin Random House Verlagsgruppe FSC® N001967

1. Auflage

Lektorat: Bernd Klöckener, Berlin. Mitarbeit: Florian Rogge
Karten: Peter Palm, Berlin
Bildbearbeitung: Helio Repro, München
Umschlaggestaltung: Büro Jorge Schmidt
Umschlagabbildung: Fall of Giants (Caduta dei giganti),
by Pietro Longhi, 1734, Fresco (Detail)
© Mondadori Portfolio/Electa/Cameraphoto Arte/Bridgeman Images
Satz: Leingärtner, Nabburg
Druck und Bindung: CPI books GmbH
Printed in Germany
ISBN 978-3-570-55467-8

www.pantheon-verlag.de

Inhalt

Vorwort

Europa ist ein Kunstprodukt, ein Artefakt, das angemessen behandelt werden muss. In den falschen Händen kann es im wahrsten Sinn zu Bruch gehen. Und ja, Europa ist eine Mimose, ein Hybrid – im Vergleich mit anderen Kulturen ist es viel filigraner, zerbrechlicher. Das ist nicht nur seine Schwäche, sondern auch seine Stärke.

Als Artefakt aus Gegensätzen, Ähnlichkeiten (auch trügerischen), Gemeinsamkeiten und Widersprüchen, Ambivalenzen und Affinitäten, Bindungs- und Auflösungstendenzen ist es ein labiles und zugleich seit mehr als 2000 Jahren bestehendes Gebilde. Stets im Zerfall und Aufbau zugleich begriffen.

Vereinigte Staaten von Europa – ein Widerspruch in sich selbst.

Europa der Vaterländer – eine Vision aus der Mottenkiste.

Das Band gemeinsamer europäischer Werte – pure Einbildung.

»Europa« hat immer dann am besten funktioniert, wenn man es verstand, eine gewisse artistische Balance zwischen Autonomie-Ansprüchen und Bindungs-Bedürfnissen zu halten. Bei der inneren Widersprüchlichkeit der Elemente, aus denen sich dieser Kontinent zusammensetzt, ist das alles andere als eine Selbstverständlichkeit.

Dieses Buch unternimmt den Versuch, sich diesem verwirrenden Kontinent zu nähern und ihn in all seiner Widersprüchlichkeit zu erkunden. Erstaunliche Höhenflüge und verheerende Abstürze gehören ebenso dazu wie rabiate Ausbruchsversuche und engherziger Rückzug. Doch genau mit diesem doppeldeutigen, vielstimmigen, fragmentarischen, unvollständigen Europa, so wie es in den zweieinhalb

Jahrtausenden seiner Existenz geworden ist, haben wir es zu tun. Die Vorstellung eines in sich geschlossenen Ganzen ist pure Illusion. Wir sollten uns mit dem Europa, wie es ist, anfreunden und das Beste daraus zu machen versuchen.

Daher will und kann dieses Buch auch keine umfassende und vor allem keine vollständige Geschichte der europäischen Kulturen sein. Wer nach Lücken sucht, wird sie finden. Wer etwas über die großen Dynastien, die angeblich das Gesicht Europas geprägt haben, erfahren möchte, wird enttäuscht sein. Dies hier ist weit mehr das Protokoll einer durch persönliche Erfahrungen wie auch Irrtümer geprägten Wanderung entlang der Geschichte der kulturellen Verwandlungen und Konstanten dieses Kontinents mit seinen frappierenden Dreh- und Angelpunkten.

Es ist unmöglich, ein objektives Bild von Europa zu zeichnen. Ich kann nur versuchen wiederzugeben, welche Reflexe und Reflexionen sich in den langen Jahren und Jahrhunderten, der Chronologie folgend, eingestellt und entwickelt haben – von seiner Vorgeschichte bis zur Gegenwart.

Natürlich hätte es andere Gliederungsmöglichkeiten gegeben, man hätte Schwerpunkte herausgreifen, nach zentralen Merkmalen sortieren können. Mich hat das Prinzip des Nacheinanders deshalb interessiert, weil es ja immer *auch* ein Europa vor einem Europa gab. Allzu häufig blicken wir auf diesen Kontinent mit dem Blick derer, die aus der Rückschau bereits alles besser wissen. Ich möchte demgegenüber einzelne Episoden auch so beschreiben, wie sie möglicherweise von den Menschen seinerzeit verstanden wurden, noch bevor diese bereits wussten, wissen konnten, wie der nächste Schritt, den man im Begriff war zu tun, aussehen könnte, wohin der Weg, den man ging, führen würde. Europa – ein Rätsel, dessen Auflösung man noch nicht kennt.

Um dennoch einige Orientierungsmarken zu setzen, wurde die bisweilen einschüchternde Stoffmenge in sechs Teile gegliedert, die entscheidende Bewegungen zusammenfassen. Zudem gibt es eine Reihe von Zwischenkapiteln, die einige übergreifende Aspekte europäischer

Erfahrung bündeln und – im schnellen Vorüberfliegen, sozusagen im Zeitraffer eines Gangs durch die Jahrhunderte – zusammenfassen.

Beim Verfolgen dieser Spur wurde manches neu entdeckt, anderes wiederbelebt. Vieles blieb notgedrungen Fragment, insgesamt ein Palimpsest aus Gedachtem, Gelesenem, Geschriebenem, Überarbeitetem, Wiedergefundenem. So wie dieses Europa selbst ja ein Patchwork aus Erinnerungen, Realitäten und Fiktionen ist und alles andere als ein in sich geschlossenes Ganzes. Wer einfache »Wahrheiten« sucht, sollte sich nicht mit Europa befassen.

Der Plural im Buchtitel möchte dieses heterogene Moment andeuten. Dieser Kontinent war über die Jahrhunderte hinweg etwas zwischen Melting Pot und bisweilen Hexenkessel – nie jedoch ein homogenes Gebilde mit »festen Außengrenzen«, wie sich das manche einreden. Es ist an der Zeit, mit solchen ebenso antiquierten wie windschiefen Vorstellungen aufzuräumen, weil sie uns daran hindern, in der jetzigen labilen Situation die richtigen Antworten zu geben. Jedenfalls bessere als die der jetzigen EU, die den Beitritt weiterer Staaten weitgehend von ökonomischen Gegebenheiten abhängig macht, was viele der betroffenen Länder als eine Art Zwangsjacke empfinden. Nähme man den Faktor »Kultur« wirklich ernst, betrachtete man ihn nicht als dekoratives oder pittoreskes Zubehör: Man käme zu einer vollständig anderen Europa-Idee. Denn kulturelle und künstlerische Phänomene sind nicht der Appendix der sogenannten politischen oder sozialen Wirklichkeit, sondern ihr innerster Ausdruck. Sind Fingerabdruck, Signatur all dessen, was für eine Gesellschaft wirklich von Belang ist, dessen, was sich auf und hinter ihrer Oberfläche abspielt. Sind Frühwarnsystem und Rückschau in einem. Sind Indikatoren für all das, was uns zusammenhält, aber auch trennt. Wer ihre Signale ignoriert, verzichtet auf den vielleicht wichtigsten Indikator für Entscheidungsprozesse.

Tübingen, 2020

Vorwort zur zweiten Auflage

In den wenigen Wochen seit Erscheinen dieses Buches hat Europa sich drastisch verändert: Nicht nur die Außengrenzen wurden hochgezogen, sondern auch die binneneuropäischen. Die einzelnen Länder, ja sogar Regionen gingen auf Distanz zueinander, riegelten sich hermetisch voneinander ab. Unter dem Eindruck der Covid-19-Pandemie ging Europa in Deckung vor sich selbst.

Dieses reflexartige Verhalten zeigt einmal mehr die innere Fragilität unseres Kontinents. Wenn in der Not jeder sich selbst der Nächste zu sein scheint, ist dies eine gewichtige Aussage. Ob man die offenbar gewordene fehlende innere Bindung und Verbundenheit danach in aller Schnelle mit Milliarden kompensieren kann, sei dahingestellt. Sehen wir es ein: Europa *ist* ein Flickenteppich – ein Grund mehr, sich um die kulturellen Fäden, die das Gebilde zusammenhalten, aktiv zu kümmern.

Tübingen, im Juni 2020

Vorwort zur Pantheon-Ausgabe

Mit dem neu ergänzten Kapitel 24 – Europas Osten – soll der Versuch unternommen werden, der traditionellen Westorientierung des »abendländischen Europabildes« zumindest symbolisch etwas entgegenzusetzen. Denn bedauerlicherweise ist der Austausch zwischen West- und Osteuropa weit hinter den Erwartungen der Wendezeit zurückgeblieben. Als Papst Johannes Paul II. das so treffende und seitdem immer wieder gebrauchte Bild von den zwei Flügeln einer Lunge, welche Europa beide zum Atmen benötige, zum ersten Mal verwendete, zog sich noch eine Bruchstelle durch Ost und West, war der Kontinent durch einen Eisernen Vorhang geteilt. Zwischenzeitlich verhalten sich beide Teile des Kontinents zueinander bedauerlicherweise noch immer so, als ob diese Bruchstelle nach wie vor existieren würde. Auch deshalb dieser verspätete Nachtrag.

Tübingen, im November 2021

Einführung

Balkan, Mazedonien, Katalonien, Rechtsruck, Nationalismus, Außengrenzen, Eurokrise und jetzt auch noch der Brexit – Europa ist angeschlagen. Fällt man auseinander oder bleibt man doch »irgendwie« beisammen? Kaum jemand wird in Abrede stellen, dass uns etwas Entscheidendes verloren gegangen ist – ein sinnstiftender Rahmen, der die »Idee« Europa überzeugend veranschaulicht.

Ist es möglich, dass uns genau das abhandengekommen ist, was Europa ausmacht: sein Mythos, seine Seele? Dass Europa seine Identität, seinen »Schatten« verlor? Wie in der wundersamen Geschichte des deutsch-französischen Autors Adalbert von Chamisso, in der der Held, Peter Schlemihl, seinen eigenen Schatten, Chiffre für seine Identität, verliert.

Wie Schlemihl um seinen Schatten kam? Nun, er hat ihn verkauft.

Das vermeintlich gute Geschäft sollte für ihn freilich zum existenziellen Desaster werden. Ohne seinen Schatten wurde der junge Mann schlagartig zum sozialen Außenseiter, zum lebenden Toten. Zu einem Wesen ohne sozialen Raum.

Nein, wir wollen uns hier nicht mit einem romantischen Märchen abspeisen lassen. Aber Fakt ist, dass der unbestreitbare materielle Reichtum Europas sich als zerstörerisch für sein inneres Selbstbild und das Bild in den Augen der Welt erwies. Fakt ist, Europa hat sich bereichert wie nie – und ist zugleich aufs Höchste irritiert und verunsichert. Die europäische Geschichte hat ihre Geschlossenheit nach innen verloren und ihre Wirkmächtigkeit nach außen verspielt. Der kleine große Kontinent ist gezwungen, über sich nachzudenken und nach seinem Puls zu tasten, um festzustellen, ob das Herz noch schlägt.

Hektisch versuchen jetzt manche, gegen das Gefühl einer drohenden Krise anzusteuern und im Schnellverfahren eine geschlossene Geschichte aus dem Hut zu zaubern: symbolisch, politisch, wirtschaftlich, militärisch. Europa fehle, so hört man, die »Narration«, die »große Erzählung«.

Doch die erwähnte Schlemihl-Geschichte hat einen Nachspann, der für unsere Überlegung, was Europa ausmacht, von Interesse ist. Statt des verlorenen Schattens erwirbt der unglückliche Held jene Siebenmeilenstiefel, die ihn ab jetzt im Sauseschritt um die Welt tragen werden. Der »hohe und breite Rücken der Alten Welt« – die, wie es heißt, »vermeintliche Wiege« der Kultur – verschwindet unter seinen Schritten, er durchquert alle Regionen der Erde, kehrt über Euphrat, Tigris, Niger, Nil, Niagara und Mississippi zurück nach Europa, um von dort aus nach kurzer Rast China, Tibet, Sumatra und Indonesien zu durchmessen.

Und in der Tat, Mitte des 19. Jahrhunderts, zur Blütezeit des Kolonialismus, verfügte das kleine Europa nahezu über die gesamte Welt. Alles, an dessen Spätfolgen wir jetzt noch laborieren, wurde damals festgelegt – sodass es durchaus angemessen erscheint, dass dem Protagonisten schier schwindelig wird und er sich nach Hemmschuhen sehnt, die dem globalisierten Schnelldurchlauf durch die Welt zumindest für Momente Einhalt gebieten. Ein Drehschwindel stellt sich ein, der sich als erster Schritt zur Gesundung erweist. Denn Schlemihl erkennt, wie selbstgefährdend es ist, sich hemmungslos in und auf die Welt zu stürzen und zu glauben, man könnte über alle Differenzen hinwegsehen, -gehen, -fliegen.

Was für Schlemihl gilt, trifft auch auf Europa zu: vorbei die Zeit des grenzenlosen, siebenmeilenartigen Durchmessens der Welt. Manchmal fördern Hemmschuhe das Funktionieren der Wahrnehmung und des Verstandes. Wer es unternimmt, über eine Kulturgeschichte Europas im gegenwärtigen fragilen Zustand nachzudenken, tut gut daran, sich des alten Schlemihl-Prinzips zu erinnern und sich in einer besonderen Gangart zu bewegen: zwischen Zeitraffer und Zeitlupe, im Bannkreis des Schattens und zugleich auf der Flucht vor ihm.

Denn die Gefahr, gewohnheitsträge im Bett der Tradition zu verharren und die ebenso vertrauten wie nichtssagenden Stereotypen zu wiederholen, ist nicht eben gering: klassische Antike, Renaissance, Aufklärung, Freiheit, Toleranz, Demokratie – eben der ganze Kanon angeblich europäischer, vielleicht sogar nur europäischer Ideale und Werte.

Nicht, dass der Blick auf die kulturellen Gipfel und Höhenkämme völlig irreführend wäre. Aber er birgt die große Gefahr des Verlusts an Bodenhaftung in sich.

Europa ist kein Luftschloss, keine Vision, kein Phantasieprodukt, sondern eine konkrete, höchst irdische und gegenwärtige Angelegenheit. Und da hilft es auch nicht, auf straffere Organisationsstrukturen zu setzen oder sich auf einen gedanklichen Konkurrenzkampf beziehungsweise einen »Wettstreit der Ideen« mit den USA oder China einzulassen. Viel wichtiger wäre es, ernsthaft danach zu fragen, was wir sind und wofür wir eigentlich stehen – inmitten einer globalisierten Welt, die kein ausgeprägtes Faible für Ruinen hat. Denn im Weltmaßstab ist Europa genau das: Eine relativ edle, sehr in die Jahre gekommene kulturelle Ruine, die ihre Bewohner noch immer dazu bringt, von alten Zeiten zu träumen, statt sich zu fragen, was ihre wirklichen Eigen-Arten sind. Und ob es nicht vielleicht auch ein ganz anderes, verborgenes, in seiner Wertigkeit noch weitgehend unentdecktes Europa gibt. Ein Europa jenseits der üblichen Schlagworte und plakativen Werte republikanischer oder christlich-abendländischer, klassischer oder fortschrittsgläubiger Natur. Ja, ob es überhaupt ein Europa, *ein* Europa gibt …

Die japanisch-deutsche Autorin Yoko Tawada stellte diese Frage auf die ihr eigene freundlich-hintergründige Art. Als sie, von Japan kommend, mit der Transsibirischen Eisenbahn Richtung Europa fuhr, wähnte sie sich in Sibirien schon am Ziel, also in Europa angekommen. Wo »unser« Europa allmählich endet, hatte ihr Europa bereits angefangen, und in Moskau glaubte sie sich im Zentrum des Kontinents.

Man weiß ja nicht einmal, ob es sich um ein geopolitisches Gebilde handelt oder um das Projekt eines besonderen Stils der Governance – demokratisch, republikanisch oder egalitär? Steht der Begriff »Europa« für einen speziellen Typus der Wissensgesellschaft oder für einen Wirtschaftsraum? Ist es eine Chiffre für religiös grundierte Werte oder primär ein plurilinguales oder plurikulturelles Gewebe, eine Art Textur aus Nuancen? Sicher ist, dass es weltweit kaum eine zweite Region gibt, in der sich auf kleinstem Raum, zum Teil nur zwei- oder dreihundert Kilometer voneinander entfernt, so viele unterschiedliche Kulturen herausgebildet haben wie in Europa. Nirgends sonst stößt man auf eine solch kleinräumige Vielfalt kultureller Zonen, die sich – aller Differenz zum Trotz – dennoch bis zu einem gewissen Grad als zusammengehörig empfinden. Eine Zusammengehörigkeit, deren Reichweite und Intensität einem permanenten Wandel ausgesetzt ist.

Denn dieses Etwas, das sich Europa nennt, änderte im Lauf der Jahrhunderte selbst seinen Umriss wie eine gigantische Amöbe. Mal leckte die Zunge Europas an Sibirien, dann wieder zuckte sie zurück bis zum Ural. In den Jahren des Kalten Krieges reichte sie sogar nur bis zur Oder-Neiße-Grenze. Das spätantike Europa umfasste den byzantinischen Raum, dann wieder war hinter Wien Schluss. Es gab Zeiten, da gehörte der gesamte Mittelmeerraum einschließlich Nordafrikas dazu – gegenwärtig schotten wir die Außengrenzen genau davor ängstlich ab und wissen andererseits nicht einmal mehr, ob Großbritannien dazugehört oder eine autonome Insel ist. Wir feiern Europa für mehr als ein halbes Jahrhundert Frieden und sehen dabei von den Balkankriegen der 1990er-Jahre mit mehr als 250 000 Toten ab – vermutlich, weil wir diesen Teil des Kontinents als nicht ganz zugehörig betrachten.

Die Kontur Europas verändert sich also fortwährend und lässt sich nie auf einen Zustand fixieren. Ständig galt und gilt es, neue Regelwerke für das Zusammenspiel der einzelnen Module zu ersinnen, Membrane zwischen ihnen aufzulösen oder zu verstärken, ohne dass sich je ein fester Mittelpunkt bestimmen ließe: Weder Straßburg noch Brüssel sind als Zentren zu betrachten, allenfalls als Verwaltungszentralen. Selbst das britische Empire oder das Habsburgerreich repräsentierten nur ein Teileuropa. London und Wien, Paris und Berlin waren immer nur Zentren auf Abruf. Europa ist stets, auch und gerade in seinen Blütezeiten, ein Geflecht aus Regionen und Peripherien ohne eigentliche Mitte gewesen.

All dies mag irritierend und widersprüchlich klingen, doch letztlich handelt es sich um eine außerordentlich kreative Versuchsanordnung, die das expansive Erbe Europas ein Stück weit erklären mag. Im Grunde war und ist Europa eine einzige auf Dauer gestellte Transitzone. Ein kulturelles Treibsandgebiet ohne Leitkultur und alles andere als ein Normierungskartell. Dies ist eine mögliche Erklärung für einige seiner auffälligsten Signaturen.

Denn eines war und ist für dieses sich permanent wandelnde, sich verwandelnde, Chamäleon-artige, extrem facettenreiche Geflecht aus Möglichkeiten und Ambivalenzen wichtiger als alles andere: Kommunikation, Kommunikation, Kommunikation!

Lebensformen, die immer wieder auf Ähnliches, oft Gleiches stoßen, sind nicht gezwungen, sich selbst infrage zu stellen. Solchen jedoch, die sich an allen Ecken und Enden mit Neuem, Unbekannten, Fremden konfrontiert sehen, bleibt keine andere Wahl, als sich mit den anderen vertraut zu machen oder ihnen zu misstrauen, sich entweder abzugrenzen oder Kontakt zu suchen. Gemeinsamkeit und Zugehörigkeit sind immer wieder neu zu definieren, um einen komplizierten Modus des Zusammenlebens unter besonderen Bedingungen zu ersinnen. Kurz, Qualitäten zu schulen, Fertigkeiten zu erlernen, die anderswo nicht oder jedenfalls nicht in dem Maße nötig sind.

Zu den wirklich unveräußerlichen und historisch beglaubigten Errungenschaften des europäischen Systems gehören nicht »Werte« (die auch andere Kulturen zu Recht für sich beanspruchen könnten), sondern ein sehr spezieller Stil, mit Werten *umzugehen*.

Es gilt, dieses europäische Grundgefühl, diese kommunikativen Techniken zu stärken, zu vermitteln und ihre Fortentwicklung zu befördern. Erst nach einem umfassenden Selbstreflexionsprozess sollten wir darüber entscheiden, ob es uns zusteht, global zu intervenieren.

Das Bild Europas, wie es sich in der Wahrnehmung und Erfahrung von Außenstehenden darstellt, ist derzeit nur bedingt dazu geeignet, um damit in die Offensive zu gehen.

Sucht man auf diesem Weg nach Orientierung, findet man sie nicht nur in politischen Programmen, vielleicht dort am allerwenigsten überzeugend. Auch die Definition wirtschaftlicher Vorstellungen ist nicht immer hilfreich, weil dort in der Regel ein Denken mit dem Ziel der Gewinnoptimierung dominiert.

Wenn es uns um Europa geht, wirklich ernsthaft geht, sollten wir nicht andächtig vor erhabenen Kulturruinen verharren, sondern nach der inneren Geschichte auch an entlegener Stelle oder mit neuem Blick suchen. Vor allem auch nach den Gefühlen, die dieser vielgestaltige Kontinent im Laufe der Jahrhunderte ausgebrütet hat – im Guten wie im Bösen.

Es sind nicht nur die humanistischen Schriften, die philosophischen Traktate und ideologischen Erklärungen, die uns Aussagen hierüber liefern, sondern auch – an vielleicht unerwarteter Stelle – die Literatur, der sprachgewordene Fingerabdruck des Denkens und Empfindens ganzer Kollektive. Es kann jedenfalls kein Zufall sein, dass zwei Erscheinungsformen, zwei Genres der Literatur sich hier und nirgendwo anders ausbildeten: der Roman und das Drama.

Der Roman als vielstimmiges, perspektivenreiches, großformatiges Erzählgebilde mit offenem Ende und das Drama, das Theater als erregende Widerspruchsmaschine voller Energien und Emotionen. Europa produzierte und absorbierte solche Szenarien der Mehrstimmigkeit wie kaum eine zweite Kulturlandschaft: süchtig nach literarischen Stimulanzien als Gegenwelten zu dogmatischen, sakralen oder politischen Lehren.

Europa, die Idee Europa ist Inkarnation eines langfristigen, nachhaltigen Aufklärungs- und Säkularisierungsprozesses – Paul Veyne zufolge glaubten schon die Griechen nicht an ihre eigenen Mythen. Und es ist eindrucksvoll, wie wir uns der Narrative aus fremden Räumen bedient und sie uns anverwandelt haben. Wenn wir uns wirklich zu einer Art »Leitidee« versteigen wollten, wäre es weitaus plausibler und realitätsnäher, sich an der Weisheit und den Erkenntnissen Tausender von Geschichten zu orientieren als an abstrakten Entwürfen und Wunschgebilden.

Europa war seit seinen Anfängen etwas Pulsierendes, Lebendiges, Osmotisches, immer in Bewegung. Weit eher ein Geflecht mäandernder Flüsse als ein begradigter Kanal. Diesem migrativen, auf steten Aufbruch und Austausch angelegten dialektischen Grundcharakter gilt es auch heute gerecht zu werden. Denn europäische Werte waren nie statisch, sondern immer im besten Sinn des Wortes Verhandlungssache. Und: Europa ist von Beginn an ein Ort dramatischer innerer Widersprüche – und überlebte möglicherweise genau deshalb alle erdenklichen Krisen. Eine innere Widersprüchlichkeit, die sich bereits in der Entstehungsgeschichte Europas ausdrückt.

I

Gründungsmythen

Europa erschuf sich gleichsam aus dem Nichts. Eine Kreation, eine Komposition aus Basisgeschichten, Phantasie und strategischen Interessen. Ein bis dahin »leerer Raum« ohne feste Zugehörigkeit wurde systematisch mit Bedeutung gefüllt und Schritt für Schritt in einen politischen Raum verwandelt. Ein ganz wichtiges Instrument hierzu: die Technik der Abgrenzung, des Scheidens. Nicht wie der biblische Gott zwischen Licht und Finsternis, sondern zwischen »Ost« und »West«.

1 Europa kriecht an Land

Irgendwo zwischen Syrien und Libyen beginnt die Geschichte Europas. Und sie beginnt wie in einem bunten orientalischen Märchen. Aber es handelt sich nicht um ein Märchen aus »Tausendundeiner Nacht«, sondern um eine genuin griechische Geschichte, vielleicht sogar um die Mutter aller Geschichten: Göttervater Zeus hat sich in Europé, die Tochter des mythischen Phönikerkönigs Agenor, verliebt. Als sie am Strand mit Gefährtinnen spielt, taucht er in Gestalt eines Stieres auf. Um sie zu entführen. Er tut dies auf eine offenkundig so vertrauenserweckend-charmante Art, dass sie spontan, auf seinem Rücken reitend, mit ihm geht. Er schwimmt mit der schönen Last auf dem Rücken übers Meer nach Kreta. Dort verwandelt er sich zurück und zeugt mit ihr drei Söhne, darunter Minos, den späteren Erfinder des kretischen Labyrinths. Entsprechend einer früheren Verheißung Aphrodites, wurde die neue Heimat nach ihr »Europa« benannt: Noch in der Nacht vor ihrer Entführung hatte Europé davon geträumt, dass zwei Kontinente sich um sie stritten: Asia und das zukünftige Europa. Asia wollte sie mit dem Argument an sich binden, dass sie doch hier geboren sei und deshalb hierhergehöre. Der neue Kontinent verwies darauf, dass der Mensch frei sei, zu gehen, wohin er wolle – und entführte sie in die neue Welt, nach Kreta.

Das griechische Märchen hat es also in sich. In anmutigen Bildern beschreibt es einen programmatischen Neuanfang, der mit einer Entführung beginnt und in einem Gründungsmythos endet. Auf Kreta wird Europé zur Mutter einer neuen, antilevantinischen Mittelmeerkultur – der gesamte Mittelmeerraum wird sozusagen neu vermessen und geht auf Kurs »West«. Und kein Geringerer als Zeus selbst stand Pate bei dieser Verpflanzung und Umwidmungen der alten ägyptisch-orientalischen Kulturen auf die Inseln der Ägäis. Ein geopolitischer Paradigmenwechsel par excellence.

Sich kulturell zu formieren, zu positionieren heißt auch, sich abzugrenzen und Trennungslinien zu ziehen. Das geschieht exemplarisch. Mythen fungieren als Inklusions- und Exklusions-Medien. Sie sind Teil eines göttlich legitimierten, menschlich gemachten politischen Schachspiels.

Und dieses »Europa« ist ein Kunstprodukt aus dem Geist der strategischen Abgrenzung. Da es im Mittelmeerraum kaum natürliche Grenzen gibt – das Meer galt den Griechen nicht als Barriere, sondern als Verbindung, sie nannten es *»ho pontos«* (»die Brücke«) –, musste man artifizielle, ideologische Abgrenzungen finden. Hinter der auf den ersten Blick etwas abstrus anmutenden kleinen Entführungsgeschichte steckt weit mehr. Wenn man so will, wird hier eine für Jahrtausende gültige kulturelle wie geopolitische Grenze zwischen West und Ost gezogen.

Denn auch das Nachspiel der Geschichte hat es in sich: Nach ihrer Landung auf der Geburtsinsel des Zeus wird die entführte Prinzessin zur Stammmutter einer neuen Dynastie. So wie Kreta zum Ausgangspunkt jener minoischen Kultur werden wird, die sich innerhalb kurzer Zeit über weite Teile des ägäischen Raums ausbreiten sollte. Funde belegen, dass der Einfluss der kretisch-minoischen Kultur bis ins östliche Mittelmeer reichte.

In den langen Jahrhunderten seiner Blüte (grob gerechnet zwischen 2500 und 1500 v. u. Z.) hatte Kreta eine einzigartige kulturelle Signatur entwickelt: Die Überreste gewaltiger Paläste ohne schützende Umfassungsmauern, die der britische Archäologe Arthur Evans zu Beginn des 20. Jahrhunderts freilegen sollte, lassen auf eine ebenso reiche wie verfeinert-raffinierte Kultur schließen. Eine Kultur, die es sich erlauben konnte, sich ganz und gar unheroisch und anmutig zu präsentieren, und weder mit den Namen großer Herrscher prunkte, noch ein

Register über Siege und Niederlagen führte: Auf Tausenden von Tontäfelchen, die gewaltige Brände gehärtet und vor dem Verfall bewahrt hatten, fanden sich exakte Aufzeichnungen über Herden, Ernten, Steuern und Opfergaben. Hinweise auf bedeutsame historische Ereignisse und Triumphe sucht man vergebens. Dafür überliefern die Fresken an den ehemaligen Palastmauern das Bild einer auf spielerische Eleganz, weibliche Dominanz und urbane Selbstsicherheit ausgerichteten Welt. (Siehe Abbildung 1 in Tafelteil 1.)

Minoische Kolonien waren über den gesamten Mittelmeerraum verstreut. Ihre großen, schnellen Schiffe benutzten Wasserstraßen, die bis Zypern, Sidon, Tyros reichten und die gesamte Ägäis bis hin zu den afrikanischen und italienischen Küsten und dem Schwarzen Meer umfassten. Das minoische Experiment war also eine sehr ernsthafte Antwort auf die erfolgreiche Expansion der phönikischen Handels- und Kriegsflotten, die den gesamten nordafrikanischen Mittelmeerraum beherrschten. So gesehen war die minoische Kultur ein erster früher Vorstoß, eine Art europäischer Pionierversuch – und mit einer entführten phönikischen Prinzessin als Stammmutter geradezu eine, elegant verpackte, Kampfansage an den »Osten«.

Von Griechenland konnte zu diesem Zeitpunkt noch kaum die Rede sein. Man kann es eher als Spätfolge und Weiterentwicklung der minoischen Expansion bezeichnen. Oder, um es noch krasser und noch paradoxer zu formulieren: Griechenland wird im Nachhinein das minoische Experiment mitsamt der Geschichte Europés und ihrem Migrationshintergrund als entscheidenden Schritt der Ablösung vom dunklen Erbe der phönikischen Levante interpretieren. Eine ebenso kühne wie erfolgreiche Strategie, um neue Koordinaten zu etablieren.

Als Homer Jahrhunderte, Jahrtausende später in der *Ilias* Kreta als ein mächtiges Land im »dunkelwogenden Meer« mit »neunzig Städten« besang, war das minoische Kreta längst Geschichte. Griechenland hatte sein Erbe angetreten – oder weniger zurückhaltend ausgedrückt –, hatte es übernommen, gekapert. Das sprichwörtliche Labyrinth von Knossos mit dem schrecklichen Minotaurus war geknackt, das Ungeheuer tot. Und wiederum hatte ein griechischer Mythos Kreta als Folie zur Profilierung der eigenen, erst im Entstehen begriffenen Geschichte benutzt. Im Zentrum stand ein grauenerregendes Mischwesen, halb Stier, halb Mensch. Geschaffen von Dädalus, einem ebenso genialen wie skrupellosen Erfinder, der – aus Athen verstoßen – im Dienst des kretischen Hofes stand. Er konstruierte eine Kuhattrappe aus Holz, um die Zeugung dieses Kunstwesens zu ermöglichen.

Von wegen Archaik – weit mehr griechische Technologie vom Feinsten steht am Anfang dieses heroischen »Drachenkampfes«, in dem ein, wen wundert es, griechischer Held der frühen Zeit zum Retter wird: Theseus, eine der ersten der großen europäischen Projektionsfiguren, der einem Erlöser gleich alle feindlichen oder auch nur undefinierbaren Mächte abwehrt und besiegt, seien es die bedrohlichen Amazonen oder eben das minoische Ungeheuer.

Andere konkurrierende Kulturen wie die der Phöniker oder der Minoer mögen über spezielle und überaus elaborierte Kenntnisse technischer, nautischer, ökonomischer Art verfügt haben. Auch kann aufgrund der reichen Funde kein Zweifel an einem äußerst kultivierten, verfeinerten Lebensstil der minoischen Kultur sein. Was aber die eminente Fähigkeit der Griechen betrifft, die Lufthoheit im Bereich der Narration zu erobern, so ist sie singulär. Das Erfinden von Geschichten und Figuren, die die Taten der jungen griechischen Kultur legitimieren und in einen weltanschaulichen und damit auch weltpolitischen, weltgeschichtlichen Kontext stellen, ist ihre größte Kompetenz und der Schlüssel zum Erfolg.

Und dieser Theseus, der alles, was der werdenden hellenischen Kultur im Wege steht, erdrosselt, ermordet, in seinen Bann zieht oder zähmt, ist einfach göttlich gut erfunden. Nebenher verfügt der Superheld auch noch über die Fähigkeit, kreativ zu agieren. So gelingt es ihm, die Vielzahl der attischen Stämme zu einigen und der athenischen Vorherrschaft zu unterstellen. Dieser Zusammenschluss unter den Vorzeichen eines demokratischen Freistaats ist eine der vielen Taten, die Theseus zugeschrieben wurden (Plutarch). Sie dienten einem alleinigen Zweck: den kulturellen und politischen Zugriff der Griechen auf den Rest der ägäischen Welt zu begründen. Selbst das Schiff, mit dem er Kreta erobert und damit symbolisch dessen Bann gebrochen hatte, wurde folgerichtig in Athen wie ein Kultobjekt ausgestellt und über Jahrzehnte, Jahrhunderte bewahrt. (Siehe Abbildung 2 in Tafelteil 1.)

Das würdige Wrack wurde zum Ausgangspunkt einer der frühesten – typisch europäischen? – intellektuellen Diskussion, deren Ursprung Plutarch (um 45 – um 125) überliefert:

> Das Schiff, auf dem Theseus [...] ausfuhr und glücklich heimkehrte, den Dreißigruderer, haben die Athener [...] aufbewahrt, indem sie immer das alte Holz entfernten und ein neues, festes einzogen und einbauten, derart, daß das Schiff den Philosophen als Beispiel für das vielumstrittene Problem des Wachstums diente, indem die einen sagten, es bleibe dasselbe, die anderen dies verneinten.[1]

Kult und Gedankenspiel – der Mythos wird zu einer Denksportübung, die bis in die Gegenwart unter dem Namen des »Theseus-Paradoxons« diskutiert wird. Das dadurch aufgeworfene philosophische Problem ist ein verbreitetes Beispiel in der Philosophiedidaktik und wird auch in der zeitgenössischen Ontologie vielfach diskutiert. Immer geht es dabei im Kern um die Frage, welche Veränderungen ein Objekt durchlaufen kann, bevor es seine Identität verliert, worin sein Wesen besteht – eine Frage, die das europäische Denken bis in die Moderne prägen wird.

Solch eine Diskussion, angelagert an ein angeblich »mythisches« Objekt – ist es übertrieben zu sagen, dies sei eine typisch »europäische« Denkfigur? Zugleich aber wurde mit diesen fast versponnen wirkenden Spekulationen knallharte, höchst pragmatische Weltmachtpolitik betrieben. Der Status des Schiffes, seine faktische Präsenz, steht der emblematischen Wucht der Arche Noah in keiner Weise nach. Ehrwürdige Ruine oder Neubau, Nostalgie und/oder Fortschritt – in dieser scheinbaren Episode scheint bereits einiges von dem gespeichert, was das in Antithesen und Synthesen fortschreitende Fluidum des europäischen Programms von diesem Moment an beinhalten wird.

Glaubten die Griechen an ihre Mythen? Mit dieser Frage, die zugleich der Titel seines bekanntesten Buches ist, verstörte der französische Archäologe und Historiker Paul Veyne in den 1980er Jahren den Positivismus seiner Zeit, der von einem mehr oder weniger unreflektierten Faktendenken ausging. Er zeigte, dass es Geschichten sind, die unser Weltbild und unsere Wahrnehmung bestimmen, und zwar durchaus doppelbödige Geschichten. Einige davon haben wir gerade kennengelernt. Sie machen deutlich, wie konstruiert und fragil, wie skrupellos und kreativ unsere Art ist, Geschichte herzustellen, unsere Geschichte zu schreiben. Und auch wie virtuos wir damit umzugehen verstehen. Einerseits wandeln wir gläubig auf den Spuren der Alten und lesen jedes Gran Wirklichkeit fast andachtsvoll auf. Zugleich bezweifeln wir jeden Echtheitsanspruch und lösen die Illusionen in der Säure unseres kritischen Verstandes auf. Ein gewagter Ritt auf der Rasierklinge der sogenannten Wirklichkeit, sei sie göttlichen oder irdischen Ursprungs. Wir sind es, die über ihre Gültigkeit entscheiden.

Kreta war durch seine Überwindung zu einer Art attischer Außengrenze geworden, gleich weit entfernt von Nordafrika wie von der kleinasiatischen Küste. So bildete sich in der Zeit des allmählichen Niedergangs der minoischen Kultur um 1500 v. u. Z. ein neuer Herrschaftsraum heraus, der die Keimzelle dessen werden sollte, was wir jetzt Europa nennen. Das später in Schutt und Asche gelegte Troja gehört ebenso zu dieser Geschichte wie der ewige Kampf gegen die Phöniker und Karthager und vor allem gegen den Erzfeind, die Perser. Jene mächtigen Perser, die ein Jahrtausend später die Akropolis als Zentrum des werdenden Europa zerstören sollten, weil sie in der erstarkenden Macht aus dem Westen eine Bedrohung sahen. Wiederum hundert Jahre darauf sollte sich diese in Gestalt Alexander des Großen (356–323 v. u. Z.) personalisieren und konkretisieren.

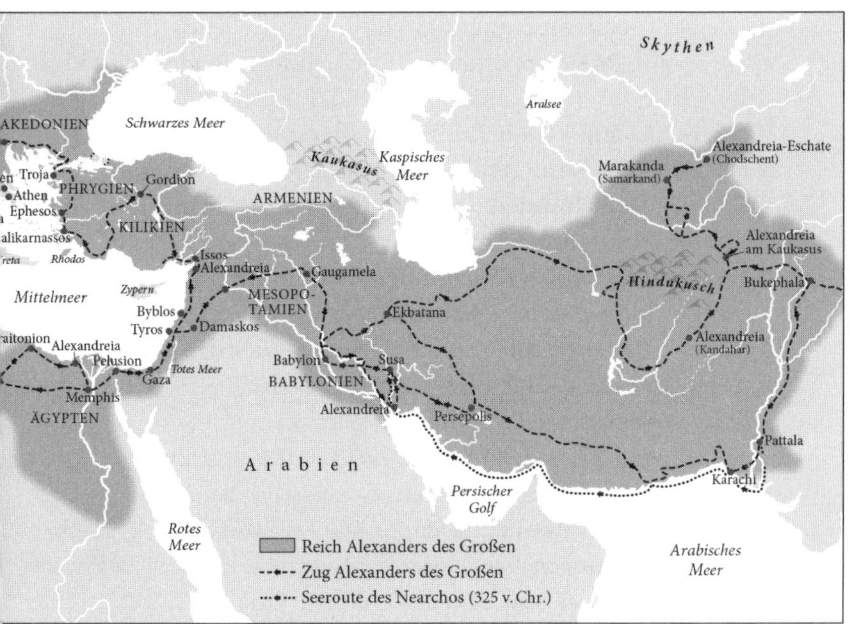

Als selbsternannter neuer Herkules oder Theseus wird Alexander den in seinen Augen mittlerweile erstarrten »griechischen Traum« innerhalb weniger Jahre rauschhaft steigern und ihm in Form einer gigantischen Osterweiterung eine geradezu irrwitzige Dimension verleihen. Aus Makedonien, seinerzeit als Hinterhof des attischen Kulturraums verachtet, über den Olymp und weiter, sehr viel weiter, bis zum Himalaja sollte sein verwegener Weg im Namen eines hellenischen Weltreichs führen: die Levante, Theben, Kleinasien werden im Handstreich genommen, Persien, Ägypten und Teile Indiens folgen.

Der »Sohn des Zeus«, zu dem ihn das in der Antike hoch angesehene Orakel von Siwa erklärte, rächt sich zum einen an den Persern, zum anderen unternimmt er erste Versuche, die Grenzen zwischen Orient und Okzident zu verwischen beziehungsweise die Kulturen miteinander zu vermischen – zum Verdruss seines griechischen Heeres, das sich nicht mehr hinreichend gewürdigt sieht: Plötzlich will Alexander persisches Hofzeremoniell, integriert persische Soldaten in die Truppe, betet ägyptische Götter an, heiratet orientalische Frauen. Hatte man dafür gekämpft? War man dafür 18 000 Kilometer durch Wüsten und Wälder marschiert? Einerseits die *Ilias* zu verehren, griechische Philosophen wie Aristoteles im Tross mit sich zu führen und zugleich das, wofür Griechenland stand, zu verwischen, zu vermischen, zu verraten – konnte das gut gehen?

Nun, wir wissen, es ging nicht gut: Befehlsverweigerung im Heer war an der Tagesordnung – bis hin zur Meuterei. Alexander starb unter ungeklärten Umständen mit gerade einmal 33 Jahren. Nachfolger, die das neue Weltreich hätten zusammenhalten können, waren nicht in Sicht. Es zerfiel innerhalb weniger Jahrzehnte.

Sollte Alexander alles richtig gemacht und sich dennoch geirrt haben? Die Antwort musste lauten: ja – und sie muss auch heute so lauten. Spätestens als Europa auf dominante Hochkulturen mit jahrhundertelanger Erfahrung und eigenen Traditionen stieß, also letztlich von Anfang an, hätte es lernen können, seinen Eroberungsimpuls unter Kontrolle zu halten. Die größte Kulturnation jener Zeit, Persien, aber auch Indien und Ägypten konnte man allenfalls überrollen – nicht jedoch wesensmäßig besetzen oder umdefinieren. Europa hat diese Lektion nie wirklich gelernt, und viele seiner späteren Irrtümer basieren genau auf diesem Mangel. Grenzen zu ziehen oder zu überwinden ist eine Sache, um seine Grenzen zu wissen eine andere, nicht weniger wichtige.

Hätte Alexander auch andere Möglichkeiten gehabt, als diesen gewaltigen Vorstoß nach Osten zu unternehmen? Was wäre gewesen, wenn? Wenn Alexander auf der Suche nach einem Reich, das für seine Ansprüche groß genug gewesen wäre, den geographisch nächstliegenden Entschluss gefasst hätte und von Makedonien aus in Richtung Nordwest marschiert wäre? Den Balkanraum überwunden, von der Adria aus Germanien und Gallien erobert und Europa eine völlig andere, auf das spätere Mitteleuropa fokussierte Kontur gegeben hätte? Hirngespinste? Sicherlich. Denn in den Köpfen der Vordenker und Mentoren Alexanders steckten andere Ideen. Allen voran ist hier der griechische Philosophiestar Aristoteles (384–322 v. u. Z.) zu nennen, den ein merkwürdiges Schicksal als Mentor des jungen Alexander ausgerechnet an den Hof des Duodezfürstentums Makedonien verschlagen hatte, nach Pella, keine zehn Kilometer von jenem Grenzort Idomeni entfernt, der mittlerweile durch die Blockade der Balkanroute eine makabre Berühmtheit erlangt hat.

Idomeni, ein Schicksalsort Europas? In gewissem Sinne durchaus. Denn es ist nicht übertrieben zu sagen, dass die Grenze zwischen Griechenland und seinen Nachbarn im Norden noch immer eine europäische Trennlinie markiert, an der sich seit mehr als 2000 Jahren Konflikte entzünden und manifestieren. Man denke nur an den verheerenden Streit um den bloßen Namen »Makedonien«.

Warum also marschierte Alexander so entschieden Richtung Osten? Seit den persischen Invasionen – 480 v. u. Z. waren Xerxes' Truppen sogar in Athen einmarschiert – hatte sich ein traumatischer Abstoßungsprozess aufgebaut, aufgestaut, der sich irgendwann entladen musste. Wann, war nur eine Frage der Zeit. Die Gestaltwerdung Europas, eines griechischen Europa mit großen Ansprüchen, war gewissermaßen eine Reaktion auf das Überschwappen Persiens auf den »europäischen Raum«.

Alles, was sich in den darauffolgenden Jahrzehnten unter dem Namen der »Perserkriege« abspielte, war letztlich nichts anderes als ein einziger fulminanter Versuch, wieder ein gewisses Gleichgewicht der Kräfte herzustellen. Alexander lag tendenziell richtig, aber er schoss gewaltig über das Ziel hinaus. Angefeuert und motiviert durch hellenische Ethnozentriker wie Aristoteles, jagte er den Perserkönig Dareios III. (um 380–330 v. u. Z.) in mehreren Schlachten buchstäblich vor sich her und stülpte für eine kurze Zeit von zehn Jahren Europa über Asien – man kämpfte buchstäblich am Hindukusch für das Europa der Zukunft.

Die Ikonographie der Kunstgeschichte schwelgte noch viele Jahrhunderte später in diesem phantastischen, scheinbar den ganzen Kosmos erfassenden Traum. Der Kampf des Ostens gegen den Westen gehört von Beginn an zu den Konstanten und Traumata des europäischen Denkens, ganz gleich, ob es um die Abwehr der Phöniker, der Perser oder – seit dem Aufstieg des Osmanischen Reiches – der Türken geht. Die entscheidende Weichenstellung jedoch war bereits Jahrhunderte früher vorgenommen worden. Der Schauplatz dieser Entscheidung: Troja. Der Name der zweiten Basisgeschichte Europas: *Ilias*.

2 Die Mutter aller Schlachten

Troja – ein Ort mit vielen Namen: Wilusa, Tarusia, Hisarlık oder auch (W)Ilios. Zugleich ein Ort mit überragender Bedeutung: Mutter aller abendländischen Schlachten gegen »den Osten« als Sammelbegriff für die seinerzeit mächtigsten Völker und Reiche der Welt: Ägypten, Persien, die Phöniker, Babylonier, Assyrer.

Stellen wir uns diesen verlassenen Ort an den Dardanellen zu Beginn des 1. Jahrtausends v. u. Z. vor. Ein von dürrer Macchia überwuchertes Ruinengelände, vielleicht eine kleine Weihestätte. Wenige Griechen hatten sich in der Umgebung niedergelassen – mag sein, dass man sich einiges von dem erzählte, was hier vor fünf oder sechs Jahrhunderten geschehen sein sollte. Eine große Schlacht der Panachaioi,[2] der »Gesamtgriechen«, gegen eine der Militärmächte aus dem Osten. Möglicherweise gab es auch einige Sänger, die von diesem Krieg berichteten, darunter einen aus der kleinasiatischen Küstenstadt Smyrna/Izmir – Homer. Dass sein Epos, die *Ilias*, zum Markstein europäischen Selbstverständnisses werden sollte, war sicher nicht abzusehen, doch die Absicht, dem Chaos der Trümmerlandschaft »Troja« Sinn zu geben, es politisch zu deuten, ist unverkennbar.

Ob die Griechen an ihre Götter glaubten, weiß man nicht. Dass jedoch das Ereignis des Trojanischen Krieges sie zum ersten Mal im Verlauf der Geschichte wirklich vereinigt hatte, daran glaubten sie sicher mit vollem Recht. Zumindest taten sie das im Gefolge der um 730/20 v. u. Z. entstandenen *Ilias*, *dem* Gründungsepos der hellenischen Idee. Bis dahin gab es eine Reihe einzelner, heftig miteinander rivalisierender Stämme. Jeder Stadtstaat, jede Polis achtete streng auf ihre Autonomie. Erst das Unternehmen des großen Krieges – so die Interpretation Homers – ließ ein Gefühl der Zusammengehörigkeit entstehen. Aus Ioniern, Doriern, Thebanern, Korinthern, Mykenern wurden »Achaier« oder (unserem Sprachgebrauch näher) »Hellenen«. Ein Zusammengehörigkeitsgefühl aus dem Geist eines gemeinsamen Feindbildes, das nicht schwer zu finden war: die auf der anderen Seite des Ufers, jenseits der Dardanellen, die Trojaner.

Aus vergleichsweise nichtigem Anlass – angeblich wegen des Raubes der sprichwörtlich schönen und charakterlich etwas ungreifbaren Helena[3] – setzt sich der Tross Richtung Troja in Bewegung, der Auftakt zu einer für beide Seiten qualvollen zehnjährigen Belagerung der Stadt.

Wir alle haben die *Ilias* gelesen oder glauben, sie gelesen zu haben. Nicht, weil wir die Abläufe genau im Kopf haben, sondern weil sich ganz spezielle Gefühle mit den darin geschilderten Ereignissen verbinden, weil sie in uns vertraute Stimmungen evozieren: der Zorn des Achilles; die vergeblichen Warnrufe Kassandras; die Listen des Odysseus; Eifersüchteleien und Gemeinschaft, Rache und Solidarität, das Blut der Feinde, der Bratenduft der Opfertiere – die 15 000 Hexameter der *Ilias* sind Tausende von Jahren entfernt und scheinen in gewissen Augenblicken doch auch wieder hautnah zu sein. Denn im Grunde handeln sie von dem, was man die Psyche der Helden nennen könnte.

Homer beginnt an einer Schlüsselstelle und zieht uns unmittelbar ins Geschehen hinein. Im Lager der Griechen herrscht nach Jahren fruchtloser Versuche, die Burg zu erstürmen, die Pest. Die Stimmung der Truppe ist auf dem Hund. Kleinste Vorkommnisse führen zu Zerwürfnissen, Drohungen und Handgreiflichkeiten – so jämmerlich beginnt *das* Gründungsepos der abendländischen Kultur. Selbst die Götter scheinen überfordert. Man hat sich auf einen Krieg eingelassen, der ein gigantisches Fiasko zu werden droht. Die Flotte verrottet am Strand, die Hoffnung auf einen Sieg ist gleich null. Und nun entlädt sich der Frust auch noch nach innen, spaltet das Lager der Griechen. Achill weigert sich weiterzukämpfen. Falls er tatsächlich je stattgefunden haben sollte, der »Trojanische Krieg«, ein sonderlich erhabenes

Schauspiel scheint er nicht gewesen zu sein. Ein Stresstest für die labile Gemengelage der eben erst entstehenden Griechen.

Ein Stresstest allerdings, den sie, wenn nicht glanzvoll, so doch suggestiv bestehen werden. Denn es kam nicht auf das an, was und wie dieser Krieg faktisch war, sondern auf das, was man daraus mythologisch, literarisch, politisch – eben auch durch dieses Epos – machen würde. Nämlich einen Testlauf für das Großprojekt der »Vereinigten Staaten von Griechenland«.

Natürlich hat Homer keine ideologische Auftragsarbeit erledigt. Aber sicher ist es nicht verfehlt zu sagen, dass die *Ilias* alles in sich aufnahm, was unausgesprochen in der Luft lag. Denn worum geht es? Um das Problem, das im Zentrum aller Vereinigungen und Zusammenschlüsse steht: den Ausgleich zwischen Einzelinteressen und den Bedürfnissen und Zielen des Kollektivs.

Die Gründung einer Union hat notwendigerweise einen Verlust an Autonomie für die einzelnen Clanchefs zur Folge. Aus Einzelkämpfern für eigene Interessen mussten Vasallen für die gemeinsame Sache werden: Achill, Agamemnon, Diomedes, Patroklos und Odysseus könnten unterschiedlicher kaum sein. In ihrem auf Dominanz ausgerichteten Verhalten war kollektives Handeln nicht angelegt. Es galt, etwas zu erlernen, was über ein Zusammenwirken zur Sicherung materieller Interessen (Rohstofflagerstätten, Handelsrouten) hinausgeht, ohne dass man bereits von einem gemeinsamen Ethos sprechen sollte.

Die Botschaft, die es untereinander wie nach außen zu kommunizieren galt, war pragmatischer und zugleich ideeller Natur. Es war darum zu tun, ein Wir-Gefühl einzuüben, ein Wir-Gefühl ohne Kollektivismus. »Wir – zusammen unschlagbar« könnte es lauten. Oder: »Wir – schwierig, aber menschlich«. Konsequent und effizient im Kampf gegen die Feinde. Ein starker Verband aus Individuen, jeder ein Unikat, eigensinnig, verrückt – mit einem Wort, »groß«.

Es geht um das Profil einer spezifischen Kultur des Miteinanders unter göttlichen Auspizien. Denn auch der Trojanische Krieg beginnt mit einem göttlichen Vorspiel im Himmel, also im Olymp. Die Götter verständigen sich über die Spielregeln dieses Experimentalkrieges.

Und es ist kein Zufall, dass gerade die klügste und am strategischsten denkende Göttin, Athene, auf Seiten der Griechen steht.

Obwohl die Götter für den Verlauf des Krieges eine wichtige Rolle spielen, finden die entscheidenden Begegnungen und »Lektionen« im irdischen, zwischenmenschlichen Bereich statt. Dazu gehört eine jahrzehntelange Vorkriegsgeschichte mit so bekannten Episoden wie dem Paris-Urteil, dem Raub der Helena, der Opferung Iphigenies[4] sowie die unter anderem in der *Odyssee* dargestellte Nachkriegsgeschichte mit ihren weiteren zehn Jahren Irrfahrten, Heimkehrerkatastrophen, Abenteuern. Kurz, ein gewaltiger Fundus an Grund- und Extremsituationen einer aristokratischen Kriegerelite wird suggestiv gestaltet und verdichtet.

Was die *Ilias* betrifft, so greift die Dichtung aus dem ebenfalls zehn lange Jahre währenden Kriegsgeschehen letztlich ganze vier Tage heraus – die Phase beginnt damit, dass Achill seine zornige Verweigerungshaltung überwindet[5] und wieder in das Kampfgeschehen eingreift, und reicht bis zum Tod des Trojanerhelden Hektor, mit dessen Beisetzung die *Ilias* dann endet. Die bekannteste Episode – die List, die Stadt mittels des sprichwörtlichen Trojanischen Pferdes zu erobern – bleibt ausgespart. Fast scheint es, als wollte der Erzähler dem Gegner die letzte Stufe der Demütigung ersparen und sich mit der symbolischen Darstellung der Niederlage begnügen. Auch dies möglicherweise ein Zeichen in Richtung einer neuen Kultur, die sich anschickt, den fatalen Zirkel von Rache und Vergeltung zu durchbrechen, ein zentrales Thema auch noch Jahrhunderte später im griechischen Theater. So wie in den *Persern* (472 v. u. Z.) des Aischylos. Nach dem großen Sieg über den Erbfeind konzentriert sich das Drama ganz auf die Seite der Unterlegenen. Entsprechend endet auch die *Ilias* nicht mit der Verhöhnung des Gegners, nicht mit Triumphgeheul, sondern mit einem fast gespenstisch zurückhaltenden Abzug.

Wie denn bei aller Härte der Auseinandersetzung ein gewisser Respekt für den gleichwertigen Gegner mitschwingt. Gerade der Vorzeigheld, Achill, ist zwar einerseits von geradezu lustvoller Tötungsenergie besessen – er begnügt sich nicht damit, Hektor zu töten, vielmehr schleift er dessen Leichnam dreimal um die Feste, tötet gleichsam den Toten –, doch dann schenkt der Erzähler ausgerechnet dieser rabiaten Kampfmaschine eine fast anrührende Szene. Nach dem Kampf bemüht sich König Priamos, Hektors unglücklicher Vater, um den zerschundenen Leichnam seines Sohnes. Dazu begibt er sich ins feindliche Lager. Allein. Vorbei an den Vorposten bis zum Zelt des Achill. Der liegt, sichtlich mit sich zufrieden, nach dem Nachtmahl auf seiner Kline, Speisen und Getränke stehen noch in Reichweite.

Homer schildert, wie Priamos vor Achill auf die Knie sinkt, um »hin zum eigenen Mund des Sohnmörders Hände zu führen« (XXIV, 506).[6] Der Erzähler berichtet über die emotional hoch aufgeladene Szene und spart Nuancen nicht aus. Achill »ergriff seine Hand und schob sachte von sich den Alten« (XXIV, 508). Danach brechen beide in Tränen aus. Der eine, um so an die Sohnesliebe von Achill zu appellieren, der andere, weil im Leiden des Priamos Erinnerungen an den eigenen Vater auftauchen. Dann springt der junge Held auf, zieht den Greis hoch und spricht zu ihm:

> Ärmster, viel Schlimmes hast du schon ausgestanden im Herzen! Wie brachtest du's über dich, zu den Danaerschiffen zu kommen, ganz allein, vor dir die Augen des Manns, der ich viele und gute Söhne dir habe getötet? Von Eisen muss wahrlich dein Herz sein! Aber komm, setz dich auf den Stuhl! Doch die Schmerzen, die wollen trotzdem wir ruhen lassen im Innern, so tief wir betrübt sind […]. (XXIV, 503–508)

Das mutige Verhalten seines Gegenübers nötigt dem sonst Gnadenlosen eine Art von sprödem Gefühl ab. Wobei auch ein gewisser Respekt vor möglicher göttlicher Unterstützung mitschwingt. Er lässt den Toten reinigen, salben, kleiden und hebt ihn eigenhändig aufs Lager.

Bruno Snell hat überzeugend gezeigt, dass die archaische Zeit ihre sehr eigenen Vorstellungen von Körper und Seele hatte.[7] So gab es keinen Begriff, der den Körper als Ganzes bezeichnet hätte. Es gab ausschließlich

Bezeichnungen für einzelne Glieder des Leibes. Zueinander addierte Teile, aufgelöst in geometrische Einzelelemente, wie man sie auf den Vasenmalereien des 7. Jahrhunderts sehen kann.

Ähnlich scheint es sich mit der Sprache der Gefühle verhalten zu haben. Die Seele kann man sich nur als *thymos*, als körperliches Organ denken, das von Schmerz wie von einer Waffe getroffen und zerrissen werden kann. Gemischte Gefühle gibt es allenfalls in einem mechanisch-physikalischen Sinn, nicht als gemischte Empfindung. Sappho wird Jahrhunderte später von »bittersüßem« Eros sprechen können[8] – Homer kannte allenfalls den Kampf des Ich gegen den *thymos*. Ambivalente Gefühle wurden ebenso als von Übel betrachtet wie solche, die den Organismus wechselweise lähmen und erregen. Erst sehr viel später, in der *Poetik* des Aristoteles, wird man sich bemühen, Gefühle zu kanalisieren, zu unterdrücken und zu domestizieren.

In der Frühzeit des 8. Jahrhunderts, in der wir uns mit Homer befinden, waren die emotionalen Codes noch ungleich unmittelbarer und direkter. Nachdem die Leiche versorgt und das Lösegeld dafür abkassiert wurde, kehrt Achill in das Zelt zurück und fordert Priamos in aufgeräumtem Ton auf, nunmehr Trauer Trauer sein zu lassen:

> »Also lass denn auch uns beide nun aufs Essen bedacht sein,
> göttlicher Greis; dann magst deinen Sohn du wieder beklagen,
> ist er nach Troja gebracht; du wirst ihn viel noch beweinen!«
> Sprach's und sprang auf, der Pelide und schlachtete gleich drauf ein weißes
> Schaf, das häuteten dann und bereiteten zu die Gefährten,
> schnitten es fachgerecht klein und steckten es dann auf die Spieße,
> brieten es drauf mit Umsicht und zogen alles herunter.
> Und Automedon griff nach dem Brot und verteilte in schönen
> Körben es auf dem Tisch. Doch das Fleisch verteilte Achilleus.
> Und sie streckten die Hände aus nach den Speisen vor ihnen.
> (XXIV, 619–627)

Dann vereinbart man Waffenruhe, erlaubt die Bestattung des Toten – und legt sich schlafen. Danach geht alles sehr schnell. Das Epos endet, wie erwähnt, fast abrupt.

Ganz offenbar stehen wir an einem Wendepunkt der Geschichte – im Herbst der großen Heroen. Zugegeben, noch brauchte man sie, jedenfalls in diesem Krieg. Doch ihre Tage sind gezählt. Auch Achill wird den Triumph der Griechen nicht mehr erleben. Kurz nach Hektors Bestattung kommt er durch einen tückischen Pfeil zu Tode. Die entscheidenden Akzente setzen andere, die nicht durch kämpferische Aktionen, sondern durch Einfälle, List und Intellekt glänzen, allen voran Odysseus. Seine Idee bringt Troja zu Fall, und ihm ist nicht zufällig ein zweites, nicht weniger gewichtiges Epos gewidmet: die *Odyssee*.

Doch schon im Rahmen der *Ilias* spielt Odysseus eine zentrale Rolle. Immer wieder muss er die oft kindlich anmutenden Trotzreaktionen einzelner Protagonisten moderieren. Krisenmomente wie der im Zusammenhang mit Achilles eingangs erwähnte sind überaus häufig, und oft stehen die gekränkten oder frustrierten Antagonisten einander, glühend vor Wut, die »Augen dunkel umrändert«, gegenüber – bebend und auf offener Szene weinend.

Aber erst durch die Folge solch gemeinsam durchlebter emotionaler Einbrüche und ihrer Überwindung kann jenes Wir-Gefühl entstehen, das auf die Erfahrungen einer Gruppe zurückgeht. Letztlich sind diese Demütigungen, Rückzugsgefechte, Dominanz- und Versöhnungsrituale alles Stellvertreterkriege für die ungelöste Frage der Hierarchie. Selbst nach zehn Jahren gibt es in diesem Agglomerat aus zwanzig oder mehr Kontingenten, Ethnien, Stämmen noch keine feste Ordnung.

Man kann die *Ilias* auch als eine Art Laborbericht aus der Werkstatt der beginnenden Demokratisierung lesen. Natürlich noch nicht einer Demokratisierung im modernen Sinn. Doch werden in diesem Text Sprach- und Verhaltensregularien entwickelt, die zu einer neuen Grammatik bezähmter Gefühle führen könnten. Das Sich-Einüben in diese Grammatik eines gemeinschaftlichen Zusammenspielens ist ein zäher Prozess mit vielen Rückschlägen – zumal das heroische Alphatier

Achilles es vorzieht, seiner Mutter unter Tränen sein Leid zu klagen, statt in den Kampf einzugreifen. So ist die Gruppe gezwungen, sich selbst zu organisieren, also über den Kampf zum Zusammenspiel zu finden. Und in der Tat werden wir Zeugen eines anderen, schöneren, geordneteren Kampfstils. Im vierten Gesang wird das Vorgehen der Griechen in Termini einer beängstigend ruhigen Naturgesetzlichkeit beschrieben:

> Wie an der heftig tosenden Küste die Woge des Meeres sich erhebt, eine dicht auf die andere, vom Westwind getrieben – auf hoher See wölbt erst auf sie ihr Haupt, dann aber am Festland braust sie, sich brechend, gewaltig, und ringsum die Klippen türmt sie, vornübergebogen, sich hoch und speit aus den Salzschaum: So zogen damals dicht aufeinander der Danaer Reihen rastlos hin in die Schlacht. Es gebot den eigenen Leuten jeder der Führer; stumm gingen die Männer; man konnte da meinen, dass – in der Brust keine Stimme – ein solch großes Heer ihnen folgte, lautlos, vor den Kommandanten in Furcht, und an allen glänzte die Rüstung, mit der angetan in Reihen sie schritten. (IV, 422–432)

Anders die Darstellung der Gegner. Da hallt es nur so von vielfältigen Stimmen und Lauten:

> Aber die Troer – wie Schafe im Hof eines schwerreichen Mannes zahllos stehen, wenn ihnen die weiße Milch wird gemolken, dauernd blökend, wenn die Stimme der Lämmer sie hören: So erscholl von den Troern ein wirres Geschrei durch das Heer hin. Denn nicht gleich war das Rufen aller noch einerlei Stimme, sondern gemischt war die Sprache, vielstämmig waren die Männer. (IV, 433–438)

Dort diffuses Gewimmel, hier geordnete Kampfkraft. Man spürt, da sollen Gemeinschaftsgefühle entfaltet und in Szene gesetzt werden. Auch Individuen können in diesen Situationen, unterstützt und gecoacht durch Götter, über sich hinauswachsen. So reißt keine Geringere als

Athene dem angeschossenen Diomedes den Pfeil aus der Schulter und putscht ihn, den Verwundeten, zur Attacke auf den Kriegsgott Ares auf, der in den Reihen der Trojaner kämpft.

Die sprachliche Aufrüstung der Affekte entlädt sich in der *Ilias* als in Hexameterrhythmen gefasste Dauerstimulation. Das Testosteron aus Worten – ob vorgetragen, mitgesungen, vorgespielt, nachgefühlt – überträgt sich auf das Kollektiv und vermittelt über Zeit und Raum hinweg ein kulturelles Grundgefühl, eine unverwechselbare Signatur, die sich offensichtlich rapide verbreitete. Bildliche Zeugnisse der Schlacht um Troja finden sich bereits im 7. Jahrhundert in großer Zahl und stellen häufig Schlüsselsituationen des Epos dar.

Das alles hat noch nichts mit einer großgriechischen oder gar europäisch zu nennenden Weltsicht oder einem entsprechenden Wertehorizont zu tun. Der »europäische« Gedanke entwickelt sich nicht *top down*, sondern *bottom up*. Wie wenig ideologiegeleitet die Situation zunächst noch ist, zeigt sich schon daran, dass zwischen den Trojanern und Griechen weltanschauliche Unterschiede kaum auszumachen sind. Sie kämpfen zwar verbissen gegeneinander, und dabei treten leise Unterschiede der Einstellung zutage, ansonsten aber gelten hier wie dort in etwa dieselben Regeln und Normen. Es ist, als ob man eine Grenze ziehen wollte, um zwei weitgehend gleichartige Räume voneinander zu trennen. Um Territorien voneinander abzugrenzen und eine Balance der Kräfte im östlichen Mittelmeerraum herzustellen, ohne dabei bereits kulturelle Gegenwelten zu definieren.

Erst allmählich sollte sich dieser Raum der Ägäis – bislang eher Vakuum als Machtzentrum – mit Werten, die ihn definieren, füllen. Dass der Krieg nach Heraklit der »Vater aller Dinge« sei, darf man mit Fug und Recht bestreiten. Diese Funktion erfüllt eher das Phänomen der Grenze. Bereits das Ziehen von symbolischen Grenzen setzt Mechanismen in Gang, die Menschen in ihrem Selbstverständnis verändern können. Erst kommt die Grenze, dann die Ideologie – zumindest für Troja trifft diese Regel zu. Vielleicht nur eine durchschnittliche Festung am Rande des hethitischen Reiches, an der Küste Kleinasiens. Möglicherweise, nach Manfred Korfmann, auch eine Stadt oder eine

Handelsstation. Nicht mehr, nicht weniger. Erst durch die Erfindung des »Trojanischen Krieges« wurde daraus ein Symbolort für einen neuen Herrschaftsraum von (über-)nationaler Bedeutung. Homers Text bildet diese Realität nicht einfach ab, sondern er stellt sie her. Das Troja, in dem die *Ilias* möglicherweise spielte, wurde weder von Schliemann noch von einem seiner Nachfolger entdeckt, und vielleicht lässt es sich im Gewirr der Schichten auch nicht mehr aufspüren. Mehr noch, möglicherweise ist es im Gewirr dieser Schichtungen aus Fakten und Fiktionen noch nie aufzuspüren gewesen. Wir wissen bis jetzt nicht einmal, ob die sensationellen Grabungen Korfmanns das »wirkliche« Troja ans Licht gebracht haben.[9]

Doch das tut letztlich nichts zur Sache. Denn längst hat sich der von Homer gestiftete »Mythos Troja« von dem vergleichsweise armseligen Trümmerfeld, das man vor Ort gefunden hat, gelöst und ist zu einer imaginativen Realität geworden. Ein Mythos, in dem sich die gesamte weitere europäische Geschichte spiegeln und in den sie sich einschreiben wird. Alexander der Große hatte die *Ilias* unter seinem Kopfkissen, Rom begriff sich als neues Troja, und nahezu der gesamte europäische Adel leitete seine Herkunft über alle möglichen und irrwitzigen Verrenkungen von Troja ab. Nur die Literatur war so frei und so frech, die Möglichkeit zu denken, der Trojanische Krieg hätte gar nicht stattgefunden (Jean Giraudoux).

3 Geburt der Polis

Die Männer, die aus dem Trojanischen Krieg zurückkamen, waren Verändernde und Veränderte. Von den Erfahrungen auf dem Schlachtfeld gezeichnet, passten sie nicht mehr ins soziale Gefüge der Orte, von denen sie ausgezogen waren, und blieben doch im Gedächtnis deren Leitfiguren. Agamemnon, der einst mächtige König Mykenes, wird, wie die *Orestie* schonungslos darstellt, unmittelbar nach seiner Rückkehr von der eigenen Frau erschlagen.[10] Und Homer erzählt von den Irrfahrten des Odysseus, der sich zehn Jahre lang über die Meere quälen muss, bevor er nach Ithaka zurückkehren wird und dort seinen Sitz von Schmarotzern und Konkurrenten korrumpiert vorfindet. Zu diesem Zeitpunkt tragen bereits breit erzählende Epen die Geschichten der Helden um die mediterrane Welt. Auch wenige herausragende Dichterinnen wie Sappho (geboren 630 v. u. Z.) sind integraler Bestandteil dieser mediterranen Traumfabrik, in der Götter- und Menschengeschichten nicht immer harmonisch, aber mit großer Selbstverständlichkeit ineinanderfließen.

Mit der Erfindung des Dramas findet im 5. Jahrhundert v. u. Z. ein entscheidender Medienwechsel statt. Natürlich gab es Rituale und kultische Vorführungen schon früher und an anderen Orten. Aber es ist sicher nicht übertrieben zu sagen, dass das Drama als zentrale öffentliche Form der kulturellen Selbstdarstellung ein Produkt der noch jungen griechischen Stadtstaaten war. Unterhalb des Burghügels der Akropolis, die steilen Mauern als Hintergrundkulisse, kann man seine Reste noch heute besichtigen: das Dionysos-Theater in Athen, eines der Zentren der neuen Entwicklung. Dort fanden im Dezember und

März jedes Jahres mehrtägige »Dionysien« von der Morgendämmerung bis zum Sonnenuntergang statt. Im Verlauf dieser religiös und politisch akzentuierten Volksfeste kamen jeweils verschiedene Stücke zur Aufführung, die am Ende prämiert wurden.

Man spricht häufig davon, dass das Theater im alten Griechenland vor allem das Ziel hatte, die Bürger zu selbstständigem Handeln zu erziehen. Eine Formulierung, die die Brisanz und die Intensität dieser Aktionen nur bedingt zum Ausdruck bringt. Denn es ging darum, den gesamten Kosmos der Werte, der Verhaltensnormen und der Emotionen umzubauen, ihn polistauglich zu machen. Ein Projekt, für das es keine Vorbilder gab und das doch alternativlos war: Man musste Lebensformen entwickeln, die sich im Wissen um ihre heroische, mythologische Herkunft aus dem Schatten dieser Vergangenheit lösten und Räume schufen, die für die Gegenwart des 5. und 4. Jahrhunderts v. u. Z. bewohnbar waren. Man stand vor der Aufgabe, diesen neuen Lebensstil praktisch zu erarbeiten, ihn einzuüben und zu kommunizieren. Mit dem Theater (er-)fand man das optimal dafür geeignete Medium.

Wir sollten aber nicht den Fehler begehen, uns darunter irgendwelche drögen didaktischen Bildungslektionen vorzustellen, auch wenn insbesondere das klassische griechische Theater im Verlauf des 19. Jahrhunderts genau dazu gemacht wurde. Vor allem war das griechische Theater zu seiner Zeit ein Instrument, um Gefühle und Emotionen in Aufruhr zu versetzen.

Es ist kein Zufall, dass *der* Theoretiker der Agenda »Polis«, Aristoteles, die Tragödie als primär affektgeleitet definiert. Die Tragödie, heißt es im 6. Abschnitt seiner *Poetik*, sei eine »Nachahmung von Handelnden […], die Jammer *[eleos]* und Schaudern *[phobos]* hervorruft und hierdurch eine Reinigung *[katharsis]* von derartigen Erregungszuständen bewirkt«.[11] Mit dem Begriff der »*katharsis*« wird dabei also die entscheidende Idee einer Reinigung nicht der Gefühle, sondern einer Befreiung *von* diesen Gefühlen beschrieben. Im Drama hat man die Möglichkeit, extreme Erfahrungen »gefühlsecht« und dennoch gefahrlos zu durchleben. Eine realistische Simulation als Ersatzspielplatz unerwünschter oder problematischer Gefühle.

Diese geniale Idee entwickelte sich selbstverständlich nicht von einem Moment auf den anderen, sondern allmählich, angereichert durch Erfahrungen und Strategien. Alle zielten darauf, das Publikum auf die richtige Art anzusprechen und zu formen. Zunächst war da im Wesentlichen nur ein Schauspieler im Wechsel mit dem Chor, bevor Aischylos (525–456 v. u. Z.), der älteste der großen griechischen Dramatiker, einen zweiten Schauspieler und damit einen Antagonisten einführte.

Von da an bestimmten vehemente Streitgespräche das Geschehen auf der Bühne, erregte und erregende Auseinandersetzungen, die den Chor als Repräsentanten des Volkes und Echokammer des Publikums zwangen, sich emotional zu positionieren, pro oder contra oder auch hin- und hergerissen. So kommt es nahezu automatisch zu neuen Formen der Auseinandersetzung und letztlich auch damit verbundener Werte. Wo Schlagabtausch mit Wörtern an die Stelle des Kampfes mit Schwertern oder Speeren tritt, gelten andere Spielregeln. Der Kampf der Argumente fordert andere Fähigkeiten als der mit Waffen, und an seinem Ende steht häufig nicht ein strahlender Sieger, sondern ein erträglicher Kompromiss: Prozess statt Blutrache. Das klingt sehr viel theoretischer und akademischer, als es sich auf der Bühne abgespielt haben mag, denn all diese Dramen sind letztlich rabiate Kämpfe unterschiedlicher Ordnungssysteme, erbitterte Kämpfe von Recht gegen Recht.

Mit den drei Teilen seiner *Orestie*[12] gewann Aischylos 458 v. u. Z. den Siegespreis, und bis heute vermögen gute Inszenierungen dieser Schlacht der Gefühle uns vom ersten Moment an in ihren Bann zu ziehen. Wenn man die Todesschreie des Agamemnon hört und später Klytämnestra mit blutigem Schwert auf die Bühne tritt, ist man entsetzt über die Tat und die scheinbare Skrupellosigkeit der Mörderin. Später, wenn sukzessive die Hintergründe der Tat ans Licht treten, kippt das Urteil, und man sympathisiert beinahe mit der, die man eben noch verfluchte.

Ganz offenbar geht es also nicht darum, Empathie, Mitleid mit den unglücklichen, geschundenen, geschlagenen, getriebenen Menschen auf der Bühne zu erwecken, noch nicht einmal darum, ihre individuellen

Gefühle auszuleuchten. Nicht *mit* diesen höchst zwielichtigen Figuren soll man leiden. Es sind die Zustände, in die sie geraten, *an denen* man leiden soll. Es ist der Sog des Verhängnisses, von dem sie förmlich ergriffen werden, der uns erregt, wogegen etwas in uns sich sträubt.

Griechische Tragödie, das ist der öffentlich vorgetragene, öffentlich ausgetragene leidenschaftliche Versuch, sich aus den Zwängen archaischer Rituale, Rachemechanismen und Schicksalsobsessionen, an deren Fäden wir zu hängen scheinen, zu befreien. Denn alle, die wir in ihr Unglück stürzen sehen, müssen so handeln, wie sie handeln. Klytämnestra *muss* ihren Mann, der als Sieger von Troja zurückkehrt, töten, um den Berg an Schuld und Lügen, der sich zwischen beiden angehäuft hat, abzutragen. Orest *muss* Klytämnestra, seine Mutter, töten, um dem Gesetz seiner Götter und dem seiner Ehre zu genügen. Kassandra *muss* ihre Ahnungen herausschreien – wohl wissend, dass ihr auch jetzt, wie einst vor Troja, niemand glauben wird. Und im Wissen darum, was sie erwartet, betritt sie den Palast: Als erotisches Beutestück von Agamemnon mitgeschleppt, wird sie dort von Klytämnestra in einem Aufwasch mit entsorgt. Wer je auf die Idee kam, das attische Theater mit den Kategorien des Edlen und Schönen auch nur ansatzweise in Verbindung zu bringen, muss bildungstrunken, bildungsblind gewesen sein. Es gibt kaum eine härtere, rücksichtslosere Bewährungsprobe für Wahrhaftigkeit als dieses Theater. Die schreckliche und zugleich bis zu einem gewissen Grad banale Zwangsläufigkeit alles menschlichen Tuns wird ganz ohne heilsgeschichtlichen Hintergrund mit grausamer Pragmatik dargestellt. Durch das Halbrund der Theater hallt ein gewaltiger, bisweilen aus den Fugen geratener Klangkörper, starre, befremdende Masken, hohe Kothurne und eine nicht weniger harte, völlig unsentimentale, wenngleich hoch leidenschaftliche Sprache tun ein Übriges. Sie lassen uns zu Augen- und Ohrenzeugen werden – alles intensiv miterlebend und dennoch in emotionaler Halbdistanz.

Nirgends ist Kassandras oder Orests hoffnungslos zerrissener Dazwischen-Zustand je unprätentiöser und gnadenloser dargestellt worden als hier. Ihre Verflechtungen, ihre Mitschuld, ihre fatalen Erklärungs- und Rechtfertigungsversuche, der Fluch ihrer Berufung, der Fluch seiner Verfluchung, Hochmut, Verzweiflung: Alles, alles drücken diese zerberstenden, hohl hinter Sprachtrichtern tönenden, zwischen Bariton und Kopfstimme wimmernden, umbrechenden Stimmen im Zusammenspiel mit ihren bebenden Gliedern aus. Und man spürt mit jedem Wort, dass die Versuche, sich aus dem Bann der archaischen Gespenster zu lösen, auf schwankendem, blutigem Grunde stattfinden.

Und selbst wenn (wie im dritten Teil der *Orestie*) die didaktische Absicht dieses Pionierstücks eines eben entstehenden, der Not abgerungenen, demokratischen Systems einschließlich Urnengang und Abstimmung ins Zentrum rückt und das Ganze ideologisch zu werden beginnt, bleibt das Gefühl der Bedrohung erhalten. Mit nur einer Stimme mehr, bezeichnenderweise der Stimme der Schutzgöttin Athene, wird Orest schließlich vom Rat der Ältesten der Stadt, dem Areopag, in unmittelbarer Nähe des Theaters auf der anderen Seite der Akropolis, vom Vorwurf des Mordes freigesprochen und der Bann der Erinnyen gebrochen. Zumindest für jetzt und hier, wo der in diesem Moment wieder aufgenommene, entschuldigte Orest auf dem für ihn schwankenden Boden der Bühne steht.

Erleichtert, hochmütig, verzweifelt. Zwar wurde das tödliche Gesetz der Blutrache mit gewaltiger Kraftanstrengung in der griechischen Polis außer Kraft gesetzt – aber jeder im Rund mag gespürt haben, dass dieser Schuldschnitt das böse und das unschuldige Blut, das vergossen wurde, nicht einfach vergessen machen kann. Noch ist dies eine Welt, die sich nur einen Steinwurf entfernt von archaischen Ritualen, bluttriefenden Rachegöttinnen und einem alles zermalmenden Schicksal bewegt.

Das wagemutige Theater der griechischen Polis liebte und riskierte es, ob in Athen, Epidauros oder Dutzenden anderen Städten, den Blick in die Abgründe und Gefährdungen des eigenen, fragilen Systems zu werfen. Wie auch Sophokles (497/6–406/5 v. u. Z.) dies getan hat. Selbst und gerade in seinem zu Recht berühmtesten und von der Jury der Dionysien ausgezeichneten Stück, *Antigone* (442 v. u. Z.).

Eine todesmutige junge Frau, die ihr Leben einsetzt für – scheinbar ein bloßes Beerdigungsritual, in Wirklichkeit für den Kampf gegen ein in ihren Augen korruptes Herrschaftssystem. Eine selbstbewusste junge Frau stellt den Staat auf offener Bühne infrage. Sie will den Ernstfall. Sie schafft den Ernstfall. Sie ist der Ernstfall, entschlossen, die Grenzen des Systems zu erkunden und darüber hinauszugehen. Antigone vollzieht ihre Tat, die Bergung des Leichnams des toten Bruders, gegen den erklärten Willen des Herrschers, Kreon, fast unter den Augen der Macht.

Das ist so kühn, dass die Koordinaten von oben und unten fast aus dem Gleichgewicht geraten. In Troja oder Mykene gab es die Festung und eine Unterstadt. Politik wurde von oben gemacht. In Athen wurde mehr und mehr die Agora, der Marktplatz der Meinungen, unterhalb der Akropolis, zum Mittelpunkt der entscheidenden gedanklichen Auseinandersetzungen. Die Agora war die Arena der Argumente, das Theater ihr Simulationsraum. Der Ort, wo man aufs Ganze gehen und die radikalsten Fragen stellen konnte. Zum Beispiel die Frage, was geschieht, wenn ein Herrscher, der formell das Recht auf seiner Seite hat, auf eine Gegnerin trifft, die möglicherweise nicht das Recht, wohl aber die Gefühle auf ihrer Seite hat – die Gefühle des Chors sowie vermutlich eines beachtlichen Teils des Publikums. Antigone lässt nicht ab von ihrem Plan, den Bruder gegen die Anweisungen Kreons nach ihren Regeln zu beerdigen. Selbst die angedrohte und letztlich vollzogene Todesstrafe kann sie nicht umstimmen. Sie nimmt den eigenen Tod mit der Gelassenheit einer Selbstmordattentäterin hin, und eine Art indirekter Selbstmordanschlag ist dieser Kampf um einen Toten in der Tat. Am Ende werden nicht nur sie selbst, sondern auch ihr Verlobter Haimon (Kreons Sohn) und Kreons Frau Eurydike ihr Leben gelassen haben. Der unglückliche Herrscher als »Sieger« in diesem Kampf von Recht gegen Recht bleibt vereinsamt auf seinem Thron zurück.

Als Ikone des individuellen Widerstands wird Antigone indes unsterblich – bis heute steht das Stück auf den Spielplänen aller Theater und wird besonders unter totalitären Systemen als Parabel des Protests begriffen. Aber auch für demokratische Systeme macht das Schicksal der unbeugsamen jungen Frau deutlich, dass »Staatsraison«

Grenzen haben muss. Eine extrem wichtige Demarkationslinie zwischen Moral und Pragmatik, die bis heute von hoher Aktualität geblieben ist. Was hier auf offener Bühne verhandelt wird, ist von grundsätzlicher Bedeutung, und auch die Art und Weise, in der diese Auseinandersetzung geführt wird, ist einzigartig und exemplarisch. Das sind keine »platonischen Dialoge«, wo man bereits zu Beginn ahnt, wer der Über- und wer der Unterlegene, wer Lehrer, wer Schüler ist. Hier wird volle Konfrontation beinahe lustvoll und sprachlich versiert ausgetragen:

> *Kreon*: […]
> Gewiß, das hass' ich, ist auf Schlimmem einer
> Ertappt, wenn er daraus noch Schönes machen möchte.
> *Antigonae*: Willst du denn mehr, da du mich hast, als tödten?
> *Kreon*: Nichts will ich. Hab ich diß, so hab ich Alles.
> *Antigonae*: Was soll's also? Von deinen Worten keins
> Ist mir gefällig, kann niemals gefällig werden.
> Drum sind die meinigen auch dir mißfällig.
> […]
> Das Königtum ist aber überall
> Geistreich und tut und sagt, was ihm beliebet.
> *Kreon*: Siehst du allein dies von den Kadmiern?
> *Antigonae*: Auch diese sehn's, doch halten sie das Maul dir.
> […]
> *Kreon*: Verderbt hat der das Land; der ist dafür gestanden.
> *Antigonae*: Dennoch hat solch Gesetz die Totenwelt gern.
> *Kreon*: Doch, Guten gleich sind Schlimme nicht zu nehmen.
> *Antigonae*: Wer weiß, da kann doch drunt' ein andrer Brauch seyn.
> *Kreon*: Nie ist der Feind, auch wenn er todt ist, Freund.
> *Antigonae*: Aber gewiß. Zum Hasse nicht, zur Liebe bin ich.
> *Kreon*: So geh hinunter, wenn du lieben willst,
> Und liebe dort! mir herrscht kein Weib im Leben. (II, 1)[13]

Nein, es ist nicht übertrieben zu sagen, dass ein solch unerhörter Dialog zwischen einem Ranghöheren und einer sozial unterlegenen Frau um diese Zeit weltweit kein zweites Mal existierte. Wenn man nach Signaturen europäischer Kultur suchte – hier hätte man ein Zeugnis der besonderen, auch der besonders anspruchsvollen Art vor sich.

Das artistische Spiel mit dem Feuer des Aufruhrs kann freilich nur im Rahmen fester politischer Koordinaten stattfinden. Kreon hat das Recht, Antigone zu bestrafen und lebend einzumauern, und er wird davon Gebrauch machen. Es wird kein Zweifel gelassen, dass diese frühe Idee des Gewaltmonopols als Errungenschaft betrachtet und mit allen Mitteln durchgesetzt werden soll. Gleichzeitig will man die Autonomie des Individuums und das Recht auf sein moralisches Urteil nicht unterdrücken – ein Balanceakt, der nach überzeugenden Ausdrucksformen sucht.

Das bekannteste Zeugnis ist die sogenannte Tyrannenmördergruppe, die im Jahr 477/76 v. u. Z. auf der Agora von Athen aufgestellt wurde. Sie zeigt zwei griechische Heroen bei der Ausführung eines Attentats gegen Mitglieder der Peisistratiden Tyrannis im Athen des 6. Jahrhunderts v. u. Z.

Offenbar wollte man die beiden zu Vorkämpfern der attischen Demokratie stilisieren und interpretierte ihren eher privat motivierten Anschlag als legitimen Ausdruck des Kampfes gegen Willkür und Unterdrückung. Immerhin war das Denkmal der Polis so wichtig, dass Alexander der Große es aus Susa, wohin Xerxes es nach der zeitweiligen Besetzung Athens gebracht hatte, nach Athen zurückholen und wieder an seinem angestammten Platz aufstellen ließ. (Siehe Abbildung 3 in Tafelteil 1.)

Die Statuen sind ein bemerkenswertes politisches Signal. Es ist, als hätte man zwei Krieger aus der Schlacht um Troja entführt und auf der städtischen Agora neu installiert. Das Kraft- und Gewaltpotenzial der muskulösen, überlebensgroßen Figuren lässt keinen Zweifel an ihrer Kampfbereitschaft – nun freilich im Dienst einer neuen, gleichsam staatlichen Moral.

Auf der Basis solch stabiler staatspolitischer Koordinaten war es dann möglich, im Bereich des »Staatstheaters« auch Schwachstellen des eigenen Systems auszuleuchten. Mit den Angriffen Antigones gegen Kreon ist das Subversions- und Provokationspotenzial der griechischen Bühne längst nicht ausgeschöpft. Andere Autoren wie Euripides (480–406 v. u. Z.) gehen noch einen Schritt weiter – nicht nur, was die Darstellung grausamer Momente betrifft, sondern vor allem auch die Radikalität, mit der politische Gefährdungen der noch jungen Polisgemeinschaft vorgeführt werden.

Noch immer unter dem Meridian der latenten Bedrohung durch die Perser und anderer Mächte des Ostens, wagt Euripides es, ein Worst-Case-Szenario zu entwerfen. Er imaginiert einen gespenstischen Kontrollverlust des attischen Systems: In *Die Bacchantinnen* überwältigt ein dionysisch inspirierter Manipulator im Handstreich weite Teile der attischen Population. Im Drogenrausch verwandeln sich Angehörige der Polis in reißende Bestien und schrecken selbst vor der Zerstückelung des Fürsten Pentheus – übrigens ein Neffe der Europé[14] – nicht zurück. Später, aus ihrem Rausch erwacht, wird Agaue, die Mutter und Mörderin, versuchen, die zerfetzen Glieder ihres Sohnes wieder zusammenzufügen.

Doch das bekannteste Stück Euripides', *Medea*, wird, was die innere Sprengkraft des *clash of civilizations* betrifft, selbst *Die Bacchantinnen* in den Schatten stellen. Eine Magierin aus Kolchis, vom Rande der zivilisierten Welt, der öden Schwarzmeerküste, betritt den sauberen Boden der Polis: Eine Barbarin an der Seite eines griechischen Helden, des Argonauten Jason, Eroberer des Goldenen Vlieses, zieht in Korinth ein. Sehr früh treten Frauen als Helferinnen und Organisatorinnen im Hintergrund in Erscheinung. Bereits Theseus hatte den Minotaurus unter tatkräftiger Mitwirkung Ariadnes zur Strecke gebracht. Medeas aktive Rolle geht sehr viel weiter.

Um ihrer Liebe willen hatte sie ihm nicht nur beim Diebstahl der begehrten Trophäe geholfen, sondern sogar den Tod des eigenen Bruders in Kauf genommen.[15] In Korinth unternahm Medea zaghafte Integrationsversuche, die jedoch ins Leere liefen. Jason ist mittlerweile entschlossen, sich von ihr zu trennen, um eine strategisch günstige Ehe mit der Tochter des Königs von Korinth zu schließen. Alle Verbrechen, die sie mit ihm zusammen begangen hat, alle Opfer, die sie für diese Liebe gebracht hat, sind damit entwertet. Aus der mächtigen Komplizin eines bewundernswert großen Raubzugs ist mit einem Schlag eine jämmerliche Altlast geworden, der man sich gern entledigen würde.

Euripides wählt die kühnstmögliche Variante, um das Dilemma auf die Spitze zu treiben. Aus der Heilerin, als die Medea auch bekannt war,[16] wird bei Euripides eine Mörderin. Ihrer Rache fallen erst die neue Braut und deren Vater zum Opfer, dann ermordet sie ihre beiden Kinder, flieht auf einem Drachenwagen, den Helios, der Sonnengott, ihr schickt. Höhnisch benennt sie ihr eigentliches Anschlagsziel: Jason! Dich wollt ich treffen, und: »Dich hab ich getroffen!« Am Ende steht sie eher als dominante und keineswegs als reuige oder gar zerbrochene Figur auf der Bühne, die beim Publikum eher eine tendenziell problematische Form der Bewunderung als Mitleid erregt. Eine kühne Wendung, die die athenischen Theaterbesucher vermutlich spürbar irritierte.

Unwillkürlich muss man an Klytämnestra denken, die wegen eines geringeren Vergehens zur Verantwortung gezogen und vom eigenen Sohn hingerichtet wurde. Was beide Täterinnen verbindet, ist der hochmütig dominante Gestus nach der Tat. Im Angesicht der erschütterten Polis bekennt die Mörderin ihres Mannes in der *Orestie* sich gleichermaßen kalt wie leidenschaftlich zu ihrer Tat und feiert den großen Moment:

Das ist *mein* Geschäft!
Hörst du? Meins ganz allein.
Durch meinen Schlag ist er gefallen.
Ich habe ihn getötet.
Und ich will ihn auch begraben.
Ihr nicht –[17]

Ähnlich Medea, das heilige Monster, das alle Grenzen der Moral zu sprengen scheint und auf diesem Weg zu sich findet. Seneca wird zwei Jahrhunderte später die Formel »*Medea fiam*« prägen. Man könnte sie mit »jetzt werde ich wieder ganz die ursprüngliche Medea sein« umschreiben und damit den Blick auf das Zentrum der Problematik richten. Klytämnestra bleibt trotz der Gewalttat faszinierend – wird jedoch um des Rechts willen bestraft. Medea erschreckt und fasziniert gleichermaßen, wird jedoch nach der grauenhaften Tat letztlich noch belohnt. Sie kann in die Arme des attischen Königs Aigeus fliehen, der sie der Überlieferung nach heiratet. Euripides dramatisiert und übertreibt maßlos, aber er übertreibt, um zu zeigen, was geschehen kann, wenn eine Figur aus ihrer Bahn gerissen und in ihren Erwartungen getäuscht und enttäuscht wird.

Die innere Tragödie der Medea hatte in dem Moment begonnen, als sie dem Fremden, Jason, in einer Mischung aus Befreiung, Einverständnis, Abenteuerlust und erotischer Faszination wie in Trance gefolgt war. Jetzt, am Ende, in der Geister- und Todesstunde dieser Liebe, tauchen alle alten, verschütteten Gefühle wieder auf und reißen die Figuren in den Abgrund. Euripides konnte diese Vorgeschichte nicht auf die Bühne stellen – aber er konnte und musste etwas von den Gefühlskräften zwischen diesen beiden Menschen in zwei flüchtigen Theaterstunden wiederauferstehen lassen. Übermächtig als Paar. Im Rausch einer Liebe gegen den Rest der Welt. Er musste dieses »Weißt-du-noch«-Gefühl zwischen den Ruinen zerfallender Affekte in wenigen Dialogen zum Leben erwecken, diese wahnsinnige Mischung aus Hass, Liebe, Verzweiflung, Ekel, Verachtung im Körper, in der Stimme, in jeder Geste. Eine emotionale Energie, mit der weder sie selbst noch das Publikum umgehen konnten und die doch alle spürten: Da bewegt sich eine auf den äußersten Rand einer Ordnung zu – ein Herzschlagfinale.

Mehr an Provokation ging nicht – und erstaunlicherweise erhob sich kein Aufruhr im Publikum. Die grausame Protagonistin wurde – neben Antigone – zur Kultfigur des Welttheaters. Statt Hass und Verachtung löst sie Schaudern *(phobos)* und heimliche Bewunderung *(thaumaston)* aus. Ein erstaunlicher Vorgang: Im Grunde wird eine rachsüchtige Triebtäterin auf offener Bühne verklärt und zugleich der Staat massiv gedemütigt.

Aber genau deshalb und genau so funktioniert Theater: Es setzt Gefühle frei, schafft für Momente sogar Empathie mit dem Abscheulichen und steuert, kommentiert, kontrolliert diese Gefühle, indem es mit ihnen artistisch jongliert. Wie alle wichtigen Spiele ist auch dieses ein sehr ernstes Spiel, wenngleich kein Spiel auf Leben und Tod. Stattdessen »nur« eine Simulation – eine Simulation, in der es um Leben und Tod anderer geht. Genau deshalb aber konnte man in den Theatern Griechenlands gezielt Grenzen überschreiten. Schon damals nicht ohne massiven Widerspruch derer, die in einem solchen Spiel mit dem Feuer der Phantasie und der Emotionen Gefahren für die gesellschaftliche Ordnung sahen.

Kein geringerer als Platon (428/7–348/7 v. u. Z.), der Verfechter einer klaren Ordnung des Diskurses, attackierte das Theater als Brutstätte unkontrollierbarer Emotionen: Es bewege die Zuschauer, reiße sie mit, lasse sie applaudieren oder buhen, verwandele sie in eine lebendige Masse und versetze sie in Schwingung.

Die Ideen, die das Theater verbreitet, sein verstohlenes Werben für eine bestimmte Sicht des Daseins, sind in Platons Augen außerordentlich wirksam. Zumal das antike griechische Theater sich ähnlicher Mittel bediente wie die Wagner'sche Oper: Musik, Tanz, Chorpartien, Gesang, Maschinen, die Götter im Himmel erscheinen lassen konnten. Damit gelang es der ergreifendsten Tragödie und der zügellosesten Komödie, die Masse zu überraschen und einzunehmen. Doch während die Theaterdichter, so Platon, mit Preisen überschüttet wurden, mussten Philosophen wie Sokrates, wenn sie angeblich »staatsgefährdende« Gedanken zu diskutieren wagten, den Schierlingsbecher nehmen.

Die Aversion der Philosophen gegen das Theater hat grundsätzliche, aber auch persönliche Gründe. Höhepunkt der Kontroverse war die Komödie *Die Wolken* (423 v. u. Z.), in der Aristophanes, der erfolgreichste der griechischen Komödienautoren, Sokrates als Spottfigur auf die Bühne stellte, ihn als Sophisten, Rechtsverdreher und spitzfindigen Wortspieler, kurz, als Trickbetrüger diffamierte, der Menschen ausbeutet und manipuliert.

Die Komödie kam aufgrund der pikanten satirischen Seitenhiebe gut an und könnte durchaus ein Impuls für den Prozess gegen Sokrates gewesen sein. Sokrates (469–399 v. u. Z.) hatte sich mit seiner vertrackten Methode der Dialogführung – der Mäeutik (»Hebammenkunst«), mit der er seine Gesprächspartner dazu brachte, die gewünschten Erkenntnisse selber zu entwickeln – nicht nur Freunde gemacht.

Das mit knapper Mehrheit gegen ihn verhängte Todesurteil wegen angeblich verderblichen Einflusses auf die Jugend sowie Missachtung der Götter zeigt die andere Seite der griechischen Polis-Philosophie.

Man sieht, die griechische Demokratie war alles andere als eine Wohlfühloase. Sehr viel eher war sie ein permanentes psychisches und physisches Testlabor und eine Art mediales Trainingslager. Was auf dem Theater durchgespielt wurde, konnte im Alltag auch und gerade bekannter Persönlichkeiten des öffentlichen Lebens den Tod bedeuten. Die großen Philosophen wie Sokrates, Platon, aber auch Vorsokratiker wie Empedokles standen unter Generalverdacht. Und es bedurfte oft nur einer speziellen politischen Konstellation, um sie zu Fall zu bringen.

Für Platon waren die Herrschaftsmethoden der 30 Oligarchen, die 404 v. u. Z. nach der Niederlage Athens im Peloponnesischen Krieg die Macht an sich gerissen hatten, ein tiefer Schock. In seinem berühmten »siebten Brief« schreibt er bitter:

> Und wie ich nun sehen mußte, daß diese Leute in kürzester Frist die frühere Verfassung als paradiesisch erscheinen ließen – unter anderem ordneten sie einem mir sehr lieben älteren Freund, den Sokrates, den ich ruhig den gerechtesten Menschen jener Zeit nennen möchte, mit mehreren anderen zu einem der Bürger ab mit dem Auftrag, er solle ihn gewaltsam herbeischaffen, damit er hingerichtet würde, natürlich zu keinem anderen Zweck, als um Sokrates in ihr eigenes Treiben zu verwickeln, mit oder ohne seinen Willen. Er aber

> gehorchte ihnen einfach nicht und riskierte lieber das Ärgste, als daß er bei ihren schlimmen Handlungen mitgewirkt hätte – wie ich also dies alles und noch andres Ähnliches, nicht minder Schwerwiegendes sehen mußte, wurde ich betroffen und zog mich von der damaligen üblen Wirtschaft zurück.[18]

Das Staatsmodell, das Platon gegen die in seinen Augen verwahrlosende Demokratie entwickelt, ist nicht unproblematisch und nicht unumstritten: Er setzt auf Eliten, bis hin zu der Vorstellung, diese regelrecht zu züchten und so den Staat durch einen Stand der »Philosophenherrscher« immer mehr zu optimieren. Vorstellungen, wie sie übrigens auch Sparta hegte, wenngleich dort eher mit dem Ziel einer militärischen Elite. Es ist erstaunlich, wie früh sich das demokratische System mittlerweile allzu bekannter Vorwürfe erwehren musste. Zu lax oder zu rigide zu sein, zu beliebig oder herrschsüchtig, wenn auch verdeckt. Und es ist gut, dass Athen diese Auseinandersetzung annahm und bis zu einem gewissen Grad auch aushielt.

Vielleicht war es eines der Erfolgsgeheimnisse des werdenden Europas, von Beginn an auf Widersprüche und Diversität zu setzen und sich damit vom tendenziell totalitären System Spartas und vom potenziell totalitären Ideal Platons abzugrenzen. Die Kopplung von Strenge und Anarchie, Phantasie und Logik, Imagination und Analyse jedenfalls gab Griechenland ein ganz eigenes Profil.

Freilich mag auch der genuin europäische Hochmut, seine Hybris hierin seinen Ursprung haben. Man ahnte, man war auf dem Weg zu einem System, wie es die Welt in dieser Form noch nicht kannte. Einen Schritt weiter, und man gerät in Versuchung, die ganz Welt mit ihm zu beglücken.

Das demokratische System wusste um seine Gefährdung. Wieder und wieder beschworen die Dramen das anarchistische Potenzial. Die Spannung zwischen Ideal und Realität war sicher schwer auszutarieren. Und doch könnte gerade in dieser Doppelnatur der Wahrnehmung und des Urteils ein Geheimnis des europäischen Systems liegen. Eines Systems, das den inneren Widerspruch gleichsam eingebaut und die Ambivalenz zur Signatur hat. Wenn alles gut geht, können aus dieser Mixtur hellwache, autonome Wesen hervorgehen, die sich nicht leicht für dumm verkaufen lassen und die Koordinaten ihrer Wahrnehmung im Blick behalten. Falls die Balance verloren geht, droht bei diesem gewagten kollektiven Hochseilakt der Absturz, zumindest aber ein Abgleiten in Schizophrenie oder Paranoia. Europa hat im Lauf seiner Geschichte beide Erfahrungen gemacht.

Die attische Polis jedenfalls ging diesen Weg und war damit offenkundig so erfolgreich, dass sie sich sowohl gegen äußere Feinde (Troja, die Perser) wie innere Konkurrenten (Sparta) durchsetzen konnte – trotz aller Spannungen, Rivalitäten und Streitereien, an denen im Griechenland des 4./5. Jahrhunderts kein Mangel war.[19]

Dennoch bleibt die enorme kulturelle Leistung festzuhalten, dieses fragile und zugleich flexible Modell des Lebens und Handelns aus dem Widerspruch durchgesetzt und damit einen neuen Werte-Raum geschaffen zu haben. Es ist kein Zufall, dass dieser Akt des »Nation Building« unter den Vorzeichen der Methode des Dialogischen stand. Vom Streitgespräch bis zum philosophischen Disput, von der scharfen Kontroverse auf offener Bühne bis hin zum polemischen Geplänkel im Raum der Satire. Erst die Mischung aus Galle und Herzblut schafft Leben. Und wagemutige Männer, vor allem aber auch Frauen testeten die Belastbarkeit des Systems Polis aus: Klytämnestra, Antigone, Medea, Penthesilea, Kassandra.

Es ist schon auffällig, dass sich in der strikt patriarchalisch organisierten Ordnung auch der Kunst (selbst im Theater, auf der Bühne agierten ausschließlich Männer) auffällig oft Frauen als intellektuell und mental dominierende Figuren positioniert sahen. Was in den politischen und philosophischen Diskussionen auf der Agora oder in den Philosophenschulen undenkbar war – Frauen als gleichwertige Dialogpartnerinnen –, auf der Bühne und in der Kunst war es nicht nur möglich, sondern beinahe Kult. Wobei sich in die Bewunderung gelegentlich auch ein gelinder Schrecken mischt, wenn man sieht, wie sich die Frauen um Kopf und Kragen reden. Wie etwa Kassandra, die den Herrschenden – gleich ob in Troja oder später in Griechenland – die Wahrheit so lange und so kompromisslos an den Kopf wirft, dass ihr Tod nur eine Frage der Zeit ist. Ihre Aufgabe: dem Zuschauer indirekt eine Lektion über die Torheit der Mächtigen zu geben.

Wenn man sieht, wie sie sich, ohne auf Resonanz zu stoßen, abmüht und sich förmlich heiser schreien muss, um vor gravierenden Fehlentscheidungen zu warnen, lernt man eine ganze Menge über das Naturell der Mächtigen, die ausschließlich ihre eigene Sicht der Dinge zum Maßstab ihres Handelns machen. Ob das Korrektiv des Theaters hier wirksam dagegenhalten konnte, sei dahingestellt. Fakt ist jedoch, dass es ein substanzieller, nicht ein dekorativer Teil der Institution Staat war und auch so wahrgenommen wurde. Agora, Gericht, Theater figurierten auf einer Ebene. Rede- und Verhandlungsraum, Urteilsstätte und spielerischer Simulationsraum stehen gleichwertig nebeneinander. Widerspruch wird ins Gesamtsystem eingebaut.

4 Die Entdeckung des Mittelmeerraums

Es scheint fast wie ein Wunder – aber im Kopf des angeblich blinden Dichters Homer scheint sich alles Kommende bereits weit im Vorfeld der Historie abgezeichnet zu haben. Ganz gleich, ob es sich um den uns allgemein bekannten »Homer« oder, wie neuerdings Raoul Schrott vermutet, einen anatolischen »Ömer« handelt – er war wohl eine Art glücklicheres Pendant zu der weit weniger glücklichen Seherin Kassandra. Ihm glaubte man im Gegensatz zu ihr nicht nur, man setzte seine Kopfgeburten sogar in die Wirklichkeit um. Offenbar so genau, dass Heinrich Schliemann das Kunststück gelang, auf den Spuren der Gesänge Homers tatsächlich Teile der Fiktion zu entdecken. Zumindest war er vom Erfolg seiner Mission überzeugt und vermochte es, viele andere gleichfalls davon zu überzeugen.

Möglicherweise ist das, was er in der türkischen Provinz Çanakkale fand, ja tatsächlich der Ort, an dem sich ein »Trojanischer Krieg« abspielte? Und auch wenn er etwas anderes fand als das, was er suchte – seine Arbeit trug maßgeblich dazu bei, den Mythos Troja, Mykene, Ithaka konkret fassbar zu machen. Jeder Felsblock beglaubigt einen »Traum« – und jeder Traum wird ein Stück weit geerdete »Realität«. Wer mit den Mitteln flachen positivistischen Denkens darangeht, Eindeutigkeit herzustellen, greift nicht nur zu kurz, sondern eliminiert jedes Denken in Möglichkeiten.

Ich sprach von einer Vorausschau auf alles Kommende, und in der Tat steht Homer mit der *Ilias*, dem Heldengedicht schlechthin, und seinem Reiseepos *Odyssee* (wenn man die insgesamt zehnjährige Irrfahrt des Odysseus als eine Reise sehen will) am Anfang der europäischen Erzählliteratur.

Im Heldengedicht erzählt man primär den Seinen von sich, im Reiseepos erzählt man (von) den anderen – und entdeckt dabei sich selbst. Die *Ilias* ist Selbstdarstellung, in der die anderen nur als Gegner vorkommen, die *Odyssee* aber Selbsterfahrung, in der die anderen im Zentrum stehen. Im Heldenlied sind die Protagonisten am Ende tot oder haben sich heroisch gegen die Feinde durchgesetzt. Im Reiselied überlebt der Protagonist (schon aus erzähltechnischen Gründen) als ein Veränderter.

Odysseus ist keiner der üblichen Helden. Unprätentiös, grenzenlos neugierig, hellsichtig, reaktionsschnell – der erste Intellektuelle in der europäischen Literatur betritt den Schauplatz. Und nimmt fast beiläufig, jedenfalls nicht vorsätzlich, den gesamten Mittelmeerraum für Griechenland ein. Statt des Helms den Pilos, die Filzkappe auf dem Kopf, statt eines Schwerts: Listen und Tricks ohne Ende – was für ein Held! Wenn man so will, der erste Einzelgänger und Individualist der europäischen Kultur.

Jedenfalls stand mit ihm die Blaupause für das Projekt »mare nostrum« und einer gewaltigen Erweiterung des griechischen Kultur- und Herrschaftsraums. Mit Odysseus, seinen Fahrten und Irrfahrten wird der Mittelmeerraum zu einer kulturellen Einheit. Der Krieg um Troja scheint fast schon vergessen. Er spielt nur mehr als Erinnerung, als ferner Albtraum eine Rolle. Von dem listenreich errungenen Sieg ist eher ein ödes Gefühl denn ein Triumph geblieben. Zehn Jahre im Kollektiv gelebt. Tag für Tag: demonstratives »Wir sind Griechenland«-Gefühl. Dann ist plötzlich jeder auf sich gestellt, und die Gemeinschaft auf Zeit zerbirst. Verstreute Heimkehrer-Ankünfte, mehr oder minder glücklich, wie wir sahen.

Die *Odyssee* ist das prosaische Nachspiel zum Heldenepos – und längst sind aus Mitkämpfern Verschollene geworden. Der Protagonist ist zum Irrläufer mutiert, muss sich durchbeißen: Schiffbrüche, Frustrationen, Versuchungen, Momente der Todesangst; die Götter, namentlich Poseidon, treiben ein übles Spiel mit ihm und den Seinen, mehrfach will Odysseus einfach aufgeben. Schließlich geht auch das zwölfte Schiff verloren, als entgegen der eindringlichen Warnung Odysseus' seine Leute Rinder aus der Herde des Sonnengottes schlachten und Zeus grausam zuschlägt. Dazu die Affäre mit der göttlichen Nymphe Kalypso, der es gelingt, ihn sieben Jahre als Lebensabschnittspartner zu halten. Als keiner mehr damit rechnet, kehrt er schließlich doch zurück und stellt energisch die Ausgangssituation in Ithaka, von wo er vor zwanzig Jahren aufgebrochen war, wieder her.

Doch schon zu Beginn der *Odyssee* sind wir bei diesem Meisterwerk der Vormoderne am Ziel. Eine göttliche Szene im wahrsten Sinne des Wortes und ein bewundernswerter narrativer Trick: nicht öde von 1 nach 2 bis 24 zu (er-)zählen, sondern vom Anfang an das Ende zu vermitteln. Keine Geringere als die Göttin Athene schwärmt für den intellektuellen, modernen Menschentypus, steht wie eine Eins hinter Odysseus und kann das Gepolter von in ihren Augen antiquierten Göttern wie Poseidon nicht mehr ertragen.[20] Sie will nach dem Rechten sehen, und so landen wir Leser – mitten in der *Odyssee*, denn Odysseus selbst ist zu diesem Zeitpunkt noch bei Schiffbruch 9 oder 10, weit draußen also – gleich zu Beginn des Epos auf Ithaka, bei Penelope. Wir sind also bereits in Buch 1 genau dort, wo der Protagonist erst in Buch 13 ankommen wird.

Athene hat sich in Gestalt eines Mannes an den Hof des abwesenden Odysseus geschlichen und recherchiert die Zustände dort: das säuische Verhalten der Freier, die Penelope schon als Witwe betrachten; den traumatisierten Telemachos, der seinen Vater nie gesehen hat und nach einem Vaterbild sucht. Eine absurde Situation. Man singt bereits Lieder über den verschollenen Helden, tauscht sich mit ehemaligen Weggefährten aus. Und Telemachos nimmt – motiviert durch die Erinnerungs-Sehnsucht, die Athene in ihm wachgerufen hat – die Suche nach dem Vater auf. Er wird lauter Spuren, Berichte, Erzählungen über ihn finden, wird verrückterweise sogar auf die Frau stoßen, um derentwillen die ganze Misere begann: die »schöne Helena«, die sich mit ihrem Gatten Menelaos – Entführung und Krieg hin oder her – wieder versöhnt hat! Die *Odyssee* hat durchaus einen Schuss Joyce'schen

Humors. Einer, der seinen Vater sucht, wird mit Helden-Geschichten über ihn abgespeist. Der Vater: eine Konstruktion aus virtuellen Bruchstücken, narrativen Einzelteilen. Der Vater als mediterrane Fiktion.

So faszinierend diese unfreiwillige Expedition bis an die (westlichen) Grenzen der Welt ist – nicht minder wichtig ist die Beobachtung derer, die in der Heimat auf den Verschollenen warten. Während der Abwesende sich als Bild, Mythos und Legende immer mehr in den Köpfen der Verlassenen verfestigt, verflüchtigt sich der wirkliche Odysseus. Sein Wiedereintritt in die Lebenswelt ist deshalb eine ganze große Geschichte, die ebenso viel Raum einnimmt wie die zehn Jahre auf See. Denn als Totgesagter nach Hause zu kommen, ist nicht leicht. Viele haben sich so verändert, dass die eigene Familie sie nach Jahren der Abwesenheit kaum wiedererkennt, ja dass sie sich selbst nicht mehr wiedererkennen. Ist Odysseus, »der listenreiche«, »der vielgewandte« wirklich so sehr mit sich identisch, wie die stereotyp wiederkehrenden Epitheta, die ihn begleiten, nahelegen? Keineswegs!

Als er Ithaka nach zwanzig Jahren wieder betritt, bedarf der Spätheimkehrer der Hinweise seiner göttlichen Assistentin Pallas Athene, um das Land seiner Herkunft und seiner Sehnsucht zu identifizieren. Selbst den Namen scheint er, der »Fremde«, der »Fremdling«, verloren zu haben – so lange hat er, um sich aus Notlagen zu befreien, mit Worten, Wortsinn, ja dem eigenen Namen gespielt. Er kehrt als ein ganz anderer zurück, als der er aufgebrochen war. Nicht nur, was sein Äußeres betrifft. In einem langen, vertraulichen Gespräch bemerkt nicht einmal die eigene Frau, die geliebte Penelope, dass ihr der Gatte gegenübersteht.

Eine traumatische Grundsituation ist die Vorstellung, nicht mehr anzukommen oder nicht mehr zurückzufinden. Dass dies ausgerechnet dem ersten, dem einzigen Intellektuellen im Heer der Hellenen widerfährt, ist weder Zufall noch bloß kosmisches oder göttliches Schicksal. Durch sein ebenso ruppiges wie effizientes Verhalten dem Monster Polyphem gegenüber hat der Erfindungs- und Listenreiche Poseidons Rache geradezu herausgefordert.[21]

Provokation, Experimentierkunst, Autonomiestreben am Anfang der europäischen Evasion. Nicht, dass Odysseus bewusst seine Irrfahrt antritt. Aber er legt durch sein nonkonformistisches Verhalten den Grund dazu, dass seine Rückreise anders als die der anderen Achaier verlaufen wird. Ein Jahrzehnt wird er über das Meer irren, Beute und Gefährten durch Stürme und Ungeheuer verlieren, von Äthiopien bis Spanien, Italien bis Zypern, an immer neuen Inseln und Küsten, bei immer neuen Völkern stranden und sich immer wieder neu orientieren müssen: »O mir, ins Land welcher Menschen bin diesmal ich wieder gekommen?/Sind es maßlose Frevler, Wilde und ganz Ungerechte,/ oder sind sie freundlich zu Fremden und fürchten die Götter?« (VI, 119–121)[22] Fast topisch die Thematisierung des Ausgesetztseins, des

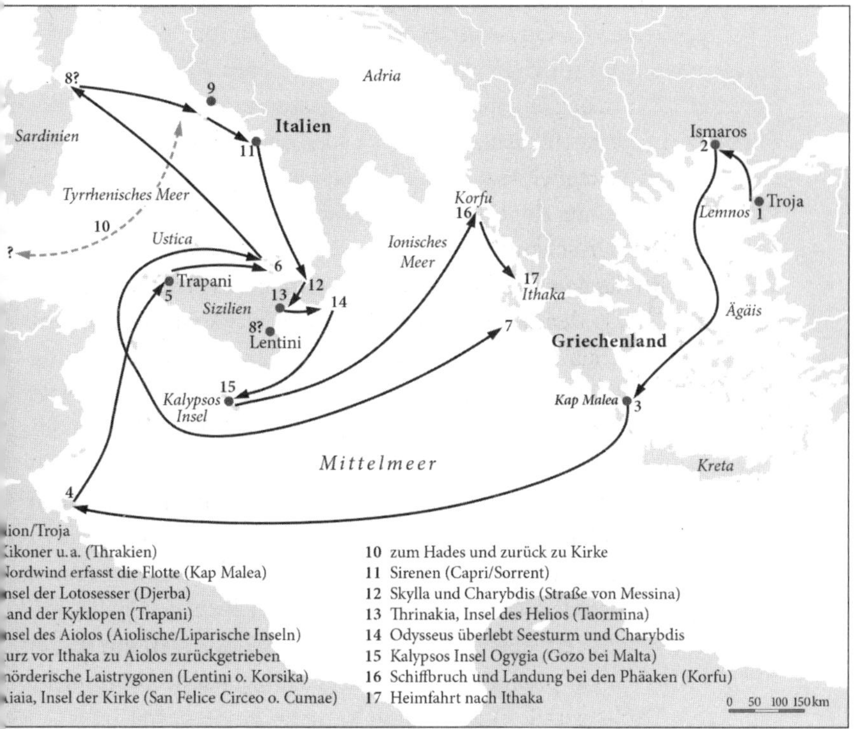

Angespültwerdens, des Orientierungsverlusts, die ihn dazu zwingt, immer neue Strategien zu entwickeln.

Bisweilen ist die Situation pikant, wie im 6. Gesang. Hier der gestrandete, nackte Held – dort eine kichernde Mädchenschar. Die Blöße notdürftig mit einem Zweig bedeckt, nähert sich der schlammverkrustete »Unhold« ihr, die Mädchen suchen verstört das Weite. Der Fremde denkt über angemessene Formen der Annäherung nach und wählt die defensivstmögliche Variante: Anrede aus der Distanz. Und ein Kniefall als Zeichen der Unterwerfung. Dieses Ritual wird sich wenig später im Palast von König Alkinoos wiederholen, wenn Odysseus sich den Gastgebern gleichsam in Sack und Asche präsentiert und um Erbarmen bittet.

So wird der Fremde zum Erzähler, der seine Geschichte wahrheitsgemäß und ohne weitere Mystifikationen erzählen kann. Zumindest jetzt. In einer souveränen, autonomen, offenen Gesellschaft entstehen keine weiteren Probleme. Nicht zu permanenter Ab- und Ausgrenzung gezwungen, verfügen die Phäaken, von denen hier die Rede ist, über die notwendige Selbstsicherheit, um Odysseus unbefangen gegenüberzutreten, ihn und seine Geschichte zu akzeptieren.

Anders in seiner ehemaligen Heimat, im Vielvölkerstaat Ithaka. Dort stößt Odysseus als »Fremdling« auf stärkere Vorbehalte als in der Fremde. Endlich zu Hause, ist er mehr in der »Fremde« als während der Reise, Objekt des Misstrauens, einer, dem man seine Geschichten besser nicht glaubt, der erdichtet (XIV, 125), möglicherweise lügt, den man unter Kontrolle halten muss. Kontrollierte Annäherung und ein wenig Mitleid (mit dem zerlumpten Bettler) ist das Gebot der Stunde, und trotz aller neuerlichen Unterwerfungsgesten bleibt der Heimkehrer suspekt.

Soziale Merkmale spielen bei dieser Position der Vorsicht eine nicht zu überschätzende Rolle. Eumäos, der Schweinehüter, drückt den Zusammenhang zwischen Gastfreundschaft und Statusdenken dem verkleideten Odysseus gegenüber pragmatisch aus: Wer als Bettler kommt, muss sich nicht wundern, wenn man ihn auch so behandelt.

Gastrecht ist kein Gebot der »Menschlichkeit«, sondern ein Ritual der Vorsicht beziehungsweise des Prestiges. Gastgeber und Fremdling nähern sich einander als Gebende und Nehmende, stets bedacht, Rang und Hierarchie zu wahren. Der ranghohe Gastgeber hat mehr zu geben, dem ranghohen Fremden steht mehr zu. In der Maske des Bettlers hat Odysseus allenfalls das Recht auf körperliche Unversehrtheit und ein paar Essensreste, aber die Rolle des Unbekannten bietet auch Schutz.

Ein weiteres Mal wendet Odysseus das Prinzip »Trojanisches Pferd«, die Mimikry-Taktik an, diesmal, um sich selbst zu verstecken. Und er spielt die Rolle gut. So gut, dass seine eigene Frau ihn nicht wiedererkennt. Vielleicht auch deshalb, weil Penelope – »Witwe« seit zwanzig Jahren – allenfalls ein Bild ihres Mannes, des Helden Odysseus, in sich trägt. Sie kommuniziert mit einem Phantom, nicht mit der konkreten Figur, die sich hinter der Gestalt des Bettlers und Fremden verbirgt.

Bereits am Anfang der europäischen Erfahrung mit Fremdheit und dem Fremden dominiert die Auseinandersetzung mit der konstruierten Wirklichkeit. Einzig die alte Amme ist imstande, die wahre Identität des Fremden zu erkennen. Zwar versucht Odysseus, die Legende, ein anderer zu sein, aufrechtzuerhalten und zu begründen, dass »wir«, also Odysseus und der Sprecher, nicht identisch seien (XIX, 384). Doch wenig später wird sich die Dienerin die Wahrheit regelrecht ertasten. Der Körper, die Sinne geben preis, was die Maske zu verbergen sucht – sie erkennt ihn an einer Narbe, die er sich als Kind zugezogen hat.

Odysseus ist wieder da. Als Stratege, Rächer, Herr. Als Repräsentant seiner selbst. Sogar das Wiedererkennen mit der geliebten Penelope vollzieht sich auf der Grundlage des Dechiffrierens eines Zeichens. Erst als er das Ehebett und dessen Konstruktion genau beschreibt, ist die Gattin bereit, ihr Bild von Odysseus mit der konkret anwesenden Figur Odysseus zu verbinden – kein einfacher Prozess, dessen Klippen auch antike Malerei und Plastik in seiner fast peinlichen Banalität und Widersprüchlichkeit drastisch vergegenwärtigen: Im Grunde stehen sich hier zwei veritable Ruinen gegenüber – Gespenster ihrer Liebe.

Nicht so drastisch wie im Drama – aber heikel genug. Ganz beiläufig wird ein anderes europäisches Grundprinzip, das der Mimesis, das heißt der Nachahmung der Wirklichkeit entdeckt und angewandt.

Erich Auerbach, selbst eine Art Odysseus, der auf der Flucht vor den Nazis die halbe Welt »bereiste«, arbeitete in seinem großartigen Buch *Mimesis. Dargestellte Wirklichkeit in der abendländischen Literatur* (1946) diesen Zug der europäischen Ästhetik heraus. Narben, Falten, minimale Spuren – Europa ist von Beginn an detailversessen und realitätsfixiert. Eine unserer Stärken und freilich auch Schwächen, denn jede künstlerische Wahrnehmung muss gleichsam einen Test auf ihre Realitätshaltigkeit bestehen. Ein Verfahren, das durchaus nicht selbstverständlich ist.

> […] da lösten sich ihr im Nu das Herz und die Knie ls sie
> die Zeichen erkannt, die Odysseus ihr sicher gewiesen.
> Weinend lief sie dann grad auf ihn zu und schlang ihre Arme
> fest um den Hals des Odysseus, küßte das Haupt ihm und sagte:
> »Zürn mir, Odysseus, nicht länger, […]
> […] sei mir nicht böse,
> daß ich nicht gleich, als ich dich sah, dich innig begrüßte.
> Denn mein Herz in der Brust, es schauderte immer, es möchte
> irgendein Sterblicher kommen und mich mit täuschenden Worten
> hintergehen; denn viele sind aus auf üble Gewinne.
> […] Jetzt aber, da du geschildert hast die deutlichen Zeichen
> unseres Betts, das kein anderer Sterblicher jemals erblickte,
> […] jetzt überzeugst du mein Herz, und ist es noch so gefühllos.«
> Sprach's und erweckte in ihm noch stärkres Verlangen zu klagen;
> weinend hielt er die sorgende Gattin, die Frau seines Herzens.
> […] und nicht mehr ließen die weißen Arme los seinen Nacken.
> (XXIII, 205–239)

Das Mysterium des Fremden, die Erfahrung des Fremdseins ist nicht (nur) Schicksal, sondern auch Pose. Und Chance. Als Fremdem gelingt Odysseus der Wiedereintritt in die zur Fremde gewordene Heimat. Der Ungreifbare ist auch unangreifbar.

Auffällig oft negiert Odysseus seine Identität: Tarnung, Verstellung, Namensverzicht sind Strategien seiner Existenz im Krieg, auf der Reise, bei der Rückkehr. Odysseus ist tatsächlich zu einem »Niemand« geworden. Er ist vielgestaltig, und seine Unbestimmbarkeit hilft ihm zu siegen. Nicht zuletzt deshalb ist die Figur in die Moderne weitergereist.

Es ist nicht das erste Mal, dass in der europäischen Geistesgeschichte das Prinzip »Täuschung« triumphiert. Integraler Bestandteil dieses Prinzips ist das Phänomen der Fremdheit bis hin zur Selbstentfremdung. Fremdheit ist ein zentraler Faktor im Kampf um die Macht. Selbstausgrenzung und neue Zugehörigkeit bedingen einander. Wer sich willentlich aus dem Verband löst, tut dies nicht zuletzt in der Absicht, ein neues Identitätsgefühl aufzubauen.

In der *Odyssee* werden all diese Fragen erst angeschnitten, nicht systematisch gefestigt; der Suspekte hat ein freies Spielfeld. Beunruhigende Fragen werden bald folgen. Man kann sich nicht recht vorstellen, wie das mit diesem unsteten, intellektuellen, risikofreudigen Anti-Heroen weitergehen soll in Ithaka, wo er hingehört. – Gehört er wirklich noch dorthin?

Die letzte Etappe der *Odyssee* führt von Scheria, dem Land der Phäaken, nach Ithaka. Der einstige Seeheld wird zum Passagier, geht an Bord des Schiffes, das König Alkinoos ihm zur Verfügung stellt. Zum ersten Mal in seinem Leben Fahrgast, überlässt er anderen die Führung, macht es sich bequem – und ein wunderbarer Schlaf umschließt ihn, fast dem Tode gleich. Der Steuermann der schwarzen Galeere mit ihren 52 Ruderern fährt ihn durch die Nacht, vorbei an Paxos und Antipaxos … Jahrhunderte später, zur Zeit des Tiberius, wird vor Paxos jener Ruf zu vernehmen sein, der das Ende der antiken heidnischen Welt bedeutet: »Der große Pan ist tot!« Danach verstummten der Sage nach die Orakel. Als der schlafende Odysseus hier vorbeikam, sprachen sie noch, und er erfüllte eines davon, als er allein auf fremdem Schiff nach zwanzig Jahren heimkehrte.

»Als nun der leuchtendste Stern emporstieg, welcher vor allen/durch sein Kommen das Licht der frühgeborenen Eos/kündet« (XIII, 95 ff.), setzen die phäakischen Seeleute ihr Schiff in Ithaka ans Ufer, legen den noch immer schlafenden Helden auf den Sand – und verschwinden im

Morgengrauen. Endlich angekommen. Mit zerfurchten Händen, der Narbe am Oberschenkel und noch immer, Mitte vierzig oder fünfzig, mit unbezähmbarem Herzen steht er auf dem kahlen Boden seiner Heimat. Dante wird mehr als 1500 Jahre später in seiner *Göttlichen Komödie* ein entwaffnend aufrichtiges Bild seiner inneren Verfassung zeichnen. Ehrlich und aufrichtig insofern, als Dante ahnt, dass es für einen, der wie Odysseus 20 Jahre in der Ferne zubrachte, keine einfache Rückkehr mehr gibt. Also lässt Dante ihn kurz nach seiner Heimkehr mit ein paar alten Kumpels wieder aufbrechen und – Ironman, der er ist – über das Limit hinausgehen, über die Grenzen der Welt, vorbei an den Säulen des Herkules, tief hinein in bisher unbekanntes Gebiet, wo er, ein »neues Land« vor Augen, in einem gewaltigen Sturm zu Tode kommt.[23]

Seine Legenden aber trieben jahrhundertelang in Wörtern und Bildern über das Mittelmeer und verbanden die entferntesten Bezirke zu einer imaginativen Einheit. Eine Eroberung der Welt nicht durch Waffen, sondern durch ein eher beiläufiges Einsickern, einen Schuss Abenteuerlust, Zufallsbegegnungen und Erotik inklusive. Sowie durch eine zwar grenzen-, jedoch nicht respektlose Neugier ohne jeden imperialistischen oder kolonialistischen Gestus. Es gibt, das macht die *Odyssee* so faszinierend, kaum einen Moment, in dem die Ankunft nicht schon wieder die Möglichkeit des neuerlichen Aufbrechen-Wollens beinhalten würde, aber auch kaum einen Aufbruch, der nicht die Neugier auf neue Erfahrungen signalisierte. Das geht nun so seit mehr als 2000 Jahren – bis James Joyce 1904 in einem genialen Erzählcoup Odysseus eine neue Heimat gab: statt in Ithaka mitten in Dublin. Eine wunderbare Bestätigung für die trägen, aber stetigen Konfluenzen europäischer Kultur.

5 Odysseus und Jahwe: die zweite Wurzel Europas

Hat die Bibel doch recht? Und alles beginnt im Zweistromland? Auch die Idee »Europa«? Es ist »einfach kompliziert«. Der Weg des Alten Testaments führte westwärts über die Levante nach Griechenland, Rom … So gesehen sickerte die europäische Idee aus dem Euphrat und Tigris ein und bildete das Fundament dessen, was Jahrtausende später, aus der Sicht nicht weniger, noch immer in Gestalt der sogenannten »christlich-abendländischen« Wertewelt Europa ausmacht.

Gleichzeitig bildet derselbe euroasiatische Raum jedoch kein geschlossenes kulturelles System – von Anfang an belauern sich Orient und Okzident und stehen einander zumindest als Konkurrenten gegenüber. Es ist kein Zufall, dass die legendäre Seeschlacht von Salamis (480 v. u. Z.), in der die weit unterlegene griechische Flotte den Vormarsch der Perser unter Xerxes stoppte, mehr oder weniger als Geburtsstunde der griechischen Demokratie gefeiert wird. Spätestens seither separiert eine bis in die Gegenwart gültige imaginäre Trennlinie den asiatischen Raum vom »europäischen«. Es hat nichts mit Eurozentrismus zu tun, wenn man diese fluiden Grenzlinien definiert, sondern eher mit Zurückhaltung und Einsicht.

Jerusalem ist kein Teil Europas und doch ein wundersamer Ursprungsort eines Teils der europäischen Identität. Die Texte des Neuen Testaments sollten vollends zum Transmissionsmedium einer Botschaft werden, die den im Entstehen begriffenen Kontinent bis in den letzten Winkel durchdringen wird. Bereits wesentlich früher hatte sich jedoch im Bereich des östlichen Mittelmeers ein gewaltiger Mythenhimmel aufgebaut: ein irdischer Himmel aus farbenfrohen, atavistischen sumerischen, assyrischen, babylonischen und ägyptischen Göttern, neben denen die neuerfundenen griechischen Götter fast jung wirkten. Irgendwann im Verlauf der Geschichte mussten sich die Wege all dieser Religionen und Mythologien kreuzen und ein von Beginn an ambivalentes Gebilde in die Welt setzen, das aus lauter scheinbaren Widersprüchen bestand: Europa.

Baal und Zarathustra, Moses und Odysseus, Jahwe und Zeus, Achilles und Jesus begegneten einander, lernten zumindest miteinander zu koexistieren – nicht immer konfliktfrei, aber doch so, dass sich überraschende, stimulierende Ideen entwickelten, sich entwickeln mussten – wie immer, wenn Fremdes aufeinander neugierig zu werden beginnt.

Es waren griechische Übersetzer, die die Bibel aus der Diaspora holten und auf eine Weltumlaufbahn setzten. Rom bekämpfte das Christentum bis aufs Blut und wurde zugleich zum neuen Jerusalem. Und in der Frühzeit der neuen Religion sah Christus in der bildenden Kunst noch wie ein junger griechischer Philosoph aus. Diese Virtuosität der Vermischung und der paradoxalen Umkehrungen ließ die Europa zu einem Faszinosum werden.

Das griechische System war ein politisches Gesamtkunstwerk. Es war in sich perfekt austariert und funktionierte nach dem Muster eines Netzwerks. Ein Geflecht von Kolonien, zusammengehalten von ein paar suggestiven Geschichten und aussagekräftigen Mythen.

Eine andere Spur führt auf den Sinai, nach Kleinasien, Mesopotamien und den Bereich des sogenannten fruchtbaren Halbmonds, dorthin, wo die mächtigsten Kulturen der frühen Geschichte entstanden. Sumerer, Akkader, Babylonier, Assyrer, Hethiter, das medische Königreich und viele andere Staaten florierten dort im 1. und 3. Jahrtausend v. u. Z. Und doch sollten all diese Kulturen für Europa trotz ihres Glanzes und ihrer Ausstrahlung letztlich im Weiteren unwichtig bleiben – nur eine einzige sollte aus diesem Kulturraum herauswachsen und prägend für seine Geschichte werden: die hebräische. Ausgerechnet durch ein kleines, versprengtes Grüppchen, das alles andere als eine Großmacht des Vorderen Orients darstellte, wird der wichtigste Impuls für den Aufbruch Europas erfolgen.

Es hatte, wie bei Jan Assmann nachzulesen ist, ganz bescheiden angefangen: Aus ägyptischer Gefangenschaft entflohene Migranten, Wanderarbeiter oder, schlimmer, »Banditen«, so nannte man sie, dürften um 1225 v. u. Z. ins Westjordanland eingedrungen und im Kampf gegen die ansässigen Bewohner der Region mehrfach in Bedrängnis geraten sein. Es gelang, einige der Bergregionen zu besetzen. Räumlich oft beträchtlich voneinander entfernte Orte und Territorien. Eine triste Situation: ein paar tausend versprengte Desperados ohne Perspektive. Viele andere Völkerschaften und Menschengruppen mochten in einer solchen Situation sang- und klang-, vor allem schriftlos untergegangen und spurlos aus der historischen Überlieferung ausgeschieden sein. Doch die Hebräer, zumindest einige ihrer findigsten Köpfe, hatten eine rettende Idee: Sie erfanden sich selbst; erschrieben sich die eigene Geschichte, die eigene Legitimation, mehr noch: ihre Berufung. Verzweifelt, wie die Situation war, bedurfte es einer übergeordneten Instanz, die das kollektive Verhalten als Teil eines umfassenden, übergeordneten Plans zu erklären verstand. Umgeben von Feinden im fremden Land, galt es zudem, all jene zu beschwichtigen, die den Auszug aus Ägypten im Nachhinein für einen Fehler hielten – immerhin habe man dort dürftig, aber sicher gelebt. Zumindest könnte, wie man dem Alten Testament entnehmen kann, so argumentiert worden sein. Woher aber konnte eine solche Idee, die Idee eines einzigen Gottes und seines auserwählten Volkes, kommen?

Schon einmal hatte einer in Ägypten den Versuch gewagt, solch einen Gott zu denken. Pharao Echnatons Projekt eines frühen Monotheismus scheiterte an zwei psychosozialen Prämissen beziehungsweise Fehlern. Zum einen standen er und die Seinen nicht unter gravierendem Existenzdruck. Zum anderen kokettierte er mit der Idee, sich selbst mit dem *einen* Gott, wenn nicht zu identifizieren, so doch in eine verhängnisvolle Nähe zu bringen. Für die Hebräer stellte sich die Situation anders dar, wie auch sie selbst die Situation anders darstellten: Es ging ums blanke Überleben. Und niemand beging den kommunikativen

Fehler, sich zu nahe mit der neuen Gottesinstanz einzulassen. Im Gegenteil: Man entdeckte die strategischen Möglichkeiten, die sich aus der Idee des Bundes mit einem entfernten und zugleich hautnahen Gott ergaben.

Eine weitere Idee vervollständigt das Szenario: die des Kollektivs. Des Kollektivs als gedachter, gefühlter Einheit. Als eines Etwas, das aus Einzelwesen Elemente eines höheren Ganzen werden lässt. Nicht einfach als mächtig, reich oder glücklich definiert sich das in diesem Sinn »erfundene Volk«, sondern als ein unter Tausenden anderen vom »erfundenen Gott« auserwähltes. Auch diese Idee, die der Auserwähltheit, beinhaltet ein nahezu unerschöpfliches Potenzial an psychologisch, massenpsychologisch und dramatisch prägnanten Situationen, die in unendlichen Variationen durchgespielt werden sollten. Denn diese Positionen erzeugen eine bis dato unbekannte Dynamik, etwas Prozesshaftes, in sich Ruhendes und zugleich permanent Bewegtes; etwas, in dem Drohung und Verheißung, Fluch und Vergebung, Aufstand und Unterwerfung, Protest und Opfer einander in antithetischen Konfigurationen begegnen.

Um diese Dramaturgie der überirdischen Bezüge in Gang zu bringen, bedurfte es einer vollständig neu konzipierten Gottes-Instanz: Jahwe – in allem ein Gegenentwurf zu altägyptischen beziehungsweise babylonischen Gottesvorstellungen. Entwarf die Religion der Babylonier Götter, die in der Regel für ein zyklisch-naturbezogenes Weltbild ohne historische Perspektive standen, so setzte das werdende Israel einen politischen Gott dagegen, der sich auf ein nationales, nationalgeschichtliches Projekt ohne alles Naturhafte einließ. Jahwe ist Volks-Gott, eine Kollektiv-Erscheinung, kein Anhängsel königlicher Dynastien wie in Babylon. Er fordert strikten Gehorsam, ist unbestechlich, Magie, Zauberei und Bilderkult sind ihm gegenüber unangebracht: eine Kunst-Figur, eine perfekte Imagination, um eine neue Wirklichkeit herzustellen.

Doch zurück zu den Anfängen. Wenn man genauer hinsieht, begann alles nicht mit Vertreibung oder Flucht, sondern mit Verkauf. Und auch nicht mit einem Widerstand gegen Fremde, sondern mit der

Missgunst der Eigenen, der Brüder, die Josef an eine ägyptische Karawane verkauften. Jeder kennt die Geschichte dieses familiären Verrats. Vor allem aber ist es die Geschichte einer beispiellosen, beispielhaften Karriere, die der Neu-Ägypter als politischer Berater, Seher, Chefökonom und Großhändler in nächster Nähe des Pharaos machte. Erst mit dem 2. Buch Moses beginnt die eigentliche, die neue, auch neu dimensionierte Geschichte. Es schildert maßgeblich den Auszug der Israeliten aus Ägypten unter der Führung von Moses.

Dieser Auszug wird heute allgemein in die zweite Hälfte des 13. Jahrhunderts v. u. Z. datiert. Da wir über diese Ereignisse wenige außerbiblische Quellen besitzen und die Texte zudem erst nach jahrhundertelanger mündlicher Überlieferung ihre heutige Gestalt erhalten haben, lässt sich der genaue geschichtliche Hergang nur schwer feststellen.

Doch letztlich sind die historischen Details weit weniger wichtig als die Botschaft und Funktion des Auszugs als Gründungsmythos selbst. Es ist dabei, wie bereits angedeutet, mehr als eine Ironie der Geschichte, dass die »überwundene« fremde Kultur nicht nur die Folie der Abgrenzung, sondern auch das Modell der Innovation lieferte.

Mit Amenhotep IV. war 1375 v. u. Z. ein Pharao an die Macht gekommen, der das perfekte Skript für den späteren »Gottes-Roman« liefern sollte. Dieser König unternahm eines der frühesten monotheistischen Experimente der Weltgeschichte.

Wenn es so etwas gäbe, könnte man von »Experimental-Religion« sprechen. In Gestalt des Sonnengottes Aton fand der junge Herrscher bereits eine faszinierende Idee vor, die ihm der neuen Rolle der Weltmacht Ägypten adäquat erschien: Imperialismus, Universalismus und Monotheismus bildeten eine gedankliche Einheit. Der Pharao selbst änderte sein Wesen: In Anlehnung an den Sonnengott Aton nannte er sich »Echnaton«, also der dem Gott Aton Wohlgefällige, seinen Willen Erfüllende.

Ein faszinierendes Experiment mit katastrophalem Ausgang für den Protagonisten und Propagandisten der unpopulären, gegen die Tradition gerichteten Ideologie. Denn ohne Popularität geht es bei einer religiösen Bewegung nicht – sie lässt sich nicht durch die Dominanz eines Herrschers oder den Primat einer Priesterkaste ersetzen.

War das Moses-Projekt, das vermutlich in engster Nachbarschaft mit dem glorios gescheiterten Vorhaben Echnatons entstand, also eine Art gesteigerter, vielleicht sogar übersteigerter Wiederaufnahme? Immerhin galt es, den Mythos einer dezidierten Schicksalsgemeinschaft, eines geschlossenen »nationalen und gottbezogenen« Kollektivs möglichst suggestiv zu inszenieren. Dazu gehört alles, was man für einen ambitionierten Roman braucht: Helden, hohe Erwartungen, Ungerechtigkeiten, Aufbrüche, Rückschläge, große Gefühle, dramatische Situationen und eine unerhörte Geschichte, hinter der und mittels der ein gemeinsames Ethos spürbar wird.

Das Buch der Bücher als eine überaus wirkungsvolle Autosuggestion? Der darin aufgebaute Sog des Erzählens ist nicht rückwärts-, sondern vorwärtsgewandt, nicht altertümliches Relikt, sondern in die Zukunft greifendes Überredungskunstwerk. Hier wird nicht »nachgeleiert«, sondern vorausgedacht. Statt Geschichten hatte Echnaton seinem Volk einen abstrakten Gott dekretiert. Die jüdischen Priester begannen, ihren Leuten eine Geschichte zu erzählen und sie zu ihrer eigenen Geschichte werden zu lassen.

Bücher machen Welten, Literatur vermittelt Weltbilder auf indirekte, suggestive Art. Der nackte Wortlaut von Vorschriften, Gesetzestafeln, Geboten ist pure Zumutung; erst die Verwandlung in plastische Geschichten, in suggestive Mythen, lässt Situationen plausibel, Mentalitäten psychologisch erkennbar und nachvollziehbar werden. Das *Buch Exodus* (2. Mose) zeigt das auf einzigartige, eindrucksvolle Weise. Der frühere altorientalische Feuergott nähert sich Mose als Verbündeter, lüftet zum ersten Mal sein Inkognito, nennt seinen Namen – einen Namen, den er selbst gegenüber Abraham, Isaak und Jakob noch verborgen hatte, derart ehrfurchtgebietend, dass er auch sehr viel später nur vom Hohepriester am Versöhnungstag ausgesprochen werden durfte: »Ich nehme euch mir zum Volk, ich werde euch zum Gott, erkennen sollt ihr, daß ICH euer Gott bin, der euch führt, unter den Lasten Ägyptens hervor.« (2. Mose, 6,7) Und damit diese Erkenntnis auch verfängt, demonstriert er seine Macht in aller Grausamkeit am Pharao und dessen Volk:

> Es geschah in der Hälfte der Nacht: ER schlug alles Erstlingtum im Land Ägypten, vom Erstling Pharaos, der auf dem Thron sitzt, bis zum Erstling des Häftlings im Kerker, und alljeden Erstling eines Tiers./Pharao stand auf in der Nacht, er und all seine Diener und all Ägypten, und ein großer Schrei war in Ägypten, es gab ja kein Haus, darin kein Toter war./Er ließ nachts Mosche und Aharaon rufen und sprach: Auf, fort aus der Mitte meines Volks, [...] geht, dient IHM, [...]/auch eure Schafe, auch eure Rinder nehmt, [...] geht! [...]/Stark war Ägypten hinter dem Volk, es eilends aus dem Lande zu schicken, denn sie sprachen: Wir alle müssen sterben. (2. Mose, 12,29–33)[24]

Die Botschaft, die auf diese Weise vermittelt wird, ist eindeutig: Ohne mich geht nichts. Mit mir geht alles. Wenn ihr euch angemessen verhaltet, bin ich mit euch. Vergesst niemals, was sich hier ereignet hat, denn es hat sich ereignet, »damit du erzählest in die Ohren deines Sohnes und deines Sohnessohns, wie ich Ägypten mitgespielt habe [...] – erkennen sollt ihr, daß ICH es bin.« (2. Mose, 10,2). Endlich, endlich scheint der Bann gebrochen. Das Wort Gottes erfüllt sich. In Panik beschwören die Ägypter das Volk, aus dem Land zu gehen, und Schar um Schar verlassen die Hebräer, nicht ohne reiche Beute gemacht zu haben, das Land ihres 400-jährigen Exils.

Um es noch einmal zu betonen: In Wirklichkeit mag es der verzweifelte Ausreißversuch einer versprengten Gruppe von Marodeuren oder religiösen Fanatikern gewesen sein. Vielleicht sogar eine Schar übriggebliebener, in Isolation geratener Echnaton-Aton-Anhänger, die in Ägypten nach dem Wiedererstarken der polytheistischen Religion keine Chancen mehr sahen. In Wirklichkeit. Aber was ist das, die »Wirklichkeit«? Die Wirklichkeit der sogenannten Fakten? Oder die Fiktionalisierung dieser Fakten, die dann ihrerseits durchaus imstande ist, Wirklichkeit herzustellen? Ob die Bibel, wie Werner Keller meint,

»doch recht hat« – wir werden es wohl nie ergründen können. Alles, was wir wissen, ist genau so sicher oder unsicher wie die Suche nach dem »wirklichen« Troja. Ob der Auszug aus Ägypten tatsächlich stattfand, ist so wenig endgültig zu klären wie die Frage, ob der Trojanische Krieg ein historisches Ereignis oder eine geniale Fiktion war.

Vielleicht war ein halbes Jahrtausend nach der möglichen Vertreibung aus Ägypten der Zeitpunkt gekommen, die Geschichte von Machtanspruch und Ohnmachtserfahrung der jüdischen Stämme neu zu schreiben. Umzuschreiben und in eine neue Wirklichkeitsform zu kleiden. Denn etwa um diese Zeit, nach der Eroberung Jerusalems und des Königreichs Juda durch den babylonischen König Nebukadnezar II. 597 v. u. Z. befanden sich die Hebräer in einer tiefen existenziellen Krise. Da tat es gut, sich der Ursprünge des Bundes mit Gott zu erinnern.

Auch wenn das Buch Exodus, nach allem, was man weiß, von mehreren Autoren und Redakteuren im 6. Jahrhundert v. u. Z. geschrieben und kompiliert wurde und viele Exegeten den roten Faden, die Stringenz vermissen: Letztlich greifen die Elemente so folgerichtig ineinander, dass die Illusion eines geradezu perfekten Gesamtkunstwerks »Gottesstaat« entsteht. Eines Systems in Abgrenzung zu allem Gewesenen, das wie eine nutzlos gewordene Hülle kollektiv abgestreift wird. Das Ideengebäude erscheint dabei in sich so umfassend konstruiert, dass kaum blinde Flecken, tote Winkel oder lose Enden zu entdecken sind. Und die zukünftigen Bewohner dieses Hauses erscheinen von Anfang an in den Bauprozess involviert.

Es bedarf keiner großen psychoanalytischen Theorien in Richtung »kollektives Unbewusstes«, um zu begreifen, dass in der Exilsituation, mitten in der »Odyssee«, ein Experiment in Gang gesetzt wird, das man als gelebte Literatur bezeichnen könnte. Die hybride Situation des babylonischen Exils schuf offenbar Empfänglichkeit und Bedürftigkeit nach einer mentalen Neuorientierung innerhalb eines dennoch vertrauten Rahmens. In Situationen wie dieser vermag Literatur – und auch die Texte der Bibel sind »Literatur« – mehr als jedes andere Medium Orientierung zu geben. Nicht indem sie nur Normen verkündet oder autoritär verordnet, sondern indem sie den Umgang mit ihnen situativ durchlebbar macht und mit persönlichen Schicksalen verbindet, diese in einen konkreten Rahmen stellt und mit Symbolen ausstaffiert. Der Beginn einer Geschichte auf Leben und Tod, einer Opfer- und Erlösungsgeschichte, deren Drastik und Grausamkeit uns heute erschreckt. Bedenkt man die existenziell angespannte Situation, in der sich die Hebräer in diesem Moment befanden, wird die brutale Episode zwar nicht weniger abschreckend, in ihrer Funktion jedoch besser erkennbar.

Vielleicht deshalb auch die Drastik und Detailversessenheit des Buches Exodus, in dem wieder und wieder die Absolutheit und Alternativlosigkeit des Gottespakts betont wird, als wollte man in dieser labilen Situation des Lebens in einer anderen, durchaus verführerischen Kultur die Glaubensfesseln wieder fester anziehen, um die Gruppe aneinander zu binden.

Zumindest wird klar, weshalb der Gott dieses Bundes die Spirale der Gewalt gegen Ägypten immer stärker anzog. Man kommt nicht umhin festzustellen, dass die Erinnerung an die düsteren, blutigen Geschehnisse in Ägypten auch dazu diente, die möglicherweise instabil gewordene Bindung der Gemeinschaft auf diese Weise wieder zu stärken. Das Sterben der Erstgeborenen Ägyptens und der Befehl: »Heilige mir alles Erstlingtum!« (2. Mose, 13,3), stehen in unmittelbarer gedanklicher und textlicher Nachbarschaft, und der bloße Hinweis darauf scheint jede weitere Argumentation zu erübrigen:

> Es soll geschehn: wenn dich morgen dein Sohn fragt, sprechend: Was ist das? sprich zu ihm: Mit der Stärke der Hand führte ER uns aus Ägypten, aus dem Haus der Dienstbarkeit,/und so ists geschehn: als Pharao sich dawider härtete, uns freizuschicken, brachte ER alles Erstlingtum im Land Ägypten um, vom Erstling des Menschen zum Erstling des Viehs. Darum schlachtopfre ich IHM allen Bruch eines Schosses, die Männlichen, und alljeden Erstling meiner Söhne gelte ich ab./Und es sei zum Zeichen an deiner Hand und zum Gebind zwischen deinen Augen, daß ER mit der Stärke der Hand uns aus Ägypten führte. (2. Mose, 13,14-16)

Nicht der Freud'sche »Vatermord«, sondern der Vater als Mörder steht am Anfang der Genealogie dieses neuen Bundes, und es ist der Sog der großen Geschichte, der die hermetische Logik des Projekts über alle Widerstände hinweg (weiter-)treibt: Lobgesänge und Gelübde, Unterwerfungsrituale und Drohungen, Zuckerbrot und Peitsche – das neue Volk wird geformt, zugerüstet. Unter dem Horizont der Auserwähltheit ist jede Zumutung ein Ausblick; Zug um Zug formiert sich das zum erfundenen Gott passende, konstruierte Volk: »Und jetzt, hört ihr, hört auf meine Stimme und wahrt meinen Bund, dann werdet ihr mir aus allen Völkern ein Sondergut. Denn mein ist all das Erdland,/ihr aber, ihr sollt mir werden ein Königreich von Priestern, ein heiliger Stamm.« (2. Mose, 19,5-6)

Immer klarer tritt das Zentrum des Projekts »Jahwe« zutage: Es geht um Macht, genauer um die Vermittlung und das Einüben eines neuen Modus der Macht, den zu beschreiben nicht ganz leicht fällt; denn obwohl letztlich ein absoluter Herrscher seinen Willen wie in jedem autokratischen System diktiert, geschieht das in diesem Bund auf eine völlig neue Art. Es ist, als ob sich die Ordnung in Gestalt einer *volonté générale*, eines Gemeinwillens nach Diktat geradezu automatisch vollzöge beziehungsweise herstellen und verwirklichen würde. Impulse werden aufgenommen, weitergeleitet, pflanzen sich fort. Karambolagen, ja sogar Blockaden können diesen Prozess allenfalls kurz be-, keinesfalls jedoch verhindern.

Exemplarisch hierfür ist die mit dem heiklen Bilderverbot verbundene Episode um das Goldene Kalb. Kurz zuvor hatte Gott auf dem Berge Sinai exklusiv das Gesetzeswerk verkündet, und Moses hatte dem Volk diese Gesetze sowie bis ins Detail der Lebensführung greifende Rechtsbestimmungen zur Ratifizierung vorgelegt und die Annahme durch einen feierlichen Blutsbund besiegelt – da kommt es zum Eklat. Während Moses ein zweites Mal auf den Sinai gerufen wird, um die Gesetzestafeln in Empfang zu nehmen, wird das Volk, das sich eben noch in voller Übereinstimmung mit dem Gesetz des neuen Bundes zu befinden schien, unsicher. Eine Episode, die die Labilität der neuen Situation auf verblüffende Art antizipiert und modellhaft durchspielt.

Und sogar die faszinierende Rolle des Volksverführers aus dem innersten Zirkel der Macht thematisiert: Ausgerechnet Aaron, Assistent und Alter Ego Moses', ist versucht, die Gunst der Stunde zu nutzen und den unsicher gewordenen Leuten das zu geben, was sie gewohnt sind: Bilder. Etwas Konkretes. Zu ungewohnt noch war die Idee eines abstrakten Gottes.

Die Strafaktion, die über die rückfällig Gewordenen verhängt wird, ist gnadenlos. Die Demonstration der Kompromisslosigkeit eindrucksvoll. Jede Begegnung mit diesem Gott ist wie ein Starkstromschlag – ein Blitz- und Gewittergott war Jahwe ursprünglich, aber er hat nichts mehr von naiver Naturhaftigkeit: Dieser Gott kommt über die Seinen wie ein elektrostatisches Fluidum (Moses' Haut glänzt elektrisch, wenn er von seinen Gottesgesprächen zurückkehrt) und lässt Todesurteile mit der Selbstverständlichkeit von Bagatellen von den Schuldigen selbst vollstrecken, als ob er es nicht einmal nötig hätte zu strafen.

Erst danach ist Gott bereit, Vorverhandlungen über einen Neuanfang einzuleiten. Moses' Macht wurde durch diesen Vorfall übrigens konsequent ausgebaut: Er ist nun Gottesvertrauter und Volksvertreter, göttlicher Handlanger und menschlicher Führer in einem. Ein Dialog fast auf Augenhöhe. Gott gibt nicht nur seinen Namen preis, er zeigt sich Moses, seinem einzigen Vermittler, sogar, zumindest teilweise – erst danach wird der Bund geschlossen.

Es gehört zu den Finessen des Gottessystems, dass mögliche Widerstände narrativ vorweggenommen, durchgespielt und präventiv abgestraft werden. Maßnahmen, die in Anbetracht der permanenten Unruhen, Klagen, Rivalitäten und Streitereien notwendig erscheinen. Im Bedarfsfall erfolgen gnadenlose Sanktionen: Widerstand und Strafe, neue Verbündung, neue Ausbruchsversuche, neuerliche Sanktionen: Nach diesem Ritual in unendlichen Variationen schreitet diese – nahezu unendliche – göttlich-menschliche Hass-Liebes-Geschichte voran.

Durch den Sinai zurück ins gelobte Land – eine Landnahme, die alles andere als sanft verläuft, die Bibel schildert rückhaltlos, wie Tausende ihr zum Opfer fallen. Landnahme nach Ansage, die zu erwartenden Bezirke werden im Voraus den verschiedenen Stämmen zugeteilt. Der Coup gelingt – in Gottes Namen und mit Gottes Hilfe. Eine Grammatik der Macht, der Macht dieses vollständig neuen Bundes, für den es bis dahin kein Vorbild gab. Einmal ausgebildet, wird diese Grammatik den Kommunikationsraum immer mehr durchdringen, echoartig ausloten und systematisch erweitern. Das Volk wird im Guten wie im Bösen Partner und Mitgestalter der Idee des neuen Reiches.

Die Inszenierung einer so großen Geschichte erfordert die Mitwirkung aller Menschen und aller Sinne. Das Alte Testament bietet alle nur denkbaren rhetorisch-persuasiven Mittel auf. Auch die Zeit nach Moses wird bereits emotional und gedanklich vorbereitet. Ein Lied, Moses' Lied, beinhaltet nicht nur sein geistiges Testament, sondern eine erste Vision, Prophetie über die Befindlichkeit dieses neuen kollektiven Gebildes, das da im Entstehen begriffen ist. Genauer: dessen zukünftige mögliche Befindlichkeit, auf die bereits im Vorfeld reagiert wird. Eine phantastische intellektuelle Leistung des Orients, wie überhaupt unser gesamtes sogenanntes christlich-abendländisches Denken in Wirklichkeit eine morgenländisch-orientalische Dauerleihgabe ist.

Das Autorenteam des Alten Testaments jedenfalls treibt die Fiktion, treibt das Gedankenspiel geradezu verwegen auf die Spitze und entwirft eine Gottesfigur, die sich selbst weiterdenkt und vorwegnimmt. Was sich notabene mit guten Gründen machen lässt – wussten die Jahrhunderte nach dem Geschehen, das sie beschrieben, lebenden Autoren ja recht gut, wie die Geschichte, die sie im Begriff waren zu erzählen, de facto weitergegangen war. Sie lassen also Jahwe vorausdenken: Was wird sein, wenn du, Moses, tot sein wirst und ich dieses bockige Volk in das verheißene Land geführt habe, das Land, wo Milch und Honig fließen? Der so fragt, hat natürlich gleich die Antwort parat: Satt, fett und frech werden sie sein. Deshalb schreib auf, was ich dir jetzt diktiere, lass es alle auswendig lernen und schreibt es euch hinter die Ohren:

> Lauschet, ihr Himmel, ich will reden, die Erde höre Sprüche meines Munds./Wie Regen träufle meine Botschaft, wie Tau fließe meine Sprache, wie Nebelrieseln übers Gesproß, wie Streifschauer übers Gekräut./Denn ich rufe den NAMEN: zollt Größe unserem Gott!/ Der Fels, ein Ganzes sein Wirken, denn all seine Wege sind Recht, Gottheit der Treue, ohn Falsch, wahrhaft und gerade ist er./Verderbt hat ihm ihr Gebreste zu Unsöhnen ein krummes verrenktes Geschlecht./[…]/– Denn nicht gleich unserm Fels ist ihr Fels, Schiedsleute sein unsere Feinde! –/Ja denn, von der Rebe Sodoms ihre Rebe, von den Fluren Gomorras, ihre Trauben Gifttrauben, Büschel Bitternis ihnen,/Natterngift ihr Wein, grausames Otterngift:/ist das nicht bei mir verspeichert, versiegelt in meinen Behältern?/Mein ist Ahndung und Zahlung, auf die Frist, da ihr Fuß wanken wird, denn nah ist der Tag ihres Scheiterns, das Bestimmte eilt ihnen herbei. (5. Mose, 32,1–35)

Ein Gebilde wie aus einem Guss, doch mit unterschiedlichen Klängen, Klangfarben, Arten der Rede: vom Bericht bis zur Prophetie, von suggestiver Prosa bis zu reiner, wortspielender Poesie. Gleichwohl mehrfach neu redigiert, zusammengesetzt, konstruiert und ediert, entsteht die Illusion einer harmonischen, in sich geschlossenen Tonlage, die noch immer in uns diffus nachklingt wie der Nachhall einer romantischen Oper – »Va, pensiero …«

Doch man sollte auf der Hut sein. Der melancholische Wohlklang verdeckt die scharfen Kanten eines gnadenlosen Originals. Im berühmten Psalm 137 tritt beides zutage: Verheißung und Abschreckung.

> An den Stromarmen Babylons, dort saßen wir und wir weinten, da wir Zions gedachten./An die Pappeln mitten darin hingen wir unsre Leiern./Denn dort forderten unsere Fänger Sangesworte von uns, unsre Foltrer ein Freudenlied: »Singt uns was vom Zionsgesang!«/ Wie sängen wir SEINEN Gesang auf dem Boden der Fremde!/Vergesse ich, Jerusalem, dein, meine Rechte vergesse den Griff!/meine Zunge hafte am Gaum, gedenke ich dein nicht mehr, erhebe ich

> Jerusalem nicht übers Haupt meiner Freude./Den Edomssöhnen gedenke, DU, den Tag von Jerusalem, die gesprochen haben: »Legt bloß, legt bloß bis auf den Grund in ihr!«/Tochter Babel, Vergewaltigerin! Glückauf ihm, der dir zahlt dein Gefertigtes, das du fertigtest uns:/Glückauf ihm, der packt und zerschmeißt deine Kinder an dem Gestein. (Ps. 137)

Wie aber konnte eine Geschichte, die vielleicht für den kleinen levantinischen Landstrich Bedeutung hatte, für Europa und die ganze Welt verbindlich werden? Wie kam es dazu, dass dieser »portativen Religion« (Heinrich Heine) aus der Provinz der Sprung in die Welt und über die Zeiten hinweg gelang? Dass sie nicht einfach, nach ein paar Jahrhunderten der Blüte (wie all die anderen großen Kulte und Mysterien wie die der Sumerer, Mesopotamier oder Assyrer) erstarrte und in Vergessenheit geriet?

Mehr als alles andere war es wohl eine Besonderheit des »Systems Europa«, das diesen rasanten Transfer in der Art eines kulturellen Teilchenbeschleunigers begünstigte. Das mehr oder weniger organische Zusammenspiel einer dominanten und einer innovativen Kultur: Griechenland und die hebräische Diaspora – im Lauf der Jahrhunderte waren die biblischen Propheten zu mediterranen Zeitgenossen geworden. Schließlich waren seine Propheten auch Bewohner der Levante – und der Jude Jesus Christus als Hauptfigur einer »orientalischen Geschichte« war einer von ihnen.

Orientalische Geschichte? Warum eigentlich nicht? Was anderes wäre das Neue Testament mit seinen Wundern und Verwandlungen? Ein unbefangener Blick wäre sicher gewinnbringend und läge in der Natur der Sache. Überlieferungsgeschichtlich ist die Philologenschlacht spätestens ab dem 4. vorchristlichen Jahrhundert im Grunde zu einem faszinierenden *battle of books* geworden: Kanonstreit, Apokryphenquerelen, Übersetzungskritik und alles, was bis in die Gegenwart zum literarisch-philologischen Gewerbe gehört, inklusive. Auch wird der Text zu einem levantinisch-griechisch-mediterranen Kulturträger; Kontakte, Vermischungen, faszinierende Überschneidungen entstehen. Aus dem, was einmal »national« war, wird interkulturelle Power; die Geschichten des Alten Testaments gehen auf Reisen, verwandeln sich, nehmen andere Sprachen an: wechseln in *die* Weltsprache der Zeit, ins Griechische. Erst diese Übersetzung, die sogenannte »Septuaginta« – das hellenistisch-ägyptische Alexandria war seinerzeit eine plurikulturelle Übersetzermetropole – machte die biblischen Texte international anschlussfähig, andernfalls wären auch sie möglicherweise im Abseits der Geschichte verkümmert. So aber treffen sie auf neue kulturelle Kontexte, lösen Staunen, Bewunderung, Befremden aus – eine Entwicklung, die viele Beteiligte mit gemischten Gefühlen sehen.

Kein Wunder, denn die alte jüdische Lehre war in Gefahr. Ihr Fundament, so fürchteten Fundamentalisten. Doch die Gegenseite hatte ebenfalls gute Gründe: Auch heilige Texte konnten keine Insel bleiben, sie wurden zu einem beweglichen, komplexen, neu zu belebenden geistigen Gebilde. Von nun an gab es kein Halten und keine Grenzen mehr. Jedenfalls kam Bewegung ins Spiel. Im 2. Buch Makkabäer (es wird um das Ende des zweiten Jahrhunderts v. u. Z. entstanden sein) findet sich schon ein regelrechtes paraliterarisches Verfasservorwort, das auch jedem modernen literarischen Werk voranstehen könnte. Was die einen als respektlosen Umgang geißeln, feiern die anderen als erfrischende Neubelebung.

> Die Ereignisse um den Makkabäer Judas und seine Brüder – […] hat Jason aus Zyrene in fünf Büchern genau beschrieben. Wir nun wollen versuchen, es hier in einem einzigen Buch kurz zusammenzufassen. Wir bemerkten nämlich die Flut der Zahlen und wie schwierig es wegen der Menge des Stoffes ist, sich in die geschichtliche Darstellung einzuarbeiten. So nahmen wir uns vor, die, die gern lesen, zu unterhalten, denen, die mit Eifer auswendig lernen, zu helfen, allen aber, die das Buch auf irgendeine Weise in die Hand bekommen, zu nützen. […] Wer aber nur nacherzählen will, darf die Darstellung straffen, auch wenn die genaue Ausarbeitung nach den Regeln der Geschichtsschreibung dabei zu kurz kommt. Nun

> aber wollen wir sofort mit unserer Erzählung beginnen; wir haben uns schon allzu lang mit dem Vorwort aufgehalten, und es wäre ja unsinnig, vor der Erzählung viele Worte zu machen, die Erzählung selbst aber zu kürzen. (2. Makkabäer, 2,19–32)

Figuren wie Menelaos, Jason oder Lysimachos tauchen plötzlich wie Fremdkörper in biblischen Kontexten auf und durchaus nicht nur in Nebenrollen: Ein Jason erschleicht sich das Hohepriesteramt und führt griechische Sitten ein – in Jerusalem: Kampfbahn, Spiele, sportliche Wettbewerbe werden Mode. Beunruhigende Zeichen, die jedem klarmachen, dass die jüdische Lehre in Gefahr ist.

Der Kampf des Judas Makkabäus ist ein Kampf auf Biegen und Brechen. Im April 164 v. u. Z. bieten sogar die Römer Hilfe und Vermittlung an. Nachdem die jüdische Theologie ausgerechnet im babylonischen Exil ihren mächtigsten Impuls erhalten hatte, kommt wenig später der zweite, nicht minder wichtige Anstoß aus der Begegnung mit einer ganz anderen Kultur: dem Griechenland des 4. Jahrhunderts v. u. Z, das inzwischen die Szene betreten hat. Allmählich verlagert sich das Machtzentrum aus der Region des »fruchtbaren Halbmonds« nach Westen. Spätestens nach der Niederlage des Perserkönigs Dareios III. gegen Alexander bei Issos, im heutigen türkisch-syrischen Grenzgebiet, reißen die Griechen die Macht an sich. Alexander erobert Ägypten und den syrisch-palästinensischen Raum im Sturm.

Zunächst ignorieren die Juden das Geschehen, obwohl die Belagerung von Gaza ihnen kaum entgangen sein kann. Die Bibel überliefert nichts, was mit all dem in Beziehung stünde. Erst in der Apostelgeschichte taucht die von Alexander gegründete Stadt Alexandria auf. Das orthodoxe Judentum scheint wie aus der Zeit gefallen und sich ausschließlich im Netzwerk des Eigenen, in der Welt der eigenen Texte »bewegt« zu haben.

Das Erwachen war jäh. Spätestens als man griechischer Kunst nur wenige Schritte entfernt vom Tempel begegnete und die jungen Juden Sportwettkämpfe und Theater, griechische Philosophie und griechischen Lebensstil entdeckten, geriet etwas in Bewegung. Denn die Zeit läuft weiter: Alexandria wird zum neuen, irdischen Jerusalem. Emigranten aus Juda tauchen tief in die neue Kultur ein. Ein Schmelztiegel unterschiedlichster Ethnien, ein hellenistisch-levantinisch-afrikanisches Vielvölkergemisch ohnegleichen. Tausende, Zehntausende von Menschen mit Migrationshinter- und vordergrund treffen hier aufeinander. Ein gewaltiges Dokumentationszentrum, eine Weltwissensbibliothek wird aufgebaut und generiert Übersetzungen wie am Fließband.

Das Judentum gerät unter Druck und muss reagieren. Jesus Christus dockt nahezu fugenlos an die Prophetien des Alten Testaments an – führt sie jedoch auf ebenso faszinierende wie frappierende Art weiter. Aus der Krise des teilweise erstarrten, teilweise mürbe gewordenen Judentums erwächst eine neue Art von Religion, von Literatur; eine neue, zukunftsträchtige Variante, die in allem zeitnäher, psychologisch plausibler, historisch angemessener ist: Mit einem neuen Typus von Identifikationsfigur, die bis in die Gegenwart trägt, empfindsam, eloquent, attraktiv – ein Sympathieträger. Das »Neue Testament« folgt einer Poetik jenseits alles Epischen. Mit Sympathien für das Opfer, den Verlierer. Die neuen Regeln, Gebote lauten:

1. Du sollst keinen Text ohne einen sympathischen Helden schreiben.
2. Frauen müssen eine wichtige Rolle spielen.
3. Starke Gefühle und Emotionen sind zentral, vor allem ganz neue, bis dahin nicht als zentral erachtete Gefühle wie Mitleid, Schwäche, Liebe.
4. Du sollst keine Angst vor dem Tod mehr haben.
5. Alles wird gut.
6. Der Held liebt Dich: *Dich.*
7. Der Held ist so unglücklich wie Du, aber er bleibt stark.
8. Seine Geschichte ist Deine Geschichte.

Wir wissen, die meisten Evangelien gingen verloren oder wurden Opfer einer strategischen Zensur von Religionsorganisatoren wie dem aus dem Osten Kleinasiens stammenden, durch die griechische Kultur geprägten römischen Staatsbürger Paulus von Tarsus. Er sichtete und verwarf, fokussierte und inszenierte das Material, sodass eine vierstimmige Geschichte übrigblieb und sich im kollektiven Bewusstsein niedersetzte. Die des Leidensmanns, Magiers und Todesüberwinders Christus.

Die frühen Anhänger von Christus sahen sich gleichermaßen als Nachlassverwalter und Neuerer. In ihren Augen war der Koloss der Schriften, der vor ihnen lag, unabgeschlossen geblieben – eine würdige Ruine – und der verheißene Messias Idee, utopische Hoffnung. Genau diese Lücke galt es zu füllen, und man füllte sie durch Jesus.

In der Tat wurde Jesus in den frühen Darstellungen als junger Magier, weißer Zauberer, charismatischer Prophet gefeiert. Als narrativer Todesüberwinder. In den Vorstellungen der Bibel der Hebräer konnte man zwar alt werden – in manchen Fällen Hunderte von Jahren –, doch sterben musste letzten Endes jeder. Das Versprechen der Wiederauferstehung »von den Toten« ist die zentrale Botschaft des Neuen Testaments. Eine geniale Erfindung, die den Nerv der Menschen traf und ihre Ängste ansprach.

Angelagert an das zutiefst menschliche Leid einer Mutter, zumindest einer Mutter im Geiste, Maria. Jahrhunderte später werden die Bilderstürmer des Protestantismus versuchen, sie zur Statistin zu degradieren, ja ihr fast den Garaus machen. Ein Anschlag, von dem sich nicht nur erstaunlich gut erholte, es ist, als hätte es ihn nie gegeben. Gottlob. Der Verzicht auf eine Figur wie Maria wäre gleichbedeutend mit dem Verzicht auf ein Herzstück des christlichen Systems, auf seine Quintessenz. Es ist die in dieser Form nahezu einmalige suggestive Verbindung von dezenter Erotik, unschuldiger Aura und begütigender Mutterschaft, die die Gestalt der Maria einzigartig macht. Keine, bei der Sakrales und Profanes so vielgestaltig ausgespielt würde, Idol und Vertraute in einem. Keine Antigone, keine Kassandra, keine Rut, keine Sara hätte je diese Fülle an Identifikation zugelassen, keine vermochte je diesen Sonderstatus von identifikatorischer, intimer Nähe und erhabener Distanz gleichzeitig zu erfüllen. Maria repräsentiert den Synkretismus der Synkretismen, das Integral von Antigone und Medea (zumindest, was deren Stärke betrifft).

Dass das Werk nicht der Feder eines Einzelnen, sondern einem Autorenkollektiv entstammt, sollte sich nicht als Nachteil erweisen – im Gegenteil. Der vierstimmige Akkord steigerte die Glaubwürdigkeit der Botschaft.

Buchhändlerisch betrachtet ist die Bibel wohl das, was man einen internationalen Longseller nennt. Auflagenhöhe: unschätzbar. Dazu die Fülle der Kommentierungen, Auslegungen und natürlich die immer zahlreicher werdenden Übersetzungen – bis heute ist die Bibel in mehr als 2000 Sprachen übertragen worden –, welche die Schrift in ein vielstimmiges, weltweites Gedröhne verwandelten und Europa jenen entscheidenden Impuls gaben, den es für seine nächste Station so dringend benötigte. Um es etwas überspitzt auszudrücken, schleppte der Jesus des Neuen den Gott Jahwe des Alten Testaments über Raum und Zeit hindurch in die Moderne. Mehr kann ein Sohn schwerlich für seinen Vater tun – auch wenn sich dieser Transfer keineswegs absichtlich ereignet, sondern eher unfreiwillig geschieht. Eine neue Generation tritt auf die Weltbühne – und wie alle Generationswechsel geht auch dieser nicht ohne Konflikte und Blessuren vor sich: Unterschiedliche Lehrmeinungen und fanatische Sekten bekämpfen einander vehement – auch Christus gerät zwischen die Fronten. Insbesondere durch die Unterstellung, er würde sich als »Sohn Gottes« bezeichnen.

Sein Ende ist bekannt. Er hätte eine Episode bleiben können. Wenn nicht eine eingeschworene Gruppe von »Mediatoren« den Mythos »Jesus« in die Welt gesetzt und kommuniziert hätte – allen voran der Kopf der Evangelistengruppe, Paulus. Ohne ihn wäre Jesus möglicherweise nur zu einer verglühenden Sternschnuppe geworden. Die »beglaubigte« Botschaft der Wiederauferstehung machte aus ihm einen Kometen und Leitstern einer neuen Zeit. Ein menschlich-göttliches Zwischenwesen, nach dem man sich in der unruhigen Phase der Zeitenwende sehnte.

Und darüber hinaus zum Stifter einer neuartigen europäischen Basisgeschichte, die von nun an mit den Begriffen der »Passion« und der Schädelstätte »Golgota« besetzt sein wird. In späteren Jahrhunderten wird mit den großen »Requien« (von Bach bis Mozart) sogar eine neue Form gefunden werden, um den Hörern die Leidensgeschichte so intensiv wie möglich zu vermitteln. Das gnadenlose »Kreuzige ihn!« der Massen, das Zögern des römischen Statthalters Pontius Pilatus, das Ende, das unter der Losung »Es ist vollbracht« eine Wiedergeburt einleitet, wird tiefe Spuren ins europäische Bewusstsein graben. Ebenso wie der unverbrüchliche Pakt zwischen Vater und Sohn.

Es ist vielleicht kein bloßer Zufall, dass sich gleichfalls um die Zeitenwende im fernen Rom eine nicht ganz unähnliche, generationsübergreifende Kooperation zwischen Vater und Sohn anbahnt, mit dem erklärten Ziel, eine neue europäische Weltmacht zu kreieren, das Imperium Romanum. Sein Protagonist: Aeneas, ein geflüchteter Trojaner.

6 Troja 2.0: Rom

Die unmittelbaren Spätfolgen des Trojanischen Krieges reichen bis an die Zeitenwende. Liest man Vergils *Aeneis*, hat man den Eindruck, man wäre noch immer mitten im Krieg und mitten in der *Odyssee*. Ein Neuanfang der besonderen Art und der Beginn einer höchst hintergründigen Geschichte. Denn natürlich steht die Frage im Raum, was aus den überlebenden Trojanern nach dem siegreichen Abzug der Griechen wurde.

Jahrhunderte später, genauer zwischen 28 und 19 v. u. Z, schickt sich der römische Dichter Vergil (70–19 v. u. Z.) an, dem Schicksal einiger Trojaner in den Jahren nach der Katastrophe nachzugehen. Er tut das nicht aus Interesse an Troja oder seinen Bewohnern. Sein Interesse gilt ausschließlich dem neuen Troja – Rom.

Damals, zur Zeit von Vergil und Kaiser Augustus (63 v. u. Z.–14), war aus dem ehemaligen kleinen Provinznest bei Alba Longa bereits eine Metropole und die Hauptstadt eines Weltreichs geworden. Und sie benötigte dringend eine ihrer Bedeutung entsprechende Gründungslegende. Denn die historischen Umstände, denen Rom seinen Aufstieg verdankte, waren alles andere als heroisch oder außergewöhnlich. Man focht regionale Scharmützel gegen Nachbarn aus. Allmählich gelang es den Latinern, sich gegen die sich kulturell überlegen wähnenden Etrusker durchzusetzen. Das ganze südliche Italien aber stand seit dem 7. Jahrhundert v. u. Z. unter den Vorzeichen der »Magna Graecia«, Großgriechenlands. Rom als Ableger Griechenlands oder als Nachfolger des alt-etruskischen Königreichs zu definieren, wäre alles andere als eine besondere Auszeichnung gewesen.

Gründungen dieser Art waren mythologische Dutzendware. In Süditalien, Ägypten, am Westufer der Schwarzmeerküste finden sich viele blühende griechische »Pflanzstädte« – keine von ihnen wurde zum Ausgangspunkt und Kern eines späteren Weltreichs, keine stiftete einen neuen Mythos. Rom wollte sich anders, überzeugender präsentieren, wollte weit mehr als nur lokaler Ableger sein. Also musste eine bedeutsamere Geschichte her – wie immer entstand sie erst Jahrhunderte später und tauchte die Geschehnisse in ein Licht, die jeden Schritt als Teil eines umfassenderen Plans erscheinen ließen.[25] Vergil (er-)fand sie auf höchst ungewöhnliche Art, indem er die Römer sich mit der Verliererseite, den Trojanern, identifizieren ließ. In der Tat eine eigentümliche Entscheidung, denn es bedarf keines geringen Selbstbewusstseins, um statt mit Achilles und den Seinen mit den Geschlagenen mental zu paktieren. Eine solche Entscheidung nötigt freilich auch einigen Respekt ab und verrät eine gewisse Haltung. Jedenfalls signalisiert sie den Willen, sich vom Mainstream abzugrenzen und ein eigenständiges Gebilde in die Welt und gegen Griechenland zu setzen. Nicht auf der Seite der Sieger, sondern der Unterlegenen.

Durchaus würdiger Unterlegener: Aeneas, der Protagonist, ist immerhin ein Sohn der Aphrodite/Venus und war neben Hektor der hervorragendste Kämpfer im trojanischen Heer. Nach der Niederlage gelingt es ihm, den Vater auf den Schultern tragend, mit einigen Getreuen aus dem brennenden Troja zu fliehen, um es – so lautet, wie sich später zeigen wird, sein Auftrag – andernorts wiederaufzubauen. Der Ort des neuen Troja, man ahnt es, wird Rom sein.

Es beginnt eine Irrfahrt, die den Vergleich mit der des Odysseus nicht zu scheuen braucht. Es verschlägt Aeneas nach Delos, Kreta, ins eben gegründete Karthago und schließlich an den Ort künftiger Aktivität, nach Latium.

Als besonders folgenreich wird sich der Aufenthalt in Karthago erweisen. Dido, die Königin, verliebt sich in den Fremden und versucht ihn mit allen Mitteln an sich zu binden. Doch er verlässt sie, um seiner politischen Mission willen. Dürre Worte, hinter denen sich Gefühle im Medea-Format verbergen. Anders als Medea richtet Dido ihren Todeswunsch allerdings gegen sich selbst. Vergil schildert eine aufwühlende Abschiedsszene, in der sie sich mit dem Schwert des geliebten Aeneas durchbohrt – nicht ohne ihm die entsetzlichsten Verfluchungen hinterherzusenden. Hier wird bereits der ideologische Keim zu den späteren Punischen/Karthagischen Kriegen Roms gelegt. Jenes Rom, das zu diesem Zeitpunkt erst noch zu gründen war – durch genau den, der den Verrat an Dido beging.

Es scheint, als hätte Vergil, der das Epos wenn nicht im Auftrag, so doch mit Billigung von Kaiser Augustus schrieb, signalisieren wollen, dass der Kampf um Rom, der Kampf um ein neues Troja, jedes Opfer rechtfertigte und dass Selbstverzicht und Härte den eigenen Gefühlen gegenüber von Beginn an zu seinen Leittugenden gehörten. Noch bevor Rom existierte, opferte man bereits auf dem Altar einer politischen Vision, die sich bis in die Neuzeit fortschreiben lassen wird: Das zukünftige Rom bestand zwischen dem 9. und 7. Jahrhundert v. u. Z. allenfalls aus ein paar armseligen Hütten, deren Fußböden und Pfostenlöcher auf dem Palatin gefunden wurden.

Vor wenigen Jahren fanden Archäologen sogar unterhalb dieser Hütten eine Höhle, die kurzerhand als das lange herbeigesehnte »Lupercale« identifiziert wurde, die Höhle also, in der die römische Wölfin den späteren Rom-Gründer Romulus und seinen Zwillingsbruder Remus gesäugt haben soll. Die Sucht, Mythen dingfest zu machen, ist offenbar eine unserer stärksten Sehnsüchte.

Als Aeneas endlich – nach vielen Schiffbrüchen, Desastern, Irrwegen und Irritationen teils menschlichen, teils göttlichen Ursprungs – in Italien landet, nimmt die »Mission Rom« Fahrt auf. Vergil, aber auch Livius und Ovid berichten von seiner Begegnung mit der Sibylle von Cumae, die ihm bereitwillig den Verlauf der Geschichte, die zu gründen er sich anschickt, mitteilt. Am Ende seiner Odyssee liegt schon eine Zukunft ungeahnter Dimension vor ihm. Wahrhaft eine schwindelerregende Situation. Freilich nur auf den ersten Blick. Denn da wir uns in der Erzählung ja noch immer im 8. Jahrhundert v. u. Z. befinden, die Erzähler aber im 1. Jahrhundert stehen, ist alle Zukunft ja bereits gesicherte Vergangenheit. Die Zeit der Könige fließt vorbei, Romulus gründet Rom, die Republik entsteht und verfällt wieder, Caesar wird ermordet, Augustus tritt auf den Plan, Rom erobert die halbe Welt und beendet die erbitterten Punischen Kriege gegen Karthago siegreich. Alles, was sein wird, ist schon gewesen – ein Grund mehr, damit anzufangen, es zu tun. Hochmotiviert geht Aeneas vor der Küste von Latium an Land. Die Kämpfe gegen Etrusker, Latiner und andere hier beheimatete Stämme verlaufen zäh, aber letztlich erfolgreich.

Am Ende kann Aeneas in »Alba Longa«, das damit zur Mutterstadt Roms wird, zwanzig Kilometer südlich von Rom, endlich sein neues Troja platzieren – und zugleich dessen erster König werden. Einige Generationen später wird das »richtige« Rom in Besitz genommen, und die große, die ganz große Geschichte kann beginnen. Heute würde man von einer Win-win-Situation sprechen. Für die »Trojaner« bedeutet es mehr als eine bloße Rehabilitation nach der Schmach der Niederlage. Für die zukünftigen Römer stellt das Erbe der Trojaner eine gewaltige Aufwertung dar, können sie doch nun mit einem Schlag (oder soll man es Schachzug nennen) aus dem Schatten der Geschichtslosigkeit heraustreten und sich in eine beeindruckende Traditionslinie stellen.

Wenn es eines Beweises für die strategischen Fähigkeiten der neuen europäischen Weltmacht bedurft haben sollte – mit diesem narrativen Handstreich wurde er geliefert. Auf eine offenbar so überzeugende Art und Weise, dass von nun an eine ganze Reihe europäischer Herrscherhäuser versuchten, gleichfalls an diese Traditionslinie anzudocken: Über Rom konnte sich selbst der Habsburger Kaiser Maximilian I. (1459–1519) noch als Nachfahre Hektors deklarieren. Der Geschichtsmontage sind keine Grenzen gesetzt.

Am Beispiel der *Aeneis* lässt sich unschwer erkennen, dass Kunst, Kultur und Politik in Rom in enger Verbindung standen. Falls es wahr ist, dass Augustus sich eine Prosaversion von Vergils *Aeneis* vorlegen ließ, um sie auf ihre weltanschauliche Eignung zu überprüfen, sagt das eine ganze Menge über die Intensität dieser Beziehung. Dass umgekehrt Ovid (43 v. u. Z.–17) wegen einiger kritischer Anspielungen ins

Exil ans Schwarze Meer verbannt wurde, belegt diese Tendenz auf andere, weniger angenehme Weise.[26]

Von diesem Moment an wird das Verhältnis des erstarkenden Rom und des langsamen Schwindens des Einflusses Griechenlands im Zentrum der Auseinandersetzungen stehen. Doch vielleicht ist der Begriff der Auseinandersetzung irreführend. Rom nimmt Elemente der griechischen Kultur an, weidet den Kadaver professionell aus und bemächtigt sich der mythischen, technischen, planerischen Fähigkeiten: Theater, Arena, Baukunst, Lyrik, Plastik, Malerei – es gibt kaum einen Bereich, den sich Rom in den folgenden Jahrzehnten und Jahrhunderten nicht anverwandelt hätte. Es ist, als würde sich eine Art Secondhand-Griechenland über Rom stülpen und es entscheidend prägen. Man kann es auch nüchterner ausdrücken: Alles, was uns die Römer vorlegen werden, haben wir, von der griechischen Kunst kommend, schon gesehen. Die ewig gleichen dorischen, ionischen oder korinthischen Säulen und Kapitelle schmücken die Fassaden, und wir kennen die Repliken von Statuen, Porträts von Göttern und Heroen bis zum Überdruss. Selbst die Mythen und heroischen Figuren scheinen am Tropf der Inspiration Griechenlands zu hängen.

Als Rom zur Beherrscherin des Mittelmeerraums wurde, strömten griechische Künstler nach dem neuen Brennpunkt des Reiches und schufen unzählige Kopien griechischer Meisterwerke. Jeder Eroberer brachte weitere Beispiele griechischer Kunst mit heim. Allmählich wurde Italien zu einem Museum gekaufter oder gestohlener Gemälde und Statuen, die der römischen Kunst für ein Jahrhundert lang den Stempel aufdrückten. In künstlerischer Hinsicht versank Rom im Hellenismus.

Immer wenn Unikate zu Massenprodukten werden und die Märkte überfluten, ist Gefahr im Verzug – ein Normierungsprozess setzt ein, und das Besondere verflacht zusehends, wird banal. Schlimmstenfalls endet alles als Hochkulturgerümpel im Depot.

Der politische Dominator Rom als künstlerischer, kreativer Almosenempfänger? Bisweilen hat man in der Tat den Eindruck, die neue Weltmacht würde im Sog des Immergleichen ersticken: Was blieb

Seneca anderes übrig, als eine weitere *Medea* zu schreiben, einen weiteren *Ödipus?* Was konnten Vergil oder Ovid anderes tun, als die alten griechischen Mythen zu variieren? Ästhetische Stagnation zu Beginn einer neuen Mission? Es hat keinen Sinn abzustreiten, dass Rom im Wesentlichen seiner Linie, Altes aufzunehmen und es für seine Zwecke umzudeuten, über Jahrhunderte hinweg treu blieb. Tausende mehr oder weniger stereotyp blickender römischer Büsten und Statuen bezeugen es. Es ist, als habe man die Aushöhlung der Formel von der »edlen Einfalt und stillen Größe« zu einer bloßen Plattitüde illustrieren wollen.

Gäbe es da nicht ein Moment, das die römische Kunst signifikant von diesen klassischen Vorgaben abheben würde, man wäre enttäuscht. Doch die Entdeckung des realistischen, gnadenlos diesseitigen Blicks auf die Wirklichkeit blieb allein ihr, der römischen Kunst vorbehalten. Seien es die Porträts mächtiger Männer, ja, von Kaisern und Senatoren, oder auch von »gewöhnlichen« Menschen. Jede Spur, die das Leben hinterlassen hat, wird festgehalten. Und drastisch protokolliert. (Siehe Abbildung 4 in Tafelteil 1.)

Schön oder hässlich – das ist hier nicht die Frage. Stattdessen scheinen sich die Künstler sehr viel mehr für die Gefühle und individuellen Erfahrungen der dargestellten Figuren interessiert zu haben. Momentaufnahmen in Stein gefasst – keine ins Unendliche gedachten Idealbilder. Krasser könnte der Unterschied zum klassischen Ursprung kaum sein.

Auch die berühmte Laokoon-Gruppe kam – obwohl von griechischen Künstlern gefertigt – erst in Rom zur Geltung. Weshalb? Gewiss wegen ihres Mutes, erstmals schmerzverzerrte Gesichter ungeschönt zu zeigen, statt Masken der Selbstkontrolle zu präsentieren. Masken, die das Sterben zum ästhetischen Akt verklären, wie im berühmten Fries des Achaia-Tempels in Ägina. Das Thema der Mimesis, der Nachahmung, tritt nicht von ungefähr früh ins Zentrum der europäischen Ästhetik, gleich ob man an das griechische Drama oder an die römische Plastik denkt. Damit verbunden die Diskussion über die »Wirklichkeit der Wirklichkeit«, die uns bis heute, im Zeitalter der Virtualität, beschäftigt.

Seit Platons berühmtem Höhlengleichnis rätselt Europa über die mögliche Differenz zwischen dem, was wir wahrnehmen können, und dem Gegenstand unserer Wahrnehmung. Erinnern wir uns an die Frage, ob das Schiff des Theseus noch das »echte« sei. Die Spannung zwischen der Oberfläche und dem, was sich dahinter verbergen könnte, beschäftigt uns offenkundig seit mehr als 2000 Jahren. Kein Dogma, kein Mythos, kein Charakter ist vor dieser schonungslosen Suche nach dem Wesen der Dinge sicher. Der Keim zur Aufklärung liegt offenbar von Anfang an in den Genen der europäischen Kultur.

Deshalb werden nahezu alle der von Griechenland aufgenommenen Konzepte zwar bis zu einem gewissen Grad repetiert, zugleich jedoch häufig einer systematischen Neujustierung unterzogen. So auch das Theater, das mit einigen der sakrosankten Traditionen bricht. Vor allem mit der Regel, Gewalt nicht auf der Bühne darzustellen. Das griechische Theater gestattete zwar die exzessive Ausmalung von Gewalttaten durch Sprache, verzichtete jedoch darauf, sie dem Publikum unmittelbar vor Augen zu führen. Vieles blieb der Phantasie der Zuschauer überlassen.

Von dieser vornehmen Zurückhaltung hielt Rom nichts. Es bevorzugte auch hier den drastischeren, realistischeren Weg. Nicht um der Brutalität als solcher willen, vielmehr um ein Mehr an psychischer und physischer Verdichtung zu erzeugen und die Zuschauer in den Bann zu schlagen. Schrecken und Abschreckung, Aufheizung der Affekte war die Devise, nicht, wie noch in Griechenland, ihre Überwindung. Das griechische Theater war ein einziger Verfremdungsprozess. Das römische wollte unmittelbare atmosphärische Nähe. Man versucht nicht, die Gefühle zu domestizieren. Die Rachedramen Senecas sind förmliche Ausbrüche verdrängter Affekte, und man ahnt, weshalb man eine Barbarin, Zauberin, Magierin, Hexe auf die Bühne bringt: als Katalysator für angestaute Aggressionen einer beginnenden Massenkultur.

In Griechenland hatte man es mit einigen Tausend Polisbürgern zu tun. In Rom ging es darum, die Bedürfnisse von Hunderttausenden zu befriedigen. Das Theater konnte diese Aufgabe nur ansatzweise erfüllen. Es galt, eine neue, größer und gröber gestaltete Struktur der kulturellen Selbstrepräsentation zu finden. Und es galt, ein Heer von 150 000 Arbeitslosen und ebenso vielen Gelegenheitsarbeitern, also proletarischen und latent zum Aufruhr bereiten Menschen, in Schach zu halten.

Rom reagierte auf diese Herausforderung technokratisch und bürokratisch perfekt, denn man verstand es, weniger die erzieherischen, sondern vielmehr die stimulierenden Kräfte einer auf Ablenkung zielenden Unterhaltungskultur zu nutzen. Zunächst wuchsen die Theaterbauten ins Unermessliche: Die Theater in Rom (Balbus, Marcellus, Pompeius) fassten zwischen 10 000 und 15 000 Zuschauer. Der Circus Maximus bot circa 250 000 Personen Platz. Spielorte einer Dramaturgie der grellen Effekte, der überwältigenden Bilder, der monumentalen Vergrößerung. Das Theater wurde zu einem gewaltigen Apparat der kollektiven Erregung.

Doch die eigentliche Weltneuheit waren die Arena und die Gladiatorenspiele. Spektakel ganz besonderer Art. Spiele auf Leben und Tod. Kämpfe und Schlachten kannte man im kriegerischen Normalzustand zumeist als Beteiligte oder vom Hörensagen. Mehr noch als im Theater wurde es in der Arena möglich, als emotional involvierte Zuschauer teilzunehmen. Als das Theater zur Arena wurde, galten neue Gesetze. Schauspieler starben keinen Bühnentod mehr – die Darsteller wurden wirklich umgebracht. Statt eine »Nachahmung von Handelnden« (Aristoteles) präsentierten sie nun sich selbst als Täter und Opfer, die auf der »Bühne« in Echtzeit um ihr Leben kämpften.

Die Grundidee mag, wie gelegentlich behauptet, Totenritualen der Etrusker entlehnt sein, aber das, was in Rom und seinen Provinzen daraus wurde, hat mit diesen Ursprüngen so gut wie nichts mehr zu tun.

Der erste Gladiatorenkampf in Rom lässt sich auf das Jahr 264 v. u. Z. datieren. Der Historiker Livius (59 v. u. Z.–17) berichtet, dass zu Ehren des Altkonsuls Iunius Brutus Pera drei Paare gegeneinander antraten. Die Veranstaltung fand auf dem Forum Boarium (Rindermarkt) statt und begeisterte die Römer offenbar spontan mit ihrem morbiden Reiz.

Wenig später fochten bereits 22 Paare und 174 v. u. Z. sogar 74 Gladiatoren, um an den Vater von Titus Flaminius zu erinnern.

Und die Spiele blieben nicht auf Rom beschränkt. 206 v. u. Z. war Cartagena in Spanien der Schauplatz einer Gladiatur, und wenige Jahre später inszenierte Antiochos IV. (215–164 v. u. Z.) die ersten groß angelegten Kämpfe in Syrien. In der späten Republik verbreiteten sich diese blutigen Inszenierungen zudem immer mehr als fester Bestandteil der Truppenbetreuung.

Die »Ludi Romani« wurden zu medialen Großereignissen ausgebaut, die die Strukturen der Stadt umkrempelten. Agora und Forum, gewiss, aber das emotionale Zentrum wurden die großen Spielräume. Finanziert aus den Kassen der kaiserlichen Herrscher beziehungsweise wohlhabender Mäzene, fanden oft mehrtägige Veranstaltungen statt. Das von Kaiser Vespasian um 70 u. Z. errichtete »Kolosseum« übertraf an Bedeutung und Größe alle anderen Arenen. Es bot über 50 000 Zuschauern Platz und war nahezu 500 Jahre lang in Betrieb. Man schätzt die Zahl der in ihm zu Tode Gekommenen auf an die 300 000. Bezeichnenderweise liegen die Rudimente dieses Bauwerks heute wie ein riesiges, von den Jahrhunderten gebleichtes Gerippe vor uns. (Siehe Abbildung 5 in Tafelteil 1.)

Was war der Grundgedanke hinter diesen Institutionen, die bald das gesamte Reich umfassten und der Blutgier der menschlichen Spezies ein steinernes Denkmal setzten? Da es keinen Zweifel an einem überwältigenden Bedürfnis der Massen (aller Stände) nach Gladiatorenspielen geben kann, muss man sich der Tatsache stellen, dass unser voyeuristisches Interesse buchstäblich über Leichen geht. Andern beim Sterben zuzusehen, mehr noch, über Tod und Überleben aktiv mitzubestimmen und sich vom Rausch der Serientötungen anstecken zu lassen – wer wollte nach der Erfolgsgeschichte dieser Institution leugnen, dass solche Rituale etwas Tiefsitzendes in uns berühren und stärkste Emotionen auszulösen imstande sind. Möglicherweise sind die Sklaven und Kriegsgefangenen, die in den Gladiatorenschulen darauf trainiert wurden, formgerecht in der Arena zu sterben, Stellvertreter unserer eigenen Sympathien und Aversionen, Phantasien, die hier – in Echtzeit – vor den Augen der Gaffer in Erscheinung traten. Doch letztlich ging es um anderes und weit mehr: um emotionale Abhärtung, das Erlernen stoischen Hinnehmens von Leid und Schmerz, die Abtötung von Mitleid oder Empathie mit dem Gegner. Auch Klagen, das Bitten um Begnadigung oder Zeichen von (Todes-)Angst wurden mit Verachtung quittiert. So stellen sich die Arenen nicht nur als Einrichtungen zur Befriedigung niedriger Instinkte dar, sondern paradoxerweise als eine Art kollektiver emotionaler Erziehungsanstalten, als Schulen der eisernen römischen Legionen, die sich anschickten, mit genau diesen Tugenden die Welt zu erobern. Ritualisierte Aggressivität, Menschenverachtung gepaart mit kulturellem Überlegenheitsgefühl – wo hätte man sie sich besser antrainieren können als im Oval der Arenen? Staatlich sanktionierter Sadismus im Gewand der Ordnung.

Selbst Heilige konnten in den Bann der Spiele geraten, wie die Aufzeichnungen keines Geringeren als Augustinus (354–430) belegen. Einer seiner Glaubensgefährten ist überzeugt, sich der Suggestionskraft der Arena entziehen zu können, indem er den Blick abwendet – vergeblich:

> Als bei einem Zwischenfall des Kampfes das ganze Volk in ungeheures Geschrei ausbrach, wurde er so erschüttert, dass er [...] die Augen aufschlug. Da ward seiner Seele eine schwerere Wunde geschlagen als dem Leib dessen, den zu sehen ihn gelüstete [...]. Denn sobald er das Blut sah, durchdrang ihn wilde Gier, konnte er sich nicht mehr abwenden, sondern war von dem Anblick wie gebannt, schlürfte Wut ein und wußte es selbst nicht, hatte seine Wonne an dem frevlen Kampf und berauschte sich an grausamer Wollust. Nun war er nicht mehr, der er gekommen war, sondern nur noch einer aus der Masse [...].[27]

Dieses entscheidende Moment der Verwandlung von Individuen in Partikel eines anonymen Schwarms, das Augustinus klar analysiert, legt einen der Gründe für die Stärke des Systems Rom frei. Hier wird ein entscheidender Schritt in Richtung des modern anmutenden Prinzips von »Masse Mensch« vollzogen. Eine Affekterregungsgemeinschaft formiert sich nahezu automatisch. Das Kollektiv kennt weder individuelle Empfindungen noch Skrupel – und will sie, solange der Rausch des gemeinschaftlichen Empfindens anhält, auch nicht kennen. Sparta hatte mit der Idee zu dieser Vision einer überindividuellen Gleichheit begonnen. Aber was als Gleichschaltungsprogramm für einige Tausende vergleichsweise wenig wirkmächtig werden sollte, wird im Fall der Weltmacht Rom zu einer existenziellen Drohung gegenüber der nicht römischen Welt.

Mit der Gefährdung treten jedoch auch früh warnende Stimmen auf den Plan. Dem Verbrennen von Individualität und dem Vormarsch der Normierung stellen sich Philosophen wie Seneca und selbst Kaiser wie Marc Aurel entgegen. Beide verkünden, dass nur ein lebenslanges Bemühen um Selbstformung und Selbstkontrolle zur Freiheit von Leidenschaften, zu Selbstgenügsamkeit und Unerschütterlichkeit führen soll. Noch unser heutiger Begriff der »stoischen Ruhe« geht auf diese Ursprünge zurück. Dabei steht Apathie im Sinne der Stoa allerdings gerade nicht für Teilnahmslosigkeit und Passivität. Marc Aurel (121–180) traf einen Kern des stoischen Ethos, als er sich ermahnte: »Arbeite nicht, als wärst du dabei unglücklich oder wie einer, der bemitleidet oder bewundert werden will, sondern wolle nur das Eine, dich bewegen und innehalten, wie es die politische Vernunft verlangt.«[28]

Seine *Selbstbetrachtungen*, die im Verlauf seiner vielen Feldzüge bis zu seinem Tod im Jahr 180 entstanden, vermitteln fast »gebetsmühlenartig« eine auf den Alltag heruntergebrochene stoische Grundhaltung, die sich als eine Art Spiegel römischer Tugenden ins kollektive Gedächtnis eingegraben hat. Zu ihnen gehören strenge Selbstdisziplin, ein gewisser Asketismus, Abkehr von Äußerlichkeiten und die Geringschätzung von Leid und Tod. Maßstäbe, die er an sich selbst wie an sein Umfeld anlegte.

Sicherlich stellen die Sentenzen und Aphorismen des Kaisers kein Dokument einer in sich geschlossenen, eigenständigen Philosophie dar, sondern sind eher als eine Ansammlung unterschiedlicher Maximen der für Rom äußerst wichtigen stoischen Lehre zu verstehen, als

Ausdruck eines kollektiven Wertesystems. Eines republikanischen Wertesystems, das zwar tausendfach verraten und konterkariert wurde, das aber dennoch für verbindlich und verbindend galt. Für das man, wenn es hart auf hart kam, auch zu sterben bereit war. (Siehe Abbildung 6 in Tafelteil 1.)

Anhand der absurden Vita des Philosophen und Erziehers Lucius Annaeus Seneca (1–65) lässt sich der innere Widerspruch, aber auch die Durchschlagskraft des römischen Systems exemplarisch verdeutlichen. Als ausgebildeter Redner, Jurist und Philosoph wurde er mit dreißig Jahren Senator unter dem unberechenbaren Kaiser Caligula. Ein existenzieller Schleudersitz zwischen Bewunderung, Eifersucht und Todesgefahr. Wenig später wurde Seneca für acht Jahre nach Korsika verbannt, um im Jahr 49, von der Mutter Neros begnadigt, zum Lehrer des jungen Prinzen zu werden.

Nachdem Nero (37–68) im Jahr 54 zum Kaiser ernannt worden war, musste Seneca mit dessen Ausschweifungen leben und oft Kompromisse eingehen, die seiner philosophischen Haltung widersprachen. Nero gebärdete sich immer wahnsinniger, weswegen es 65 zu einer Verschwörung gegen ihn kam. Seneca wurde daraufhin als angeblicher Mitwisser gezwungen, sich selbst zu töten. Mit »philosophischer Gelassenheit«, so wird berichtet, vergiftete er sich und schied damit aus dem Leben.

In der Tat. Das Bild, das Rom vorgab und kommunizierte, und die Realität, die es lebte, ob am Kaiserhof oder während der Zeit der Republik, hatten wenig miteinander gemein. Allein das Kontrastpaar Nero-Seneca verdeutlicht das enorme, im Wortsinn halsbrecherische Gefälle zwischen moralischem Anspruch und politischer Wirklichkeit. Die kulturellen Kräfte, die Stimmen der Kunst hatten zu dienen oder – freiwillig oder unfreiwillig – zu gehen. Ins Exil wie Ovid. In den Tod wie Seneca. Die große Show im Circus oder der Arena aber musste weitergehen: ob in Rom, ob in der Provinz.

Kaiser kamen und gingen. Irrwitzige, gewalttätige Despoten wie Nero oder Caligula. Imponierende Figuren wie Augustus, Trajan oder

Hadrian. Kaiser aus würdigen römischen Familien und Emporkömmlinge, Soldatenkaiser, die sich gewaltsam nach oben putschten und nach ein paar Monaten von den eigenen Prätorianern erschlagen wurden, getreue Sachwalter wie Claudius, der – als unbeholfen wirkender Stotterer verachtet und unterschätzt – fast alle überlebte.

So wie auch Rom zu Beginn seiner Weltkarriere unterschätzt worden sein mag. Im Vergleich zu den altorientalischen Reichen und Griechenland war es ein »neureicher Emporkömmling«. Umgeben von Feinden, die es herablassend oder als Besiegte und Unterworfene hasserfüllt beobachteten. Rom stand vor der Aufgabe, wieder und wieder seine Würde unter Beweis zu stellen. Bisweilen mit eigenartig anmutenden Mitteln. So wurden die angeblich von der Cumäischen Sibylle stammenden Orakelbücher, die Aeneas nach seiner Landung in Italien die große Zukunft Roms prophezeit haben soll, noch Jahrhunderte später im Jupitertempel auf dem Capitol gehütet und in Krisenzeiten konsultiert. Als der Tempel 83 v. u. Z. niederbrannte, wurden die Bücher umgehend durch Kopien ersetzt und im Nachfolgebau deponiert. Die Annahme, damit wäre der Fortbestand einer existenziell wichtigen, bis nach Troja zurückreichenden Traditionslinie gesichert, schließt den Kreis dieser konstruierten Nobilitierung aus zweiter Hand aufs Perfekteste.

Trotz all dieser inneren Widerstände und Widersprüche gelang es binnen weniger Jahrzehnte, ein kulturelles Gebilde zu etablieren, das eine neue Dimension politischer Herrschaft in die Welt setzte: das römische Imperium.

Grenzen – europäische Schicksalslinien

Grenzen und Grenzziehungen – konkret oder ideell – sind von Beginn an ein zentrales Wesensmerkmal europäischer Selbstdarstellung. Sie sind ein Mittel, um sich von der Umwelt abzusetzen und den eigenen Machtanspruch zu sichern. Sie waren es, und sie sind es bis jetzt geblieben. Allerdings ist ihre Definition und Organisation in einem steten Wandel begriffen.

Kaum ein anderes Phänomen hat in den vergangenen Jahrzehnten so einschneidende Veränderungen erfahren wie das der Grenze. 1961 wurde eine rigide innerdeutsche Grenze gezogen. Keine dreißig Jahre später fiel die für unüberwindbar gehaltene Mauer ohne nennenswerten Widerstand. Selbst der »Eiserne Vorhang« erwies sich als Trugbild.

Seit 2015 werden in Europa, jenem Europa, das sich zwischenzeitlich als geradezu barrierefreier Inklusionsraum inszeniert hatte, wieder Stacheldrähte und Betonmauern hochgezogen. Eine Linie, ein Schnitt, ein massiver Zaun scheint auch im Zeitalter der Virtualität die Ultima Ratio zu sein, wenn es hart auf hart kommt – wobei sich zwischen Zaunbefürwortern und Zaungegnern eine ideologische Grenze aufbaut, die nicht weniger unüberwindlich scheint.

Exodus und Mauerbau, Aufbruch und Abwehr stehen sich diametral gegenüber. Auch als Prinzipien. Man kann es als das Gegenüber von Angriff und Verteidigung beschreiben, aber auch als das Gegeneinander von Befreiung und Unterdrückung – und zwar von beiden Seiten her. Je nach Standort. Vom Westen aus gesehen stellte sich die Mauer als »Schandmal« dar. Vom Osten als »antiimperialistischer Schutzwall«.

Grenzen sind willkürlich und verbindlich zugleich. Sie wollen Bewegung verhindern und generieren Ausweichmanöver. Erst die Mauer, erst die Blockade schafft den Stau. Der aber hat nichts anderes im Sinn, als die Mauer zu überwinden. Also genau das zu bewerkstelligen, was die Mauer verhindern soll. In aller Deutlichkeit: ohne Mauer keine Flucht – freilich auch ohne Flucht keine Mauer.

Die Intimität der Dialektik manifestiert sich kaum anderswo so intensiv wie in der Idee der Grenze: Grenzübertritt, kleiner Grenzverkehr, Grenzkontrolle sind die Elemente ihrer offiziellen Schauseite – Schmuggel, Schmiergeld, falsche Pässe, Festnahme, Rückführung die andere, dunklere, geschichtsabgewandte Seite.

Aus dem Nachlass Kafkas ist eine kleine Geschichte überliefert, die das Paradox der Grenzziehung präziser und sinnfälliger vergegenwärtigt als viele Theorien darüber. Die Erzählung *Beim Bau der Chinesischen Mauer* beinhaltet auf knapp-distanzierte Weise alles, was zum Thema Sinn und Unsinn, Logik und Absurdität des Phänomens der »Grenze« zu sagen ist. Aus der Sicht ihres Baumeisters stellt sich die große Chinesische Mauer als Monument methodischen Wahns und dysfunktionaler Vermessenheit dar.

> Gegen wen sollte die große Mauer schützen? Gegen die Nordvölker. Ich stamme aus dem südöstlichen China. Kein Nordvolk kann uns dort bedrohen. Wir lesen von ihnen in den Büchern der Alten, die Grausamkeiten, die sie ihrer Natur gemäß begehen, machen uns aufseufzen in unserer friedlichen Laube. [...] Aber mehr wissen wir von diesen Nordländern nicht. Gesehen haben wir sie nicht, und bleiben wir in unserem Dorf, werden wir sie niemals sehen.[1]

Vor Ort keine erkennbaren Feinde, Tausende von Kilometern entfernt ein ebenso unsichtbarer wie unerreichbarer Kaiser. Gäbe es diese absurde, lückenhafte, durchlässig-beharrlich auftrumpfende Grenzmauer nicht, es gäbe kein Reich, keinen strukturierten Herrschaftsbezirk. Doch das zeichenhafte Werk, die symbolische Behauptung und Repräsentation der Grenze schafft Räume, Räume und Gefühle der Verbundenheit:

> Jeder Landmann war ein Bruder, für den man eine Schutzmauer baute, und der mit allem, was er hatte und war, sein Leben lang dafür dankte. Einheit! Einheit! Brust an Brust, ein Reigen des Volkes, Blut, nicht mehr eingesperrt im kärglichen Kreislauf des Körpers, sondern süß rollend und doch wiederkehrend durch das unendliche China.[2]

Kafkas Text macht klar: Die Mauer am äußersten Rand des Imperiums setzt im Inneren gewaltige Bindungskräfte frei: Das, wenn man so will, beliebige Zeichen reduziert paradoxerweise das Gefühl von Beliebigkeit. Die Abgrenzung nach außen wird zum Medium der Verschmelzung nach innen. Kafkas Text entstand im Vorfeld der Totalitarismen, aber er beinhaltet strukturell das Dilemma vieler Grenzen.

Im Zuge der Globalisierung verändert sich unser Blick auf die Welt. Nationale Kulissenwände fallen, bisher unbekannte Wahrnehmungsräume öffnen sich. Europa mutiert zum Appendix des gewaltigen eurasischen Kontinents, große und feine Verbindungs- und Vernetzungswege treten ins Zentrum. Grenzen werden in ihrer faszinierenden Ambivalenz, in ihrer Zwiespältigkeit erkennbar.

Wahrnehmungsgeschichte im Zeitalter der Globalisierung ist angewandte Philosophie der Grenze, der Grenzziehung und -überschreitung. Manche behaupten, ohne Grenzen gäbe es kein Miteinander, ohne Differenz keine Erkenntnis: Wer als Mensch wissen wolle, wer er ist, müsse wissen, von wem er sich unterscheidet. Andere erachten die Grenzen als unnatürliche Trennungslinien, die Zusammengehöriges voneinander fernhalten.

Noch nie war eine Situation gegeben, in der es praktisch nur mehr eine Zeitrichtung gab. Wir alle spekulieren an denselben Börsen auf dieselbe Zukunft. Standards scheinen die Welt zusammenzuhalten, Maßstäbe sind einander zum Verwechseln ähnlich. Doch gerade aufgrund dieser Annäherungen in Echtzeit kommen Widersprüche und Unvereinbarkeiten zum Vorschein. Planetarische Gleichzeitigkeit auf der einen, bleierne Zeit des Stillstands, des Leerlaufs auf der anderen Seite. Hier bewirkt Globalisierung gerade nicht eine Vereinheitlichung von Zeiterfahrung, sondern deren Auseinanderdriften. Gelegentlich hat man sogar den Eindruck, unter dem Druck der Globalisierung würden die Oberflächen (aber auch nur die Oberflächen) sich rapide einander angleichen. Alles jenseits des Firnisses der Außenseite indes droht sogar zu verhärten, jedenfalls nahezu unverändert auf der eigenen Tradition zu beharren.

Wie gehen wir mit dem Phänomen der »Grenze« um? Akzeptieren wir die Differenz? Suchen wir »Übergänge«? Oder ignorieren wir sie? Pendeln wir, wechseln wir? Haben wir eine Identität? Suchen wir neue, andere Identitäten? Unsere Grenzerfahrung – selbstredend Chiffre für viele Bereiche unserer Existenz –, unsere Art, Grenzen wahrzunehmen, mit ihnen umzugehen, gleicht einem Kompendium unserer Möglichkeiten und Techniken, Wirklichkeit zu bewältigen, mit ihrer Vielfalt zurande zu kommen.

Im europäischen Raum, der seit seinen Anfängen von Grenz- und Demarkationslinien durchzogen ist wie kein Zweiter, erwiesen sich mentale und konkrete Grenzziehungen und -verschiebungen seit jeher als das probateste Mittel, um an der Stellschraube zwischen Zugehörigkeit und Ausgrenzung zu drehen. Das römische Imperium unternahm den Versuch, seinen Herrschafts- und Wirtschaftsraum durch eine monumentale Außengrenze, den Limes, zu markieren. Und zugleich den Austausch mit den »barbarischen« Völkern außerhalb dieses Bereichs zu kanalisieren. Eine geostrategische Maßnahme, die es in dieser systematischen Form erst wieder in der Neuzeit geben sollte, als sich West und Ost als ideologisch inkompatible Welten gegenüberstanden.

Der Realität Europas wird dieses Verfahren vor allem deshalb nicht gerecht, weil es den faktisch vorhandenen ethnischen und kulturellen Vermischungszonen in keiner Weise entspricht. Europa ist ein Biotop von Überlagerungen, und jeder scharfe Schnitt schafft allenfalls vorübergehend Scheinsicherheit. Ja, er bringt letztlich genau die Konflikte hervor, die zu unterbinden er antritt: Schleichwege, Schmuggel, Zwischenlager, Flucht- und Bestechungsversuche, Kriminalität und Gewalt.

Wenn man einmal die Gefahren erkannt hat, die mit scharfen, gewachsene Strukturen durchtrennenden Grenzziehungen verbunden sind, sollte es möglich sein, gegenzusteuern. Freilich erfordert dies eine ebenso einfühlsame wie sachkundige Vorgehensweise. Zu scharf sind die Narben erinnerter Ausgrenzungsversuche in das Gedächtnis eingegraben, als dass man sie einfach auslöschen könnte. Exemplarisch hierfür steht der Balkanraum, der sich allen Vereinigungsversuchen (man denke an das Habsburgerreich oder Titos Jugoslawien) widersetzte und sich selbst wieder und wieder in kleine rivalisierende Einzelstaaten zerlegte. Auch an Katalonien und Nordirland, Regionen, denen ihre jeweiligen Grenzen zu Spanien beziehungsweise Großbritannien von existenzieller Wichtigkeit sind, ist zu denken. Europa ist gefordert, hier Zwischen- und Übergangslösungen auszuhandeln. Wieder und wieder. Die Zeit diplomatischen Beobachtens und des Delegierens an die jeweiligen Nationen, die ihre eigenen Konflikte selbst untereinander lösen sollen, ist definitiv vorbei. Regionen, Mischgebiete, kleinere Länder brauchen Koordinaten der Orientierung. Wenn man es zulässt, dass sie sich scharf von ihren (was Lebensweise und Kultur betrifft) ähnlichen Nachbarn abzugrenzen versuchen, sind alle Versuche einer Europäisierung zum Scheitern verurteilt. Selbst Imperien, die diesem Prinzip folgen, geraten irgendwann in Turbulenzen. Europa funktioniert am besten, wenn es sich seiner Realität auf der Basis flacher, flexibler Grenzhierarchien stellt.

II

Metamorphosen

In den folgenden Jahrhunderten wird Europa mehrfach seine Kontur wechseln. Aus einer Idee auf Wanderschaft, einem interkulturellen Abenteuer, wird ein politisch durchorganisierter Machtapparat. Man schwärmt nicht mehr aus und setzt sich punktuell fest. Rom besetzt fremde Territorien und unterwirft sie einem, seinem, Gesetz.

Natürlich hat es seit je Eroberungen, Machtkonglomerate und gewaltige Reiche gegeben. Aber die Systematik und fast bürokratisch anmutende Art, mit der Rom seine Expansionsstrategie verfolgt und Zug und Zug durchsetzt, stellt doch eine neue Dimension politischen Handelns dar. Es wird zum Modell für europäisches Vorgehen bis weit ins 19. Jahrhundert hinein. Um bildlich zu sprechen: Dieses Europa wird nicht am Hindukusch verteidigt – es sollte vielmehr selbst den Hindukusch zu einem Teil Europas umdefinieren.

Europa stößt aber auch immer wieder an seine Grenze und wird seinerseits angegriffen und vereinnahmt: Die Auseinandersetzung mit dem Islam wird es in besonderem Maße herausfordern und fordern. Im Kräftefeld zwischen Mekka, Jerusalem und Byzanz wird es sich über das ganze Mittelalter hinweg behaupten müssen, indem es sich auf erstaunliche Art verwandelt und sich doch zugleich treu bleibt.

7 Europa gründet ein Imperium

Der Name »Europa« kam zwar nicht vor, doch das Imperium Romanum wurde zu seinem Synonym. »Brot und Spiele« für die Stabilisierung nach innen. Die Losung der »Pax Romana« für die Befriedung der wahrlich imponierenden Außengrenzen. Ein durchgehender Ring römisch beherrschter Gebiete umschloss das Mittelmeer, Gallien, Teile Germaniens und die südliche Hälfte Britanniens waren gleichfalls in das Reich integriert, zusammengehalten und dominiert durch eine in dieser Form neue Herrscherpersönlichkeit: den Caesar oder ursprünglich Imperator. Kein »König« als Oberherr eines Clans, eines Volkes, eines Stammes, sondern ein Herrscher in befehlshabender Funktion über alle regionalen Grenzen hinweg. Ursprünglich eher militärisch definiert, wurde der »Kaiser« spätestens seit Augustus, der aus taktischen Gründen die schlichte Bezeichnung »Princeps« (Fürst) bevorzugte, zum Synonym für »Rom« und römische Herrschaft.[1]

Die damit verbundene Losung der Pax Romana beinhaltete eine recht eindimensionale, »globalisierende« Interpretation des Konzepts der Befriedung. Globalisierend heißt in diesem Zusammenhang: mit dem Ziel, weltweit ein und dasselbe Wirtschafts-, Rechts- und Wertesystem umzusetzen. Zur Zeit des Imperium Romanum war zwar bei Weitem noch nicht die gesamte Welt entdeckt, aber Rom erhob den Anspruch auf Universalherrschaft *(orbis terrarum)*.

Zum globalen Handelsnetz liefert die stumme Statistik der im Mittelmeerraum entdeckten Schiffswracks beeindruckende Daten. Der Seehandel war dichter, als er zur Zeit der Renaissance sein sollte. Standardisierte Monetarisierung – seit 211 v. u. Z. war der Denar Leitwährung des

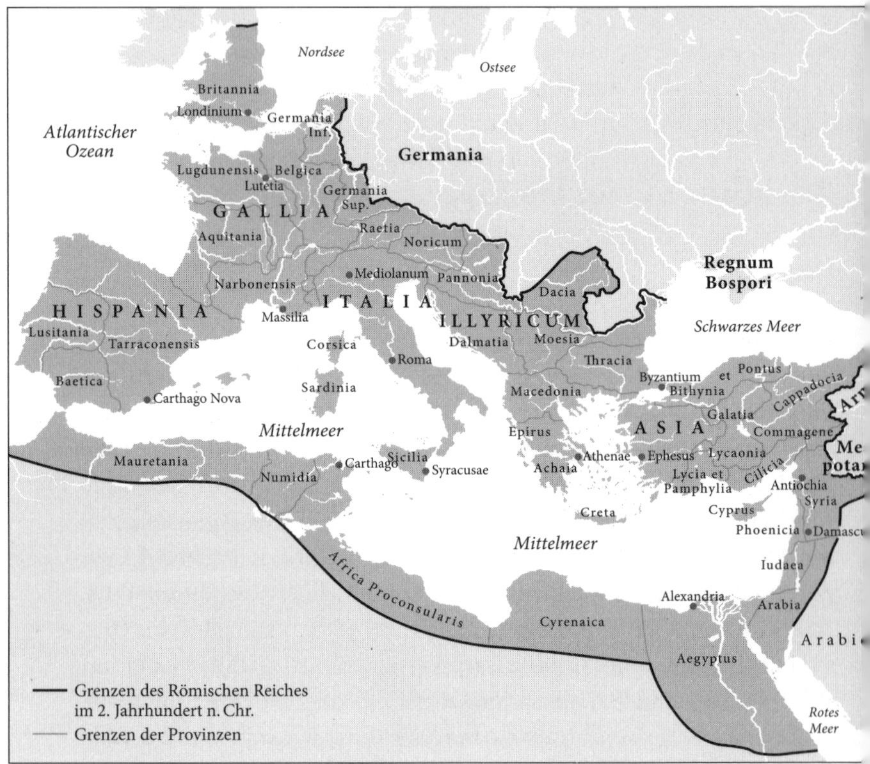

Römischen Reichs –, niedrige Zölle und ein gut entwickeltes Bankwesen schufen günstige Rahmenbedingungen. Die Handelsrouten erstreckten sich bis Indien und umfassten die gesamte arabische Halbinsel. Normen der römischen Gesetzgebung und Rechtsprechung wurden gleichfalls »weltweit« umgesetzt. Rom versuchte auch seine Wertordnung weitgehend auf seinen gesamten Herrschaftsbereich zu übertragen.

Die Kommunikation wurde in den beiden Weltsprachen Latein und Griechisch geführt, überall wurden die gleichen urbanistischen, technischen und bürokratischen Konzepte umgesetzt. Das Imperium war nicht zuletzt eine gewaltige Standardisierungsmaschine, die ein gewisses Geschmacksideal und Menschenbild offenbar recht erfolg- und folgenreich kulturübergreifend durchsetzte. Ein System mit Vor- und Nachteilen: Wem es gelang, sich den Normen anzupassen – sich, um ein Reizwort zu verwenden, zu »integrieren« –, konnte seine indigene Haut abstreifen und zum »Römer« werden. Unter den Vorzeichen dieses Versprechens wurden Verbrechen wie auch Karrieren gefördert. Viele der späteren Angreifer Roms – von Arminius dem Cherusker bis zu Theoderich dem Großen – waren römische Offiziere germanischer Herkunft.

Unter der Regentschaft Kaiser Trajans erreichte das Römische Reich in den Jahren 115/117 seine größte territoriale Ausdehnung, etwas anders gewichtet, ansonsten nicht viel kleiner als die heutige Europäische Union. Weiß man auch nur ansatzweise um den in Straßburg und Brüssel betriebenen Verwaltungsaufwand, kann man sich unschwer vorstellen, welch enormes logistisches und bürokratisches Potenzial nötig war, um von Rom aus dieses Riesenimperium zu regieren. Denn genau um diese Grundidee ging es: unterschiedlichste Kulturen unter das Dach einer, der römischen – hier ist der Begriff wohl angebracht – »Leitkultur« einzubinden: vom Kaspischen und Schwarzen Meer bis zu den »Säulen des Herkules«, von Nordafrika bis Südschottland. Im *»imperium sine fine«*, dem Reich ohne Grenzen, galt eine Sprache, eine Rechtsordnung, und es bestimmte ein Kaiser. Der Pax Romana waren freilich erbitterte Eroberungskriege vorausgegangen – wollte man realistisch sein, müsste man sagen, die entscheidende Kreation der römischen Kultur bestand in der Schaffung des »Gesamtkunstwerks« der *Legion*.

In der Augusteischen Blütezeit Roms sicherten um die dreißig Legionen von jeweils circa 5000 Berufssoldaten das Weltreich. Autonome, hochprofessionelle Kampftruppen. Die Stärke der Legion lag in ihrer im Vergleich zu den Truppen der meisten ihrer Gegner extrem guten Organisation und einer Vielzahl ausgefeilter Strategien wie der Phalanxtechnik, der Aufstellung in Kohortenformation und der Deckung mittels Schildkrötentaktik. Darüber hinaus sicherte härteste Bestrafung Disziplin und Zusammenhalt. Hatte eine Legion versagt, wurde sie schlimmstenfalls sogar dezimiert, das heißt jeder zehnte Legionär konnte getötet werden. Man sieht, das Training bei den Gladiatorenkämpfen war nur ein Vorspiel und Abglanz des Alltags der Legion.

Freilich war eine Legion kein Verband anonymer Kampfmaschinen. Funde aus dem römischen Hilfstruppenkastell Vindolanda an der englisch-schottischen Grenze zeigen ein anderes, weit weniger grausames Gesicht des römischen Militärs. Aufgrund des moorartigen Bodens blieben dort einzigartige Dokumente erhalten. Tausende Holztäfelchen, auf denen die Soldaten ihre Wünsche und Sorgen artikulierten. Da geht es um Sold und Bezahlung, um Kontakte zu den einheimischen Händlern, um Geburtstagseinladungen und den Wunsch nach wärmender Unterwäsche. Trotz dieser menschlichen Intermezzi kann kein Zweifel daran bestehen, dass die Legion immer mehr zum gestaltenden Faktor der Politik wurde.

Seit Beginn des 2. Jahrhunderts konnte kein Kaiser ohne das Votum der Legionen ernannt werden – gleichzeitig verlor der römische Senat mehr und mehr an Macht. Psychologisch hatte dies eine merkliche Steigerung des Selbstwertgefühls der Truppe zur Folge: Sie konnte den Eindruck gewinnen, der entscheidende Machtfaktor im politischen Kräftespiel zu sein. Im Guten wie im Bösen. Nur wenige der Imperatoren starben eines natürlichen Todes, viele wurden von der eigenen Prätorianergarde ermordet. Auch hier liegt der Vergleich zu den Ritualen der Arena nahe, wo die Volksmassen durch Senken oder Heben des Daumens über Tod oder Leben des Kämpfers bestimmen konnten.

Die Griechen hatten sich weniger auf militärische Mittel konzentriert, sondern vor allem auf Kulturexport gesetzt, Handelsstationen und Städte, Tempel, Theater und Paläste errichtet; so war die griechische Kultur allmählich in jeweils fremde Räume eingesickert. Bereits zuvor hatten die Phönizier sich mit einem Netzwerk von Handelswegen und -stationen in Szene gesetzt, ohne großen Anspruch auf symbolische oder faktische Repräsentation ihrer Werte zu legen. Ihre durchaus erfolgreiche Strategie bestand weit mehr aus pragmatischer

Netzwerkbildung statt monumentaler Manifestationen der Dominanz. Anders Rom, das von Beginn an mit seiner Expansion Eroberung, mit der Eroberung Kolonisation verband. Die eingenommenen Gebiete wurden als Provinzen juristisch und verwaltungstechnisch in das Imperium integriert und standen, was Steuern, Jurisprudenz und Militärwesen betraf, unter römischer Aufsicht. Die in den Provinzen eingesetzten »Statthalter« griffen dabei häufig auf bereits vorhandene Verwaltungsstrukturen zurück, sodass den neu eroberten Gebieten zumindest die Illusion einer Restautonomie blieb.[2]

In religiösen Fragen zeichnete sich das römische System durch eine gewisse »Toleranz« oder, besser gesagt, Indifferenz aus. Jedenfalls wurde keine rabiate Missionsarbeit betrieben. Im Gegenteil, Rom bediente sich sogar fremder Kulte und integrierte sie ins eigene System. So war schon in republikanischer Zeit das Ritual der *invocatio* bekannt, mittels dessen fremde Götter eingeladen werden konnten, ihren Sitz in Rom zu nehmen. In der Kaiserzeit gab es daher in Rom eine Vielzahl von Tempeln für ursprünglich nicht römische Kulte, zum Beispiel den der Isis. Auch die Anbetung von nichtintegrierten Gottheiten wie Mithras oder dem Gott der Juden und Christen war im Prinzip gestattet. Das Problem waren für die Römer nicht die anderen Kulte, sondern die Ablehnung des römischen Staatskultes durch deren Anhänger. So wurde der vermutlich aus dem Iran stammende Mithraskult praktisch im gesamten Reichsgebiet geduldet, sofern die römische Gesetzgebung dadurch nicht tangiert wurde.

Die ältesten Mithras-Heiligtümer im römischen Herrschaftsbereich stammen aus der Zeit des 2., die jüngsten aus dem 5. Jahrhundert. Als unbesiegbarer Sonnengott *(Sol invictus)* wurde Mithras auch von zahlreichen Kaisern verehrt, selbst noch vom jungen Konstantin I. (280–337). Unter Soldaten war dieser Kult lange Zeit die mit Abstand beliebteste Religion. Unterirdische Mithras-Heiligtümer mit dem Motiv des Stieropfers finden sich in großer Zahl an allen Standorten römischer Truppen. Erst mit der Durchsetzung des Christentums verschwand der Mithraismus allmählich beziehungsweise wurde mit christlichen Kulten verbunden.

Mit Ausnahme des Christentums und des Judentums duldete Rom mehr oder weniger alle angestammten oder regional vorhandenen Religionen – solange der Fluss der Steuergelder nicht behindert wurde und die Autorität des Kaisers keinen Schaden nahm. Beides war im Fall der genannten Religionen, bedingt durch monotheistische Vorstellungen, gegeben. So kollidierte der römische Herrschaftsanspruch mit jüdischem Religionsverständnis: Die Römer versuchten zunächst, wie gewohnt, die in ihren Augen regionale religiöse Strömung zu ignorieren beziehungsweise zu instrumentalisieren, mit dem Ziel, die Provinz Judäa in das Reich zu integrieren. Ein Ansatz, der sich als unzulänglich erweisen sollte. Man übersah, dass die Juden mit ihrer Religion die Forderung nach politischer und religiöser Eigenständigkeit auch unter der Vorherrschaft einer fremden Macht verbanden. Für den äußerst diffizilen Balanceakt zwischen Anpassungsdruck und Autonomiebestreben steht der Name des von Gnaden Roms eingesetzten römischen Klientelkönigs Herodes (73–4 v. u. Z.), Gebieter in Judäa, Galiläa und Samaria. Ein Mann jüdischen Glaubens und römischer Staatsbürgerschaft, dem der gefährliche Grenzgang zwischen Religion und Politik einige Zeit meisterlich gelang. Mit widersprüchlichen Ergebnissen. Sowohl die Errichtung des zweiten jüdischen Tempels wie auch der bethlehemitische Kindsmord gehen auf das Konto des geschmeidigen Herodes, der es verstand, zumindest für einige Zeit die Interessen der Römer wie der Juden zu bedienen. Ein Versuch, der letztlich dennoch zum Scheitern verurteilt war.

Als sich die Auseinandersetzungen sowohl zwischen Rom und Jerusalem als auch innerjüdisch zwischen rivalisierenden Extremisten immer mehr zuspitzten, griff Rom durch. Die Belagerung und Vernichtung Jerusalems unter Titus im Spätsommer des Jahres 70 wurde als gnadenlose Strafaktion exekutiert, Tausende fielen ihr zum Opfer, der jüdische Tempel wurde bis auf die Westmauer niedergerissen. Der spätere Kaiser kostete seinen Sieg ausgiebig aus und verbrachte den folgenden Winter mit Gladiatorenspielen und der Bestrafung überlebender Gefangener. Im Juni 71 kehrte er im Triumph nach Rom zurück. Selbst vor dem Sakrileg, heilige jüdische Tempelschätze zu plündern, schreckte man nicht zurück. Mit der Beute wurde ein großer Teil der immensen Kosten für die Erbauung des Kolosseums finanziert.

Bereits die Gewaltaktion des Jüdischen Krieges 69–70 war ein fragwürdiger Versuch, den jüdischen Widerstand endgültig zu brechen. Was mit der Verweigerung von Steuerzahlungen an den Kaiser begann, endete mit der Zerstörung des Tempels. Doch aus der Asche des jüdischen Jerusalem stieg wie zum Hohn das mittlerweile immer mehr erstarkende Christentum. Der vergleichsweise pragmatische, bodenständige altrömische Götterglaube war mit beiden Formen gottesstaatlich geprägter Religiosität schlicht überfordert, eine Konfliktlage, die auch heute noch zu beobachten ist, wenn Demokratien und »Gottesstaaten« aufeinandertreffen.

Das römische System war nach dem pragmatisch vertragsorientierten Motto des *»do ut des«* (»Ich gebe, damit du gibst«) strukturiert. Es wäre naiv zu glauben, die Römer hätten in ihren Kaisern Götter gesehen. Die Verehrung des Kaisers als Gott war ein politisches Ritual, ein Zeichen der Orientierung an römischen Mindeststandards. Es genügte, so zu tun, als verehrte man den Kaiser wie einen Gott, und Steuern zu entrichten. Doch die Christen – wie zuvor die Juden – konnten und wollten genau das nicht. Sie beteten nicht den Kaiser, sondern Jesus an. Jenen Jesus im Übrigen, der seinerseits diesen heiklen Punkt vor Pontius Pilatus mit nahezu rabulistischer Eleganz überspielt hatte. Man kennt seine Antwort auf die Fangfrage seiner Gegner, ob es richtig sei, dem Kaiser Steuern zu zahlen, aus dem Matthäusevangelium. Mit seiner Replik: »So gebt dem Kaiser, was des Kaisers ist, und Gott, was Gottes ist«, zieht er zum einen den Kopf argumentativ aus der Schlinge, zum anderen deutet er damit an, dass die Begriffe »Gott« und »Kaiser« einander aus seiner Sicht ausschließen.

Doch wird mit der Frage eine rote Linie markiert, auf deren Überschreiten der Tod steht. Denn wer sich den Regularien entzog, erschien den Römern suspekt, da er in ihren Augen die staatliche Ordnung bedrohte und damit das öffentliche Wohl gefährdete. Tertullian (um 150 – um 220), selbst Christ und Kirchenlehrer, versuchte in vielen seiner Schriften zwar die Vereinbarkeit Roms mit dem Christentum zu belegen, musste aber dennoch den grundsätzlichen Widerspruch der Systeme akzeptieren: »Deswegen also sind die Christen Feinde des Staates, weil sie den Herrschern weder nichtige noch lügnerische noch verwegene Ehren erweisen, weil sie als Menschen von wahrer Religion auch deren Festtage eher in ihrem Inneren als in Ausschweifung feiern.«[3] Allen Bemühungen um Toleranz und Integration zum Trotz standen sich hier zwei letztlich unvereinbare Denk- und Empfindungsweisen gegenüber. Römischer Kaiserkult und der Glaube an Christus waren nicht miteinander kompatibel.

Als die Christengemeinden über den Mittelmeerraum verteilt zu wachsen und zu florieren begannen, begriff Rom die drohende Gefahr und ergriff Gegenmaßnahmen: Es setzten staatliche Christenverfolgungen ein. Doch selbst in dieser Phase begnügte man sich im Allgemeinen zunächst damit, zu beobachten und aus dem öffentlichen Raum zu verbannen. Das Christentum sollte eingedämmt, nicht aber die Christen als Personen aktiv verfolgt werden: Nur ein Christ, der sich öffentlich weigerte, den Göttern (und damit dem Kaiser) zu huldigen, galt als Staatsfeind. Nur wer sich nachweislich dem Kaiserkult widersetzte, war wegen Widerstands gegen die Staatsgewalt hinzurichten.

Im Verlauf des 2. Jahrhunderts veränderte sich die Situation dramatisch. Rom begann eine systematische Hexenjagd – und die Christen wurden allmählich zu potenziellen Selbstmordartisten: Was ist gezieltes Märtyrertum anderes als verdeckter Suizid? Es gab Absprachen und Gelöbnisse, wie man sich im Falle einer Verhaftung oder Anklage zu verhalten hätte. Die ebenso gefährliche wie faszinierende Denkfigur, das Blut der »Märtyrer« als den Samen der Kirche zu interpretieren, kam, nicht zuletzt durch einige der Schriften Tertullians, in Umlauf. Und tatsächlich, auf gespenstische Art kooperierten Täter und Opfer in der Arena miteinander: Die einen stießen zu, doch die anderen siegten letztlich – die Zahl der Christen wuchs. Ihr unverbrüchliches Festhalten an ihrem Glauben, ihr innerer Zusammenhalt, ihr Mut und ihre Entschlossenheit imponierten vielen Römern. Allmählich kippte die Stimmung, und aus der verfolgten, romfeindlichen

Sekte wurde im Laufe der Zeit eine besonders in höheren Kreisen angesagte Modereligion – aus Diffamierten wurden allmählich Vorbilder.

Der Rest der Geschichte ist schnell erzählt. Spätestens mit dem 311 von Kaiser Galerius erlassenen Toleranzedikt endete die heiße Phase der Verfolgung, und es begann eine kontroverse Diskussion um den Status des Christentums innerhalb des römischen Staats. Um der Stabilität des Reiches willen wurden Christen letztlich gesetzlich anerkannt. Eine psychologisch entscheidende Rolle innerhalb dieses gewaltigen Paradigmenwechsels spielt gewiss die Schlacht an der Milvischen Brücke: Am 28. Oktober 312 besiegte Konstantin I. dort seinen Rivalen Maxentius und wurde damit zum Alleinherrscher des römischen Weltreichs. Wichtiger als dieser Sieg selbst wurde die damit verbundene Legende, die wenig später in Umlauf kam: Geblendet oder inspiriert durch eine Vision in der Nacht vor dem Waffengang habe Konstantin das Symbol für Jesus Christus an den Schilden seiner Soldaten anbringen lassen und dadurch den Sieg errungen. (Siehe Abbildungen 7 und 8 in Tafelteil 1.)

Ein Mosaikstein in der Geschichte der großen Wende, die insgesamt zu einer Neuorientierung des Denkens führen sollte. Im Großen wie im Kleinen. Der dem Sonnengott geweihte 7. Tag der Woche wurde nun zum christlichen Sonn-Tag. Und das Imperium wird diese kopernikanische Wende, diesen radikalen Wertewandel als Neugeburt feiern. Doch aus der erhofften Stabilisierung wird der Anfang vom Ende. Natürlich nicht durch das Christentum allein. Die wundersame Wandlung ist nicht die Ursache, sondern das Symptom jenes langwierigen Prozesses, den Edward Gibbon im 18. Jahrhundert als den *Verfall und Untergang des römischen Imperiums* beschrieb.

8 Rom wandert aus

Am Ende half kein Limes mehr und kein Hadrianswall: Die römische Welt geriet aus den Fugen, und der Koloss zerfiel unter dem Ansturm der Gegenkräfte von innen und außen. Das Ende war jämmerlich. Den letzten weströmischen Kaiser, Romulus Augustulus, schickte man 476 mit einem Ruhegeld von 6000 Solidi im Jahr einfach in Rente. Noch nicht einmal die Mühe, ihn wie jeden gestürzten Kaiser umzubringen, mochte man sich machen. Von Rom ging keine Gefahr mehr aus. Der Sieger, Odoaker, weströmischer Offizier germanischer Herkunft, übersandte die Reichsinsignien des abgesetzten »Kaiserleins« mit dem Kommentar, Rom brauche keinen Kaiser mehr, nach Konstantinopel. Eine über 500-jährige Geschichte war vorbei. Zumindest denkt man im Allgemeinen so, wenn vom Niedergang Roms die Rede ist.

Doch Europa ist eine virtuose Überlebenskünstlerin. Während Rom von germanischen »Barbaren« überrannt und geplündert wurde, hatte die Seele Europas bereits den Standort gewechselt und war nach Osten ausgewichen, ausgewandert. Aus Rom war Konstantinopel geworden.

Europa machte einfach weiter, begann sich neu zu justieren und schuf unter dem Zeichen des Kreuzes ein neues, gleichsam umverlagertes Imperium: das Byzantinische Reich. Zeitgenossen sprachen von der *Vasilía ton Romäon*, also dem »Reich der Römer«, oder vom neuen »Römischen Kaiserreich«. Wenn man so will, war Konstantinopel ein Ausweichquartier für das alte Rom. Ausgerechnet dieses heruntergekommene Nest an den Dardanellen, »Byzantion«, das kurz vorher erst von den Römern und wenig später von den Goten zerstört worden war, hatte der römische Kaiser Konstantin der Große am 11. Mai 330 zu seiner Hauptresidenz gemacht. Wenig später erhielt sie den neuen Namen Constantinopolis (Stadt des Konstantin). Zugegeben, die Stadt war strategisch günstig gelegen, von ihr aus konnte man den Warenverkehr zwischen Schwarzem Meer und dem Mittelmeer perfekt kontrollieren. Last Exit Konstantinopel. Freilich beinhaltete die Verlagerung nach Osten auch ein beachtliches Risiko, rückte man den Persern und anderen potenziellen Gegnern doch sehr nahe. Die Strategie ging dennoch über einen sehr langen Zeitraum auf. Die topographische wie mentale Neugründung stabilisierte Rom und machte es für einige Jahrhunderte zu einem wichtigen Machtfaktor im politischen Kräftespiel, das sich mehr und mehr um den Osten zu drehen begann. Mag sein, dass sich im Lauf der ersten Jahrhunderte bereits wieder ein trügerisches Gefühl routinierter Überlegenheit einstellte.

Eine bemerkenswerte, eine geniale Idee: ein Imperium mit Luftwurzeln, eine schwingende Masse politischer Energien, die sich je nach Bedarf verlagern lassen. Ein Konzept, das sich natürlich nicht von einem Tag auf den anderen entwickelt, sondern einen gut einhundertjährigen Vorlauf hatte. Die vorbereitende Idee bestand in einer strategischen Aufteilung der Macht – eine Art imperiale Zellteilung – in zwei eigenständige, etwa gleich große Imperien mit jeweils einem weströmischen und einem oströmischen Kaiser an der Spitze. Die permanente Bedrohung des Riesenreiches von allen Seiten, vor allem durch die Goten und Hunnen, ließ solch eine Trennung geboten erscheinen. Doch es wäre zu kurz gegriffen, wollte man die sogenannte Reichsteilung von 395 nur als taktischen Schritt sehen. Die Ursachen liegen tiefer. Ganz offenbar gibt es innerhalb großer politischer Systeme tektonische Bruchstellen, die in Phasen der Überlastung zutage treten.

Es sind interessanterweise immer dieselben Zonen, die über Jahrhunderte hinweg aktiv bleiben. So verläuft die Trennlinie im Norden entlang des Flusses Drina, also genau dort, wo Jahrhunderte zuvor bereits in einer ideologischen Schlammschlacht ohnegleichen – der

»Römer« Octavian kämpfte gegen den »Orientalen« Antonius[4] – die Grenze zwischen zwei Machtbereichen gezogen worden war. Eine Linie, deren Bedeutung sich noch in dem epochalen Roman *Die Brücke über die Drina* (1945) von Ivo Andrić spiegeln wird, in der Zeit der letzten Balkankriege dann eine entscheidende Kampfzone zwischen Serben und Kroaten. Ebenso wie der Konflikt zwischen »Ost« und »West« von der Antike bis in die Gegenwart im Gebiet der großen Syrte (zwischen Homs und Bengasi) im heutigen Libyen ausgetragen wurde. So gesehen war die geographische und organisatorische Trennung des juristisch weiterhin zusammengehörigen Römischen Reiches ein ebenso voraussetzungs- wie folgenreicher Schritt.

Denn letztlich löste er eine Art Konkurrenz- und Rivalitätsverhalten aus. Und das Ergebnis dieses Kampfes war eindeutig: Der Sieger im Duell der Imperien hieß Ost-Rom, ihm fiel folgerichtig auch der Rest der »Erbmasse« zu. West-Rom konnte dem Druck der mehrfach im Verlauf der Jahrhunderte von ihm selbst freigesetzten Kräfte nicht standhalten. Die Plünderung Roms unter dem Gotenführer Alarich im Jahr 410 war der Auftakt zu einer Reihe von Angriffen auf die Metropole durch »unterworfene« germanische Stämme. In immer kürzeren Abständen fielen Vandalen, Ostgoten und andere germanische Hilfstruppen über die fast wehrlos gewordene Stadt Rom her. Zumeist angeführt von in Rom ausgebildeten Offizieren germanischer Herkunft. Nicht zuletzt im Widerstand gegen die römische Expansionspolitik hatte sich im Laufe der Jahrhunderte eine Art germanisches Selbstbewusstsein aufgebaut, das sich nun gegen die Urheber wendete.

Dazu kamen die Spätfolgen der massiven internen Auseinandersetzungen unter den Christen um die rechte Lehre, die ja mit der religiösen Umorientierung nicht ausgelöscht waren, sondern nun umso heftiger geführt wurden. So beinhaltet das Dekret »*cunctos populos*«, mit dem das Christentum 380 zur Staatsreligion erklärt worden war, auch Momente der Bedrohung »Andersgläubiger«:

> Nur diejenigen, die diesem Gesetz folgen, sollen, […] Christen heißen dürfen.
> Die übrigen, die wir für wahrhaft toll und wahnsinnig erklären, haben die Schande ketzerischer Lehre zu tragen.
> Auch dürfen ihre Versammlungsstätten nicht als Kirchen bezeichnet werden.
> Endlich soll sie vorab die göttliche Vergeltung, dann aber auch unsere Strafgerechtigkeit ereilen, die uns durch himmlisches Urteil übertragen worden ist.[5]

Wie als Antwort auf diese turbulenten Ereignisse kristallisierte sich allmählich im Osten ein gewaltiger griechisch-römisch-christlich-orientalischer Herrschaftsraum heraus. Ein Raum, der viele und zum Teil sehr unterschiedliche Energien absorbierte.

Das in den Osten verschobene, um den Osten erweiterte Römische Reich blieb, was es war, und wurde zugleich bis zur Unkenntlichkeit verändert und erneuert. Rituale des Ostens vermengten sich mit

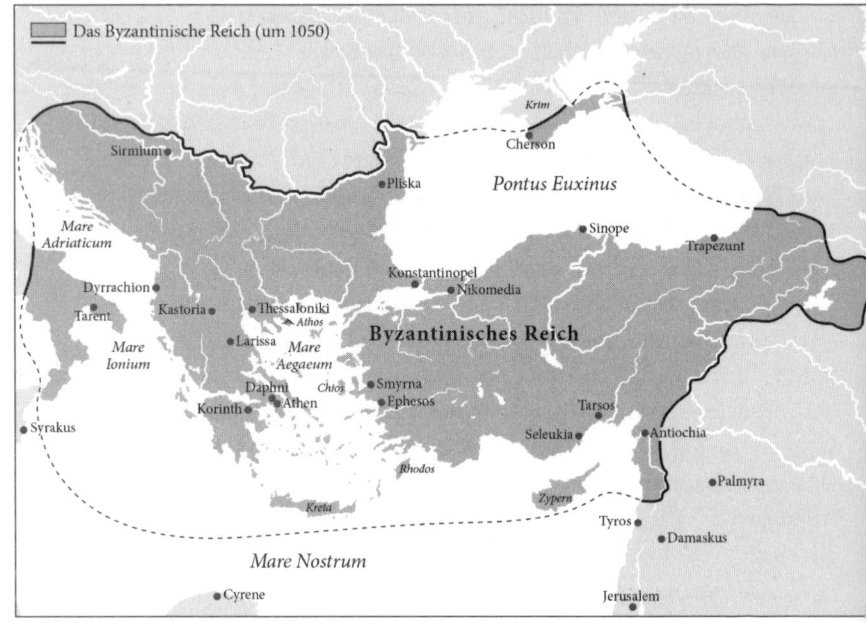

Traditionslinien des Westens und generierten ein Europa, das weder als abendländisch noch als morgenländisch zu definieren war. Vielmehr entstand eine Art kulturelle Doppelhelix: Erst verlagerte sich Rom ostwärts – wenig später sollte sich Byzanz Rom und Italien seinerseits wieder einverleiben. Dieses frappierende Wechselspiel von temporären Verlagerungen und neuerlichen Rückeroberungen wird den Kontinent über Jahrhunderte prägen.

Um die Neu- und Andersartigkeit dieser Konstellation zu begreifen, muss man auch als Mitteleuropäer keine lange Reise antreten, denn der orientalisch-orthodoxe Osten ist Teil unseres aus Kontrasten zusammengesetzten Kontinents geworden. Er ist uns unter die Haut gegangen und hat zudem seine Farben und Gerüche, sein Flair und sein Aroma hierhergebracht. Auf eine so selbstverständliche Art, dass man sich daran gewöhnt hat, diese »fremden« Elemente längst als integrale Bestandteile der »eigenen« Kultur zu betrachten. Venedig und Ravenna, der Markusdom und die Mosaike der Kirche Sant'Appollinare in Classe stehen schließlich in jedem italienischen Reiseführer, und zwar nicht als fremdländischer Import, sondern als nationale Highlights und Teil »unseres« kulturellen Erbes.

Faszinierend an dieser kulturellen Symbiose ist die Tatsache, dass dennoch – über Jahrhunderte hinweg – auch eine Spur jenes Fremdheitsgefühls erhalten geblieben ist, die den Schematismus durchbricht und die Wahrnehmung erweitert. Wie sonst wäre etwa Thomas Mann noch 1913 in seiner Novelle *Der Tod in Venedig* dazu gekommen, von der Lagunenstadt als einem Ort zu schwärmen, an dem man »über Nacht das Unvergleichliche, das märchenhaft Abweichende« erreichen könnte?

In der Tat ist der Markusdom Venedigs, im Kern ein Werk des 9. Jahrhunderts, als ein spätes Echo der byzantinischen Baukunst zu erleben. Allein das Ensemble seiner fünf in Kreuzform angeordneten Kuppeln vermittelt ein vollständig anderes Raumgefühl als jenes, welches sich seit Jahrhunderten in der Tradition römischer Basiliken niedergeschlagen hatte.

Entsprechend und im besten Sinn des Wortes befremdend ist die seit der antiken »Osterweiterung« unter Kaiser Konstantin in den römischen Kulturraum eingedrungene Tendenz zur Monumentalisierung und Statuarik, gleich ob in der Plastik, den Mosaiken, Fresken oder Ikonen. Dokumente einer neuen Formensprache, deren Ursprung sich möglicherweise bis zu den mesopotamischen und assyrischen Herrscher-Reliefs zurückverfolgen lässt. Man kann es drehen und wenden, wie man will: Dergleichen lässt sich im griechischen Bereich definitiv nicht finden.

Ravenna als zeitweiliges Zentrum des neu entstandenen Byzantinischen Reiches weist besonders eindrucksvolle Dokumente dieser Tendenz auf, die sich ebenfalls weit vom ursprünglichen Realismus der römischen Tradition entfernen. Lange Zeit hatte sich die römische Kultur regelrecht über die eroberten fremden Kulturen gestülpt. Jetzt begann das, was man im 20. Jahrhundert als »writing back« bezeichnen wird: Die unterworfenen Kulturen meldeten sich immer vehementer zurück. Kaiser Justinian (482–565), ein gebürtiger Mazedonier, der nahezu sein gesamtes Herrscherleben in Konstantinopel verbrachte, ist eine der in diesem Zusammenhang bemerkenswertesten Figuren. Er setzte unmissverständliche Zeichen einer neuen Zeit, die gleichsam das Ende der Antike markieren, befahl etwa die Schließung der neuplatonischen Philosophenschule in Athen und hob das seit Jahrhunderten tradierte altrömische Amt des Konsuls auf. Andererseits gelang es ihm nach langen, verlustreichen Kämpfen, Teile des von den »Barbaren« eroberten Weströmischen Reichs zurückzuerobern. Beim Tod von Justinian sah das byzantinisch-römische Reich paradoxerweise beinahe wieder so aus, wie das Weströmische Reich vor seinem Niedergang ausgesehen hatte.

Die oströmische Kaiserin Theodora spiegelt die Dynamik der Prozesse, die damals in Gang kamen. 497 als Tochter eines Bärenwärters in Konstantinopel geboren, gelang ihr innerhalb weniger Jahre ein märchenhafter Aufstieg. Aus der Prostituierten, Tänzerin und Schauspielerin wurde die Gattin Justinians, die Krönung zur Kaiserin fand 527 in der Hagia Sophia, der neu errichteten Kirche der »heiligen Weisheit«, statt. Eine Vita, die nicht nur eine frappierende soziale Aufstiegsgeschichte dokumentiert, sondern auch für eine imponierende transkulturelle Mobilität der Zeit steht: Rom, Konstantinopel, Ravenna – alle Systeme waren in Bewegung geraten. Die eigentlich interessanten Prozesse fanden vermehrt zwischen den Kulturen statt – was heute gotisch oder römisch war, konnte bereits morgen byzantinisch sein, und umgekehrt. Es gab keine kulturellen Einbahnstraßen mehr. (Siehe Abbildung 9 in Tafelteil 1.)

Ob dabei wechselseitige Bereicherung oder Abstoßung überwog, ist schwer zu entscheiden. Der Grat zwischen Verfremdung und Befremden ist schmal. Bewegen wir uns in einer besonders kreativen Phase, oder werden hier mutwillig Grenzen überschritten? Gibbon sprach von einem tausendjährigen Verfallsprozess Roms unter den Vorzeichen der starren, östlich geprägten Formensprache und eines entsprechend starren Wertesystems. Aus dieser Perspektive erscheint das langsam und organisch gewachsene Interesse am natürlichen, lebendigen Menschen, das die Künstler in Rom entwickelt hatten, wie ausgelöscht. Die überpersönliche Ikone trat an die Stelle des individuellen Ausdrucks.

Man kann es so sehen und auf die spürbaren Gegensätze und Unvereinbarkeiten abheben. Klüger, gewinnbringender ist es vermutlich, die Metamorphose Europas – die Spannung zwischen »Statuarik« beziehungsweise Ritual auf der einen und Individualismus beziehungsweise Lebendigkeit auf der anderen Seite – als Teil seiner besonderen, doppelbödigen Signatur zu begreifen. Ein Antagonismus, der sich nahezu durch seine gesamte Geschichte zieht. Er ist aber nicht nur eine Eigenart, er scheint vielmehr die Essenz Europas auszumachen. Nicht zuletzt deshalb sind die auch heute noch gelegentlich aufflackernden Diskussionen um die Außengrenze oder darum, welche Elemente zum *European Way of Life* gehören, ebenso fragwürdig wie beschränkt. Sie blenden die historischen Realitäten einfach aus, und oft genug sind gerade diejenigen, die sich am lautesten auf Traditionen berufen, taub gegenüber geschichtlichen Erfahrungen.

Fakt ist, dass sich Europa von seinen Anfängen an über ein komplexes Wechselspiel von Abgrenzungen gegen den Osten und stürmischen Kontaktaufnahmen mit ihm definiert hat, ganz gleich, ob man an die ältesten Mythen, die *Ilias*, Alexander den Großen oder die Perserkriege denkt. Und dieses erst west-östlich verdoppelte, dann östlich verwandelte und wiederum später östlich besetze Europa ist nur ein kleiner Ausschnitt dieser genuin europäischen Signatur. Wenn man so will, ist Europa von Beginn an im Zustand einer bikulturellen Schizophrenie. Noch Goethes *West-östlicher Divan* (1818) ist nichts anderes als ein – sehr später – Reflex dieser eigenwilligen Prägung.

Europa ist, man kann es nicht anders sagen, dazu verurteilt, in Antinomien und Gegensätzen zu denken. Die Gegenwelten können dabei von völlig unterschiedlichen Inhalten bestimmt sein: Perser, Juden, Christen, Barbaren – egal wer oder was: Europa benötigt immer einen Schatten, vor dessen Hintergrund es sich (vor sich selber) präsentieren kann.

So als ob sich diese Gesetzmäßigkeit noch einmal in forcierter Form wiederholen und bestätigen sollte, fällt in die Phase der Blütezeit des

Byzantinischen Reiches die Entstehung des Islam – des bis heute markantesten Antagonisten des »Westlichen Systems«. Das darauf aufbauende Osmanische Reich wird mit der Eroberung von Konstantinopel 1453 das Ende von Byzanz markieren. Immerhin hatte dieses komplexe, zwittrige Gebilde als »Rom-Double« den Stürmen der Zeit bis dahin an die tausend Jahre standgehalten.

In dieser Zeit unter dem Zeichen des Kreuzes entstand ein Christentum der sehr besonderen Art, dessen Spuren bis heute in Ländern wie Griechenland, Bulgarien, Albanien zu finden sind. Die kulturhistorisch folgenreichste Eigenart der Orthodoxie betrifft die Art und Weise, wie im Zusammenhang hochkomplexer theologischer Debatten der Begriff und die Verwendung von Bildern einer umfassenden Revision unterzogen wurde.

Eine nebensächliche, nur für Theologen und Kunsttheoretiker interessante Frage? Keineswegs. Vielmehr einer jener Momente, an denen Kultur, Macht und Spiritualität einander direkt berühren und als untrennbar erscheinen. Denn worum geht es? Um nichts Geringeres als um Gott und die Welt und deren Bezug zueinander. Ein uralter Streit, der seine Wurzeln im Alten Testament hat. Dort fordert Jahwe von dem auserwählten Volk den Verzicht auf alle Bildwerke und Idole, die, wie in polytheistischen Naturreligionen üblich, Götter darstellten. Es gibt heftige Sanktionen, wann immer die Hebräer in den bisherigen Modus zurückfallen und etwa das »Goldene Kalb« anbeten. Das sind keine kleinen »Ausrutscher«, sondern gravierende Verstöße gegen das Gebot Gottes, und sie werden entsprechend gnadenlos geahndet.

Dahinter steht letztlich die Frage des absoluten Gehorsams, also eine Frage der Macht. Wer bestimmt, was sein darf, was gezeigt werden darf und was nicht, hat das Sagen. Wer die Wahrnehmungsmöglichkeiten definiert, verfügt über die Sinne der Menschen. Der Streit um die Bilder ist eine ideale Probe aufs Exempel. Nicht ohne Grund begleiten häufig bilderstürmerische Exzesse die großen weltanschaulichen Revolutionen quer durch die Jahrhunderte. So auch hier, als sich der christliche Monotheismus Bahn brach. Orthodoxie und Bildersturm gehen eine unheilige Allianz ein. Das Beispiel wird – verstärkt durch das Bilderverbot des an diesem Punkt durchaus am Alten Testament orientierten Islam – Schule machen.

Auch das Byzantinische Reich entdeckt den Kampf um das Medium des Bildes als einen wichtigen Hebel des Machtspiels. Mit der Entwicklung der Ikonen – abgeleitet vom altgriechischen »*eikón*« (»Bild« oder »Abbild«) – wird ein neues Gottes- und Herrschaftskonzept in Stellung gebracht. Die Ikone begnügt sich nicht damit, ein möglichst getreues Abbild zu geben. Sie stellt Christus nicht einfach dar, sie führt ihn den Gläubigen direkt vor Augen. Sie repräsentiert ihn nicht, sie *zeigt* ihn. Wer vor der Ikone steht, der steht vor ihm.

Die Idee der Ikone ist also nicht einfach Ausdruck orientalischer Statuarik. Sie ist vielmehr das Resultat einer neuartigen Semiotik der Machtentfaltung, wie sie etwa auch im byzantinischen Hofzeremoniell zum Tragen kommt. Der Kaiser selbst war Gegenstand ritueller Verehrung. Bei offiziellen Empfängen saß er zunächst statuenhaft hinter einem Vorhang auf dem Thron und nahm, nachdem er enthüllt wurde, die Huldigungen entgegen. Dieselbe Unterwerfung, die dem Kaiser als lebendem Standbild zufiel, zeichnet die Verehrung der Ikone aus. So fließen in der Ikonenmalerei unterschiedliche Elemente teils orientalischer, teils okzidentaler Tradition zusammen, immer mit dem Ziel, die Kluft zwischen Bilderverbot einerseits und mimetischer Nachahmung andererseits zu überbrücken. Am Ende entstand paradoxerweise genau das, was der Gott Jahwe ursprünglich hatte verhindern wollen: ein absolutes Kultbild, das nichts Irdisches mehr an sich hat, sondern unmittelbare Repräsentation des Heiligen ist. (Siehe Abbildung 10 in Tafelteil 1.)

Derart sakral überhöht und emotional aufgeladen, kamen Ikonen an Bedeutung der Realpräsenz Christi beim Abendmahl gleich. Es gelang, eine völlig neue Qualität der Bildersprache im gesamten Bereich des byzantinischen Imperiums zu etablieren und damit eine neue Qualität visueller Kommunikation herzustellen – wobei der Begriff des Visuellen fast zu oberflächlich ist, um das zu beschreiben, was die Ikone leistet. Nichts Geringeres nämlich als die Verwandlung von Kunst in Glauben.

Wenn ein *»eikón«* zur Ikone wird, wird aus einem Abbild ein Heilszeichen, und jeder Anspruch auf künstlerische Autonomie verfliegt. Das Werk verlässt die Koordinaten ästhetischer Wahrnehmung, dient nicht mehr dem Genuss, sondern nur mehr dem Glauben. Ein Vorgang von grundsätzlicher Bedeutung, wie wir ihn noch einmal sehr viel später im Kontext der Renaissance (Savonarola) erleben werden. Immer geht es dabei um weit mehr als »nur« künstlerische Anschauungen. Im Untergrund der Problematik wirkt der Dauerkonflikt um den letztlich als verbindlich erachteten Wertehorizont der Gesellschaft nach: säkular oder sakral grundiert – das ist hier die Frage.

Ein Zwiespalt, mit dessen Konsequenzen wir uns immer noch herumschlagen und der zu den inneren Ambivalenzen Europas damals wie heute gehört. Um in der Sprache der Politik zu bleiben – weder der Islam noch das Christentum noch das Judentum »gehören« zu Europa, wohl aber dieser Zwiespalt. Und wir tun gut daran, uns zu *diesem* Erbe zu bekennen und es zu verteidigen, auch wenn es die Dinge nicht auf Anhieb einfacher macht.

Die Entwicklungen während der langen Zeit des Oströmischen Reiches verliefen alles andere als geradlinig. Die spätantik-frühbyzantinische Zeit (um 300 u. Z. bis zur Mitte des 7. Jahrhunderts), in der das Imperium Romanum noch antik-römisch geprägt war und als intakte Großmacht den gesamten östlichen Mittelmeerraum kontrollierte, war hinsichtlich der kulturellen Neuorientierung sicher die kreativste Phase. Das römische Weltreich topographisch so umzuverlagern, dass einerseits der Eindruck der Kontinuität erhalten blieb, andererseits völlig neue, dem Bisherigen teils gegenläufige Momente in Erscheinung treten konnten, war eine strategische Meisterleistung. Es folgten 500 Jahre der inneren Stabilisierung, in denen sich das neue Reich auf den griechischen Bereich fokussierte und – trotz der beginnenden Islamisierung des osmanischen Raumes – noch einigermaßen stabil schien. Zwischen 1200 und der Mitte des 15. Jahrhunderts ging diese Stabilität unter dem Druck des aufstrebenden Osmanischen Reiches allmählich verloren.

Doch die Spuren dieses einzigartigen Doppelgänger-Experiments des frühen Europa sind noch immer zu besichtigen. Zum Beispiel in Ravenna, der kleinen norditalienischen Industriestadt, in der Byzanz, Rom und Westgermanien sich für eine gewisse Phase begegneten. Der Stadt, in die sich die weströmischen Kaiser um 400 zurückgezogen hatten und die dann an Theoderich den Großen (455–526), König der Ostgoten und zugleich Kaiser West-Roms, fiel.[6] Möglicherweise fühlte er sich aber zugleich auch ein Stück weit dem »Osten« zugehörig, hatte er doch in jungen Jahren einige Zeit am Hof von Konstantinopel verbracht. So präsentiert sich Ravenna als ein einzigartiges Panoptikum der Völkerwanderung. Theoderichs Mausoleum mit seiner ungeheuren monolithischen Deckplatte wirkt wie ein architektonisch veredeltes nordisches Hünengrab. Kaum einen Steinwurf davon entfernt verbergen sich hinter der schlichten »altrömischen« Außenhaut einer Basilika die magisch leuchtenden byzantinischen Mosaiken Sant'Apollinares, die hier in der »Provinz« alle Bilderstürme des Ostens überstanden.

Drei Werte-Welten, voneinander getrennt und zugleich miteinander verschmolzen. Eine kulturelle Verschmelzung ohne jeden betulich-versöhnlichen Aspekt. Es waren und blieben im Grunde einander fremde Welten, die durch den tückischen Zufall der Historie für eine begrenzte Zeit aneinandergerieten. Und die sich dadurch, ob sie es wollten oder nicht, einfach durch die Nähe des jeweils anderen zu verändern begannen. Synkretismus – vielleicht. Auf jeden Fall ein starkes Indiz dafür, dass Hybridität die Überlebensfähigkeit eher stärkt als schwächt.

Zwischen dem 4. und 8. Jahrhundert war Europa in einem Maße in Aufruhr und Bewegung, dass man unwillkürlich versucht ist, den Bogen zur Gegenwart zu schlagen. »Völkerwanderung«, Migration, Austausch von Territorien und Populationen, sogar partieller »Kontrollverlust« drohte. All das führte nicht zum Untergang der frühеuropäischen Welt, sondern, im Gegenteil, zu deren dynamischer Entfaltung. Dabei handelte es sich freilich nicht um eine organische, harmonische Entwicklung. Der Kontinent, von dem ich spreche, ist kein Produkt gradlinig verlaufender Vorgänge – apokalyptische Visionen sind nicht von ungefähr ein elementarer Bestandteil europäischer Vorstellungen. Doch die Bewegtheit der frühen, binneneuropäischen Migration befeuerte die innere Dynamik des Systems. Europa ist eine geniale Verwandlungskünstlerin. Und nahezu unbegrenzt fähig, Neues und Fremdes zu absorbieren. Auch diese Erfahrung – vielleicht gerade sie – »gehört« zu Europa.

Denn was sich ab der Wende vom 4. zum 5. Jahrhundert unter dem merkwürdigen Begriff der »Völkerwanderung« in diesem Kontinent abspielt, ist sehr viel mehr, als der etwas beschönigende Terminus der Wanderung vorgibt. Das ist ein ungeheures tektonisches Beben der Ethnien und Kulturen, die von allen Seiten aufeinander einzustürmen scheinen. Nicht nur Ost- und West-Rom, sondern in zunehmendem

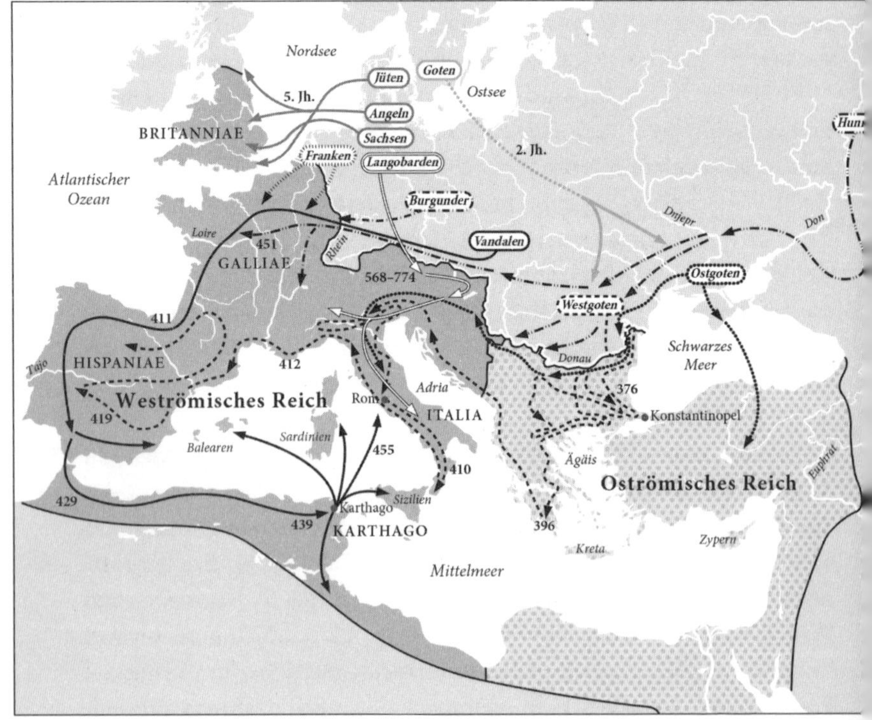

Maße auch Kulturen des Nordens: Alamannen, Langobarden, Goten, Vandalen und andere germanische, keltische und slawische Stämme dringen in all jene Räume ein, in denen sich ein Machtvakuum auch nur andeutet. Es ist, als ob alles infrage gestellt werden sollte, als ob sich alle Versteinerungen der vorangegangenen Jahrhunderte mit einem Male verflüssigen und gänzlich neu ordnen.

Eine Dynamik, die sicher einiges Bedrohliches vermitteln konnte, denn es ist nichts Kleines, wenn die vertrauten Koordinaten – mögen sie auch verhasst gewesen sein – aus dem Gesichtskreis verschwinden und alles neu erfahren, austariert und ausgehandelt werden muss. Gibt es noch Sicherheit? Gibt es noch Sicherheiten? Verlässliche Eckmarken, verbindliche Grenzsteine, gültige Normen? Und wer steht dafür? Das alte Rom sicher nicht, Griechenland längst nicht mehr, Germanien noch lange nicht. Genauso wenig wie ein erst im Entstehen begriffenes Russland. Wie Rom damals eine »offene Stadt« war, war »Europa« nun ein offener Raum. Ein Kontinent in stetiger Bewegung.

So dramatisch stellt sich die Situation Mitte des 5. Jahrhunderts dar. Es gilt zu überleben und eine Einstellung zu finden, um dieses Leben im Transitraum der Kulturen halbwegs heil zu überstehen.

Der Auftritt der Hunnen im westlichen Teil Eurasiens hatte 374 begonnen. Urplötzlich waren ihre Reiter unter der Führung Attilas aus den russischen und kasachischen Steppen über die Schwarzmeerküste westwärts gefegt. Erst die Römer konnten sie in Verbindung mit germanischen Stämmen während der mythisch gewordenen Schlacht auf den Katalaunischen Feldern (451) in Nordfrankreich vorübergehend aufhalten.

Nicht minder vehement drangen die Westgoten in den italienischen Raum ein und stürmten durch den Balkan bis nach Byzanz. Hoffnungslos. Hoffnungslos unübersichtlich – hätten nicht die zur gleichen Zeit entstehenden Narrative versucht, zeitweise Ordnung zu stiften, Struktur in das zerfasernde Geflecht zu bringen, denn genau das ist eine, wenn nicht die zentrale Aufgabe von Literatur. Damit verbunden ein möglicherweise radikaler Perspektivenwechsel in Bezug auf das – bis dahin weitgehend mediterrane – Konstrukt »Europa«.

Der gesamte Mythenpool des Nordens war bislang noch wie versiegelt gewesen. Nun, mit den Wanderungen der »nordischen Völker«, sollte sich das ändern: Ihre Stoffe, Figuren, Wertvorstellungen führten die Eroberer im Handgepäck mit sich – ein Paradigmenwechsel von erstaunlicher Wucht. Eine seiner Manifestationen: die Sagen um den Hort der Nibelungen. Eine Figur steht im Schnittpunkt der nordisch-germanisch-oströmischen Kulturen: Dietrich von Bern alias Theoderich der Große.

Zugegeben, es ist umstritten, ob sich hinter beiden Namen dieselbe Figur verbirgt. Aber wollte man sich die transkulturelle Wucht und Dynamik der Völkerwanderungszeit plastisch vergegenwärtigen, es gäbe kaum eine geeignetere Besetzung. Im *Nibelungenlied* spielt er die eigenartige Rolle eines Exilanten, eines Grenzgängers zwischen den Welten. Einerseits loyal gegenüber seinen hunnischen Gastgebern, sympathisiert Dietrich zugleich mit den Burgundern. Dreißig Jahre Exil am Hof Etzels, danach erfolglose Versuche, sein eigenes Reich zu erobern. Der »wirkliche« Dietrich, Theoderich, vollführte vergleichbare Balanceakte wesentlich erfolgreicher. Sein Reich zwischen Ost-Rom, West-Rom und den andrängenden Franken hielt 38 Jahre.

Ferdinand Gregorovius, der große Historiker des 19. Jahrhunderts, hat Theoderich als frühen Vorboten der Neuzeit gewürdigt. Der Gote habe erstmals versucht, »auf den Trümmern des Reiches jene neue Weltordnung einzurichten, welche sich allmählich aus der Verbindung der nordischen Barbaren mit der römischen Kultur […] ergeben mußte«[7]. Eine explosive Mischung, die erstaunlicherweise über eine beachtliche Zeit hinweg dennoch wie in einem Schmelztiegel köchelte – oder, könnte man fragen, wie in einem Hexenkessel brodelte?

Wir dürfen nicht vergessen, dass nach all den vorangegangenen Höhenflügen und Desillusionierungen auch die Gefahr der Resignation, der Dekadenz und Selbstpreisgabe lauerte. Einer der bedeutendsten Dichter der Belle Époque, Paul Verlaine, hat das Lebensgefühl des dem Tode geweihten Imperiums rückblickend genial erfasst:

Mattigkeit

Ich bin das Römerreich am Ende des Verfalls.
Anrücken sieht es riesiger Barbaren Heere
und drechselt Verse noch, so goldnen Tons, als wäre
das Leuchten drauf vom späten Strahl des Sonnenballs.
Einsame Seele in der tiefen Öde klagt,
indessen draußen blutige Schlachten schwanken.
O Unkraft, schwach zu sein, am Willen selbst zu kranken!
O Leben, dem sich jedes kleine Glück versagt!
Nicht sterben wollen! Sterben können nicht!
Ah! Alles ausgetrunken! Lach nicht mehr, Bathyll!
Getrunken alles und verzehrt! Schweigen wir still!
Was noch? Ins Feuer dieses alberne Gedicht!
Sonst! Ach, ein Sklav, der lästig fällt mit seiner Eile
und dann – o Schrecken! nur noch diese Langeweile![8]

Und eine solche fatale Tendenz, eine Lust am gefälligen Inszenieren des eigenen Untergangs gibt es nicht nur in der Projektion des 19. Jahrhunderts, sondern auch als konkrete Erfahrung und Bedrohung am Ende des in seinem Pomp und seinen Ritualen träge gewordenen späten Byzantinismus, ebenso wie es ihn tausend Jahre vorher im altgewordenen Rom gegeben hatte, das allmählich zu einer Art Mausoleum seiner selbst abgesunken war. Es ist kein Zufall, dass der Begriff der spätrömischen Dekadenz bis in gegenwärtige Politdebatten hinein eine Rolle spielt und ein gewisses Arsenal von Bildern abruft. (Siehe Abbildung 11 in Tafelteil 1.)

Es tut gut zu sehen, dass der südost- und nordeuropäische Teil des Kontinents alles andere als niedergangsgestimmt war. Im Gegenteil: Man erkundete die bis dahin kaum gekannten Welten, nicht unbedingt zartfühlend, sondern eher robust. Und dabei ergaben sich – meist ungewollt – spannende Mischungen und gänzlich unerwartete Begegnungen. Wie die mit dem Islam.

9 Ex oriente lux

Als Europa damit beginnt, sich in Konstantinopel neu einzurichten und das orthodoxe Kreuz aufzustellen, tritt völlig überraschend ein neuer Akteur auf den Plan und bringt die vielleicht wirkmächtigste Innovation oder Metamorphose Europas in Gang – eigentlich ist es nur ein Buch, aber ein Buch wie eine Bombe: der Koran.

Mit einem Mal kommen neue Koordinaten ins Spiel: Mekka, Medina, mit Jerusalem als unsichtbarer Hintergrundkulisse. Dort, wo sich aus Sicht der Christen, Juden und Muslime das eigentliche Zentrum der damaligen Welt befindet. Ein Zentrum allerdings, auf das nun drei verfeindete Religionen Bezug nehmen – Christentum, Judentum und Islam. Aus dem Mittelpunkt der Welt ist der Spaltpilz der Welt geworden. Ein Riss, der bis heute mitten durch Jerusalem selbst verläuft. (Siehe Abbildung 12 in Tafelteil 1.)

Was war geschehen? Jerusalem und der Bosporus, Israel, selbst die Türkei sind labile Grenzräume zwischen Europa und Asien, Achsen, Zwischenräume mit wechselnder Zuordnung. Doch Texte schaffen Realitäten. Sie bilden die Welt nicht (einfach) ab, sie machen Welten. Und Mohammed (ca. 570–632), ein nicht mehr ganz junger, zeitgeistempfänglicher Autor aus der Karawanenstadt Mekka, erfand eine neue Welt.

Gewiss, ein wenig Realität gehörte schon auch dazu. Zumindest ein schwarzer Meteoritenstein. Überhaupt: Steine. Geister, die in den Steinen wohnen. Steingottheiten. Hunderte Fetische, die man umkreiste, berührte, küsste. Stammesgottheiten, Klanggottheiten. Allein in der Kaaba (die es schon vor dem Islam gab) wurden 360 Gottheiten verehrt.

In ihr stand ein hölzernes Idol: Hubal. Einer der Gründe, weshalb der IS plante, die Kaaba zu zerstören.

Der wohlhabende Stamm der Quraisch, dem auch Mohammed angehörte, profitierte von den Einnahmen der vorislamischen Hadsch. Der höchste Gott dieser von ihm später verächtlich behandelten Beduinen-Religion hieß *al-ilāh*. Im Luftraum religiöser Ideen geisterten hier viele andere Geschichten herum. Darunter die Bibel, ein paar christliche Legenden, der Mythos Jerusalem. Byzanz und das persische Sassanidenreich, die beiden verfeindeten Supermächte ihrer Zeit, bekämpften einander; die antike Handelsroute über den Euphrat war zu gefährlich. Davon profitieren Südarabiens Karawanenstädte, vor allem Mekka, die wichtigste von ihnen. Man hätte, um aus der Isolation zu kommen, geradezu eine neue Religion erfinden müssen. Und genau das tat man. Das Drehbuch, die Blaupause war da, die Figuren auch.

Mohammed saß zwar in der Wüste, konnte aber dennoch aus dem Vollen schöpfen. Und er schöpfte ohne Skrupel und mit beachtlicher imaginativer Energie – der Koran vollendet aus Sicht vieler Muslime all das, was in den Schriften des »Alten« und des »Neuen« Testaments angelegt und aufgebaut worden war. So kann es nicht verwundern, dass vertraute Elemente, Geschichten und Personen der Bibel hier wieder auftauchen. Kein Geringerer als Abraham wird zum spirituellen Vorläufer, fliegt über Raum und Zeit, baut die Kaaba.

Texte und Kulturen waren in der Levante seit je eng miteinander verflochten – bei Mohammed wird das »Spiel« mit Textbausteinen aus dem Alten und Neuen Testament mit besonderer Virtuosität betrieben: Alle Details bekommen eine neue Richtung, eine neue Ausrichtung. Mekka wird zu einem neuen Jerusalem, und Mohammed entwickelt aus den Rudimenten alles bisher Vorliegenden Koordinaten einer großen Zukunftsvision. Um genau zu sein – nicht Mohammed, sondern Gott, Allah. Der Koran wurde, so die gültige Zuschreibung, Wort für Wort von Gott/Allah unmittelbar geoffenbart.

Gewiss, es gibt viele Legenden, die auf wundersame Art und Weise Echtheit und Authentizität von Dokumenten beglaubigen – auch die Bibel präsentiert sich als göttliche Offenbarung. Doch niemand sonst ging so weit wie Mohammed. Er gab vor, ein Originalmanuskript – gleichsam einen O-Ton, unmittelbar aus Gottes Mund – erhalten zu haben und erreichte damit einen Grad an Authentizität und Verbindlichkeit, den es in dieser Form bislang nicht gab.

Die Anfänge mögen eigenartig, vielleicht wunderlich gewesen sein. Eine Geschichte wie aus Tausendundeiner Nacht, eine typisch spätantike-levantinisch-arabische Geschichte, in der ein etwas labiler, sensibler Kaufmannsgehilfe, Mohammed, Stimmen hört. Spirituelle Kontaktaufnahme in Schüben, über Jahre hinweg. Mit hochdramatischen Momenten. Fast wie in einem Traum erfolgt die Berufung zum Propheten. Und der Hörer hat das Gefühl, alles förmlich mitzuerleben. Doch es bleibt nicht bei unverbindlichem Spiel zwischen Traum und Wirklichkeit. Der Traum zündet und schafft politische Realität.

Konkret geht es um die Rückeroberung Mekkas durch Mohammed, der sich dabei als erfolgreicher militärischer Führer erwies. Aus religiösen Visionen werden Machtphantasien und Machtansprüche. Aus Machtanspruch wird reale Politik. Dieser Weg an die Macht war durchaus steinig, denn nahezu das gesamte Umfeld, insbesondere in Mohammeds Heimatstadt, stand noch beträchtliche Zeit unter dem Einfluss sowohl diverser altarabischer Religionen wie auch des Judentums. Mohammed war zunächst gezwungen, nach Medina auszuweichen. Erst Jahre später sollte es gelingen, auch das widerständige Mekka zu besiegen. Schließlich war es Mohammeds erklärtes Ziel, alle arabischen Stämme zu vereinen und die Lehren des Alten und Neuen Testaments zu einem übergeordneten System zu vervollkommnen. Die Texte des Koran sind nicht zuletzt eine gewaltige rhetorische Anstrengung, alle monotheistischen Kräfte im Kampf gegen die in diesem Sinne »Ungläubigen« zu binden. Anfangs umwarb er im Bemühen, Anhänger zu finden, sogar einige jüdische Stämme, die diese Annäherungsversuche jedoch von sich wiesen.

Trotz vorübergehender Rückschläge erwies sich die Suggestionskraft des Koran als so mächtig, dass die Zahl der Anhänger der neuen Lehre ständig zunahm. Das klare Feindbild – alle polytheistischen Religionen – tat ein Übriges, um klare Fronten zu schaffen.

Damit war eine Linie gezogen, die nie mehr überschritten werden sollte. Von Beginn an war es Mohammeds Bestreben, alle Stämme und Unterstämme der Region in einer Umma, einer großen Gemeinschaft zusammenzuschließen. Die große Vision einer umfassenden Zugehörigkeit und Verbrüderung wird mehr und mehr zum Zentrum der Argumentation des Koran.

Die Schaffung dieser islamischen Umma, dieses großen Gefühls der Gemeinschaft und der Gemeinschaftlichkeit unter einem Befehlshaber, ist die faszinierende und bisweilen gefährliche Stärke des Systems, dessen spirituelles und politisches Zentrum Mekka wurde. Mit Folgen, die bis in die Gegenwart hineinwirken. 1979 etwa erschütterte ein Terroranschlag Mekka. Eine Gruppe von Mudschaheddin drang in die Stadt ein und tötete Hunderte Gläubige – die Geburtsstunde des Dschihadismus, und viele der späteren Terroristen haben sich auf diesen »Reinigungsakt« an diesem symbolträchtigen Ort berufen. Ein Ort, der von nun an zum Mittelpunkt des globalen »Islamischen Staats« wurde. Eine religiöse Gemeinschaft, die alle Kulturen, alle Ethnien umfasst und dennoch zugleich nur einer Dogmatik verpflichtet bleibt.

An diesem Ziel arbeitete der Prophet und Warner, begnadete Kommunikator und gewiefte Stratege sein Leben lang. Ende Januar 632 trat Mohammed die große Pilgerfahrt nach Mekka an, die als Abschiedswallfahrt in die Geschichte eingehen sollte; der islamischen Überlieferung nach war Sure 5, Vers 3 Teil der berühmten Rede Mohammeds am Berg Arafat, eine Art Vermächtnis an seine Anhänger. Und ein extrem selbstbewusster Ausdruck der Einschätzung des Koran:

> Heute habe ich euch eure Religion vollständig gemacht/und meine Gnade an euch vollendet/und habe daran Gefallen, dass der Islam eure Religion ist. (Sure 5:3)[9]

Abgeschlossen wird Mohammeds Vita durch die Himmelsreise, wobei es bekanntlich mehrere Stadien beziehungsweise Varianten gibt. Im Verlauf einer Himmelfahrt erhält Mohammed den Koran. Am 27. Ramadan folgt eine weitere Himmelfahrt vom Kaaba-Heiligtum. Und dann gibt es noch die sogenannte nächtliche Reise, *al-isra*, nach Jerusalem, wo Mohammed mit allen Propheten des Alten und Neuen Testaments zusammentrifft. Vom Jerusalemer Tempelberg sei er dann auch – wie zahllose, oft Jahrhunderte später verfasste Hadithe und Legenden berichten – endgültig zum Himmel aufgefahren.

Welch ein genialer politischer Schachzug! Die Idee der vom Tempelberg aus startenden Himmelfahrt beinhaltet den Akt einer territorialen Neuordnung. Erst die Rückeroberung Mekkas, dann die symbolische »Eroberung Jerusalems«, der sich wenige Jahre später die faktische anschließen sollte. Der Tempelberg wird zum ideologischen Troublespot, beiden Religionen, Judentum und Islam, gleichermaßen heilig.[10] Jeder Quadratzentimeter mit Mythologemen aufgeladen. Von nun an wird auch Jerusalem für alle Zeiten unrettbar bedeutsam – die Zeit der Ruhe in der Mitte eines harmonischen »Kleeblatts« ist nur mehr nostalgischer Traum, und es werden alle Register dessen gezogen, was zu einem Heiligen Krieg gehört. Es gibt Märtyrer, Kämpfer, Heilige, Dschihadisten. Eine Eroberung, die von der Übernahme des Personals begleitet wird.

Moses, Abraham, die Propheten – alle sind auch zentrale Figuren des Koran. Nichts wird neu erfunden, alles lediglich in eine neue Ordnung gefasst, und zwar in Gestalt dieses alle einkreisenden, auf alle einsprechenden, unwiderstehlichen Textes mit seinen Anrufungen, Lesungen, Gelöbnissen, Anekdotenteilen, Verkündigungen, Hymnen, Schmähungen, Belehrungen. Gewiss, solche erregten und quälenden Diskussionen zwischen Volk und Gott glaubt man aus dem Alten Testament zu kennen. Dort waren es allerdings wirkliche Streitgespräche, Überredungs-Kunststücke auch von Seiten Gottes, der es nötig zu haben schien, alle Register zu ziehen, um das »störrische« Volk gefügig zu manchen. Hier jedoch dominiert der Ton der Alternativlosigkeit, eines Diktats, das keine Ausreden gelten lässt:

> Und wenn sie jene treffen, welche glauben, so sagen sie: »Wir glauben!«/Doch wenn sie dann mit ihren Satanen alleine sind,/so sagen sie: »Wir sind auf eurer Seite! Wir sind ja doch nur Spötter!«/Doch

> Gott wird seinen Spott mit ihnen treiben/und sie in ihrem Aufruhr verblendet taumeln lassen./[...]/Taub, stumm und blind: Sie können nicht zurück! (Sure 2:14–18)

Andererseits hat der Koran auch eine etwas weniger dominante, wenn man will sogar dialogische Seite. Der Berichterstatter Mohammed ist Gotteserzähler, Übersetzer und Interpret in einem. Getragen von durchgängigem Misstrauen gegen Andersgläubige. Zugleich jedoch beseelt von einer geschmeidigen Strategie des Umwerbens auch von Anhängern des jüdischen Glaubens. Wie man überhaupt fast den Eindruck gewinnen könnte, dass die Juden der eigentliche Adressat des Koran sind. Jene jüdischen Menschen, die man davon überzeugen möchte, dass ein Wechsel der Religion einer Rückkehr zu den eigenen Ursprüngen gleichkommt. »O Kinder Israels«, beginnt eine lange Passage, die die gemeinsamen historischen Erfahrungen beschwört. Ihr Tenor: Wir reformieren gemeinsam euren mittlerweile verfallenen Glauben. Und die besten von euch, die Auserwählten, schließen sich unserer Umma an. Jede Figur des Alten Testaments erscheint in dieser Logik im Grunde wie eine prä-islamische Kreation »Allahs«:

> Siehe, diejenigen, die glauben, die sich zum Judentum bekennen,/die Christen und die Sabier –/wer an Gott glaubt und an den Jüngsten Tag und rechtschaffen handelt,/die haben ihren Lohn bei ihrem Herrn,/sie brauchen keine Furcht zu haben und sollen auch nicht traurig sein! (Sure 2:62)[11]

Die Komplexität der fragilen Beziehungen zwischen Halbverwandten wird immer neu thematisiert. Kluge Interpreten wie Angelika Neuwirth sprechen vom Anschein einer fluiden Interaktion zwischen Gott und seinem Mediator, dem Gottes-Regisseur Mohammed. Als die Mitschrift einer laufenden Verhandlungsverkündigung könne man den Koran auch lesen. Eine dauernde Neuverhandlung aller Positionen, sozusagen als Wiederaufnahme spätantiker Debattenkultur? Der oben angedeutete diskret polyphone Grundgestus des Koran spricht für eine solche literaturaffine Lesart. Man könnte diese Qualität zutreffend als Resultat einer gleichsam kolloquialen Situation beschreiben: als Mithöreffekt eines im Entstehen begriffenen, von anderen aufgenommenen, mit Widersprüchen konterkarierten Wortes, ganz im Fluss der Rede. Hier liegt ein riesiges Potenzial, das dazu führen könnte, diesen Text aus seiner ideologischen Versteinerung herauszulösen und zu beleben – jenseits dogmatischer Verhärtung.

Niemand im Byzantinischen Reich hatte mit dieser hochreligiös aufgeladenen Synthese aus jüdischer und christlicher Religion gerechnet. Das Judentum war noch immer in Auseinandersetzung mit der verführerischen Ausstrahlung der Spätantike. Die christliche Lehre sah sich nach ihrem Triumph über Rom als Siegerin. Wenn aus Verfolgten endlich Inhaber der Macht geworden sind, denkt zunächst niemand daran, dass neue, gefährliche, bis dahin noch gänzlich unbekannte Gegner auftauchen könnten. Außerdem war man mit dem Aufbau des Byzantinischen Reiches beschäftigt. Genau diesen Moment nutzten die »Newcomer«, und so setzte circa ab 630 eine in dieser Dynamik unerwartete islamische Expansionswelle ein. Mission und militärische Aktion verliefen nahezu gleichzeitig.

Um 700 war das Byzantinische Reich eine Art überdimensionaler Pfropfen, der den Westen und Süden vor der sich im Osten gewaltig aufbauenden Macht der Kalifate schützte.[12] Mit dem Islam war es gelungen, dem vom Westen vernachlässigten arabischen Raum eine neue, wichtige Rolle zuzuweisen – und nebenher im Auftrag Allahs die Welt zu erobern.

Der arabische Vormarsch führte zu einer Teilung Europas. Wie der gesamte Mittelmeerraum zerfiel es im Frühmittelalter in einen islamischen und einen christlichen Teil, letzterer wiederum in einen lateinischen Westen und einen von Byzanz dominierten griechischen Osten. Begünstigt wurde die arabische Eroberung dabei nicht zuletzt durch die ungewöhnliche Schwäche ihrer Gegner: Sowohl Ost-Rom als auch Persien waren von einem langen Krieg völlig erschöpft, der von 602/3 bis 628/29 angedauert und alle Ressourcen beansprucht

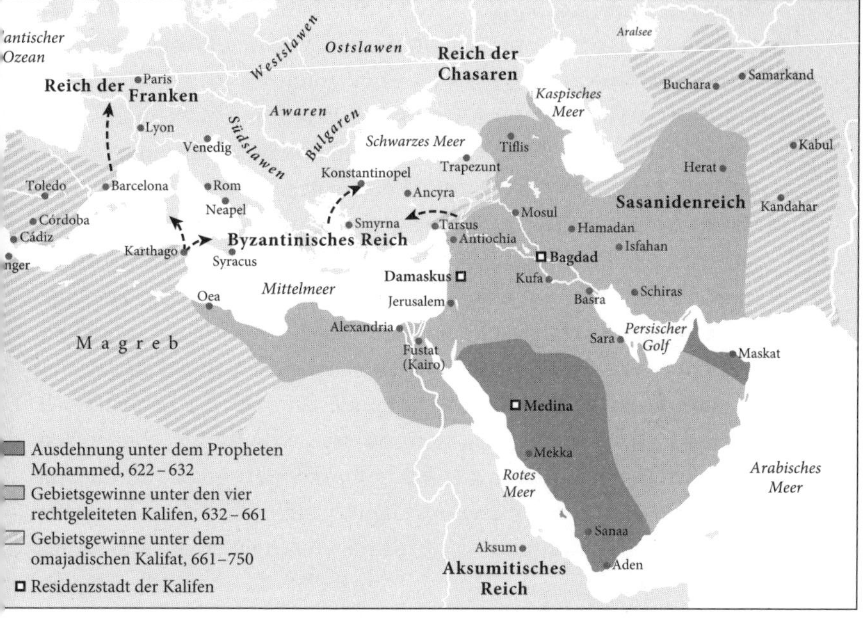

hatte, zumal beide Mächte im Jahrhundert zuvor wiederholt gegeneinander gekämpft hatten. Beide Reiche, ganz aufeinander fixiert und militärisch nicht auf einen Angriff der Araber eingerichtet, unterschätzen die Bedrohung zunächst völlig.

Den Arabern gelang in rascher Folge die Eroberung Syriens und Ägyptens, von wo aus sie ab 670 in einige Teile Afrikas vorstießen. Das oströmische Karthago vermochte sich noch bis 697/98 zu halten, dann brach hier ebenfalls der Widerstand. Der Vormarsch des Islam machte auch vor dem sassanidischen Perserreich, dem letzten Großreich des alten Orients, nicht Halt – Mitte des 7. Jahrhunderts verschwand es nach schwierigen, für beide Seiten verlustreichen Kämpfen von der Landkarte. Im Fernen Osten drangen die Araber bis an die Grenzen Chinas und Indiens vor. Im Westen unternahmen sie 649 einen Vorstoß nach Zypern, plünderten 654 Rhodos und eroberten zu Beginn des 8. Jahrhunderts das Westgotenreich auf der Iberischen Halbinsel.

Die siegreichen Araber duldeten bis zu einem gewissen Maße Buchreligionen. Einige Christen arbeiteten sogar in der Verwaltung des Kalifenreichs, andere waren als Gelehrte tätig. Im Koran wird strikt zwischen den Muslimen und Andersgläubigen unterschieden. Christen und Juden wird zwar zugestanden, dass auch sie Gläubige wären, wenn man will, Gläubige zweiter Klasse. Am Absolutheitsanspruch des Islam als der einzig wahren Religion ändert das nichts.

Insgesamt stellt sich die Situation ähnlich dar wie einige Jahrhunderte zuvor im Fall des entstehenden Christentums: Neue Konzepte können nur dann erfolgreich sein, wenn die Kultur, auf die sie treffen, Defizite aufweist. Dies war in der späten Phase des Imperium Romanum des 3. und 4. Jahrhunderts der Fall. Rom suchte buchstäblich »sein Heil in der Flucht«, und erst im Schatten von Byzanz konnte sich ein neues, nicht nur griechisch oder weströmisch geprägtes Europa positionieren. Doch rasch geriet die neue, prunkvolle Supermacht mit ihrem zur Schau getragenen Pomp, ihren einschüchternden Ritualen, der abgehobenen Priesterkaste in Misskredit. Es stand im Ruf, ein neues Babylon geworden zu sein. Machtbesessen. Korrupt. Prunkliebend. Erstarrt in sich selbst und eingeschlossen in einen Kokon pompöser Rituale.

Insbesondere das reiche Konstantinopel wurde – trotz seines orthodoxen Gepränges – zu einer Chiffre für Verfall und Dämonie, Erotomanie und Perversion. Figuren, die ursprünglich nichts mit Byzanz verbindet, finden sich als imaginierte »Byzantiner« wieder: Salome, Herodias, Kleopatra, Heliogabal. Bis ins 19. Jahrhundert beschwören Romane und Gedichte wieder und wieder blutigen Purpur und mattes Gold, heilige Monstren und verführerisch in Seide und Geschmeide gehüllte Kunstwesen. Synthese und Personifikation all dieser orientalisch grundierten kollektiven Phantasmagorien und Sehnsüchte ist Salome, zentraler Gegenstand berühmter Gemälde und Dichtungen. In ihr und dem Hof, der sie umgibt, kulminiert alles, wofür Byzanz zu stehen scheint. Ein Kultgemälde von Gustave Moreau (1826–1898) bringt alle Klischees, mit denen das Byzantinische Reich verbunden wurde, dekorativ in Stellung – von verführerischem Schleiertanz bis hin zu Grausamkeit, Prunk und Künstlichkeit. (Siehe Abbildung 13 in Tafelteil 1.)

Überflüssig, zu betonen, dass all diese Zuschreibungen wenig mit der eigentlichen Idee des orthodoxen Byzanz zu tun haben, seinen wirklichen Kaisern wie Justinian, seinen gewaltigen sakralen Bauwerken wie der Hagia Sophia, der späteren Moschee. Nichts mit jenem gigantischen kaiserlichen Byzanz mit seinen gewaltigen Prachtbauten, die das alte Rom teilweise in den Schatten stellten. (Siehe Abbildung 14 in Tafelteil 1.)

Oder gab es doch Zusammenhänge zwischen Zuschreibung und Wirklichkeit, ganz und gar abhängig vom jeweiligen Blickwinkel? Aus Sicht des frühen asketischen, ganz auf Wort und Klang ausgerichteten Islam konnte Byzanz wie ein Reich des Bösen, eine einzige Provokation wirken. Hier fand sich genau jene hedonistische Skrupellosigkeit, jene asoziale Unbarmherzigkeit machtgieriger Eliten, gegen die der Islam in seinem Ursprung antrat. Das Feindbild hätte nicht klarer konturiert sein können. Dort Ausschweifung, Wertezerfall, Veräußerlichung – hier Gemeinschaftlichkeit (Umma), Barmherzigkeit, Askese, Disziplin. Ein Heilshorizont, der wie ein Erlösungsversprechen erscheinen musste.

Der »Untergang der byzantinischen Welt« war weitaus schmerzhafter und vor allem langwieriger als der des ursprünglichen alten Rom. Wobei es nicht einfach ist, diesen Prozess zeitlich festzumachen. Auf scheinbar definitive Niederlagen folgten erstaunliche Aufstiege, Gebietsverluste der einen schienen in der nächsten Generation bereits wieder kompensiert zu sein. Auch die Verteidigung gegen den Islam war zunächst durchaus erfolgreich. Bisweilen erwuchs aus Abwehr mittelfristig sogar kulturelle Interaktion zwischen der griechischen und der arabischen Welt.

Die schlimmsten Wunden erhielt Byzanz übrigens durch das Christentum selbst. Zum einen durch den verheerenden Bildersturm im 8. Jahrhundert, in dessen Verlauf puristische Glaubensgenossen einen erbitterten Kampf gegen bildfreundliche Gruppierungen führten. Zum andern durch christliche Kreuzfahrer, die im Auftrag Venedigs 1204 über Konstantinopel herfielen und es fast vollständig plünderten und zerstörten.

Den endgültigen Todesstoß erhielt Byzanz erst 1453, als die Osmanen unter Mehmed II. Konstantinopel nach langer, materialreicher Belagerung eroberten. In der Stunde der Not versagten die europäischen »Verbündeten« auf breiter Front. Europa sah dem Untergang des Byzantinischen Reiches mehr oder weniger tatenlos zu und begnügte sich im Wesentlichen damit, die Nachrichten vom Bosporus erschrocken zur Kenntnis zu nehmen.

Es kam zu einer massenhaften Auswanderung vieler griechischer Gelehrter in den lateinischen Westen, insbesondere nach Italien. Der Zufluss antiker Gelehrsamkeit und griechischen Wissens könnte zu einem regelrechten Katalysator für die Renaissance geworden sein. Nachdem Mehmed »Istanbul« zur neuen Hauptstadt des Osmanischen Reichs erklärt hatte, führte jedenfalls kein Weg mehr an einer Neuausrichtung auch des Westens vorbei.

Nicht wenige sahen »die Türken« als Strafe Gottes für die eigenen Sünden und Defizite. Andere entdeckten die Figur des »Türken« als festen Bestandteil eines europäischen Traumas, das bis heute fortwirkt. Doch so weit sind wir noch lange nicht. Wir haben einen gewaltigen Zeitsprung gemacht. Außerdem ist es dringend geboten, erst einmal den Blick weg vom Mittelmeer in Richtung Norden zu wenden – schließlich war die Zeit dort nicht stehen geblieben.

10 Die Legende vom »christlichen Abendland«

Noch nie zuvor war Europa mit dem Christentum identifiziert worden. Erst die Spätantike leitete diesen Wandel ein, bevor er im Mittelalter zu einem regelrechten Kampfbegriff wurde. Für die einen bezeichnet er die Seele Europas. Anderen ist er eine Chiffre für Hochmut und Ausgrenzung. Wie auch immer man dazu stehen mag, der Begriff verweist auf eine Vorstellungswelt, die vielleicht weniger mit dem historischen Mittelalter als mit einer Sehnsucht sehr viel späterer Zeiten nach Zusammengehörigkeit zu tun hat. So schwärmte der romantische Dichter Novalis 1799:

> Es waren schöne glänzenden Zeiten, wo Europa ein christliches Land war, wo *Eine* Christenheit diesen menschlich gestalteten Welttheil bewohnte; *Ein* großes gemeinschaftliches Interesse verband die entlegensten Provinzen dieses weiten geistlichen Reichs.[13]

Dass diese »schönen, glänzenden Zeiten« so nie existierten, ist eine andere Geschichte. Und dass das institutionalisierte Christentum gerade in Rom an die Macht gelangen sollte, war alles andere als zwingend. Im vierten Jahrhundert war Rom in einem ruinösen Zustand. Byzanz, das neue Rom, stand im Zentrum.

Und doch bildete sich genau in dieser Phase dasjenige heraus, was über Jahrhunderte, Jahrtausende hinweg als Herz Europas empfunden werden sollte: das Papsttum, der Vatikan, die heilige römisch-katholische Kirche.

Wie die wirkliche mentale Gefechtslage zu Beginn dieses als so »menschlich« beschriebenen Mittelalters faktisch aussah – davon legt das bereits erwähnte *Nibelungenlied* beredtes Zeugnis ab. Obwohl erst im 13. Jahrhundert niedergeschrieben, liest sich dieses Epos wie eine Summe der Erfahrungen seit der Zeit der Völkerwanderung: Sowohl das Reich der Hunnen wie das der Germanen waren zu dieser Zeit längst zerfallen und gehörten der Geschichte an – neue Königreiche wie das der »Burgunder« begannen, sich zu formieren und vom Norden in südlichere Regionen zu ziehen, möglicherweise an den Rhein, wohin das *Nibelungenlied* den Sitz der Burgunder verlegt. Weitere historische Ereignisse wie die Hochzeit zwischen dem Hunnenführer Attila und der germanischen Fürstentochter Ildico (453) flossen ein – man begegnet ihnen im Epos in Gestalt von Etzel und Kriemhild.

Im Ganzen ist es so, als sähe man viele der auftretenden Figure 1im Rückspiegel einer längst vergangenen Geschichte ein zweites Mal: Dietrich mitsamt seinem kaiserlich-oströmischen Double, Brunhild, die Zauberin aus Island im Schatten der altnordischen *Edda*, Siegfried als Verwandten der nordischen Drachentöter und zugleich als römisch gebildeten Kelten, schließlich den rätselhaft treuen und zugleich grandios bösartigen Hagen von Tronje – oder »von Troja«, wie ihn manche Quellen nannten, um die nobilitierende Rückbindung an die europäische Vorgeschichte zu signalisieren.

Doch die *Ilias* kannte noch keine Figur wie Hagen, die das verräterisch Böse im eigenen Lager, den Zwiespalt zwischen Verrat und Treue, Skrupellosigkeit und Loyalität verkörpert. Nur eine von Feindbildern besessene Kultur, in der christliche und germanische Werte einander befehdeten, konnte sie hervorbringen. Aus der Rückschau des 13. Jahrhunderts mussten all diese Schlachten der sagenumwobenen Nibelungen oder Burgunder mitsamt ihrem Kometenschweif altnordischer Geschichten um Drachen, Zauberschwerter und Tarnkappen wie Schauermärchen aus heidnischer Zeit wirken. So, als wollte man die Zeit zurückdrehen und nach der eigenen Herkunft, den eigenen Ursprüngen suchen.

Dieser Sagenkreis kennt im Grunde nur einen einzigen Wert: den der Treue. Treue bis in den Tod. Werte des Christentums sind allenfalls in Spurenelementen zu finden. Neue Helden, äußerst fragwürdige Helden treten am Anfang des neuen Europa vor unsere Augen, und das apokalyptische Finale des deutschen Nationalepos ist, was den kollektiven Willen zum Untergang betrifft, einzigartig. Abgesehen davon, dass die darin immer wieder beschworene sprichwörtliche Nibelungentreue später zum gefährlichen Nazimythos wurde.

Jeder kennt die Story: Kriemhild, Witwe des erschlagenen Siegfried, ist von einem einzigen Gedanken besessen – ihren Mann zu rächen und seinen Mörder, Hagen von Tronje, zu töten. Ihm hatte sie vertraut, als er vor langen Jahren anbot, Siegfried zu beschützen, und Kriemhild den Hinweis auf die einzige nicht vom Drachenblut benetzte und deshalb verletzliche Stelle entlockte.[14] Eine verhängnisvolle Fehleinschätzung, wie sich zeigte. Mittlerweile Gattin des mächtigen Hunnenkönigs Etzel, hält sie nun den Zeitpunkt der Abrechnung für gekommen.

Eine Szene beschreibt den Moment, in dem sich entscheidet, ob das ganze Volk der Burgunder untergehen soll oder nur der im engeren Sinn Schuldige. Kriemhild droht, die Halle, in der Hunderte von Rittern eingeschlossen sind, anzuzünden und alle zu vernichten, es sei denn, man lieferte ihr Hagen aus. Die ablehnende Antwort lässt keine Sekunde auf sich warten: Das werde niemals geschehen, lieber würden sie alle sterben, als einem der ihren die Treue brechen.

Hier wie im gesamten *Nibelungenlied* ist nicht von Vertrauen, dafür durchgehend von »Treue«/»triuwe« als wichtigster Verhaltensmaxime die Rede. Seinem Herrn gegenüber hat der Vasall sich treu zu verhalten, der Sohn dem Vater, der Verwandte seiner Sippe, selbst Kriemhilds Rache ist eine mutierte Form der Treue ihrem ermordeten Mann gegenüber. Da gibt es keinen Moment des Zögerns, des Abwägens, der – mehr als notwendigen – Reflexion. Getreu bis in den Tod, verschmelzen Tausende Individuen zu einer Masse Gleichgesinnter. Orientiert an einer skandalumwitterten Leitfigur, die ihrerseits alle Regeln der Zugehörigkeit gebrochen hat und dennoch als eine Art Ikone aus der Geschichte gehen wird. So, als ob Hagens Kraft, Schlauheit,

Skrupellosigkeit, Verwegenheit, ja, Gemeinheit sie nur immer stärker aneinanderbinden würde.

Das *Nibelungenlied* präsentiert ein europäisches Szenario und zeigt zugleich einen frühen »deutschen Sonderweg«. Es macht auch die Hilflosigkeit von Vermittlungsversuchen anschaulich und befeuert die Vision eines perspektivlosen Untergangs. Hätte der archaisch anmutende Stoff nicht – auf überraschende Art – den Nerv nicht nur seiner Zeit getroffen, er wäre mit Sicherheit schnell der Vergessenheit anheimgefallen.

Der Künstler, der den Reiz der nordischen Mythologie für die Moderne am wirkmächtigsten erschlossen hat und ihm Kultstatus gab, war Richard Wagner. In *Der Ring des Nibelungen* wird der Sagenkreis zu einem suggestiven, kosmischen Ganzen überhöht. Rheingold, Walkürenritt, Götterdämmerung sind Bausteine einer heroischen Erlösungssucht und Untergangsbereitschaft, die alles Demokratische, Rationalistische, Humanitäre verhöhnt. Der Dirigent Herbert von Karajan soll hellsichtig formuliert haben: »Wenn man diese Musik wirklich so spielen könnte, wie Wagner sie hörte, müsste man sie verbieten – von Staats wegen. Sie sprengt die Welt. Sie ist glühender Untergang.«[15]

Denn Kunst war seit je äußerste Zuspitzung und Grenzgang entlang der Schwelle zwischen Gut und Böse. Die großen Epen des Mittelalters sind fast allesamt Partituren formvollendeter Grenzüberschreitung. Weil man sich etwas gewohnheitsträge damit abgefunden hat, das Mittelalter als glaubensversessen und dogmatisch abzutun, wird man seinen Subtilitäten und Subversionen nicht immer gerecht und verpasst so die genuin europäischen Qualitäten. Die großen Geschichten des Grals, Parzivals, Tristan und Isoldes, Tannhäusers sind nichts anderes als Szenarien der Überschreitung moralischer, ständischer oder existenzieller Grenzen.

Das Besondere ist in der Tatsache zu sehen, dass sich jede dieser Revolten vor dem Hintergrund eines starken moralischen Leitsystems, dem der römisch-katholischen Kirche, ereignet. Mit der Inszenierung der faszinierenden Legende von Petrus als erstem Papst hatte man damit begonnen, den Bischof von Rom systematisch mit der Rolle eines absoluten Führers der Kirche aufzubauen und damit an wahrhaft historischer Stätte einen neuen Machtfaktor erster Güte zu institutionalisieren. Ob Petrus jemals in Rom war, ist ebenso unbeweisbar wie sein Martyrium dort. Aber die Bauteile des Mythos passen so perfekt zusammen, dass ein erneuertes, in sein Gegenteil verkehrtes Rom als Kulisse dieser Neugründung dienen konnte. Symbolisch gesprochen: Das Kolosseum als Geburtsstätte des neuen, christlichen Rom – eine wahrhaft schwindelerregende, jedoch überaus erfolgreiche Fiktion. So entstand ein unhinterfragbares dogmatisches System, das das Verhalten der Gläubigen bis in jedes Detail regelte und den jeweiligen »Nachfolger Petri« zu einem spirituellen Alleinherrscher machte, vor dem alle »zu Kreuze kriechen« mussten.

Es bleibt der Subtilität und der kunstfertigen List der Literatur vorbehalten, die verdeckte, dunkle Seite der Gefühle auszuloten und nach der Wirklichkeit hinter den Fassaden zu suchen. In einer Kultur, die dem Ritual und der äußeren Form höchste Bedeutung zumaß, ein gewagtes Unterfangen. Oft war es nötig, erzählerische Umwege zu gehen, um an die innere Wahrheit heranzukommen.

So in der berühmten Liebestrank-Episode in Gottfried von Straßburgs Epos *Tristan und Isolde* (um 1220). Das ehebrecherische Verhältnis zwischen den beiden Liebenden ist nicht nur aus moralischen, sondern auch aus sozialen Gründen undenkbar und unverzeihlich. Tristan war dem betrogenen Ehemann durch ein besonders nahes familiäres Lehensverhältnis eng verbunden. Der Ehebruch kam einem Sakrileg gleich. Um ihn dennoch etwas zu legitimieren, war es nötig, ihn als das Resultat eines »pharmazeutischen« Versehens zu deklarieren: Ohne es zu wissen, trinken sie von einem Aphrodisiakum, vulgo »Liebestrank«, das eigentlich dazu bestimmt war, Isolde an ihren künftigen Ehemann zu binden – die Wirkung stellt sich unverzüglich ein; beide haben keine Chance mehr, voreinander zu lassen. Alle Warnungen, Sanktionen, Drohungen des sozialen Umfelds erweisen sich dagegen als ohnmächtig. Unschuldig schuldig geworden, durchlaufen sie alle Stadien dieser skandalösen Beziehung, und der Erzähler begleitet sie, nicht ohne Empathie, wobei er die Leser als Voyeure in dieses Gedankenexperiment hineinzieht. Eine raffinierte erzählerische Anordnung, um tabuisierte Bereiche lustvoll ergründen zu können.[16]

Ähnlich verschlüsselt werden auch andere Problemzonen erzählerisch erkundet. So unternimmt es der *Parzival* Wolframs von Eschenbach (beziehungsweise des Chrétien de Troyes; auch dieser Stoff ist Wiederaufnahme von uralten, zum Teil keltischen Vorstufen), den wichtigsten Stand des Hochmittelalters, das Rittertum, einer kritischen Analyse zu unterziehen. Das gelingt durch die Einführung eines Protagonisten, der lange Zeit als »tumber Tor« die Welt gleichermaßen empathie- wie verständnislos durchstreift – heute würde man ihm einen leichten Autismus attestieren. Einer wie er auf der Suche nach dem Heiligen Gral und als späterer Gralskönig? Unvorstellbar.

Ohne höfische Erziehung aufgewachsen, ein Mensch im »Rohzustand«, so wird er auf die Welt losgelassen. Er besitzt anfangs keine ausreichende Kenntnis der christlichen Religion, kein Wissen, keinen Verstand, keine moralische Urteilsfähigkeit. Diese fehlenden Kompetenzen sind jedoch vorrangig dafür verantwortlich, dass der Held in spe, immer bemüht, das Tun seiner ritterlichen Vorbilder penibel zu imitieren, zu einem unfreiwilligen Zerrspiegel der Gesellschaft wird. Stumpfsinnig und hypersensibel zugleich, stolpert er durch die Welt der Heroen, halb ungewollte Karikatur, halb Außenseiter. Und zugleich die Hoffnung einer Kultur auf der Suche nach Erlösung, nach dem vielleicht berühmtesten Mythos des Abendlandes, dem »Heiligen Gral«.

Viele der überkommenen Mythen sind nur mehr als museales Bildungsgut auf uns gekommen. Nicht so der Gral. Das ominöse Gefäß, in dem einst das Blut des Gekreuzigten aufgefangen worden sein soll (so eine der Myriaden von Deutungsmöglichkeiten), ist bis in die Gegenwart in aller Munde. Von Dan Browns *Sakrileg* und Marion Zimmer Bradleys *Die Nebel von Avalon* bis *Indiana Jones* und *Excalibur* reicht die Kette seiner magischen Dauerpräsenz. Irgendwo versteckt oder gehütet, fristet er ein ominöses Dasein im Speicher unserer Sehnsüchte und Erinnerungen. Viele zogen aus, ihn zu finden, Artusritter wie Lancelot, Galahad – und eben Parzival.

Was für ein Held. Eine ähnliche Spur der Verwüstung wird sein Bruder im Geiste, Don Quijote, 400 Jahre später hinter sich herziehen – freilich ganz ohne Gralsvision. Ein Irrläufer, dieser Parzival, der sich so darstellt, dass man sagen kann: Alles Menschliche ist ihm fremd. Nicht nur das Höfische. Aber man kann es sich schon vorstellen, was den ausgesprochen eigenwilligen, an lebendigen Menschen aus Fleisch und Blut (nicht nur an Topoi) interessierten Dichter an diesem Helden, gerade an ihm, interessiert haben wird. An einem Helden, der nicht nur zu Beginn im Wald lebt, sondern häufig genug auch im späteren Leben buchstäblich im Wald steht; vermutlich genau dieses widerspenstige Naturell, seine fast körperliche Unfähigkeit zur Geschmeidigkeit. In der hochritualisierten, -artifiziellen aristokratischen Welt der Stauferhöfe mit ihren elaborierten Minne-Systemen, ihren Affektritualen und Kampfkonventionen ist so ein Kaspar Hauser der Umgangsformen geradezu eine Provokation.

Es bedarf schon einer außergewöhnlichen Begegnung, um ihm auf die Sprünge zu helfen. Cundrie nennt sich die wahrhaft außergewöhnliche Erscheinung, Cundrie la Surziere, die Hexerin. Ein Wesen wie aus einer anderen Welt, elegant gekleidet, hochkultiviert und zugleich erschreckend hässlich. Feinste Seide, Pfauenhut, arabisches Goldtuch, französischer Mantel, ein schwarzer Schweineborstenzopf und Zähne wie ein Eber, so präsentiert sie sich. Die Gralsdienerin steigert sich so in ihre Wut über den vermeintlichen menschlichen Versager, als den sie den tumben Tor sieht, dass ihr der Schmerz die Tränen aus den Augen presst. Cundries Tränen der Empörung lassen Parzival nicht ungerührt. In einer Art innerem Monolog zieht er eine triste Bilanz und macht Ernst:

> Ich habe mehr Weh erfahren, als ich klagen kann […]. Ich will von keinem Glück mehr wissen, ehe ich nicht den Grâl gesehen habe, mag das lange dauern oder kurz. Zu diesem Ziel jagen mich meine Gedanken, nie mehr in meinem ganzen Leben gehe ich davon ab.[17]

Es ist kein Zufall, dass der Gral von Beginn an als globales, zumindest europäisches Geflecht von Mythen und Legenden in Erscheinung tritt: Nordische, germanische, keltische und auch orientalische Vorstellungen verschmelzen zu einem gewaltigen und noch heute anrührenden utopischen Sehnsuchtsort. Nicht nur Parzival, fast das gesamte Personal des Epos befindet sich auf der Suche nach der eigenen Herkunft, den eigenen Wurzeln. Gralssuche als Identitätssuche? Die Formel führt, auch wenn sie aktualisierend anmutet, gewiss nicht in die Irre. Denn es wäre ein verhängnisvoller Fehler, wollte man sich das Mittelalter als statisches, in einer festen Denkwelt verfangenes, monolithisches Ganzes vorstellen. Schon das Personal im Umfeld der Tafelrunde um König Artus, dieses märchenhaften Phantasieprodukts, das aus dem Untergrundkampf gegen die Angelsachsen kommend zu einem nahezu frühhumanistischen Weisen mutierte, ist äußerst vielgestaltig und eigensinnig. Das gilt für die halb magischen Begleitfiguren – von Cundrie la Surziere, die über Indien nach Montsalvatsch gekommen ist, bis zum gleichermaßen verschlagenen wie weisen Zauberer Merlin aus dem Walisischen –, ebenso wie für die Ritter an Artus' Tafelrunde, gleich ob Iwein, Lancelot, Gawein, Galahad, Mordred, manche zu Schwermut, andere zu Wutattacken neigend, labil und alles andere als in sich ruhend: Halb »Europa« sitzt am runden Tisch, und jeder rätselt über sich, seine Herkunft, seinen Weg.

Im Grunde ist die Utopie des Grals und die fast verzweifelte Suche nach ihm Ausdruck einer großen Bedürftigkeit nach Orientierung. Alle leben unter der gewaltigen Wölbung eines abstrakten theologischen Horizonts, den die katholische Kirche im Laufe der Jahrhunderte aufgespannt hatte – majestätisch, aber letztlich ungreifbar. Auf der anderen Seite, der des höfischen Lebens, leere Rituale und hehre Werte wie »Ehre«, »Beständigkeit«, Lehenstreue. Mit konkreten, lebensnahen Gefühlen hat all das wenig zu tun. Umso wichtiger war es, diese Ebene zu gestalten, mit Inhalten und Vorstellungen zu füllen und zu imaginieren.

Die Gralsritter sollte man sich nicht als Bewohner eines Elfenbeinturms vorstellen und die Tafelrunde nicht einfach als clevere Idee, um sie – ohne Kämpfe um Rangordnung und Hierarchie – an einen Tisch zu bringen, sondern als eine geradezu therapeutische Institution, in der neue Wege gesucht und gegangen werden. (Siehe Abbildung 15 in Tafelteil 1.)

Es gab natürlich immer wieder hoch aufgeladene religiöse Symbolik und Heilszeichen unterschiedlichster Art. Das Integral des »Grals« aber ist ein Auftrag. Es definiert etwas Neues, eine gemeinsame Aufgabe, etwas in die Zukunft Gerichtetes. Im Hier und Jetzt materialisiert sich eine Idee, deren Tiefendimension bis zum letzten Abendmahl, das Jesus mit seinen Jüngern feierte, zurückverweist. Die Kämpfe, Intrigen, Irrtümer, Lügen, Listen und Verstörungen jedes einzelnen dieser Ritter mögen sehr konkreter und sehr irdischer Natur sein. Die Mission des Ganzen, die Idee der Tafelrunde aber verweist auf einen Horizont jenseits dieser Realität.

Montsalvatsch, die Gralsburg, mag nur ein imaginärer Ort in Spanien sein – umso konkreter aber ist die spirituelle Idee »Jerusalem«, deren geistiges Erbe sie antritt. Eine, wenn man will, fixe Idee, die in den kulturellen Genen des Mittelalters seit seinen Anfängen angelegt ist und es über weite Strecken trägt, ist die, eine Art Nachfolgeorganisation Jerusalems zu sein, genauer, des himmlischen Jerusalems. Gäbe es diese im Kern theologische Idee nicht, weder die Kreuzzüge noch die Gralssuche hätten je stattgefunden.

Die Vorstellung des »himmlischen Jerusalem« entspringt einer Vision aus der neutestamentlichen *Offenbarung des Johannes*, wonach am Ende der Apokalypse eine neue Stadt, ein neues Jerusalem entstehen wird. Entsprechend den in der Johannesapokalypse gemachten Angaben versuchte man immer wieder, sich in die Struktur dieses neuen Jerusalem einzuschreiben – mehr noch, »einzumauern« –, meist in Gestalt sakraler Zentralbauten.

Bereits die Pfalzkapelle des ersten germanisch-römischen Kaisers, Karls des Großen (747–814), orientierte sich mit ihrem oktogonalen Grundriss am Tempel Salomons, der seinerseits Vorbild vieler byzantinischer Kirchen war. Säulen aus Rom und Jerusalem verstärkten diesen fast krampfartigen Versuch, den Mythos »Jerusalem« in die Realität hineinzuholen. Kaum ein sakraler Raum, kaum ein Gegenstand, der in den folgenden Jahrhunderten nicht auf irgendeine Weise auf diese Idee Bezug nehmen wird.

Die Phase, in welcher der Himmel wirklich auf die Erde, in den Kirchenraum gesperrt wurde, jedoch sollte erst noch kommen. Abt Suger von St. Denis (1081–1151) begnügte sich nicht damit, den Raum zu gestalten – das Medium seiner Wahl war das Licht selbst: Seine revolutionäre Umgestaltung verwandelte die schlichte, düstere Grablege der französischen Könige in ein lichtdurchflutetes himmlisches Jerusalem auf Erden. Dieser »gotische« Stil sollte innerhalb weniger Jahrzehnte zum Vorbild Dutzender französischer und europäischer Kathedralen werden, sei es die Kathedrale von Wells, wo König Arthur begraben sein soll, sei es die von Reims, die durch magische Lichtbrechungen und die Farben der Fenster erst die Sinne, dann die Gefühle in Bann schlagen soll. (Siehe Abbildung 16 in Tafelteil 1.)

Kathedralen sind nicht zuletzt spirituelle Gefühlsarenen. Ihre Ästhetik macht aus dem christlichen Heilsversprechen gemeinschaftlich erlebte Wirklichkeit. Gewaltige, bis ins Detail durchdachte Bildprogramme lassen Erlösung und Verdammnis plastisch vor Augen treten und machen den Einzelnen zum Teil einer Erregungsgemeinschaft. So wirkmächtig, dass sie seine Wahrnehmung lenken und bis ins Innere seines Gehirns vordringen.

Vor Jahrzehnten unternahm Umberto Eco in seinem Erfolgsroman *Der Name der Rose* (1980) den Versuch sich vorzustellen, wie ein Gläubiger im 14. Jahrhundert solch eine Kathedrale wahrgenommen haben könnte. Nämlich so, als ob jedes Detail ihm den Blick in eine andere, die eigentliche Welt eröffnet. Eine Welt aus Zeichen, die mit großer Intensität auf den Betrachter einwirkt, ihn gleichzeitig zu erheben und zu erschrecken vermag.

Ein Szenario festigt sich, brennt sich ein. Hier eine kleine, ganz normale Kreatur. Einer, der noch nicht genau weiß, wer er ist, was er sein soll. Dort ein System, etwas Großes, Unhinterfragbares, an das man diesen Menschen gewöhnt, das man ihm über den Kopf stülpt. Ein

System, das zu erkennen gibt, vieles, alles zu verstehen. Ein System, das darüber hinaus behauptet, genau regeln zu können und zu müssen, was man worüber und wie viel man dabei zu empfinden hat – die prägende Alltagserfahrung des Mittelalters. Doch obwohl der Horizont des Glaubens das Leben der Menschen weitgehend bestimmte, kam es immer wieder zu Momenten der Abweichung, der Irritation, der Spannung zwischen persönlicher Empfindung und kollektiver Norm. Gerade die Periode der ideologischen Selbstsicherheit weckt und thematisiert das Verlangen nach individuellen Gefühlsbedürfnissen, die bisweilen den Rahmen der christlichen Normen sprengen.

Durch Umberto Ecos Roman haben viele einen Sinn für diesen »Clash of Emotions« entwickelt. Mit Sympathie erinnert man sich des jungen Novizen Adson, der sich an der Seite des mit allen theologischen Wassern gewaschenen Franziskaners William von Canterbury durch sein Leben und durch das Labyrinth der sein Denken, Empfinden, Wahrnehmen formenden religiösen Energien tastet.

Am dritten Tag dieser persönlichen wie kriminalistischen Recherche kommt es zu einem Ereignis, das Adson im Innersten trifft: die nächtliche Begegnung mit einem jungen Zigeunermädchen in der Küche der Abtei des Schreckens. Bis dahin hatten seine erotischen Phantasien sich auf den Bereich des gedanklichen Umkreisens der Jungfräulichkeit und Weiblichkeit der Muttergottes beschränkt. Nun, in dieser angstdurchsetzten, erregten Stimmung können wir unter die Wasserlinie des Sichtbaren tauchen. Denn Eco wagt ein Gedankenexperiment und fragt: Wie könnte ein junger Mönch Anfang des 14. Jahrhunderts sich selbst in dieser Situation wahrgenommen haben? Was ihm geschah, was er fühlte, was er sah, lag mit Sicherheit jenseits seines bisherigen Erfahrungshorizonts.

Jahrzehnte später wird der inzwischen greise Mönch versuchen, den Sinnesrausch von damals sich selbst zu rekonstruieren. Er rekapituliert die Gefühle seines früheren Ich; unter den schwärmerischen Blicken des Liebenden verwandelt das junge Mädchen sich in ein Gebilde aus alttestamentarischer Sprache, und auch der Liebesakt selbst wird in Termini biblischer Entrückung, nein, nicht beschrieben, sondern gelebt, erlebt, erfühlt bis zum Höhepunkt, der mystischen Entrückung der gesamten Wahrnehmung.

Jahrzehnte später also ist der inzwischen alt gewordene Liebende fähig, das Erlebnis von damals und die eigentümliche Affektmetamorphose in Worte zu fassen. Erst aus der größer werdenden Distanz erwächst so etwas wie ein persönlicher Zugriff auf die eigenen Empfindungen, jenseits der kulturell vermittelten Angebote:

> Die Abwesenheit des Körpers, der mein Verlangen so heiß entzündet und meine Gier so herrlich gestillt hatte, machte mir jäh die Eitelkeit dieses Verlangens und die Ruchlosigkeit dieser Gier bewußt. *Omne animal triste post coitum.* Mir wurde klar, dass ich gesündigt hatte. Noch heute indes, Jahrzehnte […] später, und während ich meinen Fehltritt immer noch heftig beklage, kann ich nicht vergessen, daß ich damals in jener Nacht unsägliche Freude empfand, und ich täte Unrecht dem Allerhöchsten, der alle Dinge so gut und schön geschaffen hat, wenn ich nicht zugäbe, daß auch in jener Begegnung zweier sündiger Menschen etwas geschah, das an sich, *naturaliter*, gut und schön war.[18]

Und das Paradoxe geschieht: Der Text aus dem 20. Jahrhundert vermittelt uns Einsichten in die verborgene Seite der längst vergangenen Zeit. In den Texten aus dem 12. und 13. Jahrhundert kommen Liebe, Erotik und Sex allenfalls codiert vor. Allmählich dringt in Ecos mittelalterliche Welt ein Empfindungsstil ein, bei dem wir förmlich zu spüren glauben, dass er mehr über *unsere* Zeit als über die beschriebene aussagt. Psychologie, Nerven: Begriffe des 19. Jahrhunderts legen sich über die einstige Wirklichkeit. Wir schauen – einmal mehr – in einen fernen Spiegel und sehen dort nur uns selbst.

Dennoch ist Ecos Experiment kein Fehlschlag. Über die Optik einer uns zugänglicheren neuen Kultur vermögen wir, die uns fremd gewordene alte Welt verwandelnd zu entschlüsseln und neu lesbar zu machen. So gesehen ist die Psychologie des 20. Jahrhunderts auch ein Vehikel, historische Verhärtungen auszuloten und eine Chance, unsere

Vor-Vergangenheit in den Blick zu bekommen. Nur mittels moderner Atemgeräte können wir in die Tiefe unserer eigenen Geschichte abtauchen.

Jedes noch so authentische Dokument der Zeit um 1200 oder 1300 feiert in *unseren* Köpfen seine Wiederauferstehung: landet, strandet, wird gedacht und wiedergefunden, wiederempfunden in den Koordinaten unserer Vision des Mittelalters. Wir aber – umgekehrt – wissen, sollten wissen, dass unsere gegenwärtigen Bewusstseinsströme aus den Zuflüssen kollektiv erfahrener früherer Schichten gespeist werden. Kultur – auch und gerade Gefühlskultur – ist nicht nur Gegenwartsereignis, sondern Zeitkonglomerat, archäologische Schichtung.

Der Kampf um die Herrschaft im Reich der Gefühle ist so alt wie die Kultur selbst. Er ist vielleicht sogar ein zentrales Instrument der Machtsicherung. Wer über die Gefühle der anderen bestimmt, vermag deren Verhalten bis ins Detail regeln. Das »Du sollst (nicht)« der Gebote und Verbote liefert nur den gedanklichen Rahmen dieser Operation. Viel wichtiger als das, was die Leute denken, tun oder lassen sollen, ist, was sie dabei fühlen und empfinden.

Unser Verhaltensinventar wird von einem Sog zum Teil motivierender, zum Teil blockierender Gefühle geregelt. Wir wissen, was wir tun sollten, aber wir tun das, was wir wollen. Oder vermeiden zu tun, was unsere Gefühle uns verbieten.

Die Diskussion um die Freiheit unserer Entscheidungen und Taten hat in jüngster Zeit eine in ihrer Festgeschraubtheit fast beklemmende Wendung genommen. Ob unser Gehirn, eine Art Netzwerk aus Neuronen und elektrischen Verbindungsleitungen, unserem sogenannten Ich nicht letztlich diktiere, was es zu denken oder zu wollen glaubt, lautet die Frage. Eine Frage, die – so gestellt – wieder und wieder ins Leere zielt, wenn sie nicht den eigentlichen Motor und Antrieb unserer Handlungen ins Kalkül mit einbezieht: unsere Gefühle. Sie zielt vor allem deshalb ins Leere, weil die Macht der Gefühle häufig im Bereich der Biologie des Menschen verortet wird, ohne zu begreifen, in welchem Maße der Apparat der Gefühle gehirngesteuert und kulturell definiert ist. Gruppenzwang und Hierarchien tun ein Übriges, um diese Reflexe so stark zu verinnerlichen, dass sie selbst in extremen Situationen und auch wenn keine »Aufsicht« droht, gleichsam automatisiert in Aktion treten.

Was hier für die Welt des mittelalterlichen Glaubens angenommen wird, hat natürlich für alle nach festen Regeln und Hierarchien funktionierenden Systeme Gültigkeit: Unsere Gefühls-Spielräume und die Art und Weise, wie wir mit unseren Affekten und impulsiven Bedürfnissen umgehen, ist weitgehend das Resultat von kulturellen Lernprozessen.

Unser junger Mönch wird – von Schuldgefühlen angetrieben und von Ohnmachtsanfällen gebeutelt – kaum imstande sein, das Geschehen zu verarbeiten: Das Weib als Inkarnation teuflischer Begierden, die Horrorvorstellung von der Hure Babylon – das Mädchen mutiert im Kopf des Klerikers zum Werkzeug des Satans, und er erlebt den Liebesakt als apokalyptischen Sündenfall. Offiziell akzeptiert waren Gefühle der Zerknirschung, Scham, Angst vor Strafe. In kaum einem anderen Bereich als dem der (insbesondere von der katholischen Kirche hochtabuisierten) Sexualität tut sich eine so tiefe Kluft zwischen innerem und äußerem Affektsystem auf, selten weichen die Affekt-Zeichen und Bilder so extrem von den *gefühlten* Emotionen ab.

Mag sein, dass es im Inneren der menschlichen Seelen über die Jahrhunderte hinweg gar nicht so verschiedenartig aussieht. Doch was die Realisierung und Nichtrealisierung unserer Gefühle anbelangt, trennen uns Welten. Über die Freiheit und Unbestechlichkeit unserer Gefühle machen wir uns Illusionen. Selbst wenn wir davon überzeugt sind, als Individuen zu empfinden, bewegen wir uns mehr oder weniger im Rahmen vorgegebener Erwartungen.

Illusionen bestimmen unser Dasein und unser Verhalten. Illusionen regeln auch das Entstehen und Vergehen unserer Emotionen. Die Illusion einer höheren Gerechtigkeit kann uns zu einer Gnadenlosigkeit motivieren, die jeden mitmenschlichen Impuls unterdrückt. Die Illusion eines überwältigenden Mitgefühls für andere bringt uns dazu, gegebenenfalls selbst den »Ur-Instinkt« des Selbstschutzes, des

Überlebenstriebes außer Kraft zu setzen. In solchen Momenten vermögen alle elementaren Bedürfnisse und Empfindungen suspendiert zu werden – häufig zugunsten einer vom Kollektiv vermutlich erwarteten oder von ihm hervorgerufenen überindividuellen Emotion. Gleich ob die Manipulatoren unserer Emotionen ihr strategisches Marionettenspiel kühl inszenieren oder selbst Teil des Systems sind, in dessen Namen sie antreten.

Ecos Roman geht einem hypothetischen Fall bis in die letzte Konsequenz nach und fragt: Was wäre, wenn? Was wäre, wenn Aristoteles nicht nur ein großes Buch über die Wirkung der Tragödie geschrieben hätte, sondern auch eines über die der Komödie? Wenn er nicht nur erklärt hätte, wie mit Jammer und Schaudern umzugehen ist, sondern auch, was das *Lachen* als theatralischer Ausdruck bedeutet? Und weiter, wenn dieses Buch über das Gelächter mit einem anderen Buch, dem Neuen Testament, in der Lesart der mittelalterlichen Dogmatiker zusammengestoßen wäre?

Zugegeben, nur ein Spiel. Ein Spiel zudem mit vielen Unbekannten. Dennoch: Gerade durch solch ein Gedankenspiel über die Kultur-Geschichte unserer Gefühle erfahren wir einiges über die innere Mechanik jener Entwicklungen, an deren Ende wir – zumeist ohne davon zu wissen – noch immer stehen. Schließlich reichen die Wurzeln all unserer Reaktionen und Aktivitäten tief in die Geschichts-Schichten, tief in den Untergrund – oder sollte man nur sagen: die Kulissenwelt? – des Gefühlsspeichers, aus dem wir kommen.

Da war dieser berstende, mutwillige, blasphemische, sinnliche, triebhafte, respektlose Mob auf den Straßen, in den Städten, auf dem Land. Oft Leute, die von der Hand in den Mund lebten; Leute, die das in der Regel kurze Leben, das sie hatten, leben wollten und nur eines im Sinn hatten: ein bisschen Lust und Spaß in all der Misere, Armut, Dunkelheit zu haben. Großfamilien, oft mit dem Kleinvieh zusammengepfercht in einem lichtlosen, feuchten Verschlag unter der Burg. Manchmal bekam man etwas von den Gelagen der paar Reichen und Mächtigen oben in der Burg mit. Dann wehte Musik herüber, das Lachen, der Schimmer der Fackeln und Lichter. Während der Vorbereitung und am Tag nach solchen Festen häuften sich die Essensabfälle, die durch eine Klappe an der Außenmauer heruntergeworfen wurden. Keiner konnte es sich leisten, auf Hygiene zu achten. Ekelgefühle waren der pure Luxus.

Ja, es gibt auch ein Klassensystem der Gefühle: Nicht jedem stehen alle zu. Das höhnische Wort von der Liebe als dem Brot der Armen hat seinen Sinn. Und Liebe hieß Sex. Minnegefühle konnte man sich droben leisten. Darunter gab es allenfalls ein schnelles Begehren, einen fast öffentlichen Koitus, vielleicht in irgendeiner Ecke oder im Heu. Zum Reinigen kein sauberes Wasser, aber dafür die Majestät des Glaubens und die Pracht der Kirchen. Plakatwandgroße, in Stein gehauene oder als Fresken gemalte Heils- und Erlösungsversprechen oder höllische Strafandrohungen.

Die Oberen wussten, dass all ihr Reden, all ihre Regeln, Gebote und Verbote auf taube Ohren und Herzen stoßen würden: Bei Leuten, denen es um ein bisschen Leben und Überleben geht, kommt man mit Argumenten nicht besonders weit. Solange man sie nicht bei ihren Gefühlen packen konnte: ihre Ängste, ihre Sehnsüchte, ihre Hoffnungen erreicht. Ihre Angst war nicht der Tod – es war die Verdammnis. Niemals zuvor war so virtuos auf der Klaviatur des Erschreckens und Verängstigens gespielt worden wie im Mittelalter.

Gewiss, das Konzept von Überwachung und Bestrafung durch Gott existierte in vielen Religionen – man könnte sagen, es ist der Urgrund jeder Religion. Judentum und Islam machten da keine Ausnahme. Ebenso wie apokalyptische, das Ende der Welt beschwörende Szenarien bereits zum Standardinventar altorientalischer Mythen gehörten. Was die Argumentation des Katholizismus so vernichtend macht, ist die Allgegenwart des Todesgedankens in Verbindung mit individueller Schuld. Mehr als das irdische Leben und das Heil des Kollektivs zählt das Überleben im Jenseits.

Auf Giebelfeldern vieler Kathedralen prangen angsteinflößende Kreaturen, sie springen förmlich aus Handschriften und nehmen die Sinne gefangen. Die Propaganda der Bedrohung unter den Vorzeichen einer möglichen jenseitigen Erlösung durch strikte Unterwerfung verfing. Die berühmten Offenbarungen des Johannes und ihre horrifizierenden

Bilderwelten sind nur ein Beispiel für eine eigene Kulturgeschichte des Schreckens, die die Menschen im Innersten zu erfassen versuchte.

Was anderes aber sind die großen Kathedralen des 11., 12. Jahrhunderts als steingewordene Gefühlserregungsapparate, was die großen Bußpredigten anderes als Kathedralen aus Sprache? Und dem Lachen, dem unverfrorenen Gelächter wie dem spitzen oder kühlen Lächeln kam hierbei – neben der Einschüchterung durch Angst – eine Art Schlüsselrolle zu.

Was wäre geschehen, wenn die machtbewusste, rigide Geistlichkeit damals ein solches Buch über das respektlose Lachen in die Hände bekommen hätte? Diese Schrift hätte nicht nur aufgrund ihrer skandalösen Aussagen Empörung ausgelöst, sondern vor allem wegen der bis ins Mittelalter reichenden Autorität ihres Verfassers: Aristoteles, dessen Wort bei Intellektuellen – über Jahrtausende hinweg – Gehör fand. Damit wäre die Funktion des Lachens umgestülpt, zur Kunst erhoben worden; das große Lachen wäre keine Sache des Pöbels geblieben, den man mit Karneval und ähnlichen Emotionsventilen abspeisen konnte, sondern für die Wissenden akzeptabel geworden und hätte so latent vorhandene Umsturzgelüste wecken, subversive Tendenzen animieren können. Dieses Buch könnte kraft der Autorität seines Verfassers auch die Wissenden lehren, das Gefühl des Umsturzes lachend auszukosten, Lust und nicht Angst beim Überschreiten von Grenzen zu empfinden. Die Entdeckung der therapeutischen Wirkung des Gelächters – sich lachend aus der Schwerkraft der Ordnung hinauszukatapultieren – hätte zu einer unkontrollierbaren Geistesgegenwärtigkeit vieler führen, epidemisch um sich greifen (nicht zufällig spricht man von ansteckendem Lachen), die Ängste der Menschen wegschmelzen und die Ordnung kollabieren lassen können.

Nicht Dogmen einzubläuen, Verbote zu errichten war das Problem. Sie fühlbar, affektisch zu beleben, war die eigentliche Aufgabe aller Inszenierung von Macht. Deshalb ahnten die Organisatoren der Gefühle wohl, dass es nicht anging, die Lust des Lachens einfach zu verbieten. Sinnvoller schien es, Zonen zu definieren, innerhalb derer das »triebhafte« Potenzial dieser Affekte schadlos ausagiert werden konnte:

Fasching und Fastnachtsspiel, blasphemische Parodien auf Heiliges, Weltumstürze als geregeltes Spiel waren Möglichkeiten, Strukturen der unbotmäßigen Entäußerung anzubieten, ohne Gefahr zu laufen, das eigene System zu gefährden.

In der Zeit der Kathedralen spricht Europa zum ersten Mal mit einer Stimme und mit einer Sprache. In einer Zeit, in der einzelne »Nationen« nichts, Dynastien alles bedeuteten, kam es zu einer Art europäischer Vision auf der Grundlage einer Leitidee, der des christlichen Glaubens. Daraus zu schlussfolgern, Europa sei ein primär christlich-abendländisches Gebilde aus einem Guss, kommt einem Kurzschluss gleich.

Unterschiedliche Systeme und Machtkonglomerate koexistierten und belauerten einander. Das »Heilige Römische Reich deutscher Nation« mit großartigen Herrschern wie dem Staufer Friedrich II. (1194–1250), der die meiste Zeit seiner langen Regentschaft in Italien verbrachte, einen wahrhaft internationalen Hof hielt und einige der markantesten nicht kirchlichen Bauten errichtete wie das weltbekannte achteckige Castel del Monte in Apulien, dieses perfektionistische Kronjuwel aus Stein.

Daneben existierten andere, gleichfalls gerne als »Wiegen Europas« titulierte Reiche wie das fränkisch-französische unter Karl dem Großen. Dennoch wäre es verfehlt, ihn zum Vater Europas zu stilisieren, nur weil er in einem zeitgenössischen Epos von einem gnadenlos schmeichelnden Dichter so genannt wurde:[19] Als Karl sich am Weihnachtstag des Jahres 800 von Papst Leo III. zum römischen Kaiser krönen ließ, war dies keineswegs die Geburtsstunde des modernen Europa. Auf dem Höhepunkt seiner Macht herrschte er zwar in der Tat über den halben Kontinent – aber mit europäischem Denken im heutigen Sinn hatte dies genauso wenig zu tun wie die Tatsache, dass Karl sich als Förderer der antiken Künste und Wissenschaften in Szene setzte. Beides hatte völlig andere, weit weniger idealistische Gründe.

Die Salbung zum römischen Kaiser war Resultat eines knallharten politischen Deals, keine spontane Geste der Dankbarkeit des Papstes für militärischen und organisatorischen Beistand des Frankenkönigs, wie uns dessen Biographen erzählen. Karl brauchte die Kaiserkrone, um sich als legitimen Erben Westroms zu präsentieren. Aus dem gnadenlosen »Sachsenschlächter« wurde durch diesen klugen Schachzug der erste Mann der römisch-katholischen Welt. Rom lebte weiter – nicht nur in Byzanz, sondern nun auch im Westen. Mit dieser *»translatio imperii«* war der Weltuntergang (erneut) verhindert worden. Im Sinne dieser politischen Vorstellung war es nun auch logisch, römische Kultur und Architektur, Rechtsprechung, Literatur und Wissenschaft zu bewahren und teilweise zu übernehmen. So gelangte das Wissen der Antike nach Europa. Alles, was die moderne Welt von heute über die Antike weiß, weiß sie, weil deren kulturelles Erbe durch die politische Strategie der »karolingischen Renaissance« vor dem endgültigen Verlust gerettet wurde. Gemessen an einem pragmatischen Europabegriff war es also doch ein wichtiger Schritt, um Kontinuitäten und einen verbindenden Kanon am Leben zu halten. Nicht mehr – nicht weniger.

Doch auch andere Regionen entwickelten Entwürfe eines möglichen zukünftigen Europa. Das werdende angelsächsische Königreich orientierte sich zu Beginn eher auf den Norden. Lange, blutige Auseinandersetzungen mit Normannen, aber auch mit Frankreich bereiteten den allmählichen Aufstieg der Insel zur späteren Groß- und schließlich Weltmacht vor. (Siehe Abbildung 17 in Tafelteil 1.) Nicht zu vergessen die mächtigen Königreiche Ungarn und Russland, die ihrerseits den europäischen Raum vom Osten her zu definieren versuchten.

Das Königreich Ungarn umfasste in seiner Blütezeit zwischen dem 13. und frühen 16. Jahrhundert praktisch den gesamten Balkanraum. Gleichzeitig entstand in der »Kiewer Rus« die Keimzelle des aufstrebenden Russlands, das nach dem Fall Konstantinopels das entstandene Machtvakuum füllen sollte. In der Tat sah sich Moskau als neues Byzanz beziehungsweise als »das Dritte Rom«, das Iwan III. (1440–1505) während seiner Regentschaft endgültig als Hauptstadt der russischen Fürstentümer etablierte.

Es ist, dies zeigt bereits diese extrem reduzierte Skizze, unmöglich und gefährlich, von Europa zu sprechen, ohne diese vielschichtige Gemengelage gedanklich miteinzubeziehen. Europa, das ist ein fragiles Konstrukt aus drei, vier, fünf Erben Roms, die – wie dies häufig Erben tun – im Streit miteinander lagen und einander stets kritisch beäugten.

Trotz all dieser Rivalitäten bildet sich ein gemeinsamer Wille heraus, eine Leitidee. Ihr Resultat war der erste größere Dschihad der europäischen Geschichte – und auch damit muss man die Idee »Europa« in Verbindung bringen. Von einem Projekt Europa zu sprechen, heißt mithin auch von seinen dunklen und von Beginn an auf Dominanz setzenden Seiten zu sprechen.

Ein Reich des Friedens? Ob Pax Romana oder karolingische Friedensordnung – stets handelte es sich um mit Gewalt erzwungene Friedensverordnungen. Wobei man sich interessanterweise immer wieder auf genau die Traditionslinien stützte, die man zuvor bekämpft hatte – Rom blieb das mentale Zentrum deutschen Kaisertums, wie Jerusalem das spirituelle Zentrum der päpstlichen Weltherrschaft blieb, ein gewaltiges Ordnungssystem, das ethische Normen, spirituelle Utopien und emotionale Kontrolle generierte. Antike Texte und Ideen wurden dabei passgenau so interpretiert, dass sie das System stabilisierten.

11 Deus lo vult: Gott will es

Im Jahr 1095 rief Papst Urban II. in Clermont dazu auf, das bedrängte Jerusalem – nicht das himmlische, sondern das irdische – zu retten. Er richtete sich an das Volk der Franken, das damals sowohl Teile des späteren Frankreichs wie Deutschlands umfasste. Ein flammender Appell, den von Muslimen bedrängten Christen an der heiligen Stätte zu Hilfe zu kommen:

> Volk der Franken […]. Wir wollen, daß Ihr wißt, welch trauriger Grund uns in Euer Land geführt hat […]. Aus dem Land von Jerusalem und von der Stadt Konstantinopel kam ein schwerwiegender Bericht, […] daß nämlich das Volk des Reichs der Perser, ein fremdes Volk, ein Gott gänzlich fernstehendes Volk, eine Art von Menschen also, die weder ein Herz haben noch an Gott glauben, die Länder jener Christen überfallen, mit Schwert, Raub und Feuer verwüstet, die Gefangenen teils in ihr Land verschleppt, teils auch elendiglich abgeschlachtet hat, die Kirchen Gottes entweder von Grund auf zerstört oder für den Ritus ihres eigenen Heiligen in Beschlag genommen haben. […] Bei manchen Leuten gefällt es ihnen, sie mit einem besonders schimpflichen Tod zu quälen; sie durchbohren den Nabel, reißen den noch Lebenden den Kopf ab […]. Wem also obliegt die Mühe, dies zu rächen, […] wenn nicht Euch, denen vor allen anderen Völkern Gott […] die Fähigkeit verliehen hat, die Scheitel derer zu ducken, die sich Euch widersetzen?[20]

Die scharfe Anklage gegen die Ungläubigen und der Aufruf zur Befreiung Jerusalems wurde zu einer rhetorischen Sternstunde. Das Kollektiv der gebannten Zuhörer reagierte nach Augenzeugenberichten wie elektrisiert mit dem Kampfruf »Deus lo vult!«/»Gott will es!«. Ein Chronist schildert anschaulich, wie der Papst diese Stimmung reaktionsschnell aufgriff und verstärkte:

> Wenn nicht der Herr in euren Herzen gewesen wäre, wäre euer Ruf nicht einhellig gewesen. Wenn er auch vielstimmig ertönte, sein Ursprung war eins. Deshalb sage ich euch: Gott hat ihn euch aufgegeben. Dieser Ruf soll jetzt eure Losung im Kampfe sein, denn dieses Wort hat Gott gesprochen. Wenn ihr die Feinde angreift, werden alle im Heer Gottes dies eine rufen: »Deus lo vult! Deus lo vult!«[21]

Ganz offenbar hatte die Frage, ob man den »Totalen Krieg« im Namen Gottes wolle, ins Zentrum des Befindens vieler Tausender europaweit getroffen. Für viele, die auf irgendeinem dürren Stück Land saßen, musste der Ruf, in den seinerzeit schon mystisch aufgeladenen Orient zu ziehen, etwas Magisches haben. Eine Art Gralssuche an »heiliger Stätte«. Mit dieser Rede hatten die Gefühle einen Namen bekommen. Und dadurch war, wie mit einem Zauberschlag, eine neue Wirklichkeit entstanden. Aus diffusen Affekten waren überhaupt erst gerichtete Gefühle geworden: Leises Unbehagen hatte sich in begründeten Argwohn verwandelt, dumpfe Rachegelüste erschienen als Gerechtigkeitsvisionen, Frust wurde zu Demut, Unfähigkeit zu Unschuld geadelt. Aus Goldgier und Aggression waren auf wundersame Weise hoher Opfermut und mutiger Gotteskrieg geworden, individuelle Feigheit mutierte zu kollektiv praktiziertem Heldenmut. Aus dynastischen Scharmützeln wurden »Heilige Kriege«, aus Kameraden, die es erwischt hatte, Märtyrer, aus Gegnern Abfall. Ein Haufen frustrierter Provinzgrößen aus Gallien, Franken oder Bayern nahm sich als elitäre Kampfgemeinschaft wahr. Es musste ein wunderbares, gesteigertes Gefühl sein, der Welt als »Gottesstreiter« gegenüberzutreten. »Mors peccatorum pessima«, in Sünde zu sterben ist grauenhaft – Rache ist das Gebot der Stunde. »Rache« und »Gnade«. Gnade für euch. Begnadigung, Erlösung. Und nicht zuletzt ein damit verbundenes Anwachsen des politischen und religiösen Geltungsbereichs der Kirche.

Im Hochgefühl der Überlegenheit ihrer Mission waren sie danach über die Dörfer geprescht, hatten »Deus lo vult!« in die kalte Luft geschrien und sich für ein paar Stunden als neue Menschen gefühlt. Als Überlegene. Auch der eigenen Familie gegenüber. Zum ersten Mal.

Kaum je zuvor waren kulturelle Unterschiede ideologisch und spirituell so aufgeladen worden wie im »christlich-abendländischen« Mittelalter, in dem das interne Wertesystem bis in die Tiefenstruktur der Gefühle reicht. In der *Ilias* bekämpfte man gleiche und auch gleichartige Gegner. Und die andere Seite war einfach nur die andere Seite. Nun wird jeder Konflikt zum Kampf der Kulturen umgedeutet, und zwar zum Kampf der eigenen Kultur als der Kultur des Guten, repräsentiert durch Christus, gegen alle Un-Kulturen des Bösen, also gegen den Antichrist in allen seinen möglichen Gestalten. Freilich verband sich diese Kanalisation der Kräfte und Emotionen gegen den »äußeren Feind« auf das Trefflichste mit dem Versuch, die innere Zerrissenheit innerhalb der (katholischen) Kirche zu überwinden: Die Synode von Clermont war nicht zuletzt deshalb einberufen worden, weil ein Schisma drohte, die Spaltung der Kirche in eine lateinische West- und eine griechische Ostkirche.

Die Spannweite der ausgemachten äußeren Feinde reicht vom Islam zum Judentum bis hin zu Wesen wie Zauberern, Magiern, Hexen, Sündern, Sünderinnen. Solch großflächige, gefühlsgeladene *Two-world*-Szenarien, die Nuancen, Differenzierungen, Ambivalenzen nicht nur schwierig machen, sondern ausschließen, ermöglichten es, Tausende, Zehntausende emotional mitzunehmen und Erregungsgemeinschaften zu bilden. Gefühle werden dabei zu sensiblen Antennen von Himmel und Hölle. All das geschah in den Köpfen und Herzen der Menschen, nachdem Papst Urban II. in Clermont und viele andere ausgesandte Prediger ihre Reden in die Welt gesetzt hatten. Nur eine solch hohe Emotionalisierung auf der Basis eines rigiden Systems von Hass und

Verheißung konnte imstande sein, das Geschehen auszulösen und den Exzess zu ermöglichen. Es wäre absurd, diesen Zusammenhang zwischen Manipulation, emotionaler Überwältigung und Machtstrategie nur der Frühgeschichte unserer Kultur zuzuordnen: Der Mechanismus wirkt zuverlässig bis in den gegenwärtigen Kampf gegen den Terror oder die neuen Kriege unserer Zeit.

Aufgewiegelt und von höchster Stelle legitimiert, machten sich an die 50 000 Gotteskrieger – hohe und niedrige Adlige, aber auch Bauern, Landarbeiter, Abenteurer, Verbrecher und Priester – auf den Weg. Menschen aus dem gesamten europäischen Raum: Franken, Alemannen, Gallier, Belgier, Lothringer, Süditaliener – ein gemischter, gefährlicher, brodelnder Mob, vereinigt unter dem Zeichen des Kreuzes. Eine *team-building exercise*, nein, ein Raubzug unter dem Vorzeichen eines sakralen Opfergangs. Im Vergleich damit erkennt man, wie vergleichsweise »ideologiefrei« noch der Krieg um Troja war.

Schon am Rhein kam es zu brutalen Pogromen gegen die Juden, und auch alle weiteren Landstriche entlang der umgekehrten Balkanroute, auf der sich der Zug bewegte, bekamen die Brutalität der »heiligen Pilger« zu spüren. Übergriffe, Plünderungen, Brandschatzungen, ja Kannibalismus waren Augenzeugenberichten zufolge an der Tagesordnung. Viele kamen bereits in dieser Phase ums Leben, andere kehrten um oder sprangen ab. Im Verlauf der späteren Kämpfe gegen die Araber und Juden kam es zur Gründung eigener Kreuzfahrerstaaten. Noch jetzt zeugen die Reste großer Festungsanlagen wie der Krak des Chevaliers in Syrien von diesen Bestrebungen, sich dauerhaft zu etablieren und den Orient nicht nur kurzfristig zu durchstreifen, sondern zu besetzen. Entlang der verschiedenen Kreuzzugsrouten entstand vom 12. Jahrhundert an ein ganzes Netz solcher wehrhaften Bastionen.

Lange vor den Kreuzzügen, die sich von 1095 bis 1444 hinzogen, hatte sich ein anderes Netzwerk formiert, das bei der Herausbildung Europas eine entscheidende Rolle spielen sollte, das seiner Klöster. Man muss sich die Situation vergegenwärtigen: Nach dem Zerfall des weströmischen Imperiums war in der Mitte Europas ein Vakuum entstanden, das durch

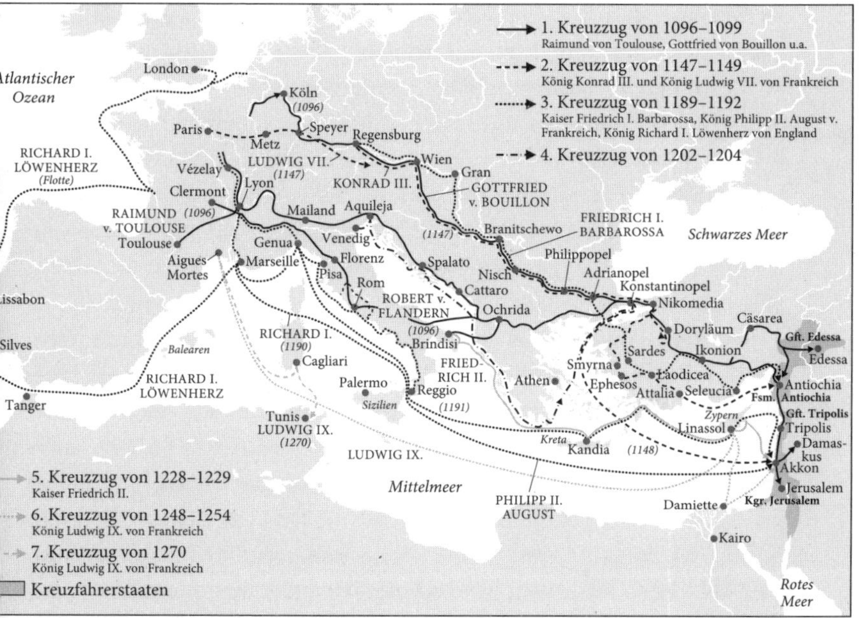

traditionelle Stammestraditionen nicht mehr ausgefüllt werden konnte. Die Zeit germanischer Priester und keltischer Druiden ging zu Ende, zumal die katholische Kirche und ihre Päpste immer mehr zum bestimmenden Machtfaktor wurden. Die Fäden ihrer Missionsarbeit reichten bis Schottland und Irland, setzten also gezielt auf europäische Randgebiete, die vom »Tohuwabohu« in Europa verschont geblieben waren.

Seit dem Ende des 6. Jahrhunderts strömten irische und schottische Mönche ihrerseits aus, um die in den Jahrhunderten der »Völkerwanderung« nahezu verlorengegangene christliche Religion zu re-importieren. Ein Katholizismus, angereichert mit druidisch-keltischen Elementen, bodenständiger, magischer, bunter, ruppiger als der der griechisch-lateinischen Welt. (Siehe Abbildung 18 in Tafelteil 1.)

Nicht Palästina, Rom oder Alexandria waren nunmehr die entscheidenden Resonanzräume der Botschaft Christi, sondern weitabgelegene irische Klöster – wie das Kloster Bangor, von dem aus Columban (540–615) seine Mission begann. Innerhalb von zwanzig Jahren wird er mit einer Gruppe von 200 Gefährten, die sich als *miles*, als Krieger Gottes verstehen, Tausende von Galliern, Germanen und andere »Ungläubige« bekehren und eine Unzahl von »Monastarten« gründen. So bereiten Columban und seine Mitstreiter möglicherweise ungewollt den Boden für neue politische Koordinaten: Wenig später sollte sich auf diesen Strukturen das katholische Reich der Franken entwickeln. Darüber hinaus setzte die missionarische Strategie, europaweit Bastionen des Glaubens zu errichten und untereinander zu vernetzen, eine spirituelle Erneuerung in Gang.

Seit der Gründung des im Zweiten Weltkrieg fast völlig zerstörten Klosters Montecassino durch Benedikt von Nursia 529 griff die Idee einer eigenständigen, kollektiven Lebensform um sich wie ein spiritueller Flächenbrand. Jeder Orden, ob Benediktiner (seit 529), Zisterzienser (1098), Dominikaner (1206), Franziskaner (seit 1212), unterwarf sich einem eigenen Regelwerk, das mit den Gesetzen der Welt nur bedingt zu tun zu haben schien. Gehorsam gegenüber ihrem jeweiligen Abt, Schweigsamkeit, Beständigkeit und Demut, oft auch Verzicht auf persönlichen Besitz und ein streng von Gebet und Ritual strukturierter Tagesablauf, der auch die Nachtstunden erfasste. Dazu kam eine nahezu vollständige Ablösung von der Familie, aus der die Mönche kamen. Im Grunde ein Programm der mehr oder weniger freiwilligen Selbstentmündigung.

Wie kann es sein, dass ausgerechnet solch eine extreme, weltabgewandte Lebensform zum Modell für einen integrierenden politischen Bund – den ersten seit der Antike – werden konnte? Innerhalb relativ kurzer Zeit entstanden nicht nur in Italien, sondern auch in Frankreich, Deutschland, Spanien, Österreich, der Schweiz, in Böhmen, Ungarn, Polen und vielen anderen Ländern große, eindrucksvolle Abteien: herausragend die Anfang des 10. Jahrhunderts gegründete Benediktinerabtei Cluny, die innerhalb weniger Jahrzehnte zu einem der mächtigsten spirituellen Zentren der Christenheit werden sollte, oder, nicht minder eindrucksvoll, die weltbekannte Abtei auf dem Mont-Saint-Michel im Watt vor der Küste der Normandie, deren Ursprünge ins 8. Jahrhundert zurückgehen.

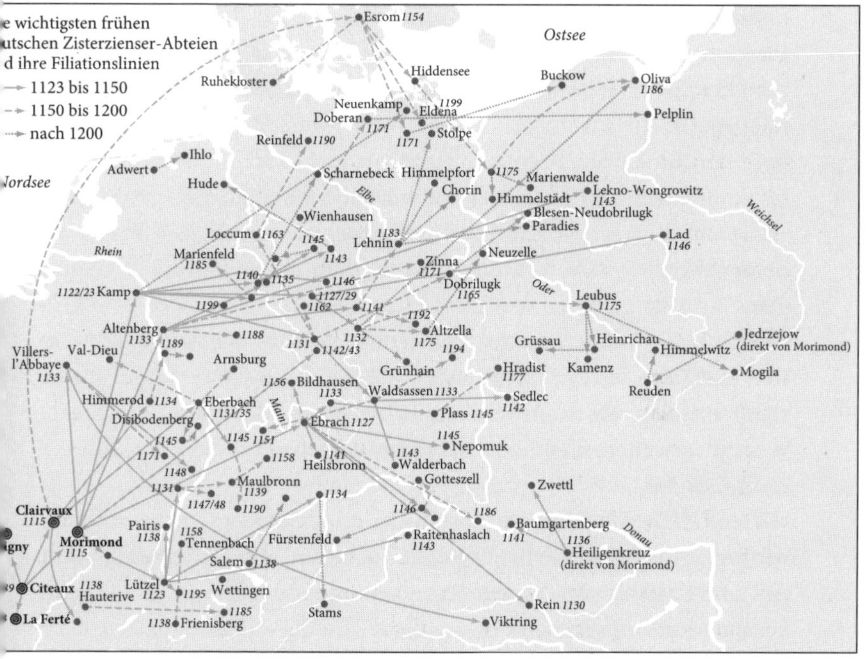

Jede dieser Anlagen war eine Welt für sich und damit eine Gegenwelt zum Elend und Chaos »draußen«. Ihre bauliche, liturgische und gedankliche Schönheit und Ordnung standen in krassem Gegensatz zu den fragilen, bedrohlichen Verhältnissen außerhalb der Klostermauern und suggerierten ein gewaltiges Versprechen: *stabilitas et congregatione* – Beständigkeit und Gemeinschaft.

Jedes Kloster war ein Kosmos für sich, ein irdisches Raumschiff mit spirituellem Auftrag und sozialer Mission: Im Umfeld der großen Anlagen fanden sich Bedürftige und Kranke ein, die dort ein Minimum an Zuwendung und Pflege erhoffen konnten. Doch obwohl jede der Abteien mehr oder weniger autonom war, verstanden sie sich auch als Teil eines weit darüber hinausgehenden, umfassend vernetzten Systems. Jeder Orden verfügte über Hunderte, zum Teil Tausende von »Filialen«, die in regem Austausch und bisweilen auch in Konkurrenz miteinander standen.

In allen Kulturen, vor allem im orientalischen Raum, hatte es seit jeher mönchisches Leben gegeben, meist zogen sich die Mönche allerdings in Einsiedeleien zurück. Allein Europa verstand es, aus dem Rückzug einen Machtfaktor werden zu lassen. Die Klöster wurden über Jahrhunderte hinweg zu Institutionen, die Macht und finanzielle Mittel im großen Maßstab akkumulierten – metaphorisch gesprochen ein »Staat im Staat«, ein Europa in Europa, wenn man so will. Der bis heute überdauernde Mythos der christlich-abendländischen Wertegemeinschaft rührt zu einem großen Teil aus dem gewaltigen Konstrukt der Monasterien, das von Nordafrika bis Weißrussland, von den Hebriden bis Dänemark reichte. Ein »Reich Gottes« höchst irdischer Präsenz, ein Kommunikationsnetzwerk, das Werte normierte, Wissen verwaltete und Normen festlegte, ebenso staunenerregend wie erschreckend.

Denn diese Abteien und Klöster, Orden und Kongregationen waren nicht nur Orte spiritueller Versenkung, sondern zugleich Manufakturen und Zentren der Macht. Die Kreuzzüge wurden unter anderem von hier aus begleitet und organisiert. Und die »Pilgerschaften« nach Jerusalem wurden durch sie militärisch gesichert.

Die Tempelritterschaft war gewissermaßen der militärische Arm der Orden und die exakte Schnittmenge zwischen Glauben und Kampf. Bis heute wird der Mythos der Templer als Repräsentanten Christi wie des Antichrist kolportiert. Templer und Katharer wurden wechselweise verklärt, dämonisiert und verfolgt. In Zeiten entstehender Königreiche zwischen 1100 und 1300 war immer weniger Raum für die religiösen Hardliner. Dem übernational organisierten Ritterorden schlug vermehrt Misstrauen entgegen, da seine Mitglieder sich primär als Gotteskrieger und erst in zweiter Linie als Untertanen einer Krone verstanden. Im Jahre 1307 wurden sie schließlich der Ketzerei und der Homosexualität angeklagt. Viele von ihnen endeten auf dem Scheiterhaufen. In der Frühzeit der Kreuzzüge jedoch spielte die relativ kleine, perfekt ausgebildete, weitgehend aristokratische, religiös fanatisierte elitäre Kampftruppe eine entscheidende Rolle bei der Belagerung Jerusalems.

Das Konzept der Kreuzzüge sollte sich an die 400 (!) Jahre, bis zum Fall Konstantinopels 1453 halten. Die Gründe dafür sind vielfältig. Natürlich spielte die Hoffnung auf Beute eine Rolle. Auch der mit der Teilnahme am Kreuzzug verbundene Ablass der Sünden war eine wichtige Motivation. Doch neben Beutemacherei und Reinigung übte das bloße Versprechen der brachialen Durchsetzung der eigenen Glaubenswelt offenbar eine beachtliche Faszination auf viele der an den Kreuzzügen Beteiligten aus.

Der gemeinsame Kampf gegen den dämonisierten Feind ließ ein neues Gefühl der Zusammengehörigkeit entstehen. Mitten in einem riskanten Feldzug war diese emotionale Stabilisierung auf der Basis eines gemeinsamen Ethos unverzichtbar. Der christliche Dschihad führte zu einem Wir-Gefühl, das man bis zu diesem Zeitpunkt nicht gekannt hatte. Derselbe Ritter, der im höfischen Kontext auf *minne*, *mâze* und *triuwe* getrimmt wurde, durfte sich nun auch von einer anderen Seite zeigen – als lieblos, ungezügelt, unberechenbar –, denn es ging ja um die Verteidigung des eigenen Weltbildes, der eigenen Kultur. Die Tötung des Gegners wurde zum sakralen Akt, die Schlacht zu einem Gottesdienst unter freiem Himmel. Jedes Mitglied der neu installierten »Militia Christi« verstand sich als Teil einer elitären Kampfeinheit im Dienst des Glaubens – Kampf und Religion wurden Teil *eines* Denkens. Und jeder Schlag zur grimmig-heiteren Missionsarbeit. (Siehe Abbildung 19 in Tafelteil 1.)

Das nahezu gleichzeitig zum ersten Kreuzzug entstandene *Rolandslied* schildert zwar nicht den Kampf der Christen gegen die Muslime im arabischen Raum, sondern gegen die sarazenischen »Heiden« Nordafrikas, wirkt jedoch wie eine literarische Blaupause für den »Gotteskrieg« gegen Jerusalem. Die Kontur des vermittelten Feindbildes übertrifft an Grausamkeit und Skrupellosigkeit alles Bekannte – inklusive der Schlacht um Troja. Zwei der christlichen Spitzenkämpfer im *Rolandslied*,[22] Roland und Olivier, finden mitten im Kampf gegen die Ungläubigen noch Zeit zu einem Wortwechsel, der etwas vom selbstherrlich-elitären Humor der Dominanz spüren lässt – Humor, der lustvoll tötet, ohne die leiseste Spur von Empathie oder Respekt vor dem Gegner: Auf die Frage, weshalb er sein Schwert noch nicht gezückt habe, antwortet einer der Helden nur süffisant, er sei bislang damit beschäftigt gewesen, so viele Gegner wie möglich aufzuspießen.

Doch nicht nur im Bereich der politischen, ja in diesem Fall fast propagandistischen Literatur, auch im persönlichen Bereich ritterlichen Lebens nimmt die Schulung militärischer Disziplin einen wichtigen Raum ein. Sie akzentuieren auch Werke der hohen höfischen Literatur, zum Beispiel Hartmann von Aues *Erec*. War im *Rolandslied* der Kampf Ausdruck des rechten Glaubens, so steht hier das Verhältnis zwischen erotischem Begehren und brachialer Gewalt im Zentrum des Interesses. Der weibliche Körper wird förmlich als erweiterte Kampfzone definiert. Das sich Verlieren in erotischen Abenteuern *(»verligen«)* ist sprichwörtlich geworden.

Von einer Zähmung gewalttätiger Impulse kann keine Rede sein – im Rahmen der vorgeschriebenen Rituale sind kämpferische Exzesse nicht nur erlaubt, sondern Ausweis der Qualität des vorbildlichen Ritters. Man könnte davon sprechen, dass der Kampf um die ideale Frau ebenso jeden Gewalteinsatz legitimiert wie der Kampf für Christus, ja nur durch den exzessiven Gewalteinsatz erhält er seine Würde, wird zu etwas Vorbildhaftem. Eine nicht ungefährliche Denkfigur.

Bisweilen materialisiert sich alles in einer Geste, einem Objekt, kennzeichnenderweise in einer Waffe. Freilich einer zum Heilszeichen umgedeuteten Waffe – der »Heiligen Lanze«, die von Beginn an kultische Bedeutung erlangen sollte.

Das eigenartig geformte Objekt wurde angeblich während der Belagerung Antiochias 1098 von Kreuzrittern geborgen. Es sei, so wird berichtet, die Spitze der Lanze, mit der der römische Hauptmann Longinus bei der Kreuzigung die Seite Jesu durchbohrt hatte. Im Besitz der Lanze wagte man unter Führung von Adhemar de Monteil einen Ausfall und besiegte ein zahlenmäßig weit überlegenes Heer der Muslime. Seitdem stand die Reliquie im Ruf, ihren Besitzer unbesiegbar zu machen. Sie wurde über Generationen hinweg mythisch erhöht, um schließlich – Paradoxie der Geschichte – ausgerechnet in den Händen des »Führers«, Hitlers, als eines der verehrten Reichskleinodien zu landen.

Welch bizarrer Kulturtransfer – vom Marterinstrument des Königs der Juden über die Eroberer Jerusalems bis hin zum Symbol der systematischen Judenvernichtung.

Warum ich diesen Aspekt so sehr betone? Nun, sicher nicht nur, um eine skurrile Anekdote zu erzählen. Wir kommen nicht daran vorbei zu erkennen, dass kulturelle Zeichen Träger höchst ambivalenter Botschaften sein können. Sie können Botschafter des Lebens sein, aber auch todbringende Brandbeschleuniger, ja oft genug entscheiden sie über Leben und Tod. Wer sich mit der Geschichte von Kultur beschäftigt, tut gut daran, sich diese Janusgesichtigkeit dessen, was wir oft etwas schwärmerisch »Kultur« nennen, bewusst zu machen. Wobei man nicht glauben sollte, Kulturphänomene würden nur im Strom der Geschehnisse mitlaufen oder den dekorativen, suggestiven Hintergrund abgeben. Gerade die suggestiven Qualitäten erlauben es ihr, politische Bewegungen voranzutreiben, sie zu nobilitieren, sie eingängig und wirkmächtig zu kommunizieren.

Zum anderen belegt die Episode als eine unter Tausenden, dass nichts unzutreffender wäre, als den Begriff der europäischen Werte pauschal und unüberlegt, vorsätzlich oder bösartig immer mehr oder weniger mit Positivem zu besetzen und im Brustton der Überzeugung von »unseren Werten« zu schwärmen. Es gibt auch eine dunkle, gefährdende Seite dieses Werte-Kanons, dieser Text- und Bildbomben. Und politisch motivierte Untaten werden in der Regel nicht von Barbaren, sondern, im Gegenteil, im vollen Bewusstsein der kulturellen Überlegenheit begangen. Will man Kulturkriege verhindern, sollte man bei dieser unheiligen Allianz von Kunst und Krieg beginnen. Und Europa ist, was die Erfindung dieser brandgefährlichen Tendenz betrifft, ein von Beginn an geschulter und auch gefährdeter Kontinent.

Besonders weil ihre Kreationen keine ästhetischen Eintagsfliegen und Schnellschüsse, keine singulären Spontanentladungen sind, sondern sich häufig auf würdige Traditionslinien berufen können. Kultur beinhaltet das Versprechen und manchmal auch das verlogene Verbrechen von Kontinuität. Sie beglaubigt Herkunft, territoriale Verwurzelung und stimuliert kollektive Bedürfnisse über Räume und Zeiten hinweg. Sie kreiert Koordinaten des Verhaltens und verfügt mithin über den Markt unserer Werte und Hoffnungen.

Um das Jahr 1000 war das Bewusstsein der Menschen von realen Nöten und apokalyptischen Ängsten geprägt. Man hatte das Gefühl, in einer zerrissenen Welt zu stehen. Hinter sich eine halbvergessene »Antike«, bruchstückhaft, verdächtig, heidnisch. Oben ein christlicher Himmel, der alles überwölbte, auch das irdische Elend. Weit weg und zugleich hautnah Byzanz und Babylon – lockend, erschreckend, verworfen. Jüdische Menschen, halb geduldet, halb verdächtig in der Stadt, einem fremden Gott huldigend. In den Ohren der Ruf »Deus lo vult«. Feudale Königreiche, die sich in Szene setzten im ständigen Kampf mit Rom, dem Rom der Päpste, und doch aufs Engste mit eben diesem Rom liiert. An den Rändern, noch etwas schemenhaft, nur vom Hörensagen bekannt, der Islam.

Für viele Menschen mochte dieser Grad an Komplexität eine Überforderung darstellen. Man zog sich von der Welt zurück, ging in eines der neuen Klöster. Oder man suchte nach einer großen, befreienden Aktion. Suchte sich eine Mission, brach auf, lief weg – zog um: vom himmlischen ins irdische Jerusalem. Sünden vergeben. Frondienst aufgehoben. Klares Feindbild. Feste Identität.

Man kann das wahnsinnige Unternehmen der Kreuzzüge auch als religiös fundierte Gruppentherapie verstehen. Mit jahrhundertelangen Therapiesitzungen. Wie viele durchschnittliche Kämpfer, Bauern, Profiteure, Mitläufer es in seinen Bann zog, wissen wir nicht. Greifen wir einen von ihnen exemplarisch heraus: Jocerand de Brancion.

Sein schlichtes Grabmal ist noch heute in der kleinen Kirche von Brancion bei Tournes, keine fünf Kilometer von Cluny entfernt, zu sehen. Der hervorragende, durch viele gewonnene Turniere ausgezeichnete Ritter nahm mit seinem Sohn am sechsten Kreuzzug zur Rückeroberung Jerusalems teil. Um diese Reise, diese Pilgerfahrt finanzieren zu können, musste er Teile seines Besitzes verpfänden. Wenige Monate nach dem Aufbruch, im Februar 1250, das Ende: Er fällt in der Schlacht von al-Mansura bei Kairo, umzingelt von Mamelucken, wie ein Chronist schreibt. Nach der Rückkehr sieht sich sein Sohn gezwungen, die väterliche Burg zu verkaufen. Das wenig heroische Ende einer Mission voller großer Erwartungen. Dies sei nur erwähnt, um der nach wie vor boomenden, endzeitliche Kämpfe verklärenden Mittelalter-Industrie, die bedenkenlos in nordischen Mythologemen schwelgt, etwas sehr viel weniger Heroisches, dafür umso Konkreteres entgegenzusetzen. Ganz so imponierend, wie Hollywood und *Game-of-Thrones*-Autoren es sich vorstellen, waren all diese Schlachten in Wirklichkeit sicher nicht.

Und vergessen wir nicht, dass es in dieser auf Kampf programmierten Elitekultur auch andere, weit weniger militante Stimmen gab, auch wenn sie nicht am lautesten dröhnten. So etwa die von Gyburc, der arabischstämmigen Ehefrau des Titelhelden von Wolfram von Eschenbachs (um 1160–um 1220) *Willehalm*. In ihrer großen Toleranzrede erinnert sie, die erst kurz zuvor zum Christentum übergetreten ist, die versammelte Schar der Fürsten an die Kernbotschaft ihrer Religion:

> Was immer die Heiden euch angetan haben, ihr sollt ihnen doch zugutekommen lassen, dass Gott selbst denen verziehen hat, durch die er das Leben verlor. Schenkt Gott euch dort den Sieg, so zeigt im Kampf Barmherzigkeit! Sein edles Leben gab unser Vater Tetragramaton für die Schuldbeladenen in den Tod. So belohnte er seine Kinder für ihre Vergesslichkeit.[23]

Nicht auf Kampf und Niederringen des Feindes aus war auch der Venezianer Marco Polo. Auffällig ist, dass Europa (bei aller Wandlungsfähigkeit seiner Gestalt und seiner Haltung) sich bis dahin kaum für den Fernen Osten interessiert zu haben scheint, obwohl Handelsbeziehungen zu China schon in der Antike existierten.

Fiktion oder Fakten – niemand weiß bis heute, was es damit auf sich hat. Ob Marco Polo und seine Begleiter jemals in China waren, ist umstritten. Und es ist letztlich gleichgültig. Seine Erinnerungen an den Orient und den Fernen Osten zur Zeit der Kreuzzüge sind ein einzigartiges und sehr frühes Dokument europäischer Erkundungsbemühungen.

Kein Eroberungsmotiv, Neugier auf das andere, das ganz andere steckte dahinter. Einige Jahrhunderte vorher waren die Horden der Hunnen wie aus dem Nichts im Herzen Europas aufgetaucht. Noch im 13. Jahrhundert erstreckte sich die Macht der tatarischen Khane vom Stillen Ozean bis zur Ostgrenze des späteren Deutschland. Ganz in der Ferne die unbekannten Reiche Chinas, Japans. Zivilisationen, Hochkulturen, die das damalige Europa noch nie gesehen hatte. Man kannte allenfalls die Güter, Gewürze und Geschmeide, die über die alte »Seidenstraße« bis nach Rom geliefert wurden.

Die Expedition der drei venezianischen Händler aus der Familie der Polo führt mehr oder weniger entlang dieser Seidenstraße, freilich in entgegengesetzter Richtung. Es sollte eine lange, sehr lange Reise werden, sie dauerte von 1271 bis 1295. Sie führte über Akko und Jerusalem, wo Kreuzritter, Juden und Araber sich verkämpften, vorbei an den Schlachtfeldern, auf denen sich Alexander der Große und der Perserkönig Dareios III. einst blutige Auseinandersetzungen geliefert hatten, durch das magische Samarkand, um schließlich bis zum Hof des Kublai Khan in Xanadu vorzustoßen. Offenbar gelang es dem jungen Mann, Marco Polo, die Freundschaft und das Vertrauen des mächtigen Khans zu gewinnen. Mit einer goldenen Tafel versehen, auf der das kaiserliche Zeichen eingegraben stand, zog der Fremdling aus Venedig durch alle Teile des mächtigen Reiches; von Kambalu oder Peking nach Mien in Birma, von Hang-chow am Ozean nach Sin-di-fu an der Grenze von Tibet. Einige Jahre lang war er Statthalter in der reichen Stadt Jan-gui.

Nicht alles, was sich in Marco Polos Aufzeichnungen, die nach seiner Rückkehr zunächst als Handschrift unter dem Titel *Milione* oder *Le divisament dou monde* verbreitet wurden, mag selbst erlebt gewesen sein. Berichte anderer Reisender flossen in dieses Geflecht aus Fiktion und Wirklichkeit ein. Im Gegensatz zu vielen ideologisch geprägten Reiseschriften fällt auf, dass Wertungen weitgehend zugunsten von Beschreibungen vermieden werden. Der scharfsichtige Beobachter sieht sich offenbar weit mehr als Zeuge denn als be- oder verurteilende Instanz. Vielleicht glaubte man ihm nach seiner späten Rückkehr deshalb nicht und bezichtigte ihn der Lüge. Zu diesem Zeitpunkt war Europa offenbar noch nicht reif für einen unvoreingenommenen Blick auf ferne Welten.

Wie halten wir's mit der Religion?

Europa wird auch auf dem Feld der Religion der Maxime seiner inneren Widersprüchlichkeit treu bleiben. Es gibt keinen zweiten Kontinent, auf dem fanatischer Glaube, tiefe Frömmigkeit und Spiritualismus auf der einen und konsequenter Säkularismus, Agnostizismus und Atheismus auf der anderen Seite so unmittelbar aufeinandertreffen. Beide Strömungen begleiten und bekämpfen sich über die Jahrhunderte hinweg, gelegentlich befeuern sie sich gegenseitig.

Zweifel an der Gültigkeit der antiken Götter- und Schicksalsmythen und ein vernichtendes Gefühl der Ohnmacht ihnen gegenüber gingen bereits in der Antike Hand in Hand. In der frühen Neuzeit sollte dieser spirituelle »Kampf der Kulturen« sich dramatisch zuspitzen. So auch im Fall der protestantischen Reformation und ihrer Gegenbewegung, der katholischen Gegenreformation, als Bildersturm und suggestive Bildüberflutung einander vehement bekämpften. Gelegentlich kommt es zu Paradoxien wie der Erfindung eines »höchsten Wesens« durch dieselben Repräsentanten der Französischen Revolution, die kurz vorher Kathedralen in Schutt und Asche gelegt hatten.

Im Zeitraffer der Jahrhunderte gewinnt man ohnehin den Eindruck, Religionen wären in Europa eher ein Motor permanenter Unruhe und Beunruhigung anstatt Zonen der Kontinuität und Geborgenheit. Kaum eine Zeit, in der es nicht zu Gegenströmungen und harten Auseinandersetzungen gekommen wäre: Templer, Katharer, unterschiedliche Orden mit sehr unterschiedlicher Programmatik, Calvinisten, Pietisten und Freidenker, Sekten, Religionen und Konfessionen attackierten einander vehement. Im letzten Gedicht seines *Romanzero* hat Heine diesen Disputationen ein wenig erbauliches Denkmal gesetzt:

In die Rede grimmig fiel
Jetzt der Mönch dem Zornentflammten:
»Mag dich selbst der Herr verderben,
Dich Verfluchten und Verdammten!

Trotzen kann ich deinen Teufeln,
Deinem schmutz'gen Fliegengotte,
Luzifer und Beelzebube,
Belial und Astarothe.

Trotzen kann ich deinen Geistern,
Deinen dunkeln Höllenpossen,
Denn in mir ist Jesus Christus,
Habe seinen Leib genossen.

Christus ist mein Leibgericht,
Schmeckt viel besser als Leviathan
Mit der weißen Knoblauchsauce,
Die vielleicht gekocht der Satan.

Ach! anstatt zu disputieren,
Lieber möcht ich schmoren, braten
Auf dem wärmsten Scheiterhaufen
Dich und deine Kameraden.«

Also tost in Schimpf und Ernst
Das Turnei für Gott und Glauben,
Doch die Kämpen ganz vergeblich
Kreischen, schelten, wüten, schnauben.[1]

Man sollte nicht den Fehler begehen, anzunehmen, die Religionen hätten im Lauf der Zeit merklich an emotionalem Erregungspotenzial eingebüßt. Im Gegenteil: Seit der Islam als Antagonist hinzugetreten ist, kommt religiösen Auseinandersetzungen gesteigerte Bedeutung zu. Es ist nicht übertrieben zu sagen: Ein Gespenst geht um in

Europa – das Gespenst des religiösen Fanatismus. Intellektuell gekreuzigt, mental beerdigt ist es am Ende des zweiten Jahrtausends wieder auferstanden. Nahezu unversehrt wie Phönix aus der Asche, vital, politisch aufgeladen, schlägt es Menschen nach wie vor in seinen Bann, tröstet, mobilisiert, beglückt und quält wie eh und je. So ist es mehr als naheliegend, nach der Bedeutung dieses Phänomens zu fragen – und nach der Bedeutung und Funktion dieses reflexartigen, hochemotionalen Festhaltens an Kategorien, Mythen und Werten, deren fragwürdige, machtgesteuerte Herkunft man ja längst durchschaut und immer und immer wieder thematisiert hat. Auch die noch sehr viel grundsätzlichere Diskussion über das Thema der Vereinbarkeit von republikanisch-demokratischen Konzepten und politischen Organisationsformen gottesstaatlicher Art gehört in diesen Zusammenhang.

Als kulturellen Trägerstoffen wird religiösen Gefühlen eine wesensmäßig andere Behandlung zuteil als anderen kulturellen Diskursen. Ein Sonderstatus, der dazu führt, dass man religiösen Texten auch im westlichen Bereich noch immer zurückhaltend gegenübertritt und bereits die kleinste Abweichung als Blasphemie oder Sakrileg verstanden wird. Es würde genügen, das Experiment zu machen, die Bibel oder den Koran »nur« als Literatur zu sehen. Solch ein Versuch würde zumindest starkes Befremden auslösen.

Wenn wir das Phänomen »Religion« nicht unter ethischen oder moralischen Gesichtspunkten betrachten, sondern unter künstlerischem Blickwinkel, ist dies mindestens so überraschend, als ob man einen Mord als ein Kunstwerk betrachten würde. Der englische Décadence-Autor Thomas De Quincey (1785–1859) hat solch einen kleinen heilsamen Schock ausgelöst, als er sein Büchlein *On Murder Considered as one of the Fine Arts* (1827) publizierte: So könne man nicht über ein solches Thema schreiben, hieß es, das sei blasphemisch, ja ein Sakrileg. Die punktuell immer wieder auftauchende Diskussion um einen besonderen Schutz religiöser Gefühle (zum Beispiel vor Satire) zeigt, dass diese Sonderstellung auch im Rahmen säkularisierter europäischer Staaten längst nicht vom Tisch ist.

Der Vorschlag, »Religion als Kunst« zu sehen, bedeutet zweierlei: Ganz gleich, was man von religiösen Systemen denken mag, es ist nicht davon auszugehen, dass sie zu einer wesentlichen Versittlichung, beispielsweise zu größerer Humanität geführt hätten. Nicht zu leugnen ist jedoch die Tatsache, dass sie zu beachtlichen Evolutionsschüben beigetragen haben, was unsere ästhetischen Fähigkeiten angeht: oral, bildlich, musikalisch, theatralisch.

Ist die Religion ursächlich verantwortlich für eine Ästhetisierung der Welt? Religion als große ästhetische Verwandlungsanstalt ist das weltgewordene Prinzip der Schöpfung: Sie verwandelt einen erbärmlichen Trauer-Tod in die Vision von ewigem Leben oder wahlweise der Wiedergeburt, sie verwandelt Armut in Opfer, Leid in Prüfung, Chaos in Ordnung. Von der Wiege bis zur Bahre suggeriert die große weltweite Gebetsmühle der Religion höheren, tieferen Sinn, Ordnung, Heilsversprechen – und das sind immer auch ästhetische Welten.

Religion, religiös getönte Signale sind ein Gleitfilm, der Verzweiflungsbrocken mit Honigseim überzieht. Die großen Kathedralen waren Traumfabriken, kunstvolle Predigten Massenerregungs-, Massenerweckungs-Räusche. Und am Anfang der Menschwerdung stand das Wort. An welcher Stelle der menschlichen Evolution die Worthülse steht, sei dahingestellt. Aber es gibt noch einen zweiten Aspekt des Prinzips »Religion als Kunst«, nämlich die »Kunst der Religion«.

Wir Bewohner des postreligiösen europäischen Raums sollten einen angemessenen, erwachsenen Umgang mit Religionsphänomenen entwickeln, eine Religionsästhetik, die viel von der Kunst als dem großen »Theatrum« menschlicher Kulturen lernen könnte. Ein »So tun als ob« lehren könnte. Lessing hat in *Nathan der Weise* (1783) – einem revolutionären Drama, im dem selbst religiöse Hardliner entdecken müssen, dass sie sich nur zufällig dieser oder jener Religion zugehörig fühlen – ein gewaltiges didaktisches Programm vorgegeben, das es rund 250 Jahre später noch immer erst umzusetzen gilt. Im Rahmen dieser Kulturgeschichte sehen wir, mit welcher Intensität, aber auch mit welcher argumentativen Eleganz der Kampf um die Deutungshoheit der Welt – denn um nichts Geringeres geht es – geführt wurde, über Jahrhunderte hinweg. Am Ende dieser ungezählten Debatten steht nationenübergreifend, wenngleich immer noch minoritär, der Wunsch nach einem allmählichen Abbau der Grenzen zwischen den Religionen wie auch zwischen religiösem und säkularem Denken.

Wäre es nicht zu wünschen, auch mit religiösen Systemen, Texten und Symbolen artistisch umzugehen, sie als Kunstwerke zu betrachten? Es gibt Texte – *heilige* Texte gibt es natürlicherweise nicht; sie wurden und werden von Menschen gemacht, genau wie Heilige von Menschen gemacht wurden. Und alle Werte, so gottgewollt sie erscheinen, verdanken ihre Existenz und Wirksamkeit alleine Worten. Einem Dom von Worten, wie Nietzsche es nennt. Was für ein schöner Dom, aber doch ein menschliches Kunstwerk.

> Man darf hier den Menschen wohl bewundern als ein gewaltiges Baugenie, dem auf beweglichen Fundamenten und gleichsam auf fließendem Wasser das Auftürmen eines unendlich komplizierten Begriffsdomes gelingt: – freilich, um auf solchen Fundamenten Halt zu finden, muß es ein Bau wie aus Spinnefäden sein, so zart, um von der Welle mit fortgetragen, so fest, um nicht von jedem Winde auseinandergeblasen zu werden.[2]

Durch »heilige Texte« entstehen bedeutende Illusions-Stiftungs-Maschinerien. Sie als literarische Texte zu lesen, stellt eine Befreiung von den Fesseln des Dogmas dar. Welche Erweiterungsmöglichkeiten, welch wahrhafte »Befreiungstheologie« und welche Möglichkeiten, sie zu entschärfen, könnten nicht aus diesem Denken noch erwachsen.

III

»Eine Neuvermessung der Welt«

Wenn ich hier auf den Titel des überaus erfolgreichen Buchs von Daniel Kehlmann über Alexander von Humboldt (und Carl Friedrich Gauß) anspiele, so nicht nur in der Absicht, damit Europas forschenden Aufbruch in die Neue Welt zu markieren, sondern auch, um einen noch sehr viel generelleren Auf- und Ausbruchsprozess zu charakterisieren. Europa hatte sich im Verlauf der Jahrhunderte zuvor in einem mentalen Labyrinth verfangen. Die Drähte zum antiken Erbe waren, wenn nicht gekappt, so doch zumindest versteckt. Nicht etwa durch Unwissen oder Ignoranz, sondern mit Vorsatz. Im selben Zusammenhang hatte im Zeichen der Religion eine dogmatische Verhärtung stattgefunden, die die Erkenntnis- und Denkräume immer mehr einschränkte. Ein »Europa«, das so weitergemacht hätte, wäre über kurz oder lang erstarrt und dem Stillstand anheimgefallen. Doch vielleicht war bereits die Suche nach dem Heiligen Gral, die ja zu einem großen Thema der mittelalterlichen Literatur geworden war, ein erstes Zeichen für den Versuch, aus der Zelle der Dogmen, Lehrsätze und erstarrten Debatten auszubrechen und neue Wege zu gehen. Ein Versuch, dem im »Herbst« des Mittelalters viele andere folgen sollten.

Erst viel später, um 1550, würde man die Fülle dieser Einzelbewegungen zusammenfassend als »Renaissance« bezeichnen, eine Wiedergeburt, die viel mit einem Wiederfinden zu tun hat. Der Kunstkritiker und Maler Giorgio Vasari (1511–1547) war einer der ersten, der den innovativen Prozess, der da in Gang gekommen war, als System zusammenfasste. Vor allem war es ihm wichtig, die Epoche als ein kunstvolles Gebilde zu verstehen, das die Verbindungslinien zur Antike wieder mit Leben füllte und Drähte zwischen dem Gestern und Heute spannte.

Der theologische Generalverdacht, den die Kirche über einige Jahrhunderte hinweg über die heidnische Antike verhängt hatte, war nicht von heute auf morgen aufzulösen. Doch nach und nach wurden die philosophischen Schriften, die literarischen Texte, die antiken Plastiken, die bisher in Depots und Bibliotheken der Klöster ein verborgenes Dasein gefristet hatten, ans Licht geholt, aktiv rezipiert und sogar in ihrer Vorbildhaftigkeit gewürdigt. Nicht nur ästhetisch, auch existenziell. Das klassische Schattenkabinett ererbter Kunstwerke lieferte eine Vielzahl von Lebensentwürfen, die zusammengenommen ein Panoptikum humaner, humanistischer Möglichkeiten ergaben.

Eine der zentralen Eigenarten der europäischen Kultur besteht darüber hinaus in der eminenten Fähigkeit, sich selbst zu reflektieren, auf sich selbst zu reagieren, sich zu korrigieren. Und dies häufig bereits dann, wenn man noch dem Höhepunkt einer Entwicklung zuzustreben scheint. Die Kreuzzüge werden noch mehr als ein Jahrhundert weiterlaufen – doch parallel dazu baut sich in kleinen Schritten eine Bewegung auf, die sich viel mehr mit Schönheit als mit Sünde, mehr mit irdischen Belangen als mit spirituellen Erfahrungen auseinandersetzt. Und die sehr viel mehr die Waffen der Künste und der Wissenschaften als Ritterheere in Stellung brachte. Womit beileibe nicht gesagt sein soll, dass die folgenden Jahrhunderte friedlich oder gewaltfrei verlaufen werden, im Gegenteil. Doch die Gewichtungen beginnen sich zu verschieben, und Europa sortiert sich neu. Man hat förmlich den Eindruck, Europa habe die Gefahr der mentalen Stagnation geahnt und sich an den eigenen Haaren aus dem Sumpf zu ziehen versucht.

Das mentale Laboratorium Europa ist ständig in Bewegung und dabei, neue Mischungen herzustellen und zu erproben. Der häufig negative Begriff der Parallelgesellschaft – hier machte er Sinn. Mit einer schlichten Chronologie des »Vorher-Nachher« ist Europa nicht beizukommen. Europa ist immer auch die Kunst des Sowohl-als-auch: seit damals in Griechenland, als man nahezu gleichzeitig Heroen anbetete und Polisbürger heranbildete.

12 Der »Herbst des Mittelalters«: Extremisten und Décadents

»Herbst des Mittelalters« – »Frühjahr der Renaissance«: Es ist verführerisch, sich an Epochenbegriffen zu berauschen. Pflöcke im Meer der Geschichte, die Orientierung verheißen – und doch so trügerisch sein können. Ab wann macht es Sinn, das Mittelalter für beendet zu erklären? Oder den Beginn der Frührenaissance festzusetzen? Dennoch, es gibt erste Anzeichen für einen Umbruch – etwa um 1300, als Dante seine *Göttliche Komödie* schrieb und Giotto seine Fresken in der Basilika San Francesco in Assisi malte, mit denen er den »byzantinisch-griechischen Stil« überwand: Während er Menschen als lebendige Individuen präsentierte, die in Landschaften stehen und Bezug zueinander aufnehmen, bevorzugte sein kaum älterer Kollege Duccio nahezu abstrakte Räume. Beide bearbeiteten ungefähr zur selben Zeit und nicht sehr weit voneinander entfernt – der eine in Padua, der andere in Siena – dasselbe Thema, Mariä Verkündigung, und doch liegen zwischen beiden Interpretationen Welten, genauer: die Welt – eine durchaus irdische Welt dringt in den spirituellen Akt ein. (Siehe Abbildungen 20 und 21 in Tafelteil 1.)

Noch »byzantinisches Mittelalter« das eine, Schritt in die Neuzeit das andere Werk? Die Kunst bereitet, oft unwillentlich und unbewusst, eine Verschiebung epochaler Natur subtil vor. Die Produkte der Kultur dümpeln eben nicht im Fahrwasser der angeblich weit relevanteren »realgeschichtlichen« Ereignisse hinterher, sondern sind oft deren Vorboten. Sie lenken den Blick auf die Welt, bereiten Umwertungen vor, greifen verhärtete Strukturen an und bauen überkommene Muster um. Und plötzlich steht der Mensch anders als bisher in der Welt und schaut sie anders an. Deshalb kann ein scheinbares Detail wie eine Wandleuchte, ein Vorhang, ein Perspektivenwechsel im Bild in der Tat ein neues Zeitalter aufflackern lassen.

Im Fall der *Göttlichen Komödie* werden die ersten Schritte hin zu einer neuen Weltordnung natürlich ungleich grundsätzlicher und umfassender präsentiert.

Dante Alighieri wurde in der Mitte des 13. Jahrhunderts, 1265, geboren. Einer Zeit, in der alle historischen Koordinaten ständischer wie spiritueller Art noch gefestigt zu sein scheinen. Doch dann ein Aufschrecken, Aufwachen aus einer Art mittelalterlicher Midlife-Crisis, als Dante um 1300 zu sprechen anhebt:

Ich fand mich, grad in unseres Lebens Mitte,
In einen finstern Wald zurück, verschlagen,
Weil ich vom rechten Pfad gelenkt die Schritte. (I, 1-3)[1]

Einer, der buchstäblich allein im Wald steht. Der nicht mehr weiterweiß. Die gewohnten Koordinaten aus dem Blick verloren hat. Und sich urplötzlich vor den Pforten der Hölle wiederfindet. Was für ein Entree! Über dem Höllenportal prangt eine zutiefst beunruhigende Inschrift:

Durch mich gehts ein zur Stadt der Schmerzerkornen
Durch mich gehts ein zur Qual der Ewigkeiten,
Durch mich gehts ein zum Volke der Verlornen.
[…]
Vor mir war nichts Erschaffenes zu gewahren
Als Ewiges, und auch ich bin ewiger Dauer.
Laßt, die ihr eingeht, alle Hoffnung fahren! (III, 1–9)

Wir sind am Anfang einer kosmischen und zugleich höchst irdischen Neuentdeckungsreise. Einer Reise, die hinab in den tiefsten Schlund der Hölle führen wird und hinauf in lichte Höhen. Himmel und Hölle, Gut und Böse sind zwar in der Vorstellung klar voneinander zu trennen – aber in der gelebten Wirklichkeit fließen die Dinge ineinander. Zwar geht es noch immer, wie zu erwarten, tendenziell und final himmelwärts – aber die emotionalen Höhepunkte und die psychologisch interessantesten Momente finden sich definitiv in den tieferen Gefilden.

Die zweite, nicht weniger wichtige Eigenart: Der Held ist nicht allein, sondern befindet sich in bester literarischer Begleitung. Sein Beschützer, Lehrer, Mahner, Führer ist Vergil, der Verfasser der *Aeneis*. Ein mentaler Pakt über eineinhalb Jahrtausende.

Was mag Dante dazu veranlasst haben, sich bei seiner Stippvisite durch die Höllenkreise keinem Erzengel oder christlichen Märtyrer anzuvertrauen, sondern einem Dichter der Antike? Vielleicht war schon die Idee, zwei weltliche Berufskollegen auf Inspektionsreise durch das Reich des theologisch Bösen gehen zu lassen, eine Provokation. Zumal zu einer Zeit, als man wegen einer Aristoteles-Lektüre noch vor der Inquisition landen konnte – Umberto Ecos *Name der Rose* spielt ein paar Jahrzehnte nach der *Göttlichen Komödie* und zeigt, dass das Erbe der Antike alles andere als ungefährliches »Bildungsgut« war. Doch Dante verstand es meisterlich, das Überschreiten roter Linien zu vermeiden, denn er hatte seine Begleitung gut ausgewählt. Es gibt tatsächlich Stellen in der *Aeneis*, die sich mit einigem guten Willen als Prophezeiung Christi als Bote einer umfassenden Zeitenwende lesen lassen. Damit war der antike Dichter gleichsam entschärft und aus katholischer Sicht zumindest akzeptabel.

Auch die Topographie der Reise ist von kristallin-geometrischer Klarheit. Erst geht es durch die Kreise der Hölle abwärts bis zu deren Grund, dem Sitz des Höllenfürsten Luzifer, dann durch den Mittelpunkt der Erde weiter zur anderen Halbkugel und dem dort aufragenden Läuterungsberg, Stufe um Stufe aufwärts. Auf dessen Gipfel findet ein bemerkenswerter Austausch der Begleiter statt: An die Stelle des römischen Dichters tritt die engelhafte Ex-Geliebte, Beatrice, die den Entsühnten himmelwärts zieht. Denn bei aller Sympathie für den antiken Poeten bleibt Vergil als ungetauftem Heiden natürlich der Weg ins Paradies verwehrt.

Die Reise ist in die Osterzeit des Jahres 1300 gelegt – und führt in sieben Tagen ans himmlische Ziel. Eine Art verklausulierte Wiederauferstehungsgeschichte und zugleich ein Pandämonium des Bösen. Besser: des Irdischen. Kein Laster, das im *Inferno* nicht nur thematisiert, sondern physiognomisch-dramatisch konkretisiert würde: Wollust, Schlemmerei, Geiz, Verschwendungssucht, Mord, Raub, Gotteslästerung, Inzucht, Schmeichelei und – als schwerstes Verbrechen – Verrat.

Der Dichter, der mit dieser vielschichtigen Wirklichkeit konfrontiert wird, ist alles andere als ein stoischer Beobachter: Er ist involviert, irritiert, wird von Abscheu, dann wieder von Empathie erfasst. Ein besonders eindrucksvolles Beispiel findet sich bereits im 5. Gesang, als Dante die Ehebrecherin Francesca da Rimini verhört. Der Lehre entsprechend eine sündig Verworfene, eine Gefallene. Dennoch kann der Verfasser nicht anders, als mehr oder weniger direkt mit den Liebenden zu sympathisieren. Dazu inszeniert er ein kleines intertextuelles Kunststück, in dem die subversive Kraft von Literatur entfaltet wird: Eines Tages lesen Francesca und ihr Schwager Paolo zur Unterhaltung die Geschichte von Lancelot, allein und unschuldig. Beim Lesen begegnen sich von Zeit zu Zeit ihre Blicke … und als schließlich von einem Kuss erzählt wird, können sie nicht anders, als sich ebenfalls zu küssen. Dante wird von der Erzählung so gerührt, dass er wie betäubt niederstürzt, obwohl er ja – in den Augen der katholischen Kirche – eine Sünderin vor sich hat.

In anderen Höllenkreisen dominiert ein Gleichgewicht des Schreckens, und der Betrachter begnügt sich mit einer drastischen (manchmal sogar ungerührten) Beschreibung der Qualen, die die Sünder – fast alle stadtbekannte Persönlichkeiten der Florentiner Gesellschaft – zu erdulden haben: Schmeichler wälzen sich im Kot, Bestechliche werden in Pech gesotten, Geldbetrüger mit brennenden Füßen ungespitzt in den Boden gerammt, Fälscher von allen nur denkbaren Krankheiten geplagt. So sinken wir nachdenkend, nachfühlend, tiefer und tiefer von Höllenkreis zu Höllenkreis, umringt von Tausenden und Abertausenden nackter, leidender Leiber. Mit einem Mal klafft da wieder der drohende Schlund mittelalterlicher Höllenvorstellungen, und wir spüren hautnah die Mächte des Bösen. (Siehe Abbildung 22 in Tafelteil 1.)

Es geht tiefer und tiefer, bis auf den Grund der Hölle. Dorthin, wo Dantes »Satan Trismegistos« haust, dorthin, wo Gott Satan verbannt hat, der Ground Zero des Bösen. (Siehe Abbildung 23 in Tafelteil 2.)

Aller Drastik zum Trotz richtet Dante den Blick aber auch auf eine Welt jenseits der Schrecken. Kurz darauf schon stehen wir am Fuß des Läuterungsberges. Wie die Hölle ist auch er ringterrassenartig angelegt, wobei die Stufen immer bequemer, flacher werden. Und von Ring zu Ring schließt sich eines der sieben Wundmale, die dem Dichter als Zeichen seiner Sündhaftigkeit von der heiligen Lucia mit dem Schwert in die Stirn geritzt wurden, bevor das Feuer im obersten Ring ihn auch von der Liebessünde läutert und der Erlösungsprozess sich vollendet. Es ist wie am Ende der *Zauberflöte,* wenn sich die Ängste und Horrorgefühle allmählich lösen und der Traum von einem neuen Leben beginnt.

Ein seelisches Zwischenspiel, Teil einer Open-End-Geschichte, psychologisches Neuland unter den Vorzeichen bis dahin ungeklärter Fragen: Kann man »neu« werden? Bleibt das Alte? Das eigentlich Faszinierende des zweiten und dritten Teils der *Göttlichen Komödie* besteht nicht darin, dass ein theologisches Ziel erreicht wird, sondern in den Umwegen, Spannungen, Brechungen auf dem Weg dorthin. Dantes Himmelsflug ist eine utopische Reise mit Hindernissen und Zwischenstationen. Wandelsterne werden berührt, Kirchenväter treten magisch in Erscheinung. Nicht nur Welt-Literatur, sondern Weltall-Literatur aus der Sicht von irdischen Wesen, eine Art Odyssee im Weltall mit Beatrice als erster Kommandantin eines Zwei-Personen-Raumschiffs auf schwerelosem Flug durchs Universum, den Innenraum der Seele.

Im 22. Gesang riskiert der Protagonist sogar einen Blick zurück durch sieben Sphären: Weit hinten, tief unter ihm liegt die Erde, so klein, dass er lachen muss, als er Liliputaner-Heere wuselig gegeneinander kämpfen sieht. Zwischen Mikroskopie und Teleskopie bewegt sich die Spannweite der Wahrnehmung Dantes, subkutan, dann wieder interstellar. Gebratenes Sünderfleisch und körperlose Intelligenz, Sintflut und Lichtsee, Transzendenz und Poetik – alles keine Gegensätze, Zeugnis einer neuen Weltsicht. Zugleich tastet Dante, allen psychologischen Ambivalenzen zum Trotz, in der *Göttlichen Komödie*, diesem gewaltigen Oratorium des Weltwissens, den Primat der theologischen Ordnungssysteme letztlich noch nicht an. Wenngleich es sich bei ihm um ein tendenziell irdisch beglaubigtes Paradies handelt, so bleibt es eben doch – ein »Paradies«.

Diese Sehweise ist weder überzogen noch abgehoben. Das Gegenteil ist der Fall: Dante ist im Politalltag der Parteien beheimatet. Er wächst auf in einer Zeit heftiger Parteikämpfe: Waiblinger/Ghibellinen standen auf der einen, Welfen/Guelfen auf der anderen Seite. Waren die Ghibellinen Parteigänger des Kaisers, so standen die Guelfen mehr auf Seiten des Papstes, der versuchte, seinen irdischen Machtanspruch mit allen Mitteln zu sichern, und sich dabei mit dem Kaiser erbitterte Auseinandersetzungen lieferte. Seit dem Investiturstreit[2] des 11. und 12. Jahrhunderts zogen diese Auseinandersetzungen halb Europa in ihren Bann – Florenz war nur einer von vielen Schauplätzen, wenn auch aufgrund seines Reichtums und seiner kulturellen Dominanz ein besonders attraktiver und herausgehobener.

Als sich die Guelfen, zu denen Dantes Familie sich rechnete, 1293 in weiße und schwarze Guelfen spalteten, geriet Dante zwischen die Fronten.[3] In seiner Schrift *Über die Monarchie (De Monarchia)* bezog er unmissverständlich Position zugunsten des Kaisers. Er erhoffte sich eine Wiedergeburt des Imperiums, ein »Italien« in den Grenzen des 4./5. Jahrhunderts. Das Werk landete auf dem Index der römisch-katholischen Kirche. Dante wurde zu »lebenslänglicher Verbannung« verurteilt. Zwanzig Jahre, bis zu seinem Tode 1321, wird er im Exil leben. Unstete Wanderschaft zwischen Verona, Bologna, Venedig, Treviso, Ravenna. Hoffnungen auf Rückkehr zerschlagen sich in den Kriegswirren und Parteistreitigkeiten.

Und dennoch war in diesen Jahrzehnten tatsächlich ein neues Italien, ein neues Europa im Entstehen. Wenngleich sich dies auf ganz andere Art und Weise zeigte als in Gestalt von Parteienzwist und prestigeträchtigen Schlachten zwischen Städten und Kommunen. So etwa in der Urbanistik, wo zunehmend darauf geachtet wurde, dass die Türme der Kirchen die der Rathäuser nicht mehr überragten.

Etwa um dieselbe Zeit wurden die sogenannten »Geschlechtertürme«, in denen sich konkurrierende Adelsfamilien belauerten, geschleift oder gekappt. Nicht auf ihre Burgen verteilt, sondern inmitten der Städte, dicht gedrängt, Turm an Turm, hatten sie einander bis dahin befehden können – ein unhaltbarer Zustand.

Rund um die weltlichen Machtzentren, die Rathäuser, entstanden gewaltige Plätze, die der Bevölkerung einen Ort der Selbstrepräsentation ohne kirchlichen Segen garantierten. Der seit dem 12. Jahrhundert entwickelte Campo in Siena, in dem die Bürger wie in einer Muschel geborgen sind, ist nur ein, vielleicht das gelungenste Beispiel dieser Neuakzentuierung. Ein Platz, in dessen Umfeld das seinerzeit modernste Bankwesen entstand (Monte dei Paschi); eine Welt, in der Kriege bereits mit hochkomplex verzinsten Staatsanleihen finanziert wurden.

Bisweilen preschen die Ideen, Konzepte, Bilder der Kunst den realen Geschehnissen voraus und reißen sie mit sich in die Zukunft. Freilich geschieht auch das Gegenteil, und die Geister von gestern kehren wie Gespenster in eine Realität zurück, die sie bereits halb vergessen hatte. So auch in der Epoche, über deren Anfänge wir gerade spekulieren, als in *der* Metropole der Moderne, im Florenz der Wende vom 15. zum 16. Jahrhundert, plötzlich die Scheiterhaufen brennen. Ein Prediger zieht mit aller Macht der Worte gegen die Moderne und ihre materialistischen Auswüchse zu Felde. Machiavelli, die Medici, der Luxus und Sittenverfall am päpstlichen Hof Alexanders VI. erregen seinen Zorn, und es gelingt ihm, in kurzer Zeit Zehntausende in seinen Bann zu ziehen. Die Idee eines dogmatisch geführten Gottesstaates ist mit einem Male wieder zum Greifen nah. Hatte man eben noch die blasphemischen Eskapaden eines Boccaccio bewundert, die witzig-frivolen Episoden seines *Decamerone*, und sich an den lyrischen Feierstunden individueller Liebe eines Petrarca erfreut, wie er sie in ungezählten seiner Sonette im *Canzoniere* feierte – da fällt mit einem Mal ein düsterer Schatten auf das weltlich-urbane Treiben. Sein Name: Girolamo Savonarola.

Selbst der bewunderte Star-Maler seiner Zeit, Sandro Botticelli (1445–1510), sieht sich gezwungen, einen Teil seiner allzu freizügig erscheinenden Produktion abzuliefern. Er muss mit ansehen, wie seine Bilder mit anderen »unsittlichen« Luxusgütern auf einem gewaltigen Scheiterhaufen verbrannt werden. Nicht nur das: Botticelli wird selbst zum Anhänger Savonarolas, und nach seiner »Bekehrung« verändern sich seine artistischen Fähigkeiten bis zur Unerkennbarkeit. Aus einem Virtuosen der Perspektive und des freien Spiels mit Variationen wird ein »Präraffaelit«, ja einer, der sich in die Zeit vor Giotto zurückverwandelt zu haben scheint. Ein erschreckendes Beispiel für die Manipulierbarkeit der Kunst. (Siehe Abbildungen 24 und 25 in Tafelteil 2.)

Selbst der kräftige Atem der Renaissance konnte für Momente förmlich abgeschnürt werden. Und wieder einmal steht die Imagination eines neuen himmlischen Jerusalem Pate. Denn genau dies sollte, so die Vorstellungen des radikal katholischen Ideologen, das Ziel sein – aus Florenz ein neues »Jerusalem« zu machen. Auch wenn der Spuk nach wenigen Jahren vorbei war, das Ereignis zeigt die innere Labilität gerade saturierter Kulturen. Denn die klerikale Revolte kam ja nicht aus dem Nichts, und sie war alles andere als unbegründet: Es gibt eine Seite der Renaissance, die wenig mit neuem Humanismus, behutsamer Wiederentdeckung des antiken Erbes und früher Aufklärung zu tun hat und einen solchen feldzugartigen Protest geradezu herausforderte. Diese kalte, auf reine Logik und Erfolg fixierte, gleichsam wertneutrale Seite der Renaissance setzt bedingungslos auf das Individuum und sein Ego. Wo dessen Freiheit absolut gesetzt wird, droht mittelfristig der soziale Kollaps.

Das konsequent strategisch und materialistisch ausgerichtete System der Frührenaissance produzierte einen völlig neuen Typus militärischer Akteure, den Stand der sogenannten Condottieri. Söldnerführer, die Armeen privat finanzierten und sich auf Vertragsbasis auf Zeit und natürlich gegen Bezahlung in den Dienst einer Gemeinde, einer Stadt oder eines Herrscherhauses stellten. Der Krieg nicht auf Basis eines verpflichtenden Lehensverhältnisses, sondern als ökonomisches Unternehmen – das war eine radikal neue Idee, die neue Verhaltensmuster generierte: Kategorien wie Treue, Vertrauen, Zugehörigkeit hatten in diesem Kontext nichts mehr zu suchen – es ging ausschließlich um Macht und Erfolg.

Die Galerie der wichtigsten Condottieri, die zwischen dem 13. und 16. Jahrhundert in ganz Europa, zu Beginn schwerpunktmäßig in Italien, tätig waren, ist imposant. In ihr finden sich Aufstiegsviten von Männern, die, oft aus einfachen Verhältnissen stammend, ihre adligen Auftraggeber bisweilen sogar überflügelten und für sie zur Bedrohung wurden.

Sieht man heute Bilder und Statuen von Condottieri (meist von herausragenden Künstlern gestaltet), ist der zum Teil demonstrativ, zum Teil eher mit lässiger Selbstverständlichkeit zur Schau getragene Gestus der Dominanz unübersehbar. Sei es Castruccio Castracani (1281–1328) – dessen Leben Machiavelli mit Bewunderung geschildert hat[4] – oder Bartolomeo Colleoni (um 1400–1475), dem die Republik Venedig ein imposantes Standbild durch einen der größten Künstler zwischen Früh- und Hochrenaissance, Andrea del Verrocchio, errichten ließ. (Siehe Abbildung 26 in Tafelteil 2.)

Früher waren Heilige, jetzt sind auratische Unternehmer die Patrone des Krieges. Und seine Profiteure. Heerführer von internationalem Format, Globalisateure des Krieges, die als solche die Aufmerksamkeit des bedeutendsten Staatstheoretikers seiner Zeit erregen: Niccolò Machiavelli (1469–1527).

In seinem *Il Principe*, aber auch in der erwähnten Schrift über Castruccio Castracani erweist Machiavelli sich als meisterlicher Profiler dieser ebenso faszinierenden wie gefährlichen Spezies Mensch. Die gesamte Körpersprache in ihrer Mischung aus Droh- und Imponiergebärde steht für ein neues Wertesystem, das um den Zentralbegriff der »virtù« kreist – skrupellos eingesetzte Kraft in Verbindung mit strategischem Geschick. Mit einer Mischung aus verdeckter Bewunderung und kritischer Distanz beschreibt Machiavelli das Verhalten der neuen Klasse mit wissenschaftlicher Akribie, als beobachte er eine beliebige Spezies von Lebewesen bei der Verrichtung ihrer Tätigkeiten. Cesare Borgia, dem wegen seiner Gerissenheit und Perfidie gefürchteten Sohn und Vollstrecker des Willens seines Vaters, Papst Alexanders VI., gilt sein besonderes Interesse. Im Fokus seiner Überlegungen steht dessen notorische Grausamkeit, der Dutzende zum Opfer fielen.

Machiavelli schließt sich einer vom moralischen Standpunkt zu erwartenden Schmähung oder – je nach Standort – Verklärung des »heiligen Ungeheuers« (Nietzsche) nicht an, sondern analysiert wertfrei und pragmatisch: »Cesare Borgia galt als grausam; nichtsdestoweniger hat er durch seine Grausamkeit die Romagna geordnet und geeint sowie dort Frieden und Ergebenheit wiederhergestellt.« Denn ohne den Ruf der Grausamkeit, so Machiavelli weiter, »hat man noch nie ein Heer beisammen und einsatzbereit gehalten«.[5]

Grausamkeit als politische Primärtugend um des Erfolgs willen? In der Tat, der Politphilosoph leuchtet die Vorzüge und Nachteile der Grausamkeit ohne jede emotionale Teilnahme aus – womöglich bescherte ihm gerade diese wissenschaftliche Indifferenz seinen schlechten Ruf in späteren Jahrhunderten. Die Erforschung von Motivationen, Absichten, Strategien, Notwendigkeiten stehen im Zentrum seiner Untersuchung. Moralische Überlegungen zählen nicht. Das ist das Skandalöse, aber auch das Moderne und vielleicht sogar das zukunftsträchtige Erbe der Renaissance. Ein derart verwegenes Vertrauen auf die Autonomie des eigenen Verstandes und des eigenen Willens war ohne Beispiel. Stets standen ominöse göttliche Mächte dahinter und zogen an den Strippen. Für den Clan der Borgia hingegen ist selbst Gott zum Objekt von irdischen Strategien geworden, und die »Strippenzieher« sitzen im Vatikan oder in der Festung von Urbino, in Florenz oder in Rom.

Die Autonomiebestrebungen des Denkens der Renaissance, die radikale Entdeckung des Individuums als dem Letztverantwortlichen für alles, was auf dieser Welt geschieht oder nicht geschieht, setzte gewaltige Energien frei. Zum ersten Mal brach sich damit eine forcierte, egomanische Rücksichtslosigkeit Bahn, die keinerlei Kontrolle außer der des Erfolges gelten lässt und dabei nicht nur metaphorisch über Leichen geht. Und die sich, dies ist entscheidend, völlig im Einklang mit den Kräften der Natur wähnt. Nietzsche wird später von den Renaissancehelden als von »gesunden, kräftigen, schönen Raubtieren« schwärmen und die Mickerwelt der Moralisten und Aufklärer dagegenstellen.

Und genau an dieser Stelle kommt wieder unser Mönch vom anderen Ende der Welt der Renaissance, kommt Savonarola ins Spiel, als radikaler Gegenspieler der zynischen Machtclique im Vatikan und ihrer korrupten Claqueure. Antipode im Namen Christi. Bezeichnenderweise heiligen seine frommen Zwecke dieselben rabiaten Mittel: »angreifen«, »unschädlich machen«, »zerstören« sind auch für ihn die Kampfmittel der Wahl – der Radikalismus Savonarolas steht dem seiner Todfeinde in nichts an Härte und Kompromisslosigkeit nach. Seine Kinderarmee – aufgehetzte Jugendliche, die Jagd auf Abweichler, Unliebsame, Reiche und Schöne machen – überwacht ganze Stadtviertel und plündert im Namen Gottes. Er verhandelt mit Königen und Kardinälen und geht bei seinen Machtproben aufs Ganze.

Savonarola demütigt den Papst öffentlich, vertreibt die Medici, deren Macht weit über Florenz hinausreicht, 1494 aus der Stadt, installiert seine eigene Inquisition und dominiert das öffentliche Leben. So kam es zu einer perfekten Choreographie zweier unvereinbarer und doch zusammengehöriger Komponenten europäischen Denkens an ein und demselben Ort zu ein und derselben Zeit. Radikale Askese und hemmungslose Opulenz, fanatische Gläubigkeit und zynischer Materialismus trafen mit nie gekannter Härte aufeinander. Diesmal ging die Partei der säkularen Kräfte noch als Sieger vom Platz: Im Mai 1498 ließ Alexander VI. seinen Gegenspieler auf der Piazza della Signoria hinrichten und verbrennen. Aber die Geschichte der europäischen Kultur sollte sich über Jahrhunderte hinweg genau entlang dieser ideologischen Bruchstelle weiterentwickeln.

Luthers reformatorische Kritik orientierte sich in vielem am Programm Savonarolas, setzte dort an, wo der Florentiner aufhören musste. Später nahm die Auseinandersetzung unterschiedliche, zum Teil verwirrende Gestalt an. Die Französische Revolution, der Umsturz in Russland, Nazideutschland – immer stehen einander zwei Lager gegenüber, die mit Luxus, Lebensgenuss und Beliebigkeit, Individualität auf der einen, Strenge, Rigidität, Kollektivismus auf der anderen Seite verbunden werden. Noch in den Zwanzigerjahren des 20. Jahrhunderts wird Thomas Mann in seinem *Zauberberg* diesen Grundkonflikt in Gestalt der Antagonisten Naphta und Settembrini in großem Stil entfalten. Wobei Naphta eine paradoxe Mischung aus weltentrücktem Bußprediger, asketischer Leibfeindlichkeit und totalitärem Frühfaschismus verkörpert. Im Gegensatz dazu erscheint Settembrini als Repräsentant einer etwas leichtfertigen Art der Aufklärung, schwärmerisch der Schönheit hingegeben. Beide Wege werden in dem Roman in eine tödliche Sackgasse münden – und faktisch auf den Schlachtfeldern des Zweiten Weltkriegs enden.

Das Zeitalter der Renaissance wird alle erdenklichen Wege erforschen, um ästhetisch wie ethisch überzeugende Konzepte der Versöhnung zwischen Autonomie und Kollektivismus zu erproben. Ein Vordenker dieser sozialisierenden Philosophie des Ausgleichs war Baldassare Castiglione (1478–1529). Als Höfling, Diplomat, Schriftsteller und hochbelesener Humanist diente er an verschiedenen Höfen, vor allem in Urbino. Sein Werk *Der Hofmann* (1528) machte ihn europaweit bekannt. Darin zeichnet er ein vollständig anderes Bild vom Leben am Hof und in der Gesellschaft seiner Zeit als etwa Machiavelli.

Die Männer und Frauen, um deren Gespräche *Der Hofmann* kreist, scheinen aus einer anderen Welt zu kommen. Zwanglos und ungekünstelt unterhält man sich über Theologie, Philosophie, die schönen Künste – eine humane, von Oberflächlichkeit weit entfernte kulturelle Enklave. Für pompöse, großspurige Rücksichtslosigkeit ist hier kein

Raum. Alle sind um Selbstbeschränkung und Sittlichkeit, Lebensklugheit und Aufrichtigkeit bemüht. Und doch macht der Text einen merkwürdig verschwommenen, etwas unglaubwürdigen Eindruck. Ein naives, idealistisches Werk? Jeder weiß, auch am Hofe zu Urbino herrschte nicht die in dem Buche gerühmte Vollendung guter Sitten. Es liest sich passagenweise wie eine elaborierte Selbstbeschwörung, wie Selbstbetrug. Vielleicht gehen wir aber mit einer falschen Einstellung an den Text heran und übersehen, dass es sich zuallererst um das Hologramm einer Sehnsucht handelt, die Vision eines Idealzustands, den Castiglione allerdings so detailreich, liebevoll und persönlich schildert, als gäbe es diese Welt tatsächlich.

Ein Extremist der Harmonie, einer Harmonie der besonderen Art freilich, einer Harmonie mit »Schuss«, Castiglione nennt es *»sprezzatura«*. Man darf sich also keinen drögen Moralisten vorstellen, sondern einen weltläufigen, inspirierten und inspirierenden Lebenskünstler. Nicht irgendwelchen starren Werten gilt sein Interesse, sondern der Art und Weise, dem Stil ihrer Performance. Er will gleichsam bühnenreifes Verhalten, nämlich »eine gewisse Art von Lässigkeit [...], die die Kunst verbirgt und bezeigt, daß das, was man tut oder sagt, anscheinend mühelos und fast ohne Nachdenken zustande gekommen ist«.[6] Eine ungezwungene, entspannte Leichtigkeit des Seins, wie sie Castigliones Landsmann Italo Calvino 500 Jahre später unabhängig von ihm in seinem Stresstest überkommener und übernommener Werte – als das verstehen sich seine *Sechs Vorschläge für das nächste Jahrtausend* – propagieren wird. Auch der Renaissancehof sollte solch eine Eliteschule eines besseren Lebensstils sein. Keine sture Rivalität, sondern eleganter Zweikampf, Argumentationskunst anstelle von notorischer Rechthaberei und Solidarität statt Gruppendisziplin – ein kühner gedanklicher Sprung in eine neue Zeit: die einer sich allmählich aufbauenden Aufklärung.

Die Idee eines »spielerischen« Umgangs mit der Welt klingt tatsächlich so, als hätte da einer mitten im 16. Jahrhundert um 250 Jahre vorausgedacht und Schillers Theorie einer »ästhetischen Erziehung des Menschen« am Hof von Urbino umsetzen wollen. Jedenfalls ist es ein früher Beleg für einen möglicherweise genuin europäischen Blick auf die Welt, der es ermöglicht, Gegensätze und fundamentale Unterschiede synchron zueinander auszutragen. Wir sind in der Tat relativ gut darauf konditioniert, in Gegensätzen zu denken. Ein »Hier stehe ich und kann nicht anders« ist, obwohl es kernig klingt, eben gerade nicht unsere Art zu denken. Im Gegenteil: Der größtmögliche Gegensatz wird durchaus mitgedacht – und mitgemacht.

Selbst das Zeitalter des Humanismus hat zwei Gesichter. Utopie und Schafott waren die beiden Seiten einer Realität. Kaum jemand hat das deutlicher am eigenen Leib erfahren als der englische Philosoph und Staatsmann Thomas Morus (1478–1535). Sein Werk *Vom besten Zustand des Staates und der neuen Insel Utopia* von 1516 beschreibt am Beispiel einer abgelegenen Insel eine auf Arbeit und dem Streben nach Bildung basierende Gesellschaft mit demokratischen Grundzügen – der Hof von Urbino flächendeckend und im Großformat. In der utopischen überseeischen Republik ist aller Besitz gemeinschaftlich. Privateigentum existiert nicht, jeder bekommt unentgeltlich diejenigen von der Gemeinschaft produzierten Güter für den persönlichen Bedarf zugeteilt, die er begehrt. Die politische Wirklichkeit sah für den hochrangigen Diplomaten im Dienst Heinrichs VIII. weit weniger friedvoll und harmonisch aus. Er geriet in das Getriebe kirchlicher und dynastischer Machtinteressen und wurde 1535 wegen Hochverrats mit dem Schwert hingerichtet.[7] Sein utopischer Staatsroman indes sollte um die Welt gehen und Staatstheoretiker bis in die Moderne inspirieren.

Das Konzept der Utopie weiß immer um seine eigene Fragilität und Hilflosigkeit. Was die Vordenker nicht daran hindert, genau diese Visionen wieder und wieder auch im Angesicht der Misere der Realität zu beschwören: Über Tommaso Campanellas *Sonnenstaat* (1602), Thomas Hobbes' *Leviathan* (1651) bis hin zu Rousseau und Marx wird sich das Genre der Utopien und Antiutopien weiterentwickeln und der Doppelnatur des europäischen Denkens Ausdruck verleihen. (Siehe Abbildung 27 in Tafelteil 2.)

Was ist der Mensch? Ursprünglich gutartiges Naturwesen, das nur durch Machtmissbrauch und Korruption aus der Bahn geworfen wird?

Oder von Geburt an zum Verderben verurteilt? Immer wieder steht diese Frage im Zentrum der Diskussionen. Es ist wahr: Die Renaissance ist eine der kreativsten Phasen aller Zeiten, und sie hat enorme Energien freigesetzt. Damit verbunden ist allerdings auch ein geradezu explosiver, rücksichtsloser Expansionsdrang, der vor nichts Halt macht. Am Ende steht der Entwurf eines Selbstbildes, mit dem die »Königin Europa« ihren Machtanspruch auf die ganze Welt in aller Unverfrorenheit in Szene setzt. (Siehe Abbildung 28 in Tafelteil 2.) Europa sieht sich nicht nur als Zentrum, sondern auch als Krönung der Schöpfung und rüstet sich mental für einen Welteroberungszug ohnegleichen. Nie zuvor in der Geschichte war es einer relativ kleinräumigen Kultur gelungen, sich flächendeckend weltweit zu etablieren und die eroberten Räume als gleichsam nicht vorhanden, als Randbezirke minderer Qualität abzutun und mit dem Recht des Stärkeren in Besitz zu nehmen. In Shakespeares *Der Sturm* wird bereits eine subtile Form der Kritik an dieser globalisierten Dominanzgestik erkennbar werden.

Doch noch sind wir nicht so weit – wir befinden uns erst in jener Phase, in der die Grundlagen eines neuen Staatsverständnisses im Zentrum des damaligen Europa, vorwiegend in den wohlhabenden Städten Italiens, gelegt werden. Im 12., 13. Jahrhundert tritt erstmals ein Faktor auf die politische Bühne, der bisher allenfalls ansatzweise eine Rolle spielte: das Volk. Das Volk nicht als Masse, mit der man Kathedralen füllt oder das man zu Kreuzzügen animiert. Das Volk vielmehr als aktiv handelnde und entscheidende Interessenvertretung seiner selbst.

Schon 1244 bestimmte in Parma statt eines adligen Regenten ein »*Capitano del popolo*«, also eine Art Bürgermeister, über die Geschicke der Stadt. Zu Beginn des 14. Jahrhunderts verfügten die bedeutendsten Kommunen über einen gewählten »*podestà*«, der die eigentliche Regierungsmacht innehatte. Die Umgewichtung der Machtverhältnisse drückt sich demonstrativ in Ambrogio Lorenzettis Freskenfolge der guten und schlechten Regierung (1338/39) im Palazzo Pubblico in Siena aus. (Siehe Abbildung 29 in Tafelteil 2.)

Noch ist der »Volkskörper« in Relation zu den anderen Figuren etwas kleiner dargestellt, dennoch ziehen die Bürger am sprichwörtlich selben Strang und schreiten als kompakte, würdige Schar an der langen Leine der Eintracht – der Concordia, eine allegorische Figur auf Augenhöhe mit den Bürgern – voran. Eine Neuerung ohnegleichen. Jahrhundertelang galt bei Fragen von Gut gegen Böse die Vertikale. Höllensturz oder Himmelfahrt, stets ging es hinab oder hinauf. Hier jedoch, an den Wänden des säkularen Palazzo Pubblico, dominiert beim Vergleich zwischen guter und schlechter Regierung die Horizontale.

Und auch wenn »oben« noch einige majestätische Erscheinungen thronen oder lehnen – es handelt sich weder um Götter noch um Herrscher, sondern um Verkörperungen bürgerlicher Tugenden wie Friede oder Vorsicht. Und die eindrucksvolle Zentralfigur steht für das Gemeinwohl. Natürlich keimt hier nicht bereits der Traum einer Republik im Sinne des 18. Jahrhunderts. Der eisige Atem der klerikal und aristokratisch geprägten Welt liegt über den ersten Bemühungen eines »Toskanischen Frühlings«.

Gnadenlose Willkürherrschaft der Adligen, tödliche dynastische Rivalitäten und endlose Machtkämpfe bestimmen den Alltag. Doch inmitten dieser Machtkämpfe greift die neue Idee vom Staat allmählich um sich und immer mehr *»popolani«* verschafften sich im Konzert der *»gentiluomini«* Gehör. Das Bürgertum, die dritte Kraft, sendet starke Signale und beginnt sich europaweit zu manifestieren: Zünfte, Banken, Manufakturen, Unternehmer setzen sich zunehmend selbstbewusster und fordernder in Szene.

Die Stadt wird das Zentrum aller künftigen Politik sein, und an den Bürgern als bewegender politischer Kraft wird allen Interventionen restaurativer Kräfte zum Trotz kein Weg vorbeiführen – gleich ob in Italien, den Niederlanden oder Deutschland.

Wahrlich eine verwirrende, in sich widersprüchliche Phase, diese Periode. Herbst des Mittelalters und Aufkeimen der Renaissance. Vieles, was wir uns klischeehaft als Bruch vorstellen, ist eher ein Kontinuum.

Die Zeit der großen Glaubensspaltungen und -kriege sollte erst noch kommen. Inquisition, Hexenverbrennung, Schismen, Folter, Autodafés sind eben keine mittelalterlichen Relikte, sondern Erscheinungen der Neuzeit. Und die Spezies der Ritter ist durch das Auftreten moderner, skeptischer Renaissancemenschen keineswegs zu Ende. Im Gegenteil – der Einzug der Moderne weckte die Monster der Vergangenheit.

Noch Kaiser Maximilian I. (1459–1519) wird sich als »letzter Ritter« verewigen lassen. Dass Ritter als Inkarnationen eines stabilen und zugleich abenteuerlichen Lebens im kollektiven Halbbewusstsein lange nach ihrer Blütezeit eine tragende Rolle spielten, zeigt nicht zuletzt die eigenartige Figur des definitiv letzten Ritters – Don Quijote de la Mancha –, der wiederum ein Jahrhundert darauf, 1605, also mit gewaltiger Verspätung, auf große Fahrt gehen wird; angestiftet, manisch besessen von Ritterbüchern. In seiner klapprigen Rüstung reitet er auf den Spuren einer vergangenen Zeit ins Niemandsland der »Vernunft«.

13 Irdische Paradiese

Unter dem Terror der Fundamentalisten verbrannte die Kunst, im Sumpf der Korruption blühte sie auf. Bildersturm, Verachtung der antiken Bildung, Kulturrevolution auf der einen, Hedonismus, Kunstsinnigkeit und schwelgerische Prachtentfaltung auf der anderen Seite. Die Künstler hatten keine andere Wahl, als das Spiel bis zu einem gewissen Maße mitzuspielen, lebten unter dem Diktat der Macht und des Geldes, ständig vor der Aufgabe, den Erwartungen der Mäzene zu entsprechen und zugleich sich treu zu bleiben. Selbst die größten unter ihnen gerieten unter Druck. Michelangelo wurde vom Nachfolger Alexanders VI. auf dem Papstthron, Julius II., bis zum Exzess überwacht und tyrannisiert. Leonardo von verschiedenen Mäzenen und Fürsten bei Bedarf wechselweise angestellt, benutzt und entlassen.

Im Zeitalter der Autonomie des Individuums war es um den Handlungsspielraum der Kulturschaffenden alles andere als rosig bestellt. Man kreiste um launische Fürsten, rivalisierte mit neidischen Höflingen, wurde nach Bedarf hin- und hergeschoben und zu Spezialaufgaben abkommandiert, kurz, man war Objekt der Macht. Das Schlagwort vom »goldenen Käfig« – hier macht es Sinn. Es sei denn, man hatte das unvergleichliche Talent, sich entweder, wie Baldassare Castiglione, durch die Kunst geschmeidiger Anpassung nützlich zu machen oder, wie Pietro Aretino, durch zynische Satire gefährlich in Stellung zu bringen.

Der gerissene und mit allen Wassern gewaschene soziale Aufsteiger Pietro Aretino (1492–1556), der sich selbst wechselweise als »durch göttliche Gnade freier Mann« oder als »Condottiere der Feder«

bezeichnete, siegte durch gottlose Frechheit in Verbindung mit ökonomischer Bedenkenlosigkeit. Er schrieb erklärtermaßen für den, der ihn besser bezahlte. Statt hehrer Werte harte Währung. Gesinnungslos? Keineswegs: Seine Gesinnung war käuflich, und Aretino hielt mit dieser Käuflichkeit nicht hinterm Berg, sondern prahlte mit ihr beziehungsweise vermarktete sie blendend, wie man an Tizians Porträt unübersehbar erkennen kann: So präsentiert sich ein Fürst.

Ein Fürst der Fiktionen, ein Großhändler mit den Phantasien seiner Kunden. Er ist einer der ersten, der auch den Markt der verborgenen Wünsche und Sehnsüchte mit seinen Produkten belieferte: Seine offen pornographischen Sonette *(Sonetti lussuriosi)* bescherten ihm zwar den Tadel seines bisherigen Gönners, Papst Clemens VII., vor allem aber frühe Aufmerksamkeit.

Lästerliche, respektlose Spottverse auf Gott und die Welt festigten seinen Ruf als gefährlicher Autor und gefährlicher Gegner. Gut vernetzt mit vielen Großen seiner Zeit, mischte er sich mit seiner spitzen Feder in die politischen Angelegenheiten der verschiedenen Republiken und Staaten ein. Er entging mehreren Anschlägen auf sein Leben und organisierte von Venedig aus Aktionen gegen politische Kontrahenten: Seine infame Mischung aus Schmeichelei, Enthüllungsdrohungen und Erpressung zündete – und festigte seinen Ruf. In der Tat kamen seine respektlosen Satiren einem Sturmlauf gegen realitätsferne Stilisierungen der Zeit gleich. Während Frauen ansonsten verklärt oder marginalisiert wurden, feierte er sie als Göttinnen der Autonomie, besonders in ihrer Rolle als große Hetären. Und nicht nur er, viele auch deutsche Maler der Renaissance rückten große Kurtisanen ins Zentrum einer neuen, materiell organisierten Wert- und Weltordnung. (Siehe Abbildung 30 in Tafelteil 2.)

Die in all diesen Beispielen zum Ausdruck kommende Tendenz zur Überwindung bisheriger Moralvorstellungen hinterlässt den Eindruck einer nahezu bestürzenden Freiheit, aber auch eines gewaltigen Wertevakuums. Koordinaten der Orientierung gehen verloren. Stieß man im Mittelalter allenthalben an Grenzen, wurde nahezu jeder Schritt von

Gewissensnöten überwacht, so sieht man sich jetzt mit einer verunsichernden Grenzenlosigkeit konfrontiert. Da die Moral in dieser raffinierten, skrupellosen Phase der europäischen Entwicklung keine ernst zu nehmende Orientierung mehr bieten kann, übernehmen Künste und Wissenschaften diese Funktion – und zwar mit den ihnen eigenen kognitiven und ästhetischen Mitteln.

Es kann kein Zufall sein, dass alle großen Künstler dieser Phase den Traum der absoluten Schönheit und die Suche nach der Wahrheit mit geradezu exzentrischer Besessenheit vorantreiben – sei es Leonardo mit seinen multimedialen Experimenten und Imaginationen oder, besonders radikal, Michelangelo, der im Alleingang Riesenräume erobert und dabei nichts und niemanden an sich heranlässt. Nichts Atmosphärisches lenkt vom wesentlichen, einzigen Thema ab: dem Menschen. Der Mensch nicht als Objekt der Beleuchtung, Lichtquelle (oder schwarzes Loch), nicht als Repräsentant eines Standes, einer Kultur, einer sozialen Wirklichkeit, sondern als existenzielles Gebilde jenseits alles »Persönlichen«. Störendes wird eliminiert – vom Umriss, von der Linie her wird die Idee, das Wesen erschlossen.

Nicht Stimmungen sind das Ziel dieser Recherche am Menschen, sondern Affekte. Affekte als Grundemotionen, keine Salongefühle. Eine ästhetische Physiologie der Seelenzustände, vom ganzen Körper getragen. Andere Künstler spielen virtuos auf der Klaviatur einer körpersprachlichen Rhetorik der Affekte. Michelangelo versucht genau das gegenteilige Verfahren zu perfektionieren. Die Antirhetorik einer Gefühlsimplosion ist sein Ziel. Ein äußerst schwieriges Unterfangen. Nicht um den expressiven Ausdruck möglicherweise gar nicht vorhandener Gefühle geht es, sondern um gefasste, versonnen unterdrückte, kraftvoll gebändigte, gewaltsam kontrollierte, erstarrte Emotionalität; kein Wutausbruch, kein Urschrei. Völlig unterschiedliche Situationen hinter fast identischen Gesichtsfassaden. (Siehe Abbildungen 31 und 32 in Tafelteil 2.)

Fast wäre man versucht, von Stereotypie zu sprechen, wäre da nicht dieser ungeheure Sog, der spüren lässt, dass hinter den maskenhaften Zügen gänzlich verschiedene Schicksale lagern, die sie mit angespanntester

Kraft vor der Außenwelt abschirmen. Unhörbare Schreie hinter verschlossenen Lippen, ungesprochene Wörter, die auf der Zunge liegen, sind sein Metier. Keine Reden. Keine Blicke. Eine befremdend-anziehende, überpersönliche Formensprache.

Michelangelo ist fasziniert von noch nicht (ganz) erschaffenen Figuren (Adam und Eva) ebenso wie von solchen, die sich im Übergangsbereich von Existenzzonen bewegen. Die einen schweben bewusstlos, traumvergessen empor, die anderen stürzen ins Bodenlose, in den sicheren Tod, den sie mit schwindenden Sinnen zu ahnen beginnen. Erlöste, Verdammte, Ertrinkende, Gerettete, sich Erhebende, Ersterbende – seit seinem »David« sucht Michelangelo obsessiv den Augenblick zwischen dem »nicht mehr« und dem »noch nicht«, den Moment *vor* der Aktion, den Sekundenbruchteil *vor* der Schöpfung. Oder, wie in seinem »Jüngsten Gericht« in der Cappella Sistina, dem Absturz. (Siehe Abbildung 33 in Tafelteil 2.)

Ganz gleich, ob Bildhauer, Maler oder Poet – der Künstler hält die Zeit an, verlangsamt die Abläufe fast bis zum Moment des Erstarrens. Denn es sind dies die magischen Momente des Lebens – wenn etwas zu entstehen beginnt, etwas zu vergehen beginnt, ein Prozess in ein neues Stadium tritt, eine Idee sich formt, verwandelt, reformiert. Standbilder als Elemente einer kosmischen Metamorphose. Und eines gnadenlos schroffen Selbstbekenntnisses, wie in diesem lyrischen Selbstverdammungsstück, das fremd mitten im Liebesraunen der Sonette an seinen Freund Tommaso de' Cavalieri auftaucht:

Das Herz aus Schwefel und das Fleisch in Fetzen,
Die Knochen Holz von einem dürren Baum,
Die Seele ohne Zügel, ohne Zaum,
Lässt sich von Lust und wilden Wünschen hetzen;[8]

Ein ganz Großer schaut sich die marmorne Künstlermaske an und versteckt sich nicht einmal mehr vor sich selbst. Ein Verwundbarer, Verwundeter, ein Entblößter und sich Entblößender stellt sich sogar seinem Jüngsten Gericht. Auch den christlichen Sonetten an Vittoria

Colonna haftet nichts Frömmlerisch-Betuliches an. Einer, der sich nicht sicher ist, ob er zu den Verdammten gehört oder auf Erlösung hoffen darf, sucht seinen Gott, sucht das höchstpersönliche Gespräch mit ihm:

> Gebeugt vom Alter und der Sünden Schwere
> Die, in mir eingewurzelt, ich getan,
> Seh ich mir nun die beiden Tode nahn,
> Derweil mit Gift mein Herz ich noch ernähre.[9]

Ohne den forcierten Mut zur Hässlichkeit, zur Wahrheit, bliebe selbst diese Kunst blind oder steril oder beides. Gebrochene Arme, geknickte Glieder, zerstörte Reime, schiefe Gesichter, unförmige Leiber – bei Michelangelo gehören sie, ohne den dantesken Anklagegestus, zum Alltag seiner Kunst-Wirklichkeit.

Möglicherweise ist es auch nicht zutreffend, von »Hässlichkeit« zu sprechen. Es gibt einen Grad der Existenz, des Da-Seins, jenseits ästhetischer Kategorisierungen. Bildwerke wie die »Pietà Rondanini« der letzten Tage sind dafür ebenso Beleg wie sein Altersgedicht über die letzten Jahre in Rom, in dem er sich als einer Art eingepfropfter »Flaschengeist« des Lebens beschreibt: mit »beschnittenen Seelenflügeln«, zerstochenen Augen, der ganze Körper ein Sack aus alter Haut, der Knochen, Nerven, Eingeweide notdürftig umhüllt und – noch – zusammenhält. Und der doch noch nicht sicher vor sich selbst, der eigenen Kreativität, der eigenen Sinnlichkeit ist. (Siehe Abbildung 34 in Tafelteil 2.)

Michelangelos Figuren gleichen ruhenden Vulkanen. Mag sein, sie bleiben für immer erloschen. Aber sie könnten auch – im nächsten Moment – mit ungeheurer Wucht explodieren. Es ist diese latente Dynamik, die seine Text- und Bildwerke bis heute faszinierend erscheinen lässt. Und zwar gerade deshalb, weil sie uns nicht anschauen und nicht anreden wollen und doch mit existenzieller Wucht treffen. Kein Zweifel, hier wird die Schwelle zur Kunst der Moderne überschritten.

Zeitgenossen und zeitweise Bürger einer Stadt, Florenz, repräsentieren Leonardo da Vinci (1452–1519) und Michelangelo Buonarroti (1475–1564) doch zwei sehr unterschiedliche Typen künstlerischer Arbeit. Zwar ist in beiden Fällen die Spannweite ihrer Betätigungsfelder von beeindruckender Breite – Bildhauer, Maler, Architekt und Dichter der eine, Maler, Philosoph, Erfinder, Bildhauer, Naturforscher (um nur einige Wirkungsfelder zu nennen) der andere. Und doch ist die Art und Weise des jeweiligen interdisziplinären Ansatzes der beiden wesensmäßig verschieden. Michelangelo, das ist künstlerische Praxis pur – poetologische Überlegungen wird man bei ihm nahezu vergeblich suchen.

Ganz im Gegensatz dazu arbeitet Leonardo konzept- und theoriebezogen, seine erfolgreich *realisierten* Projekte lassen sich an einer Hand abzählen. Umso gewichtiger, universalistischer seine Überlegungen, Projektierungen, Phantasiegestaltungen, Analysen.

1490 fasst Leonardo den Entschluss, einen umfassenden Traktat über die Malerei zu schreiben. In der Folge sammelt er unaufhörlich Aufzeichnungen und Bemerkungen für dieses Werk, das, wie so viele von Leonardos Projekten, unvollendet geblieben ist, als seien die Erkenntnisschritte, die Wege und Stadien der Wahrnehmung das eigentliche Ziel.

Malerei ist für Leonardo weit mehr als Technik. Sie ist Wissenschaft, Wahrnehmungserforschung. Er sucht nach der reinen Erkenntnis, nach einer Weise des Zugriffs auf die Welt, die den *ganzen* Menschen in Anspruch nimmt, um in der Gestalt des Künstlers Vollendung zu finden: sowohl in der Tätigkeit des Malers, aber auch zum Beispiel in der des Ingenieurs, Konstrukteurs, was das mechanische Verständnis der Wirklichkeit anbelangt. Malerei und Wissenschaft – für Leonardo sind das keine Gegensätze, sondern Ausdruck ein und desselben Prinzips geistig-sinnlicher Aktivität, die scheinbare Grenzen überwindet, so die zwischen Hand und Hirn:

> Und wenn du sagst, diese wahren und handgreiflichen Wissenschaften gehörten zu den mechanischen, da sie kein anderes als ein praktisches Ziel haben können, dann werde ich dir das nämliche von

> allen Künsten sagen, die die Hand eines Schreibers brauchen und die zur Zeichnung gehören, die wiederum ein Teil der Malerei ist [...]. Nach den wissenschaftlichen und wahren Prinzipien der Malerei wird zunächst festgelegt, was ein Schattenkörper ist und was ein ursprünglicher und was ein abgeleiteter Schatten und was das Licht, das heißt Dunkelheit und Helligkeit, und Farbe, Körper, Gestalt, Lage, Ferne, Nähe, Bewegung und Ruhe; und dies alles ist nur mit dem Geist ohne die manuelle Tätigkeit zu verstehen. Und darin besteht die Wissenschaft der Malerei, die im betrachtenden Geist wohnt; ihm entspringt dann die Ausführung, die weitaus würdiger ist als die vorher genannte Wissenschaft oder Betrachtung.[10]

Von wegen »Oberflächenkunst« Malerei. Oberfläche, Raum, Licht – für Leonardo sind das alles Indikatoren existenzieller Wahrheit. Deshalb komme ihr als »Augen«-Kunst größere Bedeutung zu als allen anderen Wissenschaften.

> Wer nämlich die Sehkraft verliert, der verliert auch den Anblick und die Schönheit des Weltalls und er gleicht einem, der lebendig in das Grab eingeschlossen ist [...]. Siehst du denn noch nicht, dass das Auge die Schönheit der ganzen Welt erfaßt? [...] Es ist ja das Fenster des menschlichen Körpers, [...] dem Auge ist's zu danken, dass sich die Seele mit dem menschlichen Kerker zufriedengibt [...].[11]
> (Siehe Abbildung 35 in Tafelteil 2.)

Somit ist nicht mehr Gott, sondern der Künstler Herr der Dinge. Und es ist nicht die Kirche, die Bilder gewährt, verbietet oder stürmt. Weder ein dumpfes »Du sollst Dir kein Bild machen« noch ein verquältes »Gott schuf die Welt nach seinem Bilde« steht der Kreativität im Wege. Die »Malerei« wird zur Chiffre für einen neuen Zugriff auf die Wirklichkeit: Malerei als Megadisziplin der Erkenntnis, Motor von Emotionen, kosmische, »universale« Summe und das Auge als Zentralorgan, das zuallererst den Himmel zur Erscheinung bringt. Der reflektierende Maler wird zum Gestalter und Schöpfer (s)einer eigenen Welt.

Mit diesem neudimensionierten Bild, in ihrer Rolle des Weltschöpfers treten die Künstler vom Format eines Leonardo, Michelangelo, Raffael oder auch Dürer tatsächlich auf. Das Kunstwerk wird zum Meditationsobjekt, zum Gedankenkollektor.

Leonardo – ein Glücksfall: schön, genial, »wunderbar«, »gottbegnadet«, »frühvollendet«, phantasievoll, sanftmütig; seit Giorgio Vasaris Leonardo-Artikel in seinem überaus wirkmächtigen Buch über *Die Künstler der Renaissance* (1550) ist das positive Bild dieses Künstlers gleichsam als Liebling der Götter vollendet. Verdammt zur Positivität, geistert es seither unabhängig von Konjunkturen durch die Jahrhunderte: Leonardo-Superstar. Daran konnte nicht einmal Sigmund Freud etwas Wesentliches ändern, als er in seinem großen Essay *Eine Kindheitserinnerung des Leonardo da Vinci* (1910) kräftig an diesem Glanzbild herumkratzte. Denn selbst diese Kratzer können das Bild nicht eigentlich verunstalten – sie machen es allenfalls komplexer.

Der Hinweis auf die Langsamkeit, mit der Leonardo arbeitete, war bereits seit Vasari aktenkundig. Ob sie als Symptom einer grundsätzlichen Hemmung zu sehen ist, mit gewissen Prozessen an ein befriedigendes Ende zu kommen, sei dahingestellt. Sicher ist, dass diese Langsamkeit als Resultat einer Unwilligkeit zu verstehen ist, sich jedem Zeitdiktat von außen anzupassen. Sicher ist auch, dass sie für das klägliche Scheitern einiger seiner Projekte verantwortlich war. Der Verfall des *Abendmahls* hat ebenfalls damit zu tun, wie Freud erläutert: »Leonardo konnte sich nicht mit der Malerei al fresko befreunden, die ein rasches Arbeiten, solange der Malgrund noch feucht ist, erfordert; darum wählte er Ölfarben, deren Eintrocknen ihm gestattete, die Vollendung des Bildes nach Stimmung und Muße hinauszuziehen. Diese Farben lösten sich aber von dem Grunde, auf dem sie aufgetragen wurden und der sie von der Mauer isolierte; die Fehler dieser Mauer und die Schicksale des Raumes kamen hinzu, um die, wie es scheint, unabwendbare Verderbnis des Bildes zu entscheiden.«[12] Solche Pannen kamen beim Technikexperten Leonardo in der Tat ein wenig zu oft vor, um sie als Pannen abzutun.

Nein, der Umgang Leonardos mit den Produkten seiner Kunst war alles andere als branchenüblich: zu langsam, zu wenig. Allmählich sogar immer weniger. Und das Wenige kam nicht so recht auf den Markt, sondern blieb an den Meister gebunden. Ich betone diese Eigenarten so stark, weil sie den Sonderstatus deutlich machen, den Kunstwerke im Leben des Leonardo – und der beginnenden Moderne – einnahmen: keine Verkaufsobjekte für die Kunden von damals, seien es Zünfte, Privatleute oder die Kirche. Eher schon Gegenstände der Meditation, der Reflexion – der Obsession. Beispiel »Abendmahl«: Monatelang, so Vasari, sei der Kopf des Erlösers unausgefüllt geblieben. Monatelang habe Leonardo nach dem idealen Ausdruck für Jesus gesucht. (Siehe Abbildung 36 in Tafelteil 2.)

Ein weiteres Beispiel ist »Mona Lisa«, die zu einer Art Ikone der abendländischen Kunst werden sollte. Viele Jahre verwandte Leonardo auf das mutmaßliche Porträt der Gattin des Francesco del Giocondo, und diese Arbeit begleitete ihn jahrelang auf vielen seiner späteren Stationen. Französische Forscher entdeckten unter einer Vielzahl hauchdünn aufgetragener Farbschichten sogar Vorstufen einer zweiten »Mona Lisa«, die später übermalt, offenbar verworfen und weiterentwickelt wurde. Im Lauf der Jahre entwuchs das Bild mehr und mehr dem möglichen ursprünglichen Zweck einer biederen Auftragsarbeit und mutierte unter der Hand zu etwas anderem, weit Bedeutsameren.

Weshalb gerade dieses Porträt unter Tausenden zum Inspirationsquell, zum Mythos werden sollte und danach zu rufen schien, mit Deutungen und Bedeutungen befrachtet zu werden, ist eine zentrale Frage. Tatsache ist, dass ihr undefinierbarer Gesichtsausdruck Generationen von Dichtern und Interpreten dazu angeregt hat, in die sprachabgewandte Seite der Wirklichkeit des Bildes vorzudringen. Der Kunstkritiker Edward Dowden sah in ihr um 1900 die geheimnisvolle Sibylle, die mit einem Lächeln doch das Schicksalswort verbirgt.[13] Als mysteriös-gefährliche »Sphinx Italiens« bezeichnet er sie. Noch einen Schritt weiter wird der Fin-de-Siècle-Papst Walter Pater sich vorwagen, indem er in Leonardos Porträt »die Erfüllung eines tausendjährigen

Begehrens des Mannes« ausgedrückt findet.[14] Der Typus der dämonischen Frau ohne Eigenschaften wurde auf Grund von Paters Beschreibung so populär, dass es während der Achtzigerjahre des 19. Jahrhunderts in bestimmten Pariser Kreisen bei den Animierdamen sogar Mode wurde, ein rätselhaftes Lächeln zur Schau zu tragen.

Mona Lisa – Femme fatale – Femme damné? Der Interpretationssprung mag gewagt erscheinen, ganz grundlos ist er nicht. Es ist unübersehbar, dass ähnliche Interpretationsschübe nicht von jedem beliebigen Porträtbild ausgelöst werden könnten und je ausgelöst wurden. Worin besteht also die besondere Qualität und Eigenart dieses Bildes? Wie kommt es, dass es offenbar mehr Fragen stellt und Beantwortungsversuche herausfordert als fast jedes andere?

Ich denke nicht, dass man dem »Geheimnis« durch die historischen Verrätselungen, die bereits mit der Person der Dargestellten beginnen, wesentlich näher kommt. Lisa del Giocondo, Constanza d'Avalos oder irgendeine andere geheimnisvolle Dame – der Mythos lebt nicht von einer abenteuerlichen Hintergrundgeschichte, sondern ausschließlich von der Oberfläche dieses einzigartigen, auch einzigartig schlichten Renaissanceporträts.

Verglichen mit den perlengeschmückten Damen eines Botticelli, Tizian, Raffael nimmt die »Mona Lisa« eine merkwürdige Sonderstellung ein: kein Schmuck, glatt frisiert, dunkler Schleier. Das Ganze eingetaucht in die feuchte Atmosphäre eines unbestimmbaren Blaugrüns. Hinter ihren Schultern taucht eine unwirkliche Traumlandschaft aus Bergspitzen, Wasser und Nebelschleiern auf *(»sfumato«)*. Raum ohne Ort. Zeit ohne Datum. Eine Erscheinung jenseits von Klasse, Stand und Zeitkolorit. Nicht zuletzt, was ihre Affekte betrifft. Dies unergründliche Lächeln. Ein Lächeln, an dem die Gesichtsmuskeln kaum beteiligt sind. Ein Lächeln, das nicht eigentlich Ausdruck ist, sondern gestaltete Ausdruckslosigkeit. Und wenn Lächeln normalerweise Zuwendung signalisiert und einen Dialog begleitet oder einleitet, so fehlen diese kommunikativen Qualitäten im Fall dieses Bildes vollständig. Die Dichter des 19. Jahrhunderts waren wohl doch nicht ganz auf der falschen Spur, wenn sie die »Mona Lisa« in Termini der Zeitlosigkeit, Überzeitlichkeit, des Mythisch-Archaischen wahrnahmen.

Vielleicht hat dieser ausdruckslose Ausdruck deshalb so sehr in die Phantasie der Betrachter gegriffen, weil er – indirekt – auf kulturelle Kontexte verweist, die wir normalerweise zuallerletzt assoziieren, wenn wir an Leonardo denken: die archaische Antike oder den Buddhismus, um nur zwei Beispiele für diese auffällige Dominanz eines Affektausdrucks ohne Ausdruck, einer Emotion ohne Emotionalität zu nennen.

Natürlich soll damit kein Bezug oder eine wie auch immer geartete Abhängigkeit angedeutet werden. Es geht um etwas anderes, es geht um mehr. Nämlich um die Verschmelzung von Kultur- und Zeithorizonten, um die Suche – hierin Michelangelo sehr viel näher als vermutlich beiden selbst bewusst – nach menschlichen Archetypen, nach einer Archetypologie der Herkunft des Menschen und seiner emotionalen Beschaffenheit. Ohne Zeitkolorit.

Bild und Text sind nötig, um diesem artistischen Forschungsauftrag gerecht zu werden. Was mit einer gewöhnlichen Auftragsarbeit beginnt, mündet in eine Physiologie, Psychologie und Semiotik des Menschen. Mona Lisa ist kein Bild, kein Abbild, sondern Objekt der Schöpfung. Humanoidin ohne festes Geburtsdatum, Gegenwart und Vergangenheit zugleich. Zeitstillstand. Ein eingefrorenes Lächeln aus der Vor- und Frühzeit der Kultur: Urbild ohne Individualität.

Es ist auch bei Leonardo kein Zufall, dass sich eine gewisse Stereotypie (Michelangelo) der Ausdrucksmuster feststellen lässt, denn auch ihm ist es nicht um »Persönliches«, zeitspezifisches Kolorit zu tun. Während Michelangelo den Zugang von der Materie aus sieht und sich bis zur Steinoberfläche auf der Suche nach dem Wesenhaften vorarbeitet, wählt Leonardo den umgekehrten Weg: Er geht gleichsam von ganz innen aus und arbeitet sich zur Oberfläche vor. Damit ist freilich keineswegs eine vage Form von Innerlichkeit gemeint. Im Gegenteil. Leonardo ist einer der ersten, der den Dingen ebenso auf den Grund geht wie den Menschen. Obwohl es von der Kirche nicht gerne gesehen wurde, sezierte er Leichen und fertigte überaus detailgenaue, kommentierte Skizzen an. Daher der Fluss von Zeichnungen, die permanente Überreizung der Sinnesorgane – ein *sfumato* der Impressionen, die allesamt in Form gebracht und kontrolliert verarbeitet werden.

Man gewinnt den Eindruck von abgerissenen Gesten, willkürlichen Reflexen. Allenfalls zusammengehalten durch die Kraft *eines* Sensoriums und *einer* wahrnehmenden und gestaltenden Instanz: das Individuum Leonardo, das diese Wahrnehmungssplitter sammelt, organisiert, um daraus etwas konzeptionell Geschlossenes zu entwickeln. Eine eigene Welt. Eine Welt aus Sprache, Bildern, Klängen. Leonardo erfand auch phantasievolle, skurrile Musikinstrumente, eine eigene Bildsprache, eine eigene Schriftgestalt, gespiegelt, vor sich selbst verschlüsselt. Und dann eben dieses Riesenwerk aus Text und Bild, das Tausende von Blättern und alle denkbaren Wissensbereiche umfasst: mathematische Probleme und mechanische Fragen, Biologie, Hydraulik, Verkehrswesen, Festungsbau, Urbanistik, Neurologie, Astrologie, Optik, Perspektive, Farbe, Licht, Medizin, Naturphilosophie, Ästhetik, Ethik – jedes Blatt ein Zeichenträger dieses Experiments, bei dem unterschiedlichste Phänomene in formale, thematische oder gedankliche Nähe zueinander gebracht werden. Eine Mischung, die zu einer Art Alchemie der Erkenntnis führt. Manchmal kommt es zu Gedankenexplosionen und Kreativitätsschüben, dann wieder verharren die Elemente reaktionslos nebeneinander. Oder gebären monströse Katastrophen. Apokalypse ohne Gottesgericht – Leonardo erkennt früher als jeder andere die gerade aus dem Umgang mit der Technik erwachsenden Gefahren. Katastrophen und Sintflut-Szenarien bestimmen nicht von ungefähr die Skizzenbücher gerade der späten Jahre.

Nichts charakterisiert Leonardos Einsicht in diese Probleme besser als einige seiner »Prophezeiungen«, ein, wie es scheint, ihm eigenes literarisches Genre. In Wirklichkeit waren es Rätsel, die er den Anwesenden bei höfischen Zusammenkünften oder in fröhlicher Gesellschaft vorlegte. So gelang es Leonardo, in feiner, spielerischer Verschleierung die Laster und Missstände seiner Zeit zu geißeln:

> Man wird Tiere auf der Erde sehen, welche immer untereinander kämpfen werden, und mit größtem Schaden und häufigem Sterben auf jeder der beiden Seiten; diese werden keine Grenzen haben in ihrer Bosheit; durch die wilden Gliedmaßen von ihnen wird ein großer Teil von den Bäumen der großen Wälder des Universums zu Boden herabkommen, und dann, wenn sie gesättigt sind, wird es die Speise ihrer Wünsche sein, Tod zu geben, und Leiden und Ungemach und Kriege und Wut, welcher lebendigen Sache immer; und in ihrem maßlosen Hochmut werden selbige sich zum Himmel hinaufheben wollen, doch die übermäßige Schwere ihrer Glieder wird sie drunten hinsetzen; nichts wird auf der Erde oder unter der Erde und im Wasser bleiben, was nicht verfolgt, aufgestöbert oder verdorben wird und von dem einen Land ins andere versetzt; und der Körper von selbigen wird sich zum Grabe und Durchgang machen für alle die bereits von ihnen getöteten belebten Körper.[15]

Nein, Leonardo ist noch kein unmittelbarer Vorläufer der Aufklärer und Enzyklopädisten des 17. und 18. Jahrhunderts. Er legt allenfalls die Grundlagen zu dem, was später in die Formel »*sapere aude*« münden wird. Sein Weltbild mündet noch in kein Gesamtsystem, Systemprogramm, keine Programmideologie. Auch ist es kein Zufall, dass er Tausende von Beobachtungen und Entwürfen seinen Notizbüchern in Spiegelschrift anvertraute und dabei moralisierende Wertungen vermied. Er bezog keine Position innerhalb eines gesellschaftlich organisierten Normen- und Wertesystems.

Während Michelangelo es vorzog, »Stein zu sein« und zu warten, bis Korruption und Schande ein Ende hätten, wie es in einem seiner Sonette heißt, bevorzugte Leonardo, diese Frist durch Verwandlung in Papier zu überbrücken. Presste seine Erkenntnisse in das verschlüsselte Geheimarchiv seiner Welt aus Papier und Tinte und verschwindet darin, dass nur sein Mythos bleibt. Überzeitlich und zeitlos – unerschöpflich.

Jedenfalls hat er bis zuletzt versucht und es verstanden, auch dem Chaos, auch der Apokalypse, auch der Anarchie etwas entgegenzusetzen:

Gestalt. Form. Linie. Sein obsessives Zeichnen, Schreiben, Beschreiben ist nicht zuletzt Abwehr einer großen Angst. Ein Versuch, Schrecken zu bannen. Etwas gegen die kreatürliche Wirklichkeit zu setzen.

Gewiss, Michelangelo und Leonardo könnten als Ausnahmephänomene erscheinen, die nicht repräsentativ für den möglicherweise auch mediokren Alltag der Ära sind. Das Gegenteil ist der Fall: Figuren wie sie stehen emblematisch für epochale Tendenzen. Nur zeigen sich die Befindlichkeiten, Gefühle, Stimmungen, die für viele gelten, an ihnen und ihren Werken expliziter und deutlicher. Unscharfe Empfindungen verwandeln sich in konkrete Formen, nehmen Gestalt an, materialisieren sich.

14 Ein Sturm erfasst die Welt

1450: Gutenberg erfindet den Buchdruck und löst damit eine Revolution der schriftlichen Kommunikation aus, die an Wirkmächtigkeit dem durch das Internet und die elektronischen Medien ausgelösten Umbruch gleichkommt.

1453: Die Eroberung Konstantinopels durch das türkische Heer läutet das Ende des oströmisch-byzantinischen Reiches ein und führt damit zu einer Neuorientierung Europas in Richtung Westen.

1492: Kolumbus entdeckt Amerika und löst damit einen Prozess aus, der die globalen Machtverhältnisse dauerhaft verändern wird. Europa übernimmt in der Folgezeit das Kommando über die Welt.

Ohne in Datenfetischismus verfallen zu wollen, müssen diese drei Wendepunkte doch als so gewichtig betrachtet werden, dass es sich lohnt, ihnen nachzugehen.

»Kein Reich, keine Religion, kein Stern hatte größeren Einfluss auf die menschlichen Angelegenheiten als Buchdruck, Schießpulver und Kompass«, jubelte Francis Bacon 1620 in seinem *Novum Organum.*[16] Mark Twain ging im Jahr 1900 anlässlich des 500. Geburtstags von Gutenberg noch einen Schritt weiter und zögerte nicht, vom »größten Ereignis der Geschichte« zu sprechen.[17]

Ob man tatsächlich Superlative dieser Art verwenden muss, sei dahingestellt. Heutzutage wäre man geneigt, dem Durchbruch des Internets eine ähnlich bahnbrechende Wirkung zuzuschreiben. Obwohl dieser Vergleich etwas hinkt: Die elektronischen Technologien generierten tatsächlich neue, bis dahin für unmöglich erachtete Formen der Kommunikation. Das Medium ermöglichte die Message. Im Fall des Buchdrucks verhält es sich umgekehrt – die Message suchte sich und fand ihr Medium. Fakt ist, dass diese Erfindung zum genau richtigen Zeitpunkt kam. Nämlich als breitere Bevölkerungsschichten nach einem Mehr an Informationen, an Wissen auf allen Gebieten verlangten. Das aufstrebende Bürgertum insbesondere in den Städten meldete seine intellektuellen Ansprüche an. International tätige Handelshäuser wie das der Fugger oder das den gesamten nordosteuropäischen Raum vernetzende Handelsimperium der Hanse begünstigten das Verlangen nach umfassender Weltkenntnis, nach gesteigerter Lesekultur.

Bereits im Mittelalter wurden gelegentlich verschiedene Druck- und Stempeltechniken erprobt. Offenbar bestand jedoch noch kein dringliches Interesse an dieser Technologie. Die Schleusen der Wissensvermittlung an breitere Schichten waren nicht wirklich geöffnet, sodass der Bedarf an Kopien klassischer und biblischer Texte durch die Skriptorien und Schreibstuben des Mittelalters befriedigt werden konnte. Die Kathedralen waren Bilderbibeln, die lateinischen Rituale der Kirche nur einem kleinen Kreis Kundiger verständlich, die Predigten nur für den Moment gedacht. Für viele, für die Allermeisten war die eigenständige, mehrfache Lektüre und kritische Auseinandersetzung mit einem Text schlicht undenkbar.

Auch die bis dahin verwendeten Holzdrucke waren zu aufwendig und langwierig, um Lesestoff in großer Menge und zeitnah unter die Leute zu bringen. Erst Gutenbergs Idee der Zerlegung des Textes in Einzelelemente wie Klein- und Großbuchstaben, Satzzeichen, Ligaturen und Abkürzungen, wie sie aus der Tradition der mittelalterlichen Schreiber allgemein üblich waren, brachte den Durchbruch. Durch den Einsatz seriell gefertigter, beweglicher Lettern war es möglich, die wachsende Nachfrage auf ökonomisch vertretbarer Basis zu befriedigen und einen stetig wachsenden Markt zu erschließen.

Innerhalb weniger Jahre kam es zu einem rasanten Umbruch, der sich in der rasch wachsenden Zahl der Druckwerkstätten spiegelt. Von Mainz aus verbreitete sich die neue Technik innerhalb weniger Jahrzehnte europaweit: Straßburg, Basel, Köln, Rom, Augsburg, Venedig,

Paris, Nürnberg – gegen Ende des Jahrhunderts gab es bereits mehr als 250 Druckorte. Die Quantität von Druckprodukten jeder Art nahm ebenso zu wie die Leserschaft. Insbesondere die Lutherbibel – ab 1534 lag eine Vollübersetzung des Textes vor – wurde rasch zu einem Bestseller, dessen Auflagen in die Hunderttausende gingen.

Dass dieses Buch eine solch nachhaltige Wirkung hatte, liegt nicht nur an den neuen technologischen Möglichkeiten, sondern vor allem an dem besonderen Zugriff Luthers. Vor ihm gab es bereits mehr als ein Dutzend deutschsprachige Übersetzungen der Bibel. Die erste stammt aus dem Jahr 1466. Johannes Mentelin, ein ehemaliger Gehilfe Gutenbergs, hatte sie in Straßburg gedruckt. Die vorlutherischen Bibelübersetzungen waren jedoch aus theologischen Gründen stark am Wortlaut der lateinischen Bibelübersetzung, der *Vulgata*, orientiert und wirkten sprachlich ungelenk. Luther dagegen übersetzte nach dem Prinzip:

> Man muß nicht die Buchstaben in lateinischer Sprache fragen, wie man soll deutsch reden, sondern man muss die Mutter im Hause, den gemeinen Mann auf dem Markt drum fragen und danach dolmetschen, so verstehen sie es denn.[18]

Dieser Maxime folgend, gelang es ihm, einen Text zu fabrizieren, der alle Spuren seiner fremden Herkunft (aus dem Orient) abstreifte, sich wie ein urdeutscher Text aus der Mitte der Gesellschaft präsentierte und nebenbei ganz wesentlich zu einer Vereinheitlichung der bis dahin eher dialektal gefärbten deutschen Sprache beitrug. Darüber hinaus wurde dem Wort Gottes als verbindlicher Norm wieder stärkere Beachtung zuteil. Die Lutherbibel wurde zu einer Art Volksbuch der Deutschen und zu einem Meilenstein nicht nur der deutschen Sprache, sondern auch der kulturellen Identität, wie man bis in die heutige Zeit im Zusammenhang mit dem Reformationsjubiläum 2017 verfolgen konnte. Vielleicht war der Protestantismus auf seine Art der eigentliche Beitrag Deutschlands zum internationalen Phänomen der Renaissance: Eine neue, zugleich anschauliche und reflektierte Sprache öffnete die Wege zu einem neuen Welt- und Selbstverständnis.

In Luthers Terminologie wurde die Losung der *»sola scriptura«*, der Rückkehr zur Schrift als einziger Quelle und Norm des christlichen Glaubens, virulent. Diese Idee war nicht neu, aber in dieser Klarheit und Schärfe ungewöhnlich. Im Mittelalter war es üblich, die Bibel durch die Brille der Kirchenväter und Konzilsbeschlüsse zu lesen und jeweilige Lehrmeinungen einfließen zu lassen. Jetzt erhob man den Anspruch *»ad fontes«*, zu den Quellen zurückzukehren. Ein Autoritätsanspruch wurde damit durch einen anderen abgelöst. Was die Angelegenheit etwas pikant, aber auch interessant macht, ist die Tatsache, dass gerade der auf Verständlichkeit erpichte Luther den Originaltext der Bibel am kreativsten bearbeitete und sich nicht scheute, ihn gegebenenfalls, wie jeder begabte Übersetzer, durch seine eigene Brille zu lesen.

Aus »Protest« gegen die Übermacht der römischen Kirche entstanden, wurde der Protestantismus im Verlauf des 16. Jahrhunderts seinerseits zu einem bestimmenden Machtfaktor. Wodurch sich ein neues Konfliktfeld ergab: Der Herrschaftsanspruch des katholischen Kaisers wurde von protestantischen Regenten nicht mehr anerkannt, konfessionelle Differenzen verbanden sich mit handfesten Machtinteressen. Die Länder unter dem katholischen Kaiser und diejenigen unter protestantischer Regentschaft rivalisierten um den rechten Glauben und um die Vorherrschaft – nicht nur in Deutschland, sondern in halb Europa. Zu Beginn des 17. Jahrhunderts sollte daraus einer der verlustreichsten Kriege und Bürgerkriege der Neuzeit entstehen.

Waren beide Interpretationen des christlichen Glaubens wirklich wesensmäßig so unterschiedlich, dass sich daraus solch mörderische Konsequenzen ableiten ließen? Können theologische Nuancen wie die Frage der Realpräsenz Christi im Verlauf der Eucharistie oder der etwas unterschiedlichen Gewichtung des Bildes im Kirchenraum Exzesse der Gewalt legitimieren? Nicht in irgendwelchen von uns »archaisch« genannten Zeiten, sondern im Zeitalter des gedruckten Wortes, der beginnenden modernen Massenkommunikation. Wie immer man diese gewichtige Frage beantworten möchte – Fakt ist, dass aus diesen minimal erscheinenden Differenzmerkmalen in der Summe gefährdende Ideologien werden können.

Und es auch faktisch wurden. Mag sein, dass etwa in der calvinistischen Schweiz Bilder nicht durch wütenden Plebs aus den Kirchen gerissen, sondern nach Magistratsbeschlüssen hochoffiziell entfernt und deponiert wurden. Kein spontaner Volkszorn, sondern bürokratische Maßnahme. Der Sachverhalt wird dadurch nicht harmloser, sondern bedrohlicher. Die Kunst gerät neuerlich ins Visier einer religiösen Sehweise – als ob alle geschilderten Bemühungen um Autonomie damit null und nichtig gemacht werden sollten. Wobei alle bisweilen härter, bisweilen toleranter durchgeführten »Reinigungen« der Gotteshäuser nicht notwendigerweise dazu führten, den Wert bildlicher Produktionen zu negieren. Häufig fanden und finden sich in den Privaträumen rigider Vertreter der reinen Lehre ausgesuchte Kunstsammlungen. An der Tatsache des unerhörten Eingriffs in das Recht auf individuelle Wahrnehmung ändert dieser Befund nichts. Und genau hierin, in diesem antithetischen Verfügen über die Sinne anderer, könnte die tiefere Ursache der später zu betrachtenden Konflikte liegen.

So oder so, im Moment ihrer Förderung wie der Unterdrückung durch Maßnahmen der Zensur, der Indizierung oder der Vernichtung fällt Kunst, Literatur und Wissenschaft eine besondere Rolle zu. Und wenn es nur die der kaum hörbaren oder gehörten Gegenstimme oder einer Zweitstimme ist. Mit Albrecht Dürer (1471–1528) und Lucas Cranach dem Älteren (1472–1553) florierten zur Zeit der Attacken gegen die bildende Kunst in sakralen Räumen zwei herausragende Maler, die sich durchaus nicht scheuten, auch heikle Themen anzugehen. Es scheint fast so, als ob sich eine Internationale der Kunst nahezu unabhängig von politisch-religiösen Rahmenbedingungen Raum schaffen würde und trotz aller Restriktionen ihre Themen zum Ausdruck bringen könnte. Womit beileibe nicht gesagt sein soll, dass Künstler sich in einen luftleeren Raum jenseits der kruden Wirklichkeit flüchten würden. Ganz im Gegenteil: Sie markieren oft genau die Denk- und Empfindungsräume, die von der »offiziellen« Politik oder Moral ausgeblendet oder tabuisiert werden.

Selbst gewagte Themenbereiche wie das Sujet der »drei Grazien« finden sich gleichermaßen frei und mit viel Lust an der Enthüllung körperlicher Erotik dargestellt, ob vom Dürer-Schüler Hans Baldung Grien (1484/85–1545), dem man die früheste bildnerische Darstellung von Schamhaar in der europäischen Neuzeit nachsagt – nämlich in seinem Gemälde »Der Tod und das Mädchen« von 1517 – oder Hans von Aachen (1552–1615), der halb Europa auf der Suche nach Aufträgen durchwanderte und zarte Madonnen ebenso auf die Leinwand bannte wie krasse erotische Szenen. (Siehe Abbildung 37 in Tafelteil 2.)

Eine Internationale der Kunst zwischen Deutschland, Italien und den Niederladen – um nur auf diesen Spuren zu bleiben –, die sich fast unbeeindruckt von klerikalen oder dynastischen Verläufen entwickelt? Eine möglicherweise abwegig erscheinende, aber durchaus realistische Idee. Wanderarbeiter der Kunst, die wohl ihre Arbeiten, nicht aber sich selbst verkauften. Die es auch verstanden, mit adligen Gönnern und Mäzenen ihr Spiel zu treiben – als Artisten, die sich selbstbewusst auf dem Hochseil von Spitzenleistungen präsentierten: Aretino und Tasso unter den Schriftstellern, Michelangelo, Leonardo, Raffael, Dürer, Cranach, um nur einige Vertreter der bildenden Kunst zu nennen, bilden nur die Speerspitze einer breiten Corona von zeitgleich entstehenden Höchstbegabungen, die sich trittsicher von Hof zu Hof, von Land zu Land bewegt, während die Landes- und Kirchenfürsten in der Spirale ihrer ewig gleichen Machtspiele stagnieren.

Vielleicht sind die Künste und Wissenschaften der eigentliche Motor der Geschichte und nicht so sehr die Potentaten. Wenn es nach den Mechanismen der Macht ginge, würde man sich in Festungen eingraben oder sich einem ewigen Eroberungsreflex hingeben. Künste und Wissenschaften hingegen suchen per se Fortschritt und Neuland – und in glücklichen Momenten sind sie so stark, dass sie sich diesen Weg auch gegen Widerstände der Mächtigen bahnen. Gewaltige energetische Ströme aus Papier, Lettern, Pinselstrichen und Meißelschlägen veränderten das innere Gefüge Europas mehr als pompöse höfische Feste oder das militärische Gerangel um Macht. Jedenfalls befand die europäische Kunst sich stets in Bewegung und Entwicklung. Sicher, es gab Schulen, Epigonen und konventionelle

1 Es ist kein Zufall, dass sich das Bild der sogenannten »kleinen Pariserin« nahezu ikonisch in das Gedächtnis der Nachwelt eingebrannt hat.

2 Schiffsdarstellung des griechischen Vasenmalers Klitias aus dem 6. Jahrhundert v. u. Z.

© picture alliance/akg-images

3 Die Statuen der Tyrannenmörder Harmodios und Aristogeiton wurden von den Bildhauern Kritios und Nesiot geschaffen. Kunsthistorisch gilt die Bro gruppe als eines der bedeutendsten We des »Strengen Stils«, der den Übergang von der späten Archaik zur frühen Kla in der griechischen Kunst markiert. Nc in der heute zu besichtigenden Kopie kommt der heroische Anspruch zum Ausdruck.

© mauritius images/PRISMA ARCHIVO/Alamy

4 Die trunkene Alte ist eine hellenistische Statue (vermutlich aus dem späten 3. Jahrhundert v. u. Z.), die sich kunstgeschichtlich durch ihren erstaunlichen Realismus auszeichnet. Das Original ging verloren, aber zwei römische Kopien sind überliefert.

5 Dieses Mosaik mit Gladiatorenkampf-Motiven zierte im 3. Jahrhundert den Fußboden einer römischen Villa.

6 Die Ikone der stoischen Haltung, die auf unkorrumpierbaren, strengen Selbstverzicht im Dienst des Kollektivs gründete, ist wohl dieser Bronzekopf aus dem 3. Jahrhundert v. u. Z., der bis in die Tage der Französischen Revolution verehrt – und verwendet wurde: wie eine Hostie der Gesinnung und einer besonderen Haltung, die jedes Opfer und Selbstopfer »im Namen der Republik« legitimierte und verklärte. Unnachsichtig, »spartanisch«, nüchtern, kompromisslos und bis zur Selbstvernichtung streng. Natürlich pure Propaganda – aber doch als Inszenierung erfolgreich und nachhaltig wirksam.

7 Das sogenannte Staurogramm, ein Symbol für Jesus Christus, das Konstantin I. vor der Schlacht an der Milvischen Brücke im Traum gesehen haben soll.

Dieses römische Graffito aus dem frühen 2. Jahrhundert machte sich über die Christen
d ihren Glauben noch lustig. Der gekreuzigte Christus ist mit einem Eselskopf versehen,
r darunter stehende Text höhnt: »Alexamenos betet (seinen) Gott an«. Konstantins Sieg
der Milvischen Brücke markiert so gesehen die Verwandlung des ehemaligen Spott-
nbols in ein imperiales Heilszeichen.

9 Der oströmische Kaiser Justinian I. mit Bischof Maximilian und Gefolge auf einem Mosaik in der Kirche San Vitale in Ravenna (6. Jahrhundert).

10 Die Madonna »Salus Populi Romani« (Heil des Römischen Volkes), die sich in der der Basilika Santa Maria Maggiore in Rom befindet, genießt seit der Anerkennung des Christentums durch das Edikt von Mailand im Jahre 313 bis heute höchste Verehrung. Spätestens seit dem 15. Jahrhundert gilt die Ikone als wundertätig. Sie wird dem Evangelisten Lukas zugeschrieben und soll zu Lebzeiten der Gottesmutter entstanden sein.

11 Thomas Couture: Die Römer der Dekadenz (1847). Der Maler erklärte sein Bild mit einem Zitat des römischen Dichters Juvenal (1./2. Jahrhundert): »Grausamer als der Krieg hat sich das Laster auf Rom gestürzt und rächt das besiegte Universum.«

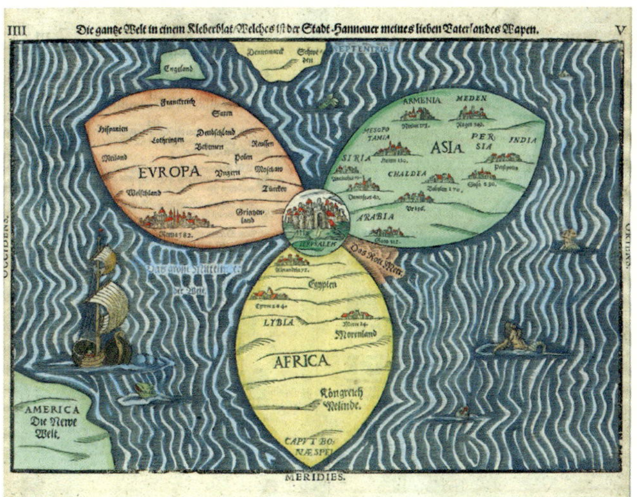

12 Diese Karte des evangelischen Theologen und Geographen Heinrich Bünting (1545–1606) aus dem Jahr 1581 stellt Jerusalem als Mittelpunkt der Welt dar. Die drei »alten« Kontinente Europa, Asien und Afrika sind wie Kleeblätter um die Heilige Stadt angeordnet, die »Neue Welt« Amerika steht außerhalb dieser Ordnung. In der Bildüberschrift verrät Bünting, dass er mit dieser Darstellung auch seine Heimatstadt Hannover (die ein Kleeblatt im Wappen trägt) ehren möchte.

13 Gustave Moreau: Salome tanzt vor Herodes (1876). Die Darstellung bezieht sich auf einen Abschnitt des Markusevangeliums, dem zufolge Salome vor Herodes Antipas tanzt und als Lohn hierfür den Kopf Johannes' des Täufers fordert.

Ein Blick ins Innere der Hagia Sophia, die als wichtigstes Bauwerk der frühbyzantinischen
t gilt. Nach der osmanischen Eroberung Konstantinopels 1453 zur Moschee umgewidmet,
lärte Atatürk den Bau im Zuge seiner Säkularisierungspolitik 1935 zu einem Museum.
0 wurde die Kuppelbasilika erneut in eine Moschee umgewidmet.

dobeStock/Artur Bogacki

15 Artus und die Ritter der Tafelrunde: Darstellung in der Kirche der bretonischen Gemeinde Tréhorenteuc. Das Gemälde wurde 1945 durch den deutschen Kriegsgefangenen Karl Rezabeck angefertigt. Die Gleichförmigkeit der bildlichen Darstellung ist trügerisch – sie gibt nicht den Gemütszustand wieder, sondern versucht, den Charakter dieser spirituell motivierten, parasakral definierten Gruppe darzustellen. Unter dem königlichen Hermelin aber brodelt es, und was das Bild nicht zeigen kann, verdeutlicht die Literatur ungleich plastischer.

Das Kapitelhaus der Kathedrale von Wells. Sie gilt als Musterbeispiel der englischen
ühgotik. Baubeginn war Ende des 12. Jahrhunderts, das Kapitelhaus wurde Anfang
s 14. Jahrhunderts vollendet.

nauritius images/Steve Taylor ARPS/Alamy

Ein Ausschnitt aus dem in der zweiten Hälfte des 11. Jahrhunderts gefertigten, 68 Meter
gen Teppich von Bayeux, der die Eroberung Englands durch die Normannen darstellt.
er überquert Wilhelm der Eroberer mit seinen Truppen den Ärmelkanal.

nauritius images/The Picture Art Collection/Alamy

18 Diese Buchmalerei im von irischen Mönchen geschaffenen Codex Sangallensis aus dem 8. Jahrhundert zeigt den Evangelisten Markus.

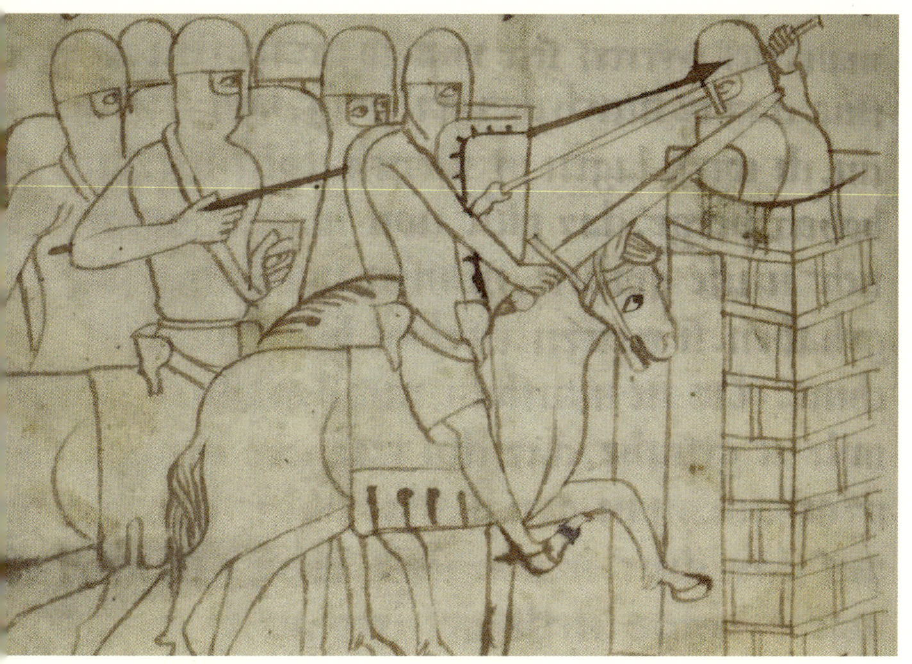

Das *Rolandslied* des Pfaffen Konrad – eine mittelhochdeutsche Nachdichtung altfranzösischen *Chanson de geste* – entstand im 12. Jahrhundert. Dieses Bild aus der delberger Liederhandschrift zeigt den Titelhelden beim Angriff auf eine Moschee.

20 Giotto di Bondone: Verkündigung an die Hl. Anna (Fresko in der Arenakapelle von Padua, zwischen 1304 und 1306 entstanden). Giotto gibt die Verkündigung als intime, fa realistische (falls man bei diesem Vorgang von Realismus sprechen kann) häusliche Szene wieder …

… während sein Kollege Duccio di Buoninsegna kurze Zeit später noch abstrakte
ıme bevorzugte, wie hier in seiner Verkündigungsszene (Detail der Altarretabel im Dom
Siena, entstanden zwischen 1308 und 1311).

ıuritius images/ART Collection/Alamy

22 Dantes Höllentrichter, Ende des 15. Jahrhunderts von Sandro Botticelli als Teil seines 94 Federzeichnungen umfassenden Zyklus zur *Göttlichen Komödie* gezeichnet. Gut zu erkennen sind die 10 Höllenkreise (inklusive der Vorhölle ganz oben). Je tiefer die Höllenkreise liegen, desto schwerwiegender sind die dort zu sühnenden Vergehen.

Wiederholungen ohne Ende. Aber an der Spitze der jeweiligen Neuentwicklung stand immer der Wunsch, eine deutliche Zäsur zu setzen, sich freizuschwimmen, Vorangegangenes zu überwinden – und Verbrauchtes zu Fall zu bringen.

Auch das Byzantinische Reich war – um zum zweiten Eckpunkt der Entwicklungen des 15. Jahrhunderts zu kommen – bis zu einem gewissen Maße erstarrt und aus der Zeit gefallen. Der einstige Machtmonolith hatte sich allmählich aufgelöst. Als die Türken angriffen, eilte kein europäisches Heer zur Hilfe. Alle verwiesen auf mehr oder weniger fadenscheinige Gründe, um bloß nicht unmittelbar eingreifen zu müssen. Dennoch löste der Fall Konstantinopels gewaltige Erschütterungen in der gesamten west- und osteuropäischen Welt aus. Zugleich begann sich das alte, verlassene Rom wieder verstärkt in Szene zu setzen, wobei die geniale Idee (oder soll man sagen: Fiktion) des Märtyrertodes Petri in Rom eine nicht unbeträchtliche Rolle spielen sollte. Noch heute steht man andachtsvoll in den Grotten des Vatikans vor der schlichten Grabplatte, unter der die sterblichen Überreste des Petrus liegen sollen. Kein Mensch weiß zwar, ob Petrus jemals auch nur in Rom war – seine Rolle als erster Papst des Christentums ist davon unberührt. Und damit stand Rom einmal mehr im Zentrum des Geschehens, diesmal als spiritueller Mittelpunkt der katholischen Welt mit dem Vatikan als nicht nur europäischer Machtzentrale.

Noch gravierender waren die Konsequenzen des Falls von Konstantinopel für den südost- und osteuropäischen Raum. Die russischen Kerngebiete der einstigen Kiewer Rus gewannen als politische Faktoren mehr und mehr an Bedeutung, und die orthodoxen russischen Kirchen erfuhren einen beachtlichen Zuwachs an Autonomie. Moskau trat mehr und mehr aus dem Schatten der Geschichte und inszenierte sich als das neue Rom. Nach 1453 wanderte eine große Zahl orthodoxer Kirchenmitglieder nach Russland aus, das damit zur einzigen christlich-orthodoxen Großmacht wurde. Als Großfürst Iwan III. (1440–1505) dann auch noch Prinzessin Sofia Palaiologa, die Nichte des letzten Kaisers von Byzanz, heiratete, kam dies einer symbolischen

Übernahme des Erbes von Byzanz gleich. Iwan setzte alles daran, diese neue kulturelle Identität zu festigen. Er gab dem Moskauer Kreml seine heutige Gestalt und vervielfachte das Staatsgebiet. Unter seiner 43-jährigen Herrschaft, der längsten in der russischen Geschichte, nahm die Idee einer orthodoxen östlichen Großmacht Gestalt an. Die Prophezeiungen des Mönchs Filofej aus einem Kloster bei Pskow im Nordwesten Russlands schienen sich zu bewahrheiten: »Denn zwei Rom sind gefallen, das dritte aber steht, und ein viertes wird es nicht geben.«[19]

Den Anspruch Moskaus als drittes Rom setzte Iwans Enkel Iwan IV. (1530–1584) mit aller Konsequenz um. Er ließ sich im Januar 1547 die mit Fell umkränzte Zarenkrone aufsetzen. Aus Konstantinopel übernahm er die Idee des Kaisertums, das Zeremoniell und den doppelköpfigen Adler als Staatssymbol.

Es war ein mächtiges und zugleich schweres Erbe, das Moskaus Herrscher antrat. Die Idee des Imperiums enthielt indes ein tragfähiges Konzept für einen Vielvölkerstaat, der schon um 1700 bis zum Pazifik reichen sollte. Im Moskauer Machtbereich lebten Russen und Kaukasier, Baschkiren und Tataren und ab dem 18. Jahrhundert auch mehrere Millionen russifizierte Deutsche vereint unter der Zarenkrone. Aus russischer Sicht erscheint Europa bis jetzt als Appendix einer gewaltigen euroslawischen, euroasiatischen Landmasse (und so betrachtet, mögen manche eigentümlich erscheinenden Animositäten besser verständlich werden).

Aber von dieser Perspektive kann und will das Europa des 16. Jahrhunderts noch nichts wissen. Um die gewaltige Energie des Kontinents zu fassen, bedarf es neuer, ferner Welten: Mit der eher versehentlichen Entdeckung Amerikas durch den Genueser in Diensten des spanischen Hofes, Christoph Kolumbus, im Jahr 1492 löste sich die Blockade, die durch den Zerfall von Byzanz entstanden war. Ging es im Osten nicht weiter, suchte sich die Energie dieses unruhigen Kontinents andere Wege. Auch Seewege. Damit beginnt ein definitiv neues Kapitel in der Geschichte und Kulturgeschichte Europas.

Die Säulen des Herkules, Gibraltar, der Bosporus oder Jerusalem, die Nordsee und die Küsten Nordafrikas waren bisher mehr oder weniger die Grenzen des Kontinents. Von jetzt an kommen ganz andere Dimensionen ins Spiel. Es beginnt etwas in dieser Form völlig Unbekanntes – die Eroberung der Welt. Man muss es wohl so nennen, denn mit Ausnahme Thailands und einer Handvoll anderer Länder wird der gesamte Erdkreis in den nächsten Jahrzehnten und Jahrhunderten auf militärisch oder ökonomisch erobernde beziehungsweise wissenschaftlich erkundende Art nach europäischen Mustern in Beschlag genommen, verwandelt, umgestaltet werden. Diese Vorgehensweise ist vielleicht aber auch doch nicht so neu, wie es auf den ersten Blick scheint. Immerhin haben sowohl Alexander der Große wie auch das römische Imperium durchaus vergleichbar, wenn auch im kleineren Stil gehandelt. (Siehe Abbildung 38 in Tafelteil 2.)

Was war die viel beschworene Pax Romana anderes als Kolonisation im mittelgroßen Stil, unter der Prämisse, dass die Welt am römischen Wesen genesen oder sich zumindest an ihm und den damit verbundenen überlegenen Werten orientieren sollte. Welches Denkmodell dem Verfahren zugrunde liegt, zeigt sich schon am Begriff »präkolumbianisch«. Ähnlich wie wir mit unserer Zeitrechnung die Geschichte in eine Phase »vor« und »nach« Christus einteilen, zersägen wir die »Neue« Welt in die Zeit vor und nach der Entdeckung durch Kolumbus.

Europa verstand es, sich so darzustellen, als würde es Welten neu erschaffen. Als habe es sie, bevor Europäer sie zum ersten Mal betraten, nicht gegeben. Amerika wurde gleichsam aus seiner Geschichtslosigkeit »befreit« und gänzlich neu »vermessen« und definiert. Auch die meisten anderen Länder tragen einen Stempel, der markiert, wann und von wem sie in diesem Sinne aus ihren hundert oder tausend Jahren Einsamkeit erlöst worden sind.

Ob Europa sich der Ungeheuerlichkeit dieses Vorgehens je bewusst war? Die meisten, die als Missionare oder Conquistadoren ihre Fahnen mit schöner Selbstverständlichkeit aufpflanzten, hatten sicher nicht das mindeste Unrechtsbewusstsein bei diesem Akt der Annexion ihnen völlig fremder Territorien. Bis ins Zeitalter der Aufklärung und des fortschrittlichen 19. Jahrhunderts, ja bis in die Moderne des 20. Jahrhunderts ging man wie selbstverständlich von der Annahme einer wesensmäßigen Überlegenheit des europäischen Systems, der europäischen Werte aus, ganz gleich, ob man auf konfuzianische, hinduistische oder andere als »heidnisch« klassifizierte Kulturen traf.

Der Dominikaner Bartolomé de Las Casas (1484–1566) war eine der herausragenden Ausnahmen. Zunächst Kolonist mit der Absicht, sich in Hispaniola, dem von Spanien besetzten Teil der Antillen, niederzulassen, wurde er – entsetzt über die grausame Art und Weise, in der die Europäer ihre »Missionsarbeit« betrieben – binnen weniger Jahre zu einem der schärfsten Kritiker der Conquista. Seine ungezählten Eingaben und Dokumentationen blieben freilich ohne nachhaltigen Erfolg. Im Gegenteil: Er geriet selbst in die Schusslinie der Kirche und der Politik und wurde als Ketzer, Nestbeschmutzer, Wahnsinniger diskreditiert. Dadurch ließ er sich in seiner unermüdlichen Aufklärungsarbeit nicht beirren und schockierte die Öffentlichkeit mit Berichten wie diesem:

> Die Spanier […], welche zu Pferde und mit Schwertern und Lanzen bewaffnet waren, richteten ein greuliches Gemetzel und Blutbad […] an. Sie drangen unter das Volk, schonten weder Kind noch Greis, weder Schwangere noch Entbundene, rissen ihnen die Leiber auf, und hieben alles in Stücken, nicht anders, als überfielen sie eine Herde Schafe, die in den Hürden eingesperrt wäre. Sie wetteten mit einander, wer unter ihnen einen Menschen auf einen Schwertstreich mitten voneinander hauen, ihm mit einer Pike den Kopf spalten, oder das Eingeweide aus dem Leibe reißen könne. Neugeborene Geschöpfchen rissen sie bei den Füßen von den Brüsten ihrer Mütter, und schleuderten sie mit den Köpfen wider die Felsen. […] Sie machten auch breite Galgen, so, daß die Füße beinahe die Erde berührten, hingen zu Ehren und zur Verherrlichung des Erlösers

> und der zwölf Apostel je dreizehn und dreizehn Indianer an jedem derselben, legten dann Holz und Feuer darunter und verbrannten sie alle lebendig.[20]

Leider kein propagandistisches Schauermärchen, sondern die nackte Wahrheit. Wobei dies alles, das ist das eigentlich Entsetzliche, ohne jedes Unrechtsbewusstsein geschah – sah man sich doch als Vertreter übergeordneter, überlegener Werte und Normen, als Repräsentanten christlicher Moral. Eine päpstliche Bulle vom 2. Juni 1537 stellte zwar fest, dass die Eingeborenen der Neuen Welt echte Menschen *(veri homines)* seien, und bekräftigte ihr Recht auf Freiheit und Besitz. Aber die praktische Einstellung der Conquistadoren war dennoch, dass die Indianer nicht besser seien als wilde Tiere, die auszurotten ein gottgefälliges Werk sei. Aus »philosophischer« Sicht fühlte man sich gleichsam zur Grausamkeit verpflichtet. Es ist erstaunlich, wie lange dieser barbarische Hochmut im kulturellen europäischen Gedächtnis gespeichert bleiben sollte.

Dabei kam es schon im Verlauf des 16. Jahrhunderts ja durchaus zu einer gewissen Verwissenschaftlichung des Diskurses: Anthropologische, religionswissenschaftliche, ethnologische Studien entstanden – auch im Kontext der Mission. Gleichzeitig trat ein utopisches Element in der Behandlung anthropologischer Fremdphänomene zutage. Der Entwurf eines Jesuiten-Staates in Paraguay, in dem die indigene Bevölkerung gemeinwirtschaftlich konzentriert und in eiserner Zucht gehalten wurde, stellt die rücksichtslos realisierte Utopie im Geiste von Campanellas theokratischem *Sonnenstaat* (1602) dar.

Was Großbritannien betrifft, markiert das Jahr 1588 eine entscheidende Zäsur. Mit dem Sieg über die spanische Armada begann der Aufstieg zur See- und Handelsmacht, der den englischen Kolonialismus möglich machte; 1600 wurde die British East India Company gegründet, 1606 folgten ähnliche Aktiengesellschaften zur Erschließung Nordamerikas. Mit Francis Drake (um 1540–1596) und Walter Raleigh (1552/54–1618) bildete sich der Typus des Handel treibenden Abenteurers heraus. Gelegenheit in Überfülle, sich ein konkretes Bild von den Tropen und seinen Bewohnern zu machen. Doch wer erwartet, diese Begegnung mit der Wirklichkeit hätte die Wahrnehmung der europäischen Ankömmlinge und Beobachter entscheidend verändert, wird eines Schlechteren belehrt. Die Stereotypen blieben nahezu unverändert. Dabei hätte Europa durchaus die Möglichkeit besessen, einen Blick in den Spiegel zu tun und das eigene Verhalten von außen – nämlich im Spiegel der Literatur – zu betrachten. Shakespeares *Der Sturm* (1611) ist solch ein Spiegel.

Shakespeare kannte vermutlich Silvester Jourdains Bericht *Discovery of the Barmudas*, der kurz zuvor, im Herbst 1610, erschienen war. Bei der Lektüre gewinnt man den Eindruck, die Inseln müssten erst von »devils« und »witches« gereinigt werden, bevor menschenwürdiges Leben auf ihnen möglich sei. Es ist, als ob sich mit unseren Stiefeln auch unsere Feindbilder in den Sand der tropischen Küsten eingrüben.

Dabei sind die Bermudas insofern ein Sonderfall, als sie – anders als die meisten anderen kolonisierten Gebiete – tatsächlich unbewohnt waren. Erst die Havarie eines Schiffes, das Auswanderer in die Neue Welt bringen sollte, veränderte alles. Am 2. Juni 1609 war der 300-Tonnen-Dreimaster »Sea Venture« von Plymouth aus in See gestochen. Ziel: Virginia, Schauplatz anderer, sehr viel schwieriger verlaufender Annexionsversuche, die von der Virginia Company of London betrieben wurden. Am 28. Juli geriet das Schiff in einen Hurrikan und lief auf ein Riff vor den Bermudas. Die unfreiwilligen Siedler hatten Glück im Unglück. Keine feindlichen Indianer bedrohten sie, keine anderen Kolonisten wehrten sie ab. Ein paar wilde Schweine und Wasser fanden sich fürs Überleben. Ab 1611 werden die Inseln systematisch kolonisiert, im Jahr darauf erhält das Gebiet eine (englische) Verfassung, und bereits im November 1611 hatte Shakespeares *Der Sturm* in Whitehall vor den Augen von König James Premiere. Zweifellos ein Politikum in einer Zeit, als England im Begriff war, Amerika zu »gestalten«. Erst 1606 hatte der König höchstpersönlich das amerikanische Neuland zwischen der Virginia Company of London und der Virginia Company of Plymouth aufgeteilt, zwischen beiden Gebieten lag noch eine Art Pufferzone. Die Frage, wie man mit den neu entdeckten Welten umgehen sollte, wie weit die Begegnungen dazu angetan wären, auf das eigene Weltbild Einfluss zu nehmen, standen dabei überraschend lang im Hintergrund. Allenfalls ein so reflektierter und hellsichtiger Kopf wie Michel de Montaigne merkte in einem Artikel von 1588 zum Thema »Menschenfresser« an:

> Jene Menschen sind Wilde im gleichen Sinne, wie wir die Früchte wild nennen, welche die Natur aus sich heraus und nach ihrem gewohnten Gang hervorbrachte, während wir in Wahrheit doch eher die *wild* nennen sollten, die wir durch unsere künstlichen Eingriffe entwertet und der allgemeinen Ordnung entzogen haben.[21]

Wesentlich selbstkritischer als viele seiner »pragmatisch« denkenden und handelnden Zeitgenossen geht auch Shakespeare mit dem erregenden Thema der Begegnung mit dem Anderen, Fremden um. Mit dem Paukenschlag eines gewaltigen Sturms beginnt das Stück. Aber der Schiffbruch war nur das Vorspiel und – eine Inszenierung: Prospero, eine Mischung aus Leonardo da Vinci und König Lear, Weiser, Magier, Souverän, hat ihn veranlasst. Niemand ist zu Schaden gekommen. Das Ganze war bloß eine Art Experiment. Ein Experiment auf und mit Neu-Land. Spiel im Spiel, sozusagen.

Das Stück gerät in aufgewühlte Gesinnungssee, und Shakespeare ersinnt ein äußerst subtiles ambivalentes Szenario: Die aktuelle Situation ist zwar tropisch, doch die Vorgeschichte sehr europäisch. Vor zwölf Jahren ist Prospero, der von seinem Bruder Antonio vertriebene Herzog von Mailand, zusammen mit seiner Tochter Miranda hierher verschlagen worden. Jetzt erleidet Antonio dasselbe Schicksal – in Szene gesetzt von Prosperos magischen Kräften. Die Schiffbrüchigen treffen auf ihr früheres Opfer: Europa trifft Europa, mitten im Atlantik, auf einer Insel. Auf einer Insel voll Wilder? Nein. Nicht viele. Eigentlich gibt es nur einen.

Wird hier auf der Nussschalen-Insel ein neues Staatsmodell erprobt? Mit Prospero, dem Herrn der Bücher, der von sich sagt, er habe die politische Macht um seiner Studien willen aus den Händen gegeben

(»mir waren meine Bücher/Als Herzogtum genug«; I,2)[22], an der Spitze? Der noble Exilierte lebt in einer Welt aus Büchern, nach denen er die Welt, wie sie in seinen Büchern steht, gestaltet. Die Ideenwelt des Humanismus auf (unfreiwilliger) Weltreise: Urvater und Tochter als patriarchale heilige Familie treffen auf unbekanntem Territorium auf Unholde, Hexe und wilden Urmenschen. Doch auch die sind letztlich randeuropäische Bastarde – Calibans Mutter, die Hexe Sycorax, stammt aus Nordafrika, offenbar schon damals ein Synonym für ein Land jenseits der europäischen Außengrenzen. Wer dazugehört, wer nicht, ist Definitionssache – und diese Definitionen liefern wir.

Die Stunde der Abrechnung ist gekommen. II. Akt. Die Schiffbrüchigen klettern an Land: Alonso (der König von Neapel), Sebastian (des Königs Bruder), Antonio (der »Usurpator«), Ferdinand (Sohn des Königs), ein paar Edelleute – und der gute alte Hofrat Gonzalo. Alles bessere Leute, die, kaum gerettet, sich bereits wieder etwas anöden und einander wechselweise bespötteln. Und sich alles andere als respektvoll präsentieren. Die Insel in der Hosentasche mitnehmen wollen, als wär's ein Apfel, »und die Kerne [...] ins Meer aussäen, dass mehr Inseln daraus wachsen« (II,1). Nur der rechtschaffene Gonzalo spricht ernsthaft, wenngleich nicht unbedingt überzeugend von den Plänen, die er in die Tat umsetzen würde, »wär ich König hier«, wobei er den erst einige Jahre zuvor erschienenen Essay Montaignes über die Kannibalen zitiert. Doch während Montaigne das Bild eines unschuldigen Naturmenschen zeichnet, wirkt Gonzalos Vorstellung forciert und irgendwie windschief – ein diffuser Mix aus Utopia und »Schlaraffia«:

Ich wollt' im Lande alles anders machen:
Keine Art Handel würde ich erlauben,
Auch nicht Beamte. Bildung gäb' es keine,
Nicht Arm und Reich, und auch nicht Dienstbarkeit.
Auch nicht Vertrag und Erbschaft, Landumzäunung,
Nicht Ackerbau, nicht Weinbau, nichts davon;
Weder Metall, noch Öl, noch Korn würde man brauchen
Und auch kein Handwerk. Alle Männer müßig;

Die Frauen auch, doch rein, in aller Unschuld;
Kein Landesherr …
[…]
Allen gemeinsam würde die Natur
Ganz ohne Schweiß und Mühe alles schenken. –
Verrat, Verbrechen, Schwert, Speer, Messer und
Geschütz, oder auch andere Kriegsmaschinen
Wollt' ich nicht haben. Nur aus freien Stücken
Würde Natur mein unschuldiges Volk
In Fülle nähren. (II,1)

Selbst die gestrandeten Zyniker machen sich lustig über diesen Idealstaat. Der Zuschauer wird zumindest nachdenklich werden und zögerlich im Umgang mit Idealprojekten – wie auch im Umgang mit der stumpfsinnigen Robustheit der königlichen Invasoren nach dem Motto: Komplott – Macht – Mehrwert. Äquivalent das Verhalten der unteren Chargen, die in allem nur die primitive Kopie der europäischen Oberschicht sind. Alonsos Diener Trinculo und Stephano pöbeln und rülpsen sich durch dieses recht traurige Tropenparadies. Doch so menschenleer die Inseln zu sein scheinen, die paar Wesen, die sie bevölkern, haben es in sich: Da ist zum einen der dienstbare Luftgeist Ariel, ein treuer Diener Prosperos. Dienstbar aus Dankbarkeits-Verpflichtung, denn Prospero hatte ihn aus den Händen von Sycorax befreit. Sycorax, »die verdammte Hexe«, ehemalige Bewohnerin dieser verfluchten Insel und Mutter Calibans, des einzigen wirklich hier geborenen Einwohners. Auch sie eine Verbannte, denn sie stammt aus Algier. Man hat den Eindruck, die Bermudas seien um 1600 eine Art menschliches Endlager für gescheiterte oder in der Heimat unerwünschte Europäer – inklusive Nordafrikaner. Ein englischer Autor stellt sich einen italienischen Ex-Politiker vor, der sich eine böse Zauberin vorstellt, die aus Algerien kommt: von dort, wo auch die heutigen Außengrenzen Europas verlaufen.

Gleich zu Beginn also lernen wir Prospero – eben noch im Gespräch mit Miranda und Ariel ganz der wohlwollend abgeklärte Weiße/

Weise – auch von einer anderen Seite kennen: »Giftiger Sklave« oder »Teufelsbrut« sind noch die harmlosesten Anredeformen, mit denen er sich an Caliban wendet.

Shakespeare macht deutlich, wie so ein »Dialog der Kulturen« aussieht: Der Fremde drischt verbal auf den »indigenen« Insulaner ein. Prospero wünscht Caliban die Pest an den Hals, »Krämpfe, dass du nicht atmen kannst vor Seitenstechen« und Qualen aller Art, nennt ihn »Giftsklave [...] gezeugt vom Teufel selber«, »Dreck« und bedauert es, ihn, »verlogner Sklave, den nur Hiebe,/Nicht Wohltaten bewegen«, jemals »menschlich aufgezogen« zu haben. Caliban, der um sein Territorium und seine Freiheit Betrogene, erinnert sich bitter an die Zeit, als er dem Fremden den Zugang zu seinem »Reich« vertrauensvoll geöffnet hatte, und verflucht sich rückblickend selbst dafür, den falschen Versprechungen des Fremden auf den Leim gegangen zu sein: »Fluch mir, daß ich's tat!« (I,2)

Es scheint, als würden sich Samuel P. Huntingtons krude Thesen von einem »Kampf der Kulturen« zumindest insoweit bestätigen, dass das Spiel mit Zuschreibungen und Rassismusklischees seit jeher funktioniert. Jeder spielt demnach (zumindest verbal) die Rolle, die ihm der andere zuschreibt. Hier der Hüter der Vision edler Unschuld, dort das potente »Monster«, das mit einer Calibanisierung droht, welche die Machtverhältnisse auf diesem absolut nicht paradiesischen Eiland drastisch verändern würde. Hier der gütige Lehrer und humanistische Missionar (»Ich hatt' Mitleid/Mit dir, gab Müh mir, sprechen dich zu lehren.«; I,2), dort der »Wilde«, der seine Undankbarkeit provokativ in Szene setzt: »Ihr lehrtet sprechen mich. Was hab ich davon/Als daß ich fluchen kann? Die rote Pest/Lohn Eure Sprache Euch!« (I,2)

Inbesitznahme, Sprachregelung, Normsetzung: Die Trias dieser Verhaltensmechanismen wird exemplarisch vorgeführt und in ihren Konsequenzen ausgeleuchtet. Der überlegene humanistische Protagonist setzt die Norm – mit sanften oder groben Worten, doch immer »alternativlos«.

Der Sturm fällt, wie bereits erwähnt, in die Hochzeit der westlichen Expansion, ist eine Art blinder Fürstenspiegel, der die strategischen Verzerrungen der europäischen Weltwahrnehmung zur Kenntlichkeit bringt. Die Neuvermessung der Welt beginnt mit einer ganzen Serie von Ausgrenzungen.

Mit dem Messer der Stereotypen schneiden wir uns die Wirklichkeit in passgenaue Stücke: ideologische Standards zur Verfertigung einer genormten Welt. In Zeiten rasanter ökonomischer und kommunikativer Umbrüche wie um 1600 gerät auch das Phänomen von Stereotypen und Klischeebildung in Bewegung.

Weltkarten der Zeit versahen die fernen, noch nicht erschlossenen »Randgebiete« oft mit gruseligen Fabelwesen, wie sie in der *Schedelschen Weltchronik* zu sehen sind. Mensch oder Fisch, Exotikum, Schaustück, Bestie: Caliban hat keine Chance. Selbst wenn er aussähe wie Apollo, er bliebe eine »Missgestalt«, mit der man spielt, die man »zähmt«, verhöhnt – und er spielt mit bei dem grausamen Spiel namens »Kolonisation«. Die Gestrandeten machen sich zu Herren der Terra incognita, und der Einheimische mutiert zum »Fremden«. Nicht die Neuankömmlinge, die bereits Vorhandenen müssen sich anpassen.

Shakespeare lässt keinen Zweifel an der Effizienz der Reduktionsstrategie des Westens. Kaum ein Wort über Caliban, das nicht aus dem Mund seines »Besitzers« stammte. »Lehmklotz«, »Schildkröte«, »Hexenbrut«, »wildes Tier«, »Sklave« – die Herrschaftsperspektive der Kultur blendet jedes menschliche Potenzial gezielt aus. Die Mutter Hexe, ihr Sohn ein versierter Vergewaltiger – Klischees, deren Spätfolgen bis in die Gegenwart wirken, werden aktiviert. Shakespeare zeigt, wie Britannia und ganz Europa Individualität vernichtet. Selbsternannte Halbgötter hier, kretinöse »Spottgeburten aus Dreck und Feuer« dort. Die primitivsten Klischees scheinen die wirksamsten zu sein, und Generationen von Shakespeare-Exegeten und -Interpreten gehen dem Text auf den Leim und lassen tatsächlich ein lallendes, dunkles Monster über die Bühne torkeln.

Als Diener, Schaustück, Trophäe, Exotikum akzeptiert, ja umworben, wird dasselbe Individuum in dem Moment dämonisiert, in dem

Vermischung droht. Als Sexualobjekt oder erotisierendes Element durchaus erwünscht, erfährt der Fremde immer dann besonders nachdrückliche Ablehnung, wenn er Ansprüche eines Sexualsubjekts artikuliert. Dies betrifft etwa Calibans Annäherungsversuch an Miranda, die Prospero als brutalen Vergewaltigungsversuch kolportiert – was Caliban prompt aggressiv mit einem »biologischen« Argument erwidert:

Prospero: […] du versuchtest, meinem Kinde hier
Gewalt zu tun!.
Caliban: Haha! Ich wollt, ich hätt es!
Du störtest mich! Sonst hätte ich diese Insel
Mit Calibans bevölkert! (I,2)

Prosperos Befürchtungen machen sich exakt an jener Stelle der Kontaktaufnahme fest, die – biologisch – zur Vermischung führen würde. Ohne dass der Begriff der »Reinheit« fallen müsste, erfolgt hier nahezu reflexhaft Abwehr. Eine Tradition, die sich bis in die Gegenwart fortgesetzt hat.

Shakespeares Bild ist skeptisch und in hohem Grade zivilisationskritisch. Es zeigt »die Wilden« nicht nur als Opfer, und die Eroberer sind keineswegs Heilsbringer und Hochkulturrepräsentanten. Natürlich werden Dramenkonventionen gewahrt. Eine huldvolle »Clementia«-Geste wird das Ganze formal beschließen – Prospero entlässt Ariel und Caliban in die Freiheit, wirft seine Bücher ins Meer und bittet, entzaubert und geschwächt, im Epilog um Milde:

Ab tat ich alle Zauberein,
Und was an Kraft ich hab, ist mein,
Und die ist schwach. […]
[…]
Laßt mich nicht hier nun am öden Gestade,
Sondern macht meiner Verbannung ein Ende
[…]
So wie *ihr* von Verbrechen begnadigt wollt sein,
Laßt *eure* Gnade nun mich befrein!

Deshalb von »versöhnlichem« Grundton zu reden, wäre aber absurd. Es geht keineswegs um einen symbolischen Sieg der »Zivilisation« über die Natur oder den Triumph von Bildung und Kultur über die »Barbarei«. Der Konstrukt- und Projektionscharakter dieser Bilder kann nicht stark genug betont werden. Shakespeare jedenfalls wollte genau das Gegenteil: Er schiebt Bild und Wirklichkeit der Kulturen dramaturgisch geschickt gegeneinander und desavouiert »Ideologien« – allenfalls das neue Liebespaar Miranda und Ferdinand bleibt als akzeptabel in Erinnerung.

Ansonsten wird »Europa« gezwungen, über sich und auch über seine Fremdwahrnehmungsmechanismen kritisch, vielleicht sogar selbstkritisch nachzudenken. Zum Beispiel über den Reflex, jedes noch so exotische Phänomen ausschließlich auf sich bezogen zu beurteilen, zu besetzen, zu bewerten – eine Prozedur, die in *Der Sturm* geradezu holzhammerhaft deutlich vorgeführt wird.

In dieser Phase der europäischen Weltüberwältigung vollzieht sich gleichzeitig ein Umbruch im europäischen Denken. So erscheint der Glaube an die Macht der (europäischen) Kultur, an den Wert einer hierarchischen Ordnung, an unser logozentrisches Weltbild plötzlich in ein problematisches Licht gerückt, wenn auch nicht widerlegt. Shakespeares Stück lotet behutsam das Terrain anderer Vorgehensweisen aus – weit näher an Montaigne als an den nassforschen oder frömmlerischen Erobererlosungen. Montaignes skeptische Erkenntnis in Bezug auf die eigene Identität ist keine Garantie für eine entsprechend skeptische Akzeptanz des Anderen:

> Wir bestehen alle nur aus buntscheckigen Fetzen, die so locker und lose aneinanderhängen, daß jeder von ihnen jeden Augenblick flattert, wie er will; daher gibt es ebenso viele Unterschiede zwischen uns und uns selbst wie zwischen uns und den anderen.[23]

Dennoch stellt dieser dissoziierte, selbstrelativistische Ich-Befund den einzig möglichen Einstieg in einen wirklich kreativen Umgang mit dem Fremden dar. Während das bisher skizzierte Modell die Unterdrückung des Fremden fordert und, weil es sie erfordert, legitimiert, öffnet sich durch den Entwurf des »schwächlichen«, zerfaserten Ich die Möglichkeit einer ersten antirassistischen, antikolonialistischen Denk- und Empfindungsmöglichkeit.

Oder unterliegen wir mit dieser Einschätzung doch einem neuen Wunschdenken, einem logischen Denkkurzschluss? Es gehört zu den elaborierten Argumentationsformen des Westens, die fundamentalistische, egomanische Seite auf subtile Art und Weise aus dem Bereich des eigenen Verhaltens auszulagern und auf die »Anderen« zu projizieren: Caliban und Shylock, »Kannibalen« und »Juden« als Antagonisten des Zivilisierten werden in eben jener Zeit erfunden, als eine Flut von Reiseberichten und Kosmographien die Menschen anderer Kulturen »entdeckt«.

Doch eine positiv ausgerichtete Philosophie der »Vermischung« steht bis heute aus. Der »Mischling« und der »Fremdling« sind Negativfiguren der Gesellschaft geblieben. Calibans Weg als literarische Figur führt ins Desaster. 1878 wird der französische Kulturphilosoph Ernest Renan ihn in *Caliban. Suite de la tempête* als »gewalttätigen, missgestalteten Sklaven« diffamieren. Nicht zur Öffnung, sondern – im Gegenteil – zu einer Verhärtung der Position der Ausgrenzung und Abschottung war man auf der Reise in die Kolonien gelangt.

Aimé Césaires (1913–2008) späte antikolonialistische, politische Adaptation des Stückes, *Ein Sturm (Une Tempête)*, versucht dies – eng angelehnt an den Text der Vorlage – herauszuarbeiten. Provokativ wird Caliban sich hier selbst seines Namens »berauben«:

> Nenne mich X. Das ist besser. Als sagte man: Mensch ohne Namen. Noch genauer, der Mensch, den man seines Namens beraubt hat. Du sprachst eben von Geschichte. Nun, das ist Geschichte, und eine berüchtigte dazu. Jedesmal, wenn du mich rufst, wird mich das an die grundlegende Tatsache erinnern, dass du mir alles bis hin zu meiner Identität gestohlen hast.[24]

Das europäische Herrschaftsmonopol durch Wissen sollte noch lange Bestand haben. Und im Grunde schwingt etwas von diesem oft unbewussten Überlegenheitsgefühl bis in die Gegenwart mit. Ob die Amerikas oder Afrika, ob Indien oder der ferne Osten – unser gnadenloser und auch etwas hirnloser Eroberungs- und Missionierungsreflex hat uns weit gebracht. Viele der Wunden, die wir schlugen, schienen lange Zeit vernarbt. Doch jetzt, im beginnenden Zeitalter einer neuen Migration, brechen sie wieder auf. Bereits 1982 hat Salman Rushdie die Situation mit seinem Artikel »The empire writes back with a vengeance« auf den Punkt gebracht.[25] Wir sollten nicht so tun, als ob wir überrascht wären und nicht recht begreifen könnten, was vor sich geht. Ein Blick in Shakespeares *Sturm* genügt, um zu verstehen. Und dieses Stück kennen wir seit 400 Jahren.

15 Siglo de Oro: das »goldene Zeitalter«?

Ob es so etwas wie Schicksals- oder Schlüsseljahre in der Geschichte von Nationen gibt, darf bezweifelt werden. Doch das Jahr 1492 war zumindest für Spanien von derart herausragender Bedeutung, dass man beinahe versucht wäre, in diesen Kategorien zu denken. Anfang 1492 kapituliert der letzte Emir von Granada und übergibt die Stadt den »katholischen Königen« von Spanien, den »Reyes Católicos«, wie man sie später nannte.[26] Damit endet die fast 800-jährige muslimische Herrschaft auf der Iberischen Halbinsel. Mit dem triumphalen Abschluss der »Reconquista«, der Wiedereroberung Spaniens durch die Christen, gaben Ferdinand von Aragonien und Isabella von Kastilien ihren über zehn Jahre dauernden Widerstand gegen zusätzliche Geldausgaben auf und gewährten dem Genueser Seefahrer Christoph Kolumbus drei Schiffe, Mittel und umfangreiche Privilegien, um den Seeweg nach Indien auf einer Westroute zu suchen. Die Geschehnisse stehen also in unmittelbarer Verbindung miteinander. Die »Conquista« Amerikas und die »Reconquista« Spaniens sind Teil eines Denkens. Nicht nur die Neue Welt wurde also »entdeckt«, vermessen und radikal umgestaltet – zugleich »entdeckte« sich Europa neu: Der zerrissene und zerstückelte Kontinent schickte sich an, die Welt zu erobern, sie nach seinen Maßstäben einzurichten und sich parallel dazu von allem zu befreien, was ihm fremd erschien. Dieser Logik zufolge musste alles weg, was an den »Orient« und an Vermischung erinnerte, Araber, *moriscos,* Juden: Zehntausende, die sich weigerten, den christlichen Glauben anzunehmen, mussten das Land verlassen.

Es begann die große »Säuberung«. Eine Art kultureller Flurbereinigung mit unabschätzbaren Folgen. Bis zu diesem Zeitpunkt war die ehemalige römische Provinz Hispania, wie kaum eine andere europäische Gegend, ein Schmelztiegel der Völker. Nachfahren der Iberer oder Kelten lebten mit Einwanderern und Eroberern aus dem Norden sowie der ganzen Mittelmeerwelt zusammen, mit Germanen und Westgoten, Phöniziern und Karthagern, Arabern und Berbern. Juden, Muslime und Christen praktizierten ihren Glauben in engster Nachbarschaft. All dies unter den Vorzeichen dessen, was man als das Prinzip der »*convivencia*«, des Zusammenlebens feiert.

Das Alhambra-Edikt aus dem Jahr 1492 besiegelte das abrupte Ende einer zu Recht immer noch bewunderten kulturellen Blütezeit, die sich durch ein solches Nebeneinander ausgezeichnet hatte. Mittlerweile erscheint die Phase dieses interkulturellen Austauschs geradezu als ein Wunder, das heutzutage allenfalls gesteigertes kulturtouristisches Interesse erregt. Relikt einer halb vergessenen Zeit, die jedoch mehr verdient als nostalgische oder schwärmerische Zuwendung. Es handelte sich dabei faktisch um nichts Geringeres als den Beweis, dass Menschen unterschiedlicher kultureller Prägungen auf ein und demselben Territorium koexistieren können. Europa hatte gezeigt, dass dies möglich ist und sogar zu wechselseitiger mentaler Bereicherung führen kann. Selbst unter schwierigen Umständen. Heute schwärmt man von dem, was man damals wissentlich zerstörte und was jahrhundertelang funktioniert hatte.

Das faszinierendste Beispiel für Möglichkeiten kulturellen Austauschs auch unter schwierigen Bedingungen ist al-Andalus, also der zwischen 711 und 1492 muslimisch beherrschte Teil der Iberischen Halbinsel. Während langer Perioden, vor allem seit der Zeit des Kalifats von Córdoba (929–1031), war al-Andalus ein Zentrum der Gelehrsamkeit, der Kunst und Wissenschaft, sowohl des Mittelmeerraums als auch der islamischen Welt. Mit etwa 500 000 Einwohnern war Córdoba damals die größte und wohlhabendste Stadt Europas. Die Werke seiner wichtigsten Philosophen und Wissenschaftler, insbesondere die Schriften von Averroes, hatten großen Einfluss auf die intellektuelle

Entwicklung des mittelalterlichen Europa, seine Bibliotheken und Universitäten waren weltberühmt.

Averroes, arabisch Ibn-Ruschd, 1126 in Córdoba geboren, wurde zu einem der großen Vermittler zwischen Orient und Okzident. Er trat vor allem als Kommentator der Werke von Aristoteles in Erscheinung und forderte auf dessen gedanklichen Spuren eine kritische Reflexion der Muslime über ihre Religion. Auch einzelne Verse des Koran wurden einem rationalistischen Stresstest unterzogen. Doch schon die Tatsache, dass viele antike Quellen allein auf dem Umweg über arabische Übersetzungen wieder in den Westen kamen, ist bemerkenswert.

Auch in Toledo, das zu Lebzeiten von Averroes längst zurückerobert war und seit 1085 unter christlicher Herrschaft stand, war ein Zusammenleben von Juden, Arabern und Christen möglich. Das Toleranz-Gen von al-Andalus wirkte sozusagen durch die Grenzmembran hindurch. Gelehrte aus vielen Ländern kamen hierher, um Übersetzungen wissenschaftlicher Literatur aus dem Arabischen ins Lateinische anzufertigen.

Der bekannteste von ihnen war Michael Scotus (um 1175 – um 1235), der die Werke von Averroes und Avicenna später nach Italien brachte. Dieser internationale Wissenstransfer hatte starken Einfluss auf die Entstehung der Scholastik im christlichen Europa.

Die Gesellschaft von al-Andalus, aber auch in anderen Teilen Spaniens, setzte sich aus Christen, Muslimen und Juden zusammen, die in sicherlich nicht spannungsfreier, aber prosperierender Koexistenz zusammenlebten. Es ist nicht einfach zu beurteilen, inwieweit nur von Duldung beziehungsweise Akzeptanz oder wirklicher Toleranz gegenüber anders Denkenden, vor allem anders Glaubenden zu sprechen ist; immerhin war es möglich und offenbar erwünscht, dass Gläubige unterschiedlicher Religionen und Gruppen unterschiedlicher ethnischer Herkunft über geraume Zeit hinweg zusammenlebten. Nicht unbedingt in einem plurikulturellen Wellnesspool, doch zumindest so, dass man miteinander auskam und voneinander profitierte.

Nach dem finalen Sieg über die Mauren war es mit dieser Toleranz vorbei. Und mit dem fatalen Edikt, das paradoxerweise den Namen genau jenes Bauwerks trägt, das mittlerweile als Weltkulturerbe Millionen in die Kassen Spaniens spült, der maurischen »Alhambra«, war das Ende aller plurikulturellen Experimente gekommen. Europa zeigte ein anderes Gesicht.

Nicht, dass dieser streitbare und häufig in sich zerstrittene Kontinent bis zu diesem Zeitpunkt ein Refugium friedlichen Zusammenlebens gewesen wäre. Doch trotz aller ideologischen Auseinandersetzungen gab es immer wieder Grauzonen und Nischen der Verständigung und des Austauschs – sogar während der Kreuzzüge. Jetzt, in der frühen Neuzeit, wurde zum ersten Mal ein systematisches Programm daraus: das der Monokulturalität, der Eindeutigkeit, der Undurchlässigkeit für Fremdes. Europa griff gleichzeitig von innen und außen an.

Mehr als zehn Jahre hatte Kolumbus auf diesen Moment warten müssen, bevor die Katholischen Könige ihn auf die große, weltverändernde Reise schickten. Kein zweiter Mensch, so die Botschaft des Historikers Charles C. Mann, habe das Antlitz der Erde ähnlich drastisch verändert wie Kolumbus. Nicht nur für Amerika, sondern auch für Europa, Asien und Afrika habe mit seiner Überquerung des Atlantiks ein neues Zeitalter begonnen. Doch der Italiener im Dienst der spanischen Krone war kein Einzelfall, so wie Spanien beileibe nicht die einzige europäische Macht war, die auf Expansionskurs ging. Der Nachbar und Rivale Portugal erwarb im Verlauf des 16. und 17. Jahrhunderts Kolonien in Amerika, Afrika, Arabien, Indien, Südostasien und China. Das Vereinigte Königreich wurde die größte Kolonialmacht der Geschichte mit Kolonien und Protektoraten auf jedem der bewohnten Kontinente. Frankreich engagierte sich sowohl in Nordamerika wie später in Nordafrika.

Auch protestantische Länder wie die Niederlande folgten diesem Trend, wobei die Niederlande anfangs allein auf ökonomischer Basis arbeiteten – die Gründung der Niederländisch-Ostindischen und der

Niederländisch-Westindischen Kompanie waren herausragende Resultate dieser Strategie.

Der mehr oder weniger rabiat ausgetragene expansive Vorstoß führte in allen genannten Fällen zu einer zumindest zeitweiligen Steigerung des kollektiven Selbstverständnisses, ganz gleich ob Monarchien oder Republiken. Spanien und die Niederlande feierten ihr »goldenes Säkulum«, England zelebrierte seine »Glorious Revolution« und sah die vorangegangenen Bürger- und Religionskriege als beendet an, Frankreich vollendete seinen Weg hin zur absoluten Monarchie. Und im Spanien Karls V. und Philipps II. ging sprichwörtlich die Sonne nicht mehr unter. Die Exklusion oder Eroberung alles Fremden führte zu einer Inklusion der jeweiligen »nationalen« Binnenkräfte.

Unter den Koordinaten dieser rabiaten, überdimensionierten Expansionseuphorie war es nicht einfach, den Raum der Künste neu zu bestimmen. Welche Folgen hatten diese gewaltigen Umschichtungen für die Arbeit der Künstler? Auf welche Art und Weise würden sich literarische Texte in diese machtpolitische Gemengelage einschreiben, wie visuelle Medien mit den Wahrnehmungen ihrer Zeit umgehen? Würde man sich in den Dienst der »gemeinsamen Sache« stellen? Würde man gehorchen oder gegensteuern?

Die Architektur hatte es vergleichsweise leicht, sich in den neuen, pompösen, prunkvollen, auf Dominanz ausgerichteten Rahmen einzupassen. Der Michelangelo-Schüler Juan Bautista de Toledo (um 1515–1567) entwarf, dem Wunsch des düsteren, asketischen Regenten Philipp II. entsprechend, mit dem Escorial ein Albtraumschloss der Macht, eine Klosterburg, die asketische Strenge verströmt und keinen Widerspruch duldet. Ihr Grundriss imitiert den glühenden Rost, auf dem Laurentius – Patron des Klosters – sein Martyrium erlitt. In den gigantischen Ausmaßen der 1584 nach rund zwanzigjähriger Bauzeit fertiggestellten Anlage materialisiert sich der Weltherrschaftsanspruch und intolerante Katholizismus dieses »Königs der Scheiterhaufen«, der sich mit Hilfe der Inquisition auch zum Herrscher der Seelen machen wollte.

Auch viele Kirchen der Zeit wurden zu einer Art himmlischem Escorial. Oft machen sie mehr den Eindruck übersteigerter Machtkulissen denn spiritueller Andachtsstätten. Umso wichtiger wurde – mit einer gewissen Verzögerung – die Funktion der Literatur als Korrektiv und Reflexionsmedium der überbordenden Machtstruktur. Die spanische Literatur des 17. Jahrhunderts barst schier vor Kreativität und produzierte Figuren von verstörender Widerständigkeit wie Don Quijote und Don Juan. Mit Pedro Calderón de la Barca (1600–1681), Lope de Vega (1562–1635) und Tirso de Molina (1579–1648) treten herausragende und extrem produktive Autoren auf den Plan. Miguel de Cervantes (1547–1616) schreibt den weltweit berühmtesten aller Ritterromane, Maler wie Diego Velázquez (1599–1600), Bartolomé Esteban Murillo (getauft 1618–1682) und El Greco (1541–1614) porträtieren die der Öffentlichkeit abgewandte Seite der Wirklichkeit ebenso virtuos wie gnadenlos realistisch, ob es sich nun um Armut, Alter, Wahnsinn oder Perfidie handelt. (Siehe Abbildungen 39 und 40 in Tafelteil 2.)

Den gleichen schonungslosen Blick auf das immer größer werdende Gefälle zwischen pompösem Anspruch und oft kläglicher Realität machen die Dramen der zeitgenössischen Autoren auf ihre Weise sichtbar. In seiner Komödie *Das Leben ist ein Traum* (1634/5) setzt Calderón ein kühnes Experiment mit der Wirklichkeit in Szene. Die zentrale Frage ist dabei, ob es möglich ist, das Schicksal, das in den Sternen steht, zu überlisten. Das jedenfalls versucht der polnische König Basilius, nachdem er – Amateur-Astronom, der er ist – befürchtet, sein Sohn Sigismund werde das Land in eine Tyrannei verwandeln. Um dies zu verhindern, wirft er ihn bereits als Kind in ein Verlies. Eine Isolationshaft, die den Heranwachsenden zu einer Art Kaspar Hauser werden lässt. Von der Außenwelt erfährt er ausschließlich durch seinen Lehrmeister Clotaldo.

So abgeschirmt lebt er bis zu seiner frühen Jugend wie in einer Blackbox. Erst als sich die Frage der Nachfolge stellt, wagt der König den Versuch, seinen Sohn mit der »Wirklichkeit« zu konfrontieren. Sigismund wird betäubt und erwacht in einer neuen Welt, die er bis zu diesem Zeitpunkt nicht kennt – und die doch seine eigene, seine eigentliche, die wirkliche Welt ist. Mit allen Privilegien ausgestattet und im Wissen um seine Identität, reagiert er zum Entsetzen seiner Umwelt genauso wie vorhergesagt: Er wird prompt zum Mörder, tyrannisiert seine Umgebung und verfolgt Frauen mit brutaler Gewalt. Daraufhin wird der missglückte Menschenversuch ebenso schnell abgebrochen, wie er zustande kam, und Sigismund landet wieder in Sicherungsverwahrung: Der Tag der Regentschaft unter falschen Vorzeichen soll ihm wie ein flüchtiger Traum erscheinen.

Das Spiel mit Wahrnehmungs- und Wirklichkeitslenkung ist damit aber nicht beendet. Kurz darauf wird Sigismund von Aufständischen befreit und wiederum in seine wirkliche Rolle zurückversetzt – freilich nun als ein Verwandelter, der aus seinen Fehlern und Verfehlungen gelernt hat und zu einem guten Herrscher mutiert erscheint.

Dass man die didaktische Absicht hinter dieser Komödie deutlich spürt, tut ihrer Wirkung keinen Abbruch. Im Gegenteil: Die Achterbahnfahrt der Gefühle, der Verlust der Koordinaten verleiht ihr eine geradezu postmoderne Dimension. Virtuelle und reale Welten trudeln, gesteuert von unsichtbaren Mächten, durcheinander und lassen den Verlust der Ordnung und Willkürlichkeit, unserer Zuordnungen und Scheinsicherheiten existenziell greifbar werden. Mehr als zutreffend für eine Welt vollständiger Überwachung und Manipulation.

Liest man die Literatur der Zeit, glaubt man sich in ein Spiegelkabinett der Täuschung und Selbsttäuschung versetzt, das mit dem Schlagwort vom »Spiel im Spiel« nur unzureichend umschrieben wäre. Nicht nur Calderón und Lope, auch Christopher Marlowe, William Shakespeare und andere arbeiten sich wieder und wieder an diesem Thema ab. Hier werden, gleichsam im Vorgriff, Strukturen sichtbar, die oft sehr viel später in voller Prägnanz dechiffriert und aufgelöst werden – und ans Tageslicht treten. Bisweilen als historische Figuren aus Fleisch und Blut: zum Beispiel in Gestalt des aus Aragón stammenden Roderic Llançol i de Borja, alias Borgia, dem es nicht nur gelingt, mittels Bestechung zum Papst gewählt zu werden, sondern mittels eines perfekten Spitzel- und Erpressungssystems die Fäden der Macht so unentwirrbar in Händen zu halten, dass keines seiner Opfer eine Chance hat, ihm zu entgehen. Strukturen, die länderübergreifend zum Wesensmerkmal dynastisch organisierter Familienclans werden. Noch in seinem am spanischen Hof zu der Zeit Philipps II. spielenden Familiendrama *Don Carlos* wird Friedrich Schiller retrospektiv und zugleich mit einem scharfen Blick auf sein eigenes höfisches Umfeld dieses System der Überwachung, Kontrolle, Bestrafung, aus Tapetentüren und Fallgruben einer gnadenlosen Analyse unterziehen. Wenn am Ende die geisterhafte Erscheinung des greisen, blinden Inquisitors aus der Kulisse hervortritt und selbst den König als Marionette unsichtbarer Mächte demaskiert wird, wird die perfide Mechanik dieses Systems vollends durchschaubar gemacht.

Sehnsucht nach Ordnung und Eindeutigkeit in einer Zeit, in der genau diese Koordinaten der Wahrnehmung ihre Verlässlichkeit verlieren – diese ebenso bestürzende wie kreative Erfahrung war für den Alltag der Bürger wohl ebenso bestimmend wie für die Arbeit der Künstler. Hin und her gerissen zwischen den strengen Dogmen, Regularien und Erwartung von Kirche, Hof und Aristokratie und dem Wunsch nach Freiheit, probte man insgeheim doch bereits permanent den Aufstand gegen die Vertreter der alten Ordnungen.

Lope de Vega, zu Beginn seiner Laufbahn wegen einiger Spottgedichte auf offener Bühne verhaftet und für mehrere Jahre im Gefängnis, setzte den Kampf gegen das starre Autoritätsgefüge im Verlauf der folgenden Jahrzehnte in Hunderten seiner volksnahen *Comedias* fort. Am intensivsten in einem seiner bekanntesten Stücke, das die authentische Geschichte eines blutigen Bauernaufstandes gegen die Willkürherrschaft des Adels suggestiv in Szene setzt: *Fuenteovejuna*. Das Kollektiv, einfache Bauern, ermordet einen grausamen und despotischen Lehnsherrn nach einer Reihe brutaler Übergriffe. Einer der sexuell angegriffenen Frauen, Laurencia, gelingt es in einer fulminanten Rede, das gesamte Dorf hinter sich zu bringen und es zur Rache aufzustacheln. Die grausame Hinrichtung des Gewaltherrschers durch das Volk ist die Konsequenz. Bei der anschließenden Untersuchung lässt sich kein Schuldiger ausmachen, denn die gesamte Bevölkerung verschanzt sich solidarisch hinter der Aussage: »*Fuenteovejuna lo hizo*« (»Fuenteovejuna hat es getan«). Der König sieht sich außerstande, die Bewohner des mutigen Dorfes zu bestrafen, im Gegenteil, er unterstellt sie von nun an seinem persönlichen Schutz. Ein versöhnliches, man könnte auch sagen beschwichtigendes Ende für ein tendenziell vorrevolutionäres Stück. Auch wenn ein König alles unter Kontrolle zu haben scheint, deutet sich hier bereits die Idee eines Systemwandels an – die Plebejer proben zumindest den Aufstand.

Doch es muss nicht immer die politische Revolte, der unmittelbare Versuch sein, die politische Macht umzustürzen. Die europäische Literatur des 17. und 18. Jahrhunderts spielt wieder und wieder mit Ideen anderer, nicht minder wirksamer Formen der Subversion und des Widerstands. Bezeichnenderweise hat genau das rigide absolutistische System, für welches das spanische »Siglo de Oro« eben auch steht, den sogenannten »Schelmen- und Pikaroroman« hervorgebracht. Hier wird die Welt von »ganz unten«, aus der Perspektive der Ausgegrenzten und Außenseiter geschildert und erlebt, freilich auch intelligent und gerissen hinters Licht geführt.

Der anonym veröffentlichte *Lazarillo de Tormes* (1552) ist Pionier dieses revolutionären Genres, in dem die »kleinen Leute« zumindest literarisch an die Macht kommen und einen gewissen – durch verschiedene Zugeständnisse erkauften – Aufstieg erlangen können. Ein Erfolg, der sie nicht unbedingt glücklicher macht, wenn man an das Resümee des Protagonisten denkt: Aufstieg geschafft, Ehre verkauft, lautet sein bitterer Kommentar.

Dennoch, die Invasion der »Landstörtzer«, wie die deutschen Übersetzungen sie nennen, schreitet voran, wobei der Bestseller (23 Auflagen in wenigen Jahren) *Guzmán de Alfarache* (1599) des Mateo Alemán (1547–1614), selbst ein halber Freibeuter und Schiffbrüchiger des Lebens, durch seinen drastischen Realismus heraussticht. Auch *La vida del Buscon* (1626) des großen Skeptikers und meisterhaften Stilisten Francisco de Quevedo (1580–1645) ist hier zu erwähnen. Unterprivilegierte und Außenseiter halten dem System einen Spiegel vor. Sie reflektieren wortgewaltig, illusionslos und ohne falsche Rücksichtnahme über den Gang der Welt und über den Zustand der Gesellschaft und deren Auflösungserscheinungen zu einem Zeitpunkt, der gemeinhin als Spaniens Gipfel gilt.

Diese allmähliche »Umwertung aller Werte« greift auf alle Stände und Klassen über und findet sowohl im Roman wie auf der Bühne statt. Der Don Juan in Tirso de Molinas gleichnamigem Erfolgsstück wird zwar ständig von Frauen, Dienern und empörten Moralisten verfolgt und schließlich von einem Gottesgericht heimgesucht und bestraft – vorher aber siegt vier Akte lang seine mitreißende Frechheit, mit der er sich über alle Gesetze des Anstands und der Sitten erhebt und mit allen gesellschaftlichen Regeln nur zu spielen scheint. Dass man den Serienverführer unschuldiger Mädchen nicht bloß verflucht, sondern klammheimlich auch bewundert, zeigt sich an der zeitgenössischen Rezeption des *Don Juan* ebenso wie an seiner nachhaltigen europaweiten Wirkung: Molière, Mozart, Grabbe, E.T.A. Hoffmann und Max Frisch, um nur einige wenige zu nennen, werden den Stoff aufgreifen und mit neuer Akzentuierung bearbeiten. Aus dem jungen, draufgängerischen Provokateur wird im Laufe der Jahrhunderte ein hedonistischer Spötter, ein in die Jahre gekommener Zyniker, der seine Opfer mit schäbigen Versprechungen bei ihren Sehnsüchten und Schwächen abholt und in den Ruin führt. Später, in der Romantik, wird er trotz all dieser Defekte zu einem notorischen Betrüger und dämonischen Verführer.

Underdogs, Provokateure und »Landstörtzer« machen sich auf den Weg und durchstreifen ganz Europa. Der vielleicht bekannteste unter ihnen ist der Titelheld von Hans Jakob Christoffel von Grimmelshausens *Der Abentheuerliche Simplicissimus Teutsch* (1669). Die Geschichte führt den anfangs unbedarften Bauernjungen durch die Höllen des Dreißigjährigen Kriegs, deren Grausamkeit er nur durch die Annahme der Rolle eines Toren halbwegs zu entgehen vermag. Jeder auch noch so kurzfristige Erfolg wird durch neue bittere Erfahrungen zunichtegemacht. Zurück bleibt ein Geschundener, Gebeutelter, ein Spielball der Willkür und der Zufälle. Ein Verschollener.

Es ist frappierend zu sehen, wie früh die Gegenstimme der Literatur darauf beharrt – allem Druck zum Trotz –, die dunklen Zonen der Systeme auszuleuchten. Und die zerstörerische Macht von Systemen zu zeigen. Nicht abstrakt, sondern anhand konkreter Einzelfälle und höchst eigenwilliger Individuen. Grimmelshausen schrieb noch weitere Romane, die thematisch an den *Simplicissimus* anknüpfen, wie die Geschichte der *Landstörtzerin Courasche* (1670), die wiederum Bertolt Brecht zur Vorlage für seine *Mutter Courage* (1938/39) diente.[27]

Krumme, verbogene Charaktere, die im Gedächtnis der Leser mehr haften bleiben als alle Helden, Lichtgestalten und Idealfiguren der hohen Literatur. Allen voran Don Quijote de la Mancha – der Ritter von der traurigen Gestalt.

Don Quijote hat sich zwar in unserem Bewusstsein als Ikone versponnener Harmlosigkeit und als Märtyrer des Romantischen festgesetzt. Die Wirklichkeit jedoch sieht anders aus, als es das Bild des ohnmächtigen Kämpfers gegen Windmühlen, Riesen, Zauberer vorspiegelt.

Der Don macht es seiner Umwelt nicht gerade leicht. Sein persönlicher Kampf gegen den Terror ist nicht frei von terroristischen Elementen. Und nicht frei von Widersprüchen, zumindest Anachronismen. Immerhin lebt man im 17. Jahrhundert, nicht im Mittelalter. Doch er gebärdet sich wie ein Kreuzritter oder Minnesänger – ein Serientäter in Sachen Gerechtigkeit wie Don Giovanni es in Sachen Erotik ist. Der braucht freilich keine Bücher als Handlungsvorlage. Don Quijote hingegen ist ein frühes Opfer der (Inter-)Textualität. Fehlgeleitete Lektüre als Symptom einer ausgewachsenen Midlife-Crisis.

Der Mann ist kein Jüngling, sondern in den Fünfzigern, ledig, Frühaufsteher, hager, Müßiggänger. Landadel. Bescheidener Wohlstand, Haushälterin Mitte vierzig, Nichte (Anfang zwanzig) lebt im Haus. Bisher offenbar verhaltensmäßig unauffällig. Einziger Exzess: Bücher, Romane, Ritter-Romane – Fluten heroischer Fantasy-Literatur. Der Erzähler kommentiert trocken:

> Kurz, er versenkte sich so tief in die Bücher, dass er über ihnen die Nächte vom letzten bis zum ersten Licht und die Tage vom ersten bis zum letzten Dämmer verlas, und der knappe Schlaf und das reichliche Lesen trockneten ihm das Gehirn ein, so dass er den Verstand verlor.[28]

Schwärmerischer Minne-Dienst von Rittern ist bedenklich; die imitierende Selbstverwandlung in einen verspäteten Pseudo-Ritter ist, der Verfasser lässt keinen Zweifel daran, Verrücktheit, »*loco*«, geht sie doch mit einer Totaltransformation des Denkens, des Empfindens und des konkreten Verhaltens einher. Der Don ist Gestalt gewordene Andersartigkeit, bekennendes Wesen vom anderen Stern, durch und durch, innerlich und äußerlich. Die wirkliche Herausforderung beginnt immer dann, wenn Konzeption und Wirklichkeit aneinandergeraten. Und sei es in Gestalt seines Dieners, des bodenständigen Sancho Pansa.

Zum ersten Mal in der Literatur der neueren Zeit geht solch eine Paarung in Szene. Sicher, es gibt Ritter und ihre Knappen, doch Helden wie Odysseus oder Parsifal dulden keine komplementären Begleiter. Selbst problematische, schwächelnde und verrückte Figuren wie Hamlet und Lear sind letztlich auf sich selbst gestellt. Es ist schon etwas Besonderes, dass gerade diejenige Figur, deren Lebensform eine Art freiwilliger Isolationshaft (im offenen Vollzug) darstellt, nie alleine, sondern immer zu zweit ist. Damit ist ein Prototypus erfolgreicher Figurenkonstellationen für die Zukunft in Gang gesetzt: Die Reihe reicht über Diderots aufklärerischer *Don-Quijote*-Paraphrase *Jacques der Fatalist und sein Herr* bis hin zu Günter Grass' Tag-und-Nachtschatten-Paar Fonty und Hoftaller in *Ein weites Feld*, von Sherlock Holmes und Dr. Watson bis hin zu Laurel und Hardy oder Asterix und Obelix …

Psychologische, vor allem aber auch erzähltechnische Gründe mögen Cervantes zu dieser Konstellation geführt haben. Um das Interesse an einem autistischen Extremisten wie dem Don über 1400 Seiten nicht ermüden zu lassen, ist es zwingend geboten, nach der inneren Motivation und Disposition dieser Figur zu fragen. Ungefähr 150 Jahre später wird die Gattung des Romans generell zum Medium der Innenschau, der Selbsterkundung. Was im Drama meist nur ein kürzerer Moment ist – der Monolog auf offener Bühne –, ist im Roman Normalität. Fast gleichzeitig mit dem *Don Quijote* entstehen große Dramenfiguren wie König Lear und Hamlet mit ihren Glanzlicht-Hochglanz-Monologen, die man fast besser kennt als die Stücke selbst. Cervantes kann auf dieses Mittel verzichten, denn die allzeit präsente, allzeit zur Verfügung stehende Figur des Sancho funktioniert wie ein Hohlspiegel zum Ausleuchten des Don, der sich ihm gegenüber erklärt, rechtfertigt, der ihn belächelt, korrigiert, beschimpft.

Es handelt sich zwar um ein Herr-Diener-Verhältnis, allerdings ist Sancho eine der emanzipiertesten Dienerfiguren der Literatur. Don Giovannis Leporello verflucht seinen Herrn nur insgeheim, meist beneidet und bedient er ihn. Und noch die freundschaftlich zugewandte Franziska in Lessings *Minna von Barnhelm* wird in den entscheidenden Momenten von ihrer Herrin sprichwörtlich zur Minna gemacht. Das Verhältnis zwischen Don Quijote und Sancho Pansa aber ist nur der Form nach noch aristokratisch oder hierarchisch. Innerlich ist es geradezu basisdemokratisch: Sie küssen, schlagen, lieben und brauchen sich, dass es eine Wonne ist, plündern einander solidarisch aus und wollen zweistimmig das Beste: Don Quijote will – auf seine Art – das Beste für die Welt, wie er sie sieht; Sancho begnügt sich damit, das Beste für seinen merkwürdig altruistischen Herrn und ein wenig auch für sich selbst zu wollen. Und da Don Quijote letztendlich seinerseits Sancho etwas Gutes tun will, entsteht hier eine Alchemie, gegen die ein Gemisch aus Pech und Schwefel geradezu labil erscheint.

Zugleich ist dieses Gemisch jedoch hochexplosiv oder – um es im Bereich der Klänge auszudrücken – extrem dissonant. Eine Harmonie der Missklänge zwischen zwei Figuren, die auf exemplarische Art alles und nichts miteinander zu tun haben: hier entfesselte Phantasie, dort pragmatischer Realitätsbezug, hier Spiritualismus und idealistische Vision, dort purer Materialismus und die Sorge um Bezahlbarkeit, hier Furchtlosigkeit des Irrsinns, dort Angst vor den Folgen: Pathos, Gelächter, Askese und das Fressen untrennbar vereint.

Don Quijote ist kein naives Gemüt, das stets das Gute will und stets das Törichte macht, sondern ein weitaus komplizierteres psychologisches Gebilde. Einmal, im 25. Kapitel, entschließt er sich, »rasend« zu werden: Auch Ritter wie Roland pflegten schließlich bei Gelegenheit in eine Art Ekstase zu geraten. Auf den bescheidenen Einwand Sanchos, dass er ja gar keinen Grund zur Raserei habe, antwortet der Hidalgo:

> Genau da liegt der Hase im Pfeffer [...] und das gewisse Etwas an meinem Vorhaben. Wird ein fahrender Ritter nämlich mit Grund verrückt, was ist das für eine Kunst? Der Reiz liegt darin, dass ich ohne Anlass außer Rand und Band gerate, denn meine Herzensdame soll sehen, bin ich schon aus dem Stand und im Trockenen dazu fähig, zu was erst, wenn ich Wasser auf der Mühle habe?[29]

Solch einer hermetischen Hyperlogik ist argumentativ schwer beizukommen. Sancho, der unbeirrbare und letztlich erfolglose Aufklärer, versucht sein Äußerstes, unterliegt aber zugleich ein wenig dem suggestiven Reiz dieser Logik, zumal der Don weiterhin in seinem Sinne schlüssig argumentiert. Dulcinea sei keine hohe Dame, sondern ein »Bauerntrampel«? Don Quijote kontert souverän:

> Nun, wofür ich Dulcinea von Toboso brauche, Sancho, taugt sie ebenso wie die hochvornehmste Prinzessin auf Erden. [...] Glaubst du etwa, all die Amaryllis, die Phyllis, die Sylvias, Dianas, Galateas, Phylidas und dergleichen, von denen die Bücher und Romanzen, die Barbiergeschäfte und Theater voll sind, dass die wahrhaftig Damen aus Fleisch und Blut waren [...]?[30]

Exakt. Die Aufklärer als naive poetologische Minimalisten, der »Wahnsinnige« als Webmaster eines exquisiten virtuellen Hypertexts – so sieht es aus. Und so geht es weiter, immer virtuoser, immer wilder, immer ausgreifender: Wirklichkeitsschwund als Gesellschaftsphänomen, der Don als Theoretiker; mitten in einer fröhlichen Tafelrunde hört er auf zu essen, hebt den Finger: »Welch Menschenseele auf Erden, die jetzt durchs Tor dieser Burg ritte und uns dergestalt beisammen sähe, wüsste oder könnte glauben, dass wir sind, wer wir wahrhaftig sind?«[31] Und erklärt den andächtig Lauschenden die Philosophie, die Heilslehre eines neuen, wirklichen Rittertums hinter der vermeintlich bizarren Fassade.

Die Wucht seiner Rede, die Konsequenzen seines Verhaltens verfangen allmählich. Im 45. Kapitel weiß nicht einmal der Barbier mehr zwischen einem Bartbecken und einem Heldenhelm zu unterscheiden. Der Ritt Don Quijotes ist eine einzige Irrfahrt und zugleich der Aufbruch in die Moderne. Und der erste wirkliche Roman der Moderne konnte, musste genau hier entstehen. In einem Staat, dessen Ordnungswahn alles und jeden der Kontrolle unterwarf und jeden Frevel grausam bestrafte, wurde die Literatur zum Refugium der Idee der Freiheit – so extrem und so geschickt an der Schwelle zwischen Sein und Schein balancierend, dass man sie weder in den Käfig der Zensur stecken, noch an den Pranger der Inquisition stellen konnte.

Es ist eigenartig: Während Europa sich in religiösen und dynastischen Spannungen und Spaltungen zerfleischt, denkt die Literatur weiter. Sie hebt nicht ab, sondern wird konkret. Nicht, dass sie über all den Konflikten, Kämpfen und dem Gemetzel der Zeit stünde, beileibe nicht. Aber es findet ein allmählicher Ablösungsprozess von bisher als unvermeidbar erachteten Bedingungen statt. Die Literatur und die Künste allgemein lösen sich langsam von ihren bisherigen Auftraggebern und Sponsoren, den Höfen und den Kirchen, und beginnen eigene Wege zu gehen – beziehungsweise auf eigene Rechnung zu leben. Vor allem im sich früher als andere Länder merkantilisierenden England. Die ökonomischen Möglichkeiten freier Märkte und die Besonderheit der Insellage erlaubten vielen Künstlern eine besondere Art der Eigenständigkeit. Hier und vielleicht nur hier konnte sich ein autonomes, auf eigenständigen Traditionen beruhendes Theater entwickeln.

Die englischen Autoren fühlten sich in erster Linie ihren Zuschauern verpflichtet, denn sie waren in ihrer überwiegenden Mehrzahl

Unternehmer, deren Ziel es war, ihrem Publikum zu gefallen. Einem höchst gemischten Publikum aus Handwerkern, Händlern und Clerks jeder Schattierung, das da am helllichten Tag im Theater stand und unterhalten werden wollte. Dass es gelang, das simple Schaubedürfnis zu befriedigen und zugleich hohes literarisches Niveau zu erreichen (man denke nur an Ben Jonson, Christopher Marlowe und William Shakespeare), muss als besondere, in dieser Form nur mit dem antiken Theater vergleichbare Leistung gesehen werden. Das vollständige Unverständnis des klassizistisch grundierten kontinentalen Theaters wenige Jahrzehnte später (Corneille, Racine) Shakespeare gegenüber zeigt, wie wenig nachbarschaftliche Kulturen einander damals schon verstanden. Während Deutschland sich mit Shakespeare identifizierte (»Deutschland ist Hamlet«[32]), rümpfte man im klassizistisch geschulten Frankreich die Nase.

Ein Gestell und ein paar Bretter, keine Kulissen, kein suggestives Licht, keine Illusion – dennoch waren die Theater voll, und die Besucher kamen offenbar auf ihre Kosten. Das berühmte Globe Theatre war nur eine Spielstätte des elisabethanischen Theaters und vierzig Jahre lang ein Publikumsmagnet. Bis es 1642 durch den Puritanerführer Oliver Cromwell verboten wurde. Der rigide Machthaber versuchte, in seinen Augen unerwünschte Kanäle des freien Austauschs zu blockieren – diesmal im Zeichen der Moral, freilich einer sehr speziellen Moral, seiner Moral. Gottlob auch dies nur ein kurzfristig erfolgreiches Verfahren. Shakespeare und die Elisabethaner eroberten Europa, ja, die ganze Welt.

Die Stücke Shakespeares gehören bis heute zu den am meisten gespielten überhaupt. Sie sind von einer Fülle und Buntheit, Radikalität und Verwegenheit, die alle Grenzen der gewohnten Ordnung sprengen. Und zwar nicht nur, was die formalen Koordinaten von Raum und Zeit betrifft. Vor allem – insofern sind die Bedenken der puritanischen Tugendwächter durchaus verständlich – werden die als unumstößlich erachteten, an den Lebensrealitäten der Menschen vorbeizielenden Fundamente der moralischen Ordnung virtuos unterspült und phantasievoll ausgehöhlt.

Wann hätte man je solch einen animierenden Schurken erlebt wie den Herzog von Gloucester, den Titelhelden von *Richard III.*, der den Zuschauer in der Art eines Conférenciers anspricht und in seine dunkelsten Pläne einweiht? Oder einen Herrscher, der wie im *König Lear* sein Reich bereits vor dem Tode vermacht und jämmerlich im Nichts endet? Oder, wie in *Der Kaufmann von Venedig*, einen jüdischen Geschäftsmann, der, umgeben von Judenhassern, weder idealistisch verklärt noch rassistisch diffamiert, sondern in seiner inneren Widersprüchlichkeit als in sich zerrissener Mensch erfahrbar wird? Wo sonst würden realpolitisches Kalkül, erotische Verführungskraft und magische Einflüsterungen so virtuos miteinander interagieren wie in *Macbeth*? Wann hätte man auf einer Bühne je einen ebenso rachsüchtigen wie entschlusslosen, reflektierenden wie zynischen Antihelden wie Hamlet gesehen, dessen melancholisch-aggressive Jahrhundertverse bis in die Moderne weiterwirken:

> Sein oder Nichtsein, das ist hier die Frage:
> Ob's edler im Gemüt, die Pfeil' und Schleudern
> Des wütenden Geschicks erdulden, oder,
> Sich waffnend gegen eine See von Plagen,
> Durch Widerstand sie enden. Sterben – schlafen –
> Nichts weiter![33]

Hamlet und Don Quijote – zwei der irrwitzigsten Kreationen aus dem Mythenpool Europas. Unsterblich in ihrem vergeblichen Bemühen, bemüht im Wissen um die Vergeblichkeit. Eine Denkspur, die sich bis zu einer der wirksamsten Konstrukte der Moderne weiterverfolgen lassen wird, Albert Camus' *Der Mythos des Sisyphos* (1942). Der absurde Mensch, so Camus, lebt selbstbestimmt, hellwach, leidenschaftlich, neugierig und intensiv. Und er lehnt sich immer wieder gegen sein absurdes Schicksal auf: »Es gibt kein Schicksal, das durch Verachtung nicht überwunden werden kann« – genau hierin, in dieser revoltierenden Haltung bestehe »die einzige Würde des Menschen«.[34]

Zu Beginn des 17. Jahrhunderts befindet Europa sich in einer merkwürdig melancholisch-brütenden und zugleich aktivistischen Stimmung. Es ist, als ob es sich bereits im Rückspiegel seiner eigenen Geschichte sähe und zugleich versuchte, dieses Spiegelbild mit aller Kraft zu zertrümmern. Fakt ist: Den Bedrohungen der Endlosschleife von Krieg und Gewalt war man noch längst nicht entkommen.

16 Die Kunst der Wissenschaft

Was große Religionskriege der Moderne betrifft – wir erleben sie jetzt in Echtzeit weltweit –, hat Europa eine beachtliche Vorreiterrolle gespielt. Mit seinen vermutlich über sechs Millionen Toten ist der sogenannte Dreißigjährige Krieg eine der blutigsten und verheerendsten Katastrophen – auf Augenhöhe mit dem Zweiten Weltkrieg, was die Zahl der Opfer betrifft.

Wie konnte es dazu kommen, dass Europa in der beginnenden Neuzeit, auf dem Sprung zu einer kultivierten Wissensgesellschaft, diesen gedanklichen und emotionalen Rückschritt machte?

Dynastische Spannungen, Auseinandersetzungen zwischen den Kontinentalmächten Frankreich, Spanien und der Insel, England, gab es im gesamten Mittelalter bis zur Wende vom 15. zum 16. Jahrhundert. Doch erst mit dem Ereignis der Reformation erhielten die Konflikte jene ideologische Schärfe, die aus ihnen einen verheerenden Flächenbrand machen sollte. Die in den Augen vieler Zeitgenossen überfällige Erfindung einer neuen, zweiten Religion neben der katholischen ließ Feindbilder entstehen, die den großen Krieg in Gang bringen sollten.

Überfällig schien diese religiöse Erneuerung aus unterschiedlichen Gründen. Beflügelt von der Eroberung der Neuen Welten unter dem Zeichen des Kreuzes sammelten nicht nur die »katholischen Könige« sowie die Kirche selbst gewaltigen materiellen Reichtum und gewannen weiter an politischer Dominanz. Das Papsttum, die alleinige »heilige und apostolische Kirche«, das geistliche Universum des Abendlandes, hielt seine Machtposition für unanfechtbar und duldete keinen Widerspruch.

Päpste wie Alexander VI. und Julius II. stehen geradezu exemplarisch für diesen Typus einer vollständig verweltlichten Herrschaft – jenseits aller Spiritualität oder »Moral«. Käufliche Autokraten, die alles für käuflich hielten: Titel, Ämter, selbst Papstthron und »Seelenheil«. Die Freisprechung von Schuld durch den Erwerb sogenannter Ablassbriefe wurde zum Zünder der Reformation. Der deutsche Augustinermönch Martin Luther (1483–1546) protestierte vehement gegen diese Praxis seiner Kirche und prangerte den Boom, den dieser Markt um 1500 erfuhr, in vielen seiner Schriften an. Auch die berühmten 95 Thesen, die er 1517 ans Hauptportal der Schlosskirche zu Wittenberg schlug, kreisen darum. Der Papst erscheint darin fast als Opfer skrupelloser Intriganten:

> 48. Man soll den Christen sagen, dass der Papst bei der Erteilung von Ablässen die ihm mit frommem Sinn dargebrachten Gebete nötiger hat und sie sich deshalb auch mehr wünscht als alles Geld.
>
> 49. Man soll den Christen sagen, dass die Ablässe des Papstes nützlich sind, wenn man nicht sein Vertrauen dareinsetzt, aber äußerst schädlich, falls man darüber die Furcht Gottes aufgibt.
>
> 50. Man soll den Christen sagen: Wenn der Papst um die Erpressungsmethoden der Ablassprediger wüsste, sähe er die Peterskirche lieber in Asche versinken, als dass sie mit Haut, Fleisch und Knochen seiner Schafe erbaut wird.
>
> 51. Man soll den Christen sagen, dass der Papst pflichtgemäß bereit wäre, die Peterskirche (falls nötig) zu verkaufen, um das Geld einem großen Teil jener zurückzugeben, denen es gewisse Ablassprediger aus der Tasche gezogen haben.[35]

Dass dieser scheinbar kircheninterne Disput das Potenzial hatte, einen europäischen Krieg auszulösen, war zu dieser Zeit wohl noch keinem klar. Und es hinderte den Papst auch nicht daran, gleichzeitig den

Petersdom als größte christliche Kirche zu erbauen – unter anderem mit Geldern genau aus diesem umstrittenen Ablasshandel. Obwohl der legendäre Thesenanschlag von Anfang an die Gemüter erregte, fühlte sich der Vatikan noch sicher: Das vorlaute Mönchlein war nur einer der vielen Ketzer, die man routinemäßig verfolgen und neutralisieren würde.

Doch es sollte anders kommen. Luthers Unbehagen am Herrschaftsanspruch einer durch und durch korrupten, materialistischen und zynisch gewordenen Kirche traf den Nerv der Zeit. Längst ging es um mehr als Kircheninterna – es ging um eine Lebensform, um das Selbstverständnis eines ökonomisch erfolgreichen, politisch sich emanzipierenden Bürgertums, das sich nicht mehr mit der Rolle der armen, unwissenden Sünder identifizieren wollte.

Als die Kirche realisierte, dass sich ein Umsturz, eine Revolte anbahnte, war es zu spät. Jedenfalls zu spät, um den »Reformator« mit den üblichen Mitteln zu bändigen. Wieder liefen die Aktivitäten eines einzelnen, fanatischen Mönchs aus dem Ruder – mancher Kleriker und Potentat mochte sich an das Wirken Savonarolas wenige Jahrzehnte zuvor erinnert fühlen. Von begeisterten, zum Teil fanatisierten Anhängern und papstkritischen Landesfürsten geschützt, führte Luther seinen Medienkrieg aus vergleichsweise sicherer Entfernung, und er führte ihn mit allen Mitteln: Vorlesungen, Predigten, Publikationen auf Deutsch, um möglichst viele Menschen in der Volkssprache zu erreichen. Dazu seine fulminante Neuübersetzung der Bibel, die manchen nun wie ein völlig neues Buch erschien und alle Vermittlungsinstanzen zwischen Gott und den Menschen als unnötig erscheinen ließ.

Luther schuf sich eine neue, seine Öffentlichkeit. Nicht nur in Deutschland – europaweit, bis nach Rom verbreiteten sich seine Flugschriften und verunsicherten die alten Mächte. Die Inquisition nahm Fahrt auf. Hunderte, Tausende als Ketzer oder Hexen Verdächtigte fielen ihr in wenigen Jahrzehnten ab 1520 zum Opfer. Die Opposition, später wird man von »Gegenreformation« sprechen, formierte sich. Mit wechselndem Erfolg.

1529 scheiterte der Reichstag, der seit dem 12. Jahrhundert über die Geschicke des »Heiligen Römischen Reiches deutscher Nation« entschied, mit dem Versuch, die Reformation zu stoppen. Der Riss mitten durch die Gesellschaft war nicht mehr zu kitten. Auch nicht durch den Augsburger Religionsfrieden (1555), der dem Landesfürsten nach dem Motto *»cuius regio, eius religio«* das Recht einräumte, über die religiöse Zugehörigkeit seiner Untertanen zu bestimmen und so eine gewisse Stabilität herzustellen versuchte. Die Bartholomäusnacht in Frankreich, in der Tausende von Protestanten brutal niedergemetzelt wurden, und der Prager Fenstersturz beendeten die Träume einer friedlichen Koexistenz. Eine katholische und eine protestantische Liga standen sich nun unversöhnlich gegenüber – der Große Krieg begann. Als er dreißig Jahre später nach Millionen Toten durch den Westfälischen Frieden zu einem Ende gebracht wurde, lag Deutschland in Trümmern. (Siehe Abbildung 41 in Tafelteil 2.)

Die Westfälischen Friedensverträge von 1648 werfen ein relativ mildes Licht auf das faktisch apokalyptische Szenario dieses kontinentalen Weltkriegs, der Europa flächendeckend überzog und weite Gebiete in Schutt und Asche legte. Schon feiern maßgebliche Historiker wie Herfried Münkler den Friedensschluss als Teil einer Erfolgsgeschichte – beispielhaft für gegenwärtige Konfliktfelder wie den Nahen und Mittleren Osten. Doch wir täten gut daran, der Welt nicht schon wieder mit Ratschlägen dienen zu wollen. Immerhin schleppte sich unser zweiter »Dschihad« (nach den Kreuzzügen) über drei Jahrzehnte dahin, und der gefeierte Friedensschluss hatte kaum weiterreichende befriedende Wirkungen – Hegemonialkonflikte und Religionskriege gingen im Verlauf des 17. und 18. Jahrhunderts europaweit und überseeisch unvermindert weiter, bevor sie durch die ideologischen Schlachten abgelöst werden: Im 19. und 20. Jahrhundert tritt das Motiv der Nation und des Streits der Ideologien als Kriegsgrund ins Zentrum.

Aus der Vogelschau der Geschichtsphilosophie mag man sich damit begnügen, all diese Vorkommnisse kühl zu benennen und zu kategorisieren. Man spricht von »neuen«, »ordentlichen« und »unordentlichen«

Kriegen, von »Kollateralschäden« oder »Stellvertreterkriegen«. Kunst und Literatur können sich nicht mit dergleichen abgehobenen Blickwinkeln zufriedengeben – sie gehen der Sache konkret nach, bis zu dem Punkt, wo Ideen »in Menschenfleisch« gearbeitet werden, um mit Georg Büchner zu sprechen. Obwohl auch Schriftsteller natürlich nicht im politischen oder konfessionellen Vakuum leben und oft genug für die eine oder andere Seite Partei ergreifen. Auf Dauer sind und bleiben sie Advokaten der Wirklichkeit und des Individuums. Die Trauerklage über das verwüstete Deutschland aus der Feder des schlesischen Dramatikers und Lyrikers Andreas Gryphius etwa steht jenseits einseitiger parteiischer Zuschreibungen und beklagt das Elend des Krieges drastisch und realistisch. Unter dem Titel »Thränen des Vaterlandes/Anno 1636« wird das Szenario der äußerlichen wie moralischen Verwüstung gegen Ende des Krieges schonungslos dargestellt:

Wir sind doch nunmehr gantz/ja mehr denn gantz verheeret!
Der frechen Völcker Schaar/die rasende Posaun
Das vom Blutt fette Schwerdt/die donnernde Carthaun/
Hat aller Schweiß/und Fleiß/und Vorrath auffgezehret

Die Türme stehn in Glutt/die Kirch ist umgekehret.
Das Rathauß ligt im Grauß/die Starcken sind zerhaun/
Die Jungfern sind geschänd't/und wo wir hin nur schaun
Ist Feuer/Pest/und Tod/der Hertz und Geist durchfähret.

Hir durch die Schantz und Stadt/rinnt allzeit frisches Blutt.
Dreymal sind schon sechs Jahr/als vnser Ströme Flutt/
Von Leichen fast verstopfft/sich langsam fort gedrungen.

Doch schweig ich noch von dem/was ärger als der Tod/
Was grimmer denn die Pest/und Glutt und Hungersnoth
Das auch der Seelen Schatz/so vilen abgezwungen.[36]

Erschütterndes Resultat eines gigantischen Gemetzels im Namen von Glaubensinhalten. Denn erst die zündenden Ideen der Religionen gaben den schwelenden dynastischen und hegemonialen Rivalitäten jene Dynamik, die daraus einen Flächenbrand entstehen ließ. Und auch wenn, wie von der jüngeren Forschung moniert, die Mehrzahl der Opfer nicht durch die Übergriffe der plündernden Soldaten, sondern durch kriegsbedingten Hunger, Seuchen und Epidemien ums Leben gekommen sein mögen, kann an der exzessiven Grausamkeit dieses Krieges kein Zweifel bestehen.

In Grimmelshausens *Simplicissimus* findet sich die Beschreibung einer Schlacht – am 4. Oktober 1636 bei Wittstock –, die alles Kriegsgrauen mit dokumentarischer Akribie zusammenfasst:

> […] Die Erde/deren Gewohnheit ist/die Todten zu bedecken/war damals an selbigem Ort selbst mit Todten ueberstreut, welche auf unterschiedliche Manier gezeichnet waren/Koepff lagen dorten, welche ihre natuerlichen Herren verloren hatten/und hingegen Leiber, die ihrer Koepff mangleten; etliche hatten grausam- und jämmerlicherweis das Jngeweid herauß/und andern war der Kopff zerschmettert, und das Hirn zerspritzt […].[37]

Literarische Übertreibung? Im Gegenteil. Übertriebener und zynischer als alle literarischen oder künstlerischen Darstellungen erscheint demgegenüber die Realität dieses Krieges. Jacques Callots (1592–1635) berühmter »Galgenbaum« aus seinem Zyklus *Die großen Schrecken des Krieges* (1632/33; siehe Abbildung 42 in Tafelteil 2.) zeigt mit tückischer Eleganz den Beginn seriellen Tötens gleichsam als graphisches Ereignis – was unseren Schock nur vergrößert. Ein Schock, der durch den Versuch, ihm eine griffige, moralische Quintessenz zuzuschreiben, kaum an Wirksamkeit verliert:

> Uns zeigt das Diebsgesindel, das hier dicht gedrängt/wie unheilvolles Obst an einem Baume hängt,/daß das Verbrechen selbst (verrufne, finstre Sache)/schon sei ein Instrument der Züchtigung und

Rache;/denn früher oder später stellt den Bösewicht/ein unerbittlich Los vors himmlische Gericht.[38]

Alles beginnt am 23. Mai 1618 mit einem Zerwürfnis zwischen dem katholischen Bischof und einigen evangelischen Edelleuten in Prag. Aus der Klage über mangelnde Toleranz Andersgläubigen gegenüber entwickelt sich ein handgreiflicher Streit, an dessen Ende mehrere Katholiken aus dem Fenster geworfen werden.

Gewalttätige Auseinandersetzungen zwischen Katholiken einerseits und Lutheranern, Hugenotten, Calvinisten oder Anhängern Dutzender kleinerer protestantischer Konfessionen andererseits waren europaweit seit den Neunzigerjahren des 16. Jahrhunderts an der Tagesordnung. Internationale, persönliche, nationale, politische und religiöse Interessen und Konflikte verursachten eine permanente Staatskrise. Die Ausbreitung des reformierten Glaubens nötigte alle Staaten, sich mit der Religionsfrage auseinanderzusetzen. Überall galten andere Regeln.

Im Heiligen Römischen Reich hatte man mit dem Augsburger Religionsfrieden einen äußerst fragilen Kompromiss gefunden. Der Zentralismus in Frankreich generierte Konflikte geradezu und ließ das Land zu einem religiösen Pulverfass werden. In den Niederlanden zerbrach die Vision einer Koexistenz der Konfessionen an den Realitäten: Der Graben zwischen spanientreuen Katholiken und radikalen Calvinisten war zu tief aufgerissen und führte dazu, dass sich die calvinistischen Provinzen 1579 zu einem Verteidigungsbündnis zusammenschlossen und bald darauf, 1581, ihre Unabhängigkeit von der spanischen Krone erklärten. In diesem Abschwörungsakt wurde erstmals in der Geschichte überhaupt ein von Gott inthronisierter König abgesetzt. Fortan waren die Niederlande geteilt, und kleinste Vorfälle konnten zu drastischen Reaktionen führen.

Mit der vollständigen Unabhängigkeit der »Republik der Sieben Vereinigten Provinzen der Niederlande« begann allerdings auch deren »Goldenes Zeitalter«, eine erstaunliche wirtschaftliche und kulturelle, rund hundert Jahre anhaltende Blütezeit, die den kleinen, rohstoffarmen Flecken an der Nordseeküste in eine weltumspannende See- und Handelsmacht verwandelte. Eine der Ursachen für den gewaltigen Aufschwung war die weitgehende Abschaffung feudaler Strukturen in dem losen Bündnis von Kleinstaaten. Eine vergleichbare Entwicklung gab es allenfalls in der Schweiz, wo die »Alte Eidgenossenschaft« ebenso zur Ausbildung eines föderalen, antifeudalistischen Systems führte. Es ist kein Zufall, dass Friedrich Schiller an die Schweiz *(Wilhelm Tell)* oder an Flandern *(Don Carlos)* dachte, wenn er Orte suchte, an denen freiheitliches, bürgerliches und demokratisches Leben erprobt werden konnte – lange vor und unabhängig von der Französischen Revolution.

Dies betrifft auch und gerade den Umgang mit Religionen. Die junge niederländische Republik profitierte von den rigorosen Verfahren der Ausweisung und Vertreibung »Andersgläubiger« in den meisten anderen Ländern. Da sie Schriftstellern und Gelehrten (unter ihnen herausragende Köpfe wie René Descartes) die Möglichkeit bot, frei zu publizieren und zu lehren, wurde sie zum Sammelbecken der europäischen Intelligenz. Sephardische Juden, die vor der Verfolgung aus Spanien und Portugal flohen, sowie zahlreiche weitere Einwanderer aus Europa kamen nach Amsterdam, Haarlem und in andere aufstrebende holländische Städte, um dort ihr Glück zu versuchen. Darunter auch viele Kaufleute und Intellektuelle mit internationalen Verbindungen. Ohne sie wäre das Goldene Zeitalter der Niederlande nicht denkbar gewesen. Um 1600 war jeder dritte Amsterdamer ein Einwanderer, und die kleine niederländische Republik wurde zum Modell eines anderen »Europa« – ob der Begriff des Goldenen Zeitalters zutreffend ist, sei dahingestellt.

Von »Holz, Teer, Tinte und Farbe« sprach der niederländische Kulturhistoriker Johan Huizinga, als er über das Goldene Zeitalter nachdachte.[39] Und in der Tat – nicht nur der Handel florierte, auch die Künste und Wissenschaften nahmen an dieser merkantilen Hausse teil, wurden Segment der Märkte. Studien weisen nach, dass die Niederlande in diesen Jahrzehnten zu einer regelrechten »Kunstfabrik« wurden. Demnach seien pro Jahr 70000 Bilder auf den Markt gekommen – die Nachfrage des aufsteigenden Bürgertums war enorm.

Auch qualitativ kam es zu bemerkenswerten Umbrüchen. Alle als »katholisch« empfundenen Themen waren zunehmend unerwünscht – man hatte vielmehr ein großes Interesse daran, seine Stände, seinen Beruf, seinen Status, sich selbst dargestellt zu sehen. Die Künstler produzierten »wie am Fließband«. Porträts, Gruppenbilder, Bilder aus dem Familienleben, dem bürgerlichen Alltag traten ins Zentrum. Eine Tendenz, die auch vor einem Genie wie Rembrandt (1606–1669) nicht Halt machte. Befreit von normativen Zwängen und von Beginn an gesegnet mit einer sehr günstigen Auftragslage, bewegte doch auch er sich in den marktgängigen Formaten: Porträts, Gemälde von Zünften und Gilden, Berufsständen und Familienbilder sind auch für seine Arbeit bestimmend. Es sind Nuancen, in denen er vom Gängigen abweicht, in denen er sein Spiel spielt. Rembrandt interessiert sich mehr als andere für Handlung, Geschehen, Dramatik, Individualität. Er hält spannende Momente fest, den Augenblick, wenn ein Wort ein Geschehen auslöst (wie in der »Nachtwache«) und er dramatisiert durch verwegene Licht- und Schattenwürfe, die magische Effekte zaubern (»Die Ermordung Simsons«). Das Eigen- und Einzigartige jedoch ist seine Lust am Spiel mit Identitäten. Häufig verkleidet er seine Modelle – alles zwischen Goldhelm und Federbusch ist möglich, um ein und denselben Menschen zu verwandeln, aus einem Ich einen Anderen zu machen.

Den Höhepunkt erreicht diese experimentelle Verkleidungsmanie aber, wenn es um ihn selbst geht. Es gibt keinen zweiten Maler, der sich so intensiv selbst bespiegelte wie Rembrandt – es mögen zusammen mit den Zeichnungen Hunderte von Selbstporträts sein. Trotz solcher narzisstisch erscheinenden Tendenzen ist nichts von Eitelkeit oder Repräsentationssucht in diesen Bildern zu finden – im Gegenteil: Rembrandt unternimmt die erste Langzeitdokumentation eines Individuums ohne jede Koketterie, ohne jede falsche Bescheidenheit oder Beschönigung. Das Gesicht als Spiegel der Seele – das klingt viel zu konventionell. Eher die realistische Vivisektion eines allmählichen

Verfallsprozesses. Halbdunkel und doch bis in die innersten verborgenen Nischen leuchtend. Vielleicht ist diese Fokussierung auf das eigene Ich auch eine sehr moderne Reaktion in Zeiten immer bedrohlicherer Entwicklungen auf dem Feld der Politik. Wir kennen dieses selbstanalytische Ausweichen in Phasen der Irritation und wachsender Komplexität bis heute.

Als der erzkatholische Habsburgerregent Ferdinand sich 1619 zum Kaiser des Heiligen Römischen Reiches Deutscher Nation wählen ließ und mit drakonischen Maßnahmen versuchte, den Katholizismus als einzige erlaubte Religion in seinem gesamten Machtbereich durchzusetzen, spitzte sich das politische Geschehen dramatisch zu. Damit rief er protestantische Gegenkräfte auf den Plan. Als die Situation der deutschen Protestanten im Sommer 1630 nach den Niederlagen gegen die von Wallenstein (1583–1634) geführten kaiserlichen Truppen hoffnungslos schien, griff König Gustav Adolf von Schweden ein.[40]

Es begann ein Prozess, der nahezu alle europäischen Mächte in das Kriegsgeschehen hineinzog, sei es als Verbündete dieser oder jener Partei oder als Profiteure. Einige der Söldnerführer wurden ihrerseits zu gewichtigen Machtfaktoren im politischen Kräftespiel – Wallenstein ist bloß einer von vielen, die den Krieg nicht nur als Geldquelle zu nutzen verstanden, sondern ihm auch ihre politische Karriere verdankten und nicht an seiner Beendigung interessiert waren.

Es ist sicher kein Zufall, dass inmitten der Kriegswirren eine neue himmlische Leitwissenschaft europaweit zu florieren begann und der Keim aufging, den Nikolaus Kopernikus (1473–1543) rund ein Jahrhundert früher gelegt hatte. Sowohl der Naturphilosoph, Mathematiker, Astronom und Astrologe Johannes Kepler (1571–1630) wie auch sein italienischer Zeitgenosse, der Philosoph, Mathematiker, Ingenieur und Astronom Galileo Galilei (1564–1642) verfeinerten dessen heliozentrisches Weltbild und hoben damit das Gefüge des theologisch definierten Weltbildes aus den Angeln. Die brutalen Reaktionen der Kirche vermochten es auf Dauer nicht, den Durchbruch des neuen Denkens zu verhindern.

Kopernikus' Hauptwerk *De revolutionibus orbium coelestium* (1543) handelt auf den ersten Blick nur *Über die Umschwünge der himmlischen Kreise*, also der Umlaufbahnen – de facto kündigt es bereits weit mehr an: nämlich eine tatsächliche Revolution der Wahrnehmung. Die Erde war nicht mehr das gottgeschaffene Zentrum der Dinge, sondern nur mehr ein Teilchen in einem interstellaren System. Man erinnert sich vielleicht, bereits Dante hatte mit dem Gedankenspiel eines Ausflugs ins Weltall begonnen.

Der Mensch durchbrach mit seinen Sinnen und seiner Vernunft die Sphären der bisher geoffenbarten Ordnung und begann, auf eigene Faust Erkundigungen anzustellen. Jenseits der lokalen Kirchturmspitzen lag eine neue Welt von faszinierender, verführerischer Größe. Es ist verständlich, dass in den Korridoren der klerikalen und absolutistischen Macht die Alarmsirenen schrillten. Wer den Modus der Wahrnehmung definiert, wer die Grenzen durchbricht, hat die Macht. Deshalb jagte man Galilei zweimal durch Verhöre und Inquisitionen, deshalb verfolgte man Kepler und zwang ihn auf der Suche nach einer Nische durch halb Europa. Er fand sie schließlich, vorübergehend, als Astrologe Wallensteins, ausgerechnet an der Seite des zwielichtigen Giovanni Battista Seni (um 1600–1656), der dem Feldherrn gleichfalls in dieser Funktion diente.

Wie Kopernikus und Kepler war Galilei nicht nur hoch spezialisierter Naturwissenschaftler, sondern zugleich politischer Philosoph, Künstler, Universalgelehrter. Es ist kein Wunder, dass ihre Schriften von immenser sozialer und politischer Reichweite waren und auch so wahrgenommen wurden. Alle wussten um die im doppelten Sinn des Wortes astronomische Brisanz ihrer Thesen: Dies waren nicht nur Orbit-Analysen, hier ging es um irdische und himmlische Machtfragen. Faktisch holte man Gott vom Sockel – gleichzeitig beteuerte man die völlige Vereinbarkeit der revolutionären Erkenntnisse mit der Lehre der Kirche. Eine Aussage, die nichts über das neue Weltbild, alles über die Machtverhältnisse aussagt.

Harmonie der Welt (Harmonice mundi) nannte Kepler sein 1619 erschienenes Hauptwerk. Er versuchte darin eine Art kosmisches Übersystem zu installieren, ein Universum, in dem jeder Stern, jeder Planet, jeder Komet Teil eines gewaltigen Ganzen ist. Dieses Gesamtsystem ließe sich Gott nennen – oder auch Mathematik, reine Mathematik. Natürlich konnte die Theologie der Zeit mit der Vorstellung, den Logarithmus an die Stelle des Logos, des geoffenbarten Wortes treten zu lassen, nichts anfangen. Umso mehr die zeitgenössische wissenschaftliche Community, die sich von Descartes bis Leibniz auf der Suche nach der Gottesformel an Harmonievisionen mathematischer Art nahezu berauschte.

Fast gleichzeitig, ab 1617, gab der Philosoph und Keplers Kontrahent Robert Fludd (1574–1637) seine wunderbare (dennoch unmittelbar nach Erscheinen von der katholischen Kirche indizierte) *Geschichte beider Kosmen* heraus, in der er versucht, den europäischen Rationalismus mit seinen esoterischen und kabbalistischen Traditionen zu versöhnen. Ein frühaufklärerisches Werk, entstanden mitten in den religiösen Feuergefechten der Zeit – herausragend aus dem Gemetzel wie ein Fanal des Friedens, der Harmonie. Ein gewagter Schritt in Zeiten feindbildgrundierter Abspaltungen.

Nach Tausenden von Berechnungen der interplanetaren Umlaufbahnen, ihrer Neigungswinkel und Koordinaten sprach Kepler schließlich von einem »harmonischen Gesetz«. Er glaubte, dass es eine musikalische Harmonie enthülle, die der Schöpfer im Sonnensystem verewigt habe.

Auf Druck der Kirche konnte er weitere Aufsätze und Schriften, die versuchten, Glaube und Wissenschaft als miteinander kompatibel darzustellen, nicht publizieren. Wie brandgefährlich die Situation freien Denkens jederzeit werden konnte, war bekannt. Vielen stand das abschreckende Beispiel des Astronomen und Philosophen Giordano Bruno (1548–1600) vor Augen.

Brunos Postulat der räumlichen wie zeitlichen »Unendlichkeit des Weltraums« ließ keinen Raum für Jenseits, Gott und Schöpfung. Und in der Folge sollte es auch in ganz Europa keinen Raum für diesen radikalen Voraus- und Freidenker geben: Ob in Venedig, Rom oder Turin, in der Schweiz, Frankreich, Deutschland oder den Niederlanden, überall förderte man Bruno im Geheimen und komplimentierte ihn nach einiger Zeit wieder aus dem Land oder der Stadt. Sesshaft werden konnte er erst im Kerker der römischen Inquisition, wo er acht lange Jahre zwischen Verhören und Folterungen verbrachte, bevor man ihn bei lebendigem Leib verbrannte. Europa schreibt Geistesgeschichte – in der Tat, und zwar mit einer geschwärzten, vom Feuer versengten Rechten.

Wenig später stand René Descartes (1596–1650) als Soldat auf katholischer Seite in bayrischen Diensten. Im Winterlager in Neuburg an der Donau – so wird er in der Vorrede seines für alle moderne Philosophie grundlegenden *Discours de la méthode pour bien conduire sa raison* (*Abhandlung über die Methode des richtigen Vernunftgebrauchs,* 1637) resümieren – beginnt seine Reise ins Weltall der Gedanken, nicht weniger revolutionär und folgenreich als die astronomischen Erkundungen Keplers und Galileis. Während der langen Wochen der Untätigkeit, gleichsam im Schatten des Krieges, überfiel ihn die Idee, die Welt seiner Gedanken neu zu ordnen. Alles Bisherige oder bislang Geglaubte war einer strengen Prüfung der Logik zu unterziehen. Diese Neuburger Erkenntnisse, die zum Fundament der späteren Philosophie werden sollten, veranlassten Descartes, sein Leben grundsätzlich zu ändern. Er stieg aus, wie man heute sagen würde, und ging auf große Tour:

> In all den neun folgenden Jahren reiste ich nur in der Welt herum mit der Absicht, in all den Komödien, die sich dort abspielten, liebe Zuschauer als Mitspieler zu sein. Indem ich mir bei jeder Sache besonders überlegte, was sie bedenklich machen und uns Anlaß zur Täuschung geben könnte, schaffte ich mittlerweile alle meine Irrtümer aus meinem Geiste mit der Wurzel fort, die sich ehemals hatten einschleichen können.[41]

Was hier so unprätentiös formuliert daherkommt, hat es in sich. Denn die berühmte Maxime »*cogito ergo sum*« beinhaltet nicht nur die Ankündigung eines »Ich *denke*, also *bin* ich«, sondern auch die befreiende und für manche beunruhigende Losung eines »*Ich* denke, also bin *ich*.« Dogmen, Konventionen, Tabus, Verordnungen – alles stand mit einem Schlag zur Disposition. Einziges Ziel: der »Versuch, meine eigenen Gedanken zu reformieren und auf einem Boden zu bauen, der ganz mir angehört«. Dazu musste er sich »Sicherheit verschaffen und lose Erde und Sand beiseitewerfen, um Fels oder Ton zu finden«.[42]

Das eigene Urteil als festes und alleiniges Fundament – das war die klare Ansage. Und im *Discours* präzisiert er seinen Ansatz. Er geht von folgenden Grundregeln aus:

> niemals eine Sache als wahr anzuerkennen, von der ich nicht evidentermaßen erkenne, daß sie wahr ist [...].
> [...] jedes Problem, das ich untersuchen würde, in so viele Teile zu teilen, wie es angeht und wie es nötig ist, um es leichter zu lösen.
> [...] mit den einfachsten und leichtesten zu durchschauenden Dingen zu beginnen, um so nach und nach, gleichsam über Stufen, bis zur Erkenntnis der zusammengesetztesten aufzusteigen [...]
> [...] überall so vollständige Aufzählungen und so allgemeine Übersichten aufzustellen, daß ich versichert wäre, nichts zu vergessen.[43]

Auf dieser Grundlage unternimmt es der *Discours*, darzulegen, dass jedes irdische wie auch überirdische Problem mit Mitteln der menschlichen Vernunft ohne Leitung durch Autoritäten gelöst werden kann. Auch der umstrittene Bezirk des Interstellaren gehört dazu, insbesondere die heikle Frage des heliozentrischen Weltbildes, das selbst einen Galilei in höchste Schwierigkeiten brachte. Dies kommt einer verdeckten Kampfansage an alle Autoritäten und Überwachungsorgane gleich.

Unter dem Geschützdonner des Krieges und der machtorientierten Zerstörungswut auf den Schlachtfeldern Europas formiert sich allmählich ein Aufstand des Denkens als einzig elementarer, unzerstörbarer

Gegenkraft. Ob im Wachzustand, im Traum oder im Schlaf – die Substanz des Denkens ist identisch mit der Substanz des Lebens, die Formel »Denken ist gleich Sein« lässt letztlich keinen logisch notwendigen Ort für ein Eingreifen Gottes: Mein Ich denkt die Welt, ist im Grunde Weltschöpfer. Eine mathematisierte Befreiungstheologie als Befreiung von den Dogmen der Theologie.

Mehr noch: Aus den Trümmern der Katastrophe steigt die Vision einer besseren, nein, der »besten aller möglich Welten«, um mit dem wenig später in Aktion tretenden Gottfried Wilhelm Leibniz zu sprechen. Auch für Leibniz (1646–1716) steht die Idee einer Harmonie im Zentrum seines Denkens. Bestehend aus ungezählten einzelnen Monaden, die – durch den Schöpfer installiert – die Welt im Innersten zusammenhalten. Wobei auch sein Gott Teil einer mathematischen Gleichung beziehungsweise eines Algorithmus ist und in seinem binären System durch die Zahl 1 markiert wird. Die (beste aller möglichen) Welt(en) ist also ein überaus komplexes Gesamtsystem, das aus unendlich vielen Teilsystemen aufgebaut ist. Wer so denkt, für den spielen religiöse oder politische Streitigkeiten und Konflikte keine wesentliche Rolle mehr. Sein Denken katapultiert ihn über die Realitätsniederungen hinweg auf einen Orbit jenseits üblicher, irdischer »Gravitation«. Auch hier wird das systemische Denken also zum Kreationsgenerator.

> Also gibt es nichts Brachliegendes, nichts Unfruchtbares, nichts Totes im Universum, kein Chaos und keine Verwirrung außer dem Anschein nach; annähernd so, wie es sich in einem Teich zeigen würde, bei dem man aus der Entfernung eine verworrene Bewegung und gleichsam ein Gewimmel von Fischen wahrnähme, ohne die Fische selbst zu unterscheiden.[44]

Der Blick auf ein Entwicklungspotenzial aus der Halbdistanz ermöglicht es, den derzeitigen Zustand zu verbessern, nicht auf einen utopischen Endpunkt hin, sondern im Sinne eines nicht endenden Prozesses, einer ständigen Entwicklung.

Ein gigantischer Ansatz – vielleicht in Anbetracht alles dann tatsächlich Kommenden zu groß, um wirklich glaubhaft zu sein. Einer der größten Gelehrtennachlässe überhaupt, mehr als 100 000 Seiten Manuskripte, wird erst heute in einem Forschungsverbund bearbeitet. Vision oder Irrweg? Jedenfalls so groß und so distanziert, dass er ein melancholisch stimmendes Gefühl der Überforderung erzeugt. Und auf beunruhigende Art die Frage stellt, weshalb wir uns durch Blindheit auf der einen, Hellsichtigkeit auf der anderen Seite immer wieder von der Bewältigung der im Hier und Jetzt drängendsten Probleme abbringen lassen. Wie konnte es sein, dass wir nach so viel an Vorausgedachtem und Gesagtem im Weiteren so viele gravierende Fehler machen sollten, wir, die wir von künstlichen Intelligenzen träumen und die natürlichen Ressourcen verkümmern lassen?

Eine Möglichkeit, die der Philosophie und in gewissem Maße auch der Universalgeschichtsschreibung immer, der Literatur so gut wie nie offensteht. Die zeitgenössische Literatur jedenfalls vermag dem gedanklichen Höhenflug, ja -rausch der Philosophie nur ansatzweise zu folgen. Ikarusflug und Absturz, das ist ihr Schicksal.

Bis in die Gegenwart hinein. Mitten in der Krise der Literatur, die die 1968er-Jahre begleitete, versucht Günter Grass sich vorzustellen, wie ein Dichtertreffen im Jahre 1647 verlaufen sein könnte. Irgendwo in einem Provinznest, in Telgte, könnte sie sich versammelt haben, die Crème de la Crème der deutschsprachigen Literaturszene: Lauremberg, Greflinger, Weckherlin, Moscherosch, Czepko, Hofmannswaldau, Dach, Gerhardt, Zesen und wie sie alle heißen. Allesamt aufgespalten, zerrissen auch sie zwischen den Fronten und doch getragen vom Willen mitzusprechen, gehört zu werden. Wo alles wüst lag, sollten zumindest die Wörter glänzen.

Gryphius spricht bei Grass zwar mit donnernder Verkünderstimme, aber das alles, seine Stücke, seine Lieder, sei im Entstehen doch schon Verfall. Die Teilnehmer überbieten sich geradezu mit Todesbeschwörung und Verklärung, Vanitas- und Selbstzerstörungslitaneien. Simon Dach ist einer der Deutlichsten:

Seht, wie, was lebt, zum Ende leufft
Wisst, dass des Todes Rüssel
Mit vns aus einem Glase säufft
Vnd frisst aus einer Schüssel.[45]

Mache es, so fragt man in die uneinige Runde, überhaupt noch Sinn, weiter, wie von nichts betrübt, einander wohlgesetzte Verse vorzulesen und den Krieg in ein filigranes Wortgemetzel zu verwandeln? Bliebe nicht ein Ziel, die Frage wäre zerstörerisch. Das Ziel heißt Sprache. Die Erfindung, Entwicklung einer den anderen Nationen ebenbürtigen deutschen Schrift und Kunstsprache. Noch die Korrespondenz Leibniz' besteht fast ausschließlich aus Briefen in Lateinisch und Französisch. Sie aber, die Dichter dieser in die Zeit des Barock zurückimaginierten Gruppe 47, waren drauf und dran, mit den anderen Nationen gleichzuziehen und für dieses zerstückelte, verwüstete Deutschland, das im Vergleich mit Frankreich, England, Italien und den Niederlanden als kulturelles Entwicklungs-, allenfalls als Schwellenland galt, ein nationales Idiom zu entwickeln. Mit dem Projekt einer deutschen Poetik, wie es Martin Opitz (1597–1639) in seinem *Buch von der Deutschen Poeterey* (1624) bereits entworfen hatte, würde aus der Asche des niedergebrannten Landes zumindest eine eigene Stimme entstehen. Der erste Schritt in Richtung eines verspäteten Nation Building. Ein eminent politisches, prärepublikanisches Vorhaben. Monarchien denken ausschließlich dynastisch – jedes Denken in Kategorien des Nationalen ist potenziell bürgerlich.

In der Tat war Deutschland die Drehscheibe des internationalen Kriegsgeschehens und materiell am meisten unmittelbar geschädigt. Nirgends war die kleinstaatliche Zersplitterung größer, der Riss durch Länder, Familien stärker spürbar. Frankreich hatte sich aller verheerenden Massaker zum Trotz vom unmittelbaren Geschehen abgesetzt und eine eigenständige, neoklassizistische kulturelle Signatur entwickelt. England, Spanien und die Niederlande fuhren gleichfalls einen klaren eigenen Kurs radikal monarchistischer beziehungsweise republikanischer Art. Deutschland indes war gezwungen, sich zu erfinden, jenseits des Klassizismus, jenseits zentralistischer Großmachtpolitik – ein Bemühen, das noch Jahrhunderte in Anspruch nehmen sollte und in einem ersten Schritt dazu führte, ein besonders gespanntes, von Minderwertigkeitsgefühlen begleitetes Verhältnis zum Nachbarn Frankreich aufzubauen.

Man hatte keine Leuchttürme wie Corneille, keinen alles überragenden Ludwig XIV., keinen Escorial und kein Versailles. Keine Kolonien wie Spanien, keine politischen Utopien wie die Niederlande, keine Metropole, kein Empire und kein Elisabethanisches Theater wie England. Kein gigantisches klassisches Arsenal der Erinnerung wie Rom. Man hatte ein bis auf den Grund zerwühltes und zerstückeltes Territorium und die Ambition, sich in diesem Chaos zu positionieren. Und man hatte die Verursacherin, den Ursprung der europaweiten Unruhe im Land: die Reformation, humanistische Schulung und Sprengstoff in einem.

Bezeichnenderweise weist Shakespeare den Protagonisten seiner wohl berühmtesten Tragödie, Prinz Hamlet, ausgerechnet als Studenten der Universität Wittenberg aus. Zynisch, zergrübelt und ausgebufft, kommt er von seiner Alma Mater auf das dänische Schloss zurück – und findet sich in dem höfischen Getriebe um keinen Preis der Welt mehr zurecht.

Auch Shakespeares Zeitgenosse und Theaterkonkurrent Christopher Marlowe hatte kurz zuvor die Figur eines dubiosen Akademikers von der Universität Wittenberg kreiert: Dr. Faustus. Es ist schon auffällig, dass lutherisch geprägte deutsche Universitäten seinerzeit als Zentren intellektueller Hybridität in Erscheinung traten. Während der junge Studiosus Hamlet innerhalb weniger Semester zum melancholisch grundierten Mann ohne Eigenschaften mutiert, entwickelt sich der ungleich ambitioniertere Dr. Faustus zu einem Menschenverächter, der für seinen Traum von großer Magie selbst mit dem Teufel paktiert. Wie es sich unter klerikaler »Bewachung« gehört, wird Faust zwar schlussendlich von Theaterteufeln bestraft – was bleibt, ist jedoch das Faszinosum der Idee, Gott, den Papst, den Kaiser, alle Welt herauszufordern und Grenzen gezielt zu überschreiten. Jedenfalls kehrte Faust auf diesem Wege theatralisch in seine Heimat zurück: Englische Wandertruppen gastierten mit dem Stück in ganz Deutschland und gaben damit indirekt den Anstoß zu Goethes sich über Jahrzehnte erstreckendem Faustprojekt, mit dem Faust endgültig zu einem deutschen Mythos werden sollte. (Siehe Abbildung 43 in Tafelteil 2.)

Ähnlich erging es Hamlet, in dem sich Deutschland wiederzuerkennen glaubte. So wurde das Stück unversehens ein Hauptwerk der deutschen Romantik und sein geheimnisvoll gebrochener Held ein Symbol des romantischen Weltgefühls. Das Deutsche an ihm, seine Schwächen und Fehler, sein Wahnsinn als Zeichen seiner Genialität, sein Schwanken zwischen Gedanke und Tat wurden unermüdlich diskutiert. »Es ist der Charakter der Deutschen«, heißt es im *Wilhelm Meister*, »daß sie über allem schwer werden, daß alles über ihnen schwer wird«[46] – auch das Handeln. »Tatenarm und gedankenvoll«: Wie man sich selbst sah, so wollte man Hamlet.

Noch der kulturkritische Philosoph der Moderne, Walter Benjamin orakelt: »Hamlets [...] Wort ist wittenbergische Philosophie und ist Aufruhr dagegen«.[47] Er betont den Bußcharakter, der alles menschliche Handeln und Denken überschattete und den menschlichen Handlungen allen Wert absprach. Trauer und Melancholie in einer leeren, fast depersonalisierten Welt, in der ein Antiheld sich passiv verbirgt. Hamlet: Identifikations- und Abschreckungsfigur zugleich. Sucht man nach einem Bild, in dem sich diese gedankenvoll niederdrückende Schwermut findet, so ist an erster Stelle Dürers »Melencolia I« (1514) zu nennen. Der niedergesunkene Engel der Geschichte – ratlos in einem Arsenal abgelegter, liegen gebliebener Symbole, Relikte und Requisiten, in einer Art Rumpelkammer europäischer Kultur. Ein Moment des »Nicht mehr« und des »Noch nicht« – für immer eingebrannt und festgehalten. (Siehe Abbildung 44 in Tafelteil 2.)

Dürers Vision einer düster brütenden, vielleicht auch etwas ausbrütendenden Passivität zeigt freilich nur das eine, gewiss suggestive Gesicht der Zeit. Die Erstarrung kann sich jedoch unversehens lösen und in Furor umschlagen, ja bis zur Selbstvernichtung voranschreiten. Ungezählte Märtyrerdramen schildern den Suizidanschlag gegen die eigene Person. Ob bei Corneille oder Gryphius, Lohenstein oder Racine.

Eine dominante Verweigerung, eine Haltung kompromisslosen Widerstands ist der Zeit nach 1600 wie eingebrannt. Sie markiert überraschenderweise den Anfang der Aufklärung, wenn genau diese Verweigerung im Namen einer höheren Moral und Tugend zum Programm wird.

Tabula rasa oder Endlosschleife?

Ist Europa ein gewaltiger Gedächtnisspeicher? Oder ein Vakuum der Erinnerung? Einerseits beklagt man den zunehmenden Schwund an historischem Wissen in unserer Gesellschaft, deren Erinnerungen allenfalls durch das Instrument der Jahrestage und Jubiläen zusammengehalten werden. Ohne diese, glaubt man, würden wir orientierungslos durch die Zeit trudeln. Andererseits vermag das kollektive Gedächtnis einige Erinnerungen mit geradezu frappierender Insistenz über Jahrhunderte hinweg festzuhalten. Die berühmte Schlacht am Amselfeld, in der die Serben am 15. Juni 1389 den Vormarsch der Muslime – erfolglos – zu stoppen versuchten, ist als nationaler Bezugspunkt bis in die Gegenwart von zentraler Bedeutung. Entsprechend ist die endgültige Kapitulation der Katalanen gegen die Bourbonen am 11. November 1714 noch heute ein hoch emotionaler Gedenktag. Der Orangemen's Day in Nordirland erinnert an die Schlacht am Boyne im Juli 1690; er wird mit einer Intensität zelebriert, als hätten die Protestanten erst vor wenigen Wochen gesiegt.

Ob Sieg oder Niederlage, ob historisches Faktum oder Fiktion, ob dynastische Scharmützel oder »nationale Erhebungen« – offenbar ist die Blutspur längst vergangener Schlachten eines der wichtigsten Momente, um kollektive Gefühle freizusetzen. Märtyrer und Helden pflastern die Wege europäischer Geschichte, und im Staubecken der Erinnerung treiben viele Leichen.

Erinnern und Vergessen sind zwei Gesichter ein und derselben Aktion. Das Vergessene und das Erinnerte, die sichtbare Spitze des Eisbergs und der Abgrund des Unsichtbaren gehören zusammen. In der Art, wie wir die beiden Bereiche miteinander verlinken, profilieren wir unser Weltbild. Wir bestimmen, was ans Tageslicht kommt, was verborgen bleibt. Wir, das Kollektiv, formatieren, trimmen das Profil.

Entscheidend für diesen Prozess ist der Akt der Wiederholung, durch den eine Art Fußabdruck unserer kulturellen Identität entsteht. Es muss etwas zu bedeuten haben, und es sagt sehr viel über uns aus, dass wir uns an einigen Basisgeschichten förmlich festklammern, andere verdrängen. Antigone *forever* – Kassandra *never*, Goethe omnipräsent – Hölderlin zu Lebzeiten fast vergessen, Anne Frank in allen Herzen – Tausende ermordeter Zigeunerkinder namenlos.

Vorbilder und Außenseiter begleiten uns nicht nur als emotionale Orientierungspunkte, sie verklammern darüber hinaus Räume und Zeiten, bilden Wegmarken und Verbindungslinien unserer kulturellen Topographie über Tausende von Kilometer und über Jahrhunderte hinweg. Athen und das Deutschland des 18. Jahrhunderts bilden eine ideelle Partnerschaft, die Französische Revolution spiegelt sich in der römischen Republik, ein ewiges Jerusalem geistert als grenzüberschreitende Idee durch die Jahrhunderte, Richard Wagner und Tankred Dorst transponieren das Mittelalter in die Moderne, Odysseus fährt als Ulysses durch die See vor Dublin, Bachmanns »Böhmen« liegt am Meer, die Postmoderne Umberto Ecos entdeckt das subversive Potenzial des Aristoteles, Heiner Müller dreht Shakespeares Hamlet durch die Maschinerie der Zeit nach dem Holocaust. Alle diese Texte zusammen schreiben, ob sie es wollen oder nicht, eine unendliche Geschichte der europäischen Kulturen, die sich aus vielen Bausteinen unterschiedlichster Herkunft zusammensetzt. Das auf diese Weise entstehende Europa, ein Europa als gewaltiger Klang- und Resonanzraum, stellt das eigentliche, das real existierende Europa dar. Text für Text, Wort für Wort, Bild für Bild, Ton für Ton – ja, auch das ist ein Teil dieses eigentlichen, vom Europa der Verwalter verdeckten Kontinents.

Alexander Kluge vermeint sogar zwischen den Basslinien einer frühen Barockoper von Monteverdi und den robusten Klängen der Technorhythmen eine tonale Verwandtschaft über 400 Jahre hinweg herauszuhören. »Europa endlos«, eine ästhetische, überaus produktive Endlosschleife sozusagen.[1]

Ob man es wahrhaben will oder nicht, es sind organische, höchst lebendige Prozesse, die hier stattfinden, Osmosen, Vermischungen – bisweilen auch Abstoßungen. Differenzen, unüberwindliche Differenzen tauchen auf, man absorbiert scheinbar Gemeinsames, sucht nach Ähnlichkeiten. Ähnlichkeiten – vielleicht der innovativste Weg, um sowohl dem Gehege der Differenz wie auch dem Gleitfilm der Gleichheit zu entgehen. Die Suche nach Ähnlichkeiten könnte sogar dazu verhelfen, scheinbar unlösbare

Konflikte zu entschärfen. Die Kunst, Deutungsmöglichkeiten entlang einer imaginierten Linie in der Schwebe zu halten und zum Oszillieren zu bringen, könnte dem Aufspüren von Zwischenräumen und Zwischenlösungen dienen. Versuchsweise sich in eine andere Kultur versetzen. Alles andere als eine abstrakte Phantasie – vielmehr konkrete Arbeit, Arbeit am Text. Es ist kein Zufall, dass Europa eine der elaboriertesten Übersetzungstraditionen weltweit hervorgebracht hat, sowohl in der Theorie wie in der Praxis.

Übersetzungen sind immer auch Verwandlungen. Die Bibel schlüpfte erst in eine griechische, dann in eine lateinische, später – durch Luthers Coup – in eine (ur-)deutsche Haut. Shakespeare verwandelte sich hundertfach, wechselte die Stimme von penibler Prosa bis hin zu empfindsamen Versen. Übersetzungen durchstöbern das Original, suchen nach seiner tieferen ursprünglichen Bedeutung oder zerren den Text förmlich zu sich hinüber. Man kann das Übersetzungsproblem so sehen, wie Umberto Eco es im Titel seines Buches sagt: »Dire quasi la stessa cosa in un'altra lingua« – ungefähr das Gleiche in einer anderen Sprache sagen. Klingt soweit plausibel – wenn nicht derselbe Umberto Eco dann auf knapp 400 Seiten das Gegenteil beweisen würde: nämlich – und so kann/muss man es eben auch sehen – dass bei der Übersetzerei auf der »anderen« Seite so gut wie nie »quasi la stessa cosa« herauskommt.

Dennoch: Die Übersetzung ist ein Versprechen. Das Versprechen eines Zeit- (und Kultur-)Sprungs. Eine Übersetzung kittet den Riss. So, dass man den Sprung, wenn's gut gemacht ist, gar nicht mehr sieht. Und glaubt, alles zu verstehen. Voß hat die *Ilias* so übersetzt, dass ein Leser des 18. Jahrhunderts glauben konnte, Homer wäre sein Zeitgenosse. Andere Übersetzungsstrategien versuchen uns auf eine befremdende Zeitreise in die Vergangenheit mitzunehmen – stets aber ist der Prozess des Übersetzens der Ausdruck einer Suche nach Nuancen der Differenz und zugleich ein Fahnden nach Gemeinsamkeiten. Also genau die Art von Aktivität, die Europa benötigt. Ihr Schauplatz: Übergänge, Überlappungen, kulturelle Treibsandzonen, Mischgebiete, Vermischungsgebiete – die Politik sollte von den Künsten lernen. Und permanent nach Verbindungslinien, Minimalkonsensen, Wechselseitigkeiten, bis hin zum kreativen Diebstahl Ausschau halten. Sie sollte solche Modelle anbieten, sie kommunizieren, - für sie werben, statt immer nur unverbindlich von »Integration« zu träumen und panisch vor »Parallelgesellschaften« zu warnen. Ganze Vorstellungswelten könnten so erschlossen werden. Ihre Schlüsselbegriffe wären Synkretismus, Hybridität, Vermischung, Mestizentum. Ja, de facto ist Europa ein Hybrid, der seine Hybridität nicht wahrhaben will und permanent um eine völlig unrealistische Eindeutigkeit und Einstimmigkeit kämpft, statt sich zu sich selbst zu bekennen.

Warum wurde das Werk Kafkas zu einer Chiffre der europäischen Moderne? Weil es Marginalisierte, Tramps, Migranten, Paria, nicht mehr ganz Dazugehörige in den Mittelpunkt rückt. Weil es sich Situationen der Doppeldeutigkeit stellt und den Mann an der Grenze, auf der Grenze als zentrale Figur der Moderne begreift. Ob in der Vermischungsregion des Balkan, die sich gegen die Realität stellt und um serbische, kroatische, albanische, kosovarische »Reinheit« kämpft. Ob in Spanien, das trotz vehementester Proteste der Basken wie der Katalanen auf eindeutiger Zuordnung besteht – die Beispiele ließen sich häufen.

Wie gesagt, das Gedächtnis Europas ist weitaus besser, als man gemeinhin annimmt. Es hat ungezählte Erinnerungen gespeichert, viele regionale Mythen und Erinnerungen gesammelt, und es ist von seiner Herkunft her politisch und historisch gesehen alles andere als ein homogenes Gebilde.

Zugleich ist es ein Kokon, ein Gespinst aus kulturellen Impulsen, die Grenzen, Zeiten und Räume überwinden und genau jenes europäische Festland, jenes »Kraftwerk der Gefühle«, wie Alexander Kluge es nennt, befeuern, das die aktuelle Politik bedauerlicherweise immer wieder lahmlegt.

Ein wirrer, bisweilen verwirrender Kosmos aus Sprache, Klängen und Bildern, der dennoch durch seinen repetitiven Charakter anzeigt, dass es eine gemeinsame, von innen heraus wirkende Kraft gibt, die die Partikel aneinanderbindet. Das häufig beklagte Fehlen einer europäischen Narration ist ein Irrtum. Man sucht nur an der falschen Stelle, wenn man immer auf einen großen Mythos wartet. Dabei liegt die eigentliche »Narration« Europas auf der Hand: Es ist dieses Palimpsest, das Geheimnis eines sich überlappenden, Impulse weiterleitenden vibrierenden Netzwerks aus Ungleichzeitigkeiten, trügerischen Ähnlichkeiten und Vernetzungen, das diesen Kontinent ebenso verletzlich wie einzigartig macht.

Europa braucht keinen Leidens- und Opfermythos, keine großen Eroberungs- und Erfolgsgeschichten mehr. Europa mag sich einfach als Plattform in Szene setzen, als Podium und Reflexionsstätte seiner Satelliten – Bedarf an eigenen Herkunftsmythen besteht nicht. Was jedoch fehlt, ist ein Sammelbecken geschichtlicher Erfahrungsverläufe, ein Reflexionsraum, in dem länderübergreifend historische Erfahrungen – Siege und

Niederlagen, Torheiten und Errungenschaften, die sich hier im Lauf der Jahrhunderte abspielten und immer noch abspielen – zusammengefasst werden könnten. Dies könnte im Idealfall dazu führen, punktuellen Ereignissen nicht mehr oder weniger hilflos gegenüberstehen zu müssen, sondern aktiv eingreifen zu können.

Weniger im Sinn einer militärischen Intervention wie in den 1990er-Jahren auf dem Balkan, sondern moderierend, beratend, dialogisierend, reflektierend. Statt sich im entscheidenden Moment aus der Verantwortung zu stehlen oder viel zu spät zu reagieren. Wirklich überzeugende Erinnerungskultur sollte darin bestehen, fatalen Entwicklungen auf der Basis ungezählter Erfahrungssplitter zuvorzukommen.

Mehr als alle anderen Figuren der Antike steht die Seherin Kassandra für die Fähigkeit, Realitäten präzise wahrzunehmen und aus ihren Beobachtungen Konsequenzen zu ziehen. Dass sie mit ihren Versuchen, die Trojaner zu warnen, scheiterte, sollte nicht davon abhalten, das Kassandra-Phänomen ernst zu nehmen.

Wenn man ihre Kompetenz der Zeichendeutung um die Dimension der Erinnerung und des Gedächtnisses erweitert, sollte es möglich sein, Gefährdungen wenn nicht präzise vorauszusagen, so doch tendenziell zu erspüren. Jedenfalls sollte man sich nicht damit begnügen, nur auf Basis empirischer Fakten der Gegenwart Big-Data-Mengen zu sammeln. Man sollte die Daten aus der Tiefe der Zeit nicht ignorieren: Aufzeichnungen, Historiographien, Romane, Fiktionen. Diese Quellen zusammen ergeben erst ein Bild dessen, was man als Wirklichkeit bezeichnen könnte.

Der europäische Umgang mit Geschichte oszilliert zwischen Faktengläubigkeit und Verfremdung. Man ahnt, dass hinter allen scheinbaren Fakten zugleich mögliche Fiktionen stehen, die danach trachten, uns so oder so zu steuern. Offenbar bedurfte es des stark europäisch geprägten Historikers Hayden White, um diese Binsenweisheit wissenschaftlich diskutierbar zu machen. Mit seiner Einsicht, dass auch Klio (die Muse der Geschichtsschreibung) dichtet,[2] schien der Damm gebrochen, und man sollte fähig geworden sein, Geschichte nicht als ein Gefängnis aus Fakten zu sehen, sondern als Laboratorium von Denkmöglichkeiten und Entwürfen für eine stetige Erneuerung. In dem Maße, in dem es gelänge, die erfahrungsgesättigte Stabilität und Flexibilität, Festigkeit und Offenheit der Künste auch nur ansatzweise in entsprechende politische Strukturen zu übersetzen, wäre ein wichtiger Schritt zu einer wirklichen Stabilisierung Europas, einer Stabilisierung des wirklichen Europas getan.

IV

Das Projekt »Aufklärung«

Sein intellektuell größtes Abenteuer sollte Europa allerdings erst noch bevorstehen. Und es sollte sich als mindestens so riskant und folgenreich erweisen wie der kolonisatorische Zugriff auf die Welt, auch wenn es nur als »Abenteuer des Geistes« begann. In der Rückschau erscheint es so, als hätten alle Ströme und Strömungen mit einem Mal eine gemeinsame Grundrichtung eingeschlagen und sich – allen Widerständen zum Trotz – vereinigt.

Es hat nichts mit Eurozentrismus zu tun, wenn man feststellt, dass dieser Prozess, dass das »Projekt Aufklärung« insgesamt das zentrale und in seiner Vielgestaltigkeit und Konsequenz vielleicht folgenreichste Vorhaben dieses Kontinents war. Es sollte alle Medien und Institutionen erfassen, alle Stände und Länder durchdringen und massive, ja revolutionäre politische Folgen haben. Nicht von ungefähr konnte Immanuel Kant 1784, gegen Ende des 18. Jahrhunderts, auf die Frage »Was ist Aufklärung?« selbstbewusst und definitorisch feststellen, ja fast schon verfügen:

> *Aufklärung ist der Ausgang des Menschen aus seiner selbst verschuldeten Unmündigkeit. Unmündigkeit* ist das Unvermögen, sich seines Verstandes ohne Leitung eines anderen zu bedienen. *Selbstverschuldet* ist diese Unmündigkeit, wenn die Ursache derselben nicht am Mangel des Verstandes, sondern der Entschließung und des Mutes liegt, sich seiner ohne Leitung eines anderen zu bedienen. Sapere

aude! Habe Mut dich deines *eigenen* Verstandes zu bedienen! ist also der Wahlspruch der Aufklärung.[1]

Eine Formel wie diese schreibt sich nicht einfach so hin, sie ist das Resultat eines Erfahrungs- und Erwartungsprozesses. Sie spricht von der Vergangenheit wie von der Zukunft, ist Feststellung und Appell zugleich. Und es geht um alles. Will man ferngesteuerte Amöbe bleiben oder Mensch werden? Hat man die Courage, seinen »eigenen Verstand« zu nutzen, oder lässt man sich von anderen manipulieren? »Sein« oder »Nichtsein« – das ist auch hier die Frage.

Kant hält sich nicht mit Details auf, sondern geht ans Eingemachte, ans selbst Gemachte, selbst Verschuldete: »Faulheit« und »Feigheit« jedes Einzelnen seien das Grundübel, die Ursache für unsere mentale, das heißt intellektuelle und emotionale Stagnation. Ein Essay wie eine Publikumsbeschimpfung. Mit dem Ziel, die Leser wachzurütteln. Mit allen Mitteln? Nein, widerspricht der Philosoph aus Königsberg, beileibe nicht mit allen, letztlich sogar nur mit einem einzigen: der Macht der Argumente, der Freiheit zu argumentieren, zu publizieren, zu diskutieren – und zwar ohne jede Einschränkung. Außer einer: der zu gehorchen und weiterhin seine Pflicht zu erfüllen. Schreib einen Artikel gegen Wucher – aber zahle deine Schulden. Protestiere gegen den Krieg – aber mach, was dein Offizier befiehlt. Zweifle an Gott (in einem Pamphlet) – aber predige im Sinne der Kirche (wenn du auf der Kanzel stehst).

Ein paar Seiten Kantlektüre, und man sieht: Die Aufklärung, der lange Prozess der Aufklärung ist keineswegs so eindeutig und so einfach, wie man uns häufig glauben machen möchte, wenn man vom Zeitalter der Vernunft und der Rationalität spricht. Denn die Frage »Wie vernünftig ist diese Vernunft« steht meist im Hintergrund. So wie sich bei Kant umgehend wenngleich fast unausgesprochen die Frage stellt, ob die Teilung der Vernunft in einen »öffentlichen« und einen »privaten« Teil nicht über kurz oder lang in Schizophrenie münden könnte.

In welcher Misere die Menschen dieser Zeit wirklich lebten, zeigt sich weit besser in den Theaterstücken und Romanen als in gelehrten

Traktaten. Denn die Aufklärung erschöpfte sich nicht im Kampf gegen Autoritäten: Sie bietet darüber hinaus ein völlig neues Wertesystem unter den Vorzeichen der »Tugend« an. Einer Tugend, die die Individuen aus *einer* Form der Abhängigkeit löst, um sie mit einer *neuen* Form der Autorität unter Druck zu setzen. Die autoritären Züge dieser vermeintlichen Befreiungsbewegung sollten nicht unterschätzt werden. Überfordern sie die Menschen? Ist diese Art der programmatischen Zwangsbeglückung nicht die Vorstufe zu einer nicht weniger starren Konvention?

Fragen über Fragen also – und warum nicht? Jahrhundertelang wurden von den Autoritäten immer Antworten und Anweisungen gegeben. Die Aufklärung versteht sich im Unterschied dazu auch als eine Methodik des Hinterfragens, des Hinterherfragens. Gewiss, auch sie gibt Koordinaten des Denkens vor, aber was sie will, ist ein Prozess mit offenem Ende.

Und dazu nimmt sie sich Zeit. Viel Zeit.

Was sich im 18. Jahrhundert systematisch zu manifestieren begann, reichte weit in die Geschichte zurück und hatte einen beachtlichen Vorlauf. Möglicherweise finden sich die ersten Spuren dieser europäischen DNA bereits in der Antike, als Mythen gleichermaßen kreiert und aufgelöst wurden, man erinnere sich an die Diskussion um die Echtheit des Schiffes von Theseus. Selbst in Zeiten des rigiden Dogmatismus war die durch Aristoteles gelegte rationalistisch-empirische Spur nie ganz ausgelöscht worden. Scholastiker wie Duns Scotus (1266–1308) oder William of Ockham (1288–1347) wagten es, selbst im Mittelalter Dogmen infrage und »ewige Wahrheiten« auf den Prüfstand der Kritik zu stellen. Stets mit Argusaugen von Hütern der politischen oder religiösen Macht beobachtet.

Die Höfe und Kirchen sind mit der Botschaft der Aufklärung infiltriert und verharren in einer merkwürdigen Haltung zwischen Abwehr und Ignoranz. Die Protagonisten des neuen Denkens stehen mit einem Fuß im Gefängnis. Und sind zugleich umschwärmter Mittelpunkt der Salons und klandestiner Zirkel, während die Künstler zu den wahren

Propagandisten und Kommunikatoren der neuen Bewegung werden und die Kunst der Aufklärung einzuüben und zu erproben beginnen.

Gewiss: Toleranz, Freiheit, Analyse, kritisches Denken, Autonomie sind keine Erfindungen der Aufklärung. Was die Philosophen und Literaten, die Theater und Universitäten, die Akademien und Salons jedoch im Laufe der kommenden Jahrzehnte herstellen, ist nicht weniger als die Verwandlung von Einzelmomenten in ein kommunikables Gesamtsystem. In ein System – dies macht die Sonderstellung dieser Bewegung im Vergleich zu vielen anderen aus –, das seine möglichen Defekte, Defizite und Gefahren nicht ängstlich verdeckt, sondern programmatisch transparent macht, um nicht zu sagen gnadenlos präsentiert.

Aufklärerische Positionen sind bis in die Gegenwart schwerwiegenden Vorwürfen ausgesetzt. Materialismus, Entzauberung der Welt und das Vergessen der menschlichen Gefühle gehören bis jetzt zu den Topoi gegenaufklärerischer Bewegungen. Sie bedürfen der Korrektur.

17 Mythendämmerung

War man um die Mitte des 17. Jahrhunderts durch die zermürbende Erfahrung des Krieges klüger geworden? Es kann jedenfalls kein Zufall sein, dass mehr oder weniger simultan europaweit Tendenzen zu beobachten sind, an allem, was mit überkommenen Machtstrukturen zu tun hat, Kritik zu üben. Dies betrifft Regierungsformen wie Denkstile. England unter der republikanischen Diktatur Oliver Cromwells[2] oder die Revolte der Niederlande gegen die spanische Hegemonie sind nur zwei Beispiele für die beginnende Korrosion traditioneller Herrschaftsgefüge. Weit deutlicher jedoch als im Bereich der Politik zeigen sich die Zeichen eines generellen Umbruchs im Bereich der Künste und Wissenschaften.

Paul Hazard hat in seinem altehrwürdigen, aber keinesfalls überholten Buch *Die Krise des europäischen Geistes* (1935) diesen Umbruch überzeugend dokumentiert.[3] Seiner Meinung nach durchlebte der »europäische Geist« in der zweiten Hälfte des 17. Jahrhunderts eine massive Krise, in deren Verlauf das entstand, was man modernes europäisches Bewusstsein nennen könnte. Es galt eine Politik ohne göttliches Recht, eine Religion ohne Mysterien und eine Moral ohne Dogmen zu schaffen. Und man baute die Wissenschaft zur »Natur«-Wissenschaft um. Eine Naturwissenschaft, die sich im Weiteren wiederum zur »Lebenswissenschaft« entwickeln sollte.

Der Erkenntnistrieb des Menschen greift ohne göttliche Vermittlung nach den Dingen selbst, widmet sich ihnen in ihrer Diesseitigkeit. Erkenntnistheorie wird zur Bedrohung für die Bastionen der Macht – insbesondere die Dogmen der Kirchen. Ein Prozess von unglaublicher

Dynamik setzte ein: Descartes' *Discours de la méthode* (1637) und Pascals *Pensées* (1670) sind nur zwei Bausteine des revoltierenden geistigen Puzzlespiels.

Viele andere Werke der Zeit flankieren den Angriff auf die Bastion der überkommenen Denkgebäude: Giordano Bruno, in dessen Kosmos kein Raum für ein Jenseits mehr vorgesehen war, landete auf dem Scheiterhaufen. Wenig später sollten gewichtige Werke – Newtons *Philosophiae Naturalis/Principia Mathematica* (1687), Lockes *Essay Concerning Human Understanding* (1690), Pierre Bayles *Dictionnaire historique et critique* (1697) oder Leibniz' *Essai de Théodicée* (1710) – folgen.

Die Thinktanks des 17. Jahrhunderts hatten der Reformation zum Trotz noch immer einen Hauptfeind: die katholische Kirche. Aus Furcht vor der Inquisition musste selbst ein Descartes seine Schriften zunächst anonym erscheinen lassen.[4] Ihnen allen liegt *eine* zentrale Formel zugrunde, sie halten auf *einen* zentralen gedanklichen Fluchtpunkt zu: Selbstreflexion über die Bedingungen des Erkenntnisvermögens und der Erforschung dessen, was als »Wahrheit« anzusehen ist. Einziges Mittel zur Erkenntnisprüfung: der auf alle Voraussetzungen des Denkens gerichtete Zweifel. Der Zweifel nicht als Ketzerei, als Häresie, sondern als Methode!

In diesem Sinne ist die zentrale Descart'sche Formel »Cogito, ergo sum« zu verstehen: dass sich in der Wirkung des Denkens das Dasein einer Person »klar und deutlich« bekundet. Der Denkakt als Existenzbeweis. Und als »wahr« hat nur zu gelten, was »klar und deutlich« zu erkennen ist – auch Gott macht da keine Ausnahme. Im Zentrum des Universums aber steht das Ich, das Ich als Wahrnehmungs- und Wahrheits-Findungs-Laboratorium mit dem Anspruch, die Wahrheit zu erkennen und zu verkünden. Descartes' Quintessenz:

> Haben wir also bezüglich der Dinge außer uns unser Bestes getan, so ist alles, was am Gelingen fehlt, in Hinsicht auf uns völlig unmöglich. Dies allein schien mir auszureichen, mich für die Zukunft nichts wünschen zu lassen, was ich nicht erreichte, und mich auf

> diese Weise zufrieden zu machen. Denn unser Wille geht in seinen Wünschen von Natur nur auf Dinge, die unser Verstand ihm auf irgendeine Weise als möglich darstellt [...].[5]

Keine schrankenlose Philosophie, sondern eine, die die Schranken definiert und die Begrenzungen akzeptiert, um dann innerhalb dieses Rahmens umso systematischer zu agieren. Statt großer Spekulationen Ketten kleiner Denkschritte. Die Methode besteht nicht zuletzt darin, in Etappen zu denken und alles Intuitive zu vermeiden. Der vierte Abschnitt des *Discours* gibt einen Einblick in diese faszinierende Mechanik des Zweifelns – und des Denkens als der einzig möglichen Existenzform. Eine Methode, der selbst »Gott« nicht entgehen kann: Obwohl das System logisch auf ihm aufbaut, ist Gott für Descartes keine »feste Burg«, eher Ground Zero. Descartes leugnet ihn nicht, er denkt ihn. Wir vermögen Gott zu denken, ihn uns vorzustellen – also ist er. Und da wir ihn nicht anders denken können denn als Fundament alles Denkens und alles Seins, erschöpft seine Funktion sich darin, uns eine Basis für solche Überlegungen zu bieten.

Im Ganzen der Argumentation nimmt die Gottesfrage eine vergleichsweise marginale Rolle ein. Genauso wichtig sind Herz, Nerven, Blut, Verdauung und Gehirn, kurz, die Biomasse Mensch als Produkt aus Säften, Impulsen, sinnlichen Perzeptionen – auch sie verdankt ihre Existenz ausschließlich logischen Gesetzen. Aber das Ganze wirkt eher wie die Erstellung eines Computerprogramms. Nicht zufällig kommt das Thema des »Automaten« ins Spiel, die Vorstellung des menschlichen Körpers als Maschine, die im Sensualismus und Materialismus der kühnen und kühlen Philosophen der 18. Jahrhunderts (La Mettrie), ja, bis zu den autonomen KI-Androiden unserer Zeit weitergedacht werden sollte:

> Ich stelle mir einmal vor, daß der [menschliche] Körper nichts anderes sei als eine [...] Maschine [...], die Gott gänzlich in der Absicht formt, sie uns so ähnlich wie möglich zu machen, und zwar derart, daß er ihr nicht nur äußerlich die Farbe und Gestalt aller unserer Glieder gibt, sondern auch in ihr Inneres alle jene Teile legt, die not-

> wendig sind, um sie laufen, essen, atmen, kurz all unsere Funktionen nachahmen zu lassen, von denen man sich vorstellen könnte, daß sie aus der Materie ihren Ursprung nehmen und lediglich von der Disposition der Organe abhängen.«[6]

Wenig später wird der Engländer John Locke (1632–1704), als Arzt-Philosoph von der Empirie ausgehend, auf experimentalwissenschaftlicher und medizinischer Basis das Studienobjekt Mensch genauer unter die Lupe nehmen. Seine Forschungsobjekte: alles, was sich bewegt. Sein Hauptinteresse: zu begreifen, wie die Mechanik der menschlichen Reaktionsweisen funktioniert, wirklich zu erkennen, was es heißt, wenn einer denkt oder wenn einer denkt, er würde denken.

Obwohl er an der Universität Oxford studierte und lehrte, blieb er nicht völlig dem Wissenschaftsbetrieb verhaftet. Er arbeitete als Lordkanzler, als Hausarzt, Erzieher und veröffentlichte während dieser Zeit ein umfangreiches Werk. Lockes Schriften brachten ihm nicht nur Ruhm ein. So wurde er aus dem Christ-Church-College ausgeschlossen. In Oxford beschuldigten ihn mehrere Professoren einer zweifelhaften Gesinnung. Die Universität weigerte sich lange, seine Werke in den Lehrplan aufzunehmen. Und einen nicht unbeträchtlichen Teil seines Lebens verbrachte er im holländischen Exil. Eine harte, exzellente Schule. Aus seinem Land vertrieben, irrte er durch die verschiedenen Zufluchtsorte, verkehrte mit kritischen Geistlichen, Dissidenten, Heterodoxen. War ständig unterwegs, publizierte unablässig und verstand es, Resonanz hervorzurufen.

Locke suchte die Wirklichkeit, die Empirie war sein Labor. Das geoffenbarte Wort als Richtschnur hatte ausgedient. Vom Beginn seiner geistigen Laufbahn an finden wir denselben Unabhängigkeitsdrang, dasselbe Erneuerungsbedürfnis, nur für sich selbst zu denken, wie bei Descartes. Und Fragen zu stellen, Fragen. Denn seine Methode ist keine Sache für Einsiedler. Locke sieht sich als Beauftragten einer ganzen Epoche: Was ist Wahrheit? Gibt es angeborene Ideen *(»innate principles«)* oder programmieren wir uns selbst? Ist unser Verhalten determiniert oder frei?

Bis in die Terminologie hinein stellt Locke Fragen, die uns bis jetzt (in der Dekade der Hirnforschung und KI) beschäftigen. Wobei bei Locke wie bei vielen Aufklärern der Primat der eigenen Wahrnehmung im Zentrum steht. Im Dialog mit dem Leser entwickelt Locke folgende Idee:

> Wenn Du selbständig urteilst, so weiß ich, Du wirst aufrichtig urteilen, und dann werde ich mich, was immer auch Deine Meinung sein mag, weder verletzt noch beleidigt fühlen. Denn mag auch sicherlich in dieser Abhandlung nichts stehen, von dessen Wahrheit ich nicht völlig überzeugt wäre, so glaube ich doch, daß ich ebenso leicht irren kann wie Du, und weiß, daß dies Buch nicht durch irgendeine Meinung, die ich davon habe, vor Dir bestehen kann, sondern nur auf Grund Deiner eigenen Ansicht.[7]

Locke nennt des Pudels Kern ohne Umschweife und kommt sofort zum Punkt: »Weder Prinzipien noch Ideen sind angeboren.«[8] Seine Argumentation ist schlüssig, provokant und diplomatisch zugleich: »Gott« hätte es wohl kaum nötig, Menschen mit scharfen Sinnen auszustatten, wenn er ihnen bereits Farb- und Klanginformationen in die »Seele« implantiert hätte. Und wozu bräuchten sie ein reflexionsstarkes Gehirn, wenn ihm die Ideen bereits von Beginn an eingeschrieben wären. Kurz: Es gibt keine »angeborenen«, den Menschen göttlich oder sonst determinierenden Verhaltensmuster, Einstellungen oder Emotionen – wohl aber sind wir optimal ausgestattet, um Sinne, Hirn und uns selbst zu programmieren. Darauf folgt eine Aufstellung, die sich liest wie ein Programmierhandbuch:

> 1. Über die Ideen im allgemeinen und ihren Ursprung/2. Über einfache Ideen./3 Über einfache Ideen der Sinne/4. Über die Idee der Festigkeit./5. Über einfache Ideen, die wir durch verschiedene Sinne erwerben/6. Über einfache Ideen der Reflexion/7. Über einfache Ideen, die sowohl auf Sensation als auf Reflexion beruhen/8. Weitere Betrachtungen über unsere einfachen Ideen der Sensation/

9. Über die Wahrnehmung/10. Über die Erinnerung/11. Über das Unterscheiden und andere Operationen des Geistes./12. Über komplexe Ideen./13. Komplexe Ideen der einfachen Modi/14. Die Idee der Dauer und ihre einfachen Modi/15. Ideen der Dauer und Ausbreitung gemeinsam betrachtet/16. Die Idee der Zahl/17. Über die Unendlichkeit/18. Über andere einfache Modi/19. Von den Modi des Denkens/20. Über die Modi von Freude und Schmerz./21. Von der Kraft/22. Von den gemischten Modi/23. Über unsere komplexen Ideen von Substanzen/24. Über kollektive Ideen von Substanzen./25. Über die Relation. [...][9]

Dieses verästelte, hoch ausdifferenzierte System stellt nichts anderes dar als den Versuch, die These der Selbstprogrammierungsfähigkeit und -verpflichtung jedes einzelnen Menschen in allen Facetten durchzudeklinieren. Und zwar ohne Rücksicht auf religiöse oder normative Details und Dogmen.

Der Vorteil von Lockes These liegt auf der Hand: Wenn der Mensch Produkt seines eigenen Lernprogramms ist, hat er die Möglichkeit, an diesem Prozess aktiv teilzunehmen, ja, ihn zu steuern und zu reflektieren – und somit die eigene gesellschaftliche Rolle zu modellieren. Kategorien wie Gerechtigkeit, Treue, Schuld, Sünde, Gewissen, alles, woran wir uns zu orientieren pflegen, sind nur temporäre Vereinbarungen, Verhandlungssache. Locke behauptet das nicht einfach, sondern belegt seine These mit reichem empirischem Material. Eine Art Gehirnforschung aus dem Geist der anthropologischen Expertise, eine Ethnophilosophie ohne Tabus und Grenzen der Schicklichkeit. Es beginnt ein Großreinemachen im Augiasstall der Gewohnheiten, der Vor-Urteile und mentalen Restbestände aller Couleur. Wenn wir das, woran wir zu glauben gewohnt sind, für unumstößliche Wahrheiten halten, benehmen wir uns nicht anders als Kinder, die man blinden Gehorsam lehrte:

Deshalb ziehen sie unbedenklich den Schluß, daß jene Sätze, von deren Kenntnis sie in sich selbst keinen Ursprung finden können, sicherlich von Gott und der Natur ihrem Geist eingeprägt, ihnen

> jedoch nicht von irgend jemand anderem gelehrt worden seien. Sie halten diese Sätze fest und unterwerfen sich ihnen mit Ehrfurcht, wie es viele ihren Eltern gegenüber tun: nicht, weil es natürlich ist – auch Kinder verhalten sich nicht so, wenn sie nicht entsprechend belehrt werden –, sondern weil sie immer so erzogen worden sind und sich an den Beginn solcher Hochachtung nicht entsinnen, weshalb ihnen diese natürlich erscheint.[10]

Es ist nicht übertrieben zu sagen, dass letztlich Gott und die Welt auf dem Spiel stehen:

> [E]s kann nichts lächerlicher sein, als zu behaupten, den Kindern sei das praktische Prinzip, »Gott muß verehrt werden«, angeboren und doch wüßten sie nicht, worin die Verehrung Gottes bestehe, zu der sie verpflichtet seien. [...] Wenn somit, wie nach dem Gesagten einleuchten dürfte, die Gottesidee nicht angeboren ist, obwohl die Erkenntnis eines Gottes die natürlichste Entdeckung der menschlichen Vernunft ist, so wird sich meines Erachtens schwerlich irgendeine andere Idee aufweisen lassen, die Anspruch darauf erheben könnte.[11]

Selbst »Gott« ist für Locke nichts als ein Konstrukt aus Ideen, Begriffen, Lehrsätzen – Resultat von Kreationen unseres Geistes. Auf diesem Befund, dieser Erkenntnis basierend, folgt auf weiteren achthundert Seiten die Analyse nahezu des gesamten Bestands des Menschheits-Inventars. Dabei stehen zunächst die Sinne, Sensationen, dann die von Sinnen erworbenen Ideen im Zentrum, bevor Locke dann auf etwas stößt, was einfach zu sein scheint, aber erst im 19./20. Jahrhundert wirklich entdeckt wurde: *die Wahrnehmung (»perceptiones«).* Wir wissen heute aufgrund wahrnehmungsphysiologischer Studien, was Locke als Forscher spekulativ erschließen musste: Wahrnehmungsmuster lenken unsere sinnlichen Eindrücke, das heißt, Ideen bestimmen, was wir wie wahrnehmen. Reflexion über Wahrnehmungsmuster produziert Veränderungen bis hinab in die Definition dessen, was wir als

Wirklichkeit akzeptieren oder bestreiten. Sensationen, Reflexionen, Einstellungen, Urteile, Handlungen stehen in permanentem Austausch, sodass – unbewusst, unwillkürlich – Ideen von Sensationen zu Ideen des Urteilsvermögens werden und sich beispielsweise in Gestalt des sogenannten gesunden Menschenverstandes materialisieren. Unser Gehirn formt Module, Modi für Erinnerungsprozesse (Dauer), Emotionales (Schmerz), willentliche Entscheidungen, Irritationen, Klarheiten.

Die Frage, weshalb einer denken will, muss, Ideen seien angeboren oder nicht, wird ihrerseits als Resultat des Zusammenspiels unterschiedlicher komplexer »Modi«-Operationen, zumindest als Konstruktion, nicht als Wahrheit disputierbar. Ja, auch und gerade das Konzept »Wahrheit« gerät in Verdacht, »Konstrukt« zu sein. Alle substanzielle Gewissheit, alles naive Grundvertrauen in die Welt wird dadurch ausgehöhlt. Fast alle Fragen, die uns bis in die Zeit um 1900 unter dem Stichwort »Vakuum der Werte« oder »Ich-Verlust« begleiten, werden damals, 200 Jahre vorher, bereits vorausgedacht.

Später werden die Schattenseiten dieser »kopernikanischen Wende des Denkens« mehr und mehr ins Zentrum rücken. Um 1700 aber dominiert der unverhohlene Triumph, endlich Licht ins Dunkel gebracht zu haben. Und die zentrale »Lichtgestalt« war Isaac Newton (1642–1724), kultisch verehrt von allen progressiven Denkern bis hin zum *»Enlightenment«* des 18. Jahrhunderts. Der große Voltaire hat in seinen *Letters on the English* (1733/34) niemanden mehr gefeiert als Newton, der, seinem Urteil nach, selbst das Cartesianische System noch weiter entschlackt und gereinigt habe. Der Himmel, das Weltall, der Kosmos – ein gigantisches System, das nach mathematischen Gesetzen von Masse und Bewegung um sich und in sich selbst kreist und in dem es nur Ursachen und Wirkungen über Millionen von Kilometern hinweg gibt. Wie Voltaire schreibt: »Das Licht ist für einen Cartesianer in der Luft; für einen Newtonianer kommt es in sechseinhalb Minuten von der Sonne.«[12]

Eine derartige Präzision konnte auch als Provokation empfunden werden. Das Weltbild Newtons wurde als »mechanistisch« diskreditiert. Seine Argumentation lasse keinen Spielraum für die Rolle Gottes, so automatenhaft, mathematisch auskalkuliert sei sie. Nur zögerlich wagte man es, die neue Theorie anzuwenden. Voltaire meinte, vierzig Jahre nach ihrer ersten Veröffentlichung seien kaum zwanzig Gelehrte zu finden gewesen, die sie anerkannten. Immerhin, die fortschrittlichen Kräfte der Zeit wussten den durchschlagenden Impuls seiner Forschungen zu schätzen. (Siehe Abbildung 45 in Tafelteil 3.)

Wie die Aufklärung selbst, ist auch die Person Newtons nicht frei von scheinbaren Widersprüchen. Wenn man es denn Widersprüche nennen will und nicht stattdessen bevorzugt, aus Episoden wie der folgenden auf die gedankliche Ambivalenz und Offenheit dieses Denkens zu schließen. So studierte derselbe Newton, der der Kirche suspekt war und im Ruf des Ketzers stand, intensiv die Bibel und hinterließ theologische Manuskripte, die an Umfang alle seine wissenschaftlichen Werke übertreffen. So war denn der größte Naturwissenschaftler dieses Zeitalters zugleich ein Mystiker, der liebevoll lange Passagen aus Jakob Böhmes theosophischen Schriften exzerpierte und Locke bat, mit ihm über das weiße Pferd der Apokalypse zu diskutieren. Er ermunterte seinen Freund John Craig, seine *Theologiae Christianae Principia Mathematica* (1699) zu schreiben, worin dieser den Zeitpunkt der Wiederkunft Christi und das Verhältnis des höchsten erreichbaren irdischen Glücks zu der Belohnung der Gläubigen mit der Seligkeit im Paradies mathematisch berechnen wollte. Newton verfasste einen Kommentar zur Apokalypse und behauptete, der darin angekündigte Antichrist sei der römische Papst. (Siehe Abbildung 46 in Tafelteil 3.)

Newtons Geist war eine Mischung aus Galileo Galileis Mechanik und Keplers kosmischen Gesetzen mit Böhmes Gottesglauben. Er wurde nach einer von Staatsmännern, Edelleuten und Gelehrten gehaltenen Trauerfeier auf einer von Herzögen und Earls begleiteten Bahre in der Westminsterabtei zu Grabe getragen. Dichter beweihräucherten ihn in Elegien, und Alexander Pope verfasste die berühmte Grabschrift:

> Nature and Nature's Laws lay hid in night;
> God said, *Let Newton be!* and all was light.[13]

Voltaire wurde noch im hohen Alter von Rührung übermannt, wenn er erzählte, dass er in seinem englischen Exil erleben durfte, wie ein Mathematiker mit königlichen Ehren begraben wurde. Newtons Ruhm wuchs zu nahezu unsinnigen Höhen. Leibniz urteilte, Newtons Beiträge zur Mathematik seien ebenso wertvoll wie alle vorhergehenden Leistungen in dieser Wissenschaft zusammengenommen, und implementierte ihn nachgerade als Säulenheiligen.

Ob Descartes, Locke oder Newton – sie alle installierten den Menschen als Mechanismus der Aufklärung. Um noch einmal Locke zu zitieren:

> Nehmen wir also an, der Geist sei, wie man sagt, ein unbeschriebenes Blatt, ohne alle Schriftzeichen, frei von allen Ideen; wie werden ihm diese dann zugeführt? […] Woher hat er all das Material für seine Vernunft und seine Erkenntnis? Ich antworte darauf mit einem einzigen Worte: aus der Erfahrung.[14]

Es handelt sich hierbei nicht nur um eine erhellende Botschaft der Befreiung. Denn von diesem Moment an ist der Mensch auf sich allein gestellt und letztlich dazu verpflichtet, sich selbst zu verantworten. Er kann sich nicht mehr einfach auf eine »Schrift« beziehen, sondern ist letztlich – um im Bild zu bleiben – dazu verpflichtet, sein eigenes Programm »zu schreiben«. Ein gewaltiger Auftrag.

Und darin sind sich alle Aufklärer einig: Aufklärung ist ein Auftrag, nämlich der, sich seiner »selbstverschuldeten Unmündigkeit« (Kant) zu entziehen. Eine Bewegung, die tendenziell sowohl die mächtigen Kirchen wie auch die Monarchien zum Gegner hatte, wäre definitiv zum Scheitern verurteilt gewesen, hätte sie nicht eine gewaltige intellektuelle Energie freigesetzt.

Eine Energie, die sich nicht nur in den wenigen Jahrzehnten des 17. Jahrhunderts aufgebaut hatte. Die Wurzeln dieser europäischen

Aufklärungsmentalität reichen weit zurück. Wie Umberto Eco in seinem Roman *Der Name der Rose* wunderbar herausgearbeitet hat, bis in das Mittelalter der Scholastik, ja bis in die Antike des Aristoteles. Wenn es eine Art kulturelles Gen geben sollte – die Lust am Entfalten von Gegensätzen wäre es. Ebenso wie die Vehemenz, mit der solche Auseinandersetzungen kommunikativ ausgetragen wurden. Denn genau darum wird es im Weiteren mehr und mehr gehen – die Art und Weise, wie dieses Wissen in die Welt getragen wird. Ein Beispiel unter Hunderten: Pierre Bayle (1647–1706).

Sein Weg begann nicht im Bereich der Philosophie oder der Naturwissenschaften, sondern mit der Theologie. Der protestantische Pfarrerssohn aus Südfrankreich geriet früh unter den Einfluss Descartes' und brach sukzessive aus den orthodoxen Denkbahnen aus. Ein Gemisch aus Jansenismus, Pietismus, Spinozismus und Bibelauslegungen unterschiedlichster Art hatte ein unruhiges geistiges Klima der Heterodoxie vorbereitet. Bayle klinkt sich in diese Stimmung mit einer wahren Wissenslust ein. In seiner Republik der Wissenschaften gibt es keine Grenzen, vor allem keine Grenzen der Kritik. Schnell wird aus unersättlichem Wissensdurst leidenschaftliches Engagement, aus Engagement Kampf. Bayle ist überzeugt,

> dass jedes einzelne Dogma, ob man es nun als in der Heiligen Schrift enthalten ausgibt oder es sonst aufstellt, falsch ist, wenn es von klaren und deutlichen Erkenntnissen der Vernunft widerlegt wird.[15]

Um diesem Anspruch gerecht zu werden und ihm systematisch Nachdruck zu verleihen, entschließt sich der mittlerweile zum investigativen Journalisten des Wissens mutierte Philosoph zu einem Projekt der besonderen Art, nämlich zu einem umfassenden *Dictionnaire historique et critique.* Was heute eher ein wenig betulich klingen mag, kam seinerzeit einer Provokation gleich – besonders aufgrund der Art und Weise, wie Bayle den Auftrag eines Rotterdamer Verlegers interpretierte. Aus einem Konkurrenzunternehmen zu einem klerikalen, kirchenfreundlichen Lexikon wurde eine Anklageschrift gegen jede Form der Entmündigung, der Verschleierung und der Lüge. Die Anklage: Korruption, Unwahrheit, Vorspiegelung falscher Tatsachen, Volksverdummung, Volksvergiftung. Die Hoffnung: die Wahrheit in ihre Rechte einzusetzen, Geschichtsklitterern und -fälschern das Handwerk zu legen.

Wort für Wort, Begriff für Begriff, Name für Name, Fußnote für Fußnote betätigt sich Bayle als Ein-Mann-Menschenrechtstribunal. Er registriert die Gefahr seiner eigenen Methode durchaus, ahnt, dass ihn das Prinzip der Kritik seinerseits zum Dogmatiker werden lassen und sein alles hinterfragender Skeptizismus ins Leere laufen könnte. Dennoch zieht er das Projekt mit vollem Einsatz durch, entlang der letztlich zentralen Kampflinie Offenbarung beziehungsweise Schriftgläubigkeit versus Logik und Kritik. Die Entscheidung wird wieder und wieder zugunsten des Prinzips der Logik fallen.

Der Einsatz sollte sich lohnen, der *Dictionnaire* fehlte in keiner europäischen Bibliothek der Zeit um 1700 und wurde zu einer wichtigen Stimme im anschwellenden Chor der Aufklärungsbotschaft.

Im Ganzen gesehen, hatte die Aufklärung europaweit Fuß gefasst und ein unglaubliches Potenzial entfaltet. Kirchen und Monarchie reagierten aus der Defensive. Selbst deren Zensur-, Verbots- und Unterdrückungsmaßnahmen sind Versuche, ein Terrain zu verteidigen, das längst nicht mehr zu verteidigen war. Ein systematischer Kampf gegen die Denkweisen dogmatischer Religionen und absolutistischer Höfe konnte beginnen. Gewiss, die Kultur der Kritik würde sich noch längst nicht überall öffentlich entfalten. Dennoch, die gedanklichen Grundlagen waren bereitet. Die Zielkoordinaten einer freien Republik des Geistes, aber auch der Politik standen fest. Das Personal war rekrutiert und erwartete das Zeichen zum Aufbruch. (Siehe Abbildung 47 in Tafelteil 3.)

Oder kann man es auch ganz anders, genau umgekehrt sehen? Unterschwellig mochte es brodeln, mochten kühne Entwürfe ausgedacht werden – aber an der äußeren Wirklichkeit änderte sich vorerst nichts. Die alten Eliten saßen fest im Sattel, die Macht der Höfe und

Kirchen war ungebrochen, und in den Salons wurde nur getuschelt. Man berauschte sich am Traum von einer Republik der Gelehrten und fand sich mit den Realitäten täglicher Unterordnung und Repression ab. Ohne zu murren.

Welche der beiden Sichtweisen trifft zu? Oder gelten beide zugleich? Es war eine Bewegung entstanden, deren Energien mehr und mehr Resonanz erzeugten, sodass Kant in seinem erwähnten Artikel realistisch feststellen konnte, man lebe zwar nicht in einem aufgeklärten Zeitalter, wohl aber in einem »Zeitalter der Aufklärung«. Nur wenn man die permanente Kampfsituation dieser Bewegung, den enormen Rechtfertigungsdruck, die ungezählten Ausweichmanöver etc. in Rechnung stellt, werden manche Eigentümlichkeiten und Widersprüche der Aufklärung verständlich.

18 Witz, Satire, Trauerspiel und Enzyklopädie: die Künste der Aufklärung

Europa mag oft unbelehrbar erscheinen. Es ist aber auch unzerstörbar. Eines der Überlebensprojekte bestand in dem skizzierten neuen Denkstil. Ein intellektueller Kraftakt. Doch es gab auch ganz andere Wege der Erneuerung – solche ästhetischer Art. Barocke Kirchen und Paläste schossen aus dem Boden, »Rom« zog alle Register, um verlorenes Terrain gutzumachen. In allen katholisch geprägten Ländern entstanden Inszenierungen der Macht und Pracht, die nur ein Ziel hatten: die Menschen in ihren Bann zu schlagen, sie zu überwältigen.

Die Jesuiten verfolgten diesen Plan bereits seit Mitte des 16. Jahrhunderts, zu einer Zeit, in der das Papsttum immer stärker in Bedrängnis geraten war und die Reformation dessen Autorität bedrohte. Die Kirche Il Gesu (1568–84) in Rom wurde zum Prototyp der neuen Strategie. Sie sollte bald Nachfolgebauten in ganz Europa finden: Der Himmel schien sich zu öffnen und den Gläubigen in einem gewaltigen Sog nach oben zu ziehen, die Grenzen zwischen Irdischem und Himmlischem schienen aufgehoben. Die große Inszenierung der Spiritualität aus Stein und Farbe, das *Theatrum sacrum* brach sich Bahn.

Es wirkt beinahe so, als würde der Dreißigjährige Krieg zweier fundamental unterschiedlicher, vielleicht sogar unvereinbarer Weltanschauungen nun mit künstlerischen Mitteln weitergeführt. Hier formstrenger, asketischer Reduktionismus, ganz auf das Wort konzentriert, dort berauschende, nahezu übersinnliche Betörung. Die Doppelhelix europäischen Glaubens ist seit dieser Zeit mit Händen zu greifen und Basis einer Religiosität, die ständig zwischen nüchterner Rationalität und dem Bedürfnis nach Emotionalisierung oszilliert.

Diese bipolare Organisation betrifft nicht nur die Kirche. Auch das Theater findet sich im 17. und 18. Jahrhundert hin- und hergerissen zwischen Regelzwang und Normierung auf der einen und Phantasieausbrüchen auf der anderen Seite. Strenger Klassizismus und opulente, phantastische Oper standen sich als zwei Welten gleichzeitig gegenüber. Während Lessing und Diderot an einer neuen, die Gegensätze synthetisierenden Form bastelten.

Der Kampf für oder gegen das klassizistische Theater, das vorwiegend aus Frankreich kam und eine Art Modell, Muster und Muss für ganz Europa darstellte, wurde mit großer Härte ausgetragen. Denn letztlich ging es um weit mehr als künstlerische Sichtweisen – es ging um nichts Geringeres als um zwei Weltanschauungen, zwei Weisen, mit der Welt umzugehen.

Auf der einen Seite die harte, strenge Form und Norm, der man sich zu unterwerfen hatte. Ästhetisch wie moralisch. Mit logischer Wahrscheinlichkeit und stoischer Haltung, eingeübt seit den Zeiten Corneilles und Racines bis hin zu Johann Christoph Gottsched (1700–1766) und allen, die Bühne und Leben frei haben wollten von Phantastischem, Übernatürlichem, Ambivalentem. Aber diese Form war wie aus der Zeit gefallen, Aufklärung konnte und wollte nicht in der Kältekammer des Rationalismus enden.

> Ich habe Blut, mein Vater, so jugendliches, so warmes Blut als eine. Auch meine Sinne, sind Sinne. Ich stehe für nichts. Ich bin für nichts gut. Ich kenne das Haus der Grimaldi. Es ist das Haus der Freude. Eine Stunde da, unter den Augen meiner Mutter; – und es erhob sich so mancher Tumult in meiner Seele, den die strengsten Übungen der Religion kaum in Wochen besänftigen konnten! – Der Religion! Und welcher Religion? – Nichts Schlimmers zu vermeiden, sprangen Tausende in die Fluten, und sind Heilige! – Geben Sie mir, mein Vater, geben Sie mir diesen Dolch.[16]

Der kurze Ausschnitt aus Lessings *Emilia Galotti* von 1772 verdeutlicht in wenigen Zeilen Glanz und Misere des neuen, im Kontext der Aufklärung entstehenden Bürgertums, das in Gefahr war, an seinen eigenen Tugendgrundsätzen zugrunde zu gehen. Nicht nur im übertragenen Sinn. Die junge Frau ist tatsächlich drauf und dran, sich selbst zu töten. Lieber das, als von einem Aristokraten verführt werden. Am Ende wird sie den eigenen Vater dazu bringen, sie zu erstechen, nur um dieser Versuchung zu entgehen, und ihn dafür an das altrömische Vorbild der Virginia erinnern.

Das Verrückte daran ist, dass diese tödliche Tugendkonzeption sich als fortschrittlich, republikanisch und aufklärerisch gibt, obwohl das verklärte Individuum dabei auf der Strecke bleibt. Die Literatur, die Bühne vermag es jedoch, den Irrwitz dieser Fehlentwicklungen greifbar zu machen und durch Überzeichnung zur Kenntlichkeit zu bringen. Ein weiteres Beispiel für die Macht der Literatur, wenn es darum geht, Traditionen und Konzepte auf ihre Tragfähigkeit hin zu überprüfen.

Im Jahr 1779 hatten zwei Bearbeitungen des alten »Iphigenie«-Stoffes Premiere: Goethes Drama *Iphigenie auf Tauris* in Weimar, Glucks gleichnamige Oper *(Iphigénie en Tauride)* in Paris. Wieder mal ein Stoff aus der klassischen Antike, ein alter Mythos zum x-ten Mal, mag man zunächst denken, so wie wir Hunderte von Antigonen und Medeen haben. Als ob wir uns in ein endloses Leporello aus alten Geschichten einwickeln wollten. Schaut man etwas genauer hin, entdeckt man freilich, dass es sich exakt umgekehrt verhält. Man beginnt entschlossen, sich von den alten Geschichten zu lösen, sie als Folie für einen programmatischen Ablösungsprozess zu verwenden. Im Zeitalter der Aufklärung wurden alle überlieferten Geschichten einer radikalen Prüfung unterzogen und auf die Haltbarkeit ihrer Moral, ihrer Lehren, Hoffnungen und Drohungen hin untersucht. Kein noch so erhabener Mythos war vor dem zwar nicht gnadenlosen, aber messerscharfen Blick dieser Methode sicher, gleich ob Antigone, Medea, Virginia – oder eben Iphigenie.

Iphigenie – wieder eine Entführte, wie so viele. Die halbe europäische Literatur ist von Randständigen, Übriggebliebenen, Exilierten, Verschleppten, Rausgeschmissenen, Durchgebrannten besetzt. Von Europé und Odysseus bis hin zu Calderón und Kafka. Diese Menschengruppe hängt wie keine zweite an den Fäden der Erinnerung, der Sehnsucht.

Iphigenie, die Tochter Agamemnons, wurde in ein barbarisches Niemandsland verschlagen, gezwungen, sich dem Schicksal zu beugen und als Priesterin grausame Menschenopfer zu vollstrecken. Sie hat zu tun und tut, was man von ihr verlangt. Jedenfalls lange Zeit. Aber im 18. Jahrhundert, im Kontext der gewaltigen Sogkraft der Aufklärung, geschieht etwas gänzlich Unerwartetes, Revolutionäres. Wie Kant es fordert, haben die Menschen – auch die auf der Bühne – den Mut, sich ihres eigenen Verstandes zu bedienen und ihren eigenen Gefühlen zu vertrauen. Die Entdeckung der eigenen, ureigenen Individualität als Frau und Griechin mündet zunächst in eine anrührende Klage:

Der Frauen Zustand ist beklagenswert.
Zu Haus und in dem Kriege herrscht der Mann,
Und in der Fremde weiß er sich zu helfen.
Ihn freuet der Besitz; ihn krönt der Sieg,
Ein ehrenvoller Tod ist ihm bereitet.
Wie eng-gebunden ist des Weibes Glück!
Schon einem rauhen Gatten zu gehorchen
Ist Pflicht und Trost; wie elend, wenn sie gar
Ein feindlich Schicksal in die Ferne treibt!
[…]
So gib auch mich den Meinen endlich wieder,
Und rette mich, die du vom Tod errettet
Auch von dem Leben hier, dem zweiten Tode.[17]

Im Weiteren schlägt dieses lähmende Gefühl jedoch in eine Revolte um, die die Gesetze der alten Welt in Schutt und Asche legt: Goethes Iphigenie gelingt es, den Tyrannen Thoas in die Schranken zu weisen und dialogisch so zu zähmen, dass am Ende eine beinahe mitleiderregende Ruine ehemaliger Dominanz zurückbleibt.

Noch radikaler, konsequenter wird der Aufstand gegen die Macht des Schicksals, die Macht der Mächtigen, ja, die Macht der Götter auf der Opernbühne nicht nur geprobt, sondern im wahrsten Sinne durchexerziert. Orest befreit sich von seinem Schuldkomplex und schickt die quälenden Erinnyen aufs Altenteil. Seine Schwester Iphigenie quittiert nach langem inneren Ringen den Dienst im Namen einer barbarischen Gottheit. Orests Begleiter Pylades praktiziert sogar die edle Kunst des Tyrannenmords und stürmt mit bewaffneten Truppen die Bühne. Im 18. Jahrhundert werden die Mythen nicht bildungsbürgerlich brav heruntergebetet, sondern in die Gegenwart gerissen und gegebenenfalls geschreddert. Auch die tradierte Geschichte, die geschichtliche Überlieferung ist nicht mehr bindend. Man kann aus ihr aussteigen. Es war nicht nur mangelndes historisches Bewusstsein, sondern auch Ausdruck radikaler Aktualisierungslust, wenn man nun die Toga abstreifte und in den Kostümen der eigenen Zeit spielte.

Eine Befreiungspoetologie von großer Überzeugungskraft und Energie. Die Überzeugungskraft ist übrigens gerade deshalb so intensiv, weil man im Moment des Triumphes der neuen Welt bereits deren Gefährdungen zu ahnen beginnt und mit allen Sinnen – auf offener Bühne – in Szene setzt. Beileibe nicht nur als Ideenkonstrukt, sondern körperlich erspürt. Der Körper, seine Emotionen und Affekte werden zum Theater im Theater der Aufklärung. (Siehe Abbildung 48 in Tafelteil 3.)

Der gewagte Sprung in die Gegenwart konnte nicht ohne Blessuren ausgehen – doch der Einsatz hat sich gelohnt: Aus ihm entwickelte sich zwangsläufig eine gesteigerte Diskussionskultur und die Fähigkeit, Ambivalenzen auszuhalten, statt sich an scheinbare Eindeutigkeiten zu klammern. All dies geschieht nicht unmittelbar im politischen Raum. Es bedarf des Trainings, des Erprobens anderer Lebensentwürfe, neuer intelligenter Systeme. Und es kommt etwas in Gang.

Schwarmintelligenz allenthalben: Immer wieder rätselt man, ob vergleichbare Bewegungen sich auch andernorts beobachten lassen.

3 Nicht weniger drastisch als bei Dante wird der »Satan Trismegistos« nahezu leichzeitig im Baptisterium San Giovanni in Florenz dargestellt. Detail des Kuppelmosaiks)

Bridgeman Images/Luisa Ricciarini

4 Hatte Botticelli eine Szene vie »Die Anbetung der Heiligen Drei Könige« (um 1476) bislang ebendig, bewegt und individualisierend dargestellt …

) mauritius images/United 1Archives/ De Agostini/G. Nimatallah

25 … so malte er nach seiner »Bekehrung«, die einem künstlerischen Sündenfall gleichkam, wie ein naiver Schüler seiner selbst, nein, wie ein Schüler einer durchschnittlichen mittelalterlichen Malschule 200 Jahre zuvor (Die mystische Geburt, 1500/1501).

5 Das imponierende Standbild des Bartolomeo Colleoni nimmt den entschiedenen, von
serner Willenskraft geprägten physiognomischen Ausdruck des Gesichts auf und überträgt
n auf das Ensemble des gestählten Körpers und des vorwärtsdrängenden Schlachtrosses.
s entsteht der Eindruck einer Kampfmaschine, die sich, einmal in Bewegung versetzt,
nschickt, jeden Widerstand zu überrollen. Bis ins späte 19. Jahrhundert hinein dient es
nzähligen Reiterstandbildern als Vorbild.

mauritius images/Bildarchiv Monheim GmbH/Alamy

27 Frontispiz von Thomas Hobbes' wegweisendem Buch *Leviathan* (1651). Ein mächtiger Souverän herrscht über Land und Städte, Schwert und Krummstab zeigen an, dass sowohl die weltliche als auch die geistliche Macht in seinen Händen liegt. Sein Körper ist aus all den Menschen zusammengesetzt, die den Gesellschaftsvertrag geschlossen haben. Überschrieben ist die allegorische Darstellung des Souveräns mit einem Bibelzitat aus dem Buch Hiob, das die Einzigartigkeit seiner Herrschaft hervorhebt.

© Wikimedia Commons/Public domain

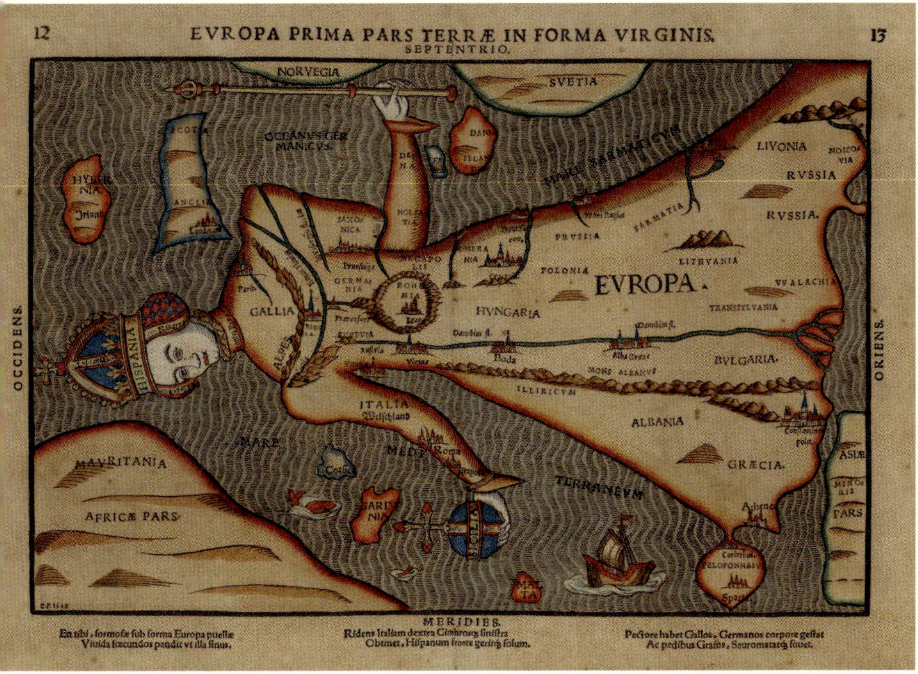

3 Mit der Darstellung von Europa als Reichskönigin (Europa Prima Pars Terrae in Forma
'irginis) entwarf der für seine allegorischen Welt-Darstellungen wie etwa auch die Klee-
latt-Karte (siehe Abbildung 12) bekannte Theologe und Geograph Heinrich Bünting 1582
ie Vision von Europa als machtbewusster politischer Einheit.
Wikimedia Commons/Public domain

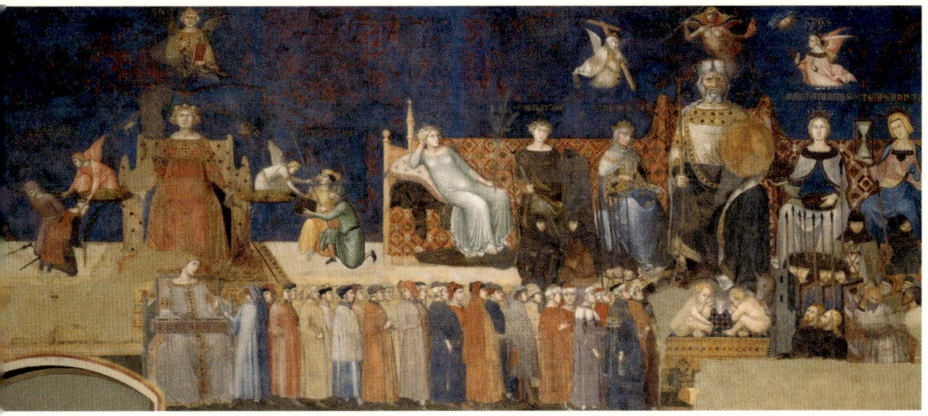

9 Detail aus Ambrogio Lorenzettis »Allegorie der guten Regierung« (1338/39) im Palazzo
'ubblico (Rathaus) von Siena.
) Collection Fondazione Musei Senesi/Wikimedia Commons/Public domain

30 Ungekrönte Königin der fast kultartig verehrten Spezies der Kurtisane war Lucretia Borgia, die hoch intelligente Schwester ihres skrupellosen Bruders Cesare. In Bartolomeo Venetos »Idealbildnis einer Kurtisane als Flora«, dem sie als Model gedient haben soll (um 1520 entstanden), wirkt sie wie ein gleichzeitig unschuldiges und gefährliches, lauerndes Kunstwesen.

31 und 32 Zwei der zwanzig nackten Jünglinge (Ignudi) aus dem von Michelangelo Buonarroti zwischen 1508 und 1512 geschaffenen Deckenfresko der Sixtinischen Kapelle (Detail) im Vatikan.

33 Michelangelo Buonarroti: Die Erschaffung Adams (Detail) aus dem Deckenfresko der Sixtinischen Kapelle.

34 Detail des 1532 von Michelangelo geschaffenen Stirnwandfreskos der Sixtinischen Kapelle. Auf der abgezogenen Haut des Hl. Bartholomäus ist der Überlieferung zufolge Michelangelos eigenes Gesicht zu sehen.

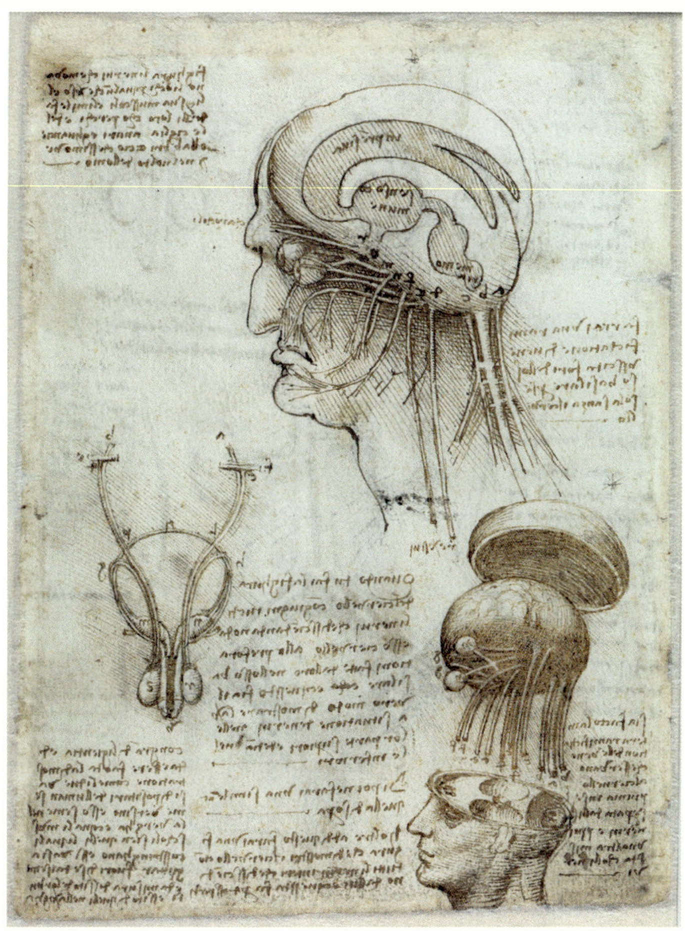

35 Eine anatomische Skizze zum Gehirn und Hirnerven aus den Notizbüchern Leonardo da Vincis.

36 Leonardo da Vinci: Das Abendmahl, entstanden 1494–1498. Detail mit Jesus und den Jüngern Thomas und Jakobus dem Älteren.

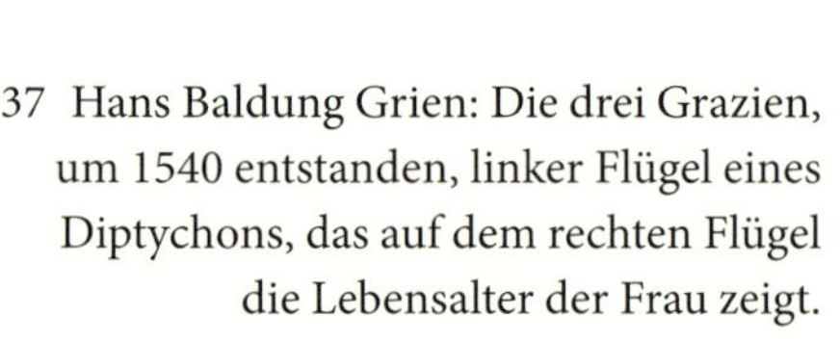

37 Hans Baldung Grien: Die drei Grazien, um 1540 entstanden, linker Flügel eines Diptychons, das auf dem rechten Flügel die Lebensalter der Frau zeigt.

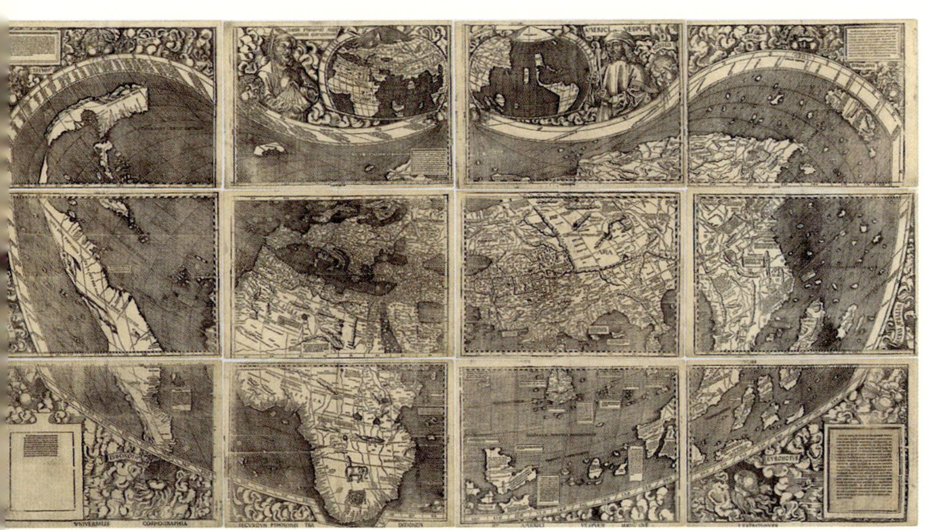

8 Die aus zwölf Einzelstücken bestehende Weltkarte »Universalis cosmographica secundum tholomaeie traditionem et Americi Vespucii aliorumque Lustrationes« von Martin Waldemüller und Matthias Ringmann von 1507 zeigt erstmals den Kontinent im Westen, er hier auch erstmals mit »America« bezeichnet ist.

Library of Congress/Wikimedia Commons/Public domain

39 Diego Velázquez: Porträt des Hofzwerges Francisco Lezcano, Kind des Vallecas, zwischen 1643 und 1645. Velázquez verlieh Hofnarren und Hofzwergen in seinen Gemälden dieselbe Würde wie Mitgliedern der königlichen Familie.

40 Bartolomé Esteban Murillo: Der junge Bettler, um 1650. Murillo schuf neben religiösen Arbeiten zahlreiche Genrebilder, die sich mit der alltäglichen Armut in seiner Heimatstadt Sevilla beschäftigten.

41 Karikaturen waren in den Auseinandersetzungen der Reformationszeit ein bei allen Parteien beliebtes Mittel, um den Gegner zu verhöhnen und bloßzustellen. Auf dieser protestantischen Karikatur (um 1530 entstanden) sitzt der Teufel einem Mönch im Nacken und benutzt ihn als Dudelsack. Im beigefügten Text klagt er über die Reformation, die ihm seine Pfeifen zerbrochen habe.

2 Jacques Callot: Der Galgenbaum (1632), eine der bekanntesten Darstellungen er Gräuel des Dreißigjährigen Krieges.

mauritius images/H.S. Photos/Alamy

The Tragicall Histoy of the Life and Death of Doctor Faustus.

With new Additions.

Written by Ch. Mar.

LONDON,
Printed for Iohn Wright, and are to be sold at his shop without Newgate, at the signe of the Bible. 1620.

3 Christopher Marlowe: Die tragi-che Geschichte vom Leben und od des Dr. Faustus, Titelseite des uarto B3 von 1620. Marlowe war er erste Schriftsteller, der den auststoff dramatisierte.

John Wright/Wikimedia Commons/ ublic domain

44 Einer der herausragenden Kupferstiche Albrecht Dürers: Melencolia I, entstanden 1514.

Natürlich hat Europa das Prinzip säkularen Denkens nicht für sich zu reklamieren. Auch im Orient gab es immer wieder einzelne Bewegungen, die Prozesse anstießen und aufklärerisches Denken stimulierten. Einsprengsel im großen Strom der religiösen Gesamtphilosophie – aber nicht mehr. Das Phänomen, dass sich länderübergreifend eine kritische Haltung aufbaut, die alle Lebensbereiche durchdringt, ist relativ einmalig. Ob im Frankreich des Ancien Régime, im England des fortschreitenden Kapitalismus und Merkantilismus, im duodezfürstenartig zerstückelten Deutschland, am russischen Zarenhof oder in den skandinavischen Ländern – überall bricht sich der neue Denk- und Empfindungsstil Bahn.

Insofern ist es müßig, wieder und wieder die Diskussion um die Einzigartigkeit dieses europäischen »Sonderwegs« zu führen – man wird immer weltweit auf vergleichbare Ausnahmen stoßen, schwerlich aber auf eine solch geschlossene Bewegung, die die Genres und Gattungen aller Künste und Wissenschaften durchdringt. Auch dürfte es schwerfallen, eine solch überwältigende Fülle von Persönlichkeiten zu finden, die, netzwerkartig miteinander verflochten, das Gewebe dieses Denkens fieberhaft verbreiteten und perfektionierten. Die Kooperation von mehr als hundert Gelehrten aller Sparten – darunter Journalisten, Essayisten, Literaten, Naturwissenschaftler, Historiker, Techniker, Pädagogen – im Zusammenhang der *Encylopédie* ist nur ein Beispiel hierfür.

Insgesamt begann sich eine neue Form öffentlicher Präsenz herauszubilden, wobei Akademien, Schulen und Seminare, auch theologische, eine nicht unbeträchtliche Rolle spielten. Die 1691 in London gegründete Society for the Reformation of Manners ist hier ebenso zu nennen wie die Académie des Sciences in Paris oder die Berliner Wissenschaftsakademie. Lesegesellschaften, Volksbildungsgemeinschaften, bürgerliche und adlige Salons (zum Beispiel der von Madame Geoffrin oder der von Julie de Lespinasse), pädagogische und politische Clubs vervollständigten das Szenario. Gerade die Rolle der Salons als fein abgestimmter Instrumente des Austauschs und der Kommunikation kann kaum hoch genug eingeschätzt werden. Der

Enzyklopädist Jean-François Marmontel berichtet über die Teilnehmer des Salons von Julie de Lespinasse:

> Sie hatte sie hier und da in der Gesellschaft aufgelesen, dabei aber so gut ausgewählt, daß sie sich, wenn sie zugegen waren, wie die Saiten eines von geschickter Hand gestimmten Instruments im Gleichklang befanden. Den Vergleich weiterführend möchte ich sagen, daß sie dieses Instrument mit einer ans Geniale grenzenden Kunstfertigkeit spielte. Sie schien zu wissen, welchen Ton die Saite, die sie als nächstes anschlagen würde, von sich geben wird; ich meine, unsere Denkweisen und Charaktere waren ihr so wohlbekannt, daß sie nur ein Wort zu sagen brauchte, um sie ins Spiel zu bringen. Nirgends war das Gespräch lebhafter, glanzvoller und vortrefflicher geordnet als bei ihr.[18]

Die Schreibtische der Gelehrten, Theoretiker und Philosophen der Aufklärung wurden zu Laboratorien der Kritik. Innerhalb weniger Jahre entstand in ganz Europa eine hochelaborierte Essaykultur, deren Kritikfähigkeit, Skeptizismus und Mut vor keiner noch so verwegenen Idee Halt machte. Diderot fragte kühn nach den Grundlagen des Ich:

> Was ist diese Welt […]? Eine Zusammensetzung, immer wieder Umwälzungen unterworfen, die alle eine beständige Tendenz zur Zerstörung anzeigen; eine schnelle Aufeinanderfolge von Wesen, die einander ablösen, sich verdrängen und verschwinden; eine vergängliche Symmetrie, eine vorübergehende Ordnung. […] [Wir werden] alle vergehen, ohne daß man die wirkliche Ausdehnung, die wir eingenommen, oder die genaue Zeit, die wir gedauert haben, jemals bestimmen könnte. Zeit, Materie und Raum sind vielleicht nur ein Punkt.[19]

Die Diskussionen in den Pariser Salons kannten keine Tabus – und Stimmen wie die von Voltaire, Rousseau und Diderot gaben den Ton im gebildeten Europa an.

Einer der führenden Köpfe, Akteure und Meinungsmacher war eben jener heute etwas in Vergessenheit geratene Philosoph und Literat Denis Diderot (1713–1784), dessen Essays und kritische Dialoge ebenso lebhaft diskutiert wurden wie seine Theaterreformen, die den Bühnen einen neuen Erziehungsauftrag gaben und sie zum Forum erster Emanzipationsversuche werden ließen. Selbst die »Sache Gottes« *(»la chose de Dieu«)* und damit das Rückgrat der absolutistischen Ordnung, stand zur Disposition, denn:

> Geht eine Erscheinung – unserer Ansicht nach – über den Verstand des Menschen, dann sagen wir sofort: »Das ist ein Werk Gottes!« Unsere Eitelkeit begnügt sich nicht mit etwas Geringerem. Könnten wir nicht in unsere Reden etwas weniger Hochmut und etwas mehr Philosophie legen?[20]

In dieser Welt eines kritischen *»Sentio, ergo sum«* – »Ich empfinde, also bin ich« –, um mit d'Alembert, dem Mitherausgeber der *Encyclopédie*, zu sprechen, war ein »Lexikon« weit mehr als eine harmlose Anhäufung gelehrten Wissens. Es war vielmehr der explizite Versuch, ein über Jahrhunderte gültiges Kartell der Herrschaft über das Wissen zu sprengen, die Hierarchien zu stürzen und den Thesaurus menschlicher Erkenntnisse neu aufzuteilen. Insofern hatte die Polizei, hatten Kirche und Hof durchaus recht, wenn sie die im Entstehen begriffene *Encyclopédie* fürchteten und von Beginn an zu sabotieren versuchten. Wissen unlimitiert, unzensiert und ohne Rücksicht auf oben und unten zu kommunizieren, kam in der Tat einer Revolte gleich.

Jahrhundertelang war Wissen *Macht*. Es wurde wie ein Schatz gehortet und gehütet. Von Wenigen für Wenige. Um dies zu gewährleisten, wurden und werden noch immer rigide Zensurinstanzen eingesetzt. Die Forderung der Enzyklopädisten, unzensiert zu publizieren, kam schon für sich genommen einem Umsturz gleich. Bayle musste seine Arbeit undercover und unter ständiger Flucht vor Zensurbehörden betreiben. Und selbst ein Immanuel Kant konnte seine Forderung nach freien Publikationsmöglichkeiten Jahrzehnte später nur deshalb zu artikulieren wagen, weil er sich auf den königlichen Garanten der Toleranz, Friedrich den Großen, berufen konnte:

> Zu dieser Aufklärung aber wird nichts erfordert als *Freiheit*; und zwar die unschädlichste unter allem, was nur Freiheit heißen mag, nämlich die: von seiner Vernunft in allen Stücken *öffentlichen Gebrauch* zu machen.[21]

Wie viel mehr an Ressentiments und Ängsten musste dieser enzyklopädische Frontalangriff auf das Machtgehege des Ancien Régime auslösen? »Bottom up« statt wie gewohnt »Top down« und zudem nicht als die Tat eines Einzelnen, sondern einer Gruppe von an die hundert »Mitverschworenen« – die intellektuelle Crème de la Crème von Paris. Mit der Absicht einer solch grundsätzlichen Reorganisation des Wissenstransfers steht und fällt das politische Kräftespiel der Epoche. Mit diesem groß dimensionierten Selbstbewusstsein trat das Netzwerk *Encyclopédie* unter Führung von Diderot an. In der Absicht, das gesamte Wissen der Zeit zu erfassen, es systematisch zu ordnen, auf seinen Wert oder Unwert zu untersuchen und darüber hinaus die Wissensbereiche miteinander zu *verknüpfen*.

Das System Enzyklopädie enthält das Versprechen, die komplexe Welt im Ganzen, einschließlich der Ränder des Begreifbaren und des Irrationalen, zu durchforsten. Es ist kein Zufall, dass ein Literat der Impulsgeber dieser Aktion war und die Initialzündung gab. Mehr als die Philosophie oder eine der Naturwissenschaften bewegt sich die Literatur in der Treibsandzone zwischen den Fakten und ihren Fiktionen.

Dieser Wissensbegriff ist also im Bereich der Schnittmenge zwischen Fakten und persönlicher Erfahrung angesiedelt. Wenn zwischen beiden kein überzeugender Bezug mehr besteht, beginnt die Literatur, solche Inkongruenzen zu thematisieren. Sie tut dies, indem sie konkrete Individuen in idealtypische Situationen stellt und sie darauf reagieren lässt, genau beobachtet, ihre Wahrnehmungen dokumentiert. In diesem Sinne ist Wissen alles andere als die Addition von

Informationen und Fakten, sondern durch (eigene) Erfahrung beglaubigte Orientierung. Oder auch willentliche Neuorientierung. Und manchmal ist dieses Wissen nicht Macht, sondern möglicherweise: Ohnmacht.

Zwanzig Kartons waren der Anfang des Projekts *Encyclopédie, ou Dictionnaire Raisonné des Sciences, des Arts et des Métiers, par une Société de Gens de Lettres*, das von 1750 bis 1770 andauerte. Und die Arbeit daran war ein einziger Kampf gegen die Mühlen der königlichen Zensur und der kirchlichen Inquisition. Diderot wird sogar in Haft genommen[22] – nur der vehemente Einspruch unter anderem von Rousseau und Voltaire rettet ihn. (Siehe Abbildung 49 in Tafelteil 3.)

Von einer *»libido sciendi«*, einer triebhaft-lustvollen Beziehung zum Wissenstransfer, Wissensverkehr sprechen die Enzyklopädisten, die sich als republikanische Freischärler und Entdecker im unendlichen weltumspannenden Wissenskosmos verstehen. Diderot und d'Alembert schließen sich mit dem Baron d'Holbach, Montesquieu, Rousseau, Voltaire sowie vielen anderen weniger bekannten Beiträgern zusammen. Und man geizt nicht mit Superlativen, wenn es um die Inszenierung des Großprojekts geht, spricht sogar von einem »Heiligtum«, in dem die Kenntnisse vor autoritären Zugriffen geschützt seien.

Der Traum von der großen Wissensmagie indes ist von Anfang an gefährdet. 1751 setzt Ludwig XV. eine behördliche Oberaufsicht ein, ein Jahr darauf wird nach dem Erscheinen des zweiten Bandes ein Verbot verhängt wegen »mehrerer Maximen, die darauf abzielen, die königliche Autorität zu zerstören, den Geist der Unabhängigkeit und Revolte zu befestigen und, mit dunklen und zweideutigen Begriffen, die Grundlagen des Irrtums, der Sittenverderbnis und des Unglaubens zu errichten«.[23]

Obwohl man viele dieser Verbote umgehen konnte und dann unter stillschweigender Duldung einzelner Vertreter der Behörden die Arbeit dann doch immer wieder fortsetzte, zehrten die andauernden Behinderungen an den Kräften: Entnervt von den fortgesetzten

Kontroversen, Denunziationen und Schmähschriften, legte d'Alembert 1759 die Herausgeberschaft nieder. Auch Voltaire zieht sich 1759 zurück und rät Diderot, das Projekt ebenfalls aufzugeben. Der jedoch erwidert trotzig:

> Wenn ich Hoffnung habe, einen achten Band zu machen, der doppelt so gut ist wie der siebte, mache ich weiter. Wenn nicht, dann Lebwohl *Encyclopédie!* Ich werde 15 Jahre meines Lebens vertan, mein Freund d'Alembert wird ein Vermögen zum Fenster hinausgeworfen haben, aber ich werde mich damit abzufinden wissen und meine Ruhe haben.[24]

1759 stürzt das Projekt *Encyclopédie* in mehrere schwere Krisen: Nicht nur wird ihre Verbreitung verboten, auch das Druckprivileg wird kassiert, und die Polizei droht mit der Beschlagnahmung von Manuskripten; zudem landet das Werk auch noch auf dem Index der Kirche. Im Vatikan sinnt man auf altbewährte Ideen im Umgang mit »gefährlichen« Büchern, Papst Clemens XII. ermahnt in einer Botschaft alle Katholiken, die so geistvergessen waren, die *Encyclopédie* zu erwerben, ihre Exemplare unter priesterlicher Aufsicht ins Feuer zu werfen.

Erst im Herbst gelingt es der verbliebenen Truppe, den drohenden Untergang des Projekts abzuwenden. Ein neues Druckprivileg für eine »Sammlung von Bildtafeln« ermöglicht die halboffizielle Fortführung der Arbeit. Diderot und der als »Lastesel der *Encyclopédie*« verehrte Jaucourt (er allein verfasst knapp 17 000 Artikel) bereiten nun die weiteren Bände vor.

Doch die Querelen gehen weiter: Vier Jahre später findet Diderot bei der Lektüre eines frisch gedruckten, kurz vor der Veröffentlichung stehenden Bandes heraus, dass sich der Verleger André Le Breton in Selbstzensur geübt und ohne Absprache mit seinen Autoren kritische Stellen aus den Artikeln getilgt oder diese umgeschrieben hat. Diderot ist außer sich und schreibt dem Verleger einen geharnischten Brief:

> Sie haben mich zwei Jahre lang ununterbrochen auf das schändlichste betrogen. Sie haben die Arbeit von 20 Ehrenmännern massakriert oder von einem stumpfsinnigen Rohling massakrieren lassen, Männern, die Ihnen ihre Zeit, ihre Fähigkeiten, ihre Nächte geopfert haben, ohne Lohn, nur aus Liebe zum Guten und zur Wahrheit.[25]

Zwischen Neuvermessung der Welt und Guerilla-Kleinkrieg gegen die alltäglichen Schikanen bewegte sich das Projekt, vor allem aufgrund der Unnachgiebigkeit und Zähigkeit Diderots, über zwanzig Jahre Band für Band weiter. Die Erfolgsgeschichte der *Encyclopédie* ist allen Störfaktoren zum Trotz nicht zu stoppen. Bis 1789 werden europaweit 25 000 Exemplare verkauft, Raubkopien nicht eingerechnet. In all diesen Jahren musste der Kompass nicht neu justiert werden, das Grundkonzept, das Diderot 1755 in seinem *Encylopédie*-Artikel zum Stichwort »Enzyklopädie« formulierte, erwies sich als in sich stimmig und tragfähig:

> Da die absolute Vollkommenheit eines allumfassenden Planes nicht die Schwäche unseres Erkenntnisvermögens ausgleichen könnte, so wollen wir uns an das halten, was unserem menschlichen Zustand angemessen ist [...]. Je erhabener der Standpunkt ist, von dem aus wir die Gegenstände betrachten, desto weiter ist die Aussicht, die er uns erschließt, & desto lehrreicher & großartiger die Ordnung, der wir folgen. Diese muß ebendeshalb einfach sein, weil es selten Größe & Einfachheit gibt; sie muß klar und übersichtlich sein, nicht etwa ein gewundenes Labyrinth, in dem man sich verirrt und nichts anderes wahrnimmt als den Punkt, an dem man sich befindet [...].
>
> Vor allem darf man eine Überlegung nicht außer acht lassen: Wenn man den Menschen oder das denkende, die Erdoberfläche von oben betrachtende Wesen ausschließt, dann ist das erhabene & ergreifende Schauspiel der Natur nur noch eine traurige & stumme Szene. Das Weltall verstummt, Schweigen & Dunkelheit überwältigen es; alles verwandelt sich in eine ungeheure Einöde, in der sich die Erscheinungen – unbeobachtete Erscheinungen – dunkel & dumpf

> abspielen. Das Dasein des Menschen macht die Existenz der Dinge doch erst interessant.[26]

Enzyklopädische Vollständigkeit, systematische Ordnung, Schönheit der Erkenntnis und im Mittelpunkt dieses Wissensuniversums kein Gott, kein Mythos, sondern einfach: der Mensch, das Individuum, denkend, fühlend, wahrnehmend, die Wahrnehmungen reflektierend. Mit vergleichendem Blick auf die noch geregelte Wissenswelt seines Vorläufers, des Herausgebers der englischen *Cyclopedia* (1728), Ephraim Chambers, erklärt Diderot selbstbewusst:

> Chambers' Artikel sind ziemlich regelmäßig gegliedert, aber gehaltlos; unsere Artikel sind gehaltvoll, aber unregelmäßig. Hätte Chambers seinen Artikeln mehr Gehalt gegeben, so hätte seine Ordnung, wie ich nicht bezweifle, ebenfalls gelitten.
>
> [...] Das Weltall ist das unendliche Werk eines Gottes; eine Wissenschaft ist ein unendliches Werk des menschlichen Verstandes. Es gibt Grundprinzipien, allgemeine Begriffe, feststehende Axiome. Das sind die Wurzeln des Baums. Dieser Baum muß sich so weit wie möglich verzweigen; er muß von dem allgemeinen Gegenstand ausgehen wie von einem Stamm, zuerst zu den großen Zweigen oder ersten Abschnitten emporstreben, dann von diesen Hauptzweigen zu den Nebenzweigen übergehen [und] so fort, bis er zu den besonderen Begriffen gelangt, die gleichsam das Laub und die Krone des Baumes darstellen.[27]

Doch man darf nicht glauben, das alles würde nur auf abschreckende Ernsthaftigkeit hinauslaufen. Der spielerisch-witzige, informativ-provokative Ton mancher Artikel ist extrem einladend und anregend. Gleich ob es nur um Nachttöpfe geht:

> NACHTTOPF Pot de Chambre. Ein Gefäß, das zum Urinieren dient. Der *Nachttopf*, lateinisch *matula*, wird der Garderobe zugerechnet. Wenn die Sybariten zum Essen eingeladen waren, brachten sie

Nachttöpfe mit. Man stellte sie neben sie & ersparte ihnen damit, sich vom Tisch zu erheben. Andere Völker übernahmen diesen Brauch [...] Durch Schnalzen mit Daumen & Mittelfinger wies man den Diener an, er möge den *Nachttopf* bringen. Es gab *Nachttöpfe* aus Horn, Ton, Zinn, Gold oder Silber. Die Matula war für den Herrn, das Scaphium für die Dame.[28]

Oder um das Zölibat (Diderot zählt die Vorteile der Priesterehe auf):

1. Wenn vierzigtausend Pfarrer in Frankreich achtzigtausend Kinder hätten, so würden diese Kinder zweifellos besser erzogen als die anderen, der Staat würde dadurch Untertanen & anständige Menschen & die Kirche Gläubige gewinnen. 2. Da die Geistlichen auf Grund ihres Standes bessere Gatten wären als die anderen Männer, so würde es vierzigtausend glücklichere & tugendhaftere Frauen geben. [...] 8. Hunderttausend verheiratete Priester würden hunderttausend Familien gründen – was jährlich zehntausend Bewohner mehr bedeuten würde. Wenn man nur fünftausend zählte, so würde diese Rechnung in zweihundert Jahren immerhin noch eine Million Franzosen mehr ergeben. Daraus folgt, daß man ohne das *Zölibat* heute vier Millionen Katholiken mehr hätte, wenn man nur von Franz I. an zählt, & das würde eine beträchtliche Geldsumme bedeuten, wenn es, wie ein Engländer ausgerechnet hat, wahr ist, daß ein Mensch für den Staat mehr als neun Pfund Sterling wert ist.[29]

Die Geschichte der *Encyclopédie* endet hier. Die Bände sind mittlerweile über die ganze Welt verstreut, verdämmern, verstauben in Archiven, werden allenfalls noch gelegentlich aus wissenschaftlichem Interesse konsultiert. Die Erben der Enzyklopädisten sitzen nicht in Museen und Bibliotheken, sie produzieren keine gewaltigen Foliantenreihen mehr oder 30-bändige Wissensmausoleen aus Papier. Sie leben und arbeiten im Netz, und aus der würdigen *Encyclopédie* ist die – lange Zeit etwas skeptisch beäugte – *Wikipedia* geworden.

Enzyklopädien und große systematische Würfe und Entwürfe waren ein, nicht jedoch das einzige Medium der Aufklärung, die zu Unrecht häufig als allein vernunftzentriert missverstanden wird. Mit gleicher Virtuosität verstand sie es, mit künstlerischen Mitteln zu arbeiten. Aufklärung galt dem Ganzen, ging aufs Ganze und arbeitete mit allen Mitteln und Medien: Romane, Dramen, selbst die Oper wurde zu einem Ort, um Erfahrungen der gravierenden Art zu simulieren. Beaumarchais' Komödie *Die Hochzeit des Figaro* musste vier Jahre gegen das Veto des Königs kämpfen. Ein Diener probt und realisiert den Aufstand gegen einen Grafen, verweigert ihm den Anspruch auf das sogenannte *jus primae noctis*.[30] Der berühmte Monolog des 5. Aktes bringt die Situation auf den Punkt:

> Nein, mein Herr Graf, Sie werden sie nicht besitzen! Sie werden sie nicht besitzen! Glauben Sie, weil Sie ein großer Herr sind, wären Sie auch ein großer Geist? Adel, Reichtum, Rang und Würden machen Sie so hochmütig? Was haben Sie denn geleistet, all das zu verdienen? Sie haben sich die Mühe gegeben, geboren zu werden, weiter nichts. Im übrigen sind Sie ein ganz gewöhnlicher Mensch.[31]

Eine Kampfansage, die in Mozarts Opernfassung zwar musikalisch eingekleidet wird, jedoch nichts von ihrer Schärfe verliert.

Zugegeben, die Sparte »Raison«/Verstand dominiert im Bauplan, der der *Encyclopédie* vorangestellt ist. Das Dach der menschlichen Erkenntniskräfte ruht primär auf kognitiven Fähigkeiten. Doch schon der leere Raum, der unter der Rubrik »Imagination« den Vorstellungs- und Phantasietätigkeiten verbleibt, weist auf eine potenzielle Schwachstelle des gewaltigen Gedankengebäudes der Aufklärung hin: seinen programmatischen Mangel an Phantasie oder auch seine Angst vor zu starken Affekten und Emotionen. Die nahezu leere Spalte im System wirkt wie ein permanenter Appell, an dieser Stelle nachzubessern. Und genau das taten die Romane und Dramen der Zeit.

Goethes Megabestseller *Die Leiden des jungen Werther* (1774) ist dafür exemplarisch. Er zeigt, wie ein auf eine fast bürokratische Art aufgebautes, in sich vernünftiges System Katastrophen generieren kann, wenn einer sich nur etwas außerhalb der Spur bewegt. Werther setzt seine Welt der Gefühle, *seiner* Gefühle, radikal gegen den Rest der Welt und ruft damit ein gewaltiges Echo hervor. Tausende werden versuchen, es ihm gleichzutun.

Dieser Jahrhundertroman macht einige der Problemzonen der Zeit anschaulich. Wir erleben das gesellschaftliche Scheitern eines Menschen, der es gut mit den Menschen meint. Ossian, Klopstock, Homer – alles hat er studiert und zu seiner Sache gemacht. An Versuchen, sich in die Gesellschaft mit ihren Anstandsregeln, die sie für unumstößlich hält, zu integrieren, fehlt es nicht – und dennoch, er wird aus der Gesellschaft ausgegrenzt und entzieht sich ihr am Ende selbst. Es scheint, als hätte er mehr und anderes erwartet, als die Welt der Nüchtern-Aufgeklärten ihm hätte geben können – und wollen. Im Gespräch mit seinem Antipoden, dem »Musteraufklärer« Albert, kommt es zu folgender Kontroverse:

> »Das ist ganz was anders«, versetzte Albert, »weil ein Mensch, den seine Leidenschaften hinreißen, alle Besinnungskraft verliert und als ein Trunkener, als ein Wahnsinniger angesehen wird«.
>
> »Ach ihr vernünftigen Leute!« rief ich lächelnd aus. »Leidenschaft! Trunkenheit! Wahnsinn! Ihr steht so gelassen, so ohne Teilnehmung da, ihr sittlichen Menschen, scheltet den Trinker, verabscheut den Unsinnigen, geht vorbei wie der Priester und dankt Gott wie der Pharisäer, daß er euch nicht gemacht hat wie einen von diesen. Ich bin mehr als einmal trunken gewesen, meine Leidenschaften waren nie weit vom Wahnsinn, und beides reut mich nicht […].«[32]

Das Unerwartete geschieht: Aussagen dieser Art sind es, die Werther aus dem Verkehr seines sozialen Umfeldes herauskatapultieren – und ihm einen Platz in den Herzen seiner Leser sichern. Wer wollte behaupten, diese stünden jenseits dessen, was man »Aufklärung« nennt? Sicherlich ist es kein Zufall, dass Goethe seinen Helden mit Lessings *Emilia Galotti* auf dem Tisch in den Freitod gehen lässt.

Einmal mehr gelingt es einem literarischen Text, soziale Wirklichkeiten auszuleuchten, wenn nicht Wirklichkeit herzustellen.

Goethe, Schiller, Lessing, Diderot und viele andere arbeiteten genau an diesem neuralgischen Punkt. Auch das Theater sollte nicht nur zu einer Schule der Moral werden, sondern zu einem Ort, an dem eine neue Art des Empfindens erlernt und eingeübt werden sollte. Lessing interpretiert die Vorstellungen des Aristoteles radikal neu. Er bedient sich dabei freilich der List, so zu tun, als würde er Aristoteles nur von vorangegangenen Verfälschungen reinigen. Man solle nicht *eleos* und *phobos*, Jammer und Schrecken, wie in der antiken Tragödie, kathartisch abbauen, sondern seine Mitleidens- und Empfindungsfähigkeit kultivieren und trainieren. Statt Außenseiter zu verlachen, solle man mit ihnen über ihre und die eigenen Schwächen lachen. Zumindest im Theater. Alles war darauf ausgerichtet, das Prinzip Mensch sozial wie individuell zu perfektionieren. Es hat vielleicht keine zweite Periode gegeben, in der man so sehr an die Verbesserungsfähigkeit des Menschen und der Welt glaubte, wie das 18. Jahrhundert.

Insofern ist paradoxerweise das Säkulum des Säkularismus zugleich das Jahrhundert einer neuen Gläubigkeit – freilich mit neuen »Göttern«: *raison, understanding,* Vernunft. Einer Gläubigkeit, die ihrerseits in Gefahr ist, den Boden der irdischen Realität zu verlassen. Kein Geringerer als Voltaire warnte auf seine ebenso bissige wie präzise Art vor dieser Möglichkeit.

Ende 1758 in wenigen Wochen niedergeschrieben, schlägt sein satirischer Roman *Candide oder der Optimismus* ein wie eine Bombe. Bereits März 1759 wurde das Buch von der Kirche in Genf öffentlich »hingerichtet« – einmal mehr der makabre Tod unerwünschter Bücher durch das Verbrennen. In Paris wurde das Buch verboten. Vom Vatikan auf den Index gesetzt. Es erregte den Widerspruch von Frommen und Freidenkern, Theologen und Philosophen, Königen und Kardinälen, Calvinisten und Katholiken – und fand eine enorme Leserschaft: Allein in den ersten zwei Jahren erschienen dreizehn Ausgaben, rund vierzig sollten bis zum Tode Voltaires 1778 folgen.

Der *Candide* stellt ganz unverblümt und auch ein wenig grob eine Frage, die ins Mark des Aufklärungskonzepts trifft: die Frage nach dem Unterschied zwischen gut gemeinter Theoriebildung und miserabler Wirklichkeit, zwischen optimistischen Visionen und faktischer Banalität. Oder auch: nach dem Sinn des gigantischen Zukunftsprojekts »Aufklärung« in Relation zur kruden Gegenwart. Die Aufklärung war wie eine gewaltige Wolke aus Worten. Vielleicht ist es sogar zutreffend zu sagen, dass sie wie ein gewaltiges Placebo aus Worten über die Menschen gekommen ist. Wort-Blase, System aus Wörtern, Matrix, fähig, jedes Phänomen und Problem zu rubrizieren und zu durchrastern. Der Plan der *Encyclopédie*, des größten Wissenstransfer-Projekts des 18. Jahrhunderts, ordnet jeder Disziplin exakt ihren Ort zu. Selbst Phantastik, Chaos, Anarchie haben im Systemdenken der Aufklärung »ihren« Platz.

Und im Zweifelsfall gilt der Jahrhundertsatz des englischen Philosophen Pope: »Was immer ist, ist gut.« Popes Formel aus seinem langen Lehrgedicht *An Essay on Man* stammt von 1733, aus einer Phase, als die Prämissen des neuen Denkmodells noch frisch und unverbraucht waren. Jeder Aufklärer schleppt ja einen gewaltigen Rucksack voller mentaler Energydrinks mit sich. Am meisten Kraft spenden Tuben mit der Aufschrift »Prinzip Hoffnung« (Konzentrat). Hochdosiert trägt es über Jahrtausende, lässt den Schritt noch immer frisch erscheinen. Dreißigjähriger Krieg, Massensterben, Entvölkerung – bald wird Friede. Siebenjähriger Krieg, Hunger, Deportation, Folter – alles wird besser werden.

Das »*Whatever is, is right*« kann wie eine Scheuklappe der Wahrnehmung sein. Ein im Grunde theologisches Denkmuster, das alle Katastrophen und Desaster, alles Scheitern und Zerstören in einen erst in der Zukunft greifbaren Deutungshorizont stellt: Aus der rechten Perspektive betrachtet, erweise alle Disharmonie sich als bloßer Schein und verschwinde: »Bezeichne nicht, was Ordnung ist, als Unvollkommenheit. Alle Natur ist doch nur Kunst, die du nicht wahrnimmst.« Deshalb der aphoristische Schlussappell: »In Dissonanz zugleich der Wohlklang ruht./Privates Übel: allgemeines Gut./Ist auch Vernunft des stolzen Irrtums Knecht,/die Wahrheit bleibt: Was immer ist, ist recht.«

Beziehungsweise im Original: »One truth is clear, ›Whatever IS, is RIGHT.‹«[33]

Doch werden wir konkret. Im November 1755 ereignet sich in Lissabon ein verheerendes Erdbeben. In einer Nacht kommen über 50 000 Menschen um, die Stadt liegt zu drei Vierteln in Schutt und Asche. Im Bewusstsein der Zeit eine Jahrhundertkatastrophe, die an den Nerv des Gefühls rührt, ein Schock, der der Aufklärung die gepuderte Perücke vom Schopf reißt. Die Erschütterung über das Ereignis erfasst Alt und Jung. Bei Voltaire geht der innerliche Widerstand so weit, dass er das brutale Fatum und Faktum schlicht nicht hinnehmen will. Mit einem Gedicht protestiert er im Namen des Geistes und der Vernunft gegen diesen skandalösen Unfug der Natur.

Bei Lessing heißt es, dass, »wer über gewisse Dinge den Verstand nicht« verliere, wohl keinen zu verlieren habe.[34] Voltaire jedenfalls war sich nicht zu gescheit, um über das Erdbeben fast den Verstand zu verlieren. Er durchleidet die dunkelste Stunde des Projekts »Aufklärung«. Sein Fazit fällt entsprechend bitter aus: »Dieser Haufen aus Dreck, die Atome so viel/sind nur Fraß für den Tod und dem Schicksal ein Spiel.«[35]

Ist dies das Ende jeglicher aufklärerischen Hoffnung? Das Gedicht markiert allenfalls das Ende der Phase eines harmoniesüchtigen Dauerutopismus; Aufklärung als mentales Wellness-Programm, damit ist jetzt Schluss. Und mitten in der Wut ist einer manchmal auch etwas blind. So imponierend der spontane Fußtritt gegen den Götter- und Gelehrtenhimmel (nichts anderes stellt dieses Gedicht dar) auch ist, gedanklich führt er eher in eine Sackgasse.

Jean-Jacques Rousseau, damals 43 Jahre alt und bereits einer anderen Generation zugehörig, geht hier weiter und verweist auf den Typus von Fragen, die nach dem Voltaire'schen Einbruch notwendig geworden sind. Am 18. August 1756 reagiert er in einem kritischen, ausführlichen Brief an Voltaire. Seine Argumentation löst mit ein paar Worten auch die letzten tröstenden Restbestände auf, die selbst Voltaires wuchtiger Rundumschlag noch zurückgelassen hatte. Was heißt hier »böse Natur«, fragt Rousseau, und weiter:

> […] so sollten Sie z.B. eingestehen, daß nicht die Natur dort 20 000 Häuser zu je sechs bis sieben Etagen erbaut hat, und daß der Schaden, wenn die Einwohner dieser großen Stadt gleichmäßiger verteilt und in leichteren Bauwerken gewohnt hätten, viel geringer oder vielleicht überhaupt keiner eingetreten wäre.[36]

Ein zwingendes Argument, mit dem der Prozess »Aufklärung« praktisch neu beginnt und die Aufgabenstellung – ganz ohne Hochmut – an die Verursacherseite, die Menschen selbst, zurückdelegiert wird.

Rousseau (1712–1778) war ein typisches Kind der Aufklärung und zugleich bis zu einem gewissen Grad ihr Gegenspieler. Der Schriftsteller, Philosoph, Pädagoge, Naturforscher und Komponist bezweifelte vehement den Vernunftglauben vieler Aufklärer und wandte sich gegen eine vollständige Vergesellschaftung des Menschen. In seiner *Abhandlung über den Ursprung und die Grundlagen der Ungleichheit unter den Menschen* (1755) schreibt er:

> Die Menschen sind schlecht; eine traurige und fortwährende Erfahrung erspart den Beweis. Doch der Mensch ist von Natur aus gut; das glaube ich bewiesen zu haben. […] Man mag die menschliche Gesellschaft bewundern so viel man will, es wird dadurch doch nicht weniger wahr, daß sie notwendigerweise die Menschen dazu bringt, sich gegenseitig in dem Maße zu hassen, in dem ihre Interessen sich kreuzen, und sich zum Schein gegenseitig Dienste zu erweisen und in Wirklichkeit sich alle nur vorstellbaren Übel zuzufügen.[37]

Als Reaktion auf dieses negative Bild der Gesellschaft wird Rousseau – jetzt doch wieder ganz »Aufklärer« – in Form des Romans *Émile* (1762) ein in sich geschlossenes und auch schlüssiges Erziehungsprogramm entwerfen, das er energisch propagiert:

> Pflege und tränke das junge Gewächs, bevor es stirbt; eines Tages werden seine Früchte deine Wonne sein. Friede beizeiten die Seele

> deines Kindes ein; ein anderer mag den Umkreis abstecken wollen, aber allein mußt du die Schranken setzen.
>
> Die Pflanze wird durch Pflege aufgezogen, der Mensch durch Erziehung. Würde der Mensch groß und stark geboren, so wären Körperwuchs und Kraft ihm völlig unnütz, bis er gelernt hätte, sich ihrer zu bedienen. Sie gerieten ihm sogar zum Nachteil, da die anderen nicht auf die Idee kämen, ihm beizustehen, und, ganz sich selbst überlassen, müßte er vor Elend sterben, ohne je kennengelernt zu haben, was er braucht. Man klagt über den Zustand der Kindheit, aber man sieht nicht, daß die menschliche Rasse zugrunde ginge, wenn nicht jeder Mensch zuerst Kind gewesen wäre.[38]

Das ist tendenziell, was den Charakter der Argumentation anbelangt, nicht allzu weit von Kants appellativem Gestus entfernt. Hinzu kommt der kritische Blick auf Fehlentwicklungen sozialer wie philosophischer Art. Eine Zäsur, verbunden mit einem Willen zur Korrektur. Der Beginn der Nüchternheit. Nadelspitzen, die die metaphorischen Sprechblasen abstrakter Philosopheme zum Platzen bringen. Zum Beispiel das gewichtige Grundmuster von Ursache, Wirkung und letztem Sinn, das Gottfried Wilhelm Leibniz immer wieder in groß angelegten Studien präsentiert hat. Zwei Beispiele mögen genügen, um einen Eindruck dieser merkwürdig in sich kreisenden, hermetischen Denkstruktur zu gewinnen. So heißt es zum Thema »Jede Ursache hat ihre Wirkung«:

> Nehmlichen jed Ursach hat ihre gewisse Würkung, die von ihr zuwege bracht würde, wenn sie allein wäre; weilen sie aber nicht allein, so entstehet aus der Zusammenwirkung ein gewisser ohnfehlbarer Effect oder Auswurf nach dem Maaß der Kräfte, und das ist wahr, wenn nicht nur zwey oder 10 oder 1000, sondern ohnendlich viel Dinge zusammen würken, wie dann wahrhaftig in der Welt geschieht.[39]

Und zu der Debatte um den »zureichenden Grund« findet sich folgender anmutig in sich kreisender Passus:

> Denn kraft der vollkommenen im Universum eingerichteten Ordnung ist alles in der bestmöglichen Weise eingerichtet, und zwar sowohl für das allgemeine Gute, als auch insbesondere zum Besten derer, die davon überzeugt und mit der göttlichen Regierung zufrieden sind, was für alle die gelten muß, die die Quelle alles Guten zu lieben verstehen.[40]

Hat es erst einmal gezündet, kann dieses Denkmodell dann auf eine populärwissenschaftliche Umlaufbahn geschossen werden, die alles und jedes in zwingenden Bezug zueinander stellt. In der hohen Schule dieser fortgeschrittenen Philosophie argumentiert man dann routiniert über alles und jedes, hier zum Beispiel über das Ohr:

> Zu dem Gehöre ist das Ohre gewiedmet. Der äussere Theil *(auricula)* ist zwar weich, damit man nicht gedruckt wird, wenn man darauf lieget, jedoch aber bestehet er aus einem Knorpel, damit der Schall, der davon aufgefangen wird, in das innere Ohre sich reflectieren lässet. Der Schall, sowohl derjenige, der vor sich hineinfället, als von dem äusseren Theile reflectiret wird, paßiret den Gehör-Gang *(meatum auditorium)* und ist von innen ganz knochig, weil der Schall von dem weichen geschwächt wird, aber nicht von hartem. Die darinnen vorhandene kleine Drüsen sondern das Ohrenschmalz ab, welches durch seinen bitteren Geschmack das Ungeziefer vertreibet, daß es in das Ohre hinein kreucht.[41]

So Christian Wolff in seinen *Vernünfftige Gedancken Von den Würckungen der Natur*, Halle 1723. Wie man auf tiefschürfende Art flach sein kann – von manchen Professoren der systemtrunkenen Phase der Aufklärung kann man das zumindest lernen. Ein in der Wolle gefärbter Theodizeeaner könnte Lissabon als Strafgericht sehen und würde sich noch nicht einmal von Auschwitz aus dem Gleis seines Optimismus werfen lassen.

Auf dem Feld der Literatur ist es die Satire, die entscheidenden Widerspruch einlegt und Kurskorrekturen vornimmt: Der *Candide* ist eines dieser Bücher, die so vehement dagegenhalten, dass viele regelrecht erbost waren. Selbst Goethe, eigentlich ein Verehrer Voltaires, zeigte sich bisweilen von dessen Art des Witzes leicht angefasst:

> Dies ist überhaupt der Charackter aller Voltairischen Witz Produckte, der bey diesen Bogen recht auffällt. Kein menschlicher Blutstropfe, kein Funcke Mitgefühl, und Honettetät.[42]

Im gleichen Atemzug kommt Goethe jedoch nicht umhin, denselben Voltaire auch wieder zu bewundern, nämlich für seine »Leichtigkeit, *Höhe* des Geistes, Sicherheit die entzücken. Ich sage Höhe des Geistes nicht Hoheit. Man kan ihn einem Luftballon vergleichen der sich durch eine eigne Luftart über alles weg schwingt und da Flächen unter sich sieht wo wir Berge sehn.«[43]

Die Irritation, die der *Candide* auslöste, war Intention. Den Rahmen des eigentlichen Romans bildet ein deutsches Thema, nämlich die Liebesgeschichte zwischen Kunigunde, der Tochter eines adelsstolzen westfälischen Barons, und Candide, einem entfernten bürgerlichen Verwandten derselben, der dann wegen einer amourösen Geschichte des Hauses verwiesen wird. Naiv und gutartig bis zum Exzess stolpert Candide auf der Suche nach Kunigunde über Schlachtfelder und Leichenberge, vorbei an Erschießungskommandos und Autodafés durch die Welt. Ein Vertreter jener Art des metaphysischen Optimismus, die im Zentrum der Kritik Voltaires stehen wird.

Allen Katastrophen zum Trotz, vertritt dieser Fundamentalist des »zureichenden Grundes« die »Was-immer-ist-ist-gut«-These in quälender Unbeirrbarkeit. Und der Anlässe, den Verstand zu verlieren, sind viele: Zunächst soll Candide als Deserteur erschossen werden. Später wird er die geschändete Kunigunde in den Händen eines Großinquisitors wiederfinden. Um die Geliebte vor neuer Schande zu bewahren, wird Candide zu einem Doppelmord gezwungen. Er muss daraufhin nach Südamerika fliehen und verliert Kunigunde ein zweites Mal, denn sie wird abermals, jetzt nach Konstantinopel, entführt.

Dass Candide zwischenzeitlich seiner gesamten Habe beraubt wird, fällt demgegenüber kaum noch ins Gewicht.

Eine Katastrophengeschichte, bei der Unglück und Erklärung miteinander in einen absurden Wettlauf treten, wobei das Prinzip der infantilen Belehr- und Erklärsucht, repräsentiert durch seinen Lehrmeister Pangloß, lange Zeit triumphiert. Als gestandener Philosoph weiß dieser, worum es geht und wie es zugeht in der Welt. Gleich zu Beginn wird über ihn berichtet: »Pangloß lehrte die sogenannte ›metaphysisch-theologisch-kosmologische Tropfologie‹ *[la métaphysico-théologo-cosmolonigologie]*«, also die Leitwissenschaft von der Wirkung und ihren Ursachen: »denn da alles zu irgendeinem Zwecke gemacht ist, dient es notwendigerweise dem besten Zwecke«; man weiß ja, Nasen sind geschaffen, um Brillen daran zu befestigen, weshalb wir folgerichtig Brillen tragen, um die dafür vorgesehenen Befestigungseinrichtungen sachgerecht zu nutzen. Ebenso haben wir nach Voltaires Pangloß Beine, um daran Schuhe zu tragen, Steine, um damit Schlösser zu bauen, Schweine, um sie aufzuessen. Die Schönheit Kunigundes wiederum sei ein zureichender Grund, um sie zu lieben.

Ja, Candide ist eine Art Theodizee-Automat, ein Glücks- und Harmonie-Neurosen-Computer. Die Wirklichkeit, einschließlich der »Natur« des Menschen, kommt in seiner Software nicht vor: Er arbeitet sein Programm völlig unbeeindruckt und unbeeindruckbar vom Verhalten der Außenwelt ab und geht über Leichen, ohne einen Schritt weiterzukommen:

> Er stieg über Haufen von Toten und Sterbenden und erreichte zuerst ein Nachbardorf […], das die Bulgaren nach den Bestimmungen des allgemeinen Völkerrechts gebrandschatzt hatten. Hier sahen Greise von Schüssen durchsiebt ihre hingeschlachteten Weiber sterben, die Kinder an die blutigen Brüste gepreßt, dort taten Mädchen mit aufgeschlitzten Leibern den letzten Atemzug und hatten noch die natürlichen Bedürfnisse einiger Helden gestillt […]. Hirn bedeckte den Boden nebst abgehauenen Armen und Beinen.[44]

Stehaufmännchen und kleiner Sisyphos ohne Mythos, Prototypus des Weitermachers und Marathonmannes. Candide, dieser Hans im Unglück, hat beachtliche Nehmerqualitäten: Wenn es ihm zu viel wird, fällt er kurzfristig in Ohnmacht, rappelt sich jedoch rasch wieder auf – und macht weiter. Begleitet und gestützt von einer quälenden Pseudologik: »Alldies ist unerlässlich [...], das private Unglück begründet das Wohl der Allgemeinheit, dergestalt, daß je mehr privates Unglück es gibt, alles desto besser steht.«[45]

Die Aufklärung ist viel zu klug, um nicht ihre eigenen Widersprüche zu durchschauen. Und zu wahrheitsversessen, um sie zu verbergen. Defizite werden provokativ in Szene gesetzt – so provokant, dass, wie in Jonathan Swifts bekanntester Satire, Realität und Fiktion kaum mehr auseinanderzudividieren sind. *Ein bescheidener Vorschlag, wie man verhindern kann, daß die Kinder der Armen ihren Eltern oder dem Lande zur Last fallen* aus dem Jahr 1729 gibt sich zunächst wie ein Sachvorschlag auf der Basis vernünftiger Argumente. Erst im Verlauf der Lektüre wird dem Leser klar, dass hier eine der schlimmstmöglichen, menschenverachtendsten Wendungen des Rationalismus und des Rationalisierens mit der Beiläufigkeit eines marktwirtschaftlichen Geschäftspapiers präsentiert wird:

> Ich werde also jetzt demütigst meine eignen Gedanken darlegen, die, wie ich hoffe, nicht dem geringsten Einwand begegnen können. Mir ist [...] versichert worden, daß ein junges, gesundes, gutgenährtes einjähriges Kind eine sehr wohlschmeckende, nahrhafte und bekömmliche Speise ist, einerlei, ob man es dämpft, brät, bäckt oder kocht, und ich zweifle nicht, dass es auch in einem Frikassee oder einem Ragout in gleicher Weise seinen Dienst tun wird.[46]

Eine solch rigorose satirische Überzeichnung könnte uns noch heute den Atem verschlagen, war aber in dieser Schärfe im 18. Jahrhundert durchaus nicht ungewöhnlich und hatte einen langen Vorlauf: Wie in kaum einer anderen Kultur gehört der eingebaute satirische

Widerspruch, die Grenzüberschreitung des guten Geschmacks von Anfang an zum System.

Bereits Seneca durfte den eben verstorbenen Kaiser Claudius in seiner *Apocolocyntosis* (54) mit einem Kürbis gleichsetzen und aufs Gröbste diffamieren. Wenngleich der Spielraum der Narrenfreiheit bisweilen sehr eng werden konnte. Ob in der Rolle des Hofnarren, im Karneval oder anderen Zonen der Grenzüberschreitung – stets gab es ein Gehege der lustvollen, aggressiven Provokation der Macht als soziales Korrektiv. Damit verbunden die Frage: Kann, darf, soll Satire beschmutzen, verunglimpfen – über den Rand des Erlaubten hinausgehen, ohne mit schwerwiegenden Konsequenzen rechnen zu müssen? Nicht zuletzt deshalb, weil dies ein tradiertes Element westlicher Zivilisation ist, kommt es im Fall des Rufes nach Einschränkung satirischer Freiheiten besonders in Bezug auf den Schutz von Religionen bis in die Gegenwart immer wieder zu hitzigen Debatten.

Das vielleicht virtuoseste Beispiel für eine solche provokative Wahrnehmungsverdoppelung ist Diderots weltbekannter Dialog (er sollte noch Hegel inspirieren) *Rameaus Neffe*. Wir sind im Jahr 1762 und befinden uns im Café de la Régence in Paris. Ein Philosoph, nehmen wir an, es sei Diderot, denkt darüber nach, was geschähe, wenn er seinem Antipoden begegnen würde: mental, seelisch, körperlich. Einem Zyniker, einem skrupellosen, gerissenen Materialisten, einer »Zusammensetzung von Hochsinn und Niederträchtigkeit, von Menschenverstand und Unsinn«.[47]

Der Albtraum nimmt Gestalt an. Sein Name: Rameau, Neffe des großen Musikers Jean-Philippe Rameau. Er verstößt gegen Geschmack, Sitte, Ordnung, Takt – und fasziniert ganz offenbar aufgrund dieser Eigenarten die Gesellschaft ebenso wie den Philosophen. Dessen negative Einschätzung ist nicht frei von verdeckter Bewunderung:

> Dergleichen Originale kann ich nicht schätzen […]. Kommt ein solcher in eine Gesellschaft, so ist er ein Krümchen Sauerteig, das das Ganze hebt und jedem einen Teil seiner natürlichen Individualität

> zurückgibt. Er schüttelt, er bewegt, bringt Lob oder Tadel zur Sprache, treibt die Wahrheit hervor […].[48]

Er ist das inkarnierte Andere, eine Art soziales Virus, das in geschlossene Systeme ebenso eindringt wie in geordnete Gesellschaften. Und *Er* eröffnet den Dialog mit dem konsternierten *Ich*, fordert es – von Beginn an – heraus. Seine kleinen Nadelstiche und größeren Attacken gelten Schwachstellen des Konzepts »Aufklärung«, insbesondere solchen, die mit ihren moralischen Prämissen zu tun haben – und mit den von ihr tabuisierten Bereichen: Sexualität, Bosheit, Gewalt. Sie gelten ihrer programmatischen Selbst-Sicherheit, ihrem Utopiegehabe, ihrer Frömmelei und ihrem philosophischen Ordnungswahn. Er verlässt und negiert die konventionellen Diskursregeln und spricht – fast – alles, was er denkt und empfindet, unmittelbar aus. Oder: unterläuft die Grammatik durch Gesang, die Moral durch Materialismus, die Empfindung durch Hohn usw. Wie viel Moral kann ich mir leisten, ist die Frage, und in diesem Zusammenhang geht es en passant Leitbildern aller Art an den Kragen:

> (Ich hörte ihm zu, und als er diese Szene des Verführers und des jungen Mädchens vortrug, fühlte ich mich von zwei entgegengesetzten Bewegungen getrieben: ich wußte nicht, ob ich mich der Lust zu lachen oder dem Trieb zur Verachtung hingeben sollte. Ich litt. Ich war betroffen von so viel Geschick und so viel Niedrigkeit, von so richtigen und wieder falschen Ideen, von einer so völligen Verkehrtheit der Empfindung, einer so vollkommenen Schändlichkeit und einer so seltenen Offenheit. Er bemerkte den Streit, der in mir vorging, und fragte): »Was habt Ihr?«[49]

Dem Wortrausch des Provokateurs hat der Advokat der Aufklärung erstaunlich wenig entgegenzusetzen. Wir haben es nicht mit einem jener – letztlich öden – philosophischen Gespräche zu tun, in dem sich schlussendlich doch die positive, vernünftige Position durchsetzt. Didaktisch hochwertig und völlig unglaubwürdig. Im Gegenteil: Hier bricht der Protagonist unter der Wucht der rücksichtslosen Attacken sukzessive verstört ein. Das verunsicherte Ich zieht sich in das Schneckenhaus seiner bedrohten Identität zurück. Im gleichen Maße saugt sich die Persönlichkeit des Antipoden mit immer mehr Leben und Lebensartistik voll: Gesang, Tanz, Spiel sind seine Ausdrucksformen. Und er fiedelt, singt, tremoliert, präludiert, exekutiert, dass dem Philosophen Hören und Sehen vergeht. Zug um Zug kommen so ziemlich alle Ideale und Kategorien der Aufklärung unter die Räder des Asozialen.

> ICH: Wie? Sein Vaterland verteidigen?
> ER: Eitelkeit! Es gibt kein Vaterland mehr. Von einem Pol zum andern sehe ich nur Tyrannen und Sklaven.
> ICH: Seinen Freunden zu dienen?
> ER: Eitelkeit! Hat man denn Freunde? Und wenn man ihrer hätte, sollte man sie in Undankbare verwandeln? Beseht's genau, und Ihr werdet finden, fast immer ist's Undank, was man für geleistete Dienste gewinnt. Die Dankbarkeit ist eine Last, und jede Last mag man gern abwerfen.
> ICH: Ein Amt haben und dessen Pflichten erfüllen?
> ER: Eitelkeit! Habe man eine Bestimmung oder nicht, wenn man nur reich ist; denn man übernimmt doch nur ein Geschäft, um reich zu werden. Seine Pflichten erfüllen, wohin kann das führen? Zur Eifersucht, zur Unruhe, zur Verfolgung. Kommt man auf solche Weise vorwärts? Seine Aufwartung machen, die Großen sehen, ihren Geschmack ausforschen, ihren Phantasien nachhelfen, ihren Lastern dienen, ihre Ungerechtigkeiten billigen, das ist das Geheimnis.
> ICH: Um die Erziehung seiner Kinder besorgt sein?
> ER: Eitelkeit! Das ist die Sache des Lehrers.[50]

Wer so radikal pragmatisch denkt wie Rameaus Neffe, lässt für moralische Erwägungen keinen Platz mehr. *Er* zeigt plastisch die innere Verlogenheit alles scheinbar Moralischen und die angenehmen Seiten seines als Verkommenheit diskreditierten Pragmatismus. Der Philosoph steht kurz vor der Kapitulation und sieht dem triumphierenden Veitstanz der artistischen Amoral hilflos und passiv zu:

> (Und nun führte er einen ganz sonderbaren fugierten Gesang auf. Bald war die Melodie ernst und majestätisch, bald leicht und flatterhaft, bald ahmte er den Baß nach, bald eine Oberstimme, [er] komponierte, führte sich selbst ein Triumphlied auf [...] Ich wußte nicht, sollte ich bleiben oder fliehen, lachen oder mich entrüsten. [...] Die Gegenwart dieses Menschen fing mir an unerträglich zu werden, der eine erschreckliche Tat, ein abscheuliches Verbrechen eben behandelte wie ein Kenner der Malerei oder Poesie die Schönheiten irgendeines vortrefflichen Werkes [...] erhebt und lebhaft darstellt. Wider meinen Willen ward ich finster. Er bemerkte es und sagte:)
> »Was habt Ihr? Befindet Ihr Euch übel?«
> ICH: Ein wenig. Aber das geht vorüber.[51]

Nein, es wird nicht so schnell vorübergehen. Die in sich selbst, in ihre eigene Moral, in ihre selbstverordneten bürgerlichen »Tugenden« eingesperrte Aufklärung wird sich zusehends selbst zum Problem. *Rameaus Neffe* und der *Werther* waren erste Signale, Fanale in dieser Richtung. Und dieses System sucht fast verzweifelt nach einem Ventil, um die angestaute Energie freizusetzen. Wie das schrecklich amputierte Schaubild der *Encyclopédie* verdeutlicht, kann es nur einen Fluchtraum geben, den der Kunst. Und selbst dieser steht nicht immer offen – wie *Rameaus Neffe* zeigt.

Werthers Fluchtversuch aus dem Aufklärungsgefängnis freilich führt in den Selbstmord: Endstation Autonomie, Freiheit, Selbstvergöttlichung. Marquis de Sades *Die 120 Tage von Sodom* markiert einen anderen Fluchtweg: Vernichtung aller Moral, die Verwandlung der Welt in ein Bestiarium oder in eine Maschinerie der Lust. In Schillers *Räubern* kollabiert das moralische Ordnungssystem auf offener Bühne – die Premiere 1782 in Mannheim wird zum Fanal, bei dem das Theater beinahe zu Bruch geht. Und in Mozarts *Don Giovanni* (1787) wird der Serienverführer zwar der Bestrafung zugeführt – aber der letzte große Auftritt, seine standhaft monströse Verweigerung des Befehls zu bereuen *(»Pentiti!«)*, wird zu seiner und der Oper größten Szene:

La Statua
Pentiti, scellerato!
Don Giovanni
No, vecchio infatuato!
La Statua
Pentiti!
Don Giovanni
No!
La Statua
Sì!
Don Giovanni
No!

Don Giovanni verbrennt. Zurück bleibt ein Häufchen kraftloser Moralisten, die ihren Lebensmittelpunkt verloren haben und in Katzenjammer verfallen.

Man kommt nicht umhin festzustellen: Die Aufklärung ist das einzige Programm, das seine eigenen Grenzen kennt und selbst zum Thema macht. Das macht die Bewegung groß – und extrem verletzlich. Wir können aus Prinzip nicht mit denselben Mitteln zurückschlagen, mit denen man uns angreift. Und wir tun gut daran, diesen zentralen Schwachpunkt des Systems Aufklärung, das ja im Grunde ein Synonym für das System Europa ist, ernst zu nehmen, statt ihn durch schwärmerische Bekundungen und Bekenntnisse zu vernebeln. Flucht, Rückzug und Selbstaufgabe – wie im Dialog von Diderot vorgeführt – wäre mit Sicherheit nicht der richtige Weg, damit umzugehen.

Das bedrohte System muss alles daran setzen, weder zu versteinern noch sich preiszugeben. Es sollte vielmehr – wie von Anfang an gedacht – das Dialogische konsequent in den Mittelpunkt seines Handels stellen und es zum belastbaren Zentrum machen. Kaum ein Porträt der Zeit des 18. Jahrhunderts, das nicht diesen generell kritischen und zugleich generösen Appell an das dialogische Prinzip als besonderes Merkmal hätte.

Wir sollten Europa immer wieder an diesen Teil seines Erbes erinnern. Es ist unser USP, aber auch das Herz unserer individuellen und kollektiven Kommunikationstechnik – und zwar von Beginn an. Von den Dialogen Platos über die Streitgespräche des 17. Jahrhunderts mitsamt den faszinierenden »Frauenzimmer-Gesprächsspielen« und den ebenso streitbaren wie kreativen Salons des 18. Jahrhunderts, in denen viele Frauen als Protagonistinnen in Erscheinung traten. Der vielstimmige Prozess streitbarer Meinungsbildung, ob in Form des gesprochenen Worts, ob im journalistischen Diskurs, ob von Männern oder Frauen angestoßen, ist eine der frühesten und durchgängigsten Errungenschaften des Systems Europa.

19 Die große Revolution – und ihre Folgen

14. Juli – Sturm auf die Bastille – Freiheit, Gleichheit, Brüderlichkeit! – Terror – Guillotine! Kaum ein historisches Ereignis hat sich derart fest in das kulturelle Gedächtnis Europas, ja, der Welt eingebrannt, wie das der Französischen Revolution. Für Viele ist sie bis heute Synonym für das Phänomen »Revolution« schlechthin. Im Guten wie im Schlechten. Diese Revolution stand nicht einfach für Revolte, wilden Aufstand, Putsch. Sie war zwingende Konsequenz eines langwierigen gedanklichen Entwicklungsprozesses.

Der 14. Juli wäre ohne diesen gewaltigen gedanklichen Überbau wirkungslos verpufft oder kurzerhand zusammengeschossen worden, wie man dies bei ungezählten Hungerrevolten seit je getan hatte. Es gibt diverse Theorien klimakundlicher, ökonomischer oder soziologischer Art, die das Phänomen dieser Revolution auf Ernteausfälle oder eine massive Finanzkrise zurückzuführen versuchen. All das mag zum Teil zutreffen und sicher eine auslösende Rolle gespielt haben. Die Gründe, weshalb diese Revolution solch eine herausragende Bedeutung erlangen sollte, liegen jedoch nicht primär im Bereich der sozioökonomischen Konditionen als vielmehr in denen ihrer kommunikativen und visuellen Präsentation. Darum steht hier das, was man die »Kunst der Republik« nennen könnte, im Zentrum.

Natürlich waren die Unterversorgung der Bevölkerung, der Aufstand der Pariser Bäckerinnen, das indolente Verhalten der Königsfamilie, die einige Zeit davon ausging, es bloß mit einer »Revolte«, nicht aber mit einer »Revolution« zu tun zu haben, verantwortlich für den Beginn des Aufstands. Und ohne die verzweifelte Gewaltbereitschaft der Massen, die das verhasste Symbol königlicher Macht, die halb leer stehende Bastille, stürmten, hätte es keine »Revolution« gegeben.

Schon hier erwies sich das inszenatorische Geschick der Akteure. Von nur wenigen Soldaten verteidigt, war das Staatsgefängnis vergleichsweise leicht zu nehmen und dennoch von hohem symbolischem Wert, rankten sich doch um die alte Festung Schauergeschichten über grausame Einkerkerungen und Folterungen. Die sieben faktisch »Befreiten« waren freilich keine malträtierten Opfer des Systems, sondern bedeutungslose, gut verpflegte Kleinkriminelle. Aber das Bild vom Sturm auf die Bastille sollte sich ebenso in das kollektive Gedächtnis einbrennen wie das des sogenannten »Ballhausschwurs« wenige Tage zuvor, der als einer der Gründungsmythen des modernen Europa installiert wurde: Auf Befehl des Königs sollten die Delegierten der Generalstände, die sich dort versammelt hatten, ihre Sitzung auflösen. Die Vertreter des »Dritten Standes« – Bürger, Handwerker, Bauern, aber auch Taglöhner und Arbeiter, kurz 95 Prozent der Bevölkerung – hatten es gewagt, Forderungen zu stellen. (Siehe Abbildungen 50 und 51 in Tafelteil 3.)

Doch in diesem Moment ging es um sehr viel mehr als um Brotpreise, ausbleibende Getreidelieferungen und Hunger – es ging um ein vollständig neues Verständnis der Rolle des Staates und des Volkes. Eine kurze Rede von Mirabeau, die Heinrich von Kleist so eindrucksvoll überliefert hat, dokumentiert den epochalen Umbruch: Befragt, ob die Deputierten den Befehl des Königs vernommen hätten, die Versammlung umgehend aufzulösen, antwortet er als Sprecher des Dritten Standes:

> »Ja, […] wir haben ihn vernommen. […] Doch was berechtigt Sie« – fuhr er fort, und nun plötzlich geht ihm ein Quell ungeheurer Vorstellungen auf – »uns hier Befehle anzudeuten? Wir sind die Repräsentanten der Nation. […] Die Nation gibt Befehle und empfängt keine. […] Und damit ich mich Ihnen ganz deutlich erkläre […] so sagen Sie Ihrem Könige, daß wir unsere Plätze anders nicht, als auf die Gewalt der Bajonette verlassen werden.«[52]

Von einem Moment auf den anderen scheint sich eine völlig neue Konstellation eingestellt zu haben. Aber was sich als ein kollektiver Blitzschlag darstellt, ist in Wirklichkeit fast zwingende Konsequenz eines Prozesses, der sich über lange Zeit aufgebaut hatte. Die Bilder, Begriffe, Narrative und Modelle standen im Arsenal der Aufklärung auf Abruf bereit. Ab jetzt war es ausschließlich um die »Republik« als neuem absolutem Zentrum des Denkens und Handelns zu tun. Und nur weil dieses Arsenal von schlagkräftigen Argumenten so perfekt und systematisch geordnet war, konnte aus einem Aufstand eine, nein, *die* Revolution werden.

Allem voran die Idee eines Gemeinwillens, den Rousseau in seinem *Contrat social* (1762) als Resultat einer vernunftgeleiteten höheren Form von Schwarmintelligenz sieht. Der Vordenker der Revolution glaubte an eine subkutane Verständigung aller untereinander auch ohne unmittelbaren Kontakt. Was heute mittels der Sogwirkung der *social media* entsteht, dachte man sich damals als *volonté générale:*

> Wenn die Bürger keinerlei Verbindung untereinander hätten, würde, wenn das Volk wohlunterrichtet entscheidet, aus der großen Zahl der kleinen Unterschiede immer der Gemeinwille hervorgehen, und die Entscheidung wäre immer gut.[53]

Mit Etablierung der Republik als gesetzgebender Macht wurde der frei flottierende Gemeinwille als Sammelbecken Tausender pixelartiger Vernunftpartikel zum Dogma. Im Artikel 6 der legendären »Menschen- und Bürgerrechtskonvention« von 1789 heißt es:

> Das Gesetz ist der Ausdruck des allgemeinen Willens. Alle Bürger haben das Recht, persönlich oder durch ihre Vertreter an seiner Formung mitzuwirken. Es soll für alle gleich sein, mag es beschützen, mag es bestrafen. Da alle Bürger in seinen Augen gleich sind, sind sie gleicherweise zu allen Würden, Stellungen und Beamtungen nach ihrer Fähigkeit zugelassen ohne einen anderen Unterschied als den ihrer Tugenden und ihrer Talente.[54]

In den falschen Händen konnte die *volonté générale* zum argumentativen Guillotinemesser werden. Denn wer könnte es wagen, der Stimme und Stimmung des gesamten Volkes, der Nation zu widersprechen. Der »Nation«, die als gleichsam heilige Macht zum ersten Mal in der langen europäischen Geschichte programmatisch auf den Plan trat und dem Citoyen, dem Bürger, eine vollständig neue Bühne versprach. Der Citoyen wurde zugleich wichtig wie nie und Objekt der Vereinnahmung wie nie. Rhetorik und Künste spielten in diesem Zusammenhang eine nicht unerhebliche Rolle.

Die Interaktion zwischen angewandten Künsten und republikanischer Politikinszenierung beginnt zwar in der römischen Antike. Ihre große Stunde aber sollte im Kontext der Revolution schlagen. Um die Idee eines kollektiven Willens in den Mittelpunkt zu stellen, war naturgemäß ein erhöhter kommunikativer und inszenatorischer Aufwand erforderlich. Jedenfalls ist es ein großer Irrtum anzunehmen, nur die Monarchie oder totalitäre Systeme seien darauf angewiesen, sich in Szene zu setzen und Symbolsprachen zu entwickeln. Die Republik war von Beginn an genötigt, sich darzustellen und zu legitimieren. Da es keine dynastischen Kontexte und Bezugsfelder gab, auf die man sich hätte beziehen können, bedurfte es einer neuen Ästhetik. Mit beachtlicher Energie musste ein Arsenal von Begriffen, Ritualen und Zeichen aufgeboten werden, um so etwas wie eine Corporate Identity für die Bewegung herzustellen und die große Utopie des »öffentlichen Rede- und Argumentationsraums« bühnenwirksam aufzubereiten.

Nur durch Emotionen werden Argumente zu Mitteln der Macht. Rhetorik und Republik bilden eine gedankliche Einheit. Sowohl die weltbekannte *Marseillaise* wie auch der weniger bekannte *Chant du départ* von Marie-Joseph Chénier (1764–1811) bringen diesen hoch emotionalisierenden Gestus, in dem die Nation alles, persönliche Gefühle nichts sind, eindrucksvoll zum Ausdruck:

> […]
> Das souveräne Volk schreitet voran
> Ihr Tyrannen, sinkt in den Sarg.

Uns ruft die Republik
Lasst uns siegen oder untergehen.
Ein Franzose muss für sie leben,
Für sie muss ein Franzose sterben.[55]

Die Republik, Synonym für die Nation, fordert bedingungslosen Einsatz und vermittelt den individuellen Opfertod für das Vaterland mit der Selbstverständlichkeit einer Blutspende. Dabei übernimmt der politische Akteur den Part des Einpeitschers und Manipulators der politisierten Masse. Unter republikanischen Bedingungen entfaltet er sein politisches Potenzial nicht mehr wie im höfischen Umfeld primär über das Instrument der Intrige, sondern über das der Demagogie. Die Erfindung der Masse als Machtfaktor ist das Pendant zu diesem Umbau der politischen Bühne – die Masse als ideologisierter beziehungsweise zu ideologisierender Volkskörper *(»le peuple«)*.

Es gehört zu den besonderen Fähigkeiten der Literatur, Prozesse dieser Art nicht nur zu begleiten und wie im Falle des zeitgeistversierten Chénier zu bedienen, sondern sie auch strukturell vorherzusehen und »hellseherisch« antizipieren zu können. Fast ein Jahrzehnt vor Beginn der Revolution war Friedrich Schiller – in der schwäbischen Provinz, fernab der großen Metropolen – im Stande, in seinem revolutionären Stück *Die Räuber* alle Stadien des politischen Erdbebens, das sich anbahnte, durchzuspielen. Dabei ist weniger von den Paradetugenden, die uns auch heute noch flüssig von den Lippen gehen – Freiheit, Gleichheit, Brüderlichkeit –, die Rede, denn vom gefährlichen Mythos »Republik«, der offenbar schon damals als rhetorisches Spielfeld mehr oder weniger begabter Demagogen erkennbar war.

Wenn in den *Räubern* von einer »Republik« schwadroniert wird, schimmert nicht nur unbefriedigter Ehrgeiz durch, sondern es artikuliert sich auch eine beklemmend bedrohliche »Vision« von Republik als Chiffre für Gewalt, Rigidität und Rücksichtslosigkeit. Die republikanisch erzogenen Kinder der Aufklärung waren gefährlich. Die Autoren wussten um diese Gefährdung bereits Jahrzehnte vor der faktischen

Revolution. Die moralische Erhellung war ausgeblieben, die analytische Hellsichtigkeit war geblieben. Viele jüngere Intellektuelle im politisch passiven Deutschland waren frustriert, waren bösartig geworden. Vielleicht waren sie böse, weil sie enttäuscht wurden. Weil ihre *»great expectations«* nicht einmal ansatzweise eingelöst, ja, von der real praktizierten Politik pervertiert wurden. Karl Moor postuliert auf offener politischer Bühne:

> Ah! daß der Geist Hermanns noch in der Asche glimmte! – Stelle mich vor ein Heer Kerls wie ich, und aus Deutschland soll eine Republik werden, gegen die Rom und Sparta Nonnenklöster sein sollen. *(Er wirft den Degen auf den Tisch und steht auf)*[56]

Nun, wir wissen es, aus Deutschland sollte auf absehbare Zeit keine solche Republik werden. Vielleicht auch, da man hier im Zuge der Ausbildung einer idealistischen Hochleistungsphilosophie Angst davor hatte, sich die Hände schmutzig, geschweige denn blutig zu machen. Es ist schon eigenartig, dass deutsche Revolutionen auf dem Papier oder im Selbstmord enden, während die Franzosen aus der Philosophie die Legitimation ableiteten, auf die Barrikaden zu gehen. Deutsche Revolutionen finden im Kopf, französische auf der Straße statt. Und auch bei Schiller endet der revolutionäre Elan im »Kant-Gehege« der Maxime »Philosophiert, so viel ihr wollt – aber gehorcht!«.

Im Innersten wissen Schillers feurige Redner recht gut, dass diese verbale Kraftanstrengung nur ein politisches Geräusch ist. Vielleicht reden seine Figuren deshalb so viel und oft so pathetisch. Moors Gesprächspartner Moritz Spiegelberg mag das ahnen. Er stochert, provoziert, attackiert, schwärmt von einem Judenstaat in Palästina oder von einer gewaltigen, auch gewaltig diffusen kriminellen Karriere, eine Art jüdischer Bin-Laden-Verschnitt. Paris, London – die ganze Welt als Reibfläche seiner terroristisch-republikanischen Zündeleien.

> *Spiegelberg:* [...] Wie es sich aufhellt in mir! Große Gedanken dämmern auf in meiner Seele! Riesenplane gären in meinem schöpf-

rischen Schädel. Verfluchte Schlafsucht! *(Sich vorn Kopf schlagend)* Die bisher meine Kräfte in Ketten schlug, meine Aussichten sperrte und spannte; ich erwache, fühle, wer ich bin – wer ich werden muß!
Moor: Du bist ein Narr.[57]

Die Vision einer Republik als Bühne der Macht-Akteure, für Schauspieler der Revolution. Einer wie Karl Moor kann in dieser Situation nur gewinnen: Retter, Führer, dunkle Lichtgestalt in einem, spürt er instinktiv, dass er *alles* riskieren kann. Sich selbst als Opfer anzubieten, ja, mit den Gefühlen der anderen zu spielen – welch eine Rolle, die er in der Tat virtuos auszufüllen versteht, ein heiliger Blut-Messias. Ein gefährliches Spiel. Eine Art russisches Roulette im Böhmerwald. Mit guten Argumenten: Reinigt euch von mir. Und: Sie wollen nur mich. Als giftigste Provokation: Ihr seid nichts – ich bin alles. Und: Ihr seid durch mich – ich bin durch euch. Manches mutet an wie eine Parodie absolutistischer Herrschaft unter dem Motto des *»L'État, c'est moi«*.

Die verkrampfte Republikaner-Attitüde gerinnt zur Farce. Schillers Analyse lässt keine Zweifel: Dies ist das fulminante Finale einer politischen Posse; eine missglückte Inszenierung, an deren Ende nur eines stehen kann: der, wenn man so will, »politische« Suizid. In einer Zeit, in der sowohl der Glaube an die Religion wie auch der an eine geschlossene Moral sich in einer äußerst kritischen Situation befinden, fällt dem Theater eine neue Rolle zu: letztlich die eines ethisch-menschlichen Simulations- und Schulungsraums. Die Schaubühne als Spiegel, Schule, Orientierungshilfe und Gefühlsarena. Das Theater kann, so Schillers Hoffnung, ein Instrument zur symbolischen Eliminierung politischer Verbrecher werden.

Die Schaubühne hat uns das Geheimnis verraten, sie ausfindig und unschädlich zu machen. *Sie* zog dem Heuchler die künstliche Maske ab und entdeckte das Netz, womit uns List und Kabale umstrickten. Betrug und Falschheit riß sie aus krummen Labyrinthen hervor und zeigte ihr schreckliches Angesicht dem Tag. […] Aber nicht genug, dass uns die Bühne mit Schicksalen der Menschheit bekannt macht,

> sie lehrt uns auch gerechter gegen den Unglücklichen sein und nachsichtsvoller über ihn richten. [...] Eine merkwürdige Klasse von Menschen hat Ursache, dankbarer als alle übrigen gegen die Bühne zu sein. Hier nur hören die Großen der Welt, was sie nie oder selten hören – Wahrheit; was sie nie oder selten sehen, sehen sie hier – den Menschen.[58]

Kurz, die »Schaubühne ist der gemeinschaftliche Kanal, in welchen [...] das Licht der Weisheit herunterströmt und [...] durch den ganzen Staat sich verbreitet«.[59] Ein gesellschaftlicher Vermittlungskanal mit dem Ziel der allmählichen Ausbildung eines kollektiven Bewusstseins, eines gemeinsamen nationalen Grundgefühls:

> Nur der Schaubühne ist es möglich, diese Übereinstimmung in einem hohen Grad zu bewirken, weil sie das ganze Gebiet des menschlichen Wissens durchwandert, [...] weil sie alle Stände und Klassen in sich vereinigt und den gebahntesten Weg zum Verstand und zum Herzen hat.[60]

Damit wird ihr die Fähigkeit zugesprochen, so etwas wie eine Empfindungs-, Erregungsgemeinschaft herzustellen. Und zwar eine aufklärerisch-solidarische Gemeinschaft gleicher Individuen. Ein politischer Traum aus poetologischem Material, den Schiller ein paar Jahre vor der großen Revolution auf seine Weise träumt: »Jeder einzelne genießt die Entzückungen aller [...] und seine Brust gibt jetzt nur *einer* Empfindung Raum – es ist diese: ein *Mensch* zu sein.«[61]

Nur wieder einer dieser phantastisch-pathetischen Schiller-Sätze? Ich denke nicht. Der Versuch, ein »Wir-sind-das-Volk-Gefühl« herzustellen, ist um 1800 (und nicht nur damals) politischer, ja revolutionärer Natur. Mensch zu sein bedeutet, vertikale Hierarchien abzubauen; damit geht man an das zentrale Nervengeflecht des Ancien Régime. Schiller, der von den Verantwortlichen der Französischen Revolution als ein Protagonist des neuen Modells betrachtet wird, distanziert sich bald von diesem, weil er dessen Gefahren früh durchschaute. In seinem

Stück *Die Verschwörung des Fiesco zu Genua* übt ein junger, eitler Volksverführer die neue Rolle gleichsam vor dem Spiegel ein, und ein alter Hardliner schickt die eigene Tochter um der republikanischen Ehre Willen in den Tod: »Gehe nun Tochter. Freue dich, des Vaterlands großes Opfer zu sein.«[62]

Große Gesten hatten Konjunktur, edle republikanische Gesinnung wird zur Premiummarke – auch und vielleicht gerade weil der Mantel der Geschichte noch dem bescheidensten Leben und dem sinnlosesten Tod eine höhere Sinngebung zu vermitteln vermag.

Im politischen Welt- (und Schmieren-)theater ist jedes schauspielerische Mittel recht, wenn es den gewünschten Zweck erreichen kann. Robespierre und die Revolutionäre inszenierten einen parareligiösen neuen Kult der Vernunft, dessen Gottheit ein »Höchstes Wesen« war, das paradoxerweise die Unsterblichkeit der Seele verkündete. Paradoxerweise, wenn man bedenkt, dass das System der Republik ja primär säkular ausgerichtet ist.

Als ob man sich doch nicht auf die Kraft der Argumente allein verlassen würde, schafft man sich eine Art religiöses Disneyland unter Verwendung pompöser Installationen und gewaltiger Massenveranstaltungen, eine Art Ersatzreligion aus dem Geist der »Vernunft«. Allegorien, Gipsstatuen, römische Gewänder sollen der Bewegung jene Suggestionskraft und Emotionalität verleihen, die sie per definitionem eigentlich nicht will: Pomp und Kitsch, Pathos und Kulisse sollen echte Gefühle der Zusammengehörigkeit künstlich herstellen. Ein Vorhaben, das nur bedingt erfolgreich war. Durchschaubar wird auf Kollektivgefühle gesetzt, werden große Botschaften in Umlauf gebracht. (Siehe Abbildung 52 in Tafelteil 3.)

Während die eine Seite bereits die Revolte bis ins Detail genau plant, sind die anderen bei der ideologischen Feinabstimmung. Diese Inversion des Entertainments öffnet der Politik neue Spielflächen und Aktionsräume. Nicht mehr das barocke Motto, die Welt als Bühne zu betrachten, hat Geltung, sondern die medialisierte Variante dieser Poetik fasziniert: die Welt der Bühne und der Bühnentechnik in den Schauraum der Realpolitik aktiv mit einzubeziehen. Es ist, als ob prinzipielle Unterschiede zwischen dem Experimentierfeld des Theaters und der sogenannten »Wirklichkeit« aufgelöst würden. Als würden die bröckelnden Ränder der gesicherten Erkenntnis nicht gemieden, sondern gesucht: Bankrotteure, Saboteure, Moralisten, Egomanen, Mörder – jeder spielt sein Spiel unter dem Deckmantel der großen politischen Befreiungstat.

So gesehen ist es kein Wunder, dass theatralische Inszenierungen an die Stelle politischer Willensbildungsprozesse treten. Doppeldeutigkeiten werden nicht gelegentlich um der Sache willen in Kauf genommen, vielmehr wird das Spiel auf mehreren Ebenen zum eigentlichen Zweck, zur Substanz. Politik und der Mord in der Politik mutieren zum elitären ästhetischen Spiel, zur Kunstkreation, zur rhetorischen Sprachgaukelei. Das Theater als tentatives Spielfeld der Möglichkeiten – wenn es je ein in diesem Sinne »offenes Kunstwerk« *avant la lettre* gegeben haben sollte: *Fiesco* von Schiller wäre es.

Eine Generation später, bei Büchner, sind die letzten Illusionen verschwunden: In *Dantons Tod* (1835) finden sich nur mehr zynische Zerrbilder revolutionärer Visionen. Bereits während ihrer Entstehung ist die Republik zum restriktiven, totalitären System verkommen. Zur Lügenparole, mit der man das Volk abspeist: »Die Esel werden schreien ›Es lebe die Republik‹, wenn wir vorbeigehen«[63], imaginiert einer der Anhänger Dantons auf dem Weg zum Schafott, und das »Im-Namen-der-Republik« des Richters Fouquier ist längst zur hohlen Phrase geronnen. Keiner widerspricht Merciers bitterem Befund über den Status der Revolution, und doch geht er bereits ins Leere:

> Die Gleichheit schwingt ihre Sichel über allen Häuptern […] die Guillotine republikanisiert! Da klatschen die Galerien und die »Römer« reiben sich die Hände, aber sie hören nicht, daß jedes dieser Worte das Röcheln eines Opfers ist. Geht einmal euren Phrasen nach, bis zu dem Punkt, wo sie verkörpert werden.[64]

Das System »Republik« besteht aus Worten. Und Worte machen, was aus ihr wird: Guillotine, Heilanstalt, Gummizelle, Aktenablage, Quasselbude, leerer Raum. Wie fragwürdig im Einzelnen die Abläufe aus der Rückschau betrachtet auch wirken mögen: Die Revolution war ein in sich geschlossener Prozess von enormer Schubkraft. So groß, dass das, was am 14. Juli 1789 mit einer lokalen »Revolte« begann, das gesamte bisherige Machtsystem Europas aus den Angeln hob. Das bis dahin Undenkbare geschah: Ein König wurde angeklagt, zum Tode verurteilt und am 21. Januar 1791 hingerichtet. Seine Versuche, mit ausländischen Monarchien gegen die Revolution zu konspirieren und sich gleichzeitig als Bürgerkönig auf dem Thron zu halten, wurden ihm zum Verhängnis.

Was es für die gesamte europäische Welt bedeutete, das jahrtausendealte Prinzip der Akzeptanz eines gottgesalbten Monarchen mit einem Schritt, einem Schnitt öffentlich zu beenden, lässt sich heute nur mehr schwer vorstellen. Es entspricht strukturell vielleicht sogar der Wucht der kopernikanischen Wende auf dem Gebiet der Astronomie. Hatte diese zur Ablösung des geozentrischen Weltbildes geführt, so hatte die Revolution mittelfristig die Ablösung der Monarchie und aller damit verbundenen Wertevorstellungen zur Folge. Die Kategorien von Freiheit, Gleichheit und Brüderlichkeit sind nicht nur Exponate eines toleranten Miteinanders oder freundschaftlicher Solidarität, sondern vor allem ein Appell zu gleichzeitiger gesteigerter Selbstverantwortung und Selbstbeschränkung. Denn mit der These der *Égalité,* der Gleichheit vor dem Recht, wurden alle bisher durch Gewohnheit oder Stand tradierten Privilegien Einzelner abgeschafft und durch ein abstraktes Gemeinwohl ersetzt. Von nun an spielten individuelle Gunst, persönliche Abneigung oder der Stand keine Rolle mehr – alle Bürger sahen sich ein und demselben Rechtssystem ausgesetzt und unterstellt. Die »Erklärung der Menschenrechte« präsentiert sich wie ein ehernes Gesetzeswerk und scheut sich dabei nicht, die Form der mosaischen Gesetzestafeln der »Zehn Gebote« nachzuahmen, um so den gleichsam überzeitlichen Charakter der Botschaft zu bestätigen. (Siehe Abbildung 53 in Tafelteil 3.)

Was sich 1789, wie mit einem Blitzschlag, als unumstößliches politisches Programm präsentierte, hatte einen beachtlichen Vorlauf. Bis zu diesem Zeitpunkt hatte die Aufklärung alle Kategorien einer umfassenden Revision unterzogen. 1785 hatte Schiller mit dem ersten Entwurf seines Gedichts »An die Freude« – 200 Jahre später sollte es in Beethovens Vertonung, die den Höhepunkt seiner 1824 uraufgeführten 9. Symphonie bildet, zur offiziellen Europahymne werden – eine von zahlreichen Brüderlichkeitsvisionen dieser Zeit geschrieben.[65] Allein die Artikel zu »Freiheit« und »Gleichheit« füllen in der *Encyclopédie* Dutzende von Seiten. Montesquieu, Rousseau und Voltaire haben sich mehrfach systematisch dieser Normen angenommen. Voltaire etwa geht soweit, Ideal und Realität von Freiheitsentwürfen polemisch gegeneinanderzustellen und die Illusionen mit scharfem Blick zu schreddern. In seinem brillant boshaften philosophischen Taschenlexikon (*Dictionnaire philosophique portatif*; 1764) heißt es eisig summierend und irritierend:

> Seit dreitausend Jahren streitet man darüber, ob der Wille frei ist oder nicht. [...]. Was bedeutet frei sein? Es bedeutet können, oder es hat überhaupt keinen Sinn. Daß nun der Wille etwas kann, ist im Grunde ebenso lächerlich, wie wenn man sagte, er sei gelb oder blau, rund oder viereckig. [...] Freier Wille ist eine völlig sinnlose Wortverbindung, und der sogenannte indifferente Wille der Scholastiker [...] ist ein Hirngespinst, dessen Verleugnung nicht lohnt.[66]

Doch auch solche scheinbar illusionslosen Töne werden den Gang der revolutionären Ereignisse letztlich nur beflügeln. In den Salons, in gewagten Dialogen und in der Kunst wurden die Möglichkeiten und Grenzen des Freiheitskonzepts konkret wieder und wieder ausgetestet. Wenn Don Giovanni in Mozarts gleichnamiger Oper »*libertá*« fordert, meint er damit Unabhängigkeit von bürgerlichmoralischen Werten. Wenn einer der Protagonisten in Schillers *Don Carlos* vom König »Gedankenfreiheit« verlangt, denkt er hingegen an Autonomie des Denkens und Empfindens und eine Aufwertung des eigenen Gewissens als letzter Instanz, wie bei Kant, im Rahmen des Idealismus, wo Handeln nur dann als »frei« gilt, wenn der Handelnde moralischen Gesetzen folgt. In Frankreich unterzog man den Freiheitsbegriff dagegen einer militanten Rosskur und schickte *La liberté* mit blutigen Händen auf die Barrikaden. (Siehe Abbildung 54 in Tafelteil 3.)

Überhaupt war die Revolution auch die Stunde der Frauen. Im Namen der Freiheit wird fröhlich gemordet, und auch Frauen fordern nun Gleichberechtigung: Für Olympe de Gouges (1748–1793)[67] lässt sich das Prinzip der Gleichheit vor dem Gesetz nicht von der Möglichkeit trennen, politische Verantwortung zu übernehmen – »Die Frau hat das Recht, auf das Schafott zu steigen; sie muss gleichermaßen das Recht haben, ein Podium zu besteigen«[68] –, während Charlotte Corday (1768–1793) sich dazu aufschwang, Jean-Paul Marat, den Chefideologen und Scharfmacher der Revolution, der in ihren Augen längst kein Mensch mehr war, persönlich hinzurichten: »Verzeihung, o Menschenkinder, dieses Wort beschimpft euer Geschlecht, er war eine wilde Bestie, die im Begriff stand, […] Frankreich mit dem Feuer des Bürgerkriegs zu verzehren.«[69] Ein republikanischer Tyrannenmord wie aus dem Bilderbuch, im Alleingang geplant und durchgezogen von einer knapp 25-Jährigen aus der Normandie – ein Todesengel mit dem Flair der Unschuld. Ein Brief an »den Freund des Volkes« hatte ihr den Weg freigemacht, genauer: das Versprechen einer Denunziation. Kaum vorgelassen, nannte sie ihm die Namen von 18 Feinden der Republik, die seinen Sturz planten, und stieß zu. Einmal nur! Ein erstaunlich sicherer Stich für eine junge Frau, deren Kampfausbildung vorwiegend in der Lektüre religiöser und klassischer Texte bestand. Mag sein, dass auch der entschlossene Zugriff eine Lesefrucht war. Man weiß, dass sie sich mit der Rolle der Judith identifizierte, die Holofernes gleichfalls »im Namen des Volkes« köpfte – in ihrer Bibel fanden sich genau diese Verse unterstrichen.

Politisch löste die Tat der mutigen Patriotin, die ihrerseits nur vier Tage später hingerichtet wurde, das exakte Gegenteil dessen aus, was sie beabsichtigt haben mochte – es begann eine gnadenlose Hetze, die

Zehntausende das Leben kostete. Marat indessen wurde zur Ikone. Seine Leiche wurde in kolossaler Apotheose in das Pantheon überführt. Jacques-Louis David malte sein berühmtes Gemälde, das auf geradezu sakrale Weise den Tod Marats zum Opfergang einer politischen Utopie erhöhte – und die einsetzende Schreckensherrschaft *(La Terreur)* legitimierte.

Dennoch sicherte sich Corday mit der Inszenierung ihrer Tat einen wichtigen Platz im imaginären Pantheon der Freiheitsheldinnen. Noch eine andere »Lady Liberty« sollte im Kontext dieser ideologisch verwirrenden Jahre zu Weltruhm gelangen – die Freiheitsstatue in New York. Auch dieser Tochter der Aufklärung gelang es bis heute, sich als Inkarnation des westlichen Wertesystems weit über den Kontinent hinaus einen Namen zu machen. Fast ein Jahrhundert nach Corday wird sie als neues Wahrzeichen der Vereinigten Staaten von Amerika an der Hafeneinfahrt von New York Wache stehen. Als Geschenk Frankreichs an die USA.

Ein etwas eigenartiges Geschenk, so als wollte die Grande Nation das große Amerika ein Jahrhundert später daran erinnern, dass es eine Art Appendix der Ideen Europas ist. Oder verhält es sich bei Licht betrachtet nicht genau umgekehrt? Hat die dynamische Neue Welt Europa erst zur Revolution inspiriert? In der Tat wirkt die französische *Declaration* stellenweise wie eine Kopie der Verfassung der Vereinigten Staaten in ihren verschiedenen Stadien, von der *Virginia Declaration of Rights* (1776) bis zur *Constitution of the United States* (1787). Dort wurde zum ersten Mal erprobt, wie es sich anfühlt, wenn das Volk im eigenen Namen und mit einer, seiner Stimme spricht:

> Wir, das Volk der Vereinigten Staaten, von der Absicht geleitet, unseren Bund zu vervollkommnen, die Gerechtigkeit zu verwirklichen, die Ruhe im Innern zu sichern, für die Landesverteidigung zu sorgen, das allgemeine Wohl zu fördern und das Glück der Freiheit uns selbst und unseren Nachkommen zu bewahren, setzen und begründen diese Verfassung für die Vereinigten Staaten von Amerika.[70]

Es ist kein Zufall, dass an der Entwicklung und Ausformulierung dieser Dokumente auch französische Aufklärer wie der Marquis de La Fayette (1757–1834) beteiligt waren. Als Generalmajor hatte dieser an der Seite der Kolonisten im Unabhängigkeitskrieg gekämpft. Zurück in Frankreich, brachte er seine politische Erfahrung in die Gestaltung der französischen Verfassung ein. Seinen Entwurf der *Declaration des droits* legte er in der Nationalversammlung vor, die ihn schließlich – auch hier nach einem langen kontroversen Diskussionsprozess – verabschiedete. Lediglich der aus heutiger Sicht vielleicht schönste Passus des amerikanischen Modells, die Stelle, wo zusammen mit den anderen emblematischen Werten auch die *»Pursuit of Happiness«* (wenngleich gewiss mit biblischen Reminiszenzen) gefordert wird, ist der französischen Zensur zum Opfer gefallen. Ob daraus zu folgern ist, dass für das Glück im politischen Zusammenhang in Europa kein systematischer Platz ist, sei dahingestellt.

In der Präambel spricht nicht das Volk selbst, sondern seine Repräsentanten. Die Stimme kommt wie von Gott gesandt, und sie äußert sich ausdrücklich »in Gegenwart und unter dem Schutz des höchsten Wesens« als eine Art Offenbarung des Gemeinwillens:

Die Menschen werden frei und gleich an Rechten geboren und bleiben es. Gesellschaftliche Unterschiede dürfen nur im Allgemeinen Nutzen begründet sein.

Sicherlich konnte zu diesem Zeitpunkt noch kaum jemand erkennen, dass nur wenige Jahre später im Auftrag dieses Gemeinwillens Todesurteile maschinell im Minutentakt vollstreckt werden würden: im Namen der Republik. (Siehe Abbildung 55 in Tafelteil 3.)

Einer Republik, die sich allerdings gegen die Monarchien fast ganz Europas in erbitterten Kriegen zur Wehr setzen musste. Sicherlich konnte auch niemand ahnen, dass sich ein junger korsischer Offizier in ihnen derart hervortun würde, dass er einige Jahre später im Stande sein sollte, Europa neu zu organisieren und – was für ein Anachronismus! – als Kaiser in eine Megalomonarchie zurückzuverwandeln. Zu Beginn wirkte sein unwiderstehlicher Sturmlauf wie der Ausdruck einer Vorsehung. Halb Europa geriet unter französische Herrschaft und wurde umgestaltet. Erst der russische Winter würde in Verbindung mit der gewaltigen russischen Armee den an Alexander erinnernden Eroberungszug stoppen können.

Als Napoleon Geschichte war, war die Revolution noch lange nicht zu Ende. Wie in einem Dominospiel ging die Energiewelle durch ganz Europa weiter und erfasste einen Staat nach dem anderen. Auch Deutschland wurde aus seinem Kleinstaaterei-Schlaf geschreckt.

Und aus der Bahn geworfen. England hatte zu dieser Zeit längst einen anderen Weg eingeschlagen und befand sich auf imperialem Eroberungskurs. Italien – als Nation noch immer nicht geboren – suchte nach seiner Identität, verloren, irgendwo zwischen römischen Erinnerungen, Renaissanceträumen und Befreiungskriegen. Fakt ist: Europa war um 1800 zerrissener denn je.

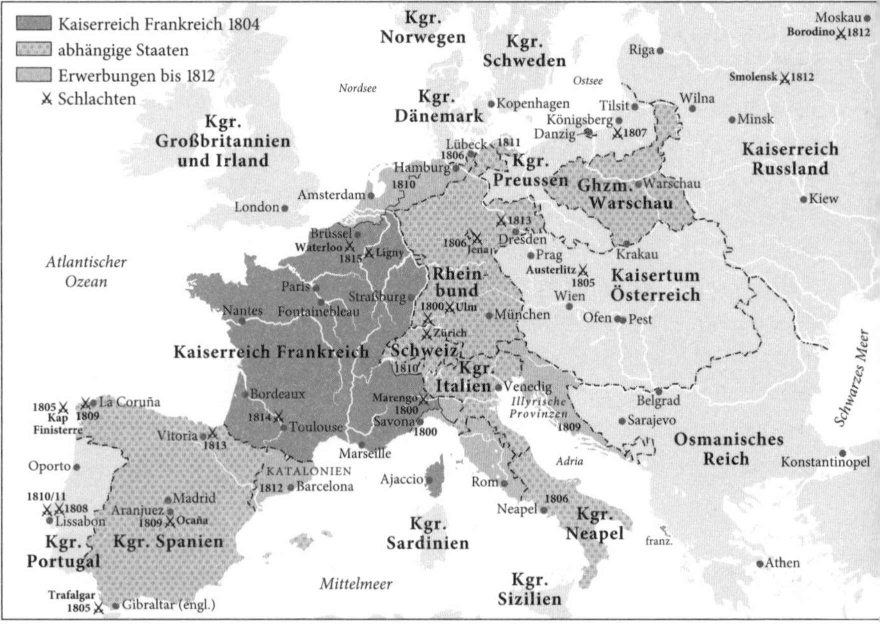

Wahrnehmungsschulen: europäische Zugänge zur Welt

»Wie wirklich ist die Wirklichkeit?« – Paul Watzlawicks brillanter Essay von 1976 hat im Zeitalter von Virtualität, sozialen Netzwerken und Fake News nichts an Aktualität eingebüßt. Er zeigt, wie kontinuierlich die europäische Kultur und Kulturwissenschaft auffälligerweise dem Thema der Mimesis, der Realitätsnachahmung verhaftet ist.

Früh schlug die europäische Kultur einen Weg ein, der sich der »Nachahmung« verschrieb. Was eine keineswegs zwingende, naheliegende Entscheidung war. Denn es ist alles andere als selbstverständlich, dass sich Malerei, Bildhauerei und Literatur darauf verständigen, ausgerechnet die Abbildung der sogenannten Wirklichkeit zu ihrem zentralen Maßstab zu nehmen. Weder in Indien noch in asiatischen, afrikanischen oder mittel- und südamerikanischen Kulturen kann man diesen Grad an Abbildungssüchtigkeit feststellen: Kunst kann Flucht, Evasion oder Traum sein, Erweiterung der Wirklichkeit, Illusion und Grenzüberschreitung. Kann Verdecktes erkunden, magische Dimensionen ausloten, Phantasien, auch Phantasmagorien freisetzen. Doch nirgends steht die Frage der Wirklichkeitsnähe so sehr im Mittelpunkt wie im europäischen Kulturkreis. Andere Kontinente sehen die Welt buchstäblich mit anderen Augen.

Selbst wenn es um Übernatürliches geht, orientieren sich europäische Darstellungen an irdischen Erscheinungen, als sei es die zentrale Aufgabe von Kunst, in einen gestalterischen Wettstreit mit der Natur zu treten, sie womöglich zu kopieren, im Idealfall zu überbieten. Noch Vincent van Gogh, ein progressiver Künstler der Moderne, steht in dieser Tradition:

> Ich kenne noch keine bessere Definition von Kunst als diese: Die Kunst, das ist der Mensch hinzugefügt zur Natur, die er entbindet, die Wirklichkeit, die Wahrheit und doch mit einer Bedeutsamkeit, die der Künstler darin zum Ausdruck bringt.[1]

Die berühmte Formel des Avantgardisten Arno Holz »Kunst = Natur – x« (1891) umkreist das Phänomen auf ähnliche Art, wobei der Künstler bemüht sein soll, den Faktor x gegen Null gehen zu lassen.

Alles Belege dafür, dass die europäische Kultur dem verhaftet ist, was man Realismus oder – mit Erich Auerbach, der diese Spur über die Jahrhunderte verfolgt hat[2] – Mimesis nennen könnte, und zwar von Beginn an nicht im naiven Sinn einer platten Abbildungsvorstellung, sondern als Reflexion über die Wirklichkeit der sogenannten Wirklichkeit.

Seit Platons Diskussion des Mimesis-Konzepts in Buch X des *Staates (Politeia)* geht diese Diskussion nun, und schon er war zu dem Schluss gekommen, dass der Nachahmer nicht die Wahrheit der jeweiligen Sache nachahme, sondern nur deren Erscheinungsbild. Und dies im Fall der Dichtung auch noch mittels Zeichen, die nichts von der Substanz der Dinge, von denen sie berichten, in sich tragen:

> Also wollen wir festlegen: Von Homer an ahmen alle Dichter nur ein Scheinbild der Vollkommenheit und der übrigen Dinge nach, über die sie dichten, erfassen aber die Wahrheit nicht […].[3]

Diese Auffassung wird Furore machen und immer wieder im Zentrum späterer Überlegungen stehen. So bei Aristoteles, der im 25. Abschnitt seiner *Poetik* von drei Modi der Nachahmung ausgeht. Nämlich die Dinge so darzustellen, wie sie waren oder sind. Oder so, wie man sagt, dass sie seien, das heißt, wie sie zu sein scheinen. Oder so, wie sie sein sollten.

Aristoteles' Definition beinhaltet ein beträchtliches Maß an Varianten und eine gewaltige Spannweite. Es scheint, als seien fast alle Umsetzungsversuche mimetisch gültig. In Wirklichkeit öffnet sich hier der Rahmen für einen säkularen, kontroversen, gelegentlich dogmatischen Diskurs um die Funktion von Kunst in der Gesellschaft. Um ihre Funktionstüchtigkeit, ihre Gültigkeit, ihre Relevanz, die oft an ihrem »Wirklichkeits-Gehalt« festgemacht wird.

Es gibt gewisse »Realitäts-Marker«, die Wirklichkeitssignale zu sein scheinen: Die Darstellung von Sexualität, Gewalt, Körperlichkeit und auch die Komik frappieren uns und lassen den Aspekt des »Als ob«, die Künstlichkeit, für Momente vergessen. Der Philosoph, der über den Kosmos reflektierend den Nachttopf übersieht und stolpert, bringt nicht nur die thrakische Dienerin zum Lachen, sondern uns alle, weil er unsere intellektuelle Fallhöhe drastisch zum Ausdruck bringt und unseren Sinn für die Doppelbödigkeit der Wirklichkeit schult.

Man kann es drehen und wenden, wie man will: Der harte Kern der Mimesis kann beliebig oft umspielt werden – er behält seinen Wert als der zentrale Referenzpunkt, selbst wenn man ihn willentlich negiert, wie Wassily Kandinsky im vermutlich ersten »abstrakten« Bild von 1910.

Es löste einen Sturm der Entrüstung aus, nicht nur, weil es einen Affront gegen alle bis zu diesem Zeitpunkt als gültig erachteten Sehgewohnheiten darstellte, sondern weil es das als unverzichtbar erachtete Dogma der Mimesis frontal attackierte. Wobei jetzt klar wird, was sich hinter dem Diktat realitätsnaher Darstellung letztlich verbarg: ein Auftrag. Der Auftrag, Kunst, auch und gerade bildende Kunst, als Medium der Sinnstiftung einzusetzen. Und nun sollte dieser Pakt, der 2000 Jahre gehalten hatte, gebrochen werden? Kandinskys Bild war, wie man zwei Jahrzehnte später sagen wird, »aus der Art geschlagen«.

Ein Vorgang, der sich über längere Zeit hinweg angebahnt, sich jedoch nie in dieser Radikalität gezeigt hatte. Alle bisherigen Interpretationen des Mimesisprinzips waren Umspielungen. Der Manierismus der Renaissance, die L'art-pour-l'art-Ambitionen der Décadents, der sogenannte »Surrealismus«. Erst mit der »Abstraktion«, der puren Gegenstandslosigkeit, war der Bann endgültig gebrochen. Die Kunst vermittelte nicht, wie bis dahin, möglicherweise unerwünschte Botschaften – sie vermittelte keine. Jedenfalls keine im bisherigen Sinn. Ob diese Totalverweigerung, diese Negation jeder Art von Ideologie nicht auch ein Kommentar über den Zustand der Welt nach 1900 war, sei dahingestellt.

Im Verlauf der vorangehenden Jahrhunderte war der Spielraum zwischen Autonomie und Auftrag immer wieder diskutiert worden. Man hatte die Grenzen stets neu bestimmt – die vielleicht faszinierendsten kreativen Prozesse spielten sich entlang genau dieser Grenzlinie ab, wobei es sich häufig um die Schwelle zwischen Konvention und Innovation handelt und das innovative Moment gelegentlich im Auge des Betrachters liegt. Leonardo da Vincis Porträt der »Mona Lisa« begann als konventionelle Auftragsarbeit. Man pries zunächst die frappierende Naturnähe des Werks in höchsten Tönen. Später wandelte sich die Wahrnehmung, und man entdeckte in diesem Bildnis »eine gefährliche, geheimnisvolle Sphinx«, ein uraltes, versteinertes Kultbild mythischer Herkunft.

Griechische Mythen und Bildwerke wiederum verwandelten sich im Auge der Bewunderer des 18. Jahrhunderts in Dokumente »edler Einfalt und stiller Größe« oder wurden klassizistisch so überformt, dass von der ihnen ursprünglich innewohnenden archaischen Wucht und Wildheit kaum mehr etwas verblieb.

Man begreift: Die Kunstwerke und Artefakte führen ein Doppelleben. Zum einen sind sie das, was sie durch den Künstler wurden, der sie schuf. Zum anderen werden sie zu Projektionsflächen der Erwartungen und Wünsche, die die Betrachter und Leser der nachfolgenden Jahre und Jahrhunderte in sie hineintragen. Es ist einigermaßen paradox. Die Dinge bleiben dieselben, die sie waren – und verwandeln sich doch unablässig, wenngleich unsichtbar. Das Kino im Kopf der Rezipienten bestimmt, welche Filme laufen sollen. Um noch einmal auf den Fall Kandinsky zurückzukommen – man nahm ihm übel, dass seine Art der Darstellung dieses Kopfkino der Erwartungen störte und die damit verbundenen Wirklichkeitsgefühle durcheinanderwirbelte.

Die Spannweite, die gesamte Skala zwischen hypernaturalistischer Annäherung an die Natur und rabiatem Willen, sich von deren Koordinaten zu lösen, wurde schon wesentlich früher durchgespielt. Don Quijote hatte sich bereits im frühen 17. Jahrhundert auf den Weg gemacht, die Grenzen zwischen Fiktion und Wirklichkeit zu sprengen – allerdings nur auf Zeit: Am Ende wird er zwangstherapiert und in die »wirkliche Wirklichkeit« zurückgeholt.

Auch in der aufgewühlten Gesinnungslage zwischen Aufklärung und Romantik werden bereits alle Register durchgespielt. Selbst innerhalb ein und desselben Romans, der *Leiden des jungen Werther* von Goethe, werden alle Register gezogen. Mal wird detailversessen Bohnensuppe gekocht und Lottes Schleife akribisch beschrieben, dann wieder bemächtigt sich der Atem des (vermeintlich) uralten Ossianmythos des Helden, und er durchbricht in seitenlangen Monologen förmlich Raum und Zeit. Ein erstes, frühes Symptom einer Umbruchsituation, die sich im Verlauf des 19. Jahrhunderts mehr und mehr steigern wird. Literarische Texte und Gemälde werden zu Instrumenten der Erforschung auch bislang unbekannter Zonen der Existenz, zum Leitmedium eines geradezu religiösen Befreiungsakts.

Bei allen Tendenzen zur Evasion, zum großen befreienden Ausbruch, sollte jedoch nicht vergessen werden, dass frühere Errungenschaften damit keinesfalls als überwunden oder abgeschafft zu sehen sind. Im Gegenteil, der kritisch kommentierende Auftrag der Literatur wird nicht nur weitergereicht, sondern im kommenden Jahrhundert weiter perfektioniert. Die sogenannte romantische Ironie beglaubigt diese Absicht. Dem

Literaturkritiker Friedrich Schlegel zufolge handelt es sich dabei um die Fähigkeit, die Balance zwischen Selbstschöpfung und Selbstvernichtung zu halten. So wird das Spektrum der künstlerischen Möglichkeiten sukzessive erweitert und verfeinert.

Unser Freund Peter Schlemihl, den wir zu Beginn kurz kennenlernten, taucht hier wieder als Zeitreisender auf – auch er neugierig und skeptisch zugleich, was Erkundungen, Wahrnehmungen und deren Deutung betrifft.

In diesem Zusammenhang treten zwei andere Forscher, die nahezu zeitgleich das Projekt einer Neuvermessung der Welt vor Ort starteten, auf den Plan: Alexander von Humboldt erkundete Flora, Fauna und Geologie von Teneriffa, Venezuela, Ecuador, und kartographiert die Anden. Der etwas jüngere Charles Darwin erkundet die Welt von Australien und fast ganz Südamerika – bis hin zu den Galapagos-Inseln. Ähnliche Viten, diametral entgegengesetzte Forschungsprofile, gleichwohl beide – Kinder der Aufklärung – nach Grundgesetzlichkeiten suchen. Schließlich jedoch sind auch herausragende Köpfe Kinder ihrer jeweiligen Kultur, und so unterscheidet sich der Zugriff beider Koryphäen wesensmäßig. Auf den Spuren des Idealismus unterstellt der deutsche Forscher der Natur eine Neigung zu Harmonie und Ordnung, sucht nach Gleichgewicht im freien Spiel der unterschiedlichen Kräfte. Eine Theorie im engeren Sinne wird er nie aufstellen. Ganz im Gegensatz zu seinem englischen Kollegen, der, im Sinn der Schule des englischen Empirismus, aus winzigen Einzelbeobachtungen eine revolutionäre Theorie schafft, die der Evolution. Als die HMS »Beagle« am 2. Oktober 1836 nach ihrer Weltumsegelung wieder nach England zurückkam, führte sie mehr an Bord mit als Schildkröten, Spottdrosseln und vor allem ein paar Finken von den Galapagosinseln. Auf diesen Funden basiert eine der folgenreichsten Theorien der neueren Zeit, die der natürlichen Auslese und Selektion.

Europa hat die Welt nicht nur materiell entdeckt, kartographiert (und auch geplündert). Die hochmütige Entdeckerfreude begann in der Renaissance mit einem neudimensionierten Bild des Individuums. Nicht von ungefähr treten Künstler vom Format eines Leonardo, Michelangelo, Raffael oder Dürer in der Rolle von Weltschöpfern auf. Das Kunstwerk wird zum Meditationsobjekt, zum Gedankenkollektor, zum Erkundungsinstrument. Es bestimmt Gewichtungen, Ordnungen, gibt den Dingen ihren Ort und Sinn. Ein faszinierender, ein gefährlicher Weg.

Kann es ein Zufall sein, dass die Zentralperspektive ein nahezu genuines Alleinstellungsmerkmal und zukunftsweisendes Produkt der europäischen Kultur ist? Bis dahin galten andere visuelle Ordnungsprinzipien. Solche der Hierarchie, des gesellschaftlichen

Oben und Unten, der spirituellen Nähe. Nun bestimmt alleine die Optik, die Linie, der Fluchtpunkt das Geschehen. Nun: das heißt ungefähr ab 1500. Leon Battista Alberti und Albrecht Dürer gehen voran. In ihren Traktaten über die Malerei beziehungsweise Architektur entwickeln sie ausgefeilte mathematische Modelle der Fluchtlinien, die zwischen Auge und Objekt verlaufen und die allein über den Modus der Darstellung entscheiden. Eine scheinbar unscheinbare, aber letztlich revolutionäre Verschiebung der Wahrnehmung und der (Neu-)Ordnung der Dinge, die ihren Platz nicht mehr entsprechend ihrer Bedeutung oder Hierarchie, sondern einzig und allein nach ihrer Position im Raum erhalten. Ihre Größe ist nicht mehr ein Produkt ihrer Bedeutung, sondern allein der Entfernung. Hiermit wird eine Leitästhetik in Gang gesetzt, die neben der Kreation der Mimesis einen entscheidenden Impuls für den weiteren Verlauf nicht nur der europäischen Ästhetik setzen wird. In beiden Fällen gelten die Gesetze der Wirklichkeit mehr als die der Imagination. Die Welt der Fiktionen, Phantasien, Imaginationen hat zumindest ein starkes Korrektiv erhalten, das sie steuert, kontrolliert und zähmt.

V

Das Jahrhundert der Widersprüche

Es gibt wohl keinen zweiten Kontinent, der so oft seine Haut gewechselt hat wie Europa und gerade dadurch immer er selbst geblieben ist. Der Blutgeruch der Revolution war noch nicht verflogen, da begann die Blaue Blume der Romantik zu erblühen. Und während deren Dichter und Künstler schwärmerisch die Mythen aus grauer Vorzeit besangen, hatte – nicht nur in England – bereits das industrielle Zeitalter mit Massenproduktion und der Mechanisierung der Arbeit Einzug gehalten. Maschinenparks und Menschenmassen auf der einen, der Traum vom Individuum und seiner Autonomie auf der anderen Seite. Und all dies nahezu simultan und zum Teil ineinander übergehend.

Auch wenn wir uns daran gewöhnt haben, in mehr oder weniger säuberlich voneinander getrennten Epochen und Perioden zu denken, am besten mit Jahresangabe »von« »bis« – die Wirklichkeit sieht wesentlich komplizierter aus. Das Europa des 19. Jahrhunderts arbeitete und dachte, reflektierte und produzierte auf unterschiedlichen, zum Teil konträren und gegensätzlichen Ebenen: Tiefe Melancholie und »Weltschmerz«-Manie, Technologieversessenheit und unbedingter Fortschrittsglaube, sentimentale Naturverklärung, rabiate Naturzerstörung, epigonaler Klassizismus und provokative Sturmläufe gegen das »Schöne« – all dies findet innerhalb weniger Jahrzehnte statt. Und auch wenn die Autoren und Künstler sich bisweilen so stilisierten, als wären sie allein die Neuerer, die alles Überkommene beiseite räumen, ist Vorsicht angebracht. Das 19. Jahrhundert war eine Art Magen, gefüllt mit allen Resten und Rudimenten vergangener Jahrhunderte. Vieles hatte sich mittlerweile angesammelt und lag nebeneinander. Halbverdaut. Unverdaut. Die Antike in Gestalt eines etwas sterilen Klassizismus, Erinnerungen an ein heroisches christliches Mittelalter, Renaissancephantasien und Revolutionsreste … und als letzte Zutat die Idee der »Nation«.

Was als revolutionäre Bewegung unter den Vorzeichen der unteilbaren Republik begann, sollte sich in den kommenden Jahrzehnten auf fast gespenstische Art verwandeln und zum bestimmenden Faktor des kollektiven Selbstverständnisses werden. Keines europäischen, sondern eines nationalen Selbstverständnisses. Konzepte des Nation Building stülpen sich mit gewaltiger emotionaler und konzeptioneller Wucht über die verschiedenen Länder, verwandeln die Territorien innerhalb weniger Jahre zu etwas gänzlich Neuem. Aus Dutzenden deutscher »Duodezfürstentümer« wird die Idee des »Deutschen Reichs«, Frankreich wird im Gefolge Napoleons zur dominierenden europäischen Übernation, gleichzeitig entwickelt sich der Habsburg-Mythos zur Idee fixe, die ein anderes östliches, bis Galizien reichendes Europa zusammenhält. Selbst Italien – jahrhundertelang ein zersplittertes Gebilde – wird zum zentralistischen Nationalstaat. Ebenso wie Russland, dessen Selbstbewusstsein durch den Sieg über Napoleons Armee gewachsen war, seine Rolle als vereinigte Ordnungsmacht neu zu definieren begann.

Die Initialzündung war vom revolutionär-republikanischen Frankreich ausgegangen. Die Dynamik der revolutionären Bewegung brachte jedoch keine weiteren Republiken hervor. Vielmehr versuchte Frankreich, besonders unter Napoleon, Europa zu erobern und nach seinem Maßstab zu verändern. Dass das Resultat dieses militant hergestellten Europas *à la française* nicht zu einer Homogenisierung führte, sondern, im Gegenteil, längerfristig viele nationale Widerstandsnester hervorbringen sollte, war zu diesem Zeitpunkt noch nicht absehbar. Zumal die Wucht dieses Ansturms aus dem Westen derart vehement war, dass er schier unaufhaltsam schien.

1806 unterwirft Napoleon Preußen, auf dem Zenit seiner Macht, also um 1810, gehören nahezu alle Länder von Spanien bis Polen zum Herrschaftsbereich der Grande Nation. Ein trotz aller Erfolge flüchtiges Imperium – bereits drei Jahre später, nach der Niederlage gegen Russland, sollte das Großreich binnen eines halben Jahres zerfallen, und bis dahin unterdrückte nationale Energien der besetzten Länder brachen explosionsartig aus.

Und jedes dieser Länder war wie berauscht von der Entdeckung seiner eigenen, neuen nationalen Identität, jede Nation begriff sich als eine Welt. Dazu gehörte vor allem die Wiederentdeckung der eigenen lokalen, auch regionalen Traditionen und Bezüge. Weder die großen internationalen Dynastien, noch die Republik hatten sich je dafür interessiert. Besonders unter Napoleon waren viele der vereinnahmten Länder strategisch von ihren eigenen Wurzeln abgeschnitten worden. Wenn nun etwa in Deutschland die Gebrüder Grimm die bisher verachteten, zumindest vergessenen heimischen Märchen, Sagen und Mythen, den reichen Schatz der mündlichen Überlieferung dokumentierten, wenn regionale Dialekte und die Volkssprache erstmals zu wichtigen Elementen der Gemeinschaft wurden, kam dies einer Revolution gleich: statt abstrakter kosmopolitischer Luftwurzeln begann man, nationale Graswurzeln zu schlagen. Rübezahl und Rumpelstilzchen traten in Konkurrenz zu klassischer Antike und Höhenkammliteratur. Und im gleichen Zusammenhang drang man in die tiefen Schichten der eigenen Kultur ein, begann die Geschichten, die Geschichte des eigenen Landes historiographisch zu erfassen. Was nicht heißen soll, dass der Bildungskanon der Eliten sich entscheidend veränderte. An den Gymnasien dominierten nach wie vor die klassischen Texte, aber in der »Seele des Volkes«, die man nun zu entdecken glaubte, traten andere emotionale Bedürfnisse in Erscheinung. Längst Vergessenes tauchte auf und regte neue spannende Denk- und vor allem Empfindungsmöglichkeiten für Millionen an. Mehr als Lysistrata interessierte die Loreley, und an die Stelle von Achill trat in Deutschland Siegfried.

So geriet das europäische Denken mehr und mehr ins Abseits, und statt auf das Kulturübergreifende richtete sich das Augenmerk stärker auf das Nationale. Zunächst unter den Vorzeichen der Befreiung und des Freiheitskampfes, im Verlauf mehr und mehr unter solchen der Abwehr alles Fremden, nicht als zur eigenen Kultur gehörig Betrachteten. Eine Schlüsselstelle der weiteren europäischen Geschichte.

20 »Die Welt muß romantisiert werden«

Zu Beginn des 19. Jahrhunderts war Europa zerrissener und zugleich sehnsüchtiger nach Zusammengehörigkeit denn je. Die Situation war dabei extrem angespannt und bis zu einem gewissen Grad widersprüchlich: Wenn ein Kollektiv im Begriff ist, sich als Nation – oder wie in Frankreich als Republik – eben erst selbst zu entdecken, ist es notwendigerweise eher an mentaler Abgrenzung interessiert als am Entdecken von Gemeinsamkeiten. Das mythische Vaterland, *la patria*, *la patrie*, erlangte im Kontrast zum transkulturellen, frei flottierenden Kosmopolitismus der Aristokratie eine bis dahin unbekannte Bedeutung. Die fatale Formel von »Blut und Boden« geht auf Umwegen zumindest motivisch auf das Ideenarsenal der bürgerlichen Revolutionen und der Nationenbildung zurück: »qu'un sang impur, abreuve nos sillons/damit unreines Blut unsere Furchen tränke«[1], solle man die feindlichen Invasoren bekämpfen, so heißt es in der hoch gerühmten *Marseillaise*.

Gut eineinhalb Jahrzehnte später werden in den *Vaterländischen Gesängen* eines Theodor Körner (1791–1813) noch immer die mittlerweile in die Jahre gekommenen Topoi von Boden, Blut und Tod im patriotischen Duktus verklärt und mehr und mehr mit der Utopie eines vagen Freiheitsgefühls in Verbindung gebracht:

Das Leben gilt nichts, wo die Freiheit fällt.
Was giebt uns die weite, unendliche Welt
Für des Vaterlands heiligen Boden? –
Frei woll'n wir das Vaterland wiedersehn,

Oder frei zu den glücklichen Vätern gehn!
Ja! glücklich und frei sind die Todten.[2]

Selbst Hölderlin konnte dem Sog des Zeitgefühls nicht entrinnen. So in seiner durchaus dubiosen Ode »Der Tod fürs Vaterland« (1799), wo der Akt des Heldentodes mystisch überhöht erscheint:

Fürs Vaterland, zu bluten des Herzens Blut
 Fürs Vaterland – und bald ists geschehn! Zu euch,
  Ihr Teuern! komm ich, die mich leben
   Lehrten und sterben, zu euch hinunter![3]

Europas patriotische Todesweisen sind zwar jeweils auf ein Land bezogen – selbst wo es dieses als konkreten politischen Körper noch gar nicht gibt –, weisen aber im Ganzen gesehen eine frappierende Ähnlichkeit auf. Von Serbiens Amselfeld bis zur Schlacht bei Lützow, von Leopardis *Canti* bis zu den *Hymnen* Victor Hugos – überall findet sich die geradezu stereotype Kopplung von Opfer, Märtyrer, Vaterland, Blut. Die einzige Internationale, so scheint es auf den ersten Blick, ist eine Internationale des heroischen Todes.

Der Ursprung dieses Opferrituals liegt nicht im öffentlichen Raum, sondern im Privaten, Individuellen. Der nahezu zeremonielle Freitod des Protagonisten in Goethes *Werther* wirkt wie ein Signal des Protests gegen verkrustete Systeme. Die Tat des Einzelnen wird zum Impuls für Hunderte, Tausende von Nachahmern, die sich mit dieser radikalen Geste der Verweigerung identifizieren. Einem tiefgreifenden Unbehagen, das dem vertrockneten Vernunftglauben, der elitären Ständegesellschaft, dem ganzen »System« gilt. Auch die Aufklärung gerät in den Fokus des Protests. Sie sei rationalistisch, habe keine Menschen, keine lebendigen Individuen, sondern Vernunft-Automaten produziert, so glauben viele. Werther ist einer davon: Er scheitert am flachen Rationalismus seiner Umgebung und verlässt die bürgerliche Szene mit Stil und unter Protest. Ein Protest, der europaweit gehört wird. Selbst Napoleon kann dem Roman seine Bewunderung nicht versagen: ein wechselseitiges Verstehen auf der Grundlage, herkömmliche Regeln des Verkehrs zu überwinden? (Siehe Abbildung 56 in Tafelteil 3.)

Die Leser liebten Werthers Briefe wegen des unverbrämten Protests gegen die Zwänge einer engen Vernunftphilosophie. Werther wurde zur Identifikations- und Projektionsfigur, zur Stimme von Hunderttausenden. Ob man seine Haltung nun als idealistisch oder romantisch bezeichnet, ist sekundär. Wichtig ist allein, dass sich hier ein revolutionierender Protest Bahn bricht und eine europaweite Stimmung aufgefangen und zum Ausdruck gebracht wird. Dieses Gefühl, diese neue Narration sucht sich ihre neue, eigene Mythologie, produziert ihre eigenen Bilderwelten. Seit der Renaissance hatte man sich mehr oder weniger steril, sklavisch oder epigonal an klassizistischen Formen und klassischen Mythen der Antike orientiert. Der Klassizismus war die verbindliche Ausdrucksform – auch die Französische Revolution sollte sich noch ihrer bedienen.

Standbein, Spielbein, starre Miene – kannte man einen, kannte man alle. Selbst Werther liest anfangs mit Genuss in seinem »lieben Homer«. Wenig später, wenn er auf Konfrontationskurs zur Gesellschaft geht, ändert sich – nicht nur – der Lektürekanon drastisch: »Ossian hat in meinem Herzen den Homer verdrängt. Welch eine Welt, in die der Herrliche mich führt! Zu wandern über die Heide, vom Sturmwinde, der in dampfenden Nebeln die Geister der Väter im dämmernden Lichte des Mondes hinführt.«[4]

Die Dichtungen des Ossian öffnen wie mit einem Zauberstab den Zugang zu Bildwelten und Vorstellungen einer fast völlig verdrängten Welt, die man mit dem Begriff einer »nordischen Mythologie« zusammenfassen könnte. Die andere, seit dem Mittelalter überdeckte Seite der europäischen Vorgeschichte wird nach oben gekehrt. Was man bisher verachtet, marginalisiert und abgewehrt hatte, kommt ans Licht, genauer gesagt: entwickelt einen dunklen Reiz. Denn diese Welt ist düsterer Schatten, mystischer Nebel, eine Welt unheimlicher Feen und Geister. Was im Verlauf der Aufklärung ausgeleuchtet und entmystifiziert worden war, wird nun geradezu rauschhaft wiederentdeckt. (Siehe Abbildung 57 in Tafelteil 3.)

Dass es sich dabei durchaus um keine naive, kindliche, sondern um eine erstaunlich komplexe, artifizielle Form der Wiederannäherung handelt, macht der Fall des erwähnten Ossian auf überraschende Art klar. Was sich als uralte gälische Heldensage präsentiert, ist in Wirklichkeit reinstes 18. Jahrhundert. Der schottische Schriftsteller und Sammler James Macpherson (1736–1796) hatte auf seinen Wanderungen durch die Highlands alte Sagen und Clanstammbücher entdeckt, die ihn dazu inspiriert haben mochten, einen Schritt weiter zu gehen und die ungreifbaren Ahnungen Wirklichkeit werden zu lassen, das heißt, ein Epos aus alter Zeit neu zu schreiben und perfekt zu fälschen. Aus auratisch wirkenden, vorzeitlichen Rudimenten in einer patinierten Kladde wurde ein authentisches Werk aus der »keltischen Vorzeit«, verfasst 1760 – angeblich aus dem Altgälischen ins Neuenglische übertragen: *Fragments of Ancient Poetry, Collected in the Highlands of Scotland, and Translated from the Gaelic or Erse Language* lautete der stolze Titel.

Der Coup gelang – das Produkt traf den Nerv der Zeit und wurde rasch in viele europäische Sprachen übersetzt: Man liebte die keltischen Helden, trauernd, voller Weltschmerz, umflort von düsterem Pathos und tiefer Melancholie. Wenn Goethe seinen selbstquälerischen Protagonisten plötzlich Ossian entdecken und sich mit ihm identifizieren lässt, setzt er also ein Zeichen. Ossian ist die Gegenwelt, Ossian ist Chiffre für einen hochbrisanten Konflikt, Träger einer Revolte gegen die etablierten bürgerlichen Werte. Hätte Werther nur ein paar Jahre später in Paris gelebt – er hätte mit Sicherheit nicht Selbstmord begangen, sondern wäre Partisan der großen Revolution geworden.

Im Grunde weckt der Begriff »Romantik« heute völlig falsche Assoziationen. Nein, es handelt sich um keine naive Gefühlsüberflutung, keine empfindsame Weltflucht. Es geht um nichts Geringeres als einen Umsturz der Wahrnehmung aus dem Geist der Poesie. Eine Revolution der Innenwelt, eine generelle Neuausrichtung der Wahrnehmungssensorien. Und das mit einer – trotz aller Verschiedenartigkeit der nationalen Situation – erstaunlichen Geschlossenheit. Denn im Grunde verbirgt sich hinter dem romantischen Aufbruch bei aller scheinbaren Rückwärtsgewandtheit und Bizarrerie ein wesentlicher Schritt in Richtung Moderne.

Alle romantischen Theoretiker – August Wilhelm Schlegel, Novalis, Samuel Taylor Coleridge, John Keats, Victor Hugo, Alfred de Musset, um nur einige zu nennen – sahen sich als Vertreter einer jungen, progressiven Bewegung, die einem neuen Denk- und Empfindungsstil den Weg bereiten sollte. Denn zu einem tragfähigen Konzept der Moderne gehörte ihrer Meinung nach eben nicht nur technischer Fortschritt, wie ihn die maschinelle, technokratische Seite der Aufklärung auf allen Gebieten, von der Medizin bis zur Baukunst, eingeleitet hatte. Ein Kurs, den das 19. Jahrhundert konsequent fortsetzen wird. Nicht nur die fast futuristischen Entwürfe der Revolutionsarchitektur waren ein Symbol der Modernität, sondern auch die »Ruinen«, die man auf dem Weg dorthin zurückgelassen hatte und weiterhin produzierte.

Denn neben den Visionen, Utopien und dem Sog der Perfektion prägen die gedanklichen Hinterlassenschaften der früheren Jahrhunderte die Entwicklung. Es ist nicht übertrieben zu sagen, dass erst mit der Romantik ein gewisser Sinn für die Würde und Wichtigkeit historischer Abläufe in den Blick gekommen ist. Hatte man Jupiter im 17. Jahrhundert auf den Bühnen noch im barocken Hofstaat auftreten lassen und Iphigenie im Reifrock, bildete sich nun ein Bewusstsein dafür aus, dass jedes Zeitalter womöglich seine eigenen Gesetze, Normen, Regeln hat und das Kontinuum historischer Abläufe nicht einfach eine Aneinanderreihung ist, sondern so etwas wie ein »organisches Konstrukt«, eine Ressource zur Herstellung namentlich nationaler Mythen. Zur Lebendigkeit gehört auch ein Sensorium für Stadien des Verfalls.

Einer der großen französischen Romantiker, Victor Hugo (1802–1885), durchstreift halb Europa auf der Suche nach den Spuren dieser Vergangenheit, kartographiert und dokumentiert seine Funde und Impressionen in Hunderten von Skizzen, deren eigentlicher Gehalt genau diese ins Leben eingegrabenen Verfallsprozesse sind. (Siehe

Abbildung 58 in Tafelteil 3.) Vermoderte, zerfallende Reste der Macht, zernagte Skelette ehemaliger Bedeutsamkeit. In seinem monumentalen Versepos *Die Legende der Jahrhunderte* – mehr als zwanzig Jahre, von 1855 bis 1876, arbeitete er daran – unternimmt er es, den Atem einer »*big history*« von den Anfängen bis zur Gegenwart spürbar zu machen. Die Idee einer poetischen Geschichtsschreibung, die Weltzusammenhänge im Ganzen erfasst und erzählt, brach sich Bahn. Der Künstler sah sich in der Rolle des Weltenbauers, fähig, übergeordnete Gesetze von Verfall und Erneuerung zu erkennen und Tausende und Abertausende verwirrender Puzzlesteine zu einem Gesamtbild zu fügen.

Die Romantik dachte in großen, umfassenden Zusammenhängen. »Progressive Universalpoesie« (Friedrich Schlegel) war die Formel der Stunde. Ob in Deutschland, Frankreich, England oder Italien – der Dichter sollte an die Stelle der Wissenschaftler oder Theologen treten und erklären, »was die Welt im Innersten zusammenhält«. Die Figur des Sehers, des Magiers, Visionärs wurde zum Vorbild seiner neuen Rolle. »Vates« – Eingeweihter in die Geheimsprache der Natur sei der Dichter, Vermittler zwischen Mensch und All. Bezauberer, Beschwörer, der die verborgene, unsichtbare Seite des Universums erschließt.

Das poetische Weltherrscherformat hatte bei Victor Hugo durchaus ambitionierte, politisch wie artistisch alle Grenzen sprengende Züge. Bereits der knapp Zwanzigjährige sieht sich als Mahner und Visionär, Prophet, Apokalyptiker, als Organ der kollektiven Erinnerung.

Der Mythos, die Mission »Hugo« beginnt 1826/27 mit einem monumentalen Dramenprojekt: *Cromwell.* Was er hier konzipierte, muss man sich als Mischung von verspätetem Shakespeare und vorweggenommenem Richard Wagner vorstellen: 6413 Verse (eine »normale« *tragédie classique* hat ungefähr 1500); 60 Dramatis personae (üblicherweise hat ein Stück 8 bis 10 Rollen). Auch was die Theorie des Dramas betrifft, ist Hugo ein Vertreter des Prinzips *Think big!* Das Drama, das ihm vorschwebt, sollte alle Einheiten und Grenzen sprengen; mit Kämpfen für oder gegen eine Richtung hält er sich erst gar nicht auf:

realistisch *und* romantisch, gegenwärtig *und* historisch, grotesk *und* sublim müsse das Kunstwerk sein.

Hugo greift alle bereits vorhandenen, in der Luft liegenden Konzepte auf, um sie zu »vollenden« beziehungsweise zu überbieten. 1830, mit noch nicht dreißig Jahren, ist er der unumstrittene Anführer des literarischen Paris, was zu dieser Zeit fast gleichbedeutend mit Europa ist. Später, in der Zeit seines politischen Exils, auf den »Rocks of Albion« thronend wie ein Seher, den Blick gegen und auf Frankreich gerichtet, »wo er jeden Morgen die Sonne aufgehen sieht«, wie er dem Tagebuch anvertraut, scheint er die neue Rolle geradezu genussvoll inszenieren zu können.

Er trumpft jedenfalls rhetorisch auf, wenn er von seiner »Liebe der Verbannung« schwärmt und davon, dass er von diesen »Katakomben« aus den Krieg gegen den »Usurpator« – Staatspräsident Charles Louis Napoléon Bonaparte hatte 1851 eine Diktatur errichtet und ließ sich bald darauf als Napoleon III. zum Kaiser krönen – weiterführen werde: Die Sprache trägt ihn fort und verleiht ihm eine Existenz, die von der Realität kaum mehr einzuholen ist. Die Enttäuschung war geradezu vorprogrammiert. Wie viele andere Künstler (man denke nur an Heinrich Heine und das Junge Deutschland) stand er der Woge revolutionärer Ereignisse, die sich nach 1830 über den gesamten Kontinent ergoss,[5] alles andere als desinteressiert gegenüber. Freilich passten seine in den Augen der Zeitgenossen bisweilen zu progressiv-sozialistischen, dann wieder konservativ-monarchistischen Anschauungen nur bedingt in den realpolitischen Kontext. Immerhin gelang es ihm, 1848 als Akteur und Parlamentsmitglied direkt in das politische Geschehen einzugreifen. Seiner Sache sicher, notiert er:

> Es liegt in meiner Funktion etwas Priesterliches. Ich trete an die Stelle des Richteramtes und des Klerus. Ich richte, was die Richter nicht getan haben; ich exkommuniziere, was die Priester nicht getan haben.[6]

Gewiss half ihm diese Auffassung auch über Krisen hinweg, über Schmach und Isolation des Exils: In der Zeit auf den Kanalinseln, in Sichtweite seines Landes, zeichnet Hugo obsessiv, als gehe es darum, über das Visuelle, Artistische das Existenziell-Poetische wieder in den Griff zu bekommen. Mit dem Zeichenstift sucht er nach dem sprachabgewandten Teil der Wirklichkeit, nach der Rückseite der Hochglanzrhetorik, der auch er aufgrund seiner virtuosen Sprachfähigkeit bisweilen erlag. Bleistift, Kohle, Sepia, Staub, Ruß, Milchkaffee, Kaffeesatz, Teesud, Eigelb, Spucke, Blut – seltsame Mixturen und dubiose Tinkturen waren der Stoff, aus dem seine sprachlosen Kopf- und Phantasiegeburten waren. Seltsam auch die Techniken dieser nonverbalen Sinnsuche: Tintenkleckse, Papierfaltungen, Scherenschnitte, Klebereien und Abklatsche, Federbärte, Wollreste und Papierfetzen – alles war ihm recht und offenbar »Kunstloses« besonders, um die große Sprachblase, in der er sich zu verlieren drohte, gelegentlich zum Zerplatzen zu bringen. Die Falle der Sprache zu öffnen.

Denn Hugo steht bisweilen in der Sprache wie in einem Ozean, dessen Wogen ihn überwältigen. Wie ein Ertrinkender greift er nach der Zeichnung. Zwischen Ebbe und Flut der Worte versucht das Tintenauge die Konturen der Welt, die Trümmer und Wrackteile rundherum zu sichten. Den Blick wieder zu sammeln. So phantastisch viele seiner Zeichnungen auch anmuten mögen: Es sind keine Visionen, sondern Versuche, sich von Visionen zu lösen und die Phantasie zu erweitern, Mikroinvasionen in den Bereich einer unbekannten Realität.

Das Ziel aller Romantiker war es ja, das »Mysterium« Wirklichkeit neu zu entdecken, zu entschlüsseln – man tut den sogenannten »Realisten« ebenso unrecht, wenn man ihnen diesen höheren Begriff der Wirklichkeit abspricht, wie den sogenannten »Romantikern«, wenn man ihren »Wirklichkeitssinn« nicht anerkennt. Ob Novalis oder Chateaubriand, Keats, Shelley, Eichendorff oder Heine – keinem von ihnen ging es darum, aus der Gegenwart in eine Phantasiewelt zu entfliehen. Sie wollten, im Gegenteil, die möglicherweise verborgene, aber existenziell entscheidende Seite der Wirklichkeit freilegen, »Priester« (um in der Sprache der Zeit zu bleiben) der großen Geheimnisse, aber auch der »kleinen Dinge« sein.

Dies trifft nicht nur auf die große Ausnahmefigur Hugo zu, sondern auch auf Kollegen wie Adalbert Stifter (1805–1868) oder Gottfried Keller (1819–1890), die ebenfalls sehr ernsthaft im Grenzbereich von Wort- und Bildkunst arbeiteten und dabei wie Hugo auf der Suche nach der Wirklichkeit der Wirklichkeit waren. Landschaften waren zumeist die Folie, auf der diese Suche betrieben wurde, aber auch die Welt der Dinge, bei Adalbert Stifter dezidiert die Welt der kleinen, kleinsten Dinge und Objekte: Fundstücke, Reste, Steine, Pfützen, Teiche.

Noch entschiedener und programmatischer als Hugo fürchteten Realisten wie Keller oder Stifter die Gefahr einer Flucht ins Suggestive, Rhetorische, Bodenlose und setzten dagegen: das Konkret-Anschauliche, das, was sie mit eigenen Augen und Sinnen erfahren und durchdrungen hatten. Bloß keine »mythischen Eichenhaine«, lieber ein redlicher Blick übers Dach oder auf einen Stein. Auch bei Hugo, selbst bei ihm, ist das Bild, ist die Zeichnung der Raum des Wesentlichen. Sie nimmt die Dinge als Dinge. Nimmt die Dinge vorweg. Oft lange bevor die Worte dafür gefunden sind.

So wird »die Wirklichkeit« von zwei Seiten her lesbar, das Leben der Materie enthüllt anthropologische Gestalt. Diese Art der Annäherung mag manchem als überzogen oder auch spintisierend erscheinen. Bei genauerem Hinsehen aber wird erkennbar, dass der »romantische« Zugriff zugleich hyper-realistisch ist. Es handelt sich um eine Art von Realismus, die so intensiv ist, dass man versucht, sie ins Halluzinatorische auszulagern. Jeder, der Augen hat und sich die Zeit nimmt, würde an einem Meeresstrand genau Hugos Farben und Formen sehen. (Wir sind fast vollständig auf Postkartenoptik eingestellt.) Die spritzende Schaumdecke nach jedem Wellenschlag, die Ausbreitung des Schaums, die Auflösung, mit Löchern, Blasen, Augen dazwischen, wie dann die Brüche breiter werden, ausfransen, Figuren, Grotesken, Sporaden aus Schaum bilden – all dies zeigt Hugo als einen Beobachter, nicht als Phantasten. Mit seiner grenzüberschreitenden, alle Wirklichkeitsebenen verschmelzenden, überwindenden Sehweise steht er stellvertretend für fast alle europäischen Romantiker.

Das diffus flirrende, ambivalent Sensuelle, intim Morbide, das seine Blätter auszeichnet, hielt er vom öffentlichen Diskurs fern. Das erotische Fluidum, die tolldreisten Provokationen sah er nur mit seinem halboffiziellen Tintenauge. Das Riesenchaos seiner Phantasien und Nachtwachen, seiner geistigen Harakiri- und Hexensabbat-Ritte blieb lange Zeit im Sepiaarchiv verborgen und bis jetzt letztlich eher marginalisiert – als wollte man diese Seite des Victor Hugo, der in Frankreich ungefähr das bedeutet, was Goethe für Deutschland ist, nicht wahrhaben. Die Tagseite des Dr. Jekyll-Hugo bestand aus Gottesgesprächen, Oden, Hymnen, Verkündigungen, Resolutionen, Kontemplationen, Meditationen. Und doch gehören diese Synthesen zum Kern der Internationale des romantischen Verfahrens, ganz gleich, ob man an Giacomo Leopardi, Ugo Foscolo, Heinrich Heine, Brentano, Lord Byron, E.T.A. Hoffmann, Chateaubriand, Puschkin oder Richard Wagner denkt. Im Hintergrund steht immer die Idee eines Gesamtkunstwerks, das die Welt versteht, liest und verwandelt. Grenzüberschreitungen sind Kern aller romantischen Programmatiken, ob es sich nun um Grenzen zwischen Künsten, Genres, Religionen oder Ländern handelt.

Ein besonders radikales Beispiel für diese widerständige Dynamik ist der englische *»painterpoet«* William Blake (1757–1827), der den Grenzgang zwischen Poesie und Malerei zum Programm machte. In seinem großen Epos *Milton* spricht er von seinem Verfahren als einer göttlichen Enthüllung, die sich in den Worten zeige.[7] Geschriebene Bilder und gemalte Schrift als ultimative Synthese. Die Übergänge werden fließend: Figuren, Ornamente, Schriftzüge durchdringen einander. Gezeichnet, geschrieben, geätzt, gedruckt, schließlich koloriert, als Buchstaben und als Figuren, in Schrift und Bild, normativ voneinander Getrenntes verbindend. (Siehe Abbildung 59 in Tafelteil 3.)

Das Resultat dieses Zusammenspiels von Botschaft, Formensprache und Technik ist gleichermaßen faszinierend wie befremdend. In seiner Zeit war Blake eine eher marginalisierte künstlerische Existenz, obwohl er punktgenau innerhalb der auf Grenzüberschreitung angelegten Poetik der Romantiker arbeitete. Manch einem erschien Blake als zu radikal, andere verurteilten seine gewollte Naivität als Dilettantismus.

Was als Akt der Invention und Kreation mit einer Figur begann, entwickelt sich frei weiter: Formen bilden Geometrien, Geometrien produzieren Symmetrien, Symmetrien stellen Komplexe dar, die danach fordern, benannt zu werden: Die Matrix gebiert Monster des Systems. Es entstehen Mythen und Figuren nach komplizierten Mustern, die sich selbsttätig reproduzieren. Es entwickeln sich Mutanten, Blake nennt sie »Zoos«, die elementare seelische und körperliche Aspekte des Menschen personifizieren.

Diese Figuren entfalten ihre Eigenschaften und Komplexität mit- und gegeneinander, verändern sich, verschwinden und tauchen wieder auf, wie in einem sich ständig bewegenden Kaleidoskop. Komplementär, kontrastiv, analog, binär – die Figuren-Konstellationen lassen immer neue Zusammenhänge innerhalb eines ständig fluktuierenden, ständig neue Sinnbezüge herstellenden Ganzen entstehen. Sie bilden als gezeichnete Figuren gleichsam ein körpersprachliches Alphabet. Auch in diesem Bemühen steht Blake nicht alleine da. Für Symbolisten wie Charles Baudelaire etwa wird die Natur zum Tempel mit »lebendigen Pfeilern«, in dem der Mensch durch »Wälder von Symbolen« geht, die ihm halbverschlüsselte Botschaften senden.[8] Und die Hieroglyphen einer überzeitlichen Bildschrift werden zu den Mitteilungsträgern, die die Vermittlungsbrücke bis hin zur Gegenwart schlagen: Noch Ingeborg Bachmanns wild-mythische Franza hat den Eindruck, sie könnte fast mühelos die ägyptischen Hieroglyphen lesen.

Es findet sich da in der Moderne eine Gruppe zivilisationskranker, vom Rationalismus enttäuschter poetischer Sinnsucher und Spurenleser zusammen, die mehr wollen, als gute Texte lesen und/oder hübsche Bilder sehen beziehungsweise feinsinnige Kunstgespräche führen, eine Tendenz, die man, gerade was das 19. Jahrhundert betrifft, nicht unterschätzen sollte. Wir erleben eine Zeit der sentimentalen Trivialisierung von Kunst und Kultur, die auch heute noch beileibe nicht überwunden ist. Man sollte diesen Sektor des Kunstbetriebs weder verachten noch ignorieren, denn er bedient und erschafft eine beachtliche emotionale Nachfrage. Und gerade die Romantik hat mit ihrer Vision der »Blauen Blume« einen massiven Beitrag hierzu geleistet.

Die Künstler und Autoren, insbesondere die, die versuchten, diesen Markt zu bedienen, bewegten sich zugleich im Zentrum und am Rande der Erwartungen. Im Zentrum, weil sie den Raum der Worte überschritten und die poetischen Bilder anschaulich machten. Am Rande, weil sie damit verurteilt waren, sich in sentimentalen beziehungsweise idyllischen Bahnen zu bewegen.

Wer in Bildtexten und Textbildern arbeitet, will aber in der Regel mehr und anderes. All jenen ist das Schreiben und Denken in Bildern und das Visualisieren von Ideen und das In-Sprache-Fassen von optischen Impressionen Teil eines synthetisierenden artistischen Erkenntnis- und Wahrnehmungsprozesses. Was selbst noch für einen Leonardo Material für das Archiv seines Ideenlaboratoriums war und dort, im Geheimen, abgespeichert blieb, tritt nun, zum Beispiel bei Blake, als ästhetisches Haupt- und Lebenswerk in Erscheinung. Zug um Zug entwickelt sich ein eigener Kosmos, entsteht eine eigene uralte und zugleich brandneue Welt. Eine Welt, die von besonderen Figuren gesteuert wird, gesteuert werden soll. Götter und Kinder sprechen so, wenn sie sagen: »Es soll Tag sein.« – »Es soll so sein.« – »Ich bin der und der.«

Auch in Blakes ästhetischem Schöpfungstheater haben die Leitfiguren ihre sprechenden Namen und ihre eigene Geschichte. Figuren und Räume im Grenzbereich zwischen Mythos und Historie spielen eine eminente Rolle: Stonehenge und die englischen Kathedralen erscheinen als steinerne Klammern und geheimnisvolle Kammern einer fast vergessenen Vorgeschichte – *»mighty Urizen«* nennt sich der Architekt dieser Bauwerke, die am Maßstab ewiger Verzweiflung ausgerichtet sind.[9]

In dieser theatralischen Geisterstunde überzeitlicher Phantasien werden nicht nur externe Phantasmagorien ausgegraben, sondern auch Weltinnenräume des Ich freigelegt.

Die antiken Dichter beseelten alle Dinge der sinnlichen Wahrnehmung mit Göttern oder Geistern, verliehen ihnen Namen und statteten sie aus mit den Eigenschaften von Wäldern, Flüssen, Bergen, Seen, Städten, Völkern und was immer ihre erweiterten & zahlreichen Sinne gewahren konnten.

Und im besonderen studierten sie den Geist jeder Stadt & jedes Landes, denen sie einen Platz unter ihren jeweiligen geistigen Gottheiten zuwiesen;

Bis ein System entstand, aus dem einige ihren Vorteil zogen und die Masse versklavten, indem sie versuchten, die geistigen Gottheiten zu erkennen oder aus ihren Dingen herauszuziehen: so begann die Priesterschaft;

Die den Werken der Dichter ihre Formen der Anbetung entlehnte.

Und schließlich verkündeten sie, daß die Götter dies so angeordnet hätten.

So vergaßen die Menschen, daß Alle Götter in der menschlichen Brust wohnen.[10]

Blakes Erkenntnisweg und der, den seine Figuren zurücklegen, der Erzählfaden, den er dem Leser/Betrachter seiner Bücher in die Hand geben will, führt nach innen, ohne die Außenwelt preiszugeben. Er ist genauso ambitioniert wie der aller wahren Romantiker, die den Prinzipien, den Glaubensgrundsätzen dieser Passion, dieser Mission verhaftet sind. William Wordsworth (1770–1850) hat sie in wenigen überaus klaren Sätzen zusammengefasst. Demnach ist (gute) Poesie *»the spontaneous overflow of powerful feelings«*[11] und die eigentliche Form, Leben zu schaffen und zu gestalten. Poesie bildet nicht ab – sie kreiert Wirklichkeit. Sie beschäftigt sich nicht mit Religionen – sie ist Religion. Gleich ob zwischen den Menhirsteinen in Stonehenge oder den Resten des Tempels von *Jerusalem*, einem anderen Hauptwerk William Blakes.

Erster Satz. Daß der Poetische Genius der wahre Mensch ist und daß Körper oder äußere Gestalt des Menschen sich vom Poetischen

> Genius herleiten. Daß gleicherweise die Gestalt aller Dinge von ihrem Genius herrührt […].
>
> *Zweiter Satz.* Wie alle Menschen an äußerer Gestalt gleich sind, so sind sie alle (und in derselben unendlichen Vielfalt) gleich im Poetischen Genius.
>
> […]
>
> *Fünfter Satz.* Die Religionen aller Nationen entstammen der unterschiedlichen Aufnahme des Poetischen Genius in jeder Nation […].
>
> […]
>
> *Siebter Satz.* Wie alle Menschen gleich sind (obwohl unendlich verschieden), so sind es auch alle Religionen & haben, wie alle sich gleichenden Dinge, eine gemeinsame Quelle.
>
> Der wahre Mensch ist diese Quelle, er, der der Poetische Genius ist.[12]

Blakes Energie ließ Zugeständnisse an den Geist der Zeit oder ästhetische Regularien nicht gelten. Seine Schriften sind von festlicher Ausgelassenheit, die den ausgedrückten Gefühlen die Dimension des Lachens und der entfesselten Freiheit verleiht. Der Schrecken seiner mythologischen Gedichte soll befreien, nicht erdrücken: Er öffnet sich der großen Bewegung des Alls. Ein Maniac der Energie – niemals der Depression. Von dieser unerhörten, von der Energie aller Zeitalter beseelten Freiheit hat er in folgendem unvergleichlichen Gedicht ein getreues, gnadenlos selbstkritisches Abbild entworfen (es ist Klopstock gewidmet – den er verachtete –, und er spricht darin von sich selbst in der dritten Person):

> Als Klopstock England den Handschuh hinwarf,
> Erhob William Blake sich, sein Zorn war scharf.
> Old Nobodaddy, der prustete,

Er furzte, rülpste und hustete,
Und fluchte quer über den Himmel hinweg
Und schrie wie wild nach dem Engländer Blake.
Blake war gerade dabei, seinen Darm auszuräumen
In Lambeth unter den Pappelbäumen;
Auffuhr er vom Sitz und atmete schwer,
Drei dreifache Drehungen machte er.
Der Mond, bei dem Anblick, ward rot wie Mohn,
Weg warfen die Sterne die Becher und flohn,
Alle Teufel der Hölle, sie eilten herbei,
Um Antwort zu geben mit neunfachem Schrei.
[…]
Wenn Blake dies konnte, als er vom Scheißen aufstand,
Was wird er erst können, nimmt er sein Schreibzeug zur Hand.[13]

Gottlob, es gibt sie wirklich, die vielbeschworene romantische Ironie. Auch bei Blake, auch bei den anderen – in Hoffmanns skurrilen Paradoxien, in Heines selbstironischen Sottisen. Romantik ohne ironische Brechung wäre ein schwülstiges Desaster, aber mit diesen kleinen Tropfen Gift, diesem doppelten Blick auf die Dinge entsteht eine Sprache, die die Phänomene, auch die existenziellen wie Liebe und Tod, umkreist und bannt zugleich:

Philister in Sonntagsröcklein
Spazieren durch Wald und Flur;
Sie jauchzen, sie hüpfen wie Böcklein,
Begrüßen die schöne Natur.

Betrachten mit blinzelnden Augen,
Wie alles romantisch blüht;
Mit langen Ohren saugen
Sie ein der Spatzen Lied.

Ich aber verhänge die Fenster
Des Zimmers mit schwarzem Tuch;
Es machen mir meine Gespenster
Sogar einen Tagesbesuch.

Die alte Liebe erscheinet,
Sie stieg aus dem Totenreich,
Sie setzt sich zu mir und weinet,
Und macht das Herz mir weich.[14]

Doch hat diese Weichheit, diese Bereitschaft, sich auf den Flügeln der subjektiven Impression forttragen zu lassen, ihren Preis. Was im Poetischen geglückte Entgrenzung sein kann, ist in Gefahr, im »wirklichen Leben« Katastrophen zu generieren. Als politische Vordenker sind Romantiker naiv und brandgefährlich zugleich. Ständige Todesbeschwörungen, idyllisch oder poetisch verbrämt, haben die Tendenz, kritisches Denken auszuschalten. Und irrlichternde politische Ideen freizusetzen. Novalis' »Hymnen an die Nacht« (1800) sind ein gleichermaßen faszinierendes wie abschreckendes Beispiel. Auch seine zum Teil irrwitzigen, zugleich rückwärts- und vorwärtsgewandten Visionen eines rekatholisierten Europa sind erschreckend. In *Die Christenheit oder Europa* (1799) heißt es in frappierender Verkennung der historischen Realitäten in dem von ihm beschworenen Mittelalter:

> Wie heiter konnte jedermann sein irdisches Tagwerk vollbringen, da ihm durch diese heiligen Menschen eine sichere Zukunft bereitet, und jeder Fehltritt durch sie vergeben, jede mißfarbige Stelle des Lebens durch sie ausgelöscht und geklärt wurde. Sie waren die erfahrnen Steuerleute auf dem großen unbekannten Meere, in deren Obhut man alle Stürme geringschätzen und zuversichtlich auf eine sichere Gelangung und Landung an der Küste der eigentlichen vaterländischen Welt rechnen durfte.[15]

Die Rede Victor Hugos auf dem Pariser Friedenskongress von 1849 geht ideologisch zwar in eine ganz andere Richtung, ist jedoch vom gleichen schwärmerischen Impetus getragen und beschwört die Idee eines geeinigten Europa in einer Weise, die weder Widerspruch noch Zweifel duldet:

> Der Tag wird kommen, an dem Kanonenkugeln und Bomben durch Abstimmungen, durch das allgemeine Wahlrecht, durch die ehrwürdige Schiedsgerichtsbarkeit eines großen souveränen Senats ersetzt werden, der für Europa das sein wird, was das Parlament für England, was die Bundesversammlung für Deutschland und das legislative Parlament für Frankreich ist! Der Tag wird kommen, an dem man die Kanonen in den Museen zeigen wird […]. Der Tag wird kommen, an dem wir sehen werden, wie sich diese beiden riesigen Gruppen – die Vereinigten Staaten von Amerika und die Vereinigten Staaten von Europa – gegenüberstehen, ihre Hände über die Meere strecken, ihre Produkte, ihren Handel, ihre Industrie, ihre Künste, ihre Genies austauschen. Und auf diesen Tag, wird man nicht vierhundert Jahre warten müssen, denn wir leben in einer schnellen Zeit […].[16]

Victor Hugos schwärmerischer Tonfall liest sich wie ein einziger sprachmagischer Beschwörungsversuch, dem kaum etwas im faktischen politischen Geschäft entspricht – allein in Paris waren im Verlauf des Juniaufstands von 1848 mehrere Tausend Arbeiter brutal niedergeschossen worden. Im Angesicht dieser Schrecken von Bruderhand und museal gewordenen Kanonen zu schwärmen, ist nicht unbedingt ein Zeichen politischer Hellsicht.

Was im Bereich der Kunst als Maschine der Kreation von Narrationen und Mythen faszinierend und bereichernd ist, kann auf dem Feld der Realpolitik ausgesprochen gefährlich sein. Zum einen, weil Segmente der Wirklichkeit ausblendet werden. Zum anderen, weil es Zusammengehörigkeitsgefühle freisetzt, die zu extremen, auch tödlichen Reaktionen führen können. Selbst eine anscheinend harmlose

Volksweise wie das »Lied vom Lindenbaum« kann zum Überträger einer verhängnisvollen, tödlichen Botschaft werden. Mit diesem Lied auf den Lippen wird Hans Castorp auf dem Schlachtfeld des Ersten Weltkriegs dem Blick der Leser entschwinden, die sein Schicksal in Thomas Manns *Zauberberg* über achthundert Seiten lang verfolgen durften.

Dichtung mag republikanisch im Anliegen sein, ihre Methoden und Vorschläge sind es nicht immer. Befreiend und vereinnahmend zugleich. Und aufgrund dieser inneren Widersprüchlichkeit genuin europäisch. Denn Europa war immer – besonders in seinen besten Zeiten – gelebter Widerspruch. Gelebte Widersprüchlichkeit ist das einzig wirkliche Hilfsmittel gegen tödliche Eindeutigkeit. Solange Widersprüche ausgehalten und diskutiert werden, lebt eine Gesellschaft. Wenn eine Haltung sich ins Recht setzt, wird sie gefährlich und letztlich todbringend.

Aufklärung *und* Romantik, gleichzeitig, das ist eine der Signaturen Europas: gelebter Verstandeskult *und* verstaubte Reliquien – wie in Heinrich Heines giftscharfem *Wintermärchen*, wo der in unheimliches Schwarz gekleidete Vollstrecker im Kölner Dom vor den Reliquien der Heiligen Drei Könige auf Befehl zuschlägt:

So sprach ich, und ich drehte mich um
Da sah ich furchtbar blinken
Des stummen Begleiters furchtbares Beil –
Und er verstand mein Winken.
Er nahte sich, und mit dem Beil
Zerschmetterte er die armen
Skelette des Aberglaubens, er schlug
Sie nieder ohn' Erbarmen.
Es dröhnte der Hiebe Widerhall
Aus allen Gewölben, entsetzlich! –
Blutströme schossen aus meiner Brust,
Und ich erwachte plötzlich.[17]

Vielleicht war ein Schlag dieser Härte nötig, um das Bewusstsein aufzurütteln – auch das eigene, das unsanft aus dem Schlummer gerissen wird, als wären die Objekte des Aberglaubens und seiner Aggression gegen alle Logik dennoch Teil der eigenen Identität – und fast verlorenes Terrain wieder sichtbar zu machen. Grauzonen und Zwischenräume, Verschattungen und Momente des Dämmerns zwischen Tag und Nacht, Wachen und Traum. Dass nach diesem Hieb Blut aus der eigenen Brust strömt, macht den Text zu etwas Besonderem. Nicht weil damit metaphysischer Sinn vermittelt würde, sondern weil unaufdringlich und im Nachsatz klar gemacht wird, dass wir in einem Zwiespalt stecken: Wie wir auch handeln, wir bleiben Gefangene unserer eigenen Bilder. Zerschlagen wir sie, blutet unser Herz; lassen wir sie unangetastet, leidet unser Verstand. Mit der traumwandlerischen Sicherheit artistischer Grenzüberschreitung verweist die Generation der Romantiker schlafwandlerisch und hellsichtig zugleich auf einen inneren Zwiespalt, an dem wir bis jetzt laborieren.

Vieles war zu verarbeiten. Neben den skizzierten politischen Umwälzungen und dem forcierten Aufbau der Nationalstaaten kam es zu gravierenden technologischen, ökonomischen und sozialen Umschichtungen. Der Rückzug in die Idylle einer noch heilen, überschaubaren Welt war im Zeitalter der zunehmenden Verdichtung der Bevölkerung in gewaltigen urbanen Ballungsräumen keine wirkliche Alternative mehr. Die Akkumulation enormer Reichtümer auf der einen, beginnende Massenverelendung auf der anderen Seite setzten Kräfte frei, die man in dieser Wucht bis dahin nicht gekannt hatte. Unter diesen Vorzeichen musste alles neu hinterfragt werden – auch die Rolle und Funktion der Künste.

21 Verlorene Illusionen

Wer produziert Kultur? Für wen? Und wozu? Grundsätzliche Fragen dieser Art erlangten im Verlauf des 19. Jahrhunderts brennende Aktualität. In seinem Essay *Was sollen wir denn tun?* (1886) stellt Leo Tolstoi (1828–1910) sie mit großer Insistenz. Einige Jahrzehnte früher enthüllt Honoré de Balzac (1799–1850) den ökonomischen und soziologischen Kern jeder Kunstproduktion, während Charles Dickens (1812–1870) sie als Medium sozialer Verbesserungen einzusetzen versucht. Von seinen Zeitgenossen wurde er als »König der Herzen« gefeiert. *»Nostro Carlo Dickens è morto«*, titelten italienische Zeitungen, als die Nachricht vom Tod des Dichters am 9. Juni 1870 um die Welt ging, und dem Feuilletonisten einer Genueser Zeitung kam es vor, als sei die Sonne am Himmel ausgelöscht.

Dickens' Erfolgsgeheimnis: Die Welt aus der Sicht der Kleinen, Hilflosen, Schwachen – sozusagen aus der Froschperspektive – darzustellen. Mit *Oliver Twist* (1837–1839) feierte dieser völlig neue Ansatz einen enormen Erfolg, in *Große Erwartungen/Great Expectations* (1860/61) hat Dickens das Prinzip perfektioniert. Aus der Sicht des kindlichen Protagonisten, des Waisenjungen Pip, erscheint die Welt der Erwachsenen wie ein Horrorszenario. Ein gemeinsamer Lunch der ebenso saturierten wie bornierten Familie Pumblechook verwandelt sich zu einem Kannibalenmahl: Hühnerknochen splittern, gigantische Gliedmaßen tauchen auf, Gabelzinken bohren sich in Fleischstücke, die krachend in gewaltigen Mäulern verschwinden. Während sich Pip fast unter den Tisch verkriecht, beobachtet er ängstlich und gebannt die für ihn rätselhaften Katastrophen und Explosionen oberhalb der Tischkante:

> Ich konnte meinen Blick nicht von ihm abwenden. Während ich mich mit Händen und Füßen weiter an dem Tischbein festhielt, sah ich, wie das abscheuliche Geschöpf spielerisch sein Glas berührte, es erhob, lächelte, den Kopf zurücklegte und den Branntwein mit einem Schluck leerte. Im nächsten Augenblick erfasste größte Ratlosigkeit die Gesellschaft, denn er sprang auf die Füße, drehte sich mehrmals mit erschreckenden Zuckungen in einem Tanz des Keuchens und Hustens und rannte zur Tür hinaus; dann sah man ihn durch das Fenster, wie er heftig den Kopf ins Wasser tauchte und ausspie, die scheußlichsten Fratzen schnitt und allem Anschein nach den Verstand verloren hatte.
>
> Ich hielt mich fest, während Mrs. Joe und Joe zu ihm liefen. Ich wusste nicht, wie ich es getan hatte, aber ich zweifelte nicht daran, dass ich ihn offenbar ermordet hatte. In meiner furchtbaren Lage war es eine Erleichterung, als er zurückgebracht wurde, alle Anwesenden beäugte, als wären sie ihm nicht bekommen, und sich auf seinen Stuhl sinken ließ mit dem einsilbigen und vielsagenden Wort: »Teer!«[18]

Bereits nach wenigen Seiten verfällt der Leser zusammen mit der malträtierten Hauptfigur in einen Schockzustand: Der kleine Pip, der weder Vater noch Mutter je kennenlernte und wie ein Kaspar Hauser die Welt zu entdecken und zu entziffern lernen muss, entführt durch den fremden Blick den Leser in eine neue, erschreckende, magische Welt.

Wie alle Realisten versucht auch Dickens dabei nicht so sehr, die Wirklichkeit phantastisch zu überformen oder gar zu verlassen, sondern konzentriert sich darauf, sie auf neue Art wahrzunehmen. Fremdartig und lebensnah, unheimlich konkret und alltagsvertraut zugleich. Denn alle Realisten haben das programmatische Ziel, das Verhältnis zwischen Individuum, Gesellschaft und kulturellem Rahmen noch genauer als bisher zu fassen. Gewiss, im 18. Jahrhundert hatte man bereits eine Vorstellung von bürgerlichen Trauerspielen oder, eigentlich, vom Trauerspiel des Bürgertums. Und die Darstellung kleinbürgerlicher Milieus in Dramen und Romanen war keine Seltenheit. Oft genug verbunden mit empfindsamen Leidensgeschichten verfolgter Unschuld und skrupelloser Verführung. Doch schwärmerische, große Gefühle werden bald nur noch auf der Opernbühne zu sehen sein. Zu groß ist der allgemeine Skeptizismus, zu dringlich der Bezug zur kruden Wirklichkeit geworden. Einer pragmatischen Wirklichkeit, die sich mehr und mehr in den Vordergrund schiebt und die Kulissenwände der Illusion belohnter Tugend oder der Ausbildung eines in sich ruhenden Individuums pulverisiert.

»Alles was war, ist nicht mehr, alles was sein wird, ist noch nicht«,[19] notierte Alfred de Musset (1810–1857) bereits in den Zwanzigerjahren des Jahrhunderts und umriss damit präzise das Denken und Fühlen der desillusionierten Zeitgenossen nach der Revolution und den napoleonischen Eroberungsräuschen. Ob Musset, Puschkin, Byron, Leopardi, Lenau, Heine oder Stendhal – sie alle huldigten diesem europaweiten Kult der Melancholie und des Weltschmerzes. Massenindividualismus, wenn man so will.

Wenig später folgte eine weit systematischere, kritische Bestandsaufnahme und Dokumentation über den Zustand der Welt. Jetzt ging es nicht mehr um Individuen, sondern um Klassen. Und es waren in der Tat ambitionierte Projekte, die nun gestartet wurden. Etwa Balzacs Versuch, in seiner *Menschlichen Komödie* ein Gesamtpanorama seiner Zeit zu zeichnen, alle und alles zu erfassen. Sein Auftrag: als »Sekretär der Geschichte« ein gewaltiges Sittengemälde seiner Zeit zu liefern. Sein Material: Menschen aus allen Schichten und aller Klassen.

Der Titel seines auf über 130 Romane und Erzählungen angelegten Projekts nimmt unmittelbar Bezug auf Dantes *Göttliche Komödie*. Die Absicht dieses überdeutlichen Verweises ist natürlich nicht darin zu sehen, dass der spätere dem früheren Kollegen signalisieren will, hier würde einfach etwas fortgesetzt. Zwar wollen beide das Ganze einer Gesellschaft ausleuchten, eine Systematik herstellen, aber die Rahmenbedingungen dieser gewaltigen erkenntnisartistischen Großprojekte unterscheiden sich gewaltig: theologische Erlösung versus materialistischer Zerfall, Utopie versus Realismus, Transzendenz versus Materie. Dante steht am Ende seiner Reise auf der Schwelle einer neuen psychischen, mentalen, kognitiven und emotionalen Erkenntnis- und Daseinsform. Als hingegen der Held in Balzacs *Verlorene Illusionen* (1837–1843) achtzehn Monate nach seinem Aufbruch nach Paris in seine Heimat zurückkehrt, besitzt er noch ganze drei Sous. Und steht vor einem seelischen Trümmerhaufen. Drastischer könnte die Differenz nicht sein.

Seither gibt es fast nur noch solche gehetzten, gejagten, verhöhnten Bankrotteure des Lebens im literarischen Kontext: keine Engelsvisionen, sondern Albträume, keine Transzendenz, sondern Ernüchterungen. Es fließt kaum mehr Blut – dafür fließen gewaltige Kapitalströme. Zwischen der Welt Dantes und der Balzacs liegen Lichtjahre. Das Geld ist an die Stelle des Kreuzes getreten, die Börse ist der neue Tempel. Gralssucher des Kapitalismus bevölkern ihn, rabiate Spekulanten, ambitionierte, vor Aggressivität berstende Massenindividuen. Doch mit derselben Konsequenz, mit der Dante sein theologisch geprägtes System durchmisst, lässt Balzac das ökonomisch grundierte System seiner Zeit lebendig werden.

Es ist wahr: Balzac beschreibt unendlich viele Individuen. Dennoch: Individuen stehen nicht im Zentrum seines Interesses. 1843, nach gut dreizehn Jahren als »Zwangsarbeiter des Ruhms«, wie er sich selbst zutreffend beschrieben hat – das heißt sechzehn Stunden Schreiben am Stück, alle drei Stunden Kaffee, insgesamt circa fünfzigtausend Tassen – skizziert er in der Vorrede zur *Comédie humaine* Grundsätze seiner Arbeit. Das Projekt: den Menschenpark namens »Gesellschaft« zu beschreiben. Zu analysieren. Zu sezieren.

Ein völlig neuer Ton kommt ins literarische Geschäft. Vergleichen tut not. Balzac strebt nichts Geringeres an, als einen »Vergleich zwischen Menschen- und Tierreich«.[20] Hier: ein Urtier und Tausende unterschiedlicher zoologischer »Spezies«; dort: ein Prototypus und Tausende unterschiedliche Einzelwesen, Einzelkulturen. Konsequenz: Die »sozialen Gattungen« können nach denselben Kategorien untersucht werden wie die »zoologischen Gattungen«. Weshalb also die Fauna untersuchen, wenn Hominiden zur Verfügung stehen, die sich ungleich komplexer, interessanter, künstlicher verhalten? »Das Tier hat [...] weder Künste noch Wissenschaften, während der Mensch, nach einem Gesetz, das noch erforscht werden muß, seine Sitten, sein Denken und sein Leben in allem ausdrücken will, was er seinen Bedürfnissen anpaßt.«[21] Daraus leitet Balzac den Auftrag zu einer umfassenden »Sittengeschichte« ab. Ein Hypertext, das Integral eines repräsentativen Gesellschaftsporträts, bestehend aus 3000 bis 4000 Personen. Alle Laster, Leidenschaften, Charaktere, Prinzipien, Werte müssen in diese Inventarliste eingetragen werden, mit dem Ziel, eine Art Reliefkarte der »Gesellschaft« zu erstellen. Der Dichter als demütiger Sekretär einer solchen Wissenschafts-Community, nicht Prophet, nicht Philosoph, nicht Patriot, Führer und empfindsamer Freund – nein, als wissens- und kulturarchäologische Dokumentationsstelle soll seine Rolle definiert sein.

Vor allem nicht »Pfarrer« oder »Moralist«, denn was die Grundprinzipien anbelangt, so gilt als Hypothese Nummer eins: »Der Mensch ist weder gut noch böse.«[22] Mit einem Set von Instinkten geboren, wird er von der Gesellschaft geformt und auf unterschiedliche Art sozialisiert. Auch die Religion ist nichts anderes als ein solches Sozialisationsverfahren: »Das Christentum, und zumal der Katholizismus, ist [...] ein vollkommenes System zur Unterdrückung der verdorbenen menschlichen Neigungen und bildet das stärkste Element in der sozialen Ordnung.«[23] Aus einem aus dieser Neutralität eventuell erwachsenden Amoralitätsvorwurf dürfe sich der Dichter nichts machen: Sokrates und Jesus seien von der Gesellschaft ebenfalls als »unmoralisch« diffamiert worden.

Ein narrativer Wissenschaftler mit leidenschaftlichem Eroberungsinstinkt: Balzac steht seinem Metier nicht indifferent oder abgeklärt gegenüber: »Geschichte«, »Sitten«, Tausende von Menschen, Zehntausende von Details – das soll nicht alles um seiner selbst willen angehäuft werden, als positivistische Datenbank, als Mausoleum des Determinismus. Der Autor verfolgt vielmehr die Absicht, eine vollständige

Anatomie und Pathologie des sozialen und gesellschaftlichen Lebens seiner Zeit vorzulegen, gewissermaßen durch alle Höllenkreise des beginnenden Kapitalismus des 19. Jahrhunderts zu gehen, bis in den innersten Kreis der »Hölle« – bis an die Börse. Wie es da zugeht, hat Georg Simmel (1858–1918) in seiner *Philosophie des Geldes* (1900) beschrieben:

> Hier haben die ökonomischen Werte und Interessen, vollständig auf ihren Geldausdruck reduziert, ihre und ihrer Träger engste lokale Vereinigung erreicht, um damit ihre rascheste Ausgleichung, Verteilung, Abwägung zu gewinnen. Diese doppelte Kondensiertheit: der Werte in die Geldform und des Geldverkehrs in die Börsenform – ermöglicht es, daß die Werte in der kürzesten Zeit durch die größte Zahl von Händen hindurchgejagt werden: an der New Yorker Börse wird jährlich der fünffache Betrag der Baumwollernte in Spekulationen in Baumwolle umgesetzt, und schon 1887 verkaufte diese Börse fünfzigmal das Erträgnis des Jahres in Petroleum: die Häufigkeit der Umsätze steigt in dem Maße, in dem der Kurs eines Wertes schwankt […].[24]

Und schon Mitte des Jahrhunderts weist Charles de Montalembert (1810–1870) auf die Omnipräsenz des neuen Denkens hin:

> Allerorten, selbst in unseren kleinen Städten, selbst in unseren Dörfern sind die Menschen von der Manie besessen, solch schnell gewonnene Reichtümer zu erlangen […]. Angesichts dieser furchtbaren Spekulationsmanie, die nahezu ganz Frankreich zu einer riesigen Spielbude gemacht hat, ist ein Teil der Massen, der unter den Einfluß der Sozialisten geraten ist, durch die Gewinnsucht mehr denn je verführt worden.[25]

Wir können den Katechismus, das Evangelium, das »Was-auch-immer« der Moderne herauf- und herunterbeten und werden stets zu dem im Wesentlichen gleichen Ergebnis kommen: Der Preis des Menschen ist, wie jeder Preis, verhandelbar, und es wird auf Heller und Pfennig abgerechnet. Wo aber werden die Preise ausgehandelt? An der Börse. Alles ist Börse: der Salon, die Oper, jedes Verlagshaus, das Bordell. Ich würde ja persönlich nicht ganz so weit gehen, die Börse, das Prinzip »Börse« nur aufgrund der auffälligen phonetischen Ähnlichkeit mit dem Prinzip des »Bösen« gleichzusetzen. Doch der systemische Wandel, der sich einstellt, wann immer der Schauplatz »Börse« ins Zentrum einer Gesellschaft rückt, ist unverkennbar. Karl Marx (1818–1883) hat in *Das Kapital* (1867) treffend darauf hingewiesen, dass man in England zur selben Zeit, in der man aufhörte, Hexen zu verbrennen – Mitte des 17. Jahrhunderts –, damit begann, Geldfälscher aufzuhängen.[26] Die Hexen frevelten am alten Gott, an Christus. Die Fälscher aber vergriffen sich am neuen Gott, dem Geld.

Ein halbes Jahrhundert vor Karl Marx rührt die Literatur an den Nerv des neuen Systems und entblößt die zentralen Mechanismen und Institutionen des bürgerlichen Fortschritts. Nicht das Jüngste Gericht, die Börse entscheidet über Wohl und Wehe, mithin über den Wert eines Menschen. Das gesamte Repertoire der Spekulations- und Hedgefonds-Technologien, Private-Equity- und Börsen-Geschäfte wird in den Werken von Balzac entfaltet – und die Geheimnisse liegen schamfrei entblößt zur Besichtigung vor uns. Nicht nur *Glanz und Elend der Kurtisanen*, nicht minder eindrucksvoll und akribisch hat er Glanz und Elend der Banker und ihrer Kundschaft dokumentiert und damit überzeitliche Aussagen über den Wert des Menschen in einer auf Mehrwert ausgerichteten Wirtschaftsordnung (inklusive des Mehrwerts an Elend) getroffen.

Zugegeben, der Begriff »Human-Kapital« fällt noch nicht, aber die beschriebene Realität lässt keinen Zweifel, dass sich für einen veritablen Kapitalisten der Wert eines Menschen allein an dessen Marktwert orientiert. »Der Bankier ist ein Eroberer«, schreibt Balzac in der Erzählung *Das Bankhaus Nucingen* (1837), »der die Massen opfert, um zu geheimen Resultaten zu gelangen«.[27]

Verborgene Zwecke wohlgemerkt, also solche, die vielleicht nur im Kopf des Spekulierenden existieren, als eine Wirklichkeit, der man nur mit einer »Kritik der unreinen Vernunft« gerecht wird; denn nur die literarisch-realitätsbezogene »unreine Vernunft« ist fähig, jenes Gemisch aus Obsession, Hyperrationalismus, Sucht und Kontrollwahn zu beschreiben, das wir vermutlich bloß deshalb einigermaßen hilflos »Exzess« nennen, weil wir nicht wahrhaben wollen, dass der sogenannte Exzess Teil und Regel des auf Konkurrenzkampf ausgerichteten Systems ist – und nicht dessen Perversion. Es ist einfach der Preis, den wir zahlen müssen, seit wir uns auf das Spiel einer Kapitalisierung aller Lebensbereiche eingelassen haben – damals, mitten im 19. Jahrhundert. Das gilt auch für den Literaturbetrieb. So erklärt der Verleger Dauriat in Balzacs *Verlorene Illusionen* freimütig:

> Ich halte mich nicht dabei auf, ein Buch zu veröffentlichen und zweitausend Francs zu riskieren, um zweitausend zu gewinnen; ich mache Spekulationen in Literatur: ich veröffentliche vierzig Bände in zehntausend Exemplaren […] Meine Macht und die Artikel, die ich erhalte, fördern ein Geschäft von hunderttausend Talern, anstatt einen Band von zweitausend Francs zu fördern. […] Ich bin nicht dazu da, der Steigbügel für kommenden Ruhm zu sein, sondern um Geld zu verdienen und den berühmten Männern welches zu geben. Das Manuskript, das ich für hunderttausend Francs kaufe, ist billiger als das des unbekannten Autors, der von mir sechshundert Francs verlangt![28]

Was selbst für Verlage billig ist, kann der Börse natürlich nur recht sein. Doch unter den Vorzeichen einer Philosophie der »unreinen Vernunft« endet die Suche nach der Motivation in diesem Sinn suchtkranker Menschenopferhändler nicht bei hyperrationalistischer Parkettakrobatik. Balzac zeigt, dass der Wert des Menschen je nach Bedarf nach dem Prinzip von Angebot und Nachfrage auszuhandeln ist. Und dass auch alle Vorstellungen von Sünde, Schuld, Strafe über dieses Prinzip definiert werden. Auf der Folie von Dantes »göttlicher« wird die bittere Essenz von Balzacs »menschlicher« Komödie erst so recht fassbar. Im Geistergespräch über Jahrhunderte hinweg

entsteht Reibung. Die Textgrenzen verschwimmen, die beiden Vorstellungssphären beginnen einander zu durchdringen, zu kommunizieren, aufeinander einzureden.
(Siehe Abbildung 60 in Tafelteil 3.)

Die Besten der Realisten zeigen, wie Menschen in die Fänge des Marktes geraten und sich sehenden Auges zugrunde richten oder zugrunde gerichtet werden. Oder wie sie als Marionetten ihrer selbst ein Leben führen, das nicht das ihre ist. Wie sie gesellschaftskonforme Masken anlegen, ihre wahren Gefühle bis zur Unkenntlichkeit leugnen und hinter Fassaden verschwinden.

Es ist kein Zufall, dass sich die Romane dieser Zeit an einem Thema förmlich festbeißen – dem der Ehe, beziehungsweise des Ehebruchs. Denn die Ehe ist im 19. Jahrhundert kein privates, sondern zuallererst ein gesellschaftliches Phänomen. Es steht geradezu emblematisch für das Einüben in der Kunst der emotionalen Selbstverleugnung.

Die Eheromane des Realismus zeigen – gleich ob in Deutschland, Frankreich, Russland, Spanien oder Italien – stets dasselbe Muster: die (Selbst-)Bestrafung einer Frau, die mit diesem System der Selbstkontrolle nicht zurechtkommt und für einen Moment aus der Bahn gerät. Wobei der Kontrollverlust keineswegs exzessiv oder leidenschaftlich sein muss. In Theodor Fontanes *Effi Briest* (1894/95) ereignet sich der Ehebruch eher beiläufig – aus einem Gefühl der Enttäuschung heraus. Oder in Flauberts *Madame Bovary* (1856/57), wo die Protagonistin nichts anderes versucht, als ihre romantischen Visionen durch eine Reihe von Affären mit ihrer tristen Wirklichkeit an der Seite eines braven Landarztes annäherungsweise in Übereinstimmung zu bringen. Fragwürdige Affären, in denen sie eine fragwürdige Rolle spielt. Am Ende wird abgerechnet. Nicht nur moralisch (sie stirbt einen grausamen Gifttod), sondern auf Franc und Sou. Wir sind im 19. Jahrhundert, dem Jahrhundert des Marktes.

Emma Bovary hat sich als die »romantische Heldin«, die sie sein wollte, hoch verschuldet. Auf verquere Weise fast ein weibliches Pendant zu ihrem unglücklichen Vorgänger Don Quijote, der sich 250

45 Es ist kein Zufall, dass der spätere französische Revolutionsarchitekt Étienne-Louis Boullée 1784 für Newton ein überdimensionales, zukunftsweisendes Memorial entwarf, das aufgrund seiner gigantischen Dimensionen – es sollte 150 Meter hoch werden – freilich nicht verwirklicht werden konnte.

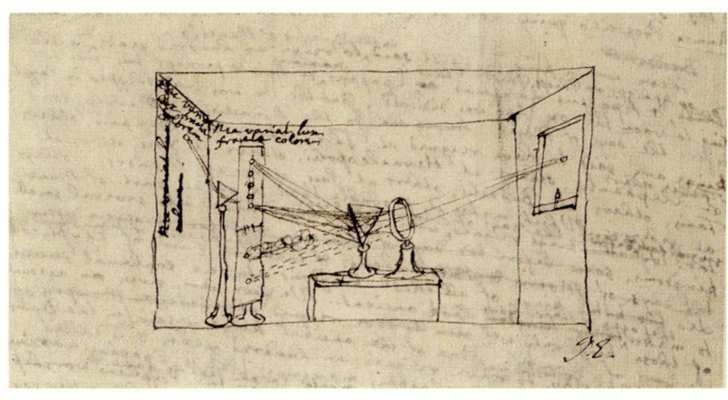

46 Mit dieser Zeichnung dokumentierte Isaac Newton 1671 sein »experimentum crucis« zur Brechung des Lichtes.

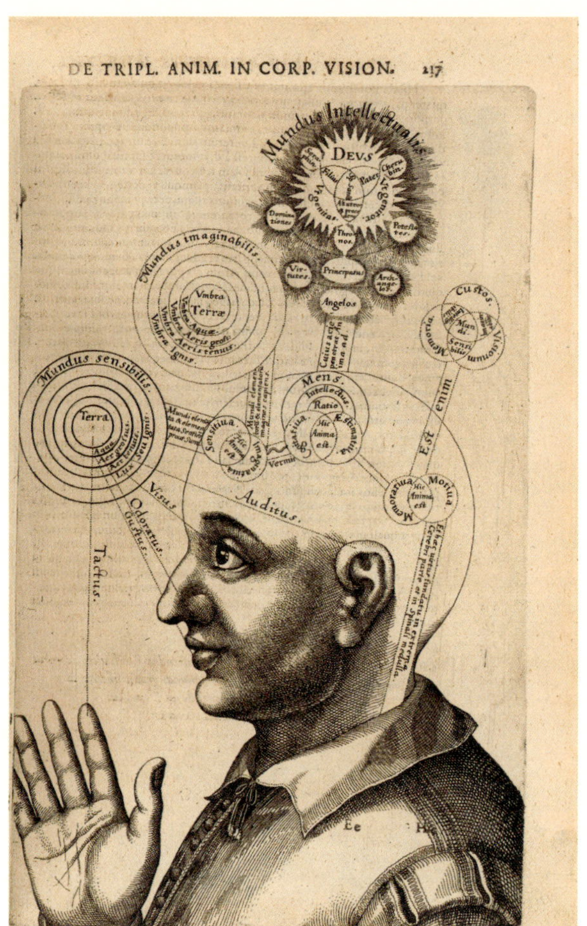

47 Robert Fludd: Das menschliche Denken (Detail), 1617. In diesem Kupferstich räumt Fludd nicht nur den fünf Sinnen ihren Platz ein, sondern unterscheidet auch zwischen *ratio, intellect* und *mind* und zeigt ferner einen möglichen Kommunikationskanal zwischen Mensch und Gott auf.

48 Medea-Kostüm aus Frankreich (1779) aus der Serie *Gallerie des modes et costumes français*. In diesem Gewand erscheint Medea wie eine Pariserin aus dem 18. Jahrhundert.

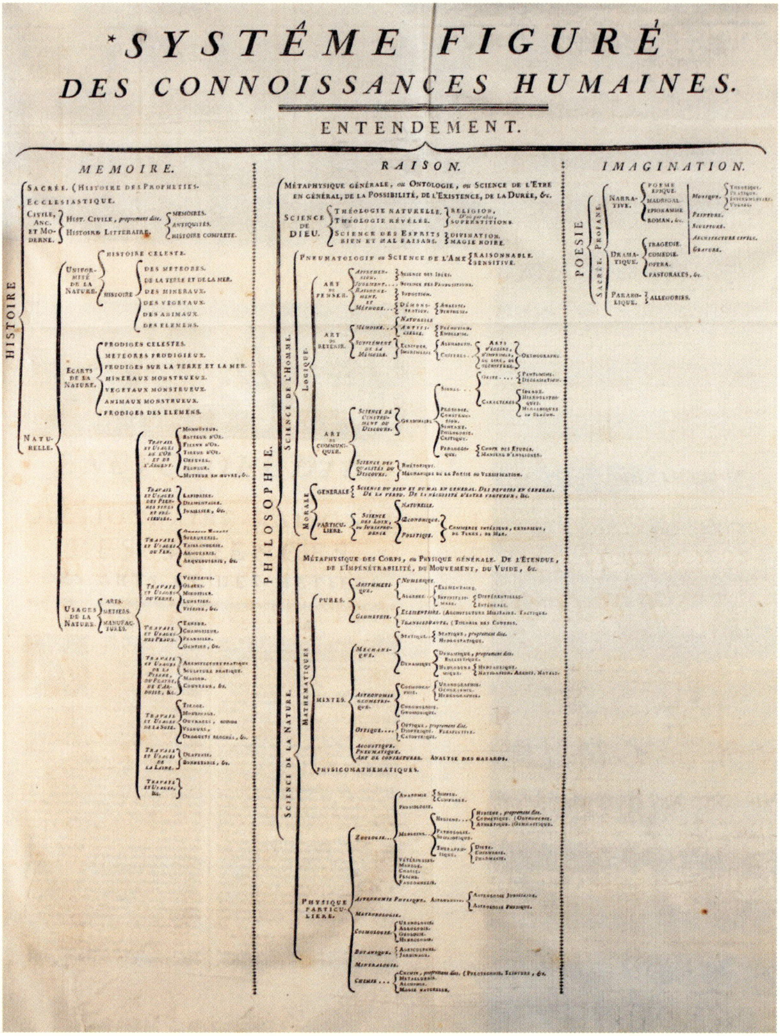

49 Im 1751 erschienenen ersten Band der *Encyclopédie* veröffentlichten die Herausgeber dieses »figürlich dargestellte System der Kenntnisse des Menschen«. Den drei Wissensbereichen Gedächtnis, Verstand, Vorstellungskraft werden die Disziplinen Geschichte, Philosophie und Poesie zugeordnet.

50 Diese französische Karikatur von 1789 zeigt den dritten Stand, der Klerus und Adel auf seinem Rücken trägt. Die Bildunterschrift lautet übersetzt: »Hoffentlich ist dieses Spiel bald vorbei.«

51 Der Ballhausschwur. Zeitgenössische (kolorierte) Kopie der Federzeichnung von Jacques-Louis David (1791). Seit Mai 1789 tagten die von Ludwig XVI. einberufenen Generalstände. Die Beratungen verliefen anders als geplant und wurden dem König bald lästig, doch am 20. Juni schworen sich die in der Ballsporthalle von Versailles versammelten Vertreter des Dritten Standes, erst auseinanderzugehen, wenn sie Frankreich eine Verfassung gegeben hätten.

52 Im Juni 1794 wurde in Paris auf Betreiben Robespierres das »Fest des höchsten Wesens« veranstaltet, ein deistischer Revolutionskult, der nach dem Sturz Robespierres im selben Jahr gleich wieder abgeschafft wurde. Dieser anonyme Stich veranschaulicht die pseudoreligiöse Aufladung des Festes.

3 Die Erklärung der Menschen- und Bürgerrechte von 1789 wurde schon von en Zeitgenossen als Ereignis von historischem Rang empfunden. Dieses Gemälde von ean-Jacques-François Lebarbier aus dem Jahr 1789 stellt es in den Kontext der Zehn Gebote, ie der biblischen Überlieferung zufolge Moses einst auf zwei Steintafeln empfangen hatte. ben links zerreißt die französische Nationalfigur Marianne die Ketten der Tyrannei, er Engel rechts oben bezeugt den göttlichen Ursprung der Menschenrechte.

Sammlung Musée Carnavalet/Wikimedia Commons/Public domain

54 Auf Delacroix' monumentalem Gemälde von 1830 geht Lady Liberty als schwerbewaffnete Volksführerin buchstäblich über Leichen. Das Gemälde entstand unter dem Eindruck der Barrikadenkämpfe der Juli-Revolution desselben Jahres und gilt als eines der wirkmächtigsten Bilder des 19. Jahrhunderts.

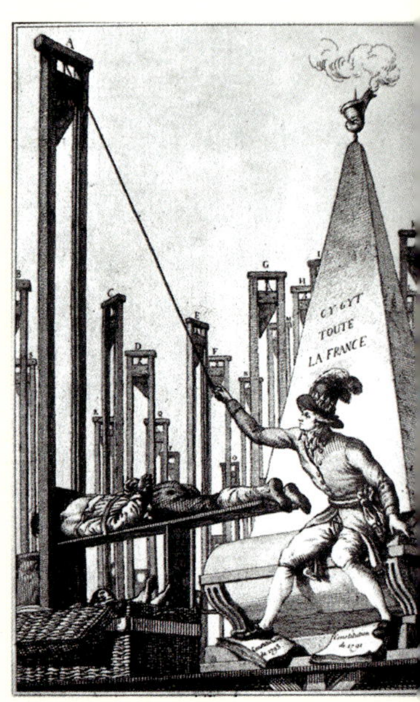

55 Diese Karikatur zeigt Robespierre, wie er, nachdem kein anderer mehr zum Guillotinieren da ist, auch noch den Henker hinrichtet. Das Grabmal im Hintergrund trägt die Inschrift: »Hier ruht ganz Frankreich«.

56 Im Oktober 1808 empfing Napoleon I., der anlässlich seiner Konferenz mit dem russischen Zaren in Erfurt weilte, Goethe zur Audienz im Statthalterpalais und unterhielt sich mit ihm, wie Goethe später berichtete, unter anderen über *Die Leiden des jungen Werther*. Die hier gezeigte Darstellung der Audienz brachte der Maler Hermann Junker (möglicherweise anhand einer älteren Vorlage) zu Papier, sie war um 1900 als Bildpostkarte im Umlauf.

57 Mit seinem angeblich vom keltischen Dichter Ossian stammenden Heldenepos traf James Macpherson 1760 den Nerv der Zeit. Anne-Louis Girodet de Roussy-Triosons Gemälde »Ossian empfängt in Walhall die für das Vaterland gefallenen Generäle der Republik« (1801) war eine Auftragsarbeit für Napoleon.

58 Eine der zahlreichen Tuschezeichnungen Victor Hugos.

59 Detail aus William Blakes *Die Hochzeit von Himmel und Hölle* (1790–1793). Wie auch andere Bücher Blakes besticht dieses Werk durch das farbenfrohe, kreative Miteinander von Bild und Text. Es besteht aus 27 solcher geätzten und später eingefärbten Text-Bild-Platten.

60 Honoré Daumier: Ein kolossaler Erfolg (1864). Karikatur eines verzückten Publikums.

61 »Innenperspektive«, erschienen in Ernst Machs *Die Analyse der Empfindungen und das Verhältnis des Physischen zum Psychischen* (1886).
© Wikimedia Commons/Public domain

62 Deutsche Soldaten im August 1914 auf dem Weg an die Westfront. Die fröhlichen Parolen auf dem Eisenbahnwaggon (»Ausflug nach Paris«, »Auf Wiedersehen auf dem Boulevard«) zeugen noch von der allgemeinen Euphorie. Aufbruchsszenen dieser Art waren zu Beginn des Krieges beliebte Bildmotive für Zeitungen und Postkarten.
© picture alliance/Mary Evans Picture Library

63 Der Sprung in die Freiheit, 15. August 1961.
© Fotex Medien Agentur GmbH/Peter Leibing

64 Franz Kafka zeichnete während des Schreibens wiederholt kleine Figuren an den Rand seiner Texte und manchmal auch mitten in sie hinein. Diese Zusammenstellung versammelt seine bekanntesten Strichmännchen.
© akg-images/Archiv K. Wagenbach

65 Wolfgang Hicks: Draußen vor der Tür, Karikatur zu den Römischen Verträgen, 1958

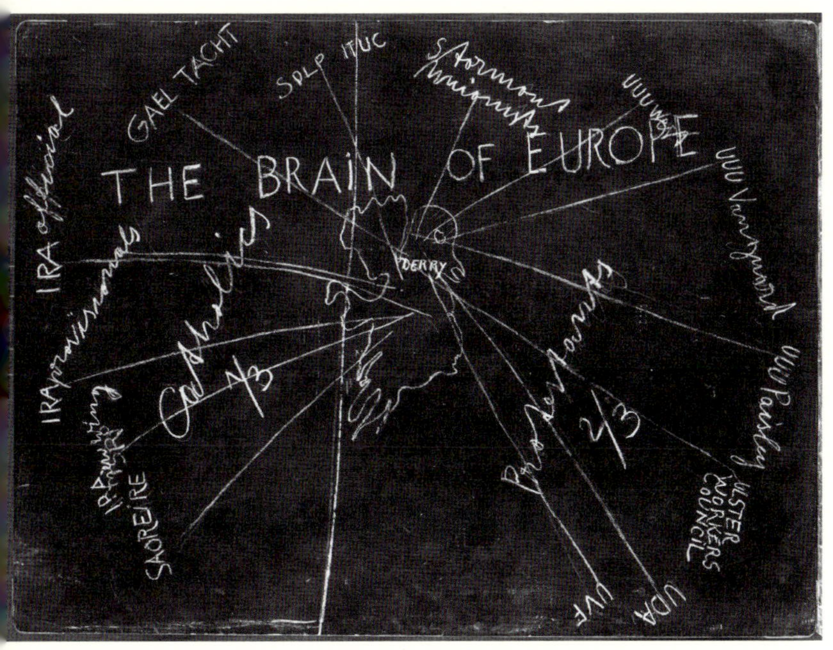

66 Joseph Beuys stellte sich den europäischen Kulturraum als netzwerkartiges Palimpsest vor.

67 Théodore Géricault: Das Floß der Medusa. 1819 im Pariser Salon unter dem Titel »Szene eines Schiffbruchs« erstmals der Öffentlichkeit präsentiert, spielt das Gemälde auf einen grausigen Vorfall aus dem Jahre 1816 an: Nach der Havarie der französischen Fregatte »Méduse« vor Westafrika musste sich ein Großteil der Besatzung und der Passagiere auf ein improvisiertes Floß retten. Als dieses nach zehn Tagen geborgen wurde, stellte sich heraus, dass es unter den Schiffbrüchigen zu Kannibalismus gekommen war. Von den anfangs fast 150 Menschen auf dem Floß hatten nur 15 überlebt.

Jahre früher gleichfalls durch Leseexzesse in seine Traumwelt gebeamt hatte. Aber die Zeit romantischer Träumereien ist vorbei – die Instrumente der Gesellschaft reagieren auf Verstöße gegen ihre unausgesprochenen und ausgesprochenen Regularien gnadenlos.

Die Verurteilung betrifft nicht nur die Protagonistin, sondern auch ihren Autor, gegen den 1857 ein großer Prozess wegen Verletzung der »öffentlichen Moral, der Religion und der guten Sitten« in Gang kommt. Was die Gerichte auf den Plan ruft, ist unter anderem eine Passage, die von den Gefühlen Emmas nach einem ersten Liebesabenteuer berichtet. Wobei nicht so sehr das Faktum selbst, sondern der Stil des Autors Anstoß erregt: Emma steht vor dem Spiegel, berauscht sich an ihrer Erscheinung (»sie hatte noch nie so tiefe, dunkle Augen«), ihren Erinnerungen (»Ich habe einen Geliebten, ich haben einen Geliebten«) und durchlebt den Traum der Überschreitung ein zweites Mal, ohne einen Hauch von Reue – der Erzähler zeigt sie geradezu verzückt von sich selbst und ihrer neuen (wie sie meint romantischen) Rolle. Nicht, dass er das Verhalten seiner Figur verklären würde, er enthält sich jedes Kommentars. Schon diese Abstinenz ist für die Tugendwächter unerträglich.

Die Episode zeigt, wie angespannt die Situation ist und mit welcher Vehemenz sich die Moral des Bürgertums in Szene setzt. Aus dieser Haltung erwächst eine neue Funktion der Kunst und Kultur, die sich weniger denn je als dekorative Begleitstimme oder unverfängliches Hintergrundrauschen gebrauchen lassen will. Sie betrachtet sich vielmehr als zentrales Instrument der Kritik. Gleich ob Balzac, Dickens, Tolstoi, Flaubert oder Fontane – sie alle demontieren das ebenso scheinheilige wie verlogene System der Familie und der demonstrativen öffentlichen Moral. Sie tun dies polemisch und kühl wie Flaubert oder zurückhaltend und diskret wie Fontane, der in *Effi Briest* alle brisanten Momente dezent ausspart und den eigentlichen Skandal – nämlich das Hinweggehen über den Skandal – nur andeutet. Effis Tod ist beinahe dekorativ, jedenfalls so sacht, dass er fast wie eine Erlösung wirkt – und doch wird dem Leser klargemacht, dass hier eine gerade mal 20-Jährige für einen fast belanglosen, irgendwie verständlichen und zudem bereits vergessenen Fehler gnadenlos bestraft wird.

Ganz im Gegensatz dazu trägt Tolstoi in seinem großen Ehebruchsepos *Anna Karenina* (1877/78) diesen Skandal an die Öffentlichkeit. Seine Protagonistin treibt den fatalen Kreislauf von Schuld und Sühne auf die Spitze. Am Ende wird sie sich auf dem Bahnhof, an dem ihre schicksalhafte Geschichte begann, vor einen Zug werfen. In der Bahnhofsbaracke wird ihr Kopf wieder auf den Torso gesetzt und die Selbstmörderin wie eine Ikone aufgebahrt. Typisch russisch, könnte man sagen und auf die stark sakral aufgeladene Innenwelt der Figuren verweisen. Der Ehebruch wird zum apokalyptischen Fanal und Liebe zur Todsünde.

Der Text ist durchsetzt mit Begriffen wie »niedrig«, »sündhaft«, »schuldbeladen«, »gottlos«, und der Liebende fühlt sich wie ein Mörder, der sich über den Körper seines Opfers wirft, um es zu zerstückeln.[29] Aber es ist nicht nur der hohe Grad an religiöser Durchdringung der Sexualität, der diese Geschichte von den mitteleuropäischen abhebt. Nicht weniger hervorstechend ist seine politisch-philosophische Ambition. Bei Tolstoi ist der gesamtpolitische Kontext wesentlich dominanter als bei Fontane und Flaubert. Es ist nicht nur um individuelle Schicksale zu tun – es geht um die Zukunft Russlands.

Es geht, wie eingangs erwähnt, um die Frage »Was sollen wir denn tun?«. Alle erdenklichen Konfigurationen werden durchgespielt, alle möglichen Lebensentwürfe erprobt. Die Vorstellungen reichen von oberflächlicher Promiskuität über drastische Rituale der Bestrafung bis hin zur Beschwörung eines »einfachen Lebens«. Etwas später, im sozialistischen Realismus, werden exemplarische Gegenentwürfe dieser Art Konjunktur haben. Holzschnittartig, didaktisch durchschaubar, ideologiegetränkt. Auch wenn Tolstoi in seinen theoretischen Schriften gelegentlich von Visionen ähnlicher Art fasziniert zu sein scheint und selbst als »Narr in Christo« im Bauernkittel sein Gut umkrempelt und versucht, die ganze Welt zu revolutionieren, ist er sich der Problematik der Begegnung von Kunst und Politik bewusst.

Man löst sich nicht aus der Schlinge des Konformismus, um in die Falle der Dogmatik zu geraten.

Dennoch: Konfrontiert mit einer Gesellschaft, die darauf pocht, den Schein zu wahren, und einer Kunst, die (nichts als) Posen und Imitate liefert, unternimmt er es, nach den Originalen zu suchen. Tolstoi wird eine scheinbar rückwärtsgewandte Utopie der »Volkskunst« kreieren. Eine Kunst, die auf Vermittlung »aufrichtiger« (nicht »schöner« oder »guter«) Gefühle zielt, um den Einzelnen aus der Isolierung zu befreien, auf ein »Verschmelzen der Persönlichkeit mit anderen« (so in *Was ist Kunst?*). Eine Zielvorstellung, die sowohl für den eigenen Lebensstil als Bauer, Schriftsteller und Volkserzieher gilt wie auch für das Leben einiger seiner Romanfiguren, die zu Repräsentanten einer neuen, zugleich frühsozialistischen und spätagrikulturellen Welt werden. Der Roman begibt sich hier in die Nähe des Gesinnungshaften: Glaube, Hoffnung, Liebe tauchen allmählich, wie etwas längst Vergessenes, kaum mehr Erinnertes im kollektiven Halbbewusstsein wieder auf.

In Tolstois Werk geht das nur selten mit peinlichen Gefühlen einher, wirkt nicht aufgesetzt. Figuren wie Lewin und Kitty (aus *Anna Karenina*) verfolgen ihre Lebensentwürfe selbstquälerisch, nicht ohne Widersprüche und mit großer Ernsthaftigkeit. Ebenso radikal wie ihr Autor, der keine Liebe auf christlicher Sparflamme predigt, keine kleinbürgerlich-religiöse Idylle propagiert. Es ist kein Zufall, dass sich zwischen ihm und Gandhi ein sich über mehrere Jahre erstreckender Briefwechsel über die Prinzipien des gewaltfreien Widerstands entwickelte. Die verwegen erscheinende Vermischung von Krishna-Zitaten, christlichen Maximen und politischer Analyse sollte nicht über die Ernsthaftigkeit des Unterfangens hinwegtäuschen.

Gegen Ende des 19. Jahrhunderts wollte die Kunst, wollte die Literatur nicht nur schonungslos Realität abbilden, aus dem Gefängnis der Rücksichtnahmen ausbrechen und einen neuen Frei- und Gestaltungsraum erobern – sie wollte sich darüber hinaus Realität schaffen. Charles Dickens war es gelungen, die Sozialgesetzgebung seines Landes (etwa was die Kinderarbeit betrifft) entscheidend zu beeinflussen. Tolstoi errichtete Schulen und revolutionierte die Agrarwirtschaft, Émile Zola trat 1898 in der sogenannten Dreyfus-Affäre mit dem offenen Brief »J'accuse« für den verleumdeten Offizier jüdischer Herkunft ein und wurde dafür zu einer Gefängnishaft verurteilt.[30] Er floh nach England und kehrte 1899 amnestiert und gefeiert zurück; als er 1902 starb, wurde er im Panthéon beigesetzt.

Sein Werk steht ganz und gar im Kontext des französischen Denkstils: ob *Encyclopédie* oder *Comédie Humaine* – stets war es darum zu tun, ein Phänomen im Ganzen systematisch auszuleuchten, es in seiner Totalität zu erfassen. So kann man Zolas immerhin zwanzigbändigen Romanzyklus *Les Rougon-Macquart*, der die Sozialgeschichte einer Familie über fünf Generationen verfolgt, durchaus als naturalistisches Gegenstück zu Balzacs *Comédie* sehen. Seine im Kern anti-idealistische und anti-romantische Konzeption steht in der Tradition und sieht sich in der Tradition: Flaubert war eines seiner Vorbilder. Auch Balzac taucht auf. Alle als Kronzeugen einer Ästhetik der kritischen Analyse und der systematischen Beobachtung. In seinem Essay *Du roman. Le sens du réel* nennt Zola Instrumente wie »skrupulöse Untersuchung«, »Quellen«, »Dokumente«, »Notizen«, »Beobachtungen«, um den literarischen »Wirklichkeitssinn« zu schulen.[31]

Material? Alles. Naturalistischer Roman, das heißt für ihn Wirklichkeitssinn *und* persönlicher Ausdruck. Und tatsächlich verändern sich die Terminologie und das Wortfeld der Theorie. Das Ich des Erzählers wird gleichzeitig Sensor und Seismograph. Es tritt in den Dienst »wissenschaftlicher Gesetze« und drängt sich als deren Medium zugleich in den Vordergrund. Neben »Beobachtung« und »Dokumentation« sind daher »Obsession«, »Schöpfung«, »Evokation« zentral, Beseelung der realistischen Szene durch die persönliche Wahrnehmung des Romanciers, der aus Figuren lebendige Kreaturen macht. Ein naturalistischer Autor, der so schreibt, nicht mit Tinte, sondern mit »Blut« (»*sang*«) und »Galle« (»*bile*«), schreibt mit dem ganzen Körper, und der Text erzählt mehr als eine Geschichte, ist menschlicher Aufschrei und Menschenversuch zugleich, sein Material sind »pulsierende Fleischklumpen«.

Der Autor unterwirft seine Figur einer Reihe von Prüfungen, indem er sie durch verschiedene Milieus gehen lässt, um daran »das Funktionieren des Mechanismus ihrer Leidenschaft« zu demonstrieren. Der Romanschriftsteller als Untersuchungsrichter der menschlichen Affekte, der biologischen, darwinistischen Determiniertheit der Spezies: »Ich habe Gestalten gewählt, die übermächtig von ihren Nerven und ihrem Blut beherrscht werden, die keinen freien Willen besitzen und bei jeder Handlung ihres Lebens von den verhängnisvollen Fügungen ihrer Physis fortgerissen werden«, schreibt Zola im Vorwort zur zweiten Auflage von *Thérèse Raquin* (1868),[32] und führt an diesem Beispiel vor, was das konkret bedeutet: Thérèse hasst ihren Mann, weil ihr Charakter (neurotisch, unbefriedigt) mit dem ihres Mannes (ruhig, passiv) nicht vereinbar war; sie begeht einen Mord, weil im Kontakt mit dem sanguinischen Naturell des Geliebten die aufgestaute Gewalt durchbricht; sie verübt Selbstmord, weil ihre Nerven der Belastung, die tabuisierte Tat des Gattenmordes zu vertuschen, nicht gewachsen waren.

Jede einzelne menschliche Verhaltensweise erwächst mehr oder weniger kausal bedingt, entsprechend den Faktoren von *»la race, le milieu, le moment«*. Auch wenn sie uns heute etwas schematisch und gewollt anmutet – die Verwissenschaftlichung der Künste ist ein prägender Faktor der Moderne. Und das damit verbundene Menschenbild bis in die Gegenwart gültig geblieben. Es erreicht möglicherweise im Kontext der Diskussion um die Grenzen und Möglichkeiten gentechnischer Manipulierbarkeit und des Einsatzes künstlicher Intelligenz sogar einen neuen Höhepunkt.

Bei all der Innovationskraft und Fortschrittsgläubigkeit des 19. Jahrhunderts darf man nicht vergessen, dass diese Dynamik sich paradoxerweise innerhalb eines rigiden Systems von gesellschaftlichen Regularien und Regeln der Repräsentation abspielte.

Selbst die Weltausstellung in Paris war als Basar der Möglichkeiten im Rahmen der Konvention konzipiert. Die kühne, futuristische Konstruktion des Eiffelturms einerseits, Parks mit historisierenden Allegorien und Symbolfiguren andererseits – für das 19. Jahrhundert scheinen dies keine Widersprüche gewesen zu sein.

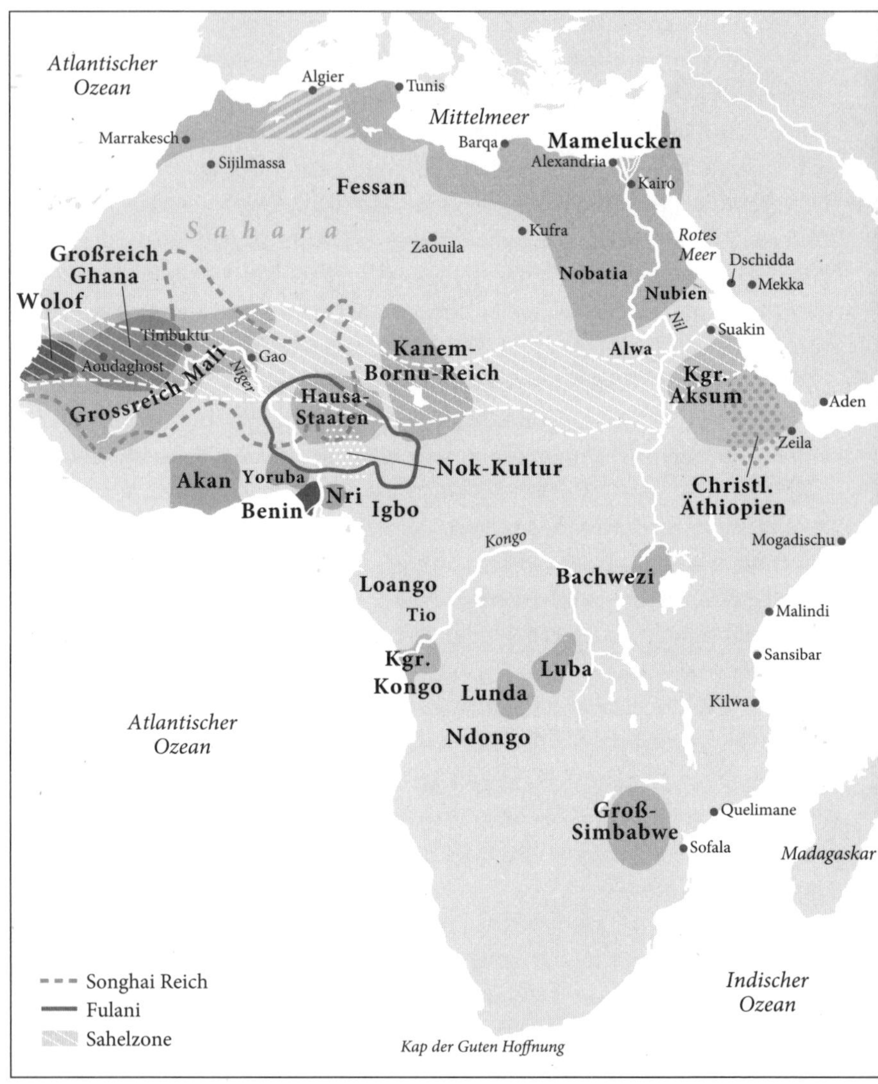

Europa stellte sich der Welt – so wie Europa sich die Welt vorstellte. Erst erschuf man neue Welten, indem man sie entdeckte, aufdeckte. Dann gestaltete man sie nach europäischen Mustern und Ideen. Wie in

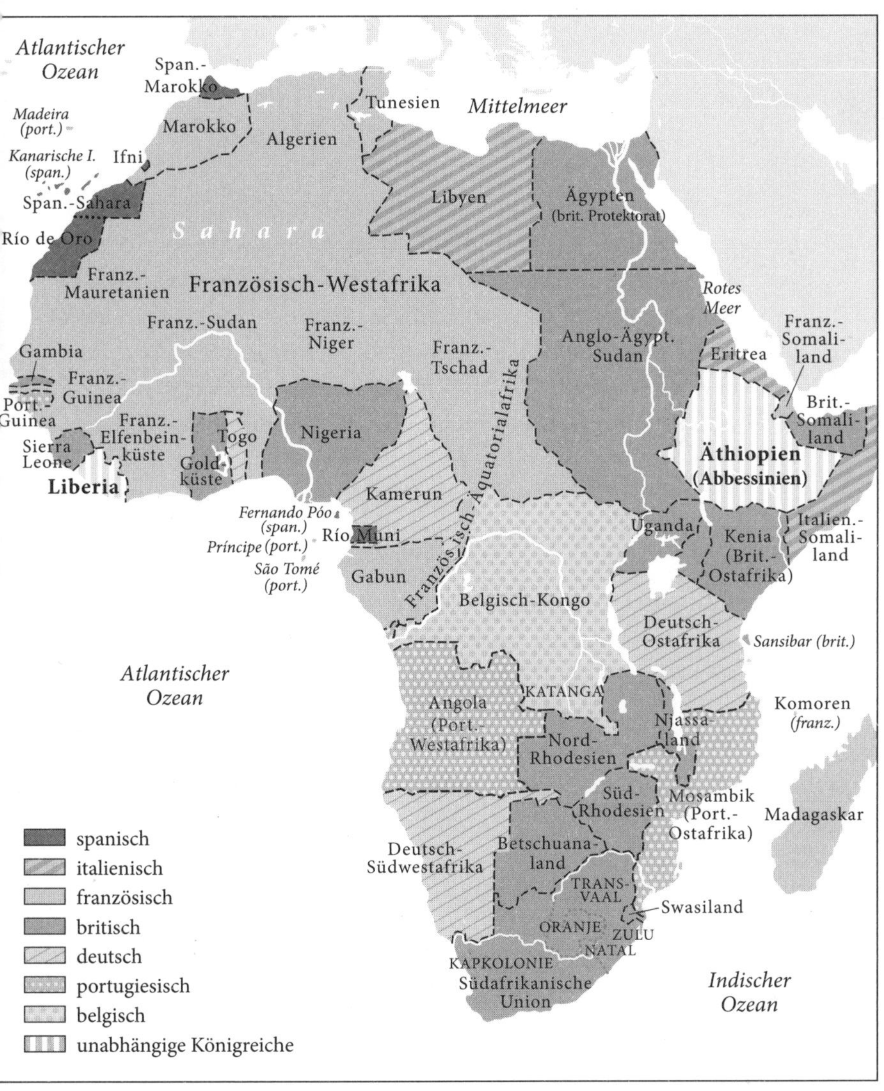

Afrika, das vor und nach der Kolonisation ein Kontinent mit völlig unterschiedlichen politischen Einheiten war. Oder in Amerika, wo praktisch die gesamte präkolumbianische Bevölkerung »ausgetauscht«

worden war. Dann, als letzten Schritt der Aneignung, führte man die kolonisierten Kulturen im Kolonialwarenladen der Weltausstellungen in kleinen, unverfänglichen Pröbchen vor.

Was war eine Weltausstellung schon sehr viel anderes als ein großer Kolonialwarenladen, in dem Exotika aller Arten feilgeboten wurden. Und fast alle europäischen Länder beteiligten sich ohne Bedenken an der »*grande bouffe*«, an diesem großen Fressen. Keiner der Akteure handelte dabei im Namen »Europas«, sondern einzig und allein in dem der jeweiligen Nation, des jeweiligen »Imperiums«. Und fast jedes europäische Land leistete sich ein solch überseeisches Parallelimperium als externes Rohstoff- und Menschenlager. Spanien, Portugal, Frankreich, Belgien, England, Deutschland – alle verfuhren nach demselben Schema, alle agierten auf eigene Faust und in Konkurrenz zu allen anderen, blind für die externen und internen Verwüstungen, die sie auf diese Weise in »transatlantische«, ozeanische Dimensionen vergrößerten.

Auch viele der Wissenschaftler und Autoren ließen sich vom Sog dieser merkwürdigen Expansions- und Fortschrittssucht mitreißen. Skeptische Stimmen wie diejenigen Wilhelm Raabes oder Joseph Conrads gehören zu den Ausnahmen: Der Roman *Abu Telfan* (1867) schildert die Odyssee eines Deutschen, der auszog, sein Glück in fernen Ländern zu machen. Nach langen Jahrzehnten kehrt er als Zerrütteter zurück, der seinen Frieden weder in der Fremde noch in der Heimat findet. Und der Protagonist von *Herz der Finsternis* (1899) berichtet von Weltenbummlern und -plünderern im Kongogebiet. Auch er wird traumatisiert von der großen Reise zurückkommen – den Kopf voller Bilder des Grauens und der Verblendung. Ein Dokument des Katzenjammers nach der großen Expansion, nach der Zeit, in der man glaubte, die Welt im Griff zu haben.

Auch wenn nach außen hin business as usual (im wahrsten Sinn des Wortes) angesagt war, begann das System der Plünderungen und vorbehaltlosen Dominanz langsam zu kippen. Immer mehr der einstigen Eroberer kehrten als Gebeutelte und Abgerissene aus den Kolonien und dem Traum von Kolonien zurück. In einem Gedicht von T. S. Eliot lernen wir einen »entzauberten Kolonialismus« kennen, und von der großen Geste des Die-Welt-in-Stücke-Schneidens ist nur noch ein Teelöffelchen geblieben, mit dem das lyrische Ich etwas hilflos im Gebräu der Welt herumstochert: Was mit Expansion begann, endet im Innenraum der eigenen, fragwürdig gewordenen Seele. Im Rausch der Expansionsenergie hatte man übersehen, dass die Seele der Menschen dieser Dynamik und Wucht nicht gewachsen war, nicht mehr Schritt halten konnte. Man musste innehalten. Und alles Verdrängte, Vergessene einer Neubesichtigung unterziehen.

22 »Oceanische Gefühle«: die Jahrhundertwende

Um die Jahrhundertwende ändert sich die Situation schlagartig. Freud entdeckt und erforscht die »oceanischen Gefühle«. Von Ich-Kult, von einer »Romantik der Nerven« ist bei den Vordenkern der Bewegung des »Jung-Wien« die Rede. Hermann Bahr (1863–1934) erläutert:

> Nicht Gefühle, nur Stimmungen suchen sie auf. Sie verschmähen nicht bloß die äußere Welt, sondern am inneren Menschen selbst verschmähen sie allen Rest, der nicht Stimmung ist. Das Denken, das Fühlen und das Wollen achten sie gering und nur den Vorrat, welchen sie jeweilig auf ihren Nerven finden, wollen sie ausdrücken und mitteilen. Das ist ihre Neuerung.[33]

Schlagworte, die die Forscher und Autoren der Zeit um 1900 europaweit bewegen. Künste und Wissenschaften entdecken die Abgründe der Seele und neue Dimensionen der Psyche. Das Ich erscheint nur mehr als Durchgangsstation flüchtiger Impressionen, und der ganze »Dom aus Begriffen« (Nietzsche), den Europa im Laufe von Jahrhunderten errichtet hatte, gerät ins Wanken. Selbst die Sprache verliert ihre Trennschärfe, und manchem zerfallen die »Worte im Munde wie modrige Pilze« (Hofmannsthal). So etwa könnte man die Situation im Zeitraffer beschreiben – aber was heißt das konkret? Und wann hat es begonnen? Die europäische Zeitmaschine arbeitet langsam – aber nichts geht verloren. Und bisweilen bricht etwas unvermutet auf und verdichtet sich dann zu einer Theorie, was bereits sehr viel früher intuitiv zu erspüren war. Die neuen »Nerven« lagen nicht erst um 1900 blank.

1845, mitten im 19. Jahrhundert. Man sitzt, umgeben von goldbesticktem Plüsch, in einem Opernhaus und erwartet ein erhebendes vaterländisches Historiendrama – doch dann brechen, peitschen die aufheulenden Klänge des Wagner'schen *Tannhäusers* auf das festlich gestimmte Parkett ein.

1857, Paris. Man greift zu einem vermeintlich spätromantischen Gedichtband, der vielleicht Florales, Träume und Liebe erwarten lässt. Doch die Lyrik Charles Baudelaires schockiert den Leser mit *Die Blumen des Bösen*, mit Albträumen und Ekel.

1883, ein Stück deutscher Philosophie mag sich der Interessierte erwartet haben, idealistisch oder von ostasiatischer Weisheit grundiert. Stattdessen blafft ihn die geifernde, wütende, bissige Stimme eines gestrandeten, gottlosen Wanderpredigers an: Friedrich Nietzsches *Also sprach Zarathustra*.

Décadence, Naturalismus, Symbolismus, Ästhetizismus – die Zeit der Jahrhundertwende wird mit Attributen und Labels behängt und entzieht sich dennoch einfachen Definitionen. Um zu verstehen, was wirklich geschieht, tut man gut daran, noch einmal weit ins 19. Jahrhundert hinabzutauchen. Denn Ästhetizismus und Décadence, das heißt nicht primär sachtes Verdämmern in morbiden Phantasien, sondern vehementer Widerspruch; nicht Selbstpreisgabe, sondern Provokation. Gegen alles, was mit bürgerlicher Moral und mit bürgerlichen Ordnungsvorstellungen zu tun hatte. Sei es die Sterilität einer verknöcherten, besserwisserischen Aufklärung, die pseudopoetisch gestimmte, zum Klischee verkommene Romantik oder eine auf Fassade und Konvention gepolte Bourgeoisie.

Wagner, Nietzsche und Baudelaire waren – jeder auf seine Weise – Sprengstoff für ihr System, und sie wollten das auch sein. Viele andere spürten und ahnten die Zumutungen und Lügen der etablierten Kultur und reagierten eher indirekt oder verdeckt: E.T.A. Hoffmann, der die unheimlichen Bezirke der schwarzen Romantik ergründete; Balzac, der in der Maske des Realisten massive Gesellschaftskritik übte;

Fontane, der die Leere der bürgerlichen Fassadenkultur zugleich aufdeckte und verbarg.

Auf der weltabgewandten Seite der Wirklichkeit, hinter Marmor und Stuck, begann es seit den verlorenen Revolutionen von 1830 und 1848 zu brodeln. Noch hielt die gründerzeitliche Kulisse aus bürgerlicher Moral, Fortschrittsgläubigkeit und Kommerz. Alles schien geordnet – doch außer dem Dekor stimmte nichts mehr. Durch feine Haarrisse war ein zersetzendes Gift eingesickert. Es ließ Grundelemente des Daseins langsam zerfallen: Worte, Werte, Normen – das Konzept vom Ich, das Konzept vom Du. So entstand ein inneres Vakuum, das nur noch durch eine – perfekte – Hülle und Hülse zusammengehalten wurde. Wer sich zur guten Gesellschaft zählte, kleidete sich sorgsam fünfmal am Tag um und arrangierte dazu die jeweils passenden Gefühle. Man investierte seine gesammelten Energien ins – Dekor.

Es ist nun mehr als 120 Jahre her, dass ein Buch entstand, das den Anfang vom Ende vorwegnahm. 1901 erschien der Jahrhundertroman *Buddenbrooks. Verfall einer Familie* von Thomas Mann, in dem er das allmähliche Korrodieren, Implodieren, Zusammenbrechen der bürgerlichen Kultur veranschaulicht: die genaue Besichtigung eines Zeitalters, des 19. Jahrhunderts.

Wahrhaft keine Mahlzeit für zartbesaitete Ästheten. Man erinnert sich: Die Szenerie ist Lübeck, die Figuren des Romans entstammen gediegensten, hanseatisch-protestantischen Kreisen. Aristokratisch getöntes Patriziertum. Und dennoch spürt man bereits den Keim des anderen, des gefährlichen, asozialen Lebens.

Auch politisch gärt es im Zusammenhang mit der 1848er-Revolution, Bankrotte, persönliche Labilitäten tun ein Übriges, die Zeichen des Niedergangs mehren sich. Christian Buddenbrook, Bruder des Modellhanseaten Thomas, scheint »aus der Art geschlagen«. Seine Hände erscheinen in einem ungesunden »matten und porösen Weiß«, Symptome rätselhafter Krankheiten treten auf, ungesundes Kunstinteresse regt sich, Theateraffären, Kaschemmenkontakte – Versuche, aus der Welt der Konsuln und Senatoren, der Handelshäuser und Kontore auszubrechen.

Christian gehört zu jenen »Kolonisten«, die mit verworrenen Vorstellungen ausziehen und gebrochen zurückkehren werden. Auf Umwegen landet er in Valparaíso, damals ein Welthafen. Der Panamakanal existiert noch nicht, und die Stadt schwappt vor englischen und hanseatischen Kaufleuten nur so über. Die Boheme jener Zeit baut sich auf den über vierzig Hügeln entlang der Pazifik-Bucht traumhafte abgeschiedene Villen.

Halbaussteiger Christian führt keine behagliche Existenz mehr, sondern ist ein notorischer Selbstbeobachter, Selbstsezierer. »Das sind die Nerven«, sagt die leicht beunruhigte Konsulin, und: »Christian, ja, es war höchste Zeit, daß du nach Hause kamst.« Nach Hause, wo allmählich Ordnung in »Banalität«, Sicherheit in »Langeweile« kippt. Und dann wird auch noch der Virus der »Fremdartigkeit« eingeschleppt, genau genommen eingeheiratet – was das Gleiche ist: Gerda stößt zum Kreis der Familie, eine ebenso irritierende wie faszinierende Erscheinung. Ihre »ein wenig morbide und rätselhafte Schönheit« bildet einen seltsamen Gegensatz zur gesundheitstriefenden Körperlichkeit ihrer Umgebung: »weißer«, »matter« Teint, dunkle Augen, bläulich umschattet, Gesten starrer Nervosität, nervöser Kälte. Musikenthusiastin. Ihr Abgott: Richard Wagner – im Kontext der *Buddenbrooks* figuriert er als die Signatur des Bösen:

> »Ich spiele dies nicht, gnädige Frau [...] Das ist keine Musik [...] Dies ist das Chaos! Dies ist Demagogie, Blasphemie und Wahnwitz! Dies ist ein parfümierter Qualm, in dem es blitzt! Dies ist das Ende aller Moral in der Kunst! Ich spiele es nicht!«[34]

So begehrt Bach-Experte und Kirchenorganist Edmund Pfühl auf, als Gerda ihn dazu verführen will, aus *Tristan und Isolde* vorzuspielen. Aber das »Gift« Wagner wird stärker sein: Die einen inhalieren es, werden süchtig danach, die anderen setzen die Gasmaske der Moral auf. Vergeblich. Wagner sickert durch alle Filter und kontaminiert Psyche und Physis: Selbst Thomas Buddenbrooks Lebenswille, seine

»Lebenstüchtigkeit«, sein bürgerliches Immunsystem kollabieren. Da erscheint es schon fast wie Hohn, wenn Witwe Buddenbrook und Sohn Hanno kurz nach dem Tod des Vaters gemeinsam im Stadttheater den *Lohengrin* hören, erleben. Endspielgefühle, ein Abschiedsritual, zelebriert in aller Öffentlichkeit, weg von der bürgerlichen Erwerbswelle, hin zur Kunst: einer Kunst, die nichts Normatives, »Sittliches«, »Ethisches«, Soziales vermittelt. Die weder bessern will noch belehren oder rühren. Nur überwältigen.

Es fällt nicht leicht zu umschreiben, was genau diese Kunst will. Thomas Mann versuchte, indem er die Reaktionen, Rezeptionen des todgeweihten Kunstkindes Hanno beschreibt, die Dimension der neuen Ästhetik zu umreißen. Hanno spielt zwar »nur« eine vergleichsweise harmlos anmutende Beethoven-Sonate, doch die davon ausgelösten Affekte haben mindestens Wagner-Format:

> Und nun begannen bewegte Gänge, ein rastloses Kommen und Gehen von Synkopen, suchend, irrend und von Aufschreien zerrissen, wie als sei eine Seele voll Unruhe über das, was sie vernommen, und was doch nicht verstummen wollte, sondern in immer anderen Harmonien, fragend, klagend, ersterbend, verlangend, verheißungsvoll sich wiederholte. […] Es lag etwas Brutales und Stumpfsinniges […] in dem fanatischen Kultus dieses Nichts, dieses Stücks Melodie, dieser kurzen, kindischen Erfindung von anderthalb Takten … etwas Lasterhaftes in der Maßlosigkeit und Unersättlichkeit, mit der sie genossen und ausgebeutet wurde, und etwas zynisch Verzweifeltes, etwas wie Wille zu Wonne und Untergang in der Gier, mit der die letzte Süßigkeit aus ihr gesogen wurde, bis zur Erschöpfung, bis zum Ekel und Überdruß […].[35]

Die stille Geste zwischen Hochmut und Resignation sagt mehr als programmatische Worte. Hanno ist – unrettbar – ein Kind der Décadence. Kunst als Affektrausch, als Überwältigung, als Selbstauslöschung. Diese Botschaft konnte für die keimfreie Fassadenkultur des späten 19. Jahrhunderts kaum verträglich sein.

Baudelaire berichtet von einem als skandalös empfundenen Wagner-Konzert in der »Salle du Théâtre des Italiens« in Paris. Ungeheuer heftige Publikumsreaktionen zwischen Abscheu, Entzückung, Ekstase begleiteten das Konzert. Baudelaires Hymnus über »Richard Wagner und [den] Tannhäuser in Paris« ist das Dokument eines poetologischen und ideologischen Pakts zweier Revolutionäre. Baudelaire, 1821 geboren, bezieht Position und fusioniert mit den künstlerischen Konzepten des acht Jahre älteren deutschen Zukunftsmusikers. Er zeichnet das Bild eines radikal ästhetischen und radikal extremistischen Künstlers. Spricht von einem »unbedingte[n], despotische[n] Verlangen nach der Erfüllung eines dramatischen Ideals« und macht die Ouvertüre des *Tannhäusers* zum künstlerischen Symbol eines Krieges der Kulturen, eines gnadenlosen Kampfes, »wo das Fleisch wider den Geist, die Hölle wider den Himmel, Satan wider Gott streitet«.[36]

An dieser Stelle muss es erlaubt sein, einen kurzen Exkurs zur Rolle der Musik einzuschieben, um ins Gedächtnis zu rufen, welche Rolle gerade die Oper für die Geschichte des europäischen Bewusstseins spielte und welche Gefühle mit ihr verbunden waren.

Bis heute scheiden sich an der Oper die Geister. Während sie für die einen eine Inkarnation alles Antiquierten und Überholten darstellt, ist sie für andere die höchste Vollendung der Kunst und absoluter emotionaler Höhepunkt.

Das Zusammenwirken von Bild, Wort und Musik kann uns überwältigen und selbst rationale Gemüter in eine Art Trance auf Zeit zu versetzen. Durch Komponisten wie Händel, Mozart, Verdi, Wagner, Bellini wurde die Oper im Lauf der Jahrhunderte geradezu ein Leitmedium der europäischen Kultur – Opernfestspiele führen nicht zufällig regelmäßig »Eliten« zusammen. Eine Eigenschaft, in der sich Glanz und Elend der Gattung spiegeln, der es nie ganz gelang, sich aus dem Schatten dieser irreführenden Zuschreibung zu lösen. Im Ursprung nämlich ist die Oper nichts anderes als der Versuch, der möglicherweise überzogen anmutende Versuch, der Befreiung des Menschen auf der Basis einer ästhetischen Erziehung. In seiner berühmten Schrift über *Die Geburt der Tragödie aus dem Geiste der Musik* schreibt der junge Friedrich Nietzsche in heutzutage bestürzend pathetisch anmutendem Tonfall über die Anfänge dieses Versuchs in der griechischen Antike:

> Singend und tanzend äussert sich der Mensch als Mitglied einer höheren Gemeinsamkeit: er hat das Gehen und das Sprechen verlernt und ist auf dem Wege, tanzend in die Lüfte emporzufliegen. Aus seinen Gebärden spricht die Verzauberung. [...] als Gott fühlt er sich, er selbst wandelt jetzt so verzückt und erhoben, wie er die Götter im Traume wandeln sah. Der Mensch ist nicht mehr Künstler, er ist Kunstwerk geworden [...].[37]

Von solchen rauschartigen Zuständen kann heute natürlich nicht mehr die Rede sein, wenngleich die dramatische Begegnung von Musik und Szene nach wie vor ein besonders intensives Erleben generiert, wobei gerade das anscheinend Unnatürliche der Oper zu einer Steigerung des Empfindens führen kann: Minutenlange – scheinbar unrealistisch verlängerte – Sterbeszenen sind nichts anderes als zeitlupenartige Verlangsamungen dessen, was sonst in Sekunden vor uns abläuft. Eine Verlangsamung, die zu einer extremen Verdichtung und Intensivierung der jeweiligen Gefühle führen kann. Die Zeit scheint ausgeschaltet. Der Moment ist alles. Und es sind genau diese besonderen Momente, die Musik taktet das Geschehen im Herzschlagrhythmus durch, die Worte verlieren sich für Augenblicke, wir nehmen mit allen Sinnen und Sensorien wahr.

Viele behaupten, das Prinzip der Polyphonie, der mehrstimmigen Musizier- beziehungsweise Kompositionsweise, bei der die einzelnen Stimmen gleichberechtigt agieren, dabei auch Eigenständigkeit haben und trotzdem zum Gelingen des Ganzen beitragen, hätte bis heute keinen spürbaren Erfolg in Europa. Dies trifft nur teilweise zu. Im 17. Jahrhundert war Polyphonie von den Niederlanden ausgehend europaweit das musikalische Kunstideal.

Mehrstimmigkeit und Oberstimme? Ein nur scheinbarer Widerspruch. Homophonie in mehrstimmiger Musik ist immer dann gegeben, wenn es eine führende Stimme gibt und die anderen Stimmen begleiten, also angepasst und untergeordnet sind. In Johann Sebastian Bachs »Kunst der Fuge« wird diese Balance perfektioniert und bis zu einem Grade entwickelt, der zugleich Evasion der Gefühle und deren Zähmung verspricht. Deshalb wird Bach bis weit ins 19. Jahrhundert hinein verehrt – Wagner gefürchtet. Er scheint zu entfesseln, was bis dahin gemieden wurde. Ihn zieht an, wovor die Konvention zurückschrak.

Den »teuflischen Regionen im Menschen« also gilt das Interesse der Décadents Baudelaire und Wagner, das heißt der Unterseite, dem Unterfutter der im Verlauf des 19. Jahrhunderts konsequent verbürgerlichten Seelenlandschaft. Höchstentwickelte Fassadentechnik. Dahinter Abgründiges, Öde, Nichts. Heuchelei als Grunddispositiv, Tarnkappenbomber der Affekte. Ein bis zum Zerreißen gespanntes Wahrnehmungs-, Kontroll- und Steuerungssystem, das zwischen oben und unten, Oberfläche und Tiefenschicht zu vermitteln sucht: zum Bersten angespannt, vibrierend – und wieder sind es die »Nerven«, die Telefonleitungen der Psyche des 19. Jahrhunderts, die im Zentrum stehen.

Wagner lieferte die ins Ästhetische übersetzte Analyse dieser Gesellschaftsstruktur, machte die Ursache ihrer Gefährdung dingfest, im Klang spürbar; Baudelaire wiederum verdeutlichte dies anhand seiner Wahrnehmungsanalyse der *Tannhäuser*-Ouvertüre und des verdeckten Zusammenhangs von Liebe und Todesgefahr:

> Von den ersten Takten an leben die Nerven im Einklang mit der Melodie; alles Fleisch erinnert sich und beginnt zu zittern. […] Auf den satanischen Kitzel einer unbestimmten Liebe folgen bald Entrückungen, Verzückungen, Siegesschreie, […] dann ein wildes Geheul, Anklagen des hingeschlachteten Opfers und das ruchlose Hosianna des Schlächters, als ob die blinde Rohheit im Drama der Liebe immer ihren Platz einnehmen und der Sinnengenuß, nach einer unentrinnbaren satanischen Losung, zu den Wonnen des Verbrechens führen müßte.[38]

Baudelaire huldigt dem dezidiert gegen die Empfindungsdurchschnittlichkeit seiner Zeit gerichteten Programm Wagners. Er rühmt dessen tyrannisch-ernsthafte, große, gegen Vergnügen und Moral gerichtete Kunstidee. In einem Brief an den Komponisten vom 17. Februar 1860 spricht Baudelaire davon, durch dessen Musik den höchsten musikalischen Genuss seines Lebens empfunden zu haben, und schwärmt von einer neuen Dimension der ästhetisch-affektiven Einheit zwischen Werk und Rezipient. Oder sollte man sagen zwischen »Dealer« und »Konsument«? Narkotikum, Rauschmittel, Droge – Baudelaire findet ein künstliches Paradies in Wagners Musik. Der Extremist der Ästhetik bewohnt den Raum, den ein anderer Extremist (nicht nur im Bereich des Klangs) geschaffen hat. Mehr als eine Rezeptionsspur. Dokument eines Identisch-Werdens.

Ob Stefan George, Paul Verlaine, Arthur Rimbaud, Stéphane Mallarmé, Oscar Wilde, Edgar Allan Poe, Stanislaw Przybyszewski, Maurice Maeterlinck – sie alle sind Bewohner und Schöpfer »künstlicher Paradiese«, die sich dem Prinzip des Fortschritts und der Gesundheit programmatisch verweigern. Hier eine prosperierende Welt, die ihren beginnenden Verfall nicht wahrhaben möchte. Dort Partisanen des Untergangs, denen die Zukunft gehören wird.

Es ist eine hybride Situation, für die Autoren gewagte Bilder finden. Vom Rand her dem eigenen Untergang mit angespannten Sinnen beiwohnen, wie in Verlaines berühmten Gedicht »Mattigkeit« in dem Gedichtband *Jadis et Naguère* von 1884.[39] In poetisierter Form findet sich darin eine saturierte, schwelgerisch demonstrierte Mattigkeit, eine Passivität und luxusgrundierte Richtungslosigkeit – ganz so, als wollten die Künstler die Perspektivlosigkeit ihrer eigenen Zeit denunzieren und zugleich ästhetisch feiern.

Der Flirt mit den Unter- und Gegenwelten, das lustvolle Sich-Einschließen in eine »sterile«, das heißt, hermetische Kunstwelt, das sind die bestimmenden Themen der Décadence. So auch in Stefan Georges *Algabal*, wo ein stilisierter spätrömischer Kaiser seine steinerne Gegenwelt im Stile Ludwigs II. von Bayern durchmisst:

Mein garten bedarf nicht luft und nicht wärme
Der garten den ich mir selber erbaut
Und seiner vögel leblose schwärme
Haben noch nie einen frühling geschaut.
[...]
Wie zeug ich dich aber im heiligtume –
So fragt ich wenn ich es sinnend durchmass
In kühnen gespinsten der sorge vergass –
Dunkle grosse schwarze blume?[40]

Die Geschichten, Bilder, Vorstellungen und Figuren der Décadence sind eine einzige Provokation. Und nur so – als Provokation gegen ein saturiertes, korrumpiertes Moral- und Wertesystem – sind sie zu verstehen. Gelangweilte Dandys und unnahbar-laszive Frauen bewohnen diese Welten. Etwa Prosper Mérimées Femmes fatales oder ihre durch den Frauentypus des italienischen Manierismus inspirierten Darstellungen von Swinburne und Rossetti.

Ganz ähnlich die von Mallarmé bis Wilde vergötterte, vergöttlichte Salome, die in Wildes gleichnamigem Drama als verführerischer schwarzer Engel durch den Palast streift – verzückend, todbringend, alle in ihren Bann schlagend:

DER JUNGE SYRIER

Wie bleich die Prinzessin ist! Nie sah ich sie so bleich. Sie gleicht dem Bild einer weißen Rose in einem Spiegel von Silber.

HERODIAS' PAGE

Man muß sie nicht anschauen. Du schaust sie zuviel an![41]

Auch Joris-Karl Huysmans (1848–1907) schwärmt in seinem Décadence-Roman, seiner Décadence-Bibel *Gegen den Strich* (1884) von ihrem Bild, genauer von ihrem Bildnis, dem berühmten Gemälde Gustave Moreaus.

> Mit feiner Gebärde des Entsetzens weist Salome die schreckliche Vision von sich, die sie reglos auf den Fußspitzen festnagelt; ihre Augen weiten sich, ihre Hand umfaßt krampfhaft ihre Kehle.
>
> Sie ist fast nackt; in der Hitze des Tanzes haben sich die Schleier gelöst, […] sie ist nur noch mit Goldgeschmeiden und leuchtenden Steinen bekleidet […].[42]

Wagner, Nietzsche, Baudelaire und ihre Nachahmer – sie alle suchten die Provokation. Ihre Wege kreuzen sich immer wieder. Nietzsche hat, wie stets, alles geahnt und die Zusammenhänge freigelegt. Vor allem glaubte er, die schmutzigen Bande zwischen Wagner und Baudelaire erkannt zu haben. Ihr mittelbares Zusammentreffen in Paris, Baudelaires enthusiastische Reaktion auf den *Tannhäuser*, all dies war aus der Sicht Nietzsches kein Zufall.

Klammert man für den Moment Nietzsches strategisches Wüten gegen Baudelaire aus, erkennt man rasch, dass ihre Grundeinstellung dieselbe ist. Beide hassen sie die »Nützlichkeit« über alles: nützliche Menschen, nützliche Moral, nützliche Kunst. Das Starke, Gefährliche, Satanische fasziniert, das Unnatürliche, Unschöne, Ungute. Man berauscht sich am Bild einer kraftvoll-archaischen Antike, ganz ohne Winckelmanns »edle Einfalt und stille Größe«. Nichts Akademisches, kein Gipsfigurenkabinett. Nietzsches Dionysos scheint Pate zu stehen. Fleisch, Moral, gesunde Instinkte, keine Heuchelei. Freilich ist dies der Bericht über ein »verlorenes Paradies«, ein gewesenes Arkadien. Dem lyrischen Ich bleibt nur der Genuss an einem Erinnerungskino. Es schwelgt in Bildern, weit entfernten zwar, aber noch immer lebendigen. Realpräsenz einer körpernahen Illusion. Umso brutaler der Zusammenstoß mit der Gegenwart, einer in seinen Augen frustrierenden, erkaltenden Wirklichkeit. Gedunsene Larven, Einzelteile, Krüppelleiber, Mutterschaft als rassenhygienisches Laster. Ein vernichtendes Bild, vernichtend gezeichnet. Weshalb so drastisch? Weshalb so hässlich? So erbarmungslos? Die Décadents ahnen, dass das Hässliche, Gemeine, »Entartete« das Material ist, aus dem die Dichtung der Moderne sein wird, nachdem eine ganze

Gesellschaft in den Abgrund der Vernichtung ihrer ursprünglichen Werte gestürzt ist.

Ein schaurig-skurriles Endspiel; Krückendichtung für »kranke Rassen«. Lebende Leichen im Kulturlazarett, die zwischen ihren lasziven Träumen, sehnsüchtig an die Decke ihres Krankensaals starrend, Ausschau nach den unschuldigen Ursprungsbildern halten. Das Faszinosum der Morbidität, die latente »Sympathie mit dem Abgrund«, wie Thomas Mann diese Haltung in *Der Tod in Venedig* nennt. Dieser Todessüchtigkeit ist nichts Romantisch-Wehmütiges mehr eigen – vielmehr bestimmt ein fast aggressives Wüten im skelettösen, moribunden Gesamtzustand der Welt wie der Gesellschaft den Ton und die Zeichensprache der Bilder.

So jedenfalls präsentiert sich die Stimmung im Ganzen: eine große Trauer, ein großes Verfluchen der Gegenwart, ein teils masochistisches, teils verzweifeltes Schielen nach und spielen mit ruinösen Resten. Unter der Decke des Fortschritts hat sich die Gesellschaft, hat sich das Individuum aus dem Blick verloren.

In seinen *Antimetaphysischen Vorbemerkungen* stellt der in Wien tätige Naturwissenschaftler und Philosoph Ernst Mach (1838–1916) eine Theorie auf, die die Problematik der Zeit um 1900 auf den Punkt bringt. Und gleichzeitig das seit Jahrhunderten stabile Verhältnis zwischen innen und außen, Ich und Welt destabilisiert. Unter dem Stichwort »Ich« heißt es dort:

> Als *relativ* beständig zeigt sich ferner der an einen besonderen Körper (den Leib) gebundene Komplex von Erinnerungen, Stimmungen, Gefühlen, welcher als *Ich* bezeichnet wird. […] Allerdings ist auch das Ich nur von *relativer* Beständigkeit. […] Das Ich ist so wenig absolut beständig als die Körper.[43]

Es ist eine Illusion, das Ich sind Empfindungen. Dahinter steckt – nichts. Wenn sich das Bündel von Empfindungen, Erinnerungen und Gefühlen auflöst, ist es damit vorbei wie mit einem Stück Zucker im Tee. Am

Ende einer 2000-jährigen Geschichte dessen, was man die Definition der Identität nennen könnte, zerfallen wir wieder in Einzelteile und verflüchtigen uns zu einer Art Spray. (Siehe Abbildung 61 in Tafelteil 3.)

Anfangs, in der Antike, zogen wir uns mühsam aus dem Sog der Dominanz durch das »Schicksal«. Dann legte sich die große, bergende Glocke der göttlichen Fügung über uns: Aus dem Drama der Schuld wurde das Trauma der Sünde. Das vitale Projekt der Renaissance probte erfolgreich den Aufstand gegen diese Domestizierung und entwarf das Konzept von Individuen, die über die göttlichen und menschlichen Gesetze hinauswuchsen.

Später, im nervösen 18./19. Jahrhundert wurden diese Entwürfe einmal mehr gebändigt. Wie es eigentlich immer um genau diese Antinomie geht: Das Gesellschafts-Ich im weitesten Sinne steht in höchster Spannung zum Individual-Ich. Wobei manchmal die soziale Seite dominiert (wie im Realismus), dann wieder das autonome Ich ins Zentrum tritt (wie in der Décadence). Bis hin zum Akt des Sich-Ausklinkens aus jeder Form der Wertegemeinschaft, in Sonderheit der demokratischen als einer gleichmacherischen. Moral als sozialer Vampirismus und Décadence als praktizierte Menschenverachtung.

Rasch ist man dann mit der Forderung nach dem »neuen Menschen« bei der Hand. Und legt Hand an. An all jene, die diesem Bilde nicht entsprechen. Ein paar Jahrzehnte später dann stehen mit einem Mal auch die Ideengeber selbst auf der Todesliste: als Geisteskranke – »Entartete«.

Ahnte Nietzsche, wen oder was er da heraufbeschwören sollte, als er wortmächtig gegen die »Guten« wetterte? Er meinte vermutlich damit träge, selbstzufriedene, notorische Gutmenschen – und lieferte die Blaupause für die Vernichtung Hunderttausender Unschuldiger, wenn er »über die Partei alles Schwachen, Kranken, Missrathnen, An-Sich-selber-Leidenden« delirierte, den Untergang »all dessen was *zugrunde gehn soll*« beschwor, weil es hinderlich sei für die Ausbildung eines »stolzen und wohlgerathenen […] zukunftsgewissen, zukunftverbürgenden Menschen«.[44]

Auch kluge, selbst sehr kluge Menschen sind vor gravierenden Irrtümern nicht gefeit. So treffend Nietzsches verstörende Gesellschaftsanalyse ist, so falsch und verhängnisvoll ist seine Utopie: die Supermenschen und blonden Bestien, die dem Gehirnlabor entsprangen, sein menschen-, volksverachtender Grundgestus. Sein »Moral ist heute Herdentrieb« mag sich als Aphorismus für viele faszinierend lesen. In seiner Konsequenz kann es tödlich sein.

Kein Zweifel: Die Welt war aus dem Gleichgewicht geraten. Das »Ich« war zum alleinigen Zentralorgan geworden und hatte sich zugleich aufgelöst. Man stützte sich auf ein Fundament, das man im selben Augenblick untergrub.

Dennoch, das Versprechen einer absoluten Autonomie des hermetischen Ich frappierte Europa. Die neue Philosophie des »unrettbar« gewordenen und dadurch zugleich überhöhten Ich faszinierte die Zeitgenossen, zumal sie mit Entwicklungen vergleichbarer Art auf anderen Gebieten einherging: Psychologie (Alfred Adler) und physiologische Medizin (Jean-Martin Charcot) entwickelten neue Theorien des Empfindens, die alle Vorgänge aus der Seele in die neuen »Nerven« – sensible Wahrnehmungsorgane ohne ethische Kompetenz – verlegten. Man will eine Psychologie ohne jeden erzählerischen Umweg, ohne jede moralistische Barriere. Und einen Stil, der Abbild der objektiven Prozesse in Nerven und Gehirn sein soll.

In den bereits erwähnten Essays von Hermann Bahr, der naturalistisch-wissenschaftlichen Anspruch und ästhetischen Immoralismus der Décadents in Einklang zu bringen versuchte, wird deutlich, dass Moral und Kunst als zwei Dinge verstanden werden, die nichts miteinander zu tun haben. Und immer wieder zeigt sich die Idee der »Nerven«, der »nervösen Bedürfnisse«, einer »Romantik der Nerven« als magische Chiffre, die das neue System tragen soll.

In Max Klingers und Gustav Klimts flackernden Skizzen glaubt man den neurasthenisch stockenden Atem im unruhig vibrierenden Strich der Zeit förmlich zu spüren. Die »Nerven« werden nicht stark genug sein, um die Last der Wirklichkeit zu tragen. Dem Nervenrausch assoziiert ist bei den bedeutenderen Autoren stets auch die Ernüchterung, das Erkennen der Gefahr, die in der Verabsolutierung des Ich als Zentrum stimulierender Impulse liegt. Wie der Autor seine Figuren, so durchschauen diese wiederum sich selbst, sodass ein stupides Verharren in der einst so verführerischen Pose des »Vivisekteurs« der eigenen Empfindungen immer fragwürdiger werden muss.

Bei den meisten Autoren stehen bereits zu diesem frühen Zeitpunkt die Spannungen im Mittelpunkt, die sich aus den »nervösen« Prämissen ergeben. Dies gilt für den frühen Hugo von Hofmannsthal (1874–1929) ebenso wie für Arthur Schnitzler (1862–1931), Leopold von Andrian (1875–1951) oder Richard Beer-Hofmann (1866–1945): Hinter den Masken und Rollen treten Wesen hervor, die die Stilisierung des Ich als Entfremdung begreifen gelernt haben. Die künstlerisch-hermetische Position wird als »asozial« erkannt und zu überwinden gesucht; Trauer um eine verloren gegangene Identität von Denken und Empfinden ist ein dominantes Thema. Eine Rückkehr zu den Ursprüngen aber ist nicht mehr möglich: Die Erfahrungen der Décadence haben das Individuum bewusstseinsmäßig umstrukturiert, eindimensionale Lebenskonzepte werden seiner Komplexität nicht mehr gerecht.

Auch diese Entwicklung hatte einen langen Vorlauf. Erste Signale, Symptome lassen sich bereits in der Jahrhundertmitte erspüren. Etwa in Gestalt einer reflexartigen Abwehrhaltung gegen die von der Kunst und der Literatur wahrgenommenen Irritationen. Die Gesellschaft versuchte sich gegen diese Einblicke und Einbrüche abzuschotten, sie auszublenden: Die Prozesse gegen Flaubert oder gegen Baudelaire, dem die Veröffentlichung der *Fleurs du Mal* 1857 eine Anklage wegen Gotteslästerung und Beleidigung der öffentlichen Moral einbrachte, markieren diese Abwehrhaltung ebenso wie die systematische Ausgrenzung Nietzsches aus der akademisch-universitären Philosophie. In all diesen Fällen wird der Angeklagte schließlich obsiegen. Baudelaires, Flauberts und Nietzsches Werke leben. Prozessakten und Gutachten sind Makulatur. Die Moderne lässt sich nicht durch Gerichts- und Berufungsverfahren stoppen. Die stillschweigend akzeptierte

Übereinkunft, dass die Kunst im Sinne eines verwässerten Klassizismus, einer sentimentalen Romantik oder einer biedermeierlichen Realistik dazu aufgerufen sei, Schleier über die Wirklichkeit zu legen, und wenn sie etwas entblöße, dann nur das Schöne, war an ihr Ende gekommen, und gerade die oft übel beleumundeten Décadents waren es, die als Propheten und Ideologen dieser Art von Fortschritt den Kampf ansagten.

Baudelaire muss geahnt haben, welches Risiko er mit den *Fleurs du Mal* einging, besonders nach den Gerichtsverfahren gegen Flaubert und andere Schriftsteller. Er hat diesen Prozess gewollt. Vielleicht gerade um des Skandals willen und wegen des Rufs als einer, der gegen den Strom schwimmt, als Außenseiter, Provokateur, als Dandy, Décadent. Nietzsche formuliert einen rigorosen und auch irritierenden Befund, der die widersprüchliche Situation auf den Punkt bringt:

»Was mich am tiefsten beschäftigt hat, das ist in der That das Problem der *décadence* – ich habe Gründe dazu gehabt. ›Gut und Böse‹ ist nur eine Spielart jenes Problems. Hat man sich für die Abzeichen des Niedergangs ein Auge gemacht, so versteht man auch die Moral – man versteht, was sich unter ihren heiligsten Namen und Werthformeln versteckt: das *verarmte* Leben, der Wille zum Ende, die grosse Müdigkeit. Moral *verneint* das Leben [...].«[45] Der Décadent zugleich als Décadence-Therapeut und Décadence-Erklärer. Décadence, Degeneszenz, Entartung – die klinische Schrittfolge führt geradewegs in die Moderne, ins 20. Jahrhundert. Wenige Seiten später das poetologische Röntgenbild, auf das sich dieser Befund stützt. Diese Analyse trifft ins Knochenmark der Décadence:

> Ich halte mich dies Mal nur bei der Frage des *Stils* auf. – Womit kennzeichnet sich jede *litterarische* décadence? Damit, dass das Leben nicht mehr im Ganzen wohnt. Das Wort wird souverain und springt aus dem Satz hinaus, der Satz greift über und verdunkelt den Sinn der Seite, die Seite gewinnt Leben auf Unkosten des Ganzen – das Ganze ist kein Ganzes mehr. Aber das ist das Gleichniss für jeden Stil der décadence: jedes Mal Anarchie der Atome,

> Disgregation des Willens, »Freiheit des Individuums«, moralisch geredet – zu einer politischen Theorie erweitert »*gleiche* Rechte für alle«.[46]

Diese Definition der Definitionen hätte nicht zutreffender formuliert worden sein können. Kein Zweifel, er hatte recht. Nietzsche hat immer recht. Weil er, wie er selbst schreibt, so »klug ist«. Décadence-Experte ist er ganz sicher, vermutlich wirklich sogar der größte. Seine Definition trifft das Prinzip der Décadence genau. Und seines Zeichens Décadent, weiß er, dass er selbst im Niemandsland zwischen Dekadentismus und Antidekadentismus lebt. Zwischen Absage an das in seinen Augen falsche und Feier des in seinen Augen richtigen Lebens.

Schließlich fällt das Schlüsselwort: »Umwertung aller Werte«, Vernichtung der Moral, jedenfalls der bürgerlichen:

> Man muß sehr unmoralisch sein, um durch die That *Moral zu machen* … Die Mittel der Moralisten sind die furchtbarsten […]
>
> Der Mensch, eingesperrt in einen eisernen Käfig von Irrthümern, eine Carikatur des Menschen geworden, krank, kümmerlich, gegen sich selbst böswillig, voller Haß auf die Antriebe zum Leben, voller Mißtrauen gegen alles, was schön und glücklich ist am Leben, ein wandelndes Elend […][47]

Immer wieder attackiert Nietzsche – von allen Richtungen her – das Konstrukt der Moral, der »Entselbstungs-«, der »Niedergangs-Moral«. Moral als sozialer Vampirismus, der das Individuum blutleer macht. Die schlimmsten Menschen: »gute« Menschen.

> Endlich – es ist das Furchtbarste – im Begriff des *guten* Menschen die Partei alles Schwachen, Kranken, Missrathnen, An-sich-selber-Leidenden genommen, alles dessen, *was zugrunde gehn soll* –, das Gesetz der *Selektion* gekreuzt, ein Ideal aus dem Widerspruch gegen den stolzen und wohlgerathenen, gegen den jasagenden, gegen

> den zukunftsgewissen, zukunftverbürgenden Menschen gemacht – dieser heisst nunmehr der *Böse* … Und das Alles wurde geglaubt *als Moral! – Ecrasez l'infâme!* – Hat man mich verstanden? – *Dionysos gegen den Gekreuzigten …*[48]

Gott als dekadenter Duckmäuser, die Juden als Mega-Décadents – Nietzsche begibt sich willentlich auf ideologisch vermintes Terrain. Und geht Schritt für Schritt weiter: Krankheit, Sozialdienst, Aufklärung, Fortschritt – seichter Dekadentismus, unterste Schublade, fast schon winselnder Sozialstaat, Demokratie …

Was bleibt? Die Frage, ob sich Nietzsche, der sich nun gedanklich von allem und jedem trennte, was ihm irgendwann einmal wichtig gewesen ist, nicht in eine Sackgasse hineinargumentiert hat. Was bleibt dem, der alles negiert? – Alles bisher Negierte. Und nun geschieht das Überraschende: Der, der die Décadence der Guten attackiert, landet nun doch wieder mitten in der Décadence – der Décadence des Bösen. Systemausbruch versucht. Systemausbruch gescheitert.

»Ich bin kein Mensch, ich bin Dynamit«, verkündet der Décadence-Zertrümmerer in *Warum ich ein Schicksal bin*. Aber die Explosion gebiert Monstren. Monstren und neue Mythen. Mythen synkretistischer, exotischer, archaischer Art. Mythen, die ihr zerstörerisches Potenzial wenige Jahre später entladen sollten.

Das individuell wie politisch aus dem Gleichgewicht geratene Gefüge Europas baute einen immensen Spannungszustand auf. Eben noch »unrettbar« und im Zustand rauschhafter Selbstauflösung – dann wieder stolz, überheblich, zukunftsgewiss; im »Wartesaal der Empfindungen« (Mach) war Europa um 1900 in sich widersprüchlicher denn je. Wenn es denn ein Widerspruch ist. Die andere Seite der Selbstauslöschung, des Gefühls der Auslöschung ist nichts anderes als die Sucht nach Allmachtgefühlen.

Im Vakuum wird das Verlangen nach Dominanz zur Treibkraft. Individuell wie kollektiv. Wobei erstmals in dieser Form in Europa ein Faktor ins Spiel kam, der bis zum Beginn des 19. Jahrhunderts keine nennenswerte Rolle gespielt hatte: die Nation, nein, sehr viel mehr der rabiate, ideologisch aufgerüstete Nationalismus.

Auf dem Umweg über die revolutionierende Vision der »Republik« war dieser Faktor auf den Plan getreten und setzte im Verlauf weniger Jahre bisher ungeahnte Energien frei. Ob in Italien, Frankreich, Polen oder Deutschland – schlagartig schien ein Bewusstsein für die Zusammengehörigkeit des jeweiligen »Volkes« entstanden zu sein, und man aktivierte die entsprechenden territorial und historisch informierten Gefühle.

Es liegt in der paradoxen Logik dieses Denkens, Grenzen einerseits ängstlich zu ziehen und sich andererseits rabiat über sie hinwegzusetzen. Jede Nation, die »etwas auf sich hielt«, suchte sich folgerichtig ihre Satelliten, ihr Imperium: *Britannia ruled the waves*, Frankreich reichte bis Tahiti. Selbst Deutschland unternahm Versuche. Kaum aus den nationalen Windeln schickte man sich an, im Konzert der Großen mitzuspielen. Jeder für sich versuchte, sich die Welt untertan zu machen. Der Kampf um die Ressourcen nationaler Macht begann. Und irgendwann genügte ein Funke, ein Schuss in Sarajewo, um die Bombe des Nationalismus zu zünden.

23 Europa implodiert: der Zusammenbruch der alten Systeme

»Deutschland hat Rußland den Krieg erklärt. – Nachmittag Schwimmschule«, notiert Kafka am 2. August 1914 in seinem Tagebuch.[49] Vier Tage später hält er folgende Beobachtung fest:

> Patriotischer Umzug. Rede des Bürgermeisters […] und der deutsche Ausruf: »Es lebe unser geliebter Monarch, hoch.« Ich stehe dabei mit meinem bösen Blick. Diese Umzüge sind eine der widerlichsten Begleiterscheinungen des Krieges. […] Natürlich reißen sie manchen mit. Organisiert war es gut. Es soll sich jeden Abend wiederholen […].[50]

Kafka stand mit seinem »bösen Blick« daneben. Andere – ob Ernst Jünger, Tommaso Marinetti oder die Expressionisten – waren selig mittendrin, schwärmten vom längst überfälligen Aufbruch. Von der Lust, das Alte, Morsche zu zerstören. Nachdem die verhängnisvollen Schüsse von Sarajewo gefallen waren, bemächtigte sich Europas eine irrwitzige Euphorie, die man nur teilweise rational erklären kann. Die Erklärung fällt nicht sehr schmeichelhaft für den Geisteszustand dieses Kontinents aus, der sich noch um 1800 gerühmt hatte, eine »christlich-abendländische Wertegemeinschaft« zu sein, und auch dann noch seinen humanistischen Geist beschwor, als er längst zu einer Ansammlung nationalistischer Parzellen geworden war. Die Österreichisch-Ungarische Monarchie, die als Epizentrum dieser zum Weltkrieg mutierten ethisch grundierten Regionalkonflikte

ausgemacht werden kann, repräsentiert solch eine gefährliche Illusion, die Illusion der Toleranz und Dominanz. Und geraume Zeit lebte dieser Glaube – kleinere Spannungen etwa zwischen Ethnien marginalisierte man.

Die meisten dieser Konflikte köcheln jahrzehntelang. »Scharf« werden sie in dem Moment, in dem sich ein übergeordnetes System, mag es nun Habsburg, Russische Föderation oder »Europa« heißen, darüberlegt und die Souveränität, die Autonomie der einzelnen Verbände gefährdet oder auch nur zu gefährden scheint.

Genau dies war 1914 der Fall. Lange Zeit hatte die Monarchie – mit dem mythischen, fernen Kaiser in Wien als Klammer – funktioniert und als Vielvölkerstaat unter anderem Bosnier, Deutsche, Italiener, Kroaten, Polen, Rumänen, Serben, Slowenen, Tschechen, Ukrainer, Ungarn innerhalb eines Staatsgebiets vereinigt. Unter der Decke der

»Donaumonarchie« schienen zahlreiche unterschiedliche Nationen, wenn nicht zu prosperieren, so doch zu koexistieren.

Das Gebiet erstreckte sich von Tirol und Norditalien bis in die Bukowina und Galizien, von Böhmen bis Montenegro – ein gewaltiges Imperium, das erstaunlicherweise noch immer im Stande ist, nostalgische Gefühle zu erzeugen. In Wirklichkeit forderten besonders die slawischen Völker seit jeher ihre Unabhängigkeit. In Bosnien und der Herzegowina, vor allem aber in Serbien, das seinem Traum von einem serbischen Großreich hinterhertrauerte, formierte sich Widerstand. Vor allem die im Volksmund als »Schwarze Hand« bezeichnete serbisch-nationalistische Geheimbewegung galt als extrem und plante jahrelang Anschläge gegen die »Besatzer«, gegen Österreich. Die zwei Schüsse, mit denen Gavrilo Princip am 28. Juni 1914 Erzherzog Franz Ferdinand und seine Gattin tötete, sollten Folgen haben, die weit über einen lokalen Konflikt hinausreichen – 34 Tage später begann der Erste Weltkrieg.

Wie es dazu kommen konnte, dass aus einem scheinbar regionalen Ereignis ein Weltbrand wurde, haben Historiker häufig diskutiert. Immer wieder verweist man auf die makabre Tatsache, dass keiner der Regierenden ihn wirklich wollte. Weder der russische Zar, der sogar versuchte, die Generalmobilmachung im letzten Augenblick zu stoppen, noch Kaiser Franz Joseph, der nur an einer Abrechnung mit den »aufmüpfigen« Serben interessiert war. Auch nicht der deutsche Kaiser, der zwar Russland den Krieg erklärte, diesen Schritt wie alle anderen jedoch als Defensivmaßnahme beschrieb. Noch weniger England, das sich bereits auf eine Zuschauerrolle einstellte. Doch alle, auch heutige Historiker, machten und machen noch immer einen entscheidenden Denkfehler, weil sie offenbar vermuten, dass Männer, also Herrscher, Geschichte machen und über Krieg und Frieden entscheiden.

Als ob nicht gerade dieser Krieg, den keiner wollte und der doch mit einer Vehemenz ohnegleichen ausbrach, nicht ganz andere Ursachen haben könnte. Ursachen, die in den sogenannten weichen Faktoren liegen, welche vielleicht weniger leicht greifbar, aber nicht weniger entscheidend sind.

Vor allem war da eine geradezu irrwitzige Begeisterung auf Seiten derer, die ein paar Wochen später als Kanonenfutter in den Schützengräben vegetieren sollten. Millionenfach zog man in diesen Krieg wie in einen festlichen Gottesdienst. Feierte den Moment des Kriegseintritts wie einen Triumph, sah ihn als Erlösung, nicht als Heimsuchung. (Siehe Abbildung 62 in Tafelteil 3.) Könnte es sein, dass auch die Entscheidungsträger in den Bann dieser ebenso diffusen wie wirkungsmächtigen Kollektivstimmung gerieten? Und dass in Wirklichkeit auch sie nur halfen, einen in der Luft liegenden Gemeinwillen zu erfüllen? Dass sie letztlich nicht Regierende, sondern Reagierende waren? Nein, ich rede natürlich nicht von »Schicksalhaftem« und Ähnlichem. Aber vieles spricht dafür, dass allen sozialen und politischen Beweggründen zum Trotz auch diese eigenartige Stimmung ausschlaggebend dafür gewesen sein könnte, dass diese Schüsse zum Zünder eines Flächenbrandes werden sollten. Raus aus dem Stillstand, der Verkrustung, Schluss mit den alten, überkommenen Systemen.

Wohin die Reise geht, weiß zu diesem Zeitpunkt keiner, und keiner will es wissen. Die Mischung aus Übersättigung, Krisenbewusstsein, der verdeckten Sehnsucht nach Zusammengehörigkeit und die irrationale Hoffnung auf ein siegreiches, zumindest tragisches Finale mochten viele mitgerissen haben, und auch postum dominierte ein romantisch angehauchter Gestus falschen Heroismus, der nichts mit den menschenverachtenden Materialschlachten auf den Feldern zu tun hatte.

Es bedurfte eines beachtlichen zeitlichen Abstands, um den Ersten Weltkrieg öffentlich als das wahrzunehmen, was er war: die Hölle. Mit zwei Millionen Toten auf deutscher Seite und knapp zwanzig Millionen Kriegstoten insgesamt. Und dies, obwohl der Roman *Die Waffen nieder!* der Frauenrechtlerin und Pazifistin Berta von Suttner (1843–1914) triumphale Erfolge feierte und noch wenige Monate vor Ausbruch des Ersten Weltkriegs sogar in einer »Volksausgabe« erschienen war. Dazu kamen ungezählte Friedenskonferenzen und -resolutionen. Doch ganz offenbar waren diese Kräfte zu schwach, als dass sie der verklärend pathetischen Wucht der Verlockung eines entfesselten Krieges etwas hätten entgegensetzen können.

Der wahrnehmungsphysiologische Weichzeichner, der den scharfen Blick auf die Toten, Vergifteten, Erschlagenen, Verkrüppelten verstellte, mag auch damit zu erklären sein, dass der Erste Weltkrieg selbst sich – zumindest aus deutscher Sicht – als rückwärtsgewandtes Ereignis tarnte, inszenierte. Als etwas, das ein uneingelöstes Versprechen einlösen wollte und sollte. Irgendetwas verquast Romantisierendes, Pseudoidealisierendes, ein Gebräu aus Patriotismus und Rachefeldzug, Befreiungsschlag und Opfergang schwang mit. Denn im Windschatten, im Rückspiegel von 1914 taucht auch gleich ein zweites Datum auf, das von 1813, das Jahr der deutschen Befreiungskriege gegen Napoleon. Dies erscheint aus zwei Gründen erwähnenswert: zum einen wegen der »Magie« der Abfolge, wobei sich das spätere Ereignis oft auf das frühere beruft und damit die Dignität zu steigern versucht, zum anderen, um die emotionale Ähnlichkeit zu dokumentieren, die beide in der Sache sehr unterschiedlichen Ereignisse verbindet. So ließ etwa Theodor Körner seinen Dramen-Helden 1812 sagen:

> Nein, laßt uns sterben wie es Männern ziemt!/Zeigt eurem Feind das Weiße in dem Auge,/Ringt mit dem Tod, bezahlt den Tropfen Blut,/Den letzten noch mit eines Feindes Leben!/Nur unter Leichen bettet sich der Held,/die er vorausgesandt als Todesopfer!/ Wer so, wie wir, den großen Schwur gelöst,/Wer so für Gott und Vaterland gefallen,/der lebt im Herzen seines Volkes fort/Und kämpft sich oben in das ew'ge Leben/Und gehet ein in Gottes Herrlichkeit![51]

Nicht erst die Nazis priesen das »klirrende Pathos« seiner Kampflieder; schon die Feiern zu seinem 50. Todestag 1863 gerieten zu einer nationalen Huldigung; der 100. Todestag im Jahr 1913 ließ aus der Kultfigur einen regelrechten Mythos entstehen: Aus einem Heroen wurde ein Götze. Und der folgerichtig letzte Schritt dieser verhängnisvollen Adorations-Spirale war die Verklärung des Kriegsdichters zum rassereinen Arier. Auch heute ist er im Internet noch gut vertreten, nur einen Mausklick von den einschlägigen Neonazi-Seiten entfernt.

Die magische Eingängigkeit von Tod, Feind, Ehre und Opfer in den Parolen scheint ungebrochen, noch dazu, wenn sie wie bei Körner im idealistisch-frohgemuten, suggestiv-verklärenden Tonfall daherkommt. Poesie und Terror schließen sich wahrhaftig nicht aus. Sie beflügeln sich gelegentlich sogar. Und zwar sowohl im Vorfeld wie im Nachhinein. Man denke etwa an die Tausenden von ästhetischen, geometrischen, allegorisch versierten Gedenkstätten für die Millionen Achtzehn- oder Neunzehnjähriger, die im Dreck sinnlos verreckt sind und denen man dennoch eine die Nachgeborenen tröstende Bedeutungshülle zu geben versuchte.

Um 1900 war Mitteleuropa zwar in keinem berauschenden, aber immerhin in einem passablen Zustand: keine Epidemien, keine Hungersnöte, keine gravierende Massenarbeitslosigkeit, keine Kriege. Was musste geschehen, dass man sich aus dem Nichts heraus wie auf Kommando kollektiv darauf verständigte, die Welt an den Rand der Selbstvernichtung zu treiben? Treiben zu wollen, treiben zu müssen!

Gut, diese Gesellschaft war insgesamt etwas uneindeutig, ein wenig im Zerfallen begriffen, ein wenig gottlos. Man sprach von einem Vakuum der Werte, glaubte den Autoritäten weniger als bisher, empfand Andersdenkende als irritierend, war manchmal rassistisch, dann wieder fortschrittsgläubig. War skeptisch, übersättigt, etwas zynisch. Kurz: Man war wie wir heute. Aber offenbar doch auch wieder nicht wie wir. Denn es wäre derzeit undenkbar, zumindest sehr schwer vorstellbar, dass »wir« wieder massiv übereinander herfielen.

Wäre es undenkbar? – doch. Wir vermeiden Krieg, umschleichen ihn. Gehen ihm aus dem Weg oder schicken ihn woanders, ganz woanders hin. Eben weil wir wissen, was diejenigen, die den Ersten Weltkrieg anzettelten, noch nicht wissen konnten.

Wir sind etwas vorsichtiger, skeptischer geworden – und ganz offenbar vollständig ernüchtert, was nationale, kollektive Zusammenballungen betrifft. Auch hier begnügen wir uns mit dem Genuss von wohldosierten Rausch- und Berauschungszuständen auf Zeit und ohne politische Relevanz – das Fußballspiel ist einer davon. Damals freilich spielte man nicht mit dem Ball, sondern mit dem Feuer. Mit scharfem ideologischen Sprengstoff. Und Sehnsüchten: Rassisten, Technokraten, Patrioten und Mythologien gingen Hand in Hand. Eine Übersättigung an der Moderne mit ihrer zunehmenden Komplexität und ihrem Ich-Zerfall stand einer Bedürftigkeit nach Ganzheit, Einheit und Größe gegenüber. Und dahinter die Frage der Fragen: Was bringt Millionen durchschnittlich ängstlicher Menschen dazu, sich kollektiv in Helden, in kollektive Helden zu verwandeln? Waren sie todesmutig? Todeswütig?

Bleiben wir beim Punkt der Gewalt. Wir sind vollgestopft mit Basisgeschichten der Gewaltverklärung – nicht der Ächtung. Das alles gehörte zu unserer kulturellen Ausstattung. Zweitausend Jahre Opfer-Kult im Zeichen der heroischen Geschichten der Antike oder des Kreuzes gehen nicht spurlos vorüber. Und immer siegen die Täter im Gedächtnis der Kultur. Liefern den Stoff für phantastische Urszenen, Basisgeschichten aus der Bilderbibel unserer Kultur, in denen Muster und Modelle gespeichert sind. Und immer und immer wieder nach allen Regeln der Kunst durchdekliniert wurden. Bis sie uns in Gestalt moderner Lyrik dann wieder entgegenkommen, wie bei Georg Heym, der 1911 sein berühmt gewordenes Gedicht »Der Krieg« verfasste:

Aufgestanden ist er, welcher lange schlief,
Aufgestanden unten aus Gewölben tief.
In der Dämmrung steht er, gross und unerkannt,
Und den Mond zerdrückt er in der schwarzen Hand.
[…]
Auf den Bergen hebt er schon zu tanzen an
Und er schreit: Ihr Krieger alle, auf und an.
Und es schallet, wenn das schwarze Haupt er schwenkt,
drum von tausend Schädeln laute Kette hängt.[52]

Im Grunde alles Spuren einer vehementen Regression, einer Sehnsucht nach Festhalten und Rückschrittlichkeit, die eben auch im Arsenal europäischen Denkens lagert.

Was muss das damals für eine angespannte Situation gewesen sein: dass eine einzige Provokation in Europa, in Serbien, ausreichte, um eine Kettenreaktion auszulösen, die fast alle Länder erfasste. Am Rande einer mythensüchtigen Welt, nämlich der des 19. Jahrhunderts, waren Ideologien aus dem Boden geschossen und wie Waffen in Stellung gebracht worden: Nationalismus, Sozialismus, Rassismus, Restauration, Revolutionen, Futurismen, Heilsgeschichten, Heilsarmeegeschichten, Ästhetizismen, Zionisten, religiöse Sekten, esoterische Kreise – und all dies im Rahmen eines falschen »Stücks« über spätbürgerlich-ständisch-hohle Lebensformen. Es ist das alte Dilemma des richtigen Lebens im falschen Rahmen. Die Konsequenz: eine extreme Spannung zwischen Anspruch und Wirklichkeit, Erwartung und Banalität. Eine Spannung, die sich bei geringen Verschiebungen löst und das Gefüge des Ganzen zerbrechen lässt. Und die große »Befreiung«, das heißt, das, was als eine große Befreiung erachtet wird, beginnt. In Karl Kraus' Drama *Die letzten Tage der Menschheit* berichtet ein Reporter im Brustton der Volksverdummung:

> Das war kein Strohfeuer trunkener Augenblicksbegeisterung, kein lärmender Ausbruch ungesunder Massenhysterie. Mit echter Männlichkeit nimmt Wien die schicksalsschwere Entscheidung auf. Wissen Sie, wie ich die Stimmung zusammenfassen wer'? Die Stimmung läßt sich in die Worte zusammenfassen: Weit entfernt von Hochmut und von Schwäche. […] Tausende und Abertausende sind heute durch die Straßen gewallt, Arm in Arm, Arm und Reich, Alt und Jung, Hoch und Nieder. Die Haltung jedes Einzelnen zeigte, daß er sich des Ernstes der Situation vollauf bewußt ist, aber auch stolz darauf, den Pulsschlag der großen Zeit, die jetzt hereinbricht, an seinem eigenen Leib zu fühlen.[53]

Nicht nur die Presse war auf der Suche nach O-Tönen zum erhebenden Augenblick. Die diffuse Mischung aus parareligiöser Einheitssehnsucht, Fortschrittsfanatismus und gesteigerter Wahrnehmung teilte sich allen mit und entzündete die Lunte des Kriegerischen. Viele Momentaufnahmen der Zeit – Photographien, Texte, Gedichte, Briefe – zeigen die rasende, rauschhafte Glückseligkeit des Auf- und Ausbruchs, die Rechte und Linke, Atheisten wie Gläubige erfasst zu haben schien.

Gewalt kommt nicht einfach vor oder geschieht verschämt: Der Gewaltausbruch, ja -exzess ist Teil eines in sich schlüssigen Systems, das im Opfer einen Teil der eigenen Weihe sieht und es zerstören will. Und zwar massenhaft, kleinbürgerlich wie auch elitär-intellektuell. Selbst Rilke, der sonst so zerbrechliche, hochsensible Rilke skandiert im falschen Ton der neuen militanten Volksfrömmigkeit:

> […] Und wir? Glühen in Eines zusammen,
> in ein neues Geschöpf, das er tödlich belebt.
> So auch *bin* ich nicht mehr; aus dem gemeinsamen Herzen
> schlägt das meine den Schlag, und der gemeinsame Mund
> bricht den meinigen auf.[54]

Ganz zu schweigen von Majakowski, den gewalttrunkenen Phantasien der Futuristen, kontextlosen neo-nietzscheanischen Phrasen wie »So will ich Mann und Weib: kriegstüchtig den Einen, gebärtüchtig das Andre, beide aber tanztüchtig mit Kopf und Beinen.«[55] In Nietzsche-Fibeln der Zeit um den Ersten Weltkrieg findet Kriegsverklärung auf allen Ebenen statt.

»Raubtierhaftes«, »Gefährliches« als das »eigentliche« Leben hat Konjunktur. Es ist, als wollte man alle Fortschritte einer auf Friedenssicherung angelegten Kultur mit einem Schlag loswerden – europaweit. Das Eigenartige: Die Ideengeber für all diese ästhetisierten Gewaltdelirien sind die philosophischen, intellektuellen Eliten und Feingeister der Epoche, keineswegs nur die ideologischen Volksverführer oder die »Lügenpresse«. Da steht die hohe Kultur nicht fassungslos neben dem sich anbahnenden Unheil, sondern mischt mit, liefert vielleicht sogar, sprachmächtig wie sie ist, die passenden Stichworte. Der hochkultivierte, bis in die jüngere Gegenwart ob seiner Sprache verehrte Ernst Jünger ist der idealtypische Repräsentant dieser elitären Spezies, die selbst aus der Rückschau den beglückenden Momenten der Gefahr und der Gefährdung sehr viel abgewinnen kann.

> Unvergeßlich sind solche Augenblicke auf nächtlicher Schleiche. Auge und Ohr sind bis zum äußersten gespannt, das näherkommende Rauschen der fremden Füße im hohen Gras nimmt eine unheildrohende Stärke an. Der Atem geht stoßweise; man muß sich zwingen, sein keuchendes Wehen zu dämpfen. Mit kleinem, metallischem Knacks springt die Sicherung der Pistole zurück; ein Ton, der wie ein Messer durch die Nerven geht. Die Zähne knirschen auf der Zündschnur der Handgranate. Der Zusammenprall wird kurz und mörderisch sein. Man zittert unter zwei gewaltigen Gefühlen: der gesteigerten Aufregung des Jägers und der Angst des Wildes. Man ist eine Welt für sich, vollgesogen von der dunklen, entsetzlichen Stimmung, die über dem wüsten Gelände lastet.«[56]

So beschreibt der kultivierte Feingeist in seinem Buch *In Stahlgewittern* (1920) den Auftakt zur mörderischen Schlacht an der Somme, die Hunderttausende das Leben kostete. An anderer Stelle entdeckt der Verfasser eine tiefe Verbindung zwischen dem Humor und dem Grausigen, die sich beide im Grotesken schneiden und sich vereint zuweilen im persönlichen Zynismus offenbaren. Am übelsten manifestiert sich diese Haltung, wenn sie sich in Gestalt Weltzusammenhänge erläuternder Philosophie kleidet. Jünger, fast im raunenden Ton eines vorweggenommenen Heidegger:

> Es gibt im Strom der Zeit, in diesem unaufhörlichen Werden, das uns umgibt, Augenblicke, in denen wir rasten und plötzlich erkennen, daß etwas *geworden* ist. In solchen Augenblicken wird uns

> deutlich, wie wenig Einfluß wir im Grunde auf die Dinge besitzen, wie alles aus der Tiefe hervorwächst und ins Dasein tritt, um kurze Zeit zu verweilen und wieder abzutreten und so eine geheimnisvolle Aufgabe zu erfüllen im Wechsel von Werden, Sein und Vergehen. Nur der Mensch, soweit er ein bewußtes Wesen ist, empfindet zuweilen mit einem Gefühl des Schmerzes den unaufhaltsamen Ablauf der Zeit; er stellt die zwecklose Frage nach dem eigentlichen Sinn und fühlt das Bedürfnis, sich an die Minute zu klammern, die ihm flüchtig entrinnt.[57]

Fragwürdige Philosophie in pathetischer Prosa – dennoch ein Erfolg bis in unsere Tage. *Feuer und Blut* erschien 1925, *Das abenteuerliche Herz* 1929, *Krieg und Krieger* 1930 und *Die Arbeiter* 1932. Also nicht getragen von der Euphorie der ersten Kriegstage, sondern beim genießerischen Nachkosten der Kriegsschrecken und im unmittelbaren Vorfeld noch größerer Vernichtungsschlachten.

Und Jünger steht weiß Gott nicht allein! Am 4. Oktober 1914 richteten 93 deutsche Intellektuelle einen »Aufruf an die Kulturwelt«, indem sie es unternahmen, dem Eintritt in den Krieg den Charakter eines legitimen, ja moralischen Rachefeldzugs zu geben:

> Wir als Vertreter deutscher Wissenschaft und Kultur erheben vor der gesamten Kulturwelt *Protest* gegen die Lügen und Verleumdungen, mit denen unsere Feinde Deutschlands reine Sache in dem ihm aufgezwungenen schweren Daseinskampfe zu beschmutzen trachten. Der eherne Mund der Ereignisse hat die Ausstreuung erdichteter deutscher Niederlagen widerlegt. Um so eifriger arbeitet man jetzt mit Entstellungen und Verdächtigungen. Gegen sie erheben wir laut unsere Stimme. Sie soll die Verkünderin der Wahrheit sein.
>
> *Es ist nicht wahr, daß Deutschland diesen Krieg verschuldet hat.* […] Erst als eine schon lange an den Grenzen lauernde Übermacht von drei Seiten über unser Volk herfiel, hat es sich erhoben wie ein Mann.
>
> […]

> *Es ist nicht wahr, daß unsere Kriegführung die Gesetze des Völkerrechts mißachtet.* Sie kennt keine zuchtlose Grausamkeit. Im Osten aber tränkt das Blut der von russischen Horden hingeschlachteten Frauen und Kinder die Erde und im Westen zerreißen Dum-Dum-Geschosse unseren Kriegern die Brust.[58]

Der Aufruf wurde beispielsweise unterzeichnet von Max Planck, Wilhelm Röntgen, Engelbert Humperdinck, Karl Hauptmann und Wilhelm Wundt. Welch schweren Stand hatte dagegen die »Vernunft«. Man mag es drehen und wenden wie man will: Es war wie ein Chor aus tausend Stimmen, der die Zweifel, die Erfahrungen, die Ängste wegschrie oder wegflüsterte. Es gab einen regelrechten Wahn der Künstler. So schrieb etwa Ernst Barlach: »Opfern ist eine Lust, die größte sogar.« Oder der Maler Franz Marc: »Die Welt will rein werden, sie will den Krieg.« Thomas Mann adelte den preußischen Militarismus zur »deutschen Moralität«. Weit über 1914 hinaus, bis in die Zwanziger- und Dreißigerjahre blieben diese Töne bestimmend.

Europa aber sprach mit einer Stimme, der des Hasses, ob in Frankreich, Österreich, Deutschland oder England. Nach der in Großbritannien zunächst vorherrschenden Meinung konnte, wer gegen den Krieg war, eigentlich nur irre sein – so mancher wurde in die Nervenheilanstalt gesteckt. Gern hätte Englands Premier Herbert Henry Asquith auch George Bernard Shaw dort untergebracht; noch lieber hätte er ihn wegen Hochverrats angeklagt, nachdem Shaw im *New Statesman* vorgeschlagen hatte, die Soldaten aller Armeen sollten ihre Offiziere erschießen und anschließend nach Hause gehen. Aber Shaw war eine Nummer zu groß für Asquith.

Umgedacht auf deutsche Verhältnisse stellt Karl Kraus in *Die letzten Tage der Menschheit* ein ähnlich verrücktes Szenario dar, in dem der Vernünftige unter gütiger Mitwirkung der Psychiatrie zum Irren mutiert.

> DER IRRSINNIGE: […] Ich prophezeie, daß der Wahnsinn des Durchhaltens und der elende Stolz auf die Verluste der Andern, […] daß dieser perverse Geisteszustand einer Gesellschaft, die in einer

organisierten Glorie atmet und sich von Selbstbetrug nährt, ein verkrüppeltes Deutschland hinterlassen wird! *(Pfui-Rufe!)* […]

DER PSYCHIATER: Sie sehen meine Herrn, wie es um den Mann steht. […][59]

Sie sehen, wie es um den Mann steht – aber wie stand es um Europa, um Deutschland nach dem Ersten Weltkrieg? Alle am Boden, den Bauch voller böser Gefühle. Zwischen Dolchstoßlegende und Oktoberrevolution. Die Zeit der großen Bewegungen sollte erst kommen. Gespeist aus den alten Mythen und den neuen Erfahrungen. »Idealismus« und Erster Weltkrieg führten regelrecht zur NS-Staatsidee, wie in Hitlers *Mein Kampf* beschrieben. Im Spannungsfeld zwischen der Ideologie des Faschismus, der Ideologie des Kommunismus, Technologien und Massen.

Der Erste Weltkrieg wäre, so die Meinung führender akademischer Kreise des 21. Jahrhunderts, nicht nötig gewesen. Und der Zweite Weltkrieg? Hätte man ihn früh erkennen und im Vorfeld verhindern können? Thomas Manns *Zauberberg* erschien 1924, zwischen den Weltkriegen. Ambivalent ist auch die ideologische Ausrichtung des Werks, das mit dem Beginn des Ersten Weltkriegs endet und eine Perspektive andeutet, die bereits ins faschistische Vorfeld des Zweiten Weltkriegs verweist. Für einen geschichtlich so sensiblen Autor wie Thomas Mann musste oder müsste es eigentlich eine Selbstverständlichkeit sein, an einem solch heiklen historischen Moment – kurz nach diesem ersten Krieg, der noch längst kein erloschener Vulkan war, und im Vorfeld des bereits erkennbaren zweiten – mit besonderer Behutsamkeit ans Wort-Werk zu gehen. Umso erstaunlicher, wie unbekümmert der Autor mit dem Bewusstsein seiner Figuren hantiert.

Als Hans Castorp das Sanatorium auf dem Zauberberg verlassen hat, marschiert er an die flandrische Front und erlebt den Krieg in seiner ganzen Härte. Für einen Moment könnte man glauben, der Erzähler wollte die Traumbilder im Kopf seines Helden durch diese Konfrontation zerstören. Schonungslos realistisch und weit entfernt von heroischer Verklärung im Sinne Jüngers zeichnet er das Geschehen auf dem Schlachtfeld. Doch exakt an dieser Stelle nimmt der Text jene entscheidende Wendung, in deren Zusammenhang das bereits halb vergessene »Lied vom Lindenbaum« wieder anklingt. Es gelingt innerhalb weniger Sätze, den rational-realistischen, den kritischen Diskurs aufzulösen:

> Ich schnitt in seine Rinde
> So manches liebe Wort –
> Er stürzt. Nein, er hat sich platt hingeworfen, da ein Höllenhund anheult, ein großes Brisanzgeschoß, ein ekelhafter Zuckerhut des Abgrunds. Er liegt, das Gesicht im kühlen Kot, die Beine gespreizt, die Füße gedreht, die Absätze erdwärts. Das Produkt einer verwilderten Wissenschaft, geladen mit dem Schlimmsten, fährt dreißig Schritte schräg vor ihm wie der Teufel selbst tief in den Grund, zerplatzt dort unten mit gräßlicher Übergewalt und reißt einen haushohen Springbrunnen von Erdreich, Feuer, Eisen, Blei und zerstückeltem Menschentum in die Lüfte empor.[60]

Aller Detailrealistik zum Trotz erhält so die Gewalt eine Perspektive der Transzendenz: Erde, Dreck, Eisen und Glut, das Chaos des gemachten Krieges wandelt sich durch das Zauberwort zum Boden einer Wiederauferstehung im neuen Geiste; wer hier wie Thomas Mann vom »Weltfest des Todes« sprechen mag, von einem »argen Tanzvergnügen«, bedient sich eines zutiefst fragwürdigen ästhetischen Konstrukts zwischen Spiel und blankem Zynismus. Auf diese Art bewältigt und vage beschwichtigt, ist es nicht verwunderlich, dass auf so bereitetem Boden ganz andere Saat wenige Jahre später wachsen soll.

Der Weg aus dem Weltkrieg in den Weltkrieg und weit darüber hinaus ist das Kapital, die Kapitalisierung des Krieges via Waffen, Technik, Medien, Presse, Börse, Aufbau. Während Thomas Manns Karriere neuen Höhepunkten zustrebt, kämpft Karl Kraus nach dem Ersten Weltkrieg einsam weiter. Der eine siegt durch abgeklärte, kühle Ironie, der andere ereifert sich jenseits der Norm und attackiert die Kriegsgewinnwaffe Nummer eins: die Presse, den Markt.

Bereits wenige Jahre nach dem Ende siegte – endsiegte – das Geschäft. Etwa in Form einer »Reklamefahrten«-Annonce der *Basler Nachrichten*, die zum ermäßigten Preis von 117 Franken »Schlachtfelder-Rundfahrten im Auto« anpreist. »Unvergeßliche Eindrücke«, »keine Paß-Formalitäten«, »als Herbstfahrt besonders zu empfehlen«, »vermittelt dem Beobachter einen tiefen Eindruck der Grauenhaftigkeit« und so weiter. Im November 1921 veröffentlichte Karl Kraus in seiner Zeitschrift *Die Fackel* zu dieser Annonce unter dem Titel »Reklamefahrten zur Hölle«:

> In meiner Hand ist ein Dokument, das, alle Schande dieses Zeitalters überflügelnd und besiegelnd, allein hinreichen würde, dem Valutenbrei, der sich Menschheit nennt, einen Ehrenplatz auf einem kosmischen Schindanger anzuweisen. [...] Aber was bedeutet wieder jenes Gesamtbild von Grauen und Schrecken, das ein Tag in Verdun offenbart, was bedeutet der schauerlichste Schauplatz des blutigen Deliriums, durch das sich die Völker für nichts und wieder nichts jagen ließen, gegen die Sehenswürdigkeit dieser Annonce! Ist hier die Mission der Presse, zuerst die Menschheit und nachher die Überlebenden auf die Schlachtfelder zu führen, nicht in einer vorbildlichen Art vollendet?
>
> Sie erhalten am Morgen Ihre Zeitung.
>
> Sie lesen, wie bequem Ihnen das Überleben gemacht wird.
>
> Sie erfahren, daß 1½ Millionen eben dort verbluten mußten, wo Wein und Kaffee und alles andere inbegriffen ist.
>
> [...]
>
> Sie bekommen unvergeßliche Eindrücke von einer Welt, in der es keinen Quadratzentimeter Oberfläche gibt, der nicht von Granaten und Inseraten durchwühlt wäre.
>
> Und wenn Sie dann noch nicht erkannt haben, daß Sie durch Ihre Geburt in eine Mördergrube geraten sind und daß eine Menschheit, die noch das Blut schändet, das sie vergossen hat, durch und durch

aus Schufterei zusammengesetzt ist und daß es vor ihr kein Entrinnen gibt und gegen sie keine Hilfe – dann hol' Sie der Teufel nach einem Schlachtfeld par excellence![61]

24 Europas Osten

Ein Teil der europäischen Abgrenzungs- und Gestaltungsgeschichte hat mit dem Nahen Osten zu tun, dem Orient; der andere mit dem Scharnier zu den »slawisch-asiatischen« Ländern, dieser enormen Landmasse, die West- und Mitteleuropa fast als einen Appendix erscheinen lässt. Es ist lohnend, sich Europa für einen Moment als geopolitische Realität von der anderen Seite her vorzustellen. Ausgehend von dem gewaltigen sibirischen Raum, der sich über 7000 Kilometer vom Pazifik im Osten bis zum Ural im Westen erstreckt und im Süden an China, die Mongolei und Kasachstan grenzt. Wer sich wie die japanische Autorin Yoko Tawada Europa mit der Transsibirischen Eisenbahn von Ost nach West reisend annähert, kann tatsächlich nach tage- und nächtelanger Fahrt den Eindruck haben, sich in Moskau bereits im Herzen Europas zu befinden. Nicht weit entfernt von den baltischen Staaten, der Ukraine und Weißrussland, die noch etwas weiter westlich liegen.

All dies hat den Westen, hat Mitteleuropa freilich nicht davon abgehalten, seine Dominanz jahrhundertelang geradezu demonstrativ zum Ausdruck zu bringen. Kulturell prägte Frankreich über lange Zeit hinweg Russland. Polen wurde und wird von hegemonialen Ansprüchen zwischen Ost und West nahezu zerrissen, ebenso die Ukraine. Der gesamte Osten Europas sollte im »Dritten Reich« demographisch und kulturell neu definiert werden – um es sehr behutsam auszudrücken. In *Mein Kampf* erklärte Hitler unverfroren:

> Wir [Nationalsozialisten] setzen dort an, wo man vor sechs Jahrhunderten endete. Wir stoppen den ewigen Germanenzug nach dem

> Süden und Westen Europas und weisen den Blick nach dem Land im Osten. Wir schließen endlich ab die Kolonial- und Handelspolitik der Vorkriegszeit und gehen über zur Bodenpolitik der Zukunft.
>
> Wenn wir aber heute in Europa von neuem Grund und Boden reden, können wir in erster Linie nur an Rußland und die ihm untertanen Randstaaten denken [...]. Seit Jahrhunderten zehrte Rußland von diesem germanischen Kern seiner oberen leitenden Schichten. [...] An seine Stelle ist der Jude getreten. [...] Das Riesenreich im Osten ist reif für den Zusammenbruch. Wir sind vom Schicksal ausersehen, Zeugen einer Katastrophe zu werden, die die gewaltigste Bestätigung für die Richtigkeit der völkischen Rassentheorie sein wird.[62]

Damit war die Leitlinie gelegt für den späteren »Generalplan Ost«, der die Vertreibung beziehungsweise Ermordung von Millionen »slavischer Untermenschen« vorsah. Nachwirkungen dieses Denkens sind Jahrzehnte später noch immer spürbar.

Wir können noch so viele und anrührende Belege für polnisch-deutsche oder russisch-französische Kulturkontakte anführen, all dies ändert nichts an der Tatsache, dass sich trotz Glasnost und Wende vergleichsweise wenig bewegt hat. Das Verhältnis zu Russland ist kühl und von Misstrauen getragen wie eh und je. Und in vielen Ländern »dazwischen« wirkt Europa wie ein Spaltpilz. Ein Teil der Bevölkerung möchte sich dem westlichen System annähern, ein anderer verteidigt die östliche Seite.

Andererseits können auch noch so hohe Mauern aus Vorbehalten und Vorurteilen nicht verhindern, dass sich in ihren Rissen kulturelle Biotope einnisten, die Verbindungen herstellen. Metropolen wie Krakau, Prag oder Budapest sind geradezu Gedächtnisspeicher der Koexistenz. Mit allen Risiken und Nebenwirkungen. Räume der Plurikulturalität waren und sind zumeist vermintes Gebiet, und es bedarf oft nur eines Funkens, um ein De-facto-Miteinander in ein erbittertes Gegeneinander zu verwandeln. Die Sprengkraft der europäischen Idee besteht in ihrer ambivalenten Rolle. Stets sieht man sich vor die Wahl gestellt, dazuzugehören oder nicht dazuzugehören, eingeschlossen oder ausgeschlossen zu werden. Sie erzeugt Bedürfnisse, Erwartungen, Hoffnungen – aber auch Frustration, Aggression und Abwehrreflexe.

Der polnische Autor Andrzej Szczypiorski hat in einem seiner klugen Essays Europa, Westeuropa, einmal mit einer etwas in die Jahre gekommenen Dame verglichen. Um genauer zu sein, mit einer »Tante«: »Diese Tante liebte es, gute Ratschläge zu geben, sie redete sehr viel, hatte auf alles eine passende Antwort, rührte sich aber selbst fast nie von ihrem Sofa.«[63] Und, so könnte man hinzufügen, achtete sehr darauf, wer Zutritt zu ihrer recht gut ausgestatteten Wohnung erhält und wer draußen bleiben muss.

Ob man es wahrhaben will oder nicht, »die Leute aus dem Osten« gehörten selten zu den gern gesehenen Gästen oder gar Mitbewohnern. Ein Reflex, vor dem auch Minderheiten nicht gefeit waren. Joseph Roth schildert in seinem Essay »Juden auf Wanderschaft«, dass »westjüdischen« Menschen in Berlin, Wien oder Paris nichts peinlicher war, als wenn plötzlich Verwandte aus dem »Osten«, aus Galizien oder der Bukowina, vor der Tür standen und ausgestattet mit Kaftan und Schläfenlocken die mühsam aufgebaute Assimilationsfassade zum Einsturz brachten oder zumindest gefährdeten. Ein krasses Beispiel, das zeigt, dass man die Länder des Ostens mental auf Abstand zu halten geneigt war und ist. Eine Linie, die sich über die instinktive Abwehr der sudetendeutschen »Flüchtlinge« bis hin zum wenig schmeichelhaften Prädikat des »Ossis« nach der Wende weiterverfolgen lässt. Das Fatale an diesem Komplex ist unter anderem, dass er den Blick auf die realen Potenziale und Gegebenheiten des östlichen Europas verstellt, wenn nicht sogar blockiert.

Dabei lehren uns selbst aktuelle Geschehnisse, wie nah und brennend relevant die historischen Erfahrungen noch immer für das Verhalten der Europäer sind, sei es im Osten oder Westen. Beispiel: der Kiewer »Maidan« oder »Euromaidan«, wie man ihn im Kontext der vehementen Proteste im Winter 2013/14 nannte. Die Protestierenden bezogen sich dabei bewusst auf die »Kiewer Rus«, jenes altrussische Großreich, das als Keimzelle des späteren Russlands gesehen werden kann. »Kiewer« und »Moskauer Rus« standen danach in permanenter Konkurrenz zueinander. Eine Situation, die während der Proteste an beklemmender Aktualität gewann: Man verteidigte – mit fast archaischer Wucht – das patriotisch verklärte Bild dieser versunkenen kiewukrainischen Welt. Ein Gedicht, »Ruhm der Ukraine« der Kiewer Autorin Yevgenia Belorusets, wurde auf dem symbolträchtigen Platz zur parasakralen Hymne dieser Wochen. Die Lyrikerin und Künstlerin beschwor eine Art neuer Utopie, die nicht weniger verspricht, als alle nationalen Widersprüche miteinander zu versöhnen – ein gleichermaßen verstörender wie suggestiver Umdeutungsversuch:

> Nein, das ist keine nationalistische Parole/ Sagen Sie das bloß nie!/ Was wohl haben diese Wörter mit Nationalismus zu tun, von dem/ Alle reden, ich weiß nicht, was das sein soll./ Die Natur kennt keinen Nationalismus. Fortwährend sagen wir »Ruhm der Ukraine«,/ Zur Begrüßung, zum Abschied. / […]
>
> Wir wollen, dass die Ukraine zu Ruhm kommt![64]

Wie glaubwürdig und tragfähig derartige Umdeutungsprozesse sind, sei dahingestellt. Solch brisante Losungen enthalten in der Regel zu viel an semantischem Giftmüll, als dass man sie folgenlos in den Mund nehmen oder sie einfach »neu« verwenden könnte – auch oder gerade weil von ihnen eine gewisse Sogwirkung auszugehen scheint.

Zugleich streckten die Kiewer Demonstranten die Hand flehentlich und hoffnungsvoll nach Europa aus. Doch Europa, die »alte Tante«, bevorzugte es, auf ihrem Sofa sitzen zu bleiben. Auch die sicherlich aufrichtige Begeisterung vorbeischauender EU-Politiker wirkt im Nachhinein beinahe so, als wäre der Maidan aus europäischer Sicht allenfalls eine Art Abenteuerurlaub zu verschollen geglaubten Affekten gewesen. Die grüne damalige Europaparlamentarierin Rebecca Harms, die den Euromaidan mehrmals zwischen November 2013 und Januar 2014 besuchte: »Ich, die ich sehr zurückhaltend bin, was Hymnen und Flaggen angeht, habe Ruhm der Ukraine gerufen und geweint, wenn immer zur vollen Stunde die Hymne angestimmt wurde.«[65]

Der »Maidan« ist mittlerweile Geschichte – der Konflikt nagt weiter an den Rändern Europas.

Auch vorangegangene Revolten wie in Budapest (1956) oder Prag (1968) zerrten an den Scharnieren eines immer nur halbherzig reagierenden Europa. Die Türen öffneten sich immer nur einen Spalt weit. Der Gründer der Gewerkschaft Solidarność, Lech Wałęsa, verdankte seinen Durchbruch weit mehr der Unterstützung durch Papst Johannes Paul II. und den Vatikan als europäischen Institutionen.

Die Asymmetrie der kulturellen Beziehungen zwischen Ost und West ist frappierend. Die lateinische Sprache und klassische Texte wurden von Ländern wie Polen, Tschechien und auch Russland absorbiert, die deutsche und vor allem die französische Kultur im Russland des 18. und 19. Jahrhunderts als modellhaft angesehen und geradezu verehrt. Die entsprechende Gegenbewegung – kaum existent.

Allenfalls die großen russischen Romanciers schafften den Sprung westwärts. Mit ihnen erwachte ein breiteres Interesse an der Kultur des Ostens, häufig überlagert von verklärenden, romantisierenden Vorstellungen: Vor allem das Klischee der »russischen Seele«, der leidgetönten Weltsicht, faszinierte von Beginn an. Fjodor Dostojewski brachte 1873 in seinem *Tagebuch eines Schriftstellers* diese angebliche Charaktereigenschaft seiner Landsleute in Umlauf.

> Ich glaube, das wichtigste, das ursprünglichste geistige Bedürfnis des russischen Volkes ist das Bedürfnis zu leiden, ewig und unersättlich, überall und in allem. Dieses Lechzen nach Schmerz hat es, wie mir scheint, schon von jeher in sich gehabt. Wie ein leidtragender Strom zieht es durch seine ganze Geschichte, und zwar nicht nur in Gestalt äußeren Unglücks und verschiedener Heimsuchungen, vielmehr entspringt seine Quelle unmittelbar dem Herzen des Volkes. […] Im Leiden findet das russische Volk gleichsam einen Genuß.[66]

Der fortschrittsgläubige Teil der westlichen Kultur sah sich von der angeblichen russischen Passivität in seinen Vorurteilen bestätigt. Man wähnte sich erhaben über die »rückständigen« und passiven Russen.

Immer wieder wurden und werden diese rassistischen Topoi reproduziert. Der französische Diplomat und Essayist Maurice Paléologue über die Duldsamkeit der Russen:

> Einer der moralischen Charakterzüge, die ich bei den Russen immer wieder beobachte, ist ihre Neigung zur raschen Ergebung, ihre Fügsamkeit, sich vor dem Unglück zu beugen. Oft warten sie nicht einmal darauf, dass die Schicksalsentscheidung gefallen sei: Es genügt ihnen, sie vorauszusehen, um ihr gleich zu folgen. Sie unterwerfen sich ihr und passen sich ihr sozusagen im Vorhinein schon an.[67]

Vorschnelle Urteile und Verurteilungen dieser Art übersehen freilich den enormen Widerstandswillen und die Fähigkeit, sich der Dominanz und Barbarei zu entziehen. Straflager und Verbannung, ja selbst Folter und die Androhung der Hinrichtung konnten Autoren wie Puschkin und Dostojewski, Lermontow und Mandelstam nicht von einem kompromisslosen Kampf gegen die Maschinerie der Unterdrückung abhalten.

Der Lyriker Ossip Mandelstam, der 1938 in einem sowjetischen Straflager zu Tode kam, sprach davon, dass man in Russland die Dichtung gerade deshalb achte, weil man dafür erschossen werde. Daraus einen Hang zu lustvollem Märtyrertum ableiten zu wollen wäre freilich völlig verfehlt.

Dass die »Schule der Diktatoren« in der Tat eine vorzügliche Ausbildungsstätte zum Erlernen codierten Schreibens ist, weiß man – und würde dennoch gerne auf diese Art des Curriculums verzichten. Jedenfalls besteht nicht der geringste Grund, daraus ein dubioses parareligiöses Mysterium der Leidenslust und des Märtyrertums abzuleiten. Weit eher könnte der saturierte Westen vom Mut, der Entschlossenheit und Rigorosität der osteuropäischen Kolleginnen und Kollegen lernen. Auch hier macht es wenig Sinn, gleich wieder schwärmerisch auf religiösen Fanatismus, erlösungstrunkenen Spiritualismus zu verweisen.

Dabei soll in keiner Weise geleugnet werden, dass es signifikante Unterschiede zwischen den kulturellen Gefügen Russlands und des Westens gibt.

Man kennt zum Beispiel den vergleichsweise moderat geschilderten Abgang der Protagonistin in Theodor Fontanes *Effi Briest,* die nach dem Scheitern ihre Ehe mit Innstetten dezent hinscheidet. Bei Leo Tolstoi kommt es hingegen zum dramatischen Selbstmord auf offener Bühne: Anna Karenina wirft sich sehenden Auges unter die Räder eines einfahrenden Zuges. Eine willentliche Tat der Rache und Strafe für den an ihr verübten Missbrauch. Dass die Gesellschaft von ihr Abstand nimmt, empfindet sie als »Folter« und »Höllenqual«, und die ehebrecherische Begegnung nimmt sie wie einen apokalyptischen Sündenfall wahr.

> Die Scham vor ihrer inneren Nacktheit erdrückte sie beinahe und teilte sich ihm mit. […] Und wie sich der Verbrecher mit fast leidenschaftlichem Ingrimm auf den entseelten Körper wirft, ihn fortzuschleppen und zu zerstückeln, so bedeckte Wronskij ihr Gesicht und ihre Schultern mit Küssen.[68]

Im Vergleich mit diesen unheilvollen, dämonischen Eruptionen religiöser Strafphantasien wirken die »europäischen« Vergleichsromane *Effi Briest* und *Madame Bovary* geradezu ausgenüchtert und handzahm. Anna Karenina lebt hingegen in einer Affektwelt aus rabiater Gefühlssucht und selbst stimulierten Affekt-Schocks.

Nicht anders als in Dostojewskis *Verbrechen und Strafe* (in der älteren Übersetzung *Schuld und Sühne*). In diesem Text aus der Feder eines Autors, der die Härte des zaristischen Systems mit voller Wucht zu spüren bekam (inklusive einer Beinahehinrichtung), werden die Introspektion und qualvolle Erkundung unerforschter Gefühlswelten am Beispiel einer Figur über 600 Seiten hinweg ins Extrem getrieben. Die Tat: ein vorsätzlicher Doppelmord an zwei Schwestern. Einfach so, ohne Skrupel, als Experiment. Dostojewski zeichnet einen hochmütigen, gelegentlich zynischen Typus. Vor allem aber ein vollständig auf sich konzentriertes Nervenbündel: Nerven als Sensorien einer Wahrnehmung, die alles nur auf sich bezieht.

Eine Figur im Labyrinth ihrer Gedanken, Axiome, Reflexionen, Observationen, Emotionen. Abgebrochenes Jurastudium. Kein Geld.

Keine Freunde, keine Lust auf Freunde. Ekel beim Gedanken an andere. Angst vor der Einsamkeit; süchtig nach dem Alleinsein. Auf luzide Art geistesabwesend. So treibt, streift, streicht Raskolnikov langsam, anscheinend unentschlossen durch die Straßen des ärmlichsten Viertels von St. Petersburg. Ein zerlumpter Hamlet im Endstadium. Diese Figur ist wie eine Sonde, die man in alle Milieus stecken kann. Ein Kollektor der Gesellschaft – ein Stück Antimaterie, ein Fremdkörper. Kein geniales Außenseiter-Genie. Eher ein eigenschaftsloser Mann aus dem Untergrund, ein verdeckter Ermittler in Sachen »Sinn des Daseins«.

Rohheit des Denkens, hypersensible Empfindlichkeit, kalter Intellekt und Sentimentalität lösen sich ebenso unvorbereitet ab wie vollständige Nüchternheit im Umgang mit der Situation und autistischem Rückzug, Selbstdeutung, Selbstentblößung und Selbstverlust.

Einen Roman von einer solchen drehschwindelartigen, labyrinthischen Dichte und affektischen Spannweite wird man im Westen vergeblich suchen, und hierin – nicht in der platten Vorstellung einer wie eingefrorenen Leidenslust – liegt ein Schlüssel zum besseren Verstehen der Besonderheiten der östlichen Kultur. Im Westen findet man solche Protokolle in der Psychiatrie. Im Osten stürzt man in den Abgrund der Realität. Bevor er von der Partei an die ideologische Kandare genommen wurde, war der russische Realismus ein Schlachtfeld der Ideologien und Weltanschauungen, die einer gnadenlosen Vivisektion unterzogen wurden. Für die Europäer kamen diese Texte einem Einblick in fremde Welten gleich – genauer gesagt, man hielt sich die Wahrheit auf diese Art vom Leibe. Es war ja nur Russland. Ein ferne, ferne Welt.

Die Künstler selbst sahen sich nicht als Exoten, sondern als Ärzte im Kampf gegen eine in ihren Augen westlich degenerierte, snobistisch dekadente Klassengesellschaft. Man kann es drehen, wie man will: Im vor- und nachrevolutionären Russland lebten zwei immense und scharf voneinander abgegrenzte Parallelwelten neben- beziehungsweise gegeneinander: der westlich orientierte Adel beziehungsweise das Großbürgertum und die in der Orthodoxie und Armut gefangenen »Arbeiter und Bauern«. Tolstoi und viele andere versuchten, Alternativen anzubieten oder modellhaft vorzubereiten. Als »Narr in Christo« krempelt er im Bauernkittel sein eigenes Landgut Jasnaja Poljana zur reformpädagogisch orientierten Volksbildungsanstalt um und versucht mit gleichem Ernst die ganze Welt zu revolutionieren. Gegen das Statusdenken der Gesellschaft und die Posen und leeren Nachahmungen der Kunst seiner Zeit begibt er sich auf die Suche nach dem Ursprünglichen, Originalen und propagiert seine Idee einer Kunst des Volkes. Eine Kunst, deren einziger Maßstab in einer erlösenden Befreiung aus der sterilen Hermetik der kopierten Gefühle zu suchen ist.

Auf der Basis der kollektiven Vermittlung »aufrichtiger« (nicht »schöner« oder »guter«) Gefühle soll eine neue emotionale Kultur der Aufrichtigkeit entwickelt werden. Wieder und wieder repetiert und erweitert er das Credo seiner »volksnahen« Poetik in einer Vielzahl ästhetischer Schriften, wobei der klassenkämpferische soziale Aspekt immer stärker hervortritt.

Dies alles, der Don-Quijote-artige Kampf gegen meisterliche Formen, artistische Virtuosität, die punktuell von ihm selbst durchschaute Widersprüchlichkeit und Hilflosigkeit bei der Kontaktaufnahme mit dem Prekariat, gehört integral zum unverwechselbaren Profil dieses Künstlers. Kein Geringerer als Wladimir Iljitsch Lenin bestätigt in seiner kritischen, klarsichtigen Würdigung Tolstois die innere Widersprüchlichkeit als Signatur und Spiegelung der Befindlichkeit nicht nur des Autors, sondern der russischen Gesellschaft. In »Tolstoi als Spiegel der russischen Revolution« schreibt er:

> In den Werken, Anschauungen, Lehren, in der Schule Tolstois sind tatsächlich schreiende Widersprüche enthalten. Einerseits ein genialer Künstler, der nicht nur unvergleichliche Bilder aus dem russischen Leben, sondern auch erstklassige Werke der Weltliteratur geliefert hat. Anderseits ein Gutsbesitzer, der sich als Narr in Christo gefällt. Einerseits ein wunderbar starker, unmittelbarer und aufrichtiger Protest gegen gesellschaftliche Verlogenheit und Heuchelei, anderseits ein »Tolstoianer«, d. h. ein verschlissener, hysterischer

> Jammerlappen, russischer Intellektueller geheißen, der sich öffentlich an die Brust schlägt und sagt: »Ich bin schlecht, ich bin ekelhaft, aber ich lasse mir die sittliche Selbstvervollkommnung angelegen sein: ich esse kein Fleisch mehr, nähre mich jetzt von Reiskoteletts.«[69]

Die gleiche radikale Wahrheitsversessenheit lässt sich bei dem sehr viel jüngeren, wissenschaftlich ausgebildeten Anton Tschechow feststellen. Er gehörte zur Generation derer, die in den düstersten Zeiten Russlands aufwuchsen. Mit dem tödlichen Attentat auf Zar Alexander II. endete 1881 eine Epoche großer Anstrengungen und Hoffnungen, die damalige »Rückständigkeit« des Riesenreiches zu überwinden. Unter der Regentschaft seines Nachfolgers Alexander III. kam es zu einem reaktionären Kurswechsel. Abgesehen von Großprojekten wie dem Bau der Transsibirischen Eisenbahn war nun von der früheren Aufbruchsstimmung nichts mehr zu spüren. Die Repression nahm wieder zu, die von Alexander III. ins Leben gerufene Geheimpolizei Ochrana verbreitete Angst und Schrecken.

Der Wissenschaftler und Anarchist Pjotr Kropotkin veranschaulicht die Wucht dieses Rückschlags mit eindringlichen Worten:

> Niemals wird der Westeuropäer die Tiefe der Verzweiflung und die hoffnungslose Traurigkeit verstehen, die sich des intellektuellen Teils der russischen Gesellschaft in diesen Jahren bemächtigte, als sie zu dem Schluß kam, daß sie unfähig sei, die Trägheit der Massen zu brechen. In den fünfziger Jahren [des 19. Jahrhunderts] hatten die »Intellektuellen« wenigstens vollen Glauben an die eigene Kraft; jetzt hatten sie selbst diesen verloren.[70]

In dieser Zeit begann Tschechow zu schreiben. Er wurde zum Chronisten jenes mentalen und intellektuellen Bankrotts, der wie ein Alb auf der russischen Gesellschaft lastete. In einem Brief schreibt er:

> Wir haben weder Nah- noch Fernziele, unser Herz ist wie leergefegt. Wir haben keine Politik, an eine Revolution glauben wir nicht, wir

> haben keinen Gott, haben keine Angst vor Gespenstern [...]. Ob dies eine Krankheit ist oder nicht – es geht nicht um die Bezeichnung, sondern um das Eingeständnis unserer Lage [...].[71]

Die fast wütende Entschlossenheit, sich diese Lage einzugestehen und nicht mit pathetischen Phrasen oder lächerlichen Sinngebungsversuchen zu überblenden, führte zu einigen seiner wichtigsten Stücke: *Onkel Wanja, Die drei Schwestern, Der Kirschgarten.* Auch über seinen Texten schwebt auf bisweilen ironisch getönte Weise die Schicksalsfrage des »Was soll ich tun?«, »Was sollen wir tun?«. Im Unterschied zu Tolstoi freilich verbunden mit der ernüchternden Antwort: »Ich weiß es nicht. Ich weiß es wirklich nicht.«

Und obwohl er genau diese Einsicht in seinen Stücken und Erzählungen ebenso schonungslos wie insistent vermittelt, spricht Tschechow uns auch heute noch an wie kaum ein Zweiter. Nicht etwa, weil er uns in Depressionsszenarien einspinnt, sondern weil er es versteht, den Zustand der Lethargie zugleich akribisch nachzuzeichnen, nüchtern zu analysieren und bis zu einem gewissen Grad auch der Lächerlichkeit preiszugeben. Er zeigte uns alle nur erdenklichen Typen: von ihrer Würde überzeugte Nullen, abgehalfterte Stabskapitäne, sehnsuchtstrunkene alte Jungfern, noble Ikonen in Halbtrauer, abgewrackte Akademiker, gescheiterte Karrieristen, unrettbar in eine vergilbte Vergangenheit Starrende, schwindsüchtige Visionäre einer vagen Zukunft, migränekranke Oberlehrerinnen, dilettierende Pseudophilosophen ... Allesamt verstrickt in eine undurchdringliche Isolation, in Einsamkeit, Opfer eines beklemmenden Zeitstillstands:

> [W]ohin ist meine Vergangenheit verschwunden? [...] Warum werden wir, kaum, daß wir zu leben begonnen, langweilig, grau, uninteressant, träge, gleichgültig, nutzlos und unglücklich ... Unsere Stadt existiert schon seit zweihundert Jahren, sie zählt hunderttausend Einwohner, und kein einziger lebt darin, der nicht dem andern ähnlich sähe [...]. Weiter nichts als essen können sie, trinken, schlafen und darauf sterben ...[72]

Tief beeindruckt und erschrocken zugleich schreibt der Kollege Maxim Gorki an Tschechow: »Mir scheint, Sie sind zu den Menschen kälter als der Teufel. Sie sind ihnen gegenüber gleichgültig wie Schnee.«[73] Und er hat mit dieser Vermutung recht, zum Teil jedenfalls. Tschechow, gelernter Mediziner, seziert die Gehirne und Körper seines durch und durch zerstörten Personals mitleidlos genau. Ein Pathologe zerrütteter Nerven. Wollte man daraus ableiten, er gefiele sich in der Position des überlegenen Zynikers, wäre man im Irrtum.

Während er nächtelang an seinen Texten schreibt, arbeitet er als Arzt mit gleicher Hingabe weiter, hauptsächlich in den Moskauer Vorstädten. Er versorgt Bauern mit Medikamenten, arbeitet in der Choleraprophylaxe, errichtet Schulen für Bauernkinder, betreibt den Bau von Volkshäusern und Bibliotheken. Er redet nicht von »Menschlichkeit«, sondern praktiziert sie im Alltag. Seine Stücke und Erzählungen zerstören die menschlichen Illusionen und zeigen seine erbärmlichen und jämmerlichen Seiten auf.

Wie sehr die russische Literaturgeschichte auch eine Geschichte der »Ästhetik des Widerstands« ist, zeigt nicht zuletzt Michail Bulgakows Roman *Der Meister und Margarita*. Zwölf Jahre lang, von 1928 bis 1940, arbeitete Bulgakow an diesem Roman, in dem er die unheimliche Atmosphäre des Großen Terrors der Dreißigerjahre zur Sprache bringt. Die Sowjetunion hatte sich unter Stalin zu einem totalen Überwachungsstaat entwickelt. Ihre geradezu irrationale und dabei unheimlich konsequente Bürokratie ließ das Land zu einer Karikatur seiner selbst erstarren. Tyrannen und Bürokraten, Orthodoxie und Partei hielten das Land im Klammergriff und versuchten allen Individualismus im Keim zu ersticken. *Der Meister und Margarita* verknüpft die Schilderung dieser Abgründe mit metaphysischen und biblischen Motiven: In Gestalt des Ausländers Voland kommt der Satan persönlich nach Moskau und bringt das streng atheistische, aber irrationale Herrschaftssystem durch seine verwirrenden, unerklärlichen Taten an den Rand des Zusammenbruchs. Ein kurzer Abschnitt aus dem Epilog des Romans verdeutlicht das herrschende

Klima und das Entstehen einer paranoiden Logik, die sich selbst ad absurdum führte:

> Die kultivierten Leute stellten sich auf den Standpunkt der Untersuchungsbehörde: Hier war eine Bande von Hypnotiseuren und Bauchrednern am Werk gewesen, die ihre Kunst meisterhaft beherrschten.
>
> Um ihrer habhaft zu werden, wurden sowohl in Moskau als auch außerhalb energische Maßnahmen ergriffen, die jedoch bedauerlicherweise keinerlei Resultate zeitigten. [...]
>
> Die Untersuchung [...] dauerte noch eine geraume Zeit. Es war schließlich ein ungeheuerlicher Fall! Ganz zu schweigen von den vier verbrannten Häusern und den Hunderten um den Verstand gebrachten Menschen, aber es gab auch Tote. [...] Es gab aber auch noch Opfer, nachdem Voland die Stadt verlassen hatte, und diese Opfer waren, so traurig es ist, schwarze Kater.
>
> An die hundert dieser friedfertigen, nützlichen und den Menschen treu ergebenen Tiere wurden vielerorts im Lande erschossen oder mit anderen Methoden zu Tode gebracht.[74]

Erst 1966/67 konnte der Roman – mit erheblichen Kürzungen – in einer Moskauer Literaturzeitschrift erscheinen – und stieß auf eine gewaltige Resonanz. Gut ein Jahrzehnt nach der Entstalinisierung traf *Der Meister und Margarita* den Nerv des zeitgenössischen Publikums und las sich wie eine prophetische Abrechnung mit dem Stalinismus.

Einer der wirkmächtigsten Romane, der sich mit der Macht von totalitären, dem Einzelnen unverständlichen Systemen auseinandersetzt und ihren verborgenen Mechanismen auf den Grund geht, entstand unter den Vorzeichen einer doppelten Schwellensituation: Als Kafka zu Beginn des Ersten Weltkriegs *Der Prozess* schrieb, war die Tektonik des »alten Europa« bereits unrettbar ins Rutschen geraten. Eine neue Epoche kündigte sich an, und trotz aller zur Schau gestellten Geschlossenheit waren die Risse im Gefüge des k. u. k. Habsburgerreichs nicht mehr zu übersehen. Hinzu kommt, dass Kafka – als deutsch schreibender

Jude in Prag – sich ohnehin in einem Kosmos bewegte, in dem Fragen der »Zugehörigkeit« schwer zu entwirren waren, sich aber immer drängender stellten. Im *Prozess* dreht sich alles darum, wie sich ein einzelner Mensch im Sog eines plötzlich aktivierten Systems verhalten, behaupten kann, ohne unterzugehen. Kafkas poetologische Eigenart, die ihn ab den 1920er-Jahren auch in anderen Ländern und Gesellschaften populär werden ließ, tritt in diesem Roman besonders deutlich zutage.

Ohne etwas Böses getan zu haben, wird der Protagonist K. verhaftet – und beginnt sich alsbald so zu verhalten, als sei er schuldig. Man hat ihm Schuldgefühle eingetrichtert. Ihn gelehrt, das Leben als ein Strafverfahren zu verstehen.

Der Umschlag und Überschlag erfolgen unerwartet rasch und werden von K. reflexartig und gegen eigenen inneren Widerstand vollzogen. Zunächst schwankt sein Verhalten noch zwischen ratlos verunsichertem Zurückweisen der Zumutungen durch die Außenwelt und empörtem Aufbegehren. Fragen kreisen im Kopf: »Was waren denn das für Menschen? Wovon sprachen sie? Welcher Behörde gehörten sie an? K. lebte doch in einem Rechtsstaat. […] Gesetze bestanden. […] wer wagte, ihn […] zu überfallen?«[75] So die inneren Monologreflexe, mittels derer K. versucht, sich die ungeheuerlich, absurd anmutende Situation zurechtzurücken, sie zu rationalisieren. Doch noch während er so – freilich nur mit sich selbst – argumentiert, hat er sich auf der Handlungsebene bereits den letztlich tödlichen Spielregeln unterworfen.

In den kommunistischen Ländern war Kafka lange Zeit verboten, obwohl er keine im eigentlichen Sinne politischen Themen aufgriff. Man erkannte in seinen Texten dennoch Sand im Getriebe des Kollektivismus.

Und ganz ehrlich: Die Angst der Diktatoren vor Kafka war durchaus berechtigt. Erst im Mai 1963 fand im damals tschechoslowakischen Liblice eine Konferenz statt, die behutsam neue Akzente zu setzen versuchte und konzedierte: »Franz Kafka war ohne Zweifel ein bedeutender Künstler, ein tragischer Schriftsteller, der sich zu sozialen Motiven durchrang, jedoch unfähig war, auch ein einziges großes soziales Problem zu lösen.«

Doch spätestens nach der Niederschlagung des »Prager Frühlings« 1968 wurden alle derartigen Scheinkonzessionen zurückgenommen. Die Kafka-Konferenz galt nun als Anfang der »Konterrevolution« und wurde zur »zionistischen Diversion« erklärt. Die stalinistische Orthodoxie wurde wieder auf den Thron gehoben, der Propagandafeldzug anschließend fast zwei Jahrzehnte fortgeführt. Im Grunde ging es darum, die von der Kafka-Konferenz geschlagene Bresche um jeden Preis wieder zu schließen und zwei besonders anstößige Stellen als Häresie zu brandmarken: erstens, dass die Beschaffenheit von Kafkas Werk Assoziationen hervorruft, die sich auch auf die gesellschaftlichen, zwischenmenschlichen Verhältnisse im Sowjetblock-Sozialismus beziehen; zweitens, dass das Erlebnis der Entfremdung, wie Kafka es vermittelt, nicht automatisch an den Kapitalismus gekoppelt ist.

Nikolai Gogol entwarf in seinem Roman-Projekt *Die toten Seelen* bereits Mitte des 19. Jahrhunderts ein Szenario, in dem der Mensch zur buchhalterischen Verfügungsmasse wird. Es ist zugleich der erste Roman, der einen schleimig-cleveren Wirtschaftskriminellen zum Helden macht: Tschitschikow. Wehmütig-stolz denkt der Protagonist an den Moment, an dem ihm »der genialste Gedanke, der je einem Menschen in den Sinn gekommen ist«, kam. Aus einer materiellen Notlage entsteht die zündende Idee des Bauernkaufs:

> Wenn ich von solchen [gestorbenen Bauern] vor Einreichung der neuen Revisionslisten, sagen wir, tausend Stück kaufe und sie beim Vormundschaftsgericht zu, sagen wir, zweihundert Rubel verpfände, so habe ich gleich zweihunderttausend Rubel Kapital![76]

Die Logik des Verfahrens ist unwiderlegbar: fiktives Siedlungsland, ordnungsgemäß registrierte, aber nicht mehr existierende Bauern. Der Plan ist ebenso einfach wie wahnwitzig:

> Wir schließen [den Kaufvertrag] so ab, als ob sie noch lebten, wie es in der Revisionsliste auch wirklich steht. Ich pflege in allen Dingen

> die bürgerlichen Gesetze zu achten. […] die Pflicht ist für mich eine heilige Sache, und ich verstumme vor dem Gesetz.[77]

Gesetzestreue und Menschenhandel – dieser Schreibtischtäter avant la lettre versteht sein Geschäft. Wie ein Don Juan des Geschäftlichen reiht der Held Episode an Episode, Namen an Namen, Fall an Fall. Die Strichliste als Emblem der Totalerfahrung. Dahinter verbirgt sich ein illusionsloser Realismus, der den Sieg des Systemdenkens vorwegnimmt: der Schritt in die bürokratische Erfassung des Menschen. So gesehen ist Gogols Roman nur ein besonders früher und besonders radikaler Entwurf eines Dilemmas der Moderne. Zum Phänomen der seriellen Auflistung kommt dabei noch dasjenige der faktischen Inexistenz der Aufgelisteten. Tote werden wie Lebende verwaltet, der Unterschied zwischen Leben und Tod gerinnt zur Definitionssache. Grenzüberschreitungen ohne jeden Mystizismus, doch von beachtlicher konzeptioneller Spekulationskraft.

Unter sozialistischen Vorzeichen galt in Osteuropa nach dem Zweiten Weltkrieg lange Zeit die Prämisse einer nicht immer friedlichen, aber erträglichen Koexistenz von unterschiedlichen Ethnien. Als sich mit dem Fall der Berliner Mauer der Deckel löste, brach das Differenzmoment, als ob es nur konserviert worden wäre, wieder hervor – man denke an Tschetschenien oder die Ukraine, Bosnien oder Armenien. Es ist, als ob der alte, nicht eingelöste Traum-Spuk der Rus als drittes Rom noch immer nachwirkte – mit dem Resultat eines östlichen Euroraums mit einem Zentrum, vielen Satelliten und weiten Peripherien. Dem gegenüber steht ein westlicher Euroraum mit diversen Zentren und bröckelnden Ländern, eine Konstellation, die beide Systeme, das des Westens wie das des Ostens, überfordert. Und wechselseitig blockiert.

Im Juli 2021 machte Wladimir Putin mit einem historischen Essay von sich reden. Einen Großteil der Überlegungen widmet er darin der Geschichte der Ukraine, deren Bevölkerung im Lauf der Jahrhunderte mit den Russen eine Sprach-, Religions- und Schicksalsgemeinschaft gebildet habe. Demnach lebe die Verwandtschaft im Herzen und

Gedächtnis der Menschen, in den Blutsbanden von Millionen Familien: »Gemeinsam werden wir immer um ein Vielfaches stärker und erfolgreicher sein, weil wir ein Volk sind.« Analysten kritisieren, dass Putin damit versuche, die Vergangenheit der Ukraine bis zur Kiewer Rus zu annektieren, sprechen von alternativer Geschichtsschreibung.

Vergleichbare Linien einer angeblich historisch gewachsenen Zusammengehörigkeit lassen sich in Polen und Ungarn beobachten – sie münden gelegentlich in kurzschlüssige Zuschreibungen einer vermeintlich eindeutigen Zugehörigkeit zu diesem oder jenem »Kulturraum« nach dem Motto: »Gehört« ein Land beziehungsweise ein Volk zum Westen oder zum Osten? Problematisch an solchen possessiven Behauptungen ist nicht nur die darin mitschwingende Vereinnahmung oder Ausgrenzung. Letztlich werden mit solchen vereindeutigenden Zuordnungen Konflikte vorbereitet. Der Dadaist Alfred Jarry soll im Zusammenhang mit seiner grotesken Politfarce *König Ubu* geäußert haben, »das Stück spiele in Polen, also nirgendwo«. Diese Wendung wurde schnell zu einem kulturgeschichtlich idiomatischen Ausdruck, denn sie beschreibt in wenigen Worten ein komplexes Phänomen prägnant. So verweist sie auf die Tatsache, dass Polen zur Zeit der Entstehung des Stücks (1888) auf der politischen Landkarte eigentlich gar nicht existierte. Geteilt vom zaristischen Russland, dem Königreich Preußen und der Habsburger Monarchie, fristete es ein klägliches Dasein. Und auch wenn Polen mittlerweile nominell ein Land und ein veritables Mitglied der EU ist – dieses negative Grundgefühl, aus Sicht Europas ein peripheres, östliches Gelände zu sein, wirkt noch immer nach. Eine Region, die weder im Westen noch im Osten verankert ist. Eine verlorene, preisgegebene Bruchzone. Ein Faktum, das der Autor Milan Kundera in seinem Essay »Un occident kidnappé oder die Tragödie Zentraleuropas« von 1983 nüchtern rekapituliert:

> Nach 1945 verschob sich die Grenze zwischen diesen beiden Teilen Europas um einige hundert Kilometer nach Westen, und einige Nationen, die sich immer als westlich verstanden hatten, erwachten [und entdeckten,] daß sie sich im Osten befanden.[78]

Damit verbunden wirft Kundera generell die Frage auf, ob Zentraleuropa nicht nach Auschwitz und der Vernichtung der jüdischen Lebenswelten im Osten seine Seele verloren habe. Manches spricht dafür, dass diese These gewagt, aber sicher nicht falsch ist.

Die mehr oder weniger geduldeten Ostjuden waren der Kitt, der diese Gebiete innerlich zusammenhielt. Ein Kitt, ein Amalgam aus vermischten Ingredienzen. Jener Vermischung, die man bis heute immer wieder zu verleugnen und zu zerstören sucht. Nehmen wir nur die Bukowina, »irgendwo« zwischen der Ukraine, Rumänien und Galizien gelegen. Ein Dichter wie der weltbekannte Lyriker Paul Celan kam aus dieser Gegend, dieser Landschaft am Rande Mitteleuropas, einer Welt aus »Menschen und Büchern«:[79] kleineuropäische Mischkultur und jüdisches Refugium in einem. Vielvölkerland am Rande des k. u. k. Imperiums: Ruthenen, Ukrainer, Rumänen, Juden, Deutsche, Polen, Ungarn, Huzulen, Lipowaner, Slowaken, Tschechen, Armenier, Zigeuner lebten dort.

Karl Emil Franzos charakterisierte Czernowitz, die Hauptstadt der Bukowina, einmal als »blühendes Stücklein Europa«, ein »Schwarzwalddorf, ein podolisches Ghetto, eine Wiener Vorstadt, ein Stück tiefstes Rußland, ein Stück modernstes Amerika« in einem. Ein gleichermaßen randständiges wie plurikulturell brodelndes Biotop.

Alfred Gongs Gedicht »Topographie« versucht dem multikulturellen Szenarium ohne jede falsche Idealisierung gerecht zu werden:

[…]
Vom Rathaus hing nun Rumäniens Trikolore
und die Steuerbeamten nahmen Bakschisch
und sprachen rumänisch. Alles andere sprach
jiddisch, ruthenisch, polnisch und ein Deutsch
[…]
Auch hatte Czernowitz, wie Sie vielleicht nicht wissen,
eine Universität, an der zu jedem Semesterbeginn
die jüdischen Studenten von den rumänischen heroisch
verprügelt wurden.

Sonst war dies Czernowitz eine gemütliche Stadt:
die Juden saßen im Friedmann bei Fisch und Piroggen,
die Ruthenen gurgelten in Schenken und Schanzen,
die Rumänen tranken vornehmlich im Lucullus
[…]
(Gelegentlich konnte man dem Schüler
Paul Celan mit Trakl unterm Arm im Volksgarten
begegnen.)

So ging das halbwegs geruhsam bis 1940.
Da kamen die Sowjets friedlich zu Tank
und befreiten die nördliche Bukowina.
Die Rumänen zogen ohne Schamade
ordentlich ab in kleinere Grenzen.
Die Volksdeutschen zog es reichheimwärts.
Die Juden, bodenständiger, blieben.
(Die eine Hälfte verreckte in Novosibirsk,
später die andere in Antonescus Kazets.)
[…][80]

Sein Gedicht spiegelt die wechselhafte politische Unterdrückungsgeschichte der Bukowina wider: Im Juni 1940 durch die Rote Armee besetzt, wird sie im Juli 1941 durch rumänische Truppen und die SS zurückerobert, bevor sie im März 1945 durch die Rote Armee und Truppen der ukrainischen SSR neuerdings unter sowjetische Herrschaft fällt.

Auch der mit Gong in der Jugend befreundete Paul Celan repräsentiert solch ein »Gemisch«, etwas vornehmer würde man heute vermutlich von Hybridität sprechen. Er entstammte einer assimilierten deutsch-jüdischen Familie, wobei die Mutter, im chassidischen Städtchen Sadagora aufgewachsen, Hochdeutsch sprach, während der Vater darauf bestand, ihn hebräischsprachig aufwachsen zu lassen. Die Wahl der deutschen Sprache als Sprache der Dichtung war mithin eine bewusste, sie sollte ein politisches Zeichen setzen und eine spezifische

Ausrichtung signalisieren. Die gemeinsame Lektüre von Autoren wie Kafka und Rilke, von der unter anderem Rose Ausländer und Selma Meerbaum-Eisinger berichten, war eine existenzielle Entscheidung zugunsten kultureller Vermischung.

Der enge gruppendynamische Austausch mag sicher dazu beigetragen haben, in den Zwanziger- bis Dreißigerjahren jenen Vorrat an Bildern und Metaphern entstehen zu lassen, der bei der Lektüre deutschsprachiger Gedichte aus der Bukowina immer wieder auffällt und der diese Dichtung einzigartig macht. Doch wie gesagt, dieser Kitt, der ein Kerngebiet Europas auf paradox erscheinende Art zusammenhielt, wurde brutal herausgeschlagen – wen wundert es, dass die einzelnen Bestandteile in Stücke brachen und zerfielen? Eine versunkene und zerstörte Welt der sprachlichen und religiösen Vielfalt. Ein »Flickenteppich« der Herkünfte und Gesinnungen, der nur mehr in Texten wie Olga Tokarczuks *Die Jakobsbücher* aufscheint.

Auch Galizien, nördlich der Bukowina gelegen, war mit Städten wie Krakau, Brody und Lemberg eine Zone der Kulturkontakte. Heute Teil des südpolnischen und westukrainischen Territoriums, gehörte das Gebiet zwischen 1772 und 1918 zum Habsburgerreich. Im Ersten Weltkrieg wurde Galizien zum Schlachtfeld mit Hunderttausenden Toten – der Dichter Georg Trakl verfasste hier unter dem Eindruck seiner Tätigkeit im Feldlazarett das Gedicht »Grodek«, das zu den bekanntesten literarischen Vermächtnissen des Krieges zählt. Unmittelbar nach dem Ende Österreich-Ungarns entbrannten um die Kontrolle (Ost-)Galiziens neue blutige Kriege zwischen Polen, der Westukrainischen Volksrepublik und der Sowjetunion. 1939 verlief die Linie, an der entlang das Deutsche Reich und die Sowjetunion Polen untereinander aufteilten, quer durch Galizien. Zwei kurze Beispiele, um aufzuzeigen, welche Erschütterungen und Schicksale sich hinter diesen historischen »Grenzkorrekturen« verbergen.

In der in den Dreißigerjahren entstandenen Erzählung »Die Nacht der Großen Saison« von Bruno Schulz – der polnischsprachige Autor und Übersetzer Kafkas wurde 1892 im galizischen Drohobycz geboren und ebendort im November 1942 auf offener Straße von einem SS-Mann erschossen – scheint sich die Ahnung eines heraufziehenden Unheils zu artikulieren: Ein Sohn erzählt von seinem Vater, einem jüdischen Tuchhändler in einer nicht konkret benannten, aber vermutlich galizischen Kleinstadt. Der Vater wird zu einer unglücklichen Prophetenfigur stilisiert, machtlos gegenüber einer Welt im Umbruch.

Kurz darauf bricht ein apokalyptisches Szenario aus. Ein seltsamer Vogelschwarm überfliegt die Stadt, es bleibt zwar offen, ob es sich um »richtige« Vögel handelt, um solche aus Tuch und Papier oder um ausgestopfte Präparate, doch die Sinnbildlichkeit des grotesken Geschehens steht außer Frage:

> Und plötzlich flimmerte ein farbenprächtiger Ausschlag über den Himmel. [...] Es war wie ein Museum ausrangierter Arten, wie die Rumpelkammer eines Vogelparadieses.[81]

Aus einer Laune heraus beginnt die Menschenmenge, mit Steinen zu werfen – und im nächsten Augenblick verwandelt sich die Landschaft in ein Massengrab:

> So stürzten die Vögel herab. Von den Geschossen getroffen, hingen sie schwer und welk in der Luft. [...]
>
> In einem Augenblick war das Hochland mit den seltsamen, phantastischen Kadavern bedeckt [...], lag die ganze, herrliche Vogelsippe [...] tot ausgestreckt auf den Felsen.[82]

Joseph Roth verfasste 1924 eine Reisereportage über Galizien. Zu Beginn kritisiert er vehement den »zivilisierten Hochmut« des westeuropäischen Blicks, der mit Europas Osten nichts anderes verbinde als »Ungeziefer, Unrat und Unredlichkeit«. Diesen Klischees setzt er seine Reiseeindrücke entgegen, die das Bild einer versehrten und gefährdeten Welt vermitteln, eine Landschaft, »in welche die Schlachtfelder hineingewachsen sind«.

> Hat hier Europa aufgehört?
>
> Nein, es hat nicht aufgehört. […]
>
> Galizien liegt in weltverlorener Einsamkeit und ist dennoch nicht isoliert; es ist verbannt, aber nicht abgeschnitten; es hat mehr Kultur, als seine mangelhafte Kanalisation vermuten läßt; viel Unordnung und noch mehr Seltsamkeit. […] es hat eine eigene Lust, eigene Lieder, eigene Menschen und einen eigenen Glanz; den traurigen Glanz der Geschmähten.[83]

Auch viele von Roths Romanen spielen in den kulturellen Treibsandzonen zwischen Russland und Polen beziehungsweise der Ukraine. Der Protagonist des Romans *Hiob*, Mendel Singer, lebt mit seiner Familie im fiktiven Schtetl Zuchnow, das auf russischer Seite nahe der Grenze liegt. Roths Erzähler schildert mit nüchterner Präzision die unheilvolle Atmosphäre, den in der Luft wabernden Antisemitismus. Als Mendel Singers Söhne, orthodoxe Juden, auf der Rückfahrt von ihrer Musterung in einem Zugabteil voller betrunkener Bauern sitzen, versuchen sie angestrengt, so wenig wie möglich aufzufallen:

> »He, warum seid ihr so betrübt?« rief plötzlich ein Bauer aus der gegenüberliegenden Ecke.
>
> Jonas und Schemarjah taten, als hörten sie ihn nicht oder als gelte nicht ihnen seine Frage. Sich taub stellen, wenn ein Bauer sie anredete, das hatten sie im Blut. Seit tausend Jahren ging es niemals gut aus, wenn ein Bauer fragte und ein Jude antwortete.[84]

Selbst nach der großen Wende, nach Glasnost und Perestroika, nach dem Fall der Sowjetunion, als alles möglich schien und man den »Wind of Change« frenetisch besang, geschah längerfristig so gut wie nichts. Außer dass das kapitalistische System des Westens Einzug auch in das Denken der ehemaligen »Arbeiter- und Bauernstaaten« hielt. Im Rückspiegel der Geschichte sieht man manches klarer – nicht unbedingt schöner. Es stellt sich die Frage, weshalb diese imaginäre Grenze zwischen den beiden Seiten des Kontinents geblieben ist, so als ob nichts geschehen wäre. Was für ein Kontinent hätte in diesem Moment entstehen können – ein völlig neu strukturierter »Planet Europa«. Einer, der sich an den kulturellen Linien, nicht an den willkürlich gezogenen des ehemals »Eisernen Vorhangs«, orientiert hätte, einer, der der gedachten Lebensrealität vieler Millionen von Menschen wirklich entsprochen hätte. Warum haben wir in diesem einmaligen historischen Moment nicht reagiert?

Die seit Jahrzehnten zwischen zwei oder mehreren Machtblöcken eingebetteten beziehungsweise eingequetschten kleineren Länder, ganz gleich ob Polen, Tschechien oder Ungarn, haben keine andere Wahl, als sich lavierend in einem Zwischenzustand einzurichten. Zwischen »Polen ist nirgendwo« und »Überall ist Polen« (Karl Dedecius). Psychologisch ausgedrückt: zwischen gänzlich mangelndem und extrem übersteigertem nationalen Selbstbewusstsein. Andrzej Szczypiorski macht diese hybride Grundstimmung in seinen *Notizen zum Stand der Dinge* auf plastische und schonungslose Art anschaulich:

> Wir zeigen der Welt unsere Wunden und Friedhöfe, in der Hoffnung, bewundert zu werden. Unablässig, unablässig! Darin steckt Hochmut, Schamlosigkeit, Kleinkrämerei, Hohn und Flachheit. [...] Wir haben das Leiden der Welt gepachtet. [...] Gnädig räumen wir den Juden das Privileg einer mit uns gemeinsamen Würde der Opfer ein.
>
> Wir sind unerhört stolz auf das nach dem Krieg wieder aufgebaute Warschau, als wäre es die einzige aus Trümmern wieder aufgerichtete Stadt der Welt. So verleihen wir selbstverständlichen Dingen den Glanz der Legende. Wozu dient das alles? Es soll den Beweis für unsere Besonderheit bilden, für unsere Überlegenheit unter den Völkern Europas.[85]

Der Autor weiß, dass er mit Analysen dieser Art keine Sympathien gewinnt, dass er als »Nestbeschmutzer« eingeordnet wird. Denn er versucht, den Finger in die Wunde zu legen und auf eine Eigenart, einen Defekt hinzuweisen, der sich aus der Summe der historischen

Erfahrungen entwickelt hat – und den auch keine EU-Kommission in wenigen Jahren aus der Welt schaffen kann.

Länder wie Frankreich, Deutschland, Spanien oder Italien wissen um ihre Existenz, an der seit Jahrhunderten kein ernsthafter Zweifel bestand. Genau diese Selbstsicherheit fehlt den kleineren Ländern zwischen Ost und West. Sie haben im Gegenteil immer wieder die Erfahrung gemacht, Manövriermasse im Spiel der »Großen« zu sein. Es ist nicht einfach, mit dieser Grunderfahrung im Gepäck souverän und unverkrampft eine überzeugende Rolle zu spielen – noch dazu mit einer so dominanten Großmacht im Rücken wie Russland. Gelegentliche kraftmeierisch erscheinende Gesten der Politik gehören zum Inventar dieses Spiels, und sei es nur mit dem Ziel, nicht übersehen zu werden. Im künstlerischen Bereich ist die Möglichkeit, artistisch Paroli zu bieten, ungleich interessanter. Es ist kein Zufall, dass in den angesprochenen kleineren Ländern oft große, innovative Literatur entsteht. Der Prager Kafka ist nur ein Beispiel. Bruno Schulz mit seinen phantastischen »Zimtläden« ein anderes. Aber auch viele im Westen möglicherweise unbekanntere polnische Autoren wie Jerzy Andrzejewski, Tadeusz Borowski, Witold Gombrowicz, Stanisław Lem, Tadeusz Różewicz stehen für außergewöhnliche, vor Phantasie sprühende Kreativität. Der Schriftsteller und Übersetzer Karl Dedecius geht nicht zu Unrecht so weit zu behaupten, dass die moderne Dichtung in Polen das heikle Amt einer ontologischen Dokumentation übernommen hätte. Ihre zum Teil bizarren Metaphern und phantastischen Überzeichnungen sind keine esoterischen Spielereien, sondern Gesten der Selbstbehauptung.

Generell kommt es darauf an, sich der Tatsache bewusst zu werden, dass sich nicht nur historische Erfahrungen, sondern auch Gefühle und Affekte nicht einfach standardisieren lassen. Manchmal ist es schon schwer, eine bestimmte Emotionsbezeichnung überhaupt in eine andere Sprache zu übersetzen. Als vielleicht auf den ersten Blick harmlos anmutendes, aber doch emblematisches Beispiel sei hier auf Milan Kunderas *Buch vom Lachen und Vergessen* verwiesen, in dem ein ganzes Kapitel der Beschreibung des (tschechischen) Gefühls »Lítost« gewidmet ist. Ein sehr spezielles Gefühl, das im Deutschen allenfalls annäherungsweise wiederzugeben ist. Kunderas kleine Erzählung lässt einen jedoch auch ohne tschechische Sprachkenntnisse zumindest ahnen, dass »Lítost« ein Spektrum abdeckt, das mit deutschen Begriffen wie »Wehmut« oder »Reue« lediglich ungefähr abgesteckt werden kann:

> [Ein] Erlebnis aus der Kindheit des Studenten: Die Eltern schickten ihn zum Geigenunterricht. Er war nicht besonders begabt, der Lehrer unterbrach ihn oft mit schneidend kalter Stimme und warf ihm seine Fehler vor. Er fühlte sich erniedrigt und hätte am liebsten geweint. Aber statt sich zu bemühen, besser zu spielen und weniger Fehler zu machen, fing er an, sie absichtlich zu machen, die Stimme des Lehrers wurde noch kälter und zorniger, und der Junge versank nur noch tiefer in seiner Lítost.[86]

Wenn Europa, wenn die EU-Bürokratie mittelfristig mit ihren östlichen »Trabanten« zurechtkommen will, wäre sie gut beraten, sich dieser Hintergründe bewusst zu sein. Keine schematische Bewertung auf der Basis eigener Maßstäbe, auch kein gnädig gewährter »Bonus«. Es muss und wird zu einer Lösung kommen, die den europäischen Raum in unterschiedliche Zonen gliedert, für die – auf geraume Zeit – unterschiedliche Regularien gelten. Ich weiß, ein verwaltungstechnischer Albtraum. Aber mit Sicherheit erwächst daraus kein größerer Schrecken, als wenn man nach dem bisherigen System einen generellen Maßstab an alle noch so divergierenden Kulturen anlegt und so jede Menge neuer Bruchstellen erzeugt.

In seiner Nobelpreis-Rede befasste sich der sowjetische Schriftsteller Alexander Solschenizyn 1970 ausführlich mit dem Problem, dass es in einer geteilten Welt keine universellen Wertmaßstäbe geben könne, diese seien »zu lange und zu eigenständig von den einzelnen [...] Gesellschaften in ihrem Eigenleben festgelegt und erworben worden, sie können nicht im Fluge übertragen werden«.[87]

Er skizziert daher die Vision einer kommunikativen Annäherung, eines wechselseitigen, sich langsam aufbauenden Verständnisses – nicht auf Grundlage von oben verordneter Beschlüsse oder administrativer

Beitrittsprozesse in die jeweils andere Wertesphäre, sondern durch die vermittelnde Kraft der internationalen Literatur. Erst auf diesem Wege könne so etwas wie eine wirklich gemeinsame Öffentlichkeit und ein gemeinsames Bewusstsein entstehen. Denn streng genommen gebe es heute – die Rede stammt wohlgemerkt von 1970! – in einer globalisierten Welt keine genuin »inneren Angelegenheiten« mehr. Ein Problemhorizont, der sich durchaus fünfzig Jahre später auch auf die derzeitigen Bruchlinien Europas beziehen lässt:

> [D]ie Weltliteratur ist […] so etwas wie ein gemeinsamer Leib und ein gemeinsamer Geist, eine lebendige herzliche Einheit, in der sich die fortschreitende geistige Einigung der Menschheit abzeichnet. […] den Menschen im Osten sollte es durchaus nicht gleichgültig sein, was man im Westen denkt, und den Menschen im Westen durchaus nicht gleichgültig, was im Osten geschieht.[88]

Europa muss sich über kurz oder lang damit anfreunden, dass die Türe zu diesem Kontinent in zwei alten und ein wenig maroden Scharnieren hängt. Und es wird einsehen müssen, dass man es oft in ein und demselben Land mit in sich gespaltenen kulturellen Doppelidentitäten zu tun hat. Während wir uns noch mit vergleichsweise unbedeutenden Dingen wie einer längst überfälligen Akzeptanz doppelter Staatsbürgerschaft aufhalten, geht es de facto und realpolitisch bereits um militante Abspaltungen und brutale Erpressungsversuche. Während EU-Europa noch an den Folgen des Brexits kaut, reißen im Osten die Nähte, die den europäischen Flickenteppich zusammenhalten. Und östliche Regimes beginnen nun ihrerseits zwischen Menschen erster und zweiter Wahl zu unterscheiden und Migranten als »minderwertige Manövriermasse« einzusetzen. Bis hinauf nach Litauen gibt es kaum eine Grenze mehr, die nicht über kurz oder lang von durch die EU finanzierten Stacheldrahtverhauen befestigt würde.

Etwas im Windschatten der politischen beziehungsweise mythologischen Großsysteme hatten die skandinavischen Länder über lange Zeit hinweg die Chance einer autonomeren Entwicklung. Gleichermaßen weit entfernt von Rom und Moskau, arbeitete man gleichsam auf leerer Fläche. Womit natürlich nicht gesagt sein soll, hier herrschte kulturelle Öde. Allein die gewaltige Saga-Dichtung der *Edda* des Snorri Sturluson, die prophetische Dichtung des *Völuspá* und das finnische *Kalewala* – ein Großepos von 23 000 Versen, ein Blockbuster nordischer Mythen der Frühzeit – zeigen dies überdeutlich. Mythen, die in der europäischen Romantik, man denke an das Kapitel über Ossian zurück, von Mitteleuropa geradezu euphorisch übernommen wurden. Im Lauf der Jahrhunderte hatten sich die klassischen Mythen des Mittelmeerraums verbraucht, und man sehnte sich nach einem umfassenden Paradigmenwechsel. Mit neuen Geschichten, Helden, Emotionen. Phantasien, die sich in der Gestalt der Wikinger niederschlugen und bis in die Netflix-Serien der Gegenwart florieren. Endlich hatte man ein Gegengewicht zur Überlast der antiken Vorstellungen, die die europäische Welt so lange Zeit prägten. Magische Seherinnen, Naturmystik, Gnomen und Trolle hielten nicht nur in den Märchen Einzug, sondern auch in Texte der Moderne, man denke nur an Ibsens *Peer Gynt*.

Für die tragende Rolle, die der Norden bei der Entwicklung eines modernen Europa spielen sollte, sind freilich nicht nur phantastische Mythen, sondern auch handfeste Realitäten verantwortlich. Eine davon: die Hanse. In ihrer Blütezeit, also etwa zwischen 1250 bis 1400, waren ihre Niederlassungen in einem Gebiet angesiedelt, das nach heutigen Maßstäben sieben europäische Staaten umfasste: Es reichte von den Niederlanden (Zuidersee) und Deutschland im Westen bis zum Baltikum und Russland im Osten. Mächtige Handelsstädte wie Hamburg, Bremen, Greifswald, Rostock, aber auch Bergen, Visby, Danzig, Roga, Turku, Nowgorod gehörten ihr an.

Anders als die großen klassischen Imperien basierte die Hanse nicht auf heroischen Mythen, sondern auf Handelsgeschäften. Ihre Epen waren Geschäftsbücher, ihre Währung berechnete sich nach Soll und Haben. Was unprätentiös mit dem informellen Zusammenschluss einiger Städte zum Zweck der wechselseitigen Absicherung der gefährlichen Seefahrtsrouten begann, sollte sich binnen weniger Jahrzehnte zum machtvollen Erfolgsmodell entwickeln. Immer mehr Städte schlossen sich dem Bündnis an. Statistiken sprechen von 194 Städten in 16 Ländern. Rohstoffe gegen Luxusgüter, Nahrungsmittel gegen Eisen – alles stand auf der Agenda: Aus dem russischen Nowgorod importierte man zum Beispiel Pelze, Tran, Holz, Wachs und Bernstein, aus dem norwegischen Bergen getrockneten Kabeljau. Hier wurden außerdem Bier, Wein, Mehl, Früchte, Eisenwaren und Tuche gegen Felle, Talg, Holz und Teer getauscht. Unterschiedliche politische Systeme und Traditionen oder Historien spielten dabei eine vergleichsweise untergeordnete Rolle. Es ging um Wohlstand, nicht um Werte, beziehungsweise um Mehrwert, nicht um Mythen. Nach großen Heroenviten wird man in der Geschichte der Hanse fast vergeblich suchen, nur im Notfall griff man zur Waffe – immer dann, wenn der Ertrag gefährdet war, vor allem durch Piraten. Allein der berüchtigtste von ihnen, Klaus Störtebecker, eine Art hanseatischer Robin Hood, schaffte es in die Annalen der Poesie. Fontane plante einen großen Romanzyklus über den kühnen Freibeuter. Umrankt von der Legende eines »Likedeelers«, eines gerechten Teilers der Beute, entwickelte sich ein früher »basisdemokratischer« Kult um ihn und seine »Vitalienbrüder«, die den Nord- und Ostseeraum unsicher machten. Nicht ganz von ungefähr. Große Naturkatastrophen und das Wüten der Pest hatten das stabile Weltbild ins Wanken gebracht. Hungerrevolten und Volksaufstände brachten einen ersten Ruf nach Freiheit, Gleichheit und Gerechtigkeit in Umlauf. Zeitweise wurden die Kaperfahrer, Freibeuter, Blockadebrecher, diese Raubritter der See, organisiert in Form veritabler »Bruderschaften«, als Heilsbringer gefeiert. Der von der Hansestadt Hamburg später hingerichtete Klaus Störtebecker mutierte sogar zum Volkshelden. In einer der vielen Balladen um ihn heißt es:

> Er heuerte drauf im Hafen an
> als Räuber und Vitalienmann.
> Mit Godeke Michels, dem Pirat,
> kämpft er gegen die Hansestadt.

Das Likedeelerräuberheer
beherrscht die Flüsse und das Meer,
man nimmt von Schiffen schwer und reich
und teilt die Beute immer gleich.[89]

Das Modell Hanse, diese reformatorische Neuorganisation von Macht und Ökonomie, blieb allen Schwächen zum Trotz ein Vorbote der Moderne. Netzwerkartige Organisation, flache Hierarchien, viele Win-win-Situationen – eine Globalisierung im kleineren Maßstab.

Aus einer Vielzahl von Gründen hatte der Start der Moderne in den Ländern des Nordens besonders günstige Bedingungen. Das Diktat der Tradition betraf nur den wirtschaftlichen Sektor, und moralische Dogmen waren allenfalls von karrierestrategischer Bedeutung. Gleichermaßen entfernt von der Dogmatik des Katholizismus wie auch von der Orthodoxie hatte man größeren Spielraum. So konnte es geschehen, dass die nördlichen Länder, fern von den mondänen Kulturstädten des Westens, an der Wiege des wirklich modernen Theaters standen. Ibsen und Strindberg lieferten Stücke von einer solch unbefangenen Durchschlagskraft, dass Berlin geradezu paralysiert war. Zum Beispiel *Nora*. Nach Hunderten von unglücklichen, malträtierten, unterdrückten, sich häufig von Brücken stürzenden Ehefrauen endlich eine, die den Mut hat – zu gehen! Einfach zu gehen. Macht euer verlogenes Ding weiter. Aber bitte ohne mich. Der Norden hat sich ein Feld frei von Rücksichtnahme auf bürgerliche oder politische Normen erobert. Moralinfrei. Nüchtern. Knallhart.

Wie die Dramen von Strindberg. Sein Credo: keine Beschönigungen, Realitätsnähe, kein fingierter Handlungsablauf, keine gemalten Kulissen, dafür zerrissene Charaktere jenseits von Gut und Böse. Seine Stücke stellen den Kampf zwischen dem Starken und dem Schwachen und oft zwischen den Geschlechtern in voller Schärfe dar. In *Der Vater* versucht eine Frau, ihren Mann glauben zu machen, er sei verrückt. In *Fräulein Julie*, Strindbergs meistgespieltem Stück, spielt sich der Machtkampf auf mehreren Ebenen ab: zwischen den sozialen Klassen und zwischen Mann und Frau. In diesem Kammerspiel wird das hochadelige

Fräulein Julie vom aufstrebenden Diener Jean verführt und durch Manipulation zum Selbstmord getrieben.

Im Urdrama aller Ehedramen, *Ein Totentanz,* tanzen Alice und Edgar einen hoffnungslosen Ehereigen ins Nichts. Sie umkreisen sich, sie belauern sich und sie schlagen zu, wo sie können. Seit fünfundzwanzig Jahren leben sie in ihrem Turm auf einer Insel, die die Leute die »Kleine Hölle« nennen, und tanzen …

So gesehen stand die Wiege des modernen Europa, eines Europa ohne Illusionen, in der Tat am nördlichen Ende des Kontinents. Es ist sicher kein Zufall oder nur der winterlichen Dunkelheit geschuldet, dass die düstersten und mitreißendsten Krimiautoren aus Dänemark (Jussi Adler-Olsen), Norwegen (Jo Nesbø) oder Schweden (Henning Mankell, Arne Dahl, Hjorth & Rosenfeld, Håkan Nesser) kommen.

Gut zu wissen, dass sich am Rand des Kontinents ein eigenständiger, nüchterner, säkularer Kulturraum entwickelt hat, der als Scharnier zwischen Europa und dem Osten eine entscheidende Rolle spielen wird.

Wir sind wir – oder sind wir die anderen?

Von allen möglichen »Identitäten« ist die »europäische« die am wenigsten klar zu umreißende. Die Wahrheit ist, dass sich im Verlauf der langen Geschichte dieses Kontinents seine Bewohner kaum je als »Europäer« begriffen haben. Die nationale, dynastische, ethnische oder religiöse Identität stand und steht meist sehr viel mehr im Vordergrund. Selbst populäre Großereignisse wie Europameisterschaften oder der European Song Contest finden primär auf Basis der Konkurrenz, nicht der Kooperation statt.

Im Vergleich zur emotionalen Zusammengehörigkeit mit dem jeweils eigenen Land spielt das Phänomen der Identifikation mit Europa eine allenfalls marginale Rolle. Eine kleine Gruppe Europabewegter (»Pulse of Europe«) schwingt wöchentlich die Fahne und singt das hohe Lied auf Europa – meist ist es paradoxerweise Schillers »Hymne an die Freude«, die keinerlei Bezug zu Europa aufweist. Und selbstverständlich ertönt das gebetsmühlenartige Geräusch der immer wieder auf Europa und europäische Werte einschwörenden Berufseuropäer aus Brüssel und Straßburg. Dennoch – an der Tatsache, dass es so etwas wie ein gesamteuropäisches Gemeinschafts- oder Zusammengehörigkeitsgefühl allenfalls in Ansätzen gibt, führt kein Weg vorbei. Eine Insel wird wieder zur Insel. Viele Regionen pochen vehement auf ihre Autonomie. Die Schweiz bleibt kurioserweise »draußen«, der Kosovo darf nicht rein, die Türkei will nicht mehr. Heterogener als dieser Kontinent sich darstellt und fühlt, wenn es um die Frage der »Zusammengehörigkeit« geht, kann man sich eine Union nicht vorstellen.

Der Verband südostasiatischer Staaten (ASEAN) versteht sich als wirtschaftliche Zweckgemeinschaft, ohne das Thema gemeinsamer Werte auch nur zu berühren. Die Russische Föderation versteht sich als politisches Imperium, in dem überall die gleichen Regeln und Gesetze gelten. Nur Europa mutet sich den paradoxen Weg zu: für sich autonome – und was ihre Geschichte, Herkunft und Traditionen betrifft, höchst unterschiedlich gestrickte – Staaten auf der Basis eines Werte- und Wirtschaftssystems zu einer organisierbaren Einheit zusammenzufassen. Ein, wie man derzeit beobachten kann, extrem anspruchsvoller und alles andere als gesicherter Weg. Aber vielleicht gerade aufgrund seiner verwegenen Widersprüchlichkeit ein genuin europäischer: ein Gebilde aus eigenständigen Elementen aufzubauen, die sich dennoch einem Kanon an Werten verschreiben. Vielstimmig bleiben, einstimmig entscheiden. Ohne feste Grenzen, aber in Kategorien von Außengrenzen und Binnenmarkt denkend.

Und all dies ohne ein wirklich tragendes emotionales Zusammengehörigkeitsgefühl, ohne Doktrin, ohne Gewaltmonopol und hilflos im Vergleich mit dogmatischen Supermächten. Man fragt sich unwillkürlich, ob das gut gehen kann. Und man ahnt die Antwort: nur auf der Basis einer sehr klug durchdachten Strategie. Diese Strategie kann nur darin bestehen, die emotionalen Faktoren dort zu suchen, wo sie wirklich sind – und jahrhundertelang übersehen wurden: im Bereich der Kulturen.

Es kann kein Zufall sein, dass in den besten Produkten der europäischen Literatur, Kunst und Philosophie stets gezeigt wird, wie Individuen sich den Weg durch starre und starke Systeme graben. Oft genug im Widerspruch und Widerstand gegen die Mehrheit: Antigone, Medea, Hamlet, Faust, Jeanne d'Arc und selbst Franz Biberkopf. Selten nur geschieht es, dass Kollektive im Takt der Zusammengehörigkeit vibrieren – und meist sind dies prekäre Momente oder geben sich wenig später als solche zu erkennen. Die frühesten, klügsten Europäer, Montaigne, Diderot, Lessing, Goethe beeinflussten Millionen und erzählten doch immer die Geschichte einzelner Individuen und nicht die der Kollektive.

Es wäre gut, wenn man – vielleicht gerade noch rechtzeitig – erkennen würde, dass ein europäisches »Zusammengehörigkeitsgefühl« genau darin bestünde. Nicht in der Suche nach heimatlicher Geborgenheit oder pulkartiger Zusammenrottung. Sondern, ganz im Gegenteil, im Aufbau eines unglaublich starken Sensoriums für die Fragwürdigkeit fixer Identitäten. Besonders dann, wenn ganze Gruppen von dieser fixen Idee befallen werden.

Europa hat diese Anwandlungen von Zusammengehörigkeit im Lauf der Jahrhunderte in allen erdenklichen Konstellationen durchgespielt – das Ergebnis war immer verheerend. Denn jede Zusammenballung einer Gruppe hat zwingenderweise die Exklusion oder zumindest Abwertung der anderen zur Folge. Für ein in immer mehr Kleingruppen zerfallendes, aus lauter »Clans« zusammengestückeltes Europa wäre dies der verhängnisvollste Schritt, der das System über kurz oder lang zerstören würde.

Es gibt nur eine Chance, diesem Dilemma auszuweichen – die Realität Europas anzuerkennen und mit allen Mitteln zu fördern: Wir sind ein Territorium eigenbrötlerischer Stämme und Nationen mit eigenwilligen und eigensinnigen Herkünften. Bringt uns lose zusammen, und alles wird gut, ein Zentrum mit ein paar Satelliten – auf Zeit. Zwingt uns zu einer Identität ohne Grundlage, und das Desaster ist vorprogrammiert. Denn es ist möglicherweise nur ein kleiner Schritt vom »starken Grund zusammen zu sein« (Sloterdijk) bis zur »Abstammungsgemeinschaft« (AfD), vom forcierten Patriotismus zum kaum verdeckten Rassismus. Die Literatur zeigt von früh an auf, wo der Hase im Pfeffer liegt.

Warum muss Othello sterben? Warum Don Alvaro in Verdis *Macht des Schicksals*, ebenso die blutjunge Toni in Kleists Novelle *Die Verlobung in Santo Domingo*? Tragische Verflechtungen, unüberwindliche Standesunterschiede, einseitige Liebe, Betrügereien, Verrat? Nichts davon. Im Gegenteil, ehrliche Liebe, sogar das Versprechen ehelicher Liebe steht im Raum. Und dennoch kommt es zur schlimmstmöglichen Wendung – sie alle werden mit gnadenloser Konsequenz verfolgt und getötet.

Sucht man nach einer Begründung für die fatale Wendung, so bleibt ein einziger Erklärungsversuch, ein einziges Motiv: die Differenz der »Rasse«. Othello ist ein loyaler und überaus erfolgreicher Offizier in Diensten der Republik Venedig; der Staat vertraut ihm in allen machtpolitischen Fragen, ist aktuell sogar von seinen militärischen Fähigkeiten abhängig. Doch als er sich entschließt zu heiraten, kommt es zum Eklat, und alle denkbaren Ressentiments und Vorurteile erwachen mit einer Giftigkeit und Gehässigkeit, die nicht größer sein könnte, wenn diese »moorische Existenz« eben erst venezianischen Boden betreten hätte. Schon beginnt man von Teufelei, Hexerei zu reden und ihm halb tierische, halb menschliche Nachkommen anzudichten und sie zu fürchten.

In Verdis überaus populärer Oper wird »forza del destino« (»Macht des Schicksals«) genannt, was letztlich purer Rassismus ist: ein »Indianer« und Leonoras reines »spanisches Blut«? In den Augen des Vaters und später des nach Rache süchtigen Bruders ist diese drohende Vermischung (durch eine Heirat mit der Tochter beziehungsweise Schwester) ein Frevel gegen die Natur.

Selbst Gustav, der junge, naive, in die »Mulattin« Toni leidenschaftlich verliebte Held in Kleists Novelle, glaubt sich im entscheidenden Moment von ihr getäuscht und schlägt tödlich zurück.

Drei Beispiele einer beliebig erweiterbaren Liste, die heutzutage, in Zeiten des offenen und oft unterschlagenen Rassismus, in Zeiten des zum inflationären Automatismus gewordenen Lobes der Buntheit und Vielfalt von bestürzender Aktualität sind. Aller avancierten Forschung, aller Hybriditäts- und Transkulturalitätsvorstellungen zum Trotz: Auch wir Europäer scheinen nach wie vor in der Rassismusfalle festzustecken. Jedenfalls lassen sich rassistische Argumente – offen oder verborgen – jederzeit wieder in Stellung bringen. Und die Frage, ob wir möglicherweise tatsächlich genetisch auf Rassismus und Vermischungsangst hin angelegt sein könnten, wagt kaum einer auch nur zu stellen. Wer dies dennoch tut, gerät unter den Koordinaten der Political Correctness schnell in ein ideologisches Minenfeld. Dennoch, gerade deshalb muss die Diskussion geführt werden, auch wenn sie neue, unerwünschte Probleme sichtbar machen könnte.

Wenn man über die Jahrhunderte hinweg beobachten kann, dass auch und gerade in literarisch hochwertigen Texten wieder und wieder auf diesen gleichermaßen verhaltensbiologisch wie gruppensoziologisch kritischen Punkt aufmerksam gemacht wird, sollte man sich dieser Problematik stellen und – weil man weiß, wie zentral diese Frage für Kollektive zu sein scheint – sehr viel vehementer in den Weg stellen als bisher. Europa war und ist nach wie vor eine Brutstätte des unerwünschten Gefühls. Und es hat in einem Maße wie kaum eine andere Kultur die ideologischen Grundlagen dazu gelegt.

1,5 Millionen verkaufte Exemplare von Thilo Sarrazins Nativisten-Bibel *Deutschland schafft sich ab* sprechen eine unmissverständliche Sprache – die geistige Endmoräne eines über Jahrhunderte gehenden Diskurses. Selbst ein Vordenker der Aufklärung wie Kant, den man als Kämpfer gegen Vorurteile kennt, erklärte ungerührt: »Die Menschheit ist in ihrer größten Vollkommenheit in der Race der Weißen. Die gelben Indianer haben schon ein geringeres Talent. Die Neger sind weit tiefer, und am tiefsten steht ein Theil der amerikanischen Völkerschaften.«[1]

Ob man ihn nun philosophisch, religiös oder biologisch begründet – der Rassismus gehört zu den zentralen Elementen auch des europäischen Denkens. Verbunden mit einem seit der Antike tradierten Überlegenheitsgefühl stellt er sogar die schärfste Waffe im Kampf um Dominanz dar. Alles, was uns bedroht oder bedrohen könnte, wird in die Kategorie von »*illegal aliens*« herabgestuft. Wollte man konsequent sein, müsste man auch erkennen, dass selbst unser viel gepriesenes Ideal der »Toleranz« letztlich eher solch einem Abwehrmechanismus entspringt. Europa toleriert die in seinen Augen prekären Phänomene und Figuren nicht allein aus Großmut, sondern auch, weil es so Herrin des Verfahrens bleibt und den Zugang zur Ressource »Fremdheit« kanalisieren und regeln zu können glaubt. Das immer wieder von europäischer Seite als eine zentrale kulturelle Errungenschaft gefeierte Ideal der Toleranz ist, um es klar zu sagen, auch Ausdruck eines gewissen Hochmuts – abgesehen davon, dass es schlicht unzutreffend ist, tolerantes Verhalten als genuin europäisches Merkmal zu definieren. Ganz so, als wäre es etwa in buddhistisch geprägten Kulturen unbekannt. Eine Einsicht, die zwar ernüchternd klingen mag, die aber andererseits anzeigt, dass auch Europa nicht sehr viel anders und sehr viel besser handelt als seine vermeintlichen Gegner – ihnen unerwarteterweise sogar sehr viel ähnlicher ist, als es sich glauben machen möchte. Verhetzung, Diabolisierung, Diffamierung sind und bleiben die Mittel der Wahl.

Es wäre sinnvoll, uns vom Ballast unserer Selbststilisierung freizumachen und den Realitäten ins Auge zu sehen. Europa ist und bleibt ein argwöhnischer Kontinent, der es nicht sonderlich schätzt, wenn man ihm die Maske abnimmt und in sein Alltagsgesicht blickt.

Am allerwenigsten schätzt er die schlichte Tatsache, dass er ein Geflecht aus Vermischungen ist und jeder rassistisch grundierte Reinheitswahn – purer Wahn.

VI

Selbstmord und Weiterleben

Vielleicht sollte man die ganze Geschichte vom Ende her erzählen? Die Wahrheit ist, Europa ist gerade noch einmal davongekommen. Um ein Haar wäre es untergegangen, in Stücke gerissen worden. Als Roosevelt, Stalin und Churchill in Teheran nach dem Sieg von Stalingrad Gericht hielten, stand Europa als der bis dato gefährlichste Kontinent der Welt kurz vor dem Aus. Es hatte alle seine kulturellen Errungenschaften und Werte verraten und pervertiert.

Es ist ein Wunder, dass es gelang, den Kontinent nicht nur zu retten, sondern ihn sogar programmatisch völlig neu zu definieren. Aus dem Hexenkessel der Rassismen und des Totalitarismus wurde innerhalb einiger Jahrzehnte ein »Kontinent des Friedens« – so die offizielle Sprachregelung, als der EU 2012 der Friedensnobelpreis zugesprochen wurde. Eine Art Imperium, das statt auf Gewalt auf Konsens setzt. Kann das mit rechten Dingen zugehen? Entspricht diesem Bild eine konkrete Wirklichkeit oder verdankt es sich, wenn nicht einem Irrweg, so doch einer Illusion? Anders gefragt: Wie war es möglich, nach einer über 2000-jährigen kulturellen Evolution, nach ungezählten Lehrstunden und bitteren Erfahrungen sehenden Auges auf den Abgrund zuzusteuern? Wie war es möglich, alle kulturellen, humanistischen Errungenschaften zu vergessen? Oder unterliegen wir einem fatalen Irrtum, wenn wir davon ausgehen, wir hätten eine humanitäre Kultur mit humanitären Werten ausgebrütet? Mit anderen Worten, waren die Weltkriege, die Gulags, war der Holocaust, waren die KZs Resultat der Verkettung bedauerlicher Umstände? Oder weist die geschichtliche Entwicklung eine innere Logik auf?

Denkt man über diese verstörende Frage vorurteilslos nach, kann man zu dem Schluss kommen, dass all das, was wir geneigt sind, als »tragischen Unfall« der Geschichte zu sehen, auch eine Konsequenz vergangener Entwicklungen war. Nur wir Europäer verfügten über das mentale Rüstzeug, um all das vorzubereiten, was zu Beginn des 20. Jahrhunderts geschah: etwa ein System sprachlich hoch elaborierter Ideologien und rassistischer Grundkonzepte, ein zum Wahn und zur Selbstverständlichkeit gewordenes Gefühl kultureller Überlegenheit. Und zudem über ein Repertoire exkludierender, zum Teil wissenschaftlich-philosophisch geschärfter, menschenverachtender Feindbilder sowie eine hoch emotionalisierende Rhetorik. Unsere erprobten Herrschaftstechniken bedurften lediglich einer letzten Schärfung, Zuspitzung, um das Undenkbare zu produzieren. Alle Komponenten waren vorhanden – in einer geeigneten Situation konnten sie aktiviert werden und zerstörerische Wirkung entfalten. Zumindest in der ersten Hälfte des 20. Jahrhunderts erreichte der »Kontinent des Friedens« das Maximum seiner zerstörerischen Kraft.

25 Der Absturz

Es lohnt sich, noch einmal für einen Moment zu den Anfängen dieses »Umsturzes« zurückzukehren. Dass entscheidende Impulse für das weitere Geschick – oder soll man den Begriff Schicksal wagen? – Europas nicht aus den jeweiligen Metropolen kommen müssen: die Art und Weise, wie der Erste Weltkrieg entfesselt wurde, wäre der Beweis. Während der Krieg auf den Schlachtfeldern Europas tobte, war in Sarajewo, wo die entscheidenden Schüsse gefallen waren, bald wieder Ruhe eingekehrt. Der Attentäter, Gavrilo Princip, verbrachte angekettet in der Festung Theresienstadt seine letzten Jahre bis zu seinem Tod 1918. Ob er über die Folgen seiner Tat unterrichtet war und wie er damit umging, wissen wir nicht – in die Wände seiner Zelle ritzte er selbstbewusst und fatalerweise nicht einmal zu Unrecht: »Unsere Geister schleichen durch Wien und raunen durch die Paläste und lassen die Herren erzittern.«[1]

Die Geister, die er rief, sollten nicht nur in den Palästen Wiens ihr Unwesen treiben – die Spätfolgen zeigten sich in voller Schärfe erst zwei Jahrzehnte später, als das Nazireich begann und Theresienstadt, eine »Idealfestung« des 18. Jahrhunderts, in ein KZ umgebaut wurde.

Merkwürdig, wie sich auf der Landkarte Europas immer wieder dieselben Orte und Räume mit Geschichte, grausamen Geschichten anreichern. Es gibt keine unschuldigen Zonen: Aus einer Strafanstalt wird ein KZ, aus einem Buchenwald ein Todeslager, aus einem regionalen Anschlag ein Krieg, der die Welt erfasst. Wer sich auf den Spuren europäischer Kultur bewegt, sollte auf Überraschungen jeder Art gefasst sein und stets mit ideologischen Tretminen rechnen.

Noch etwas anderes hat sich in diesem Krieg auf zynische Art erwiesen: Europa ist ein zusammengehöriges Ganzes. Kippt ein Stein, kann das gesamte System kollabieren. Österreich »musste« Serbien angreifen, um Rache für den symbolischen Stich ins Herz der Donaumonarchie zu nehmen. Deutschland »musste« dem Verbündeten beistehen. Russland und Frankreich »mussten« dem Dominanzgebaren der beiden Großmächte etwas entgegensetzen. Ab einem gewissen Punkt wurden auch Belgien und die britische Insel von diesem Dominoeffekt erfasst. Keines der europäischen Länder ist eine Insel – kooperieren sie, haben alle etwas davon. Attackieren sie einander, verlieren alle. Deutschland erlitt eine schwere Niederlage, die den Grund für den Revanchismus des Zweiten Weltkriegs legte. Das geschwächte russische Zarenreich wurde gestürzt. Die Donaumonarchie zerfiel.

Millionen von Namenlosen waren elend zugrunde gegangen. Oder als zutiefst Erschütterte, Verkrüppelte von den Schlachtfeldern des Ersten Weltkriegs heimgekehrt. Hugo von Hofmannsthal zeichnet in seinem Stück *Der Schwierige* (1921) das Porträt eines Offiziers, der traumatisiert in die heile Welt seiner Familie zurückkommt. Erinnerung, Sprache, alle normalen Umgangsformen sind ihm fremd geworden. John Heartfield und Karl Kraus malen in drastischen Bildern die Verwüstungen aus, die die Schlachten und Grabenkämpfe, der Gas- und Luftkrieg in den Gesichtern der Menschen hinterlassen hatten. Es war eine Situation, um den Wahnsinn aller Kriegführung, zumal im Zeitalter seiner technischen Perfektionierbarkeit, zu begreifen.

Die Erinnerungen an die erlebten Gräuel verblassten erstaunlich rasch. Und alle Bemühungen, den Krieg als Mittel zu überwinden – anknüpfend an Immanuel Kants Überlegungen zum »ewigen Frieden« (1795) waren schon im 19. Jahrhundert eine Unzahl pazifistisch grundierter Konferenzen einberufen worden, und diese Versuche führten 1920 zur Gründung des sogenannten Völkerbundes – all diese Bestrebungen, gleich ob ethisch, völkerrechtlich oder ideologisch begründet, sollten sich letztlich als wirkungslos erweisen. Von Europäischem redete man – alle Handlungen erfolgten auf der Grundlage das Nationalen. So holte der Krieg zwischen 1918 und 1939 Atem, sammelte

Energien, die sich nach einer kurzen Pause in der größten Vernichtungsschlacht aller Zeiten entladen sollten.

Sucht man nach Gründen für diesen Exzess, so genügt es nicht, auf Dolchstoßlegenden oder unbeglichene Rechnungen zwischen den Kriegsparteien zu verweisen. Auch die allgemeine Wirtschaftslage und die große Arbeitslosigkeit stellen keine hinreichenden Gründe für den freiwilligen Wiedereintritt von Millionen von Menschen in ein apokalyptisches Szenario dar.

Es musste sich etwas Grundsätzliches verändert haben, damit dieser Rückfall und die Zündung möglich wurden. Es musste eine grundsätzliche Verschiebung der Machtverhältnisse im europäischen Großraum gegeben haben. Und genau ein solches Ereignis hatte in der Tat – mitten im Ersten Weltkrieg, 1917 – stattgefunden: die Russische Revolution. Mit dem Sieg der Bolschewiki 1921 hatte sich die politische Tektonik des Kontinents endgültig verschoben. Europa hatte bis zu diesem Zeitpunkt zwar immer wieder seine Fühler in Richtung Osten ausgestreckt – am weitesten die K.-u.-k.-Monarchie, die ihren Herrschaftsraum bis in die Bukowina und nach Galizien ausgedehnt hatte. Die Romane von Joseph Roth und Robert Musil sind eindrucksvolle Dokumente dieser Evasion. Das unverrückbare Zentrum, von dem aus diese Erweiterung vorgenommen wurde, war und blieb freilich Wien. Der österreichische Kaiser, nicht der russische Zar stand im Zentrum. Und der russische Zarenhof blickte nach Wien und vor allem nach Paris, wenn es um Sprache und Kultur ging. Diesen Kulturtransfer auf der Ebene der Eliten schnitt die Revolution brutal ab. Sie rückte Russland und die russische Kultur ins Zentrum. Die mythische Kiewer Rus als Keimzelle eines panslawischen, heiligen Russlands trat magisch verklärt auf den Plan. Sergei Michailowitsch Eisensteins Filme, in denen der Kampf der Rus gegen die verhassten deutschen Invasoren – damals Deutschordensritter – suggestiv geschildert wird, legen Zeugnis von diesem monumental entfalteten, oder sollte man sagen, retrospektiv in Szene gesetzten Befreiungskampf ab. Es ist nicht übertrieben zu sagen, dass sich Russland zum ersten Mal der europäischen Öffentlichkeit als

Idee, als ideologischer Machtfaktor auf Augenhöhe präsentierte. Jetzt ging es nicht mehr um dynastische Gefechte, um taktische Bündnisse – jetzt ging es um die Weltrevolution. Der Schritt auf die politische Bühne der Moderne war mit einer ideologischen Mission verbunden, die den Vergleich mit der Französischen Revolution nicht scheute. Nun sollte freilich nicht das Bürgertum an die Macht katapultiert werden, sondern das Proletariat.

Ähnlich wie seinerzeit in Frankreich war auch diese Revolution von einer kompromisslosen Abrechnung mit der bis dahin herrschenden Klasse verbunden. Und sie basierte auf einem ausdifferenzierten theoretischen und ideologischen System, dessen gedankliche Spuren nach Deutschland führen, zu Marx, Engels – und zum preußischen Staatsphilosophen Hegel, dessen »dialektischer Idealismus« die kommunistische Lehre des »dialektischen Materialismus« deutlich inspirierte. Die russische Revolution mithin als spätes Epiphänomen des deutschen Idealismus – die These klingt möglicherweise überraschender, als sie ist.

Eine zweite, nicht weniger ungewöhnliche Quelle kommt hinzu, die des jüdischen Messianismus. Viele verglichen *Das Kapital*, was den absoluten und visionären und utopischen Charakter anbelangt, mit der Bibel. Der neue Messias der Moderne hat freilich nichts mit Jesus oder überirdischen Mächten zu tun. Die Erlösung findet im Hier und Jetzt statt, und ihre Akteure sind das Volk, die arbeitende Masse, das Proletariat. An die Stelle von Herrschern treten »Räte«, von denen alle bis zur Gleichmacherei gleich gemacht werden. Diese »Diktatur des Proletariats« erinnert entfernt noch immer an den *volonté générale* der Französischen Revolution und trägt wie dort den Keim zu menschenverachtendem Totalitarismus in sich.

Was unter Billigung Deutschlands in plombiertem Wagon im April 1917 aus der Schweiz nach Moskau verfrachtet wurde, war mehr als ein einzelner Politiker – es war ideologischer und realpolitischer Sprengstoff: Als man Lenin aus dem Exil nach Russland zurückbrachte,[2] kam dies einem Hasardspiel gleich. Freilich bedachte keiner der deutschen Strategen, dass sie damit eine Dynamik in Gang gesetzt hatten, die nicht nur Russland, sondern ganz Europa und die Welt verändern sollte. Einmal mehr bewies die Politik ihre erstaunliche Inkompetenz in der Einschätzung ideeller, ideologischer Konzepte.

Und es sollte ganz andere Folgen haben, als die deutschen Strategen ahnten. Das erhoffte Kriegsende wurde nicht beschleunigt, stattdessen entstand ein gewaltiger Machtfaktor, mit dem niemand gerechnet hatte. Ob Hitler und der deutsche Nationalsozialismus davon unmittelbar angeregt wurden, lässt sich nicht mit absoluter Sicherheit sagen. Aber dass dieser rauschhaft entfaltete, großflächig in Erscheinung tretende Traum einer sozialistischen Internationale, die von Moskau ausgehend den Kontinent erobern sollte, nicht ohne Wirkung auf das Nachkriegsdeutschland der Weimarer Republik geblieben ist, steht außer Frage. Hitlers in der Festung Landsberg ersonnener Albtraum, der mit dem Aufstieg der National-*Sozialistischen-Arbeiter*partei Wirklichkeit wurde, trägt unübersehbar die Spuren des russischen Modells. Obwohl inhaltlich einander diametral entgegengesetzt (Nationalismus, Rassismus und völkisches Denken waren dem Marxismus fremd), standen sich beide Richtungen in der Anfangsphase – was ihre Gewaltbereitschaft und den Willen anbelangt, das republikanisch-demokratische System zugunsten ihrer Partei abzuschaffen – in nichts nach.

All dies vollzog sich unter den Vorzeichen dessen, was als die sogenannten goldenen Zwanzigerjahre nicht nur in die deutsche Geschichte eingehen sollte. Von Paris bis Berlin, von London bis New York und Los Angeles war sie zu spüren: die tosende Stimmung der 1920er. Entertainment, Freiheit und Lebenslust waren angesagt. Moderne und Aufbruch waren die Schlagworte der Stunde. Vor allem für die Frauen: Nachdem der Erste Weltkrieg fast eine ganze Generation Männer ausgelöscht und traumatisiert hatte, brachen alte Werte und herkömmliche Strukturen auseinander. Alles schien möglich.

In den Romanen der 1920er-Jahre traten Frauen auf, die sich neue Berufsfelder eroberten. Sexuelle Themen konnten frei, auch freizügig angesprochen werden. Schriftstellerinnen wie Vicki Baum (1888–1960) zeichneten das Bild der »Neuen Frau« als kritischer, selbstbewusster Protagonistin, die im Berufsleben die gleichen Leistungen wie ihre männlichen Kollegen erbringt und fester Bestandteil einer modernen, großstädtischen Massenkultur ist.

Kinos sprossen aus dem Boden: Ende der Zwanzigerjahre besuchten allein in Deutschland täglich etwa zwei Millionen Menschen die mehr als 5000 Lichtspielhäuser. Die Universum Film AG (UFA) in Potsdam-Babelsberg entwickelte sich nach Hollywood zum zweitgrößten Filmimperium der Welt. 1930 gelang Marlene Dietrich mit *Der blaue Engel* ein Welterfolg.

Doch diese »goldenen Zwanzigerjahre« waren keineswegs nur eine Periode stimulierenden internationalen Transfers. Das rege Treiben der Künstler und Kulturschaffenden glich eher einem Tanz auf dem Vulkan der Ideologien. Autoren wie Bertolt Brecht oder Ödön von Horváth oder Hermann Broch zeigten diese Verwerfungen kritisch auf. Sozialismus und Heilsarmee, Anarchismus und Esoterik, Faschismus und Sektenprediger standen einander unversöhnlich gegenüber. In den Bierwirtschaften wurden weltanschauliche Saalschlachten ausgetragen. Hermann Broch (1886–1951) hat als Chronist dieser Zeitenwende verfolgt, wie sich hier ganz allmählich etwas Bedrohliches aufbaute. Der Romanzyklus *Die Schlafwandler* (1930–1932) beginnt in der feudalistisch-bourgeoisen Fontanezeit und endet unmittelbar an der Schwelle zum Faschismus. Er veranschaulicht auf ungeheuer eindringliche Art die gespenstische Verwandlung von standesgebundenen Individuen in funktions- und effizienzorientierte Partikel eines Systems. Am Ende steht mit dem Prinzip Huguenau ein neuer Typus eines Mannes ohne Eigenschaften. Er wird alle um ihn her frei von Gewissen denunzieren, um damit seine Karriere zu fördern. Er fühlt sich wohl in einer Welt ohne verbindliche Werte – Deserteur aus schlichtem Selbsterhaltungsbedürfnis (Trieb wäre zu viel gesagt).

Huguenau erledigt seine Gegner und Konkurrenten schnörkellos und ohne jeden Skrupel. Kein großer Schurke, sondern ein kleiner Schuft. Er ist nicht Dämon des Bösen, er lebt das Böse in seiner banalen Selbstverständlichkeit. Nicht kalt, sondern gefühllos, steht er jenseits von Gut und Böse. Ein gut eingestellter Intrigenautomat. Er betritt die Wohnung seines Konkurrenten und liest in ihren Zeichen wie in einem offenen Buch. Jede Nippesfigur verrät einen (begrabenen) Lebenstraum, auf den Huguenau seine Strategie einstellt. Seine Ausdrucksform ist die Zahl, seine Strategie die Kosten-Nutzen-Kalkulation, das Investment, der Gewinn. Bei Bedarf spekuliert er sogar mit »ideellen Werten« – solange der Preis stimmt. Und er findet Dumme, Gutgläubige, Bedürftige, Kunden und Käufer zuhauf. Huguenau passt idealtypisch in seine Zeit, in die Gesamtlogik der Epoche:

> Huguenau ist ein Mensch, der zweckmäßig handelt. Zweckmäßig hat er seinen Tag eingeteilt, zweckmäßig führt er seine Geschäfte, zweckmäßig konzipiert er seine Verträge und schließt sie ab. Alldem liegt eine Logik zugrunde, die durchaus ornamentfrei ist […].[3]

Es ist dieser Typus Mensch, der, eingebettet in ein System, alles bedingungslos ausführt, was ihm im Namen einer stabilisierenden »Ordnung« aufgetragen wird. Es ist dieser Typus Mensch, der wenige Jahre später Menschen in Nummern verwandeln, in die Gaskammer schicken und schmerzfrei ein Vernichtungslager leiten wird. Doch diese neue Sachlichkeit ist nur *ein* Teil des Stoffes, aus dem der Menschentyp der totalitären Systeme besteht. Ohne die Triebkraft kollektiver Emotionen wären die Massenbewegungen dieser Jahre nicht zu erklären. Und hierbei spielt die Literatur, spielen die bildenden Künste und das, was man Kultur nennt, eine ebenso entscheidende wie verhängnisvolle Rolle.

Die massensuggestiven Auftritte Hitlers waren bis in Gestik und Mimik am Vorbild des »Duce«, Benito Mussolini (1883–1945), orientiert. Der wiederum war »Schüler« der patriotischen Rhetorik des Schauspieler-Dichters Gabriele D'Annunzio (1863–1938), der eine nationalistisch-bombastische Phantasiewelt im Gefolge der Décadence ersann und immer mehr auf die Wirklichkeit übertrug. Wo die Grenzen zwischen Phantasie, dichterischem Traum und politischer Wirklichkeit diffus werden, wird es gefährlich. Aber paradoxerweise auch dort, wo man leugnet, dass es zwischen »Ästhetik« und »Politik« irgendwelche Verbindungen gibt.

Eine Ikone der Nazipropaganda, die Regisseurin Leni Riefenstahl (1902–2003), produzierte ohne den Hauch ethischer Bedenken serienweise und unter strikter Observanz der Lehren der NSDAP rassistische und völkische Propagandafilme wie *Triumph des Willens* (1935). Über diesen Film, der die Bewegung der NSDAP aufs Raffinierteste als Treffen einer fröhlichen, einander zugewandten völkischen Kameradschaft in Szene setzt, sagte sie rückblickend, dies sei nur

> ein Dokumentarfilm von einem Parteitag, mehr nicht. Das hat nichts zu tun mit Politik. [...] Ich habe versucht, die Atmosphäre, die da war, durch Bilder auszudrücken und nicht durch einen gesprochenen Kommentar. Und um das ohne Text verständlich zu machen, musste die Bildsprache sehr gut, sehr deutlich sein. Die Bilder mussten das sagen können, was man sonst spricht. Aber deswegen ist es doch keine Propaganda.[4]

Es wäre an der Zeit, sich neuerlich Gedanken darüber zu machen, wie viel Gedankenlosigkeit die Kunst sich leisten darf oder kann. Wobei das Inventar ästhetischer Zeichen begrenzt ist, sodass sich sozialistische und nationalsozialistische Zeichensprache – trotz gegenläufiger Ansichten – aufs Fatalste ähneln. Angefangen bei der Inszenierung parareligiöser Führerkulte über die Beschwörung kitschiger nationaler Mythologien und Symbole bis hin zur immer gleichen Beschwörung einer kollektiven Geschlossenheit, die auch und gerade unter den Vorzeichen des märtyrerhaften, todesbereiten Selbstopfers siegt. Und dem Versprechen einer neuen Identität: Aus vereinzelten, notleidenden, hilflosen Individuen werden Teile eines sich als gewaltig inszenierenden kollektiven Ganzen.

Die eigentliche Begründung des durchschlagenden Erfolgs der zwei gefährlichsten ideologischen Systeme aus den Denklaboratorien Europas war zum einen die Verheißung eines neuen Lebens, einer neuen Biographie. Zum anderen standen sie unter den Vorzeichen einer idealistischen, positiven Wende. Was sich in der Rückschau und in Kenntnis all des Kommenden als Weg in die Selbstvernichtung erweisen sollte, stellte sich anfangs als das genaue Gegenteil dar – als großer, befreiender Schritt. In vielen seiner Reden, von denen wir häufig nur jene Ausschnitte kennen, in denen Flüche und Verwünschungen im Zentrum stehen, malt Hitler über weite Strecken Visionen einer besseren Welt unter den Vorzeichen eines parareligiösen, idealistischen Selbstopfers aus. Immer wieder beschwört er seinen persönlichen Beitrag zu dieser kollektiven Mission, verbunden mit der Drohung, Abweichler und kritische Geister zu eliminieren, wie hier in seiner Reichstagsrede nach dem Überfall auf Polen am 1. September 1939:

> Es soll keine Entbehrungen Deutscher geben, die ich nicht selber sofort übernehme!
> (Erneuter Beifall.)
> Mein ganzes Leben gehört von jetzt ab erst recht meinem Volke! Ich will nichts anderes sein als der erste Soldat des deutschen Reiches.
> (Die Abgeordneten erheben sich. – Stürmische Heilrufe.)
> Ich habe damit wieder jenen Rock angezogen, der mir selbst der heiligste und teuerste war.
> (Heilrufe.)
> Ich werde ihn nur ausziehen nach dem Sieg, – oder ich werde dieses Ende nicht erleben! […] Als Nationalsozialist und deutscher Soldat gehe ich in diesen Kampf mit einem starken Herzen! Mein ganzes Leben war nichts anderes als ein einziger Kampf für mein Volk, für seine Wiederauferstehung, für Deutschland,
> (stürmischer Beifall.)
> und über diesen Kampf stand nur ein Bekenntnis: der Glaube an dieses Volk! Ein Wort habe ich nie kennengelernt, es heißt: Kapitulation.
> (Beifall.)
> […]
> So wie ich selber bereit bin, jederzeit mein Leben für mein Volk und für Deutschland einzusetzen, so verlange ich dasselbe auch von jedem anderen! Wer aber glaubt, sich diesem nationalen

> Gebot, sei es direkt oder indirekt, widersetzen zu können, der fällt! Verräter haben nichts mit uns zu tun![5]

Auch in *Mein Kampf* (1925) steht die Person des »Führers« im Zentrum. In den Eingangskapiteln spricht ein gekränkter Idealist, eine Künstlernatur, die eine Erklärung für die fatalen Mechanismen der Gesellschaft, den Sumpf der Korruption und Ausbeutung sucht. Und diese Erklärung entwickelt er, indem er immer wieder *einen* Punkt evoziert, alles auf *eine* Perspektive bezieht, bis schließlich das eigene Unglück wie das Millionen anderer Deutscher einen Namen erhält: »der Jude«. Es mag, wie immer und zu allen Zeiten, latente Vorbehalte, diffuse Abneigungen gegeben haben. Es blieb Hitler vorbehalten, solche Ressentiments zu kanalisieren und sie in eine Bewegung zusammenzuführen, die einem systematisch aufgebauten – angeblich »wissenschaftlich fundierten« und »historisch bewiesenen« – Feindbild folgte. Dies ist die vermutlich entscheidende Komponente im Kräftespiel der Neuerungen. Aus einem fatalen Gemisch aus Neid und dem Schüren von Ängsten gelang es, die am besten integrierte Gruppe von »Fremden«, die in Deutschland lebte, als Ursache allen Übels darzustellen: die Juden. Wobei die Tatsache ihrer Assimilation als Beweis der Verstellung und einer tückischen Strategie der Mimikry »enttarnt« wurde.

Das so entdeckte und beschworene Feindbild konnte sich auf eine lange europäische Tradition stützen, deren Zeugnisse bis in Mittelalter zurückreichen. Durch Gettos hatte man über lange Zeit hinweg versucht, sich die vermeintlich gefährlichen »Fremden« als Überträger des Bösen und Betrügerischen vom Leib zu halten. Nun wurden alte Vorbehalte mit sich wissenschaftlich gebenden Theorien aufgeladen. Die biologistischen Bilder griffen in die Phantasie und verfingen. Die NS-Ideologen verstanden es, das Programm einer endgültigen Reinigung vom Virus der Ausbeutung, der Gemeinheit und Niederträchtigkeit nahezu als eine ethische Pflicht und hygienische Aufgabe zu vermitteln. Man konstatierte – nicht ohne Gier und Neid –, dass viele Positionen von jüdischen Menschen besetzt seien und meldete eigene Ansprüche an.[6]

Doch nicht nur als Verbrecher und moralisch verwahrlosten Abschaum hatte man in der Logik des Systems die Juden identifiziert, sondern auch als Ausbeuter und Spekulanten auf das Unglück anderer. Die Figur des »internationalen Finanzjudentums« wurde zum bestimmenden Argumentationsfaktor – und weckte unausgesprochen und verdeckt auch materielle Bedürfnisse, die mit der »Ausrottung« der verhassten Spezies verbunden sein konnten. Damit war die gesamte Welt als Gegner auf den Plan gerufen. Sei es in Gestalt des kapitalistischen »US-Judentums«, sei es in Form des fatalen Klischees der jüdischen Ideologen, die hinter den bolschewistischen Kadern der Sowjetunion und anderer Länder stünden.

Dies waren im Wesentlichen die Zutaten, aus denen sich das lückenlos geschlossene Programm des »Tausendjährigen Reichs« zusammensetzte. Verbunden mit einer gewaltigen Aufrüstungsindustrie und Programmen, die Millionen wieder Arbeit gaben, hatte es eine starke Verführungskraft. Viele gaben sich der Illusion einer besseren Welt hin, viele unterschätzten oder ignorierten den existenziell bedrohlichen Teil des Systems. Auch Juden. Nur etwa 70 000 der ungefähr 400 000 betroffenen Personen gelang die Flucht ins europäische und außereuropäische Ausland – andere *konnten* aus unterschiedlichen Gründen nicht fliehen, auch wenn sie es *wollten*! Doch nicht wenige blieben in der Annahme, ihnen werde aufgrund ihres deutschnationalen Lebenslaufs nichts geschehen. Wie sich zeigen sollte, ein gravierender Irrtum. Denn die Wucht und Systematik, mit der die rassistischen Angriffe nicht erst seit der »Reichskristallnacht« vom 9. November 1938 vorgetragen wurden, ließen keinen Zweifel an der Ernsthaftigkeit der Absichten. Beispiel Bücherverbrennung. Eine Aktion, in der »undeutsche«, »entartete« Kunst und Kulturgüter im Mai 1933 den Flammen übergeben wurden, eine archaische Tradition mit langer Vorgeschichte. Bereits Heinrich Heine wusste: »[…] dort wo man Bücher/verbrennt, verbrennt man auch am Ende Menschen.«[7]

Und es sollte in der Tat genau so kommen, wie Heine geahnt hatte. Die Stimmung dieser absurd-aggressiven Bücherverbrennung ist merkwürdig: Unterhaltung und Lachsalven, bengalische Beleuchtung und bedrohliche Kulisse. Der Schriftsteller Arnold Zweig gibt den Bericht einer Freundin wieder:

> Ich war neulich zur Hexenverbrennung der Bücher [...] Umrahmt von einer Opernhausflanke, Hedwigskirche und Alter Bibliothek, war ein Scheiterhaufen errichtet von etwa drei Meter Durchmesser, ganz preußisch mit Lineal geschichtet. Das Publikum, meist kleine Leute mit etwas Mittelstandseinschlag, in weitem Bogen, von Schupo und Seilen abgegrenzt. Auf dem freien Platz machten sich SA und Schupo wichtig. [...] Wurstmaxe mit vielen Witzen, überall, wo er entlangging: Lachsalven im Volk. Das Publikum von tierisch zufriedener Blödheit, ganz stumpf, passiv und völlig ahnungslos. Unterhaltungen, wie wir sie nicht schöner erfinden könnten, wurden gezwitschert, Witze gemacht und belacht, die Zeit bis zur Verbrennung gemütlich vertrieben. »Was verbrennen die eigentlich?« – »Na, jüdische Bücher!« – »Nein, undeutsche, so unsittliche.« – »Sollte man alle nehmen und in die Spree schmeißen!« [...]
>
> Nach einer weiteren Stunde ein Zug Studenten, sehr schlapp, sehr häßlich aussehend, mufflig und in zufriedenem Trott, viele, viele, viele, mit Fackeln; Jungens und Kinder mit Fahnen. Jeder, der an dem preußischen Scheiterhaufen vorbeikam, schmiß seine pechgetränkte Fackel hinein; das Feuer lohte hoch auf, bis zur Höhe des ersten Stockwerks vom Kronprinzenpalais. Bengalische Beleuchtung und gefilmt! [...] Dann schleuderten sie in Riesenbögen die Fackeln hoch durch die Luft, die ganze Zeit erklang eine magisch-düstere Musik in Moll. Jetzt rückten hinten drei Autos an, auf denen stand: »Möbelfuhre«. Das waren die Revolutionskarren mit den Opfern. Die Studenten saßen und standen bis aufs Dach dieser Karren, zum Teil in Wichs [...]. Richtig Riesengaudi. Schließlich um Mitternacht, wegen Stimmung, ergriffen sie die Bücher und schmetterten sie einzeln mit Wollust ins Feuer. Die Funken stoben haushoch, und die einzelnen Blätter taumelten brennend durch die Luft, als spotteten sie über diesen Tod.[8]

Hier wird die groteske Mischung aus Pomp, Pathos und Kitsch greifbar, die, wenn es um Politik geht, so verhängnisvoll ist. Im Grunde müsste ein Schmierentheater dieser Art in einer kollektiven Lachsalve enden. Doch statt des Zwerchfells tritt die Gänsehaut in Aktion, und peinliches Pathos macht sich breit. Erich Kästner war ebenfalls Augen- und Ohrenzeuge, als Reichsminister für Volksaufklärung und Propaganda Joseph Goebbels das Geschehen mit seinen »schmalzigen Tiraden« begleitete:

> Die Bücher flogen weiter ins Feuer. Die Tiraden des kleinen abgefeimten Lügners ertönten weiterhin. Und die Gesichter der braunen Studentengarde blickten, den Sturmriemen unterm Kinn, unverändert geradeaus, hinüber zu dem Flammenstoß und zu dem psalmodierenden, gestikulierenden Teufelchen.[9]

Gegen »Materialismus«, »Dekadenz« und »Verrat am Volksgeist«, gegen »seelenfressende Überschätzung des Trieblebens«, gegen »Verrat und Gesinnungslumperei« – gegen all diese »völkischen Verfallserscheinungen«, so die magischen Formeln, soll das Verbrennen von bedrucktem Papier ein Heilmittel sein. Ein Aberglaube, den die Nazis von der katholischen Kirche übernommen zu haben scheinen, die glaubte, Montaigne, Descartes und Pascal, Voltaire, Diderot, Rousseau, Sterne, Swift, Heine aus der Welt schaffen zu können, indem sie ihre Werke auf eine *Index* genannte Verbotsliste schreiben ließ. Und dazu oft genug noch verbrannte.

Am Ende der Hitlerzeit war nicht nur Deutschland, sondern halb Europa ruiniert. Im Wahn, die Welt in ein großes Deutschland zu transformieren, waren alle Grenzen gefallen. Die der »europäischen« Humanität und die der Länder. Hitlers Helfer – die SS, die Wehrmacht, das Netz der Spione und Agenten – erweiterten ihre Menschenjagd fast auf den gesamten Kontinent, und alle Wege führten längst nicht mehr nach Rom, sondern nach – Auschwitz.

Die niederschmetternd nüchternen Romane von Imre Kertész, Primo Levi oder Manès Sperber oder die Biographie von Stéphane

Hessel (um nur einige wichtige Augenzeugen zu nennen) zeigen den Mechanismus dieses Systems, das im Aufspüren und Vernichten »artfremden« Lebens eine kulturelle Leistung sah.

Immer noch gilt der Begriff »Kultur« gelegentlich per se als positiv. Eine kurzschlüssige und folgenreiche Annahme. Sie kann auf die Akropolis oder nach Auschwitz führen – alles eine Frage der Auslegung. Selbst Massenmord kann kulturell begründet werden und wurde kulturell begründet. Es galt, das Edle, Reine, Unschuldige vor dem Zugriff alles Niederträchtigen zu schützen, es galt, Werte zu verteidigen. Auch die Werte Europas. Nein, Kultur und Bildung sind kein genereller Schutz vor Ideologisierung. Im Bewusstsein, Erben einer starken, dominanten Kultur zu sein, wurde eine Politik der Vernichtung eingeleitet: Technologischer Progress, ästhetische Perfektion und ideologische Stringenz waren entscheidende Faktoren zur Durchsetzung eines todbringenden Systems.

Die Selbstdestruktion Europas im Zeichen der Swastika war so total, wie der Krieg es war. Viele Angehörige der kulturellen Elite des Landes und nach und nach vieler anderer europäischer Länder wurden verbrannt, verbannt oder verfolgt, mundtot gemacht. Übrig blieben Mitläufer. Es begann die hohe Zeit der konservativen Blut-und-Boden-Autoren, der propagandistischen Maler und Bildhauer, all jener, die sich mit mehr als tausend anderen auf Goebbels und Hitlers sogenannter Gottbegnadetenliste fanden. Darunter mittlerweile völlig vergessene Namen, aber auch solche, die nach wie vor geschätzt werden wie Gerhart Hauptmann, Ina Seidel oder Hans Pfitzner. Auch Ernst Jünger, der Lyriker Gottfried Benn, Richard Strauss und der Philosoph Martin Heidegger scheuten sich nicht, sich der NSDAP anzudienen. Alle, die nicht in den Rahmen dieses ideologisch deformierten Kulturbegriffs passten, wurden systematisch eliminiert, als »entartet« gebrandmarkt, unsichtbar gemacht.

Die Säuberung von Leihbüchereien, Buchhandlungen und Bibliotheken erfolgte bereits von 1933 an nach den Kriterien, die bald darauf zum Gesetz erhoben wurden und so den Schein der Rechtmäßigkeit erhielten. Anfang der Vierzigerjahre standen mehr als 4000 Einzeltitel, 500 Autoren und alle Schriften jüdischer Autoren (beziehungsweise solche von sogenannten Halbjuden) auf der »Liste des schädlichen und unerwünschten Schrifttums«. Schon vor den Pogromen vom 9. November 1938 stieg der Druck auf Kulturschaffende derart, dass weltbekannte Autoren wie Thomas Mann, Heinrich Mann, Bertolt Brecht, Anna Seghers und viele andere die Reise ins Unbestimmte antraten. Neben den offiziellen Maßnahmen griff mehr und mehr eine bewusst geschürte Pogromstimmung um sich, die selbst diejenigen in die Flucht trieb, die entschlossen waren, im Rahmen des Möglichen Widerstand zu leisten.

Der Angriff der Nazis gegen alle kritischen, nachdenklichen, im besten Sinne europäischen Stimmen war kompromisslos, aber es wäre verfehlt, ihn als archaisch und nur rückständig zu sehen. Bei diesem Kampf um Bücher oder Bilder stand weit mehr als Geschmackliches oder Ästhetisches auf dem Spiel. Es ging um Macht. Macht in ihrer perfidesten Form, nämlich als Beherrschung der Wahrnehmung. Eine Form der Entmündigung, bei der die Betroffenen fatalerweise den Eindruck haben, im Vollbesitz ihrer mentalen und intellektuellen Kräfte zu sein. Billigende Selbstentmündigung – nie war Europa weiter von den Prämissen der Aufklärung entfernt als in diesen Jahren.

Für das nationalsozialistische Deutschland war neben der Unterwerfung fast aller europäischen Länder der Schritt in den Osten von zentralem Interesse. Man schickte sich seit dem ersten Angriff auf Polen an, ganz Osteuropa bis über den Ural zu besetzen und als deutsches Siedlungsland zu gewinnen. Ein größenwahnsinniger Plan, der im Kessel von Stalingrad grandios scheiterte.

Nach dem kurzen Intermezzo des Hitler-Stalin-Pakts wurde das neue, revolutionäre Russland zum entschiedensten und mächtigsten Gegner des Naziregimes. Wer es unternimmt, die Wahrnehmung aller Menschen zu lenken, zu steuern und zu kontrollieren, gerät in Gefahr, den eigenen Standort absolut zu setzen und die Kontrolle über sich selbst zu verlieren. Genau diese Unfähigkeit wurde dem Hitlerregime letztlich zum Verhängnis. Zum zweiten Mal nach Napoleon erlitt ein ins Uferlose driftendes System durch die Weite des russischen Raums und die Härte des Winters den Todesstoß.

Es bedurfte zweier Weltmächte, um das NS-System zu Fall zu bringen. Hätte Hitler seinen »Endsieg« errungen, wäre die Geschichte Europas und der Welt vermutlich völlig anders verlaufen. Allein schon diese Vorstellung erschreckt. Ein rassistisches Europa unter »deutscher« Führung, besetzt von »arischen« Menschen, die alles Fremde, Andersartige ausgrenzen, wäre ein einziger Albtraum. So gesehen sind wir, ist Europa noch einmal davongekommen, und wir haben die Chance, uns Gedanken über die weitere Befindlichkeit des zugleich robusten und fragilen Kontinents zu machen. Robust insofern, als Europa als Kontinent des Krieges im Verlauf der Jahrhunderte immer massiver in das Weltgeschehen eingegriffen hat. Und zudem die wirkmächtigsten Modelle moderner Kriege in Stellung gebracht hat. Fragil insoweit, als Europa in jüngerer Zeit mehrfach an seine Grenzen gestoßen und in Gefahr geraten ist, zwischen anderen Machtblöcken zerrieben zu werden. Wir sollten diese Chance nutzen. Die Transitrouten des Exodus haben sich umgekehrt, und viele, die ins Exil gehen mussten, sind nach 1945 in den geplünderten und zerstörten Kontinent zurückgekehrt, um ihn wiederaufzubauen. Menschen waren verbrannt. Ihre Bücher trotz aller Bemühungen nicht. Guernica lag in Schutt und Asche. Nicht aber Picassos unvergängliches, grausiges Memento.

Die Sprache war durch die aufgeblasene, verlogene Rhetorik der Politik von D'Annunzio über den Duce bis hin zu Goebbels und Stalin ideologisch kontaminiert und wurde durch die Dichter langsam, skeptisch, Wort für Wort zurückerobert. Das Denken war zerstört, und es galt, das Denken in Feindbildern, wenn nicht auszulöschen, so doch zumindest als Problem erfahrbar zu machen. Ja, die Ermordeten, Vergasten, Erschlagenen, Erschossenen in ganz Europa waren tot – unwiederbringlich. Und dennoch konnte es der Kunst, gleich ob bildender Kunst, Literatur oder Theater, gelingen, zumindest ihr Bild, ihre Stimme in Erinnerung zu halten, statt sie durch das Vergessen ein zweites Mal zu töten.

26 Die Regeneration

Europa, insbesondere Deutschland war eifrig darum bemüht, die zertrümmerten Fassaden seiner materiellen wie immateriellen Kultur in Rekordzeit zu restaurieren und unerwünschte Erinnerungen, die der Wiederaufbauwut im Wege standen, auszublenden. Es blieb Autoren vorbehalten, unangenehme Fragen aufzuwerfen. In den ersten zwei Strophen eines Gedichts des Exillyrikers Erich Fried werden die »Judenfragen« 1972 so gestellt:

Das leise Lachen
der alten chassidischen Frager
in welcher Betonkammer hat es geendet
in welchem Husten
mit welchen Kristallen
aus welchen Büchsen der Degesch
Und die klugen Witze
mit dem traurigen Achselzucken
(sorgfältig aufbewahrt
von Philosemiten)
wem sind sie zugeteilt worden
zur Wiedergutmachung
[...][10]

Erich Fried kritisiert wohlfeile Wiedergutmachungsgesten, und Paul Celan polemisierte 1960 gegen »humanistische Phrasendrescher, posthume Betreuer jüd. Gedankenguts«.[11] Er rät:

»Sprich nicht so viel von Jüdischem [...] – du kennst es ja kaum. Sieh es an, nimm es wahr; sei aufmerksam.«[12] Nicht indem es vom Ärgernis spricht, sondern indem es [...], unerschütterlich, es selbst bleibt, [...] wird das Gedicht zum Ärgernis – wird es zum Juden der Literatur – Der Dichter ist der Jude der Literatur – Man kann verjuden; das kommt zwar selten vor, [...] geschieht aber zuweilen doch. Ich halte Verjudung für empfehlenswert – Krummnasigkeit läutert die Seele. Verjudung, das scheint mir ein Weg zum Verständnis der Dichtung, nicht nur der exoterischen –[13]

Bemerkenswerterweise äußerte Celan diese Gedanken, die nur in den Entwürfen zu seiner als »Meridian-Rede« bekanntgewordenen Büchnerpreisrede nachzulesen sind, jedoch nicht öffentlich, wie überhaupt öffentliche Aussagen programmatischer Art eher selten bei ihm sind. Umso mehr erscheint gerade der »Meridian« als hochgradig diffiziles Gewebe aus Schweigen und Sprache, und auch seine Lyrik bewegt sich wieder und wieder zwischen Wunde und Narbe. Seine Texte sind verdeckte Fallen. Oder Lackmusstreifen für Gesinnungssäure. Sie machen verdeckte Faschismuspartikel sichtbar, erkennbar. Verdeckte Fallen, denn Celan wählt nicht den Weg der direkten Attacke. Er ermöglichte denen, die nicht verstehen wollten, eben dies Nicht-Verstehen. Er erregte keine Skandale, griff nicht die schnell saturierte BRD-Wohlstandsclique der Fünfzigerjahre an, richtete das Wort nicht gegen, sondern an sie, wie 1958 in einer Ansprache anlässlich der Entgegennahme des Literaturpreises der Freien Hansestadt Bremen:

Denken und Danken sind in unserer Sprache Worte ein- und desselben Ursprungs. Wer ihrem Sinn folgt, begibt sich in den Bedeutungsbereich von: »gedenken«, »eingedenk sein«, »Andenken«, »Andacht«.[14]

Für die Hellhörigeren unter seinen Zuhörern dürfte freilich auch dieser ambivalente Modus des Danksagens unschwer als nur leicht codierte Anklage zu entschlüsseln gewesen sein. Die konventionelle

Phrase »Erlauben Sie mir, Ihnen von hier aus zu danken« bekommt auf der Basis dieser Lesart eine in der Konsequenz nicht minder aggressive Schärfe wie die erwähnten Aussagen Erich Frieds.

Celans Texte sind keine Versöhnungsautomaten, sondern Spuren-Sicherungs-Protokolle. Auch die Autoren der Gruppe 47 wie Günter Grass, Heinrich Böll oder Uwe Johnson sahen sich in der Pflicht, zumindest ihr Handwerkszeug, die Sprache, einer umfassenden Reinigung auszusetzen. Eine Sisyphusarbeit. Denn allzu tief war das Gift der Nazisprache, der *Lingua Tertii Imperii* (Victor Klemperer), in das Bewusstsein der Menschen eingedrungen, als dass man es durch eine Schnellbleiche loswerden konnte. Erst in den 1970er-Jahren begann man zögerlich über den Holocaust nachzudenken und zu schreiben. Damit hat man sich viel Zeit gelassen. Das unreflektierte Weitermachen hingegen ging weitaus schneller.

Europa war kurz sprachlos. Sprachlos, doch dann erstaunlich schnell saturiert und abweisend. Wolfgang Borcherts Drama *Draußen vor der Tür* (1947) zeigt mit erschütternder Klarheit, dass alles, was man in den vergangenen fünfzehn Jahren erfahren, getan, gedacht und gefühlt hatte, in der sogenannten »Stunde Null« unerwünscht war und »draußen vor der Tür« zu bleiben hatte.

Zum ersten Mal in seiner langen Geschichte stand Europa unter Kuratel. Frankreich und England durften etwas mitreden, doch der eigentliche Diskurs fand zwischen den Repräsentanten Russlands und der Neuen Welt statt. Als Vorspiel zu weit Gewichtigerem, dem Konflikt zwischen den beiden Supermächten, der für die nächsten Jahrzehnte das politische Geschehen bestimmen sollte. Damals saß Russland noch am Verhandlungstisch. Wenig später fand es sich aus Sicht des Westens als eine Macht jenseits von Europa definiert. Russland war vom »Mutterschiff Europa« entkoppelt.

In Deutschland manifestierte sich das Aufeinandertreffen des kapitalistischen Westens und des kommunistischen Ostens am deutlichsten und konkretesten: Die Mauer teilte nicht nur das Land, sie trennte europa-, ja weltweit zwei Systeme voneinander. In der Sprache der

DDR war vom »antiimperialistischen Schutzwall« die Rede, in Westdeutschland sprach man von der »Mauer der Schande«.

Gerade erst dem Denken in Feindbildern mit knapper Not entronnen, geriet Europa unmittelbar nach Kriegsende wieder in den Sog des Schwarz-weiß-Denkens. Diesmal nicht als Hauptakteur, sondern in der Rolle des Stellvertreters. In Deutschland war der Riss zwischen den beiden Hemisphären sicher stärker und unmittelbarer als in anderen Ländern zu spüren, aber der »Eiserne Vorhang« spaltete ganz Europa in zwei Hälften. Ein Vorgang, von dem es sich bis heute nicht erholt hat, obwohl die Todesstreifen nach der Wende verschwunden sind.

Denn der prinzipielle Unterschied zwischen einer, grob gesprochen, links-sozialistisch-kommunistischen und einer liberal-demokratisch-kapitalistischen Welt lässt sich nur scheinbar durch einen eleganten Sprung, wie ihn der legendäre »Grenzspringer« Conrad Schumann am 15. August 1961 an der Sektorengrenze wagte, überbrücken. (Siehe Abbildung 63 in Tafelteil 3.)

Das Bild wurde zu einer Art Ikone der westlichen Propaganda und vielleicht auch der Sehnsüchte mancher Bürger der östlichen Seite. Das Faszinosum dieses Dokuments liegt gewiss auch darin, dass durch die Photographie der utopische Moment gebannt wurde, im dem ein Individuum zwischen und über den Systemen schwebt – nicht mehr auf der einen Seite und noch nicht auf der anderen.

Nur wenigen war es realiter vergönnt, diese privilegierte Erfahrung des »*in between*« zu machen. Der Schriftstellerin Christa Wolf (1929–2011) etwa, die gut vernetzt im DDR-System dennoch Reisefreiheit besaß und es verstand, Leser in Ost und West anzusprechen. Ein Roman wie *Der geteilte Himmel* (1963) schildert die Prozesse der beiderseitigen Gespaltenheit, der Annäherung und Enttäuschung so gekonnt, dass er sowohl die Zensurbehörden in Ostberlin wie die Feuilletons des Westens überzeugte. Auch ihr Roman *Kassandra* (1983) lotet in leicht dechiffrierbarer Form am Beispiel der trojanischen Seherin die Defizite beider Lager und die Notwendigkeit aus, nach einem dritten Weg zu suchen. Mühelos gelang es ihr so, sich mittelbar in die damalige westdeutsche Diskussion um die heiß umstrittene »Nachrüstung« (Pershing 2) wie auch in die feministischen Diskurse der 70er Jahre einzuklinken. Ihre legendären Lesungen in Frankfurt am Main, München oder Westberlin glichen parareligiösen Veranstaltungen, in denen sich Tausende friedensbewegter Gemüter mit lila Halstüchern in weihevoller Stimmung um die »Seherin aus dem Osten« scharten.

Eine Virtuosität des Umgangs mit Ideologien, die nicht jedem gegeben war. Die Mehrzahl der Künstler und Schriftsteller sah sich gezwungen, sich an die im Grunde antiquierten Vorstellungen des Politbüros anzupassen und sogenannten sozialistischen Realismus von der Stange zu liefern. Eine ästhetische Einengung und Umklammerung ohnegleichen, die Innovation im Namen der Doktrin lähmte und unterband. Die Darstellung werktätiger, verklärender Abbilder der Arbeitswelt und immer wieder Porträts sozialistischer Leitfiguren mit allenfalls kleinen Defekten waren die Folge.

Wer diesen Weg nicht gehen wollte, ging oder hatte zu gehen. Selbst solche, die mit großen Erwartungen aus dem Exil kommend bewusst nicht in die Bundesrepublik, sondern in den östlichen Teil Deutschlands zurückgekehrt waren. Der Philosoph Ernst Bloch (1885–1977) und der Literaturwissenschaftler Hans Mayer (1907–2001) sahen ihre Hoffnungen auf freies, kreatives Arbeiten in solchem Maße enttäuscht, dass sie der DDR bald nach dem Bau der Mauer den Rücken kehrten. Selbst Autoritäten wie sie hatten es nicht vermocht, das System zu verändern, und scheiterten an dessen starren Vorgaben.

Klassiker der Moderne wie Franz Kafka standen bis weit in die Sechzigerjahre hinein auf dem Index verbotener Bücher, gleich ob in der Sowjetunion, der Tschechoslowakei, Ungarn oder der DDR. Erstaunt und provokant fragte der Literaturwissenschaftler Eduard Goldstücker: »Warum hat die kommunistische Welt Angst vor Franz Kafka?« Obwohl Kafka in seinen Texten kaum je unmittelbar politische oder ideologische Fragen aufwirft, wurde die Art und Weise, wie er die mechanische Vergewaltigung des Einzelnen durch Systeme akribisch nachstellte, von den kommunistischen Machthabern offenbar wie eine

Spiegelung des eigenen Verfahrens gesehen. Kafkas Texte wurden zur Schmuggelware, zum ideologischen Sprengstoff.

Spät, sehr spät setzte auch in den sozialistischen Ländern Osteuropas eine Diskussion über Kafka ein – gegen enormen Widerstand. Erst im Mai 1963 fand auf Schloss Liblice bei Prag eine internationale Konferenz statt, die behutsam neue Akzente zu setzen versuchte, wobei man einen merkwürdigen Schlingerkurs fuhr: Kafka galt nun als »bedeutender Künstler«, zugleich wurde er als »tragischer Fall« beschrieben, der sich zwar zur Bearbeitung sozialer Themen durchrang, jedoch unfähig gewesen sei, auch nur ein einziges großes soziales Problem zu lösen.

Während die Mauer gegen Kafka und andere systemfeindliche Tendenzen in den Köpfen der Ideologen dem Druck der Außenwelt noch einige Zeit standhielt, begann andernorts die Weltumlaufbahn Kafkas – um bei diesem repräsentativen Beispiel zu bleiben. Längst hatte er die Leser erreicht und war zu *dem* Autor der Moderne geworden. Ob in den USA als Mythos der deutschen Exilanten, ob in Afrika oder China: Kafkas Siegeszug als ganz und gar unpathetischer Anker all derer, die sich auf den Weg machen, scheinbar unhinterfragbare Systeme zu hinterfragen, war nicht zu stoppen. Auch der – exilierte – tschechische Autor Milan Kundera bahnte in *Die Kunst des Romans* (1986) mit dem faszinierenden Kapitel *Irgendwo dahinter* Kafkas Weg in die Welt. Kafkas Strichmännchen wurden weltweit zu repräsentativen, fast namenlosen Jedermännern im Kampf gegen vereinnahmende Systeme aller Art. (Siehe Abbildung 64 in Tafelteil 3.)

Wie angedeutet, hatte die Entwicklung in Westdeutschland eine andere Wendung genommen. Man sprach zwar häufig mit Blick auf die Zeit nach dem Kriegsende von einer »Stunde Null«. Eine wirkliche »Stunde Null« gab es jedoch allenfalls für diejenigen, die von den Nazis vertrieben worden und nun mit abgebrochener Biographie und kaputten Nerven in der ganzen Welt verstreut waren. Für die, die hiergeblieben waren, und auch für diejenigen, die als sogenannte »Heimatvertriebene« nach Deutschland kamen, gab es Strukturen und Hilfe.

Unter dem Einfluss und durch die strategische Unterstützung der USA kam es überraschend schnell zu einer wirtschaftlichen Konsolidierung. Es ist fast müßig, hier an das Phänomen des sprichwörtlich gewordenen »Wirtschaftswunders« im Schatten der mythischen »Deutschen Mark« und an die Erfolgsgeschichte des legendären »Volkswagens« zu erinnern.

Bei aller ideologischen Gegenläufigkeit war beiden deutschen Systemen gemein, dass sie bereit waren, einen hohen Preis für das, was sie jeweils als Erfolg betrachteten, zu zahlen. War es unbewusster Reflex, war es Strategie – der Verzicht auf die Erinnerung an die beinahe Gegenwart des Holocaust war beiden Staaten gemein. Die eine Seite, die des Sozialismus, sah sich ideologiebedingt außerhalb jeder Verantwortung und durch ihre bloße Existenz unter dem Fittich einer sozialistischen Siegermacht prädestiniert, nur die dem fortschrittlichen Klassenkampf zugehörigen Teile der Geschichte wahrzunehmen.

Die andere Seite, die der prosperierenden Bundesrepublik, hatte sich bis weit in die Sechzigerjahre hinein diesbezüglich ein Vergessensdiktat unter dem Leitstern des wirtschaftlichen Wiederaufbaus verordnet. Sowohl von Täter- wie von Opferseite herrschte ein im Nachhinein geradezu irrwitzig erscheinendes Denk- und Sprechverbot. Mehr noch, bis auf einige notorische »Schwarzseher« und als »Nestbeschmutzer« Beschimpfte schien kaum jemand Interesse an einer Aufarbeitung der Schuld zu haben. Selbst unter den Kulturschaffenden waren es vergleichsweise wenige. Auch die als progressiv geltende Gruppe 47 war mehr an den Trümmern und Ruinen als an den zertrümmerten und ruinierten Exilierten interessiert. Zumindest begann die »Trümmerliteratur« damit, den ärgsten ideologischen Schutt wegzuräumen. Heinrich Böll etwa, der mit seinen sprachkargen Kurzgeschichten das pathetische Echo der Nachkriegssprachsuada unterlief. Günter Grass, dessen monolithischer Wurf der *Blechtrommel* (1959) wie ein ungeschlachter Koloss in den medialen Betulichkeits- und Heimatseligkeitshimmel der frühen Sechzigerjahre hineinragte.

Paul Celans lyrischer Sturmlauf gegen das Vergessen endete 1970 mit seinem Selbstmord in der Seine. Andere, wie den bis 1933 hochaktiven und ungemein kritischen Erich Kästner, hatte man zum Verstummen oder zur Resignation gebracht. Heinrich Mann war noch im Exil gestorben, während sein ungleich robusterer Bruder, Thomas Mann, von Los Angeles und später von der Schweiz aus das »bessere Deutschland« repräsentierte. Stefan Zweig hatte schon 1942 im fernen Brasilien Selbstmord begangen, nachdem sein Kontinent zerfallen war. Wieder andere, meistens jene, die mit einer starken ideologischen Bindung ausgestattet waren, wie Bertolt Brecht, Ernst Bloch und Anna Seghers, kehrten zurück und versuchten, aktiv am Aufbau eines neuen, sozialistisch und international denkenden Deutschland mitzuwirken.

Die Viten der Rückkehrer sind so verschieden wie ihr Leben, der mehrfache Transit hin und zurück hat sie weise, aber auch verletzlich gemacht. In der schönen neuen Wirtschaftswunderwelt mochte kaum einer auf Dauer heimisch werden. Selbst der hochgeehrte, durch den Nobelpreis gewürdigte Thomas Mann blieb bis zu seinem Ende in vorsichtiger Halbdistanz zu Deutschland. Die Mitglieder der Frankfurter Schule blieben immer Außenseiter im deutschen Kultur- und Wissenschaftsbetrieb. Juden auf Wanderschaft, nicht mehr im Exil und doch letztlich nicht zurückgekehrt – Paria auf Lebenszeit im Transit ohne Ende. »Geschlagen« mit einem scharfen, unbestechlichen Blick, der sie als hochrespektierte Außenseiter auf Abstand hielt. Mit gutem Grund: Adorno reagierte kompromisslos auf die ersten Anzeichen eines wiedererstarkenden Nationalismus in der BRD. Angesichts der Wahlerfolge der NPD, die 1966 in den hessischen Landtag eingezogen war, zögerte er nicht, von einem »gigantischen psychologischen Nepp«, von gezielten Lügen und Tricks der neuen Rechten zu sprechen.[15] Trotz dieses scharfen Blicks auf die Wirklichkeit wurden die Vertreter der Frankfurter Schule selbst von Linken kritisch beäugt. Georg Lukács (1885–1971) bespöttelte sie als »Grand Hotel Abgrund«.

Erst allmählich begann sich diese Erfolgsversteinerung europaweit zu lösen. Aufstände wie in der Tschechoslowakei oder Ungarn zeigten

Sprünge und Risse im Warschauer Pakt. Im Westen kam es in mehreren Ländern zu einem Erstarken der Linken und zu massiven Protesten gegen einen sich selbst nie hinterfragenden Kapitalismus. Es begann eine Zeit massiver Re-Ideologisierung, die kaum mehr Neutralität zuließ und immer mehr Kulturschaffende und Künstler an die Ränder der Gesellschaft drängte – wo sie sich durchaus wohlfühlten. Wenn man sich heute, gut fünfzig Jahre später, durch die Werke des Jahres 1968 liest, ist viel von dieser eigenartigen Mischung aus Weltverbesserungswucht und Zerstörungswut spürbar. Eine eigenartige Mixtur aus Überheblichkeit, Provokation und Naivität, im Bewusstsein, genau zu wissen, wie es um die Welt steht und wie man sie zu behandeln hat. Wenn Literatur, dann aus einer exklusiven Underdog-, einer paradoxerweise elitären Prekariatsgeste heraus.

Exemplarisch hierfür ist der Roman *Die Palette* von Hubert Fichte, benannt nach der Hamburger Kellerkneipe, in sich lauter Außenseiter treffen, Schwule, Kiffer, schräge Vögel und werdende Revoluzzer, die wenig später den Aufstand gegen alles in ihren Augen »Bürgerlich-Faschistoide« führen werden. Kritiker wie Volker Weidermann sprechen nicht ohne Respekt vom »König deutscher Gegenwelten«, der bereits am Mythos des 21. Jahrhunderts strickte.[16] Sein Motto: Welt – komm rein! Statt des Üblichen »Wir kommen über die Welt«. Seine späteren Werke widmeten sich fernen, fremden Welten – Haiti, Trinidad, Bahia –, und das auf radikal kritische Art und Weise. In einem Essay von 1977 fragt Fichte nach und, hat man den Eindruck, weit voraus:

> Nach 2500 Jahren menschlicher Wissenschaft und Wissenschaft vom Menschen haben sich die Verhaltensweisen nicht geadelt.
>
> Sind wir duldsamer geworden?
>
> Achten wir die Lebensformen anderer Völker?
>
> Genügsamer?
>
> Beuten wir den technologisch Unterlegenen weniger aus?
>
> Sprechen wir nun mehr Dialekte?
>
> Lernen wir von den Erkenntnissen der Indianer, der Afrikaner, der Araber?

> Von ihren Ernährungsweisen? Ihrer Architektur? Ihrem Städtebau?
>
> Ihrem Gesundheitswesen?
>
> Verachtung, Sklaverei, Hunger, Häßlichkeit, Zerstörungslust sind seit den Vorsokratikern nicht weniger geworden – nur daß unsere Zivilisation jeden in die Verrichtung miteinbezieht und nicht nur die Menschen, sondern die Welt auch, Tiere, Pflanzen, Wasser, Luft.
>
> Die Sprache des wissenschaftlichen Weltbildes hat sich die Welt ähnlich gemacht, und die Verkrüppelungen unserer Welt.
>
> Regressionen der Sprache sind nicht nur Ausdruck von Verhaltensstörungen – sie rufen neue Verhaltensstörungen hervor.[17]

Diese Frontalkritik am »Westen«, der Kultur mit der eingebauten Siegermentalität, fasst viele der zentralen Kritikpunkte der 68er-Bewegung zusammen. Unter diesen Vorzeichen veränderte sich auch der Auftrag für die Literatur und die Künste, die sich nun permanent der Frage ihrer sozialen Relevanz stellen mussten.

Einen Schritt weiter ging Hans Magnus Enzensberger, indem er in dem von ihm herausgegebenen *Kursbuch 15* sogar den »Tod der Literatur« proklamierte. Was ihn nota bene nicht daran hindern sollte, die eben totgesagte Literatur auf hochliterarische Art zu Grabe zu tragen.

Nicht nur die »schönen Künste«, auch die politischen Gegner erregen in dieser Zeit starke Aggressionen und liefern gewollt oder ungewollt die »poetische« Grundlage für den späteren RAF-Terror. In dem erwähnten *Kursbuch* wird der 1936 verstorbene chinesische Autor Lu Hsün zitiert: »Ich würde viel lieber das Dröhnen der Gewehre hören, denn mir scheint, Gewehre haben einen lieblicheren Klang als die Literatur.«[18]

Es spricht für das feine Sensorium des Literaturbetriebs, dass sich bei all dem beginnenden militant anmutenden Gedröhn auch leisere Stimmen durchsetzen können. Und ihren Platz finden, selbst in jenem *Kursbuch*, das eben den Tod der Literatur proklamierte. Wenige Seiten später folgt Ingeborg Bachmanns betörend schönes und verstörendes Gedicht »Böhmen liegt am Meer«.

Bleibt die beunruhigende Frage, ob es einen unterirdischen Zusammenhang zwischen diesen morbiden Rettungsphantasien und den tödlichen Schwärmereien und des Verklärens von tödlichen Schusswechseln gibt. Bis hin zur späteren *Ästhetik der Gewalt*, die der RAF als Legitimation diente. Ihre Bibliothek in der JVA Stammheim enthielt Hunderte literarischer Titel, mit denen sich die Gruppe bis zur Besessenheit identifizierte – allen voran *Moby Dick* als Inkarnation des Bösen, das es zu jagen galt. Ob in Deutschland oder Frankreich – das Thema der Gewalt in ihrer strukturellen oder physischen Form, ob als Staatsgewalt oder terroristische. Gewalt war in den Sechzigerjahren omnipräsent und übte eine tödliche Faszination aus. Der unter anderen von Alexander Kluge, Volker Schlöndorff und R.W. Fassbinder produzierte Film *Deutschland im Herbst* 1977/78 zeichnet ein düster grundiertes Bild dieser Zeit, die nicht nur Deutschland, sondern auch Frankreich und Italien zeitweilig in Schockstarre fallen ließ. In der Rückschau erkennt man, dass der gesellschaftliche Umbruch nicht erst mit den Anschlägen der RAF begann, sondern einen zumindest zehnjährigen Vorlauf hatte, der unter anderem mit der Vorstellung des »Buchs als Waffe« (Rolf Dieter Brinkmann) anfing. Auch der spätere Nobelpreisträger und immer noch umstrittene Peter Handke mischte zeitgeistfühlig bereits damals die Theaterszene auf. Zunächst, schon 1966, mit seinem skandalträchtigen Stück *Publikumsbeschimpfung*, dann mit seinem nicht minder aggressiven und gefährlichen *Kaspar*, in dem der Held solange mit Worten und Parolen vollgestopft wird, bis diese Zurichtung in Gewalt umschlägt: »Er wirft die Gesellschaft um. Sie fallen, aber hinter den Vorhang, der jetzt zu ist. Zugleich wird es still und das Stück ist aus.«[19]

Handkes Attacken, der meskalinartige Leserausch der sich formierenden RAF – programmatische Eruptionen, Action, Aktionismus und Engagement sind die dominierende Signatur dieser Phase. Provokatives Spiel und zugleich der Versuch, dem Staat nicht nur auf, sondern an die Nerven zu gehen – es war eine einzigartige und zum Teil irreale literarisch-artistische Performance, die diese Jahre boten. Es gelang, rote Linien zu überschreiten und Tabus zu brechen: Unistrukturen zu verändern, eine sexuelle Revolution einzuleiten, das verdrängte Holocaustthema auf den Tisch jeder Familie zu bringen – um nur Einiges zu nennen.

Philosophen mischten sich ein, anfangs Ernst Bloch, später Jean-Paul Sartre. Mit Paul Feyerabend trat ein Anarchist der Wissenschaftstheorie auf den Plan, der das Prinzip *»anything goes«* verfocht und später in seinem Buch *Wider den Methodenzwang* (*Against Method. Outline of an Anarchist Theory of Knowledge;* 1975) zum Grundsatz erhob.

Der kurze Sommer der Anarchie blieb jedoch, was Europa betrifft, folgenlos. Wer für Ho Chi Minh und Mao kämpfte, dachte nicht in »kleinbürgerlich«-europäischen Kategorien. Besonders an Europa als mentalen Zufluchtsort dachte in dieser Zeit keiner. Der Internationalen der Sechzigerjahre war – trotz ihrer transnationalen Verflechtungen – Hanoi näher als Paris oder London. Und im Ernst: Wie sollte Europa, nach den Jahrzehnten, in denen es glorios versagt und jede moralische Glaubwürdigkeit verloren hatte, auch zur Rettungsinsel werden? Zu einem utopischen oder visionären Raum?

Die Wiederauferstehung der europäischen Idee war nicht von den Intellektuellen, sondern aus der Wirtschaft gekommen. Man wollte Deutschland einbinden und Europa auf die Füße stellen. Statt Stahlgewitter Stahlgewinnung. Wachstum und Wohlstand statt hehrer Losungen. Der Plan ging auf.

> Die französische Regierung schlägt daher vor, die gesamte französisch-deutsche Kohle- und Stahlerzeugung in einer den anderen europäischen Ländern offenstehenden Organisation einer gemeinsamen Hohen Behörde zu unterstellen.[20]

Mit diesem Statement des französischen Außenministers Robert Schuman vom Mai 1950 begann die jüngste Metamorphose der Europaidee. Die sogenannte Montanunion sollte zum Katalysator des wirtschaftlichen Neuaufbaus in Westdeutschland werden. Zugleich eröffnete sie weiteren Staaten die Perspektive, einer zollfreien, gemeinwirtschaftlich

organisierten Gütergemeinschaft beizutreten. Der Vertrag zur Gründung der »Europäischen Gemeinschaft für Kohle und Stahl« (EGKS), nach langen Verhandlungen schließlich am 18. April 1951 unterzeichnet, wurde zur Keimzelle der späteren EU.

Das politische Ziel dieses zunächst rein wirtschaftlich organisierten europäischen Verbundes war, wenn nicht gleich eine Befriedung, so doch eine Beruhigung der revanchegeladenen Nachkriegssituation. Man begann klugerweise nicht mit vertrauensbildenden Maßnahmen, sondern mit einem Geschäft. Das Handeln und Miteinanderverhandeln schuf eine Situation, die allen dienlich war und Deutschland mehr und mehr an den Westen band. Aus diesen Kontakten konnte Vertrauen erwachsen. Im Fall der seit Jahrzehnten auf Todfeindschaft festgezurrten katastrophalen Beziehung zwischen Deutschland und Frankreich kam es im Rahmen dessen, was als Zweckgemeinschaft begann, zu einer partnerschaftlichen Aussöhnung, zumindest zu pragmatischer Kooperation.

Dem sozialistisch geprägten »Ost-« trat damit ein marktwirtschaftlich organisierter »Westblock« gegenüber. Solange Europa in diese zwei Hälften getrennt blieb, erwuchsen daraus – so merkwürdig dies klingen mag – keine tiefgreifenden Probleme. Zwei Parallelwelten lebten schlecht und recht nebeneinander her und deklarierten sich zu jeweils eigenständigen Wertegemeinschaften. Eine limitierte Eigenständigkeit unter den Auspizien der Siegermächte USA und Russland. Erst mit der »Wende« von 1990 sollte diese Ordnung aus dem Gleichgewicht geraten, und Europa war gezwungen, sich neu zu definieren. Grenzen, die bis dahin als unüberwindbar galten, schienen sich über Nacht aufgelöst zu haben, der sozialistische Traum schien geplatzt – es gab Sieger und Besiegte, Befreier und Befreite.

Was sich zunächst als ein alles mit sich forttragender »Wind of Change« (Scorpions) darstellte, erwies sich im Verlauf der kommenden Jahrzehnte zunehmend als Belastung. Im Sog des politischen und ökonomischen Aufbruchs hatte man vergessen, einen entscheidenden Faktor ins Kalkül zu ziehen, den der geschichtlichen Erfahrungen. Womit nicht einfach die historischen Rahmenbedingungen gemeint sind, sondern die Summe der persönlichen Lebensentwürfe von Millionen Menschen, die mit einem Schlag zu Halbaußenseitern in einer zugleich fremden und vertrauten Wirklichkeit geworden waren und sich mit dieser neuen Rolle zurechtzufinden mussten: Ostdeutsche, Polen, Tschechen, Bewohner der Balkanregion, des Baltikums, der Ukraine. Plötzlich gab nicht mehr Moskau, sondern Brüssel den Takt an. Die Ideologien des Sozialismus waren damit weitgehend inkompatibel und ohnehin längst obsolet geworden.

Im Deutschen Herbst und in den ideologischen Kämpfen in Deutschland, Italien und Frankreich war das europäische Projekt fast aus dem Blick geraten. Dabei schien sich bereits 1957 der europäische Geist unübersehbar manifestiert zu haben, und zwar in Gestalt der sogenannten Römischen Verträge, die am 25. März feierlich unterzeichnet worden waren. Eine zeitgenössische Karikatur von Wolfgang Hicks zeigt freilich, dass bereits im Moment der Gründung der in Rom beschlossenen Europäischen Gemeinschaften wie EWG und EURATOM berechtigte Zweifel an der Effizienz dieses Resultats der langwierigen Verhandlungen angebracht waren. Europa, der europäische Geist war draußen vor der Tür vergessen worden. Die Wirtschaftsabkommen beinhalteten vieles – doch die Kultur, die ausdifferenzierten europäischen Kulturen kamen nicht vor. (Siehe Abbildung 65 in Tafelteil 3.)

Energieversorgung, Zollunion, Freihandel, Währungsverträge, parlamentarische und juristische Institutionen – an alles hatte man gedacht. Nur nicht an das, was Europa ausmacht, zusammenhält und auch spaltet: seine unterschiedlichen Lebensformen, die Art sich auszudrücken, mit der eigenen Herkunft umzugehen, kurz, an die konkrete Lebenswirklichkeit der Menschen, all das, was man sinnvollerweise unter dem Begriff »Kultur« zusammenfasst. Es funktionierte zunächst dennoch: In der Tat wurden Frankreich und Deutschland bald, wenn nicht Freunde, so doch Partner. In den folgenden Jahren schien der Plan der Befriedung und der Sicherung des Wohlstandes auch blendend aufzugehen. Ohne internationale Vernetzungen wäre das deutsche Wirtschaftswunder kaum möglich gewesen.

1973 treten Dänemark, Großbritannien und Irland der Europäischen Gemeinschaft bei, 1981 Griechenland, 1986 Portugal und Spanien. Und nach Definition der »Kopenhagener Kriterien« (1993) hat jeder Staat, der die Voraussetzungen erfüllt, das Recht, einen Antrag auf Mitgliedschaft zu stellen. Der Begriff des »Europäischen« wird nun doch auch in einem politischen und kulturellen Sinne verstanden – freilich so generalisierend, dass weder für nationale Besonderheiten Raum bleibt, noch die zentralen Begriffe wie »Menschenwürde«, »freiheitlich-demokratische Staatsform«, »Rechtsstaatlichkeit« und

»Gleichheit« einer genaueren Definition unterzogen würden. Genau dies wird, wie sich in zunehmendem Maße zeigt, die Achillesferse Europas sein.

27 Unser Europa: Bruchstellen

Seit seiner Gründung hatte sich das Gesicht des europäischen Staatenbundes gravierend verändert. Was als völkerversöhnende Neuanfangs- und Wiederaufbaugemeinschaft begonnen hatte, war zwischenzeitlich zu einer monströs anmutenden Verwaltungszentrale geworden. Es gibt kaum einen größeren Unterschied als den zwischen den ungezählten Regularien der Europäischen Union und den total heterogenen Realitäten des europäischen Lebens, zumal nach der Wende. Was im Rahmen eines westlich konturierten Kerneuropa aufgrund vergleichbarer Erfahrungen noch halbwegs funktionieren konnte, war zum Scheitern verurteilt, wenn nun Länder mit ganz unterschiedlichen kulturellen Traditionen gebündelt werden sollten.

Der ursprüngliche Kontinent der Divergenz wurde in die Schemata eines Normierungskartells gepresst. Die Wirklichkeit soll sich, so die Vorstellung, in die Schachteln und Module ihrer Verwaltbarkeit einpassen, anstatt die Art der Verwaltung an den konkreten Gegebenheiten zu orientieren.

Die fast 3000-jährige Geschichte hat Spuren und Abdrücke hinterlassen, die selbst von Brüssel und Straßburg aus sichtbar sein müssten, aber offenbar nicht wahrgenommen werden. Jedenfalls ist es auffällig, dass die EU sich immer dann, wenn sich gravierende Probleme einstellen, hilflos, harsch oder ignorant verhält: Ob Griechenlandkrise, Mazedonienkonflikt, Balkankriege oder Katalonienfrage. Entweder schickt man Horden bürokratischer Controller, oder man leugnet die Zuständigkeit. Wäre man bereit, sich auf die besonderen Gegebenheiten der jeweiligen Zonen einzulassen, so wie man es anfangs bei der

Montanunion getan hatte, wäre es durchaus möglich, organisch gestaltend statt schematisch verwaltend einzugreifen und die Maßnahmen an das Profil der komplexen Tektonik anzuschmiegen, statt sie zu planieren.

Die EU geht noch immer von der verfehlten Annahme aus, ihre Aufgabe bestünde in der Organisation eines politischen Körpers, der sich aus »normalen«, klar konturierten Ländern zusammensetzt. Eine Annahme, die nie ganz zutreffend war (man denke an »Südtirol«, das Saarland, das Elsass) und es jetzt weniger denn je ist. – Die eigentliche Aufgabe der EU bestünde darin, einen Modus der friedlichen Koexistenz an den Rändern und Grenzzonen seiner vielen plurikulturellen Räume zuwege zu bringen. Wo seit Hunderten, ja seit Tausenden von Jahren um Zugehörigkeit gestritten wird, ist nicht durch einen Federstrich in Brüssel Eindeutigkeit herzustellen.

Ein Blick auf die Landkarte genügt, um festzustellen, dass das gegenwärtige Europa ein Territorium schwelender Konfliktzonen ist, die zu ignorieren oder zu marginalisieren der definitive Schritt in die Auflösung des Systems Europa wäre. Die Palette reicht von Autonomiebestrebungen bis hin zu nicht anerkannten Staaten, von Abspaltungstendenzen bis zu gravierenden Grenzstreitigkeiten. Im Ganzen betrachtet ist Europa eine aufgeraute Fläche, die sich aus ethnischen, politischen oder kulturellen Bruchzonen zusammensetzt.

Europa, das auf den ersten Blick relativ homogen zu wirken scheint, erweist sich bei etwas genauerem Hinsehen als ausgesprochen labile Gemengelage. Insbesondere der Balkanraum spielt dabei eine Schlüsselrolle. Ein Gebiet, das von Überlagerungen und Vermischungen aller Art geprägt ist: Armenier, Bosnier, Serben, Kosovaren, Makedonier, Kroaten, Slowenen treffen auf engstem Raume in unterschiedlichen Konstellationen aufeinander und sehen sich seit der Antike eher als Feinde denn als Nachbarn. Noch jetzt streitet man verbissen um die Frage, wo Alexander der Große hingehört. Nicht ganz von ungefähr, denn gleich hinter Mazedonien begann der persische Einflussbereich – aus Sicht des Westens die Gegenwelt schlechthin. Später übernahmen die Sowjets diese Rolle.

»War Alexander der Große Grieche oder Slawe?« – der griechische Gemüsehändler in der Altstadt, der mich sonst immer so freundlich bedient, war von einem Moment auf den anderen kaum mehr wiederzuerkennen, als er diese Frage herausstieß. Das Gespräch war auf die Abstimmung über den zukünftigen Namen »Mazedoniens« gekommen. Und die Frage nach der ethnischen Herkunft Alexanders des Großen, der vor immerhin mehr als 2400 Jahren lebte, war urplötzlich von brennender Aktualität. Mit ihm war seinerzeit der eher unbedeutende Kleinstaat nördlich von Griechenland aus dem Schatten der Geschichte getreten. Es folgte ein rauschhafter Feldzug, in dessen Verlauf Alexander das gewaltige Perserreich bis zum Indus überrannte. Nach ein paar Jahren war alles vorbei, und Mazedonien sank in die Bedeutungslosigkeit zurück. Bis Tito auf Stalins Geheiß eine Sozialistische Republik Mazedonien in die Welt und den Griechen (und Serben) vor die Nase setzte: ein zweites Mazedonien – denn alle nördlichen Provinzen Griechenlands tragen gleichfalls diesen Namen.

In Relation zum antiken Königreich Makedonien ist die jetzige kleine Republik ein beachtliches Stück nach Norden verschoben, sodass mittlerweile alle ursprünglich makedonischen Kultstätten und Paläste auf griechischem Gebiet liegen – einschließlich der vermutlichen Grabstätte König Philipps II., des Vaters von Alexander dem Großen. Also in jenen Teilen Griechenlands, die gleichfalls den Namen »Mazedonien« tragen. Wie in aller Welt soll man bei dieser Gemengelage noch irgendwelche eindeutigen Zuordnungen treffen? Weder ethnisch, noch politisch, noch historisch ist Eindeutigkeit gegeben. Jede Seite hat recht und unrecht zugleich.

Jede scheint aber felsenfest davon auszugehen, dass sie allein im Recht sei. Die Wahrheit ist, dass »die Mazedonier« – oder wie immer man sie nun nennen möchte – kulturell und historisch irgendwie zusammengehören, ob sie es wahrhaben wollen oder nicht. Griechische, illyrische, sogar persische, später slawische Einflüsse trafen aufeinander, stießen sich ab, bekämpften einander, kamen zusammen, trennten sich wieder – und jetzt scheint man endgültig in dieser Endlosschleife gefangen: Jeder Kompromissvorschlag wird zum Zeichen des Verrats, Dialog ist tabu, Vermittlung suspekt. Wer je erlebt hat, wie emotional Griechen wie »Mazedonier« auf den zwischenzeitlich verordneten Kompromissvorschlag »Nordmazedonien« reagieren, wird nicht mehr an dessen befriedende Wirkung glauben.

Diesen Gordischen Politknoten können keine Volksabstimmungen und keine Parlamentsentscheidungen lösen – dadurch würde sich die Lage sogar noch weiter zuspitzen. Das einzige, was helfen könnte, wäre Einsicht, Akzeptanz der Realität: Anerkennung der schlichten Tatsache, dass ihr ganzes Territorium ein einziger gewaltiger Melting Pot der Kulturen und Ethnien ist – und dass dies keine Schande, sondern eine Qualität ist! Sagen Sie das mal einem der »Reinheitsgläubigen« hier oder in Albanien oder im Kosovo. Aber irgendwann *muss* es sein. Es sei denn, die Welt würde sich dazu bekennen wollen, lieber für die Illusion einer »Reinheit« zu sterben, als mit der Wahrheit der Vermischung und der Zusammengehörigkeit zu überleben.

Die Narben sind tief in den Balkan eingeschnitten, und viele der Grenzlinien können auf eine 2000-jährige Geschichte verweisen. Mitten im Treibsand der Mehrdeutigkeit kämpft man wie besessen um Eindeutigkeit, streitet um Identität, Grenzen und Territorien. Und die Mythen und Geschichten der Literatur beflügeln diesen Kampf, nähren den Hunger nach Herkunft, liefern Wörter mit Blutgeschmack: erzählen Geschichten von Untergängen und Opfern, lassen aus den Dingen Zeichen, aus den Fakten Mythen werden. In Serbien war es der ominöse 28. Juni 1389. Eigentlich nur das Datum einer vergleichsweise bedeutungslosen, mehr als ein halbes Jahrtausend zurückliegenden und zudem verlorenen Schlacht, der auf dem »Amselfeld«, Kosovo polje.

Moderne Historiker halten weite Teile des Heldenepos von Kosovo polje sogar für verfälscht. Nicht tapfere serbische Heerscharen hätten sich demnach den türkischen und albanischen Aggressoren als Verteidiger des Abendlandes heroisch entgegengestellt, vielmehr droschen gemischte Söldnerheere von Serben, Albanern und anderen Völkern auf beiden Seiten aufeinander ein. Auch waren die Beweggründe des

Anführers der Serben, Lazar Hrebeljanović, demnach weniger idealistischer als vielmehr handfest dynastischer Natur, und schließlich ist nicht ganz unwichtig, dass auf dem Amselfeld nicht etwa ein frühserbischer Nationalstaat zerstört wurde, sondern bereits damals ein Vielvölkergebilde, dessen Herrscher nicht in nationalen oder ethnischen Kategorien dachten.

Eine übliche Geschichtsklitterung mit übelsten politischen Folgen: die propagandistisch aufbereitete Kolportage erwies sich als erstaunlich wirkungsvoll. Das historische Kitschbild des Mädchens vom Amselfeld, das einem Engel gleich den sterbenden Serbenhelden labt, schmückte Wohnungen und Dorfstuben und zierte sogar jugoslawische Briemarken. Und kaum ein nationalistischer Putschversuch, der nicht am ominösen »*vidovdan*«, am Sankt-Veits-Tag, dem sogenannten »Schicksalsdatum« der Serben, stattgefunden hätte: Am 28. Juni 1914 erschoss Gavrilo Princip in Sarajewo den österreichischen Thronfolger, am 28. Juni 1948 belegte Stalin den Ketzer Tito mit seinem Bann, und auf der 600-Jahr-Feier der Amselfeld-Schlacht hämmerte 1989 Milošević Hunderttausenden geschichtsgläubigen Landsleute ein, dass »wir« vor weiteren Kämpfen stünden. Zwei Jahre später fielen die ersten Schüsse des neuen Balkankrieges. Am 28. Juni 2001 schließlich wurde Milošević symbolträchtig dem Europäischen Gerichtshof von Den Haag überstellt.

Weder Sprach-Magie noch Mechanismen einer ominösen selbsterfüllenden Prophezeiung sind hier im Spiel, sondern machtpolitische Kalküle. Kollektive Identifikationsangebote gehören zum Handwerkszeug der »Kulturkonflikt«-Designer der Postmoderne, und mit welcher Routine sie dieses Instrument zu bedienen wussten, demonstrierte Milošević auf der genannten Feier auf wahrhaft professionelle Weise, als er die Knochen des Fürsten Lazar wie Reliquien feierlich in ein Kosovo-Kloster zurückführen ließ. Ein eleganter, parareligiös getönter Schachzug, mit dem zugleich der immerwährende Anspruch auf ein »serbisches Jerusalem« unterstrichen wurde. Denn der Krieg im Kosovo begann nicht mit Bomben, sondern mit ideologischer Aufrüstung – und er begann mit Wörtern wie »Brüderlichkeit«, »Einheit«

und »Gemeinschaft«. Zu Beginn klang es so, als würde da einer, stellvertretend, die berechtigten Anliegen einer großen Gruppe formulieren. Wie bei seiner Rede am 24. April 1987 auf dem Amselfeld:

> Immer mehr und immer erfolgreicher leben Bürger unterschiedlicher Nationalität. unterschiedlichen Glaubens und unterschiedlicher Rasse zusammen. […] Deshalb haben die Worte Eintracht, Solidarität und Zusammenarbeit auf dem Boden unserer Heimat nirgendwo mehr Bedeutung als hier auf dem Feld der Amseln. Im Gedächtnis des serbischen Volkes ist diese Zwietracht für die Verluste und das Verhängnis entscheidend gewesen, die Serbien ganze fünf Jahrhunderte ertragen musste. […] Sechs Jahrhunderte später stehen wir heute wieder in Schlachten und vor Schlachten.[21]

Eineinhalb Jahre später, am 19. November 1988, ist die Argumentation im Wesentlichen zwar noch dieselbe, die schönrednerische Tarnung der Anfangsphase erscheint jedoch weitgehend abgebaut, die entschlossene »Schicksalsgemeinschaft« beginnt sich im Kampf um den Kosovo zu formieren. Die Register der Kollektivgefühle werden gezogen, und alle – ob Kommunisten oder Nationalisten, Intellektuelle oder Arbeiter –, alle werden in Miloševićs Schwindel-Rhetorik eingeschmolzen. Es entsteht, Satz für Satz, ein Territorium aus Sprache, ein künstliches Paradies aus behaupteten Gefühlen, willkürlichen Ideen und vermuteten Sehnsüchten. All dies gibt sich wirklichkeitsbezogen und sachkundig, ist jedoch nicht mehr als eine Inszenierung, eine bloße Hülle aus Zeichen, die den einzelnen Personen gleichsam übergestülpt wird.

Wer von europäischer Geschichte spricht, sollte nicht vergessen, dass auch diese Geschichte das Produkt einer – fragwürdigen – Erzählung ist. Einer verworrenen Erzählung, in der die Grenzen zwischen Fiktion und Wirklichkeit immer wieder verfließen. Ebenso wie die zwischen Gegenwart und Erinnerung. Doch im Staubecken der Erinnerung schwimmen Leichen, und auch sie tauchen wieder auf: Märtyrer und

Volkshelden, Opfer, die nach Vergeltung schreien, Verschwundene, die wieder erscheinen, wohlkonserviert und überlebensgroß, von einer Paraffinschicht aus Legenden überzogen, geborgen in Sprache und Dichtung als kollektivem Gedächtnisspeicher. Die Wiedergänger und Untoten sind omnipräsent, sind Mahnung, Warnung, aber manchmal auch Agitatorenfutter – man denke an das Kitschszenarium des Amselfeldes. Oder an den Oranier-Orden in Nordirland, der seit ein paar hundert Jahren Freude über eine gewonnene beziehungsweise Trauer über eine verlorene Schlacht konserviert.[22] Oder an den immer wieder aufflackernden Kampf der Katalanen im Kampf um Autonomie.

Im Namen der Märtyrer wird nach Rache geschrien, im Namen längst verblichener Opfer wird Gerechtigkeit gefordert, im Namen der Gerechtigkeit schafft man neue Opfer, die die jeweilige Gegenseite dazu bringen, im Namen der Gerechtigkeit weiter zu schießen und an der Endlosspirale des kollektiven Gedächtnisses weiterzudrehen. Europa, die Europäische Union neigt dazu, diesen gespenstischen und schwer normierbaren Wirklichkeiten so lange es irgend geht auszuweichen oder sie zu überdecken.

Bereits wenige Jahre nach dem Bosnischen Krieg wollte man Sarajewo und Mostar nach wie vor als Orte des multikulturellen Daseins sehen und leistete Wiederaufbauhilfe. Man liebt es, sich in symbolhaften Gesten auszudrücken und Zeichen zu setzen. 1995, unmittelbar nach dem sogenannten »Friedensvertrag« von Dayton – das Blut des Massakers von Srebrenica war noch kaum weggeschwemmt –, begann solch eine Phase der weißen Sprachmagie, eine absurde Kampagne der poetischen Wiederaufrüstung des in Schutt und Asche versunkenen Territoriums: Man gründete ein »International Peace Center« als Stätte einer »Memoria Bosniaca«. Im hohen Ton wurde plötzlich Sarajewo als »Zentrum der Welt« beschworen, in dem aus einem »zeremoniellen Opfer« – begleitet vom »Klang der Harfe, Lettern, Sprache« – eine neue Erfahrung und eine »neue Konstellation« entstehe.[23]

Die eigene Totenfeier als poetischer Akt – was für die Menschen das banale Ende darstellt, ist für den Künstler Material, ritualisierte

Kunsttrauer. Hierbei werden möglicherweise erst jene Bewältigungs- und Vergessensformen produziert, die ohne die kulturgesättigten Mausoleen klaffende Wunden blieben. Und es werden – im verständlichen Bedürfnis, es nun endlich besser machen zu wollen – exakt die falschen symbolischen Zeichen gesetzt.

Ein vergleichsweise harmloses Beispiel für falsche Signalstellungen aufgrund wohlmeinender Intentionen ist der Umgang mit der Brücke von Mostar, dem Wahrzeichen der Stadt. Die Brücke – 1566 unter dem türkischen Sultan Süleyman über die schmale, reißende Neretva gebaut und von den Kroaten während des Krieges zerstört – ist das Symbol des gescheiterten multikulturellen Zusammenlebens schlechthin.

Als EU-Administrator Hans Koschnick 1994 nach Mostar kam, wandten sich bereits Initiativgruppen an ihn mit dem Wunsch, das im November 1993 zerstörte Bauwerk, einst als Denkmal des »Weltkulturerbes« ausgezeichnet, wiederaufzubauen. Koschnick stand solchen Plänen von Anfang an kritisch gegenüber. Die Brücke stehe nicht an erster Stelle, zunächst einmal seien Strom, Wasser und ein Dach über dem Kopf für die Menschen wichtiger.[24]

Koschnicks Haltung mag pragmatisch und platt erscheinen – sie trifft jedoch den Kern der Problematik. Sie beinhaltet den Verzicht auf Symbolik zugunsten der rauen Lebenswirklichkeit. Die Absage an kulturelle Illusionen, die von der Wirklichkeit krude widerlegt wurden, und zugleich die Arbeit an einem fundierten Konzept, das dennoch versucht, zentrale Elemente dieser Kultur wiederaufzubauen. Die europäische Sehnsucht heißt: »multikulturelles Bosnien« – die bosnische Wirklichkeit lautet: Sieg der Separatisten, ethnische Entmischung. Dem nostalgischen europäischen Traum von einem gemischtkulturellen Mostar steht die Wirklichkeit Mostars gegenüber: »Dies sind zwei Städte.«

Das Symbol des Traums ist die Brücke – das Zeichen der Realität ist die Ruine der Brücke. Kaum war sie unter den Auspizien der EU wieder instand gesetzt, wurde sie – als Stein des Anstoßes – neuerlich beschossen. Die symbolische Friedensgeste wurde zur politischen

Provokation. Es macht keinen Sinn, in trotzigem Widerstand das geschändete Symbol erneut zu errichten, ohne erst die Wirklichkeit so umzuformen, dass die Brücke dazu passt. Es bedeutet keine Kapitulation vor der Torheit der Hardliner, auf eine Kunstsprache zu verzichten, die den Gegensatz nur grammatikalisch aufhebt. Und es bedeutet keine Kapitulation, wenn man – für eine Zeit – darauf verzichtet, Symbole zu setzen, die keinerlei Gegenwarts- und Wirklichkeitsbezug haben. Warum soll es nicht möglich sein, Kulturen zumindest auf Zeit voneinander getrennt existieren zu lassen? Oder geeignete Formen des Verkehrs für solch sensible Territorien zu entwickeln?

Das kulturelle Erbe darf nicht wichtiger sein als Menschen, die dieses Erbe herstellten. Deshalb sollte man sich nicht dem Sog der selbstgemachten Bilder aussetzen und einen Druck erzeugen, der Ursache und Wirkung vertauscht und die Menschen zu den Objekten ihrer eigenen Zeichen werden lässt.

Umgekehrt stellen Übergriffe einer Seite auf die Zeichen der befehdeten anderen Kultur niemals nur Verstöße gegen Artefakte dar. Urbanozid und Genozid sind zwei Ausdrucksformen eines Denktypus: Wenn Kunstwerke als Bruchsteine, Bibliotheken als Papierdeponien behandelt werden, sieht man die Benutzer und Bewohner dieser Orte gleichfalls nur als Haufen von Fleisch und Knochen – und macht sie über kurz oder lang genau dazu.

In seiner Novelle *Brief aus dem Jahre 1920* verweist Ivo Andrić (1892–1975) auf die internen Differenzen, die für den plurikulturellen Raum Bosnien kennzeichnend sind. Statt von Kultursynthesen zu schwärmen und Polyphonien wahrzunehmen, verweist er warnend und sachlich auf Unterschiede, Abgrenzungen und Gegenstimmigkeit. Er beschreibt diese spezifische kulturelle Gemengelage am Beispiel einer eher harmlos-idyllischen Alltagsbeobachtung:

> Wer in Sarajevo die Nacht durchwacht, kann die Stimmen der Nacht von Sarajevo hören. Schwer und sicher schlägt die Uhr an der katholischen Kathedrale: zwei nach Mitternacht. Es vergeht mehr als eine Minute (ich habe genau 75 Sekunden gezählt), und erst dann meldet

> sich, etwas schwächer, aber mit einem durchdringenden Laut die Stimme von der orthodoxen Kirche, die nun auch ihre zwei Stunden schlägt. Etwas später schlägt mit einer heiseren und fernen Stimme die Uhr am Turm der Beg-Moschee, sie schlägt elf Uhr und zeigt elf gespenstische türkische Stunden an nach einer seltsamen Zeitrechnung ferner, fremder Gegenden. Die Juden haben keine Uhr, die schlägt, und Gott allein weiß, wie spät es bei ihnen ist, wie spät nach der Zeitrechnung der Sepharden und nach derjenigen der Aschkenasen. So lebt auch noch nachts, wenn alle schlafen, der Unterschied fort, im Zählen der verlorenen Stunden dieser späten Zeit. Der Unterschied, der all diese schlafenden Menschen trennt, die im Wachen sich freuen und traurig sind, Gäste empfangen und nach vier verschiedenen, untereinander uneinigen Kalendern fasten und alle ihre Wünsche und Gebete nach vier verschiedenen Liturgien zum Himmel senden. Und dieser Unterschied, der manchmal sichtbar und offen ist, manchmal unsichtbar und heimtückisch, ist immer dem Haß ähnlich, sehr oft aber mit ihm identisch.
>
> Diesen spezifisch bosnischen Haß müsste man studieren und bekämpfen wie eine gefährliche und weitverbreitete Krankheit.[25]

Andrićs Beschreibung konkretisiert am Beispiel der Zeitmessung die Differenzen zwischen den auf demselben Territorium koexistierenden Kulturen. Und er diagnostiziert zugleich diese Unterschiede als Symptome eines nur mangelhaft überdeckten, permanenten wechselseitigen Abstoßungs-, ja Auslöschungsprozesses. Selbst das titelgebende architektonische Zentralmotiv seines Romans *Die Brücke über die Drina* (1945) spricht eine doppelte Sprache und spiegelt die ambivalente Situation: Verbindung und Abgrenzung, Brücke und Bastion – beide Lesarten begegnen einander von Beginn an gleichberechtigt, und es ist fast ins Belieben der jeweiligen Interpreten, das heißt, der jeweiligen Herrscher, gestellt, welcher Aspekt jeweils zu aktivieren ist, welche Lesart als opportun erachtet wird.

Genau an der Schnittstelle zwischen osmanisch-muslimischem und serbisch-christlichem Machtbereich gelegen, kommt der Brücke nicht nur militärische und ökonomische, sondern auch eminente symbolische Bedeutung zu. Bald Bollwerk, bald Bindeglied – je nach wechselnden Machtverhältnissen –, wird sie zum beliebig interpretierbaren Zeichen, zum Ort der Grenzüberschreitung, der Sühne, Rache, des Exempels. Für jede Seite laden sich ihre Steine mit historischen Daten auf. Die Brücke selbst wird zu einem ideologisch gefährlichen Zeichen, jeder Schritt auf ihr wird zur politisch brisanten Aktion, möglicherweise zur Provokation, ähnlich wie dies, unter anderen Vorzeichen, für die Brücke von Mostar zutrifft.

Was bei Andrić aufgrund seiner Reflexionsfähigkeit, seiner persönlichen Integrität, vor allem aber seines historisch geformten Skeptizismus warnende Diagnose bleibt, vermag bei weniger behutsamen und verantwortungsbewussten Schriftstellern und Texterzeugern zu einer verführerischen Gefahr zu werden. Die Parteigänger serbischer, kroatischer und anderer ethnischer und kultureller Ausgrenzungsprogramme zögerten nicht, aus der festgestellten Unterschiedlichkeit eine fatale Unvereinbarkeit abzuleiten. Der literarischen Beglaubigung und Nobilitierung der »eigenen« Kultur fällt in dieser Phase eine bedeutsame und verhängnisvolle Rolle zu. Wenn etwa der Anführer der bosnischen Serben, Radovan Karadžić, aus Anlass des zwanzigsten Todestages von Ivo Andrić am 13. März des Gedenkjahres 1995, nur wenige Meter von der Brücke über die Drina entfernt, eine pan-serbische Kulturveranstaltung organisiert, so ist dies ein Versuch der ideologischen Beschlagnahmung eines solchen Kulturzeichens.

Während der Rezitation aus Andrićs Werk erklärte hierzu der Vorsitzende des serbischen Schriftstellerverbandes, Slobodan Rakitić, seine Bewunderung für den gegenwärtigen »Freiheitskampf des serbischen Volkes«. Die anscheinend biedere Gedenkfeier wird vollends zum rassistischen Fanal, wenn man bedenkt, dass auf derselben Brücke drei Jahre zuvor während des Kurban Bajram – eines hohen islamischen Feiertags – 147 Muslime von sogenannten Tschetniks ermordet worden waren. Auch Andrić (in Bosnien geboren, in Serbien lebend, Anhänger und zeitweilig sogar Akteur der jugoslawischen Staatsidee) blieb es nicht erspart, von parteipolitischen Strategien vereinnahmt und zum Kronzeugen absurdester Rassenwahnvorstellungen umgedeutet zu werden.

In einer Welt, in der jede Äußerung zum politischen Zeichen uminterpretiert wird, gibt es weder Neutralität noch Unschuld. In *Die Brücke über die Drina* schildert Andrić eine exemplarische Szene. Ein schlichtes Volkslied wird dem unglücklichen jungen Serben Mile darin zum Verhängnis. Sein Verbrechen: ein Liedchen, das er manchmal bei seiner Arbeit im Wald gesungen hat und das den simplen Refrain enthält: »Als Đorđije im Feld sich schlug/Ein Mädchen seine Fahne trug.«[26] Der Erzähler kommentiert das unschuldige, naive Verständnis des jungen Sängers:

> »Đorđije«, das war etwas Unklares, aber Großes und Kühnes. »Mädchen und Fahne« waren ebenfalls ihm unbekannte Dinge, die aber irgendwie den höchsten Wünschen seiner Träume entsprachen: ein Mädchen zu haben und eine Fahne zu tragen. Auf jeden Fall war es schön, diese Worte auszusprechen.[27]

Schön, aber tödlich ist es, diese Worte öffentlich auszusprechen. Die Türken – zu jener Zeit, um 1800, Herren an der Drina – jedenfalls nehmen das Liedchen ganz anders wahr, nämlich als offenes Zeichen des Aufruhrs, handelt es sich doch, was Mile nicht wusste oder bedachte, um ein ursprünglich türkisches Lied, nur dass der Name des christlichen Helden (»Georg«) jetzt an die Stelle des muslimischen (»Alibeg«) getreten ist. Im besetzten Gebiet genügt diese kleine Verschiebung, um aus dem harmlosen Schlager einen politischen Affront werden zu lassen. Mile hat sich, ohne es zu ahnen, um Kopf und Kragen gesungen. Zehn Minuten später steckt sein Kopf bereits auf einem Pfahl an der Brücke.

In Konfliktszenarien gibt es nichts Unverfängliches, und nichts verweist nur auf sich selbst: Ob Postamt oder Bibliothek, Brücke, Sprache oder Lied, jeder Raum, jedes Wort, jedes Bild, jede Melodie kann zur Losung werden, ohne dass der Bedeutungszusammenhang direkt ausgesprochen zu werden braucht. Das vielleicht eindrucksvollste

Beispiel für eine mittelbare Wirkung dieser Art ist das legendäre Lied von »Lili Marleen«, das übrigens der Soldatensender Belgrad von 1941 an täglich für die Landser spielte. Obwohl der Text mit keinem Wort auf politische Zusammenhänge eingeht und es aus einem vollständig anderen Zusammenhang heraus entstand, wurde der wehmütige Song zum Jahrhundertlied psychologischer Kriegsführung. Goebbels lernte den wehrkraftschwächenden Schlager so sehr fürchten, dass er die Matrize der Lale-Andersen-Platte eigenhändig vernichtete und das Lied ab 1943 verbieten ließ.

Als die Alliierten am 25. August 1944 in Paris einzogen, sangen sie auf den Champs-Élysées von Lili Marleen und verwandelten so das Lied des Feindes in einen Triumphgesang über ihn, nachdem der Song in den Jahren zuvor bereits als geheimer Verständigungscode von Widerständlern aller Art gedient hatte.

Gerade unter repressiven Systemen kommt der Verwendung von Zitaten hohe Mitteilungs- und deshalb auch Bedeutungsfunktion zu, hierin unterscheidet sich die Instrumentalisierung des »Georg«-Liedes in nichts von derjenigen »Lili Marleens«.

Symbolische Formen der Verständigung und der Herrschaft bestimmen auch im weiteren Verlauf des Romans den Umgang mit- beziehungsweise gegeneinander. Ob es sich bei den jeweiligen Besetzern um Vertreter der morgenländischen oder, wie im 19. Jahrhundert, der abendländischen Kultur handelt, ist dabei eher sekundär. Jede Verhaltensweise des anderen lässt sich per se als feindlich interpretieren. Auch Verfahren, die in einer Kultur als selbstverständlich erscheinen, können unter diesen Vorzeichen als besonders perfide Provokationen (miss-)verstanden werden. So empfindet zum Beispiel die Višegrader Bevölkerung die Art und Weise, wie nach der Besetzung durch das K.-u.-k.-Regime die Menschen gezählt und die Häuser nummeriert werden, höchst suspekt. Man argwöhnt Schlimmes:

> Dies macht der Schwabe nicht aus Gründen des Glaubens, […] sondern aus Berechnung. Er kennt weder Spaß noch Müßiggang […] Jetzt erkennt man das noch nicht, aber in ein paar Monaten oder in

> einem Jahre wird man das erkennen. […] Diese Zählung der Häuser und Menschen […] braucht er entweder für irgendeine neue Abgabe, oder er will die Leute zur Zwangsarbeit oder zum Militär ausheben. […] Ich denke, gleich einen Aufstand zu machen, sind wir nicht fähig. […] Aber wir brauchen nicht in allem zu gehorchen, was man uns befiehlt. Niemand braucht sich ihre Nummern zu merken oder zu sagen, wie alt er ist, sollen sie doch selbst erraten, wann wer geboren ist. Wenn sie aber zu weit gehen und an die Familie und an unsere Ehe rühren, weigern und wehren wir uns und dann mag geschehen, was uns von Gott bestimmt ist.[28]

Man mag die hier ausgedrückten Ängste als überzogen oder irrational abtun, Tatsache bleibt, dass damit eine kulturelle Differenz, eine organisatorische Eigenart im Begriff ist, zu einem Instrument der Zerstörung von Identität zu werden. Oft genug sind es gerade solche verwaltungstechnischen, organisatorischen, eher routinemäßig erfolgenden Maßnahmen, an denen sich ein aktiver Dissens entzündet. Ein Grund hierfür liegt in der Undurchschaubarkeit des Geschehens für die andere Seite.

Im vorliegenden Fall kommt hinzu, dass die numerische Erfassung der Lebensform eine bislang völlig unvertraute Praxis darstellt; in der Tat begegnen sich hier auf der Ebene der Verwaltung, mitten in Europa, zwei völlig unterschiedliche soziale Systeme. Ist die bosnische Seite eine auf persönlichen Beziehungen und clanartiger Einordnung basierende Organisationsform gewohnt, so geht das westliche Modell von einer weitgehenden Anonymisierung und statistischen Registrierung des Einzelnen aus. Insofern stellt die diskutierte Maßnahme tatsächlich den Versuch dar, sich die in Besitz genommene Kultur mit spezifisch europäischen Herrschaftsformen anzuverwandeln, oder weniger zurückhaltend ausgedrückt, sie sich einzuverleiben.

Die misstrauischen Bewohner Višegrads lagen mit ihrer symbolischen Lesart der Nummerierungsprozesse also nicht ganz falsch. Umgekehrt kann gerade der alltägliche Austausch auf pragmatischer Ebene ein hohes Maß an neutralisierender, Konflikt entschärfender

Funktion entfalten. Andrićs Roman zeigt – bei allem Skeptizismus des Werkes im Ganzen – ein solches kommunikatives Fenster. Dabei spielen Faktoren eine Rolle, die bei den üblichen, moralisch oder idealistisch getönten Verständigungsdiskursen eher ausgeblendet werden: Geld und Ware.

Im letzten Viertel des 19. Jahrhunderts kommt es – immer noch unter dem Habsburger Regime – zu einer gewissen Auflockerung der wechselseitigen Blockaden, wobei der wirtschaftliche Verkehr eine Schlüsselrolle spielt. Andrić schildert diesen »Normalisierungsprozess« ohne Euphorie:

> Andererseits konnten sich auch diese Fremden nach einer gewissen Zeit nicht völlig dem Einfluss der ungewöhnlichen orientalischen Umwelt entziehen, in der sie leben mussten. Ihre Kinder brachten neue Ausdrücke und fremde Namen unter die Stadtkinder, führten unter der Brücke neue Spiele ein und zeigten neues Spielzeug, aber ebenso schnell übernahmen sie von den einheimischen Kindern unsere Lieder, Redensarten, Reime und die uralten Spiele [...]. Ähnlich verhielt es sich auch mit den Erwachsenen. Auch sie brachten neue Regeln mit ungewöhnlichen Worten und Gewohnheiten, übernahmen aber gleichzeitig selbst mit jedem Tag etwas von der Ausdrucksweise und Lebensform der Alteingesessenen. Unser Volk, besonders die Christen und Juden, begann zwar in Kleidung und Gebärden den Fremden, die die Besatzung hergeführt hatte, immer ähnlicher zu werden, aber auch die Fremden blieben von der Umgebung, in der sie leben mussten, nicht unberührt und unverändert.[29]

Auf der Suche nach Gründen für das Gelingen der allmählichen Normalisierung kommt dem Faktor Zeit eine wichtige Rolle zu. All diese kleinen Signale der wechselseitigen Angleichungen und Übernahmen erfolgen erst rund ein Jahrzehnt nach der eben skizzierten Okkupation. Und sie erfolgen auf der Basis eines wahrhaft pragmatischen Kommunikationsmediums – dem des Geldes: Wie frisches Blut begann das Geld in bisher ungesehenen Mengen zu zirkulieren, und zwar vor aller Augen; an diesem erregenden Umlauf von Gold, Silber und wertbeständigen Papieren konnte sich jeder die Hände wärmen oder sich wenigstens »sattsehen«, denn er rief auch bei den Ärmsten die Illusion hervor, dass ihr Mangel nur vorübergehend und daher erträglich sei.

Das Lebens-Mittel »Geld« erzeugt den beobachteten Vitalitätsschub nicht per se oder aufgrund einer rapiden Verbesserung der Lebensumstände, sondern eher auf der Grundlage psychologischer Momente. Obwohl kein ausgleichender Prozess der Neu- und Umverteilung in Gang kommt, entsteht die Illusion einer ökonomischen Demokratisierung; eine, wie sich zeigen wird, trügerische Annahme, die jedoch für den Moment dazu führt, das Konfliktpotenzial zurücktreten zu lassen. In solchen Phasen scheinen Konflikte auf ethnischer oder kultureller Grundlage als atavistische Reste. Waren ehedem die Lieder des »Anderen« verpönt oder brisant, so werden sie nun zwanglos übernommen.

Die eleganten städtischen Rituale und das kollektive Gefühl der Teilhabe an dieser ökonomischen Opulenz ließen für eine Zeit vergessen, dass sich an der konkreten Situation, weder was den Status der politischen noch den der sozialen Autonomie anbelangt, kaum etwas geändert hatte. Andererseits war die kosmopolitische Zivilisationsschminke unter dem Vorzeichen des *anything goes* dick genug, um die Operette der Kulturvermischung überzeugend, suggestiv und routiniert zu zelebrieren: Überall krächzten die Grammophone türkische Märsche, serbische Volkslieder oder Arien aus Wiener Operetten, je nach den Gästen, für die man spielte. Ein hybrides und attraktives Angebot der Beliebigkeit, das das Gefühl, auf der sicheren Seite zu sein, steigerte. Dass bei all dem das Attentat auf den österreichischen Thronfolger in Sarajewo unmittelbar bevorstand, lässt erkennen, wie trügerisch die Situation doch war. Dabei spielte exakt jener harmonisierende Schein der Liberalität eine beachtliche Rolle. Er verhinderte, dass man die unterirdischen Bewegungen und Politisierungstendenzen überhaupt wahr- beziehungsweise ernst nahm. Die interkulturelle Sollbruchstelle blieb bestehen, sie war nur gleichsam überdeckt, vorübergehend unsichtbar geworden, sodass es nun – entlang der historisch vorgezeichneten Bahn – zur scheinbar überraschenden Eskalation kam. Die Mausefalle schnappt erneut zu – aus latenten Spannungen wird systematische Abwehr, eingespielte und tradierte Aggressionsmuster entfalten ihre Wirkung. Andrić beschreibt diesen bedrohlichen Moment:

> Und dann brach, an einem der letzten Julitage, hier an der Grenze jenes Unwetter los, das sich mit der Zeit auf die ganze Welt ausbreiten und so vielen Ländern und Städten, und damit auch dieser Brücke über die Drina, zum Verhängnis werden sollte. [...] Wer damals mit klarem Kopf und offenen Augen lebte, konnte sehen, wie das Wunder geschah und sich innerhalb eines Tages eine ganze Gesellschaft verwandelte. Ausgelöscht war in wenigen Augenblicken das Basarviertel, das auf einer jahrhundertealten Tradition aufgebaut war, indem es immer heimliche Hassgefühle, Eifersüchteleien, religiöse Intoleranz, althergebrachte Grobheiten und Grausamkeiten, aber auch Menschlichkeit und Hilfsbereitschaft und das Gefühl für Ordnung und Maß gegeben hatte, Gefühle, die alle diese bösen Triebe und rohen Gewohnheiten in erträglichen Grenzen gehalten, sie letzten Endes gezügelt und den allgemeinen Interessen des gemeinsamen Lebens untergeordnet hatten. Männer, die vierzig Jahre lang im Basarviertel das Wort geführt hatten, verschwanden über Nacht, als wären sie alle plötzlich, zusammen mit den Gewohnheiten, Auffassungen und Einrichtungen, die sie verkörperten, gestorben.[30]

Dieses aggressive Potenzial, die Spannung zwischen minimal voneinander abweichenden kulturellen Einheiten, ist kennzeichnend für den gesamten Balkanbereich, ja, für ganz Europa. Philosophie, Literatur und bildende Kunst spielen bei der Aktivierung dieses Potenzials eine ebenso entscheidende Rolle wie bei ihrer möglichen Überwindung. Ein dunkles Kapitel der Kulturgeschichte. Jedoch ein wichtiges. Denn Künstler sind genuine Grenzgänger zwischen Krieg und Frieden und können jederzeit beiden Lagern Material und Argumente liefern.

Der deutsche Dramatiker Heiner Müller hat das Grunddilemma Europas am Beispiel des bulgarischen Plovdiv, seit der Antike Schmelztiegel der Kulturen, Sprachen und Religionen – Thraker, Mazedonier, Römer, Osmanen und Slaven siedelten im Lauf der Jahrhunderte hier, bekämpften einander, vermischten sich –, auf den Punkt gebracht. Sein Gedicht »Fahrt nach Plovdiv« folgt der Blutspur der Gewalt in knappen Abbreviaturen:

> Mariza. Hier wurde Orpheus zerrissen
> Von den thrakischen Weibern mit dem Pflug.
> Flußab trieb sein singender Schädel. Der Fluß
> Hat kein Wasser mehr. Auch Flüsse sterben.
> Über thrakischem Grabhügel drei Gräber
> Mit dem roten Stern. Der Kommunismus:
> Befreier der Lebendigen und der Toten.
> Plovdiv. Trimontium. Philippopolis.
> Auf drei Hügeln drei Jahrtausende.
> Geschichte: hungriger Leichnam. Gestern
> Das mit der Liebe des Vampirs nach Morgen greift.
> (Wer war Orpheus. In seinem Lied kein
> Platz für einen Pflug.) Alexander der Große
> Sohn Philips, den in Plovdiv keine Straße nennt
> Konnte den gordischen Knoten nicht lösen.
> Zerhaun kann ihn jeder, der nichts gelernt hat.
> Glücklich das Volk, das seine Toten begräbt
> Kalt gegen die Umarmung aus den Gräbern.
> Ruhm den Helden. Dem Staub keine Träne.[31]

Mythen und Historie verschmelzen zu einem unentwirrbaren, unentrinnbaren Geflecht, einem Knoten aus Erinnerung und Fiktion, revolutionärer Verheißung und grausamer Ernüchterung – wieder und wieder. Wer wollte so töricht sein zu glauben, man könnte diese in alle Zellen des kollektiven Gedächtnisses eingesickerte Erfahrungs- und Erinnerungsmasse je neutralisieren?

Plovdiv ist nur ein Ort unter Tausenden, die die Realität der edlen europäischen Ruine ausmachen. Man muss diese Räume mit all ihren Widersprüchen aushalten und gestalten, statt sie normativ plattzumachen – oder aber den Traum von Europa begraben.

28 Zukunftstraum Europa

Am 28. November 2018 hielt Vizekanzler Olaf Scholz eine Rede über das gegenwärtige und zukünftige Europa, die folgendermaßen ausklang:

> Es ist unser Europa, über das wir hier jetzt reden. Ein Europa, das mutige und kühne Frauen und Männer vor mehr als 60 Jahren über den Trümmern des Zweiten Weltkriegs aus der Taufe gehoben haben. Das sich über die Montanunion und den Binnenmarkt mittlerweile zu einer gemeinsamen Währung zusammengefunden hat. Es ist jetzt an uns, an der aktuellen Generation von Politikerinnen und Politikern, dieses Europa fortzuentwickeln und politisch schlagkräftig zu machen. Einiger! Denn die Welt hat sich verändert in den vergangenen Jahren und die Herausforderungen, die auf ieses Europa von allen Seiten her einstürmen, werden eher mehr werden als weniger.[32]

Ein Kriegskind also, das neue Europa. Es klingt fast so, als seien die materiellen und existenziellen Verheerungen, die der Zweite Weltkrieg hinterließ, das Material, aus dem es gebaut wurde.

Wer erwartet, dass in einer solch grundsätzlichen Europarede der Begriff der »Kultur« im Zentrum stünde, sieht sich getäuscht. Das Europa, das da mit feierlichem Pathos beschworen wird, ist absolut prosaischer Natur: Von der Montanunion, vom Binnenmarkt, vom Euro ist die Rede. Natürlich werden beiläufig die obligatorischen europäischen Werte, der »*European Way of Life*«, erwähnt. Freilich ohne dass auch nur an einer Stelle nach der konkreten Realität dieser Werte gefragt würde, so als seien sie wie selbstverständlich vorhanden, weil sie in Artikel 2 des Vertrags von Lissabon (2007) schön säuberlich aufgelistet sind:

> Die Werte, auf die sich die Union gründet, sind die Achtung der Menschenwürde, Freiheit, Demokratie, Gleichheit, Rechtsstaatlichkeit und die Wahrung der Menschenrechte einschließlich der Rechte der Personen, die Minderheiten angehören. Diese Werte sind allen Mitgliedstaaten in einer Gesellschaft gemeinsam, die sich durch Pluralismus, Nichtdiskriminierung, Toleranz, Gerechtigkeit, Solidarität und die Gleichheit von Frauen und Männern auszeichnet.[33]

Wer den EU-Alltag in Brüssel oder Straßburg einigermaßen kennt, weiß nur zu gut, dass Fragen dieser Art im Verwaltungsapparat der Eurobehörden allenfalls eine marginale Rolle spielen. Gerade deshalb beinhaltet die Standardrede von Scholz alles, was man derzeit über Europa sagt, wenn man nichts sagt und die Realität dennoch schönreden will. Ja, der »*European Way of Life*« wurde sogar als Kampfbegriff gegen das Phänomen der Migration in Stellung gebracht, als ob nicht viele der Geflüchteten genau um dieses Lebensstils willen Wüsten durchwanderten und das Mittelmeer zu durchqueren versuchten. Viele – gewiss nicht alle.

Wo also stehen wir mit unserem »europäischen Lebensstil«, mit dem, was Europa ausmacht? Wo stehen wir in Anbetracht der »Herausforderungen, die auf dieses Europa von allen Seiten her einstürmen«?

Nun ist es ja gewiss nicht so, dass im Zeitraum nach der Wende, nach 9/11, dem Irakkrieg 2003 und der ersten Migrationswelle 2015 keine Grundsatzdebatte um Europa stattgefunden hätte. Besonders bemerkenswert ist in diesem Zusammenhang die am 31. Mai 2003 gestartete mediale Großoffensive prominenter europäischer Intellektueller, die gemeinsam versuchten, die europäische Rolle in der Welt neu zu definieren. Wissenschaftler wie Jürgen Habermas, Jacques

Derrida und Umberto Eco hielten den Zeitpunkt für gekommen, Stellung zu beziehen und im Angesicht des wachsenden amerikanischen Utilitarismus und Unilateralismus die Idee eines avantgardistischen und zugleich bürgernahen Kerneuropa zu beschwören.

Außer einem gewaltigen und nachhaltigen Blätterrauschen hatte keine dieser Ideen eine konkrete Auswirkung auf das weitere Geschehen. Der Gedanke, Europa als Korrektiv zum US-System in Stellung zu bringen, hat nach der massiven »*America first!*«-Kampagne Donald Trumps etwas geradezu Rührendes an sich. Von der ungeheuren Wachstumsdynamik Chinas war seinerzeit offenbar noch nichts zu ahnen. Die Gefahren religiösen Fundamentalismus sowie das Thema der Migration und, damit verbunden, des Ansturms der Rechten war für die herausragendsten europäischen Köpfe ebenfalls noch nicht zu erkennen. Neue Rechte statt neues Europa. »Unterwerfung« (Houellebecq) statt Aufbruch, Neue Seidenstraße statt Euroraum, Frontex statt *mare nostrum* – das ist inzwischen die Realität.

Europa selbst leidet spürbar an seinem gegenwärtigen Zustand. An seiner Unfähigkeit, mit einer Stimme zu sprechen. An seiner Entschlusslosigkeit. An seiner inneren Brüchigkeit, seiner Erstarrung: Die Welt hat sich um 180 Grad gedreht, das Reden über Europa hingegen hat sich kaum verändert – eine mehrhundertjährige Begriffsversteinerung lässt an das Symptom denken, das der französische Präsident Emmanuel Macron in anderem Zusammenhang mit dem wenig freundlichem Begriff des »Hirntods« einer Institution bezeichnete. Und der Mann, der mit »Perestroika« und »Glasnost« den großen Wandel, die große Wende, den vermeintlichen »Wind of Change« eingeleitet hatte und den Eisernen Vorhang zwischen Europa und »Asien« zerriss, der Ex-Präsident der UdSSR, Michail Gorbatschow, steht ernüchtert und enttäuscht vor den Ruinen der Visionen von einst. Damals, so resümiert er, wäre unendlich viel möglich gewesen. Auch eine neue Öffnung Europas in Richtung Russland. Stattdessen zogen die meisten Länder sich auf sich selbst zurück – Deutschland, Polen, Ungarn, Tschechien bekamen das eigene Land gleichsam wieder »geschenkt.« Das Thema Europa stand – für Deutschland – letztlich nur auf der Agenda, weil man den Nachbarstaaten die Sorge vor neuen nationalen Alleingängen des wiedervereinten Deutschlands nehmen wollte.

Faktisch ging es auch damals nicht um Kulturelles, sondern um Ökonomisches und Organisatorisches. Zum einen durfte aus Sicht der EU eine deutsche Einigung nicht zu Lasten der europäischen Integration gehen. Insbesondere die Vollendung des Binnenmarktprojektes durfte nicht infrage gestellt werden. Zum anderen waren den restlichen elf EG-Mitgliedstaaten die ökonomischen Vorteile eines größeren deutschen Marktes vor Augen zu führen.

Wen wundert es angesichts dieser Prioritäten, dass die kulturell divergierenden Lebenswirklichkeiten der Europäer unter die Räder kamen. Die Spätfolgen bekommen wir jetzt Tag für Tag europaweit zu spüren. Im Rausch, die Gunst der Stunde möglichst effizient zu nutzen und Fakten zu schaffen, vergaß man, nach Ursachen, Herkunft, Zusammengehörigkeit, Eigenarten zu fragen. Alle Mitglieder wurden über einen Kamm geschoren, alles auf die eigenen Maßstäbe heruntergebrochen. Standardisiert. Und wie man sieht, erwachsen genau an diesen Stellen die Konflikte. Die Probleme treten auf, wenn Werte, Konzepte der Freizügigkeit und des Individuums, wenn Vorstellungen vom Aufbau einer Gesellschaft zur Diskussion stehen. Der Versuch, hier normieren zu wollen, gegebenenfalls auch noch zu einem einstimmigen Votum kommen zu müssen, kommt einer unlösbaren Aufgabe gleich. Das standardisierungsgeprägte, ja standardisierungsversessene Europa der Brüsseler oder Straßburger Verwaltungszentralen löst keine Probleme, sondern generiert sie geradezu.

Dabei geht es weniger um Standardisierung auf der Ebene von Konsum und Technologie, sondern auch um ethische und soziale Standards. Hier Familie, zwei Kinder, Häuschen im Grünen, dort eine über Jahrzehnte gewachsene Clanstruktur – das geht nicht zusammen. Oder: Hier 35-Stunden-Woche, Gewerkschaft und Brückentage, dort Fünfjahresplan und Kollektiv – dazwischen liegen Welten.

Man setzt eine Werte-Währung voraus und erklärt sie für allgemeingültig. Ungeachtet der Tatsache, dass ein Land vielleicht eben erst dem kommunistischen System entwachsen ist, ein anderes sich streng marktwirtschaftlich orientiert, ein drittes stark religiös geprägt ist oder – im Gegenteil – radikal säkular. Man legt ein und denselben Maßstab an, ganz gleich, ob ein »Export-Weltmeister« oder ein ökonomisches Schwellenland zur Diskussion steht. Man stuft ein, kategorisiert, begutachtet und kontrolliert die Einhaltung der Regeln. Der Apparat ist gewaltig, er ist deshalb schwer zu stoppen, und wenn er auf diesem Kurs festhält, wird er auf Grund laufen und Europa demontieren.

Es ist kein Zufall, dass es unter den Künstlern und Kulturschaffenden der verschiedenen europäischen Länder seit jeher sehr viel Skepsis und nur ganz wenig Europa-Schwärmerei gibt. Die Kultur hat die Aufgabe, sich den Realitäten zu stellen und sich nicht mit Verlautbarungen und Proklamationen zu begnügen. Auch im Namen derer, die seit der Romantik, vor allem aber seit der Zeit nach dem Ersten Weltkrieg ernst gemeinte und ernst zu nehmende Europavisionen entwickelt haben. Von Ernst Robert Curtius über Hugo von Hofmannsthal bis hin zu den im Kontext der Migration immer wieder zitierten Schriften von Richard Coudenhove-Kalergi. Seine Schriften *Adel* (1922) und *Praktischer Idealismus* (1925) legen nicht nur den gedanklichen Grund zu einer konsequenten Europäisierung des Kontinents bis hin zu einer allmählichen Auflösung des Konzepts der Nation, sondern gehen einen letzten, entscheidenden Schritt weiter. Er wagte es, an die bis heute umstrittene Vorstellung zu rühren, die Europäer würden sich im Verlauf dieser Entwicklung auch genetisch mit anderen »Rassen vermischen«:

> Der Mensch der fernen Zukunft wird Mischling sein. Die heutigen Rassen und Kasten werden der zunehmenden Überwindung von Raum, Zeit und Vorurteil zum Opfer fallen [...] Die eurasisch-negroide Zukunftsrasse, äußerlich der altägyptischen ähnlich, wird die Vielfalt der Völker durch eine Vielfalt der Persönlichkeiten ersetzen.[34]

Eine Feststellung, die auch heute noch die Gemüter erregen kann, obwohl sie letztlich nur die reale Situation abbildet.

Diagnose Eurokokken! Das ganze System sei davon befallen, meinte der deutsch-französische Autor Yvan Goll (»durch Schicksal Jude, durch Zufall in Frankreich geboren, durch ein Stempelpapier als Deutscher bezeichnet«[35]). Eine ähnliche Diagnose hatte T.S. Eliot in *The Waste Land* bereits fünf Jahre früher, 1922, gestellt. Unrettbar – es sei denn durch den großen Krieg, noch größeren Krieg.

Seither hat sich Europa zwar in ein Territorium des Friedens und Wohlstands verwandelt, steht aber mental vor dem Aus, obwohl Bekenntnisse zu den europäischen Werten im Allgemeinen und zur abendländischen Kultur in Sonderheit Hochkonjunktur haben. Und genau hier liegt die Ursache für diese tiefe, existenzielle Krise. Gedankenlos spult man nach wie vor das alte Programm ab, ohne wahrhaben zu wollen, dass dieses Europa längst nicht mehr existiert, weil es längst zu einem Vakuum der Werte geworden ist. Man sollte jedem, der gegenwärtig von »europäischen Werten« schwadroniert, ohne zu präzisieren, was er damit meint, ein temporäres Sprechverbot erteilen, verbunden mit einer mehrmonatigen Reflexionstherapie. Denn der Begriffsbrei, der dabei in der Regel den saturierten Mündern entquillt, ist nicht sonderlich appetitanregend:

Freiheit – als ob unser gieriger Liberalismus noch etwas mit der Freiheit, »die wir meinen«, zu tun hätte.

Toleranz – so als ob wir sie gepachtet hätten. Als ob sie etwa in Ostasien unbekannt wäre.

Individualität – im Angesicht unseres tatsächlichen Lebens, verpackt in Modulkästchen, festgeklemmt zwischen den Spalten von Excel-Tabellen und stetig im Bann von Standardisierungs-, Akkreditierungs- und Evaluationsregularien, eine geradezu abstruse Behauptung.

Nein, wir machen keine besonders überzeugende Figur, wenn wir generalisierend von europäischen Werten reden – nachdem wir sie hundertfach verraten haben. England in den Kolonien, Frankreich in Algerien, Russland im Gulag und Deutschland – letztlich unsühnbar und unentschuldbar – in Auschwitz. Und selbst wenn wir die geschichtliche Dimension beiseitelassen – sie noch immer und mehr denn je tagtäglich verraten, oder besser gesagt: verkaufen, an den Börsen verzocken, in den Banken verspielen, auf den globalen Märkten verwahrlosen lassen — wir sollten den Mund nicht so voll nehmen und solch erstaunt-betroffene Augen machen, wenn man uns nicht mehr recht glaubt, wenn wir uns selbst nicht mehr so recht glauben, wenn wir unseren angeblichen Kampf, unsere Mission, unsere Halluzination, für Frieden und Freiheit zu kämpfen, in die Welt setzen. Uneinig. Zerstritten. Halbherzig. Wie wir sind.

Uns sind ganz andere, sehr viel weniger empathische Werte wichtig: Werte wie Gewinnmaximierung, Standardisierung, Normierung, Bürokratisierung, Profilierung und wachsender Konsum. Effizienz und Exzellenz, Sicherheit und geordnete Verhältnisse stehen im Mittelpunkt unserer Überlegungen. Verbunden mit der Hoffnung auf ein nicht allzu anstrengendes Leben, in dem man sich gut fühlt.

Und gegen all dies wäre nicht das Geringste einzuwenden, wenn wir nicht die fatale Tendenz hätten, ständig unsere platte Realität mit erhabenen Begriffen zu bedecken und zu verstellen und uns damit die Sicht auf uns selbst wie auch auf andere zu nehmen.

Ethos, Weltethos gar, humanitärer Auftrag, christlich-abendländische Wertegemeinschaft und nicht zu vergessen die Menschenrechte, für die wir uns gern in Schale, selten ins Gefecht werfen! Alles ein paar Nummern zu groß in Anbetracht einer recht jämmerlichen Wirklichkeit.

Ein von Vorurteilen und Klischees geprägtes, sehr einseitiges und negatives Bild von Europa? Man könnte anführen, dass man andernorts für dieses Europa, für die »Vision« dieses Europas, die körperliche Unversehrtheit, ja das Leben einsetzt: Die monatelangen Kämpfe und Belagerungen auf dem Maidan in Kiew, dem Gezi-Park in Istanbul und dem Kairoer Tahrir sind noch in lebhafter Erinnerung.

Es ist wahr: Außenstehende, jenseits der magischen »europäischen Außengrenzen« Lebende setzten sich in der Tat vehement für Europa, genauer für das Phantasiegebilde Europa ein. Und wenn Hunderttausende sich übers Meer auf den Weg machen, die »Festung Europa« zu »stürmen«, ist dies auch nicht gerade ein Misstrauensbeweis. Immerhin: Nicht wenige Europäer sympathisieren mit Flüchtenden, heißen sie willkommen oder waren mental ganz bei den Protestierenden auf den Plätzen.

Erst haben wir uns daran gewöhnt, Stellvertreterkriege zu führen – mittlerweile erlauben wir uns den morbiden Luxus einer Stellvertreter-Liebe! Und wie so oft, wenn es sich um Liebe oder Empathie handelt, wird die Belastbarkeit eher stillschweigend vorausgesetzt als konkret überprüft, ob in der Politik, ob im Alltag. Was Europa anbelangt, so endet derzeit nahezu jeder Versuch, mit *einer* Stimme zu sprechen, im Fiasko – gleich ob es sich um Obergrenze, Balkanroute, Grexit, Brexit, neue Populismen, Türkei-Deal handelt. Das »Einstimmigkeitsprinzip« im Rat der EU führt genau zu jenem Eindruck der Unentschlossenheit und Handlungsunfähigkeit, an dem das System Europa mehr denn je krankt. Wir sind und bleiben standhaft im Behaupten unserer Geschlossenheit, ohne weitere Begründung, selbst im Angesicht des Scheiterns.

Über all dem schweben Straßburg und Brüssel wie Gebilde aus einer anderen Welt – das Parlament in Brüssel, gerade mal zwei Kilometer von der Islamistenzelle Molenbeek entfernt und doch auf einem fernen Planeten. Wer je eine »Debatte« in diesen Euro-Planetarien erlebt hat, wird den Rest seines Glaubens an die Verbindlichkeit »europäischer Ideen« verlieren: Einlassungen im Minutentakt nach Stoppuhr, Entscheidungen als Dutzendware im Schnelldurchlauf – besonders am Donnerstag, wenn gedanklich bereits der Rückflug in die Heimat ansteht. In der Tat: Sie erscheinen uns als nahezu selbstverständlich und sind doch zugleich ungreifbar, sind eindeutig und widersprüchlich, werden glorifiziert und verteufelt, beschworen und ironisiert – die sogenannten europäischen Werte: eine homogene Botschaft, verteilt auf 27 (ohne Großbritannien) zum Teil dissonante Stimmen.

Welch gewaltige, grenzüberschreitende Vision. Doch oft genug stößt sie bereits in Mitteleuropa an Grenzen: Stammesgrenzen. Ihre transatlantische Dimension ist ebenso fragwürdig wie ihre christlich-abendländische Herkunft. Diskreditiert durch einen rabiaten Kolonisierungsprozess und brutalen Totalitarismus ist die Geschichte der »europäischen Werte« zudem alles andere als fleckenlos.

Wenn man den Text der Schlussakte der »Konferenz über Sicherheit und Zusammenarbeit in Europa« (KSZE) aus dem Jahre 1990 heute noch einmal durchliest, gewinnt man den Eindruck, man stünde vor einem Dokument wie aus einer anderen Welt, jedenfalls aus einer Zeit, als das Wünschen noch geholfen hat:

> Wir bekräftigen, jeder einzelne hat ohne Unterschied das Recht auf: Gedanken-, Gewissens- und Religions- oder Glaubensfreiheit, freie Meinungsäußerung, Vereinigung und friedliche Versammlung […]. Niemand darf: willkürlich festgenommen oder in Haft gehalten werden […] Wir bekräftigen, dass die ethnische, kulturelle, sprachliche und religiöse Identität nationaler Minderheiten Schutz genießen muss und dass Angehörige nationaler Minderheiten das Recht haben, diese Identität ohne jegliche Diskriminierung und in voller Gleichheit vor dem Gesetz frei zum Ausdruck zu bringen, zu wahren und weiterzuentwickeln.[36]

Das Credo, das da so anrührend und suggestiv in Worte gefasst ist, wurde von der Wirklichkeit gnadenlos demontiert: Nahezu gleichzeitig brachen die mittlerweile schon wieder halb vergessenen Jugoslawienkriege mit mehr als hunderttausend Toten allein in Bosnien aus. Und die europäischen Blauhelme standen reaktionslos neben den Massakern von Srebrenica. Oder begnügten sich mit kraftlosen Appellen, als ob Krieg und Frieden eine Frage des Wünschens wären.

Für die Operation »Wirklichkeit«, die hässliche Wirklichkeit der Menschen, sind längst nicht mehr zahnlose Gerichtshöfe für Menschenrechte wie jener in Den Haag zuständig, sondern die nicht mehr schönen Künste. Nicht mehr die europäischen Parlamente, sondern die Wortgefechte auf den Bühnen, wo man sich diesen Fragen längst stellte. Sei es in den erbarmungslosen Stücken von Heiner Müller, die

die europäischen Mythen von Antigone und Hamlet förmlich schreddern. Sei es durch die Arbeiten von Sartre oder Jean Anouilh, die ironisch provokativ die Zeit zurückzuspulen versuchen, um den »trojanischen Krieg« nicht stattfinden zu lassen. Oder von Francis Bacon, der drastisch zeigt, was hinter den Minen der staatstragenden Akteure wirklich steckt.

Künstler wie Ionesco, Dürrenmatt, Pinter, Herta Müller, Elfriede Jelinek, sie alle versuchen, die Lebenslüge Europas zur Kenntlichkeit zu bringen und sie provokativ zu dokumentieren. Schon Hans Magnus Enzensberger hat sich in seinem anthropologischen Kompendium *Ach Europa* (1987) dazu bekannt, den Blick genau dahin zu richten, wo die Europaverwalter ihn nicht haben wollen: in die Zwischenräume, die Grauzonen der rechtsstaatlichen Verbindlichkeit. In die abseits gelegenen kulturellen Nischen und Biotope, in denen unerwartete Lebendigkeit stattfindet, zwischen den Grenzen, auf den Grenzen, wo Überleben praktiziert werden muss. Die Welt Brüssels besteht aus schönen Trugbildern, aus Wunschvorstellungen. Die Welt der Kunst und der Kultur muss sich in dem Maße den hässlichen Seiten der europäischen Wirklichkeit stellen, in dem Europa, das offizielle Europa, sich ihnen verweigert.

Und diese Kampflinie ist definitiv neu. Ein staatlich organisiertes Europa hat es bis jetzt nie gegeben. Das antike Rom begriff sich als interkontinentaler Herrschaftsraum. Das Europa Karls des Großen war dynastisch, nicht »europäisch« definiert, auch wenn es europäische Dimensionen hatte. Napoleon dachte an Frankreich und die eigene Dynastie aus der Retorte, als er Europa umpflügte. Hitler an Deutschland, der Marxismus an die kommunistische Internationale. Das Faktum, dass Europa um seiner selbst willen organisiert und gestaltet werden soll, ist definitiv neuartig. Und es muss notwendigerweise die braven Beamten und »Clercs« in den Machtzentralen überfordern.

Es ist, klar gesagt, auch nicht deren Aufgabe. Sie sollen verwalten, was zu verwalten, was bürokratisch zu gestalten ist – nicht weniger, aber keinesfalls mehr. Man muss Europa Freiräume geben, Schutzzonen einrichten, Beweglichkeit garantieren, man muss dieses verletzende Gebilde davon abhalten, sich einmal mehr der Welt aufzudrängen, und es dazu ermutigen, sich der Welt zu stellen. Der größtmögliche Fehler wäre es, nach amerikanischem Vorbild »Vereinigte Staaten« von Europa anstreben zu wollen. Was in Amerika auf freier, übrigens gewaltsam leer geräumter Fläche möglich war, würde auf einem durch die Geschichte schrundig gewordenen Körper und einer von Erinnerungsnarben tätowierten alten Haut ins Desaster führen. Man kann nicht neu anfangen und so tun, als ob das Gedächtnis nur eine kosmetische Angelegenheit wäre.

Es kann kein Zufall sein und es ist sicher kein böser Wille, keine notorische »Nestbeschmutzer«-Mentalität, dass nahezu alle Künstler gegen die Vorstellung eines solchen europäischen Monsters opponieren. Der Aktivist und Künstler Joseph Beuys hat immer wieder in Wort und Bild darauf verwiesen, dass seine Vorstellung des europäischen Kulturraums netzwerkartig und in der Art eines Palimpsests vorzustellen wäre. Auch wenn man von offizieller Seite geneigt sein könnte, dies als romantische, weltfremde Illusion abzutun, könnte genau hierin der Schlüssel zu einer neuen Europakonzeption auf der Höhe unserer Zeit liegen. (Siehe Abbildung 66 in Tafelteil 3.)

Man spreche nicht gleich reflexartig von poetischen Hirngespinsten und künstlerischen Fiktionen – nur weil sich Skizzen dieser Art nicht in klar strukturierte Exceltabellen übersetzen lassen. Europas großer Irrtum bestand womöglich gerade darin, in einem Moment Eindeutigkeit anzustreben, wo alle Grenzen ins Fließen geraten sind.

Die eleganten transkulturellen Projekte sind nach dem großen Aufbruch in die Defensive geraten. Separatismus, Rassismus, Rückzugsbewegungen, Autonomiebewegungen gewinnen rasant an Boden. Urbane Synkretismen, plurikulturelle Spiele, Mischungen und Ambivalenzen sind in Misskredit geraten und scheinen nur mehr zur akademischen Beschäftigungstherapie tauglich.

Nein, ich werde weder ein weiteres Mal das Horrorszenarium der Überwältigung durch den Westen noch das der Unterwerfung des

Westens beschwören. Und ich hoffe, dass auch ein Jahrhundertgenie wie Jean-Paul Sartre sich irren kann. In seinem Vorwort zu Frantz Fanons *Die Verdammten dieser Erde* malte er 1961 den Schiffbruch Europas geradezu apokalyptisch aus:

> [...] auch wir Europäer werden dekolonisiert. Das heißt, durch eine blutige Operation wird der Kolonialherr ausgerottet, der in jedem von uns steckt. Schauen wir uns selbst an, wenn wir den Mut dazu haben, und sehen wir, was mit uns geschieht.
>
> [...] Dieses Geschwätz von Freiheit, Gleichheit, Brüderlichkeit, Liebe, Ehre, Vaterland, was weiß ich. Das hinderte uns nicht daran, gleichzeitig rassistische Reden zu halten: dreckiger Neger, dreckiger Jude, dreckiger Araber. Liberale und zarte gute Seelen – mit anderen Worten, Neokolonialisten – gaben sich schockiert über diese Inkonsequenz. [...] Man stieß bei der Menschengattung auf eine abstrakte Forderung nach Universalität, die dazu diente, realistischere Praktiken zu kaschieren [...].[37]

Ob diese im Zusammenhang der algerischen Befreiungskriege getroffene Aussage für die Gegenwart noch Aussagekraft besitzt, sei dahingestellt. Unwillkürlich denkt man an Théodore Géricaults aufsehenerregendes Gemälde »Das Floß der Medusa« – ein Rettungsboot, auf dem Europäer nicht nur das Scheitern ihrer Eroberungshoffnungen, sondern auch das ihrer Werte erleben: Im Kampf ums Überleben werden kultivierte Europäer zu Kannibalen. (Siehe Abbildung 67 in Tafelteil 3.)

»Europa« als leckgeschlagenes Boot. Mittlerweile eine Festung, an der andere Boote leckschlagen. Einerseits konnte nicht einmal Fanon die letzte Zuspitzung des Gegenschlags ermessen. Andererseits ahnte er wohl noch nicht, welches kreative Potenzial und welche subversive Dynamik den durch die Globalisierung ausgelösten kulturellen Bewegungen zu eigen ist. *Clash of civilizations* ist die eine, ein respektlosfröhliches *mash of cultures*, ein Zermanschen, Vermischen, Mixen der Kulturen die andere Möglichkeit, mit der Situation umzugehen.

So entwickelte Hubert Fichte bereits 1976 in seinem Buch *Xango* mit Blick auf die von Europa und dem Westen beschädigten Kolonien einen faszinierenden »ethnopoetischen« Ansatz, der die lähmenden alten Machtverhältnisse aufbricht, aufbrechen könnte. »Wäre nicht eine andere Weltordnung denkbar?«, fragt Fichte. Nicht die Magazinierung von Erlebnissen, das Präparieren von Erfahrungstrophäen, sondern Warten mitten in der Wirklichkeit, mitten im Geschehen, Warten, bis das Fremde auf einen zukommt und sich erschließt. Illusion und Utopie der Siebzigerjahre, mag man sagen. Vielleicht. Vielleicht aber auch Teil einer möglichen Wirklichkeit, die derzeit verdeckt zu sein scheint.

In gewissem Sinn sollten die Vordenker wie Fichte oder V.S. Naipaul recht behalten. Unendlich viele Symbiosen zumindest zwischen Texten aus unterschiedlichen Kulturen deuten an, dass so etwas wie eine kulturelle Weltsprache über die Grenzen hinweg im Entstehen sein könnte. Gleichwohl wird niemand infrage stellen, dass demgegenüber das Prinzip der Grenzziehungen in jüngster Zeit wieder rabiat auf dem Vormarsch ist. Sogar genau deshalb. Wir müssen uns entscheiden, ob wir in die Offensive oder in die Defensive gehen wollen. Ob wir uns in die eigene Vergangenheit mit ihren Nationalstaaten und nationalen Interessen zurückbeamen wollen, in den Wettbewerb der Systeme eintreten möchten, oder den eigenen, komplizierteren, langsameren Weg bevorzugen: reflektierend und handelnd, selbstbewusst und zugleich offen, reaktionsschnell, geschmeidig, anpassungsfähig.

Die erste Option, dies darf nicht verschwiegen werden, hat viele und vieles für sich. Sie vermittelt jede Menge beruhigender Gefühle. Möglicherweise trügerische, aber beruhigende Gefühle. Ängste, die Kontrolle zu verlieren, werden ruhiggestellt. Das Kollektiv fühlt sich in der Verteidigung seiner Interessen bestärkt. Die komplexe Welt scheint wieder übersichtlicher, gestaltbarer zu werden. Ich mache die Tür zu, richte mich im Vertrauten ein und fühle mich wohl – was auch immer da draußen geschehen mag. Das ist eine Option, um für eine gewisse Zeit zu überleben, möglicherweise sogar gut zu überleben. »*America first, Hungary first, Germany first*« – das hat was. Offenbar. »Deutschland den Deutschen!«, »Wir sind das Volk!«, und wie die Formeln alle lauten. Man kann dieses Prinzip mühelos europäisch ausweiten, nach dem Motto »*Europe first!*«: unsere Werte. Unsere Interessen. Außengrenzen sichern. Standards erfüllen. Integrieren oder gehen.

Es ist so einfach. So verführerisch und so ungemein populär, so oder ähnlich zu argumentieren. Zumal man auf diese Weise ganz nebenbei als Politiker auch noch den Ruf des Machers erwirbt, der die Lage im Griff hat, und »Urängste« bedient. Der andere Weg, das Puppenheim der Sehnsüchte zu verlassen, die Tür aufzumachen und der Wirklichkeit ins Gesicht zu schauen, ist auf den ersten Blick viel anstrengender und macht Angst, statt Ängste zu sedieren. Dann doch lieber noch einen Schuss, einen mentalen Joint mehr, um die Welt so zu sehen, wie man möchte?

Europa verpflichtet dazu, den anstrengenderen Weg zu gehen: Tür auf also. Da stehen Tigerstaaten auf dem Sprung an die Macht, China mit dem Plan seiner neuen Seidenstraße, die den gesamten östlichen Raum neu definieren würde. Nicht zu vergessen Nord- und Südamerika

Wir müssen nicht die ganze Welt im Blick haben, um unser Aufgabenfeld der nächsten Jahre zu definieren. Es genügt der Blick in Regionen, die nur ein, zwei Flugstunden von uns entfernt sind. Genau dort, wo alles zuzementiert war, ist nun Unruhe, Unsicherheit entstanden – nicht zufälligerweise entlang exakt jenes Eisernen Vorhangs, der mittlerweile im Depot gelandet ist: Bosnien, Kosovo, Tschechien, Ungarn, Polen, Ukraine … Hier muss sich Europa (politisch ebenso wie ethisch und sozial) bewähren und zeigen, statt Versteck zu spielen und verlegen daneben zu stehen, wenn sich dort Konflikte anbahnen – wie nicht anders zu erwarten. Genauso wie es Europas Sache ist, die Türkeifrage angemessen zu behandeln. Immerhin war Istanbul, das alte Konstantinopel ein, wenn nicht *das* Zentrum des christlichen Abendlandes. Die Umwandlung der byzantinischen Hagia Sofia in eine Moschee ist steingewordenes Symbol dieser kulturellen Begegnung.

Europa muss sich, ob es will oder nicht, zu einer Philosophie des »Sowohl-als-auch« durchringen, denn genau dies entspricht seinem

Naturell, seiner Geschichte. Es war seit jeher mehr Netzwerk und Geflecht denn Block. Es war und ist seine Stärke, nicht seine Schwäche, als frei flottierendes, bewegliches Gebilde Kräfte auf Zeit an sich zu binden und gegebenenfalls auch wieder loszulassen. Was jetzt vielen noch als riskant erscheint – eine Doppel- oder Mehrfachidentität zu verlangen –, wird in einem Jahrzehnt Selbstverständlichkeit sein. Dementsprechend wird es auch darum gehen, nationale Zugehörigkeiten, wenn man so will, politische Doppelidentitäten auszuhandeln (man erinnert sich an den Streit um die Frage der doppelten Staatsbürgerschaft, der bis jetzt von Land zu Land verschieden beantwortet wird) und Formen zu entwickeln, damit umzugehen. Vielstimmig eine gewisse Einheit zu bilden und diese Vielstimmigkeit nicht nur als Schlagwort mit sich herumzutragen, sondern sie als Prinzip zu leben – dies wird die Zukunft sein.

Ein erster Schritt hierzu wäre, das fragile Gebilde als etwas in sich Zusammengehöriges zu begreifen, statt es mental in Teile zu zerschneiden und es in eine eher östliche und westliche oder eine europäische und eine nordafrikanische Hemisphäre zu zerlegen oder gar (wie in eben diesen Tagen) strikte Grenzen zu ziehen. Wenn schon so gerne von der christlich-abendländischen Wertegemeinschaft die Rede ist, sollte man sich der Tatsache erinnern, dass es sich dabei um eine genuin west-östliche Geschichte handelt, jedenfalls ist mir nicht bekannt, dass das Alte und das Neue Testament in Straßburg oder Brüssel, Barcelona, Budapest oder Berlin entstanden wären. Und auch dem Umstand, dass selbst die Namenspatin des Kontinents, Europé, eine geborene Levantinerin ist, die nach Kreta entführt wurde, sollte man Aufmerksamkeit schenken. Ebenso wie der frappierenden Vorstellung, dass die »rotzgrüne« Irische See – zumindest in James Joyces Neuinterpretation des Odysseus-Mythos – unmittelbar in die Ägäis mündet und bereits Shakespeares (so wie Bachmanns) Böhmen »am Meer« liegt.

Europa und Europäer haben die Welt überflutet und besetzt wie kein zweiter Kontinent zuvor. Es wäre mit Sicherheit gewinnbringend, wenn sich die angeblich so realitätsnahe Welt der Politik dieser Idee einer fluiden, transkulturellen Herkunft Europas stellen und sie nicht als belletristische Delikatesshappen betrachten würde. Denn genau dies ist die Realität Europas, der man mit scharfen Grenzkontrollen, Ankerzentren und Stacheldraht nicht gewachsen sein wird. Allenfalls gelingt es, den Fluss der kulturellen Bewegungen vorübergehend zu kanalisieren, zu blockieren. Das Europa der Zukunft wird sich dennoch seinen Weg bahnen – ob es den Vorstellungen der Grenzwächter behagt oder nicht.

Das Europa der Frau

Wenn man nach Wegen sucht, um das gegenwärtige Dilemma Europas aufzulösen, hört man derzeit häufig den Hinweis darauf, dass »Europa eine Frau« sei. Man sollte zurückhaltend mit dieser anrührenden Zuschreibung umgehen. Zwar begann die Geschichte Europas mit einer Frau, allerdings verdankt es seine Gründung einer Entführung – und damit einem dezidiert patriarchalischen Akt.

In ihrem Roman *Kassandra* hat Christa Wolf nachdrücklich dargestellt, wie matriarchalische Herrschaftsformen mit dem Ende des Trojanischen Krieges an den Rand gedrängt wurden und Männer das Ruder in die Hand nahmen. Männer wie Theseus und Agamemnon, Achilles und Odysseus. Männer, die eine Seherin wie Kassandra, eine Frau, die das nahende Unglück blickscharf voraussah, schlicht übergehen, vergewaltigen oder abschlachten wollten. Der Untergang der vermutlich sehr viel stärker weiblich geprägten minoischen Kultur passt genau in dieses Bild.

In dem Maße, in dem die Frauen aus den Foren der politischen Macht verdrängt wurden, stieg ihre Bedeutung als von Männern erdachte Kunst-Figuren. Kompensation oder Protest? Jedenfalls kann kein Zweifel daran bestehen, dass das griechische Theater einige der stärksten und wirkungsmächtigsten Frauenfiguren überhaupt entwickelt hat. Protagonistinnen wie Medea, Antigone, Klytämnestra, Elektra und Lysistrata, Mänaden und Megären wiesen auf offener Bühne die Grenzen männlicher Dominanz auf und verließen meist als zumindest moralische Siegerinnen die Szene.[1]

Auch wenn in dieser Phase nie von Europa die Rede war, muss doch die Entwicklung eines vehementen, kraftvollen, zugleich erschreckenden wie bewunderten Frauentypus als Signatur europäischer Ästhetik in ihrer inneren Widersprüchlichkeit verstanden werden. Man zeigt, nein, man beschwört Ängste in groß dimensionierten Bildern. Dabei werden die Frauen – von Männern geschriebene Frauenfiguren – ausschließlich von Männern gespielt, eine Konvention, die sich bis in die Shakespearezeit erhalten sollte.

Man hält sich die Frauen faktisch vom Hals und imaginiert sie zugleich in Überlebensgröße. Ohne sie dabei zu diffamieren. Es ist mir kein Fall bekannt, dass Frauen auf der Bühne lächerlich gemacht oder verurteilt worden wären. Dies trifft eher auf Männer wie Jason, Ödipus, Orest oder Kreon zu. So gesehen sind die »großen Frauen« zugleich Teil eines Ablenkungsmanövers und propagandistisches Vorzeigeobjekt.

Zugegeben, es gab seinerzeit »wirkliche« Frauen in herausgehobener Position und Funktion, etwa die einzige namentlich bekannte Dichterin, die Lyrikerin Sappho. Aber ist es Zufall, dass nahezu ihr gesamtes Werk verbrannte oder verloren ging und sie bis auf den heutigen Tag fast ausschließlich im Zusammenhang mit dem Thema lesbische Liebe wahrgenommen wird?

Auch anderen weiblichen Ikonen gelang der Eintritt ins kollektive Gedächtnis vor allem deshalb, weil man ihnen besondere erotische Qualitäten zuschrieb. Salome und Kleopatra blieben als orientalische Verführerinnen, Medea als »barbarische« Magierin in Erinnerung. Die Amazonenkönigin Penthesilea vervollständigt den Reigen dieser bedrohlich-lasziven Femmes fatales, die die Gemüter über die Renaissance bis hin zur Moderne beschäftigten und nach wie vor beschäftigen.

Nur als gefährliche Verführerin oder als Heilige hatten Frauen eine Chance, ernsthaft wahrgenommen zu werden. Shakespeares Lady Macbeth, die ihren Mann ins Unglück seines eigenen Begehrens (ver)führt, ist ein Beispiel für die eine Seite dieser Denkfigur. Jeanne d'Arc, ein Wesen zwischen den Geschlechtern, steht als religiöse Heilsbringerin für die andere Seite, die der Rettung durch eine Frau – was die begünstigten Männer nicht daran hinderte, ihr später den Prozess zu machen und sie als Hexe zu verbrennen.

Trotz aller Männerphantasien sind diese semifiktionalen Entwürfe radikaler Frauenbilder auch Leitbilder und Vorläuferinnen einer allmählichen Emanzipation. Aus Fiktionen wurde Wirklichkeit, aus Streiterinnen wurden Mitstreiterinnen. Die französischen Salons der Aufklärung wurden primär von ebenso gebildeten wie sachkundigen Frauen geleitet. Frauen wie Madame de Scudéry, der es gelang, sich aus dem Schatten ihres Bruders zu lösen und zur autonomen Autorin und Salonière zu werden. Analog zu diesem intellektuellen Befreiungsakt erobert noch mitten im 17. Jahrhundert eine Frau, Catalina de Erauso, dezidiert männlich besetzte Positionen und schließt sich den Konquistadoren an – freilich als Mann verkleidet. Und Ende des 17. Jahrhundert unternimmt Maria Sibylla Merian eine riskante zweijährige botanische Forschungsreise ins ferne Surinam.

Ein Jahrhundert später werden nicht zuletzt Frauen wie Olympe de Gouges das Gesicht der Französischen Revolution prägen und auf das Recht pochen, nicht anders behandelt zu werden als Männer. Die von ihr verfasste *Déclaration des droits de la femme et de la citoyenne* ist ein eindrucksvolles Dokument einer radikalen Neudefinition der Rolle der Frau. Gewiss ein europäisches Phänomen und ebenso gewiss eines, bei dem an nichts weniger als an »Europa« gedacht wurde. Im Zentrum all dieser »europäischen« Bestrebungen stand die »Nation«, die Dynastie, oder der individuelle Weg. Wenn trotzdem daraus in der Summe ein Profil entstanden ist, das zu einer Art europäischem Frauenbild führen sollte, so hat dies mit einer Reihe von Grunddispositionen der europäischen Kultur als ganzer zu tun: jenem kulturellen »Gen«, das uns auf den Prozess der Individualisierung und des Fortschritts zu fixieren scheint. Dabei darf freilich nie vergessen oder unterschlagen werden, auf welch verschlungenen Wegen dieser »Fortschritt« erreicht wurde.

In diesem Zusammenhang stellt die »Frauenfrage« ein besonders markantes Beispiel dar. Denn trotz aller genannten Ausnahmen war die Vorstellung, Frauen könnten gleichwertige und -berechtigte Individuen sein, bis weit ins 19. Jahrhundert hinein letztlich tabu. Dabei muss man nicht an frauenfeindliche Extrempositionen wie diejenigen Nietzsches oder Schopenhauers denken. Auch für Vertreter »liberaler« Anschauungen stand die Annahme der Minderwertigkeit von Frauen außer Frage. Selbst aufgeklärte Philosophen wie der sonst jedem Dogmatismus gegenüber skeptische Denis Diderot zögerte nicht, in den Frauen eine Art latente Gefahr zu erkennen:

> Sie sind undurchdringlich, wenn sie sich verstellen, grausam in der Rache, unerschütterlich in ihren Plänen, skrupellos in ihren Mitteln, voll tiefen, geheimen Hasses gegen die Herrschaft des Mannes. Es scheint unter ihnen eine selbstverständliche Verschwörung um die Macht zu bestehen, eine Art Geheimbund, wie er noch die Priester aller Völker verbindet.[2]

Man gewinnt bisweilen den Eindruck, die Literatur selbst sei aufgrund ihrer Realitätsversessenheit dazu verurteilt, fortschrittlicher zu denken als ihre Autoren. Wobei es zunächst weiterhin Männer sind, die emanzipatorische Gedanken zum Ausdruck bringen – etwa Henrik Ibsen mit seinem Drama *Nora* (1879) –, während Frauen als Autorinnen oder Künstlerinnen noch lange mit einer Mischung aus Entsetzen und Verachtung, Verwunderung und Verachtung bestaunt werden. Selbst überragende Autorinnen mit seismographischem Blick wie die Engländerinnen Jane Austen oder George Eliot hatten es schwer, sich durchzusetzen. Nietzsche, der Eliot als »Moral-Weiblein« diskreditierte, spiegelt die Blindheit und Schieflage dieser Phase.[3]

Dennoch setzt im Verlauf des 19. Jahrhunderts allmählich eine Bewegung ein, die man mit Recht als programmatischen Schritt in die Emanzipation bezeichnen könnte, wobei England und Russland aus ganz unterschiedlichen Gründen eine Vorreiterrolle zukommt. In England kämpften die sogenannten Suffragetten insbesondere für die Einführung des Frauenwahlrechts. Was dort (ebenso wie in Frankreich oder in den USA) mit zum Teil militanten Mitteln erstritten werden musste, war im sozialistisch-leninistischen Russland logisches Resultat eines Kampfes gegen bürgerliche Strukturen. Nicht die Familie, sondern das nationale oder internationale Kollektiv der Arbeiterwelt stand im Zentrum der kritischen Theorie. Mithin veränderte sich der Status der Frauen gravierend. Die jahrhundertelange Zuschreibung einer Existenz im Bannkreis der Familie (Ehefrau und Mutter) war damit Geschichte. Apodiktische Sätze wie diejenigen August Bebels zementieren die Basis einer neuen Auffassung: »Es gibt keine Befreiung der Menschheit ohne die soziale Unabhängigkeit und Gleichstellung der Geschlechter.«[4]

Auch wenn sich der real existierende Sozialismus noch einige Zeit mit dem westlichen Feminismus der Nachkriegszeit schwertun sollte: Einmal in Gang gesetzt, war die Diskussion um Gleichberechtigung entschieden. Die neue Narration der Frau war mit etwa 2000-jähriger Verspätung Realität geworden. Und sie suchte und fand rasch ihre politischen und kulturellen Ikonen, sei es in Gestalt der sozialistischen Vorkämpferin Rosa Luxemburg (1871–1919) oder der Frauenrechtlerin, Friedensforscherin und Pazifistin Berta von Suttner (1843–1914), die – ebenso leidenschaftlich und wirkungslos wie die antike Kassandra – vor den Gefahren des heraufziehenden Ersten Weltkriegs warnte. Auch die Kriege blieben weitgehend Männersache – allein die russischen Rotarmistinnen sowie Tausende von Widerstandskämpferinnen und Partisaninnen in den von Deutschland besetzten europäischen Ländern machten eine Ausnahme.

Das spießige – selbst von Hitler und Stalin propagierte – Bild der Frau als Mutter und Haus-»herrin« sollte dennoch bis weit in die 1950er- und 1960er-Jahre dominieren. Erst in den 1970er-Jahren kam es zu einem allmählichen Umbruch durch lange als »Emanzen« diffamierte Publizistinnen wie Simone de Beauvoir und Simone Veil (eine der »Mütter« der europäischen Idee) in Frankreich oder Alice Schwarzer in Deutschland, wo es immerhin noch bis 1977 dauern sollte, bis auch nur eine reguläre feministische Publikumszeitschrift auf den Markt kam: *EMMA*.

Etwas früher entstand das wesentlich kurzlebigere Projekt einer internationalen europäischen Kulturzeitschrift, die unter dem Namen *Gulliver* 1963 startete. Die gesamte europäische Intellektuellenszene sollte darin vertreten sein, von Enzensberger bis Pasolini, von Barthes bis Calvino. Auch einige wenige Frauen hatten die Ehre vorzukommen – eine davon die Büchnerpreisträgerin und der literarische Shootingstar dieser Jahre, Ingeborg Bachmann.

Allergisch gegen das »Esperanto« und die Floskeln der Bürokratie sowie der sich international gebenden Wissenschaft, vermutet Bachmann hinter den Sprachnivellierungsmaschinerien, die dort zum Einsatz kommen, sogar einen regelrechten Manipulationsversuch, um »den Bürgern das Denken abzunehmen«. Dass das in Planung befindliche Europa dabei eine nicht ungefährliche Rolle spielt, steht für sie außer Frage. »Inszenierte Versöhnungen« sind ihr ebenso zuwider wie diese »ganze Abendländerei«, die »schöne Laune des Europäischseins«.[5]

Früh erfasst Bachmann die zentrale Gefahr: die Zerstörung der europäischen Kulturen durch ihre verwaltungstechnische und ökonomische »Gleichschaltung«. Die professionelle Vermarktung des »edlen Gespinsts eines alten Europa« durch Experten kann nur im Chaos enden, »weil der Markt an die Stelle individueller Unternehmungen getreten ist«.[6]

In einem ihrer berühmtesten Gedichte beschreibt, feiert Bachmann dieses Europa, ihr Europa der grenzüberwindenden Konfluenzen, des Verschwimmens von imaginierten und faktischen Topographien, ohne dass das Wort »Europa« fällt. Shakespeares Böhmen, Bachmanns Böhmen: Teile eines zukünftigen *mare nostrum*?

[...]
Grenzt hier ein Wort an mich, so laß ich's grenzen.
Liegt Böhmen noch am Meer, glaub ich den Meeren wieder.
Und glaub ich noch ans Meer, so hoffe ich auf Land.

Bin ich's, so ists ein jeder, der ist soviel wie ich.
Ich will nichts mehr für mich. Ich will zugrunde gehn.

Zugrund – das heißt zum Meer, dort find ich Böhmen wieder.
Zugrund gerichtet, wach ich ruhig auf.
Von Grund auf weiß ich jetzt, und ich bin unverloren.

Kommt her, ihr Böhmen alle, Seefahrer, Hafenhuren und Schiffe
unverankert. Wollt ihr nicht böhmisch sein, Illyrer, Veroneser,
und Venezianer alle. Spielt die Komödien, die lachen machen.
[...][7]

Nein, hier handelt es sich nicht um das individuelle Bekenntnis einer »schönen«, dichterischen Seele, wie mancher versucht sein könnte zu denken, sondern um die Vision eines Europas der Kulturen, das fast nichts mit dem derzeit politisch gewollten Europa gemein hat. Und doch geht diese Differenz zwischen dem emotional erfahrbaren und dem verwaltungstechnisch durchorganisierten Europa uns alle an. Denn die Zukunft oder das Scheitern »Europas« wird sich genau entlang dieser Bruch- und Überlappungslinien, der Grauzonen und diffusen Grenzen entscheiden. Und jede Bürokratie, die diese historischen oder topographischen Ambivalenzen marginalisiert oder ausblendet, begeht nicht nur einen gravierenden Fehler, sondern liefert politischen Sprengstoff.

Autorinnen wie Ingeborg Bachmann, Herta Müller oder Elfriede Jelinek brechen früh und nachhaltig eurofetischistische Verkrustungen auf und zeigen das enorme Gefälle zwischen philosophischen Träumen und kruden Wirklichkeiten der Europaidee. So auch im Fall des jüngsten, europäisches wie nationales Denken bis in die Grundfesten erschütternden Phänomens, dem der Migration und Flucht. Dabei greift Jelinek auf die Vorarbeit ihres »Theaterkollegen« Aischylos zurück, dessen Drama *Die Schutzflehenden*, nach allem, was wir wissen, seine Premiere 466/67 während der Dionysien als erster Teil der Danaiden-Trilogie erlebte.

Zwischen 466 und 2015 liegen 2479 endlose Jahre,[8] doch das Wunder geschieht: Das antike Drama wird zu einem Stück unserer Tage! Die Literaturnobelpreisträgerin hebt diesen Schatz in ihrem Text *Die Schutzbefohlenen*, der sich zitierend und kommentierend auf die *Die Schutzflehenden* bezieht – gleichfalls eine Flüchtlingstragödie.

Bereits die Titelgebung beinhaltet einen ersten Hinweis: Aus den *hikates*, den »Schutzflehenden«, werden »Schutzbefohlene«, aus passiv Bittenden werden dem Gesetz Unterstellte. Doch die Eindeutigkeit der Titelgebung täuscht: Die antiken Asylsuchenden sind durchaus nicht nur Flehende, sondern auch aktiv Agierende, die um ihren neuen Platz streiten und dabei alle Register ziehen. Umgekehrt sind die Akteure bei Jelinek eher hoffnungslos Aufbegehrende als auf das Gesetz Vertrauende, auf Gesetze Bauende.

Der Text sammelt, subsumiert alle Sprüche und Widersprüche, alle Klänge und Dissonanzen, die sich zwischen unseren Floskeln und Sprachregelungen auf der einen und den Niederungen der konkreten Wirklichkeit auf der anderen Seite eingenistet haben, um damit auf das Skandalon aufmerksam zu machen, dass wir dabei sind, die letzten Rudimente des »ethischen Projekts« Europa systematisch abzubauen.

Dieser Abbau vollzieht sich übrigens parallel zum Aufbau immer neuer Grenzanlagen von Ceuta bis Idomeni, deren Höhe zum Gradmesser unseres Versagens wird. Dass wir nebenher auch noch die Tradition der Aufklärung, auf die wir uns doch so gerne beziehen, ein weiteres Mal verraten, sei nur am Rand vermerkt. Verhakt in tradierte Scheinfragen nach Ober- und Außengrenzen bewegen wir uns, technisch und verwaltungstechnisch hochgerüstet, immer weiter zurück. Wir sind dabei weniger in Gefahr, uns dem Islam zu unterwerfen, wie Michel Houellebecq fürchtet, sondern den unkontrollierten, dumpfen Urängsten, die wir mit uns herumschleppen, fast könnte man sagen, die uns mit sich herumschleppen. Wir schwadronieren von Transkulturalität und halten Rassisten die Steigbügel. Wir fordern Vernunft und meinen Beschränktheit. Und am schlimmsten ist, dass wir uns dümmer, sehr viel phantasieloser verhalten, als nötig wäre, weil wir mit Mitteln von vorgestern auf Situationen von heute reagieren – nämlich national und monadeneuropäisch statt auf überzeugende Art globalisiert und nomadeneuropäisch.

Auch die aus Rumänien stammende, auf Deutsch schreibende Literaturnobelpreisträgerin Herta Müller – um noch ein drittes Beispiel für diesen Typus grenzüberwindender Europakritik zu zitieren – macht sich keine Illusionen und den Lesenden nichts vor. Europa, das ist eben nicht nur der Kontinent der freien Meinungsäußerung, sondern auch der systematischen Überwachung und Unterdrückung des freien Denkens. Die Autorin weiß, was es heißt, aus seinem, ihrem Herzen die sprichwörtliche Mördergrube zu machen:

> In Rumänien habe ich einige Gedichte in meinem Kopf mit mir herumgetragen. »Da kommt ihr nicht dran!«, habe ich gedacht, »das sind meine; die gehören mir allein.« Und das hat mir auch geholfen, die Diktatur zu überstehen, einen Schatz zu haben, auf den der Staat nicht zugreifen kann, obwohl er sich sonst nahezu alles nehmen kann, was er will. Vielleicht reagieren Diktaturen deshalb so argwöhnisch auf Literatur, weil sie genau wissen, dass sich hier Netzwerke aus Wörtern, Geschichten und Ideen bilden, die sie letztlich nicht kontrollieren können; die auch den Lesenden eine

> gewisse Ungreifbarkeit verleiht. In diesem Sinn kann Literatur so etwas wie Heimat sein, ein Schutzraum für Menschen, die von der Macht bedrängt und verfolgt werden. Aus demselben Grund wird in Diktaturen von Anfang an auch immer die Literatur verfolgt. In Rumänien habe ich vor allem solche Menschen an der Diktatur zerbrechen sehen, die keinen Bezug zur Literatur hatten. Warum sind gerade sie am System zerbrochen? Vielleicht weil sie nicht gewappnet waren. Sie waren unvorbereitet.[9]

Herta Müller, eine Reinkarnation einer der vielleicht eigentümlichsten Frauenbilder Europas? Mit ihrem, wie sie sagt, »fremden Blick« nimmt sie das Gefährlichste wahr, das es gibt: das Offensichtliche.

Die Kassandras dieser Welt – und ich erlaube mir zu sagen, Herta Müller ist eine aus Troja hierher verpflanzte Kassandra – sind vielen nicht deshalb so verhasst, weil sie Verborgenes aufspüren oder in die Zukunft sehen, sondern weil sie das eigentlich Unübersehbare aussprechen, genau das also, auf dessen Leugnung man sich verständigt hat. Genau dort beginnt ihr Nachfragen. Dort, wo die »Angst« sitzt, wo die Fragen gestellt werden, die uns umtreiben, dort, wo wir die Dissonanz, die Nichtübereinstimmung zwischen »draußen« und »drinnen« orten: die ausgedachte Angst, die ausgedachte Welt »drinnen« in unseren Köpfen, mit der man sich genauso herumschlagen muss wie mit der Welt »draußen«.

Sie weiß: Wenn der Großteil am Leben nicht mehr stimmt, gerät die Sprache ebenfalls in Gefahr: »Ich hab die Wörter abstürzen sehen, die ich hatte, und war mir sicher, dass mit ihnen auch die abstürzen würden, die ich nicht hatte, wenn ich sie hätte.«[10] Und sie sieht Europa mit gemischten Gefühlen, ohne jeden Größenwahn. Es gibt auch keinen Grund für Größenwahn. Ebenso wenig wie für Selbstmitleid. Es gibt freilich vor allem keinen Grund zu glauben, wir könnten uns weiter mit Floskeln durchmogeln. Doch es gibt hinreichend Gründe für eine Überdosis Herta-Müller-Lektüre. Um zu erkennen, dass Europa definitiv keine »Wertegemeinschaft« ist. Sondern ein ganz spezieller Stil, mit Werten umzugehen. Relativistisch. Streitsüchtig. Händeringend. Und gelegentlich mit einem Hauch von Selbstironie.

Was wir gelernt haben – könnten

Man hätte dieses Buch auch »Kontinent der Widersprüche«, »Kontinent der Kontraste«, »Kontinent der Paradoxien« nennen und von Beginn an darauf hinweisen können, dass Europa immer dann in Schwierigkeiten geriet, wenn es Eindeutigkeit, Einseitigkeit, Eindimensionalität und Alternativlosigkeit demonstrieren wollte. Ein »Hier stehe ich und kann nicht anders« war mit der europäischen Realität höchst selten vereinbar. Es gibt immer eine zweite, dritte Lösung, über die man nachdenken muss, die man ausdifferenzieren kann. Den Vorwurf, wir seien zu kompliziert, zu skrupulös, sollten wir ertragen, ihn vielleicht sogar als Kompliment begreifen. Im Laufe der Jahrhunderte hat sich ein sehr spezielles Muster ausdifferenzierter Wahrnehmung herausgebildet, eine subtile Verweigerungshaltung und die Fähigkeit, niederfallenden Grenzbalken reaktionsschnell auszuweichen, um den eigenen Kopf zu retten. Wir haben ein sehr spezielles Persönlichkeitsprofil herausmodelliert, dessen Erbe wir nicht zugunsten einer Massen- und Konsumkultur verraten dürfen, sondern das wir stattdessen widerständig stärken sollten. Der sanfte, unspürbare Übergang von einer kritischen in eine geleitete Demokratie, in der die Individualität und Kreativität Zug um Zug aufgelöst werden, wäre sonst kaum mehr aufzuhalten. Es ist an der Zeit, das mentale Autoimmunsystems Europas auf Kosten der globalen Gleitfähigkeit mit allen Mitteln zu stützen. Und immer weiter zu fragen, nachzuhaken, wie Heinrich Heine in seinem Gedicht »Zum Lazarus«, ohne sich mit tönenden, tönernen Floskeln abspeisen zu lassen: »Also fragen wir beständig,/ bis man uns mit einer Handvoll/Erde endlich stopft die Mäuler –/Aber ist das eine Antwort?«[1]

Europa ist keine Leitkultur mehr, die andere belehren will, sondern eine Anleitung zum Selbstdenken. In diesem Sinne ist es mit Europa ähnlich bestellt wie mit seinem großen Mythos, der Aufklärung: Beides muss sich erst noch verwirklichen. Was nur durch Menschen geschehen kann, die den Mut haben, sich ihres eigenen Verstandes zu bedienen und sich mit der eigenen Wahrnehmungsmechanik auseinanderzusetzen.

Derzeit gibt es Tendenzen, Eindeutigkeit zu demonstrieren, das Prinzip der Gleich-Gültigkeit unterschiedlicher Wertsysteme für beendet zu erklären. Angesichts der allenthalben wahrgenommenen Bedrohungen macht sich das Gefühl breit, man müsse Gleiches mit Gleichem vergelten. Man operiert mit der wahnwitzigen Vorstellung, Europa aggressiv in Stellung zu bringen. Dies wäre das Ende, nicht der Triumph der europäischen Aufklärung. Wir würden mental hinter Lessing 1773 zurückfallen, der seinen Saladin im *Nathan* von einer Zukunft ohne Vormünder, Väter, Führer träumen ließ:

> [...] Was brauchst du denn
> Der Väter überhaupt? [...]
> Bey Zeiten sich nach einem umgesehen,
> Der mit uns um die Wette leben will.[2]

»Mit andern um die Wette leben/lesen«. Das könnte eine europäische Losung sein – die Idee eines großen, vibrierenden, förmlich schwingenden Kulturraums der Vielstimmigkeit mit klaren Konturen und Positionen und doch ohne dogmatische Starre. Ein Stück erzählerischer Befreiungstheologie als Befreiung von dogmatischer Theologie wäre die effizienteste Befriedungsmaßnahme, die man sich nur denken kann. Phantasievolle Radikalität im Kampf gegen alles Radikale.

Literatur ist kein kultureller Desserthappen, sondern ein elementares Lebensmittel. Menschen, die viele Bücher und Geschichten gelesen haben, haben viele Vorstellungen im Kopf, auch die Möglichkeit, dass Vertrauen missbraucht und enttäuscht werden kann. Darum sind sie nicht so leicht zu schockieren, zu überrumpeln oder aus der Bahn zu werfen. Sie machen sich weniger Illusionen.

Durch die Literatur ist man »behütet im Unglück«, wie Herta Müller sagt. Durch Lektüre weiß man, wie das Leben sein kann beziehungsweise wie es wirklich ist, auch und gerade dann, wenn im »normalen« Leben Worte und Dinge ihre Selbstverständlichkeit verlieren. Literatur kann ein Gefühlssystem in den Lesenden verankern, das sich unabhängig vom äußeren System weiterentwickelt, eigene Werte entwickelt. Denn der Raum der literarischen Phantasien ist grenzenlos. Auch Diktaturen können nicht einfach auf ihn zugreifen – Literatur kann die Lesenden immunisieren, imprägnieren, selbst gegen den Zugriff totalitärer Systeme. Indem sie ästhetisch, nicht moralisch (Schiller) erzieht, verändert sie Wahrnehmungsmuster, Beziehungen, Einstellungen, Haltungen – sie sensibilisiert die Lesenden, nicht nur in Bezug auf sich selbst, sondern auch auf ihr Umfeld. Ängste, Ambivalenzen, Konflikte können im Simulationsraum der Literatur hautnah und gefühlsecht – und gefahrlos durchlebt werden und uns so widerstandsfähiger machen.

In dem Maße, wie Europa seine Geschichte als Geschichten seiner Kulturen begreift, wird es einen entscheidenden Schritt aus der Krise tun.

Falls wir überhaupt etwas gelernt haben, wären einige Konsequenzen zu ziehen.

1. *Europa zerbricht immer dann, wenn man es in ein Paket zusammenschnüren möchte.* Die schlimmstmögliche Variante: der »Traum« von »Vereinigten Staaten von Europa«. Was für die USA eine zukunftshaltige, plausible Denkmöglichkeit war – und selbst dann erst nach langen, blutigen, internen Kämpfen realisierbar war –, kommt für Europa nicht infrage. Jede einzelne Nation, jeder Staat, jede Region hat eine zu lange und zu spezielle Geschichte hinter sich, als dass man auf sie ein und dieselben Gesetze anwenden könnte, was der natürliche Sinn einer Union ist.
2. *Europa muss lernen, seinen überaus elaborierten Code ernst zu nehmen und unterschiedliche Wertesysteme auf Ähnlichkeiten, Gemein-*

samkeiten, Unterschiede und Inkompatibilitäten hin zu befragen. Wir lavieren ständig zwischen dem Eigen-artigen, dem mit »uns« Unvereinbaren und dem unvermutet Ähnlichen – sind Experten des Grenzgangs und überschreiten dabei ständig auch rote Linien.

3. *Europa muss sein schmerzhaft erlerntes, profundes Wissen um die Gleichwertigkeit aller möglichen Lebensformen aktivieren und in Politik umsetzen.* Man kann es »Inklusion« nennen oder auch »Relativismus« – wichtig ist es, diese Fähigkeit als Qualität, nicht als Defizit verstehen zu lernen.
4. *Europa sollte seine Skepsis gegenüber vereinnahmenden Mythen und Zugehörigkeitszuschreibungen jedweder Couleur bewahren.* Diese Skepsis ist weiß Gott teuer und schmerzhaft erkauft und in jedem Moment gefährdet – dennoch, als Grundgefühl ist sie vorhanden und möglicherweise kultivierbar. Es wäre gut beraten, die Suche nach einer »großen Narration« einzustellen und zu akzeptieren, dass es aus einem Knäuel »kleiner«, ineinander verwobener Geschichten zusammengesetzt, zusammengestückelt ist.
5. *Europa sollte sein hoch entwickeltes Dialogmodell nutzen, innerhalb dessen Vielstimmigkeit, Widerspruch und Widersprüchlichkeit systematisch praktiziert und eingeübt werden.* Einen Dialog wie den von Denis Diderot, in dem ein Aufklärer seinen Antipoden in Szene setzt und den Mut hat, vor so viel vulgärem Materialismus für einen Moment zu kapitulieren, wird man anderswo vergeblich suchen, und es ist kein Zufall, dass Goethe und Hegel ihn liebten. Wir müssen wieder lernen, mit solch komplizierten, nicht notwendigerweise an ein glattes didaktisches Ende führenden Dialogformen umzugehen, sie anzuwenden, sie aktiv zu verteidigen.

In seinen besten Zeiten war Europa ein offener Verhandlungsraum, eine argumentative Freihandelszone, in dem alles kontrovers verhandelt wurde, verhandelt und kritisiert werden musste. Es gilt, diese gut 2000-jährige Schulung in der Kunst kritischen Denkens, dieses europäische Grundgefühl, diese kommunikativen Techniken zu stärken, zu ermutigen, zu vermitteln. Erst nach diesem umfassenden Selbstreflexionsprozess sollten wir darüber entscheiden, ob es uns zusteht, global zu intervenieren. Das Bild Europas, wie es sich in der Wahrnehmung und Erfahrung von Außenstehenden darstellt, ist derzeit nur bedingt geeignet, um damit in die Offensive zu gehen.

Europa als Kontinent ohne feste Grenzen, als fluides Ganzes, als Gebilde, dessen Stärke im Verzicht auf eine »Leitkultur« besteht, könnte ein wichtiges Ziel sein. Ein im Kern säkularer Raum, der alles Religiöse als private Möglichkeit duldet und schützt. Ein Territorium der (trügerischen) Ähnlichkeiten wie der (scheinbaren) Differenzen. Ein Raum der permanenten Aus- und Verhandlung auch und gerade zwischen Parallelgesellschaften. Ein Territorium der Gleichzeitigkeit des Ungleichzeitigen. Eine flexible Pufferzone zwischen den großen Systemen und dabei ständig auf der Suche nach neuen Möglichkeiten, um mit dem Massenphänomen der nicht-eindeutigen Zugehörigkeit umzugehen zu lernen.

Europa als Bremsklotz und Hemmschuh? Sicher nicht. Das Bild, das sich in mir im Verlauf der Arbeit an diesem Buch hergestellt und zunehmend verfestigt hat, ist ein anderes. Ich sehe ein Europa, das sich selber kennt und zu sich steht. Zu seinen Grenzen. Zu seinen Möglichkeiten. Zu seiner Verantwortung. Es kann sicher nicht die Welt retten, aber zumindest sein Territorium und seine ehemaligen und derzeitigen Einflussfelder human gestalten. Konkret heißt dies zum Beispiel, die eigene Geschwindigkeit zu halten und nicht beim Versuch, die Geschwindigkeit anderer Systeme zu imitieren, ins Straucheln zu geraten. Die Geschwindigkeit, die unterschiedlichen Geschwindigkeiten seiner unterschiedlichen Bewohner zu respektieren.

Nirgendwo materialisiert sich das Klischee von der Gleichzeitigkeit des Ungleichzeitigen markanter als in Europa. Mitteleuropa mag ein und dieselbe Zeitzone haben – doch ticken die Uhren zwischen Neapel und Oslo, Kiew und Berlin weiß Gott verschieden. Die Gestalter eines zukünftigen Europa täten gut daran, den Faktor der Diversität wirklich ernst zu nehmen und nicht davon auszugehen, ihn durch Normen und Vereinheitlichungen allmählich aus der Welt schaffen zu können. Dies gilt selbst für sensible Bereiche wie den der Rechtsstaatlichkeit und des Monetären. So ist bemerkenswert, dass einige Länder sich außerhalb des Euro bewegen, ohne dass daran Anstoß genommen würde. Anderen wird die Zwangsmitgliedschaft zu ihrem Nachteil massiv nahegelegt. Ähnliches gilt für den Bereich der Mitgliedschaft. Obwohl Albanien und Nordmazedonien intensiv am Vorhaben europäischer Zugehörigkeit arbeiten, wurde ihnen 2019 von der EU die Türe vor der Nase zugeschlagen. Durch solche Maßnahmen werden Ressentiments geschürt und Asymmetrien geschaffen.

Lange Jahre und Jahrzehnte war man im Vielvölkerraum des Balkan in einer Endlosschleife von wechselseitigen Schuldzuweisungen und Verdächtigungen gefangen: Jeder Kompromissvorschlag wurde zum Zeichen des Verrats, Vermittlung suspekt. Und just in dem Moment, in dem sich die Tür zu einem europäisch grundierten Dialog einen Spalt breit zu öffnen schien, schloss man sie durch die Verweigerung der Aufnahme wieder zu. Dabei wäre dies der Moment gewesen, um zu zeigen, dass Europa die Kraft hat, Verhärtungen zu lösen, Alternativen anzubieten, den Balkan ein kleines Stück weit zu befrieden. Wenn man jedoch fortfährt, diesen hochsensiblen Raum durch eine Art kulturelles Ranking zu segmentieren, wird man ihn verlieren.

Europa sucht angeblich nach seiner »Narration« – und fällt sich immer wieder selbst in den Rücken! Ein entscheidender Schritt dazu wäre es, ohne groß von Werten zu reden, Ungleichbehandlung zu vermeiden. Die zum Klischee gewordene Figur des aus Brüssel entsandten Kontrolleurs, der über ein süd- oder südosteuropäisches Land kommt, um ihm Zensuren zu erteilen, ist Ausdruck dieses in die Irre führenden Systems der Bevormundung.

Ein weiterer Bereich für die Etablierung einer neuen politischen Kultur böte sich im Umgang mit dem Phänomen der Migration. Ein Europa, das fünf Jahre nach Ausbruch der »Krise« noch immer nicht imstande ist, den Mittelmeerraum als Teil auch des europäischen Verantwortungsbereichs zu sehen, hat jede Glaubwürdigkeit verloren. Enklaven wie Ceuta, Lager wie auf Lesbos – um nur zwei von Dutzenden von Beispielen zu nennen – sind nicht mit dem Bild, das Europa von sich hat, zu vereinbaren. Und man möchte wohl kaum die Möglichkeit ernsthaft in Erwägung ziehen, Europa sendete dieses fragwürdige Zerrbild von sich nur aus Gründen der Abschreckung. Mit geeignetem Einsatz begrenzter und durchaus überschaubarer Mittel wäre hier Abhilfe zu schaffen und die Idee »Europa« glaubwürdiger als bisher nach innen wie auch nach außen zu vermitteln. Hierzu bedarf es keiner großdimensionierten »Narrative«. Wohl aber überzeugender, konkreter Maßnahmen. Wenn man wirklich das Bedürfnis haben sollte, eine Vision Europas zu entwickeln, könnte man daran denken, die Idee der Rettungsinsel ernst zu nehmen und sie kreativ auszubauen. Das Bild des schiffbrüchigen, kenternden »Floßes der Medusa« bedarf dringend einer Korrektur.

Ein starker Kontinent wie Europa hat ein gewaltiges Potenzial, wenn es darum geht, bedrohte Ordnungen neu zu stabilisieren, kreative Ideen zu entwickeln, Synergien zu erzeugen, Ängste zu nehmen und radikale Positionen zu entschärfen. Statt in die Defensive zu gehen und Zäune zu bauen, sollten wir alles daran setzen, aktiv in das Geschehen um uns her wie innerhalb des Kontinents selbst einzugreifen und gestaltend mitzuwirken. Wir sollten zu einer Freihandelszone kontroversen Denkens werden.

Es ist an der Zeit, Europa von der schweren Bürde seiner tausendfach missbrauchten und verratenen Werte zu lösen und es gedanklich, ästhetisch, künstlerisch, jedenfalls sehr viel erfindungsreicher als bislang zu definieren. Damit zu experimentieren und es neu zu denken und emotional zu erfahren. Europa: ein einziger Grenzgang. Europäer als trainierte Grenzgänger. Eine eruptive Befriedungszone, ständig um Ausgleich bemüht, leidenschaftlich unparteiisch. Sicherlich ein anstrengendes Vorhaben. Aber schließlich wollen wir nicht dazu kommen, den Begriff »europäische Werte« irgendwann einmal zum Unwort des Jahres deklarieren zu müssen – nach dem Motto »Es war einmal ein Europa«. Denn die Uhren stehen auf fünf vor zwölf und der Point of no return ist sehr nah – durchaus nicht nur, was den biologischen, sondern auch was den politischen Klimawandel betrifft. Aldous Huxley, H. G. Wells und George Orwell haben bereits vor hundert Jahren die Gefahr einer allmählichen Somatisierung und Einschläferung der menschlichen Resistenz aus dem Geist systematischer Verbürokratisierung und technologischer Überwältigung beschworen. Sie haben minutiös beschrieben, was aus dem Geist einer freien, demokratisch organisierten Gesellschaft werden könnte: eine Ansammlung willenloser Lemuren. Europa täte gut daran, den parasakral vermarkteten Versuchungen der Künstlichen Intelligenz wie auch der biogenetischen Perfektionierung zurückhaltend und kritisch zu begegnen und seine eigene, mittlere Geschwindigkeit in der Aneignung dieser Visionen festzulegen. Nein, es geht nicht um rückwärtsgewandte Verweigerung und Abschottung: Es geht vielmehr darum, das Herzstück der europäischen Identität, das in Jahrhunderten heraus modellierte Profil des Individuums und seiner Rechte offensiv gegen die Gefahr einer vereinnahmenden, irreversiblen Auslöschung aktiv zu verteidigen.

Dank

Es ist mir ein Bedürfnis, Florian Rogge und Bernd Klöckener für die intensive Betreuung und Beratung bei der Fertigstellung des Manuskripts zu danken. Ich empfand die Zusammenarbeit als ebenso konstruktiv wie bereichernd.

Darüber hinaus möchte ich Seyran Ateş und Prälat Hans-Dieter Wille für ihren Rat in sensiblen theologischen Fragen danken. Und vielen Studierenden und Hörern, deren Impulse mir stets wichtig waren.

Anmerkungen

I Gründungsmythen

1 Plutarch, *Große Griechen und Römer* (übersetzt von Konrat Ziegler), S. 60.

2 In der *Ilias* wird dieser Begriff (wörtlich: »alle Achaier« für die Bewohner der Landschaft Achaia im Nordwesten der Peloponnes) nicht nur zur Bezeichnung eines griechischen Stammes unter anderen verwendet, sondern auch in einem generalisierenden Sinne, um die Verbundenheit der gegen Troja kämpfenden Griechen auszudrücken.

3 Der griechischen Mythologie zufolge war die Zeus-Tochter Helena ein Wesen von außerordentlicher Schönheit. Um Konflikte um sie zu vermeiden, wurde auf Empfehlung des Odysseus zur Abschreckung eine Beistandspflicht beschlossen: Sollte irgendjemand Helena ihrem rechtmäßigen Gatten zu entreißen versuchen, würden sich alle griechischen Fürsten vereint gegen ihn wenden. Helena, die der Überlieferung zufolge schon als Kind wegen ihrer Schönheit von Theseus geraubt, aber von den Dioskuren zurück in ihre Heimat Sparta gebracht worden war, wurde schließlich die Frau des Spartanerkönig Menelaos. An dieser Stelle verschränkt sich der Helena-Mythos mit einer anderen Geschichte: Aus Wut darüber, dass man sie nicht zu einer Hochzeit eingeladen hatte, schleuderte Eris, die Göttin der Zwietracht, einen goldenen Apfel unter die Feiernden. Dieser Apfel trug eine Inschrift, der ihn als Eigentum der »Schönsten« auswies. Die Göttinnen Hera, Athene und Aphrodite gerieten über diesen Zankapfel in Streit, Hermes führte die Streitenden schließlich zum trojanischen Königssohn Paris, der nun entscheiden sollte, wer die schönste der drei Göttinnen sei. Aphrodite kaufte seine Stimme mit dem Versprechen, sie werde ihm zum Dank die schöne Helena verschaffen. So gelang es Paris mit ihrer Hilfe, Helena aus Sparta zu entführen – was Menelaos wiederum zum Feldzug gegen Troja veranlasste.

4 Iphigenie ist die Nichte des Spartanerkönigs Menelaos. Ihr Vater Agamemnon stellte nach der Entführung Helenas eine gesamtgriechische Flotte zusammen, um gegen Troja zu kämpfen. Aufgrund völliger Windstille konnte die Flotte

jedoch zunächst nicht auslaufen. Ein Seher führte die Flaute auf eine Kränkung der Göttin Artemis zurück. Um die Gunst der Göttin zu erlangen, müsse Agamemnon seine Tochter Iphigenie opfern. Diese war schließlich auch selbst dazu bereit, für das Wohl der griechischen Flotte zu sterben, wurde aber im allerletzten Moment durch Artemis gerettet, indem die Göttin die schon auf dem Altar liegende Iphigenie rasch durch eine Hirschkuh ersetzt und sie nach Tauris entführt (wo kein leichtes Schicksal auf sie wartet).

5 Der legendäre Zorn des Achilleus, der gleich zu Beginn des Epos Erwähnung findet, ist das Resultat einer folgenschweren Kränkung: Er fühlte sich bei der Verteilung von Beutemädchen benachteiligt (insbesondere gegenüber Agamemnon) und zog sich darum für einige Zeit beleidigt aus dem Kampfgeschehen zurück. Nach seiner Aussöhnung mit Agamemnon richtet sich seine Wut auf den trojanischen Königssohn Hektor.

6 Homer, *Ilias* (übersetzt von Kurt Steinmann).

7 Snell, *Die Entdeckung des Geistes. Studien zur Entstehung des europäischen Denkens bei den Griechen* (1946).

8 Sappho, *Das Arignotalied oder Das Atthis-Gedicht*, 130LP/137D (»Eros wieder erschüttert, entkräftet mich,/Bittersüß unvermeidliche Kreatur.«)

9 Zwischen 1871 und 1873 führte der deutsche Archäologe Heinrich Schliemann drei Grabungskampagnen in Anatolien durch. Dabei stieß er auf die Überreste eines Palastes, beim dem es sich seiner Überzeugung nach um das Troja aus der *Ilias* handelte. Der sogenannte Palasthügel (Hisarlık Tepe) enthält, wie sich herausstellte, insgesamt zwölf Siedlungsschichten, die aus einem Zeitraum von rund 3500 Jahren stammen. Die Historizität des von Homer besungenen Trojas blieb in der Forschung dennoch weiterhin umstritten. Ende des 20. Jahrhunderts entdeckte der Archäologe Manfred Korfmann in dem Grabungsgebiet die Überreste einer Unterstadt, deren Ausmaße deutlich über den bis dahin bekannten Palasthügel hinausgehen. Diese Funde ließen ihn, der zunächst daran gezweifelt hatte, dass Schliemann tatsächlich auf das homerische Troja gestoßen war, zu dem Befund kommen, dass es sich bei der Grabungsstätte in der Tat um eine bronzezeitliche Großstadt von überregionaler Bedeutung handle. Die zu Beginn des 21. Jahrhunderts neu aufflammende Troja-Kontroverse (»Gab es Troja wirklich? Und wenn ja, wo liegt es?«) hält bis heute an.

10 Agamemnon kehrt (mit der Seherin Kassandra als Beute) nach Mykene zurück. Dort wartet (wie es Kassandra schon vorhergesagt hatte) ein Hinterhalt auf ihn, den seine Frau Klytämnestra und ihr Liebhaber Aigisthos ausgeheckt haben. Der Heimkehrer wird im Bade ermordet. Orestes, der Sohn von Agamemnon und Klytämnestra, wird seinen Vater später rächen.

11 Aristoteles, *Die Poetik* (übersetzt von Manfred Fuhrmann), S. 19.

12 Die *Orestie* des Aischylos, erstmals 458 v.u.Z. bei den Athener Dionysien aufgeführt und mit dem Siegespreis ausgezeichnet, ist eine Tragödien-Trilogie (die einzig erhaltene der griechischen Antike). Die drei Stücke (das abschließende Satyrspiel ist verschollen) setzen sich damit auseinander, wie der scheinbar endlose Kreislauf aus Mord und Rache durchbrochen werden kann: Klytämnestra tötet ihren Mann Agamemnon, da dieser ihre Tochter Iphigenie geopfert hatte. Für diesen Mord wird sie samt ihrem Geliebten Aigisthos später von ihrem Sohn Orestes getötet. Allen Erwartungen zum Trotz muss Orestes den Muttermord aber nicht mehr mit dem Leben bezahlen, die Erinnyen (Rachegeister) lassen sich stattdessen auf ein ordnungsgemäßes Gerichtsverfahren ein. Da sich die Gerichtsversammlung nicht einigen kann (Pattsituation), entscheidet am Ende die Göttin Athene das Verfahren. Orestes wird freigesprochen.

13 Sophokles, *Antigone* (übersetzt von Friedrich Hölderlin), S. 336 f.

14 Europés Bruder Agenor ist der Vater des Pentheus, den seine eigene Mutter Agaue im Rausch zerfleischt.

15 Das Argonauten-Epos des Apollonios Rhodios (3. Jh. v.u.Z.) schildert die spektakuläre Flucht der Argonauten samt Goldenem Vlies und Medea aus Kolchis. Als die Argonauten von ihren Verfolgern eingeholt werden, lockt Medea ihren Bruder Apsyrtos, den Anführer der kolchischen Flotte, in einen Hinterhalt und ermöglicht so dessen Ermordung in einem Tempel der Artemis – was die Frevelhaftigkeit ihres Verrats noch verstärkt.

16 Bei ihrer Recherche nach der »wahren« Medea entdeckte Christa Wolf, dass im Vorfeld der Legendenbildung um die Barbarin Medea auch andere, weit weniger aggressive Varianten kursierten. Als heilkundige Magierin und weise Ratgeberin genoss sie sogar einen sehr positiven Ruf. Vgl. Christa Wolf, *Medea. Stimmen*, 1996.

17 Aischylos, *Die Orestie* (übersetzt von Walter Jens), S. 68.

18 Platon, *Der siebente Brief* (übersetzt von Ernst Howald), S. 4 f. – Der »siebte Brief« ist Teil einer dreizehn Briefe umfassenden Sammlung. Die Urheberschaft Platons ist jedoch größtenteils zweifelhaft.

19 Wobei die einzelnen Stadtstaaten, aller struktureller Ähnlichkeiten zum Trotz, einander feindselig gegenüberstanden: Die Beziehungen zwischen den bedeutenden griechischen Stadtstaaten (Poleis) der Antike (Milet, Sparta, Athen, Korinth) waren sogar außerordentlich konfliktreich. Dies gilt insbesondere für die miteinander rivalisierenden Großmächte Athen und Sparta, die u.a. im Peloponnesischen Krieg (431 v.u.Z. – 404 v.u.Z.) in durchaus komplexen Bündnissystemen (Attischer Seebund vs. Peloponnesischer Bund) um die Vorherrschaft im griechischen Raum kämpften.

20 Der Konflikt zwischen der klugen Zeustochter Athene (Göttin der Weisheit) und ihrem oft als aufbrausend und etwas tumb dargestellten Onkel Poseidon, dem Gott des Meeres, ist in den mythologischen Überlieferungen ein wiederkehrendes Motiv. In der *Odyssee* fungiert Athene als Beschützerin des Odysseus, während Poseidon ihm mit allen Mitteln zu schaden trachtet. Bereits in der *Ilias* stehen sich Athene (auf Seiten der Griechen) und Poseidon (auf Seiten der Trojaner) feindlich gegenüber. Poseidon ist auch für die Rettung (Entrückung) des Aeneas aus dem zerstörten Troja verantwortlich.

21 Dem Kyklopen Polyphem, ein Sohn des Meergottes Poseidon, wurde von Odysseus übel mitgespielt. Die hungrigen Seefahrer waren in Polyphems Höhle eingedrungen, um sich an dessen Viehbestand zu bedienen, wurden aber von ihm entdeckt und kurzerhand in der Höhle eingesperrt. Der listige Odysseus macht den etwas tumben Kyklopen daraufhin betrunken, gibt vor, »Niemand« zu heißen, und rammt ihm schließlich eine glühende Pfahlspitze ins einzige Auge. Die anderen Kyklopen der Insel würden dem rasenden Polyphem zwar gern helfen, mit seiner Aussage, dass »niemand ihn umbringen wolle«, können sie aber nichts anfangen. Am nächsten Tag gelingt Odysseus mit seinen Männern die Flucht.

22 Homer, *Odyssee* (übersetzt von Kurt Steinmann).

23 Bei Dante segelt Odysseus (*Inferno* XXVI) auf die andere Seite der Erde, wo ihn freilich nicht die »neue Welt« (Amerika) erwartet, sondern der Läuterungsberg.

24 *Die Schrift. Bd. 1: Die fünf Bücher der Weisung.* Verdeutscht von Martin Buber gemeinsam mit Franz Rosenzweig.

25 Vielleicht kam man sogar relativ spät im Gefolge der großen Geschichtsschreiber wie Livius und Tacitus oder der Dichter wie Horaz und Vergil auf die ganz große Idee.

26 Der genaue Grund für Ovids Verbannung nach Tomis konnte bis heute nicht abschließend geklärt werden. Er selbst spricht davon, »ein Gedicht und ein Fehler« hätten ihn in die missliche Lage gebracht. Gelegentlich wurde die Vermutung geäußert, seine *Ars amatoria* könnte den Unwillen von Kaiser Augustus erregt haben – allerdings war dieses Werk zum Zeitpunkt von Ovids Verbannung bereits einige Jahre veröffentlicht. Eine andere Theorie geht davon aus, dass Ovid unangenehme Dinge über die kaiserliche Familie wusste und deshalb aus Rom entfernt wurde. Die überlieferten Texte aus der Zeit des Exils (*Tristia, Epistulae ex Ponto* sowie das zornige, wohl gegen Augustus gerichtete Fluchgedicht »Ibis«) inszenieren vor allem den Gegensatz zwischen dem Politik- und Kulturzentrum Rom und der Peripherie am Schwarzen Meer.

27 Augustinus, *Confessiones. Bekenntnisse* (übersetzt von Wilhelm Thimme), S. 235.

28 Marc Aurel, *Selbstbetrachtungen* (übersetzt von Gernot Krapinger), S. 126 (IX, 12).

Grenzen – europäische Schicksalslinien

1 Kafka, *Beschreibung eines Kampfes,* S. 51–62, hier S. 56 f.

2 Ebd., S. 53 f.

II Metamorphosen

1 Der Herrschaftstitel »Caesar« war in der römischen Kaiserzeit Bestandteil der Titulatur des regierenden Kaisers und wurde zudem als Titel für seinen designierten Nachfolger genutzt. Die Herrschaftstitel »Kaiser« und »Zar« lassen sich etymologisch auf »Caesar« zurückführen. Der Ehrentitel »Imperator« (»Befehlshaber«) entstammte ursprünglich dem römischen Militärwesen. Später bildete »Imperator« bzw. »Imp.« den Auftakt der offiziellen kaiserlichen Titulatur, gefolgt von »Caesar«, den individuellen Namen und dem Titel »Augustus«.

2 Am Beispiel Germaniens wird deutlich, dass die Einbindung lokaler Strukturen und Eliten auch Risiken für die römische Besatzungsmacht barg: Schlimmstenfalls setzte man auf diese Weise Loyalitätskonflikte in Gang. Lebensläufe von Persönlichkeiten wie Arminus zeugen davon, dass es durch römische Verwaltungsstrategie möglich war, gleichzeitig »Römer« und »Germane« zu sein. Ein anderes Beispiel wäre der in Jerusalem geborene römische Geschichtsschreiber Flavius Josephus. In vielen Texten des Neuen Testaments ist das ambivalente Verhältnis der »Provinz-Bewohner« zum römischen Machtzentrum und seinen Institutionen deutlich dargestellt.

3 Tertullian, *Apologeticum. Verteidigung des christlichen Glaubens* (übersetzt von Tobias Georges), S. 219 (35,1.).

4 Nach der Ermordung Caesars (44 v. u. Z.) kämpften Gaius Octavius (der spätere Augustus) und Marcus gegeneinander um die Macht im Staat und lösten damit einen Bürgerkrieg aus. Antonius, auf der Suche nach neuen Bündnispartnern, heiratete die ägyptische Königin Kleopatra. Bald darauf kam es zum Krieg zwischen Rom und Ägypten. Rom siegte, Octavian wurde zum Alleinherrscher.

5 Barceló/Gottlieb, *Das Glaubensedikt des Kaisers Theodosius,* S. 409–423.

6 Nach der Absetzung des Romulus Augustus wurde Odoaker (ein weströmischer Offizier germanischer Herkunft) zum König von Italien ernannt. Damit war er ein Rivale des Ostgotenkönigs Theoderich, der weite Teile Italiens eroberte und Odoaker schließlich eigenhändig tötete. Anschließend fiel Theoderich de facto die Herrschaft über Italien zu, die Rechtsgrundlage seiner Macht blieb jedoch –

auch nach der Anerkennung seiner Stellung durch den oströmischen Kaiser Anastasius – umstritten.

7 Gregorovius, *Geschichte der Stadt Rom im Mittelalter*, Bd. 1, S. 314.

8 Verlaine, *Langueur* (übersetzt von Felix Braun).

9 *Der Koran* (übertragen von Hartmut Bobzin unter Mitarbeit von Katharina Bobzin).

10 Der zweite, nach der Rückkehr aus dem babylonischen Exil errichtete Tempel wurde im Jahre 70 im Zuge des »Jüdischen Krieges« durch die Römer zerstört. – Unter Kaiser Konstantin wurde Jerusalem auch für das Christentum bedeutsam, 326 veranlasste er den Bau der Grabeskirche. Mit der Reichsteilung von 395 fiel Jerusalem in den Herrschaftsbereich des Oströmischen Reiches (Byzanz). Zu Beginn des 7. Jahrhundert verlor das Oströmische Reich die Stadt für einige Jahre an die persischen Sassaniden und eroberte sie kurzzeitig wieder zurück. 637 wurde Jerusalem von einem arabisch-islamischen Heer erobert, Ende des 7. Jahrhunderts entstand der Felsendom, wenige Jahre darauf die al-Aqsa-Moschee.

11 Über Herkunft und Identität der Sabier oder Sabäer gibt es unterschiedliche Thesen. Es handelt sich jedenfalls nicht um die (auch in der Bibel vorkommenden) südarabischen Sabäer, sondern vermutlich um »jüdisch-christliche Baptisten vom Jordan oder […] Samaritaner«. (Vgl. https://www.deutschlandfunk.de/sure-5-vers-69-wer-sind-die-sabier.2395.de.html?dram:article_id=415850)

12 Das Kalifat ist eine theokratische Staatsform, die im 7. Jahrhundert nach dem Tod Mohammeds entstand. Der Kalif (»Nachfolger/Stellvertreter des Gesandten Gottes«) vereint in seiner Person weltliche und religiöse Autorität. Die Legitimität dieses Amtes wurde in der islamischen Theologie von Anfang an kontrovers diskutiert.

13 Novalis, »Die Christenheit oder Europa«, S. 526.

14 Nachdem Siegfried einen Drachen getötet hatte, badete er in dessen Blut, um unverwundbar zu werden. Ehe er ganz ins Drachenblut eintauchen konnte, fiel ein Lindenblatt auf seine Schulter – an dieser einen Stelle blieb er folglich verwundbar, und an genau dieser Stelle sollte ihn später Hagen tödlich treffen. Insofern erinnert Siegfried an Achill: Achills Mutter, die Meeresgöttin Thetis, tauchte ihren Sohn in den Fluss Styx, um ihn unverwundbar zu machen. Nur seine Ferse, an der sie ihn während des Tauchbads festhielt, blieb von dem schützenden Wasser unberührt: Die Achillesferse wurde zur einzig verletzlichen Stelle des Helden.

15 Vgl. Horst Krüger: »Bayreuther Szene«, in: *Merkur* 28 (1974), S. 848–862, hier 855.

16 Ein Potenzial, das Richard Wagner in seiner Oper aufgreifen und weiter intensivieren wird. Aus dem »Versehen« wird Vorsatz, aus dem Liebestrank ein gemeinsam inhaliertes Rauschmittel, das die Gefühle der beiden galaktisch steigert. Das alles ist freilich in den mittelhochdeutschen Versen Gottfrieds bereits angelegt.
17 Wolfram von Eschenbach, *Parzival* (übersetzt von Peter Knecht), S. 333.
18 Eco, *Der Name der Rose* (übersetzt von Burkhart Kroeber), S. 322.
19 Die Titulierung »Vater Europas« *(pater Europae)* findet sich erstmals im wohl Anfang des 9. Jahrhunderts entstandenen sogenannten Paderborner Epos (auch bekannt als Aachener Karlsepos). Es bezieht sich auf die Zusammenkunft von Papst Leo III. und Karl dem Großen im Jahr 799 in Paderborn.
20 Urban II., »Kreuzzugsaufruf« (nach Robert dem Mönch), S. 43 f. – Von der Ansprache, mit der Papst Urban II. im November 1095 in Clermont zum Ersten Kreuzzug aufrief, ist kein originales Manuskript überliefert. Der Inhalt der Rede ist aber durch mehrere (voneinander divergierende) zeitgenössische Wiedergaben erhalten. Die hier zitierte Fassung (nach Robert dem Mönch, ein Augen- und Ohrenzeuge des Aufrufs) gehört zu den drei einflussreichsten.
21 Ebd., S. 44.
22 Das rund 20 Jahre vor dem ersten Kreuzzug entstandene *Rolandslied* spielt im frühen 8. Jahrhundert und schildert den Kampf Karl Martells gegen die islamischen Sarazenen, die zu dieser Zeit weite Gebiete Spaniens kontrollierten. Das Thema (Kampf gegen die Heiden, Befreiung christlicher Erde) gewann mit dem Beginn des ersten Kreuzzugs neue Aktualität.
23 Wolfram von Eschenbach, *Willehalm* (übersetzt von Horst Brunner), S. 563.

Wie halten wir's mit der Religion?

1 Heine, *Sämtliche Werke*, Band III., S. 163 f.
2 Nietzsche, *Über Wahrheit und Lüge im außermoralischen Sinne*, S. 882 (KSA 1).

III »Eine Neuvermessung der Welt«

1 Dante, *Die Göttliche Komödie* (übersetzt von Karl Zoozmann).
2 Der Investiturstreit (von lat. *vestire*: einkleiden) war ein erbitterter Machtkampf zwischen Papst- und römisch-deutschem Kaisertum (bzw. den von ihm abhängigen Königen) – und somit ein Konflikt zwischen »geistlicher« und »weltlicher« Macht. Er eskalierte im letzten Drittel des 11. Jahrhunderts und konnte

erst 1122 mit dem Wormser Konkordat beigelegt werden. Konkret ging es um die Frage, wem das Recht zustand, Bischöfe einzusetzen – das Bischofsamt war zwar seinem Ursprung nach »geistlicher« Natur, gehörte faktisch jedoch auch der »weltlichen« Sphäre an. Die Kompromisslösung des Wormser Konkordats gewährte dem Kaiser zwar eine Art Vorschlagsrecht, erklärte Wahl und Einsetzung der Bischöfe jedoch zur alleinigen Angelegenheit der Kirche. Auch durften die Bischöfe nur vom Papst die geistlichen Insignien (Ring und Stab) empfangen, der Kaiser durfte ihnen jedoch als weltliche Insignien Zepter und Schwert verliehen.

3 Nach schweren Unruhen in Florenz (1300) wurden – unter Mitwirkung des politischen aktiven Dante – Vertreter der weißen und schwarzen Guelfen aus der Stadt verbannt, Florenz wurde daraufhin mit dem Kirchenbann belegt. Bei ihrem Wiedereinmarsch in die Stadt im Jahr 1301 nahmen die schwarzen Guelfen Rache an ihren Rivalen. Dante wurde kurz darauf (in Abwesenheit) zu einer Geldstrafe verurteilt und von allen öffentlichen Ämtern ausgeschlossen, sein Besitz wurde beschlagnahmt, und ihm war die Rückkehr nach Florenz unter Androhung des Todes untersagt.

4 Machiavelli, *La vita di Castruccio Castracani [1520]/Das Leben des Castruccio Castracanis aus Lucca*, hg. von Dirk Hoeges, München 1997.

5 Machiavelli, *Der Fürst* (übersetzt von Philipp Rippel), S. 71, 73 (Kapitel XVII).

6 Castiglione, *Das Buch vom Hofmann* (übersetzt von Fritz Baumgart), S. 53f.

7 Morus hatte sich schon als Lordkanzler den Zorn Heinrich VIII. zugezogen, indem er die Auffassung vertrat, allein der Vatikan könne die Ehe des scheidungswilligen Königs annullieren. Als sich Heinrich VIII. kurzerhand selbst zum Oberhaupt der nun entstehenden (vom Papst unabhängigen) anglikanischen Kirche erklärte, verweigerte der Katholik Morus ihm den Suprematseid und trat 1532 von seinem Amt zurück. Zwei Jahre später weigerte er sich erneut, einen in seinen Augen unrechtmäßigen Eid zu leisten (es ging um die Legitimität der Kinder aus der Ehe zwischen Heinrich VIII. und seiner neuen Frau, Anne Boleyn), daraufhin wurde er zunächst in den Tower of London gesperrt und 1537 schließlich hingerichtet.

8 Michelangelo, *Sämtliche Gedichte* (übersetzt von Michael Engelhard), S. 145 (Nr. 97).

9 Ebd., S. 345 (Nr. 293).

10 Da Vinci, *Malerei und Wissenschaft* (übersetzt von Marianne Schneider), S. 94.

11 Ebd., S. 97.

12 Freud, *Eine Kindheitserinnerung des Leonardo da Vinci*, S. 62.

13 Dowden, *A Critical Edition of the Complete Poetry*, S. 7. Im Original: »word of fate […] 'twixt the lips which smile and still forbear«.

14 Pater, *Studies in the History of the Renaissance,* S. 118 (Leonardo Da Vinci). Im Original: »The presence that thus so strangely rose beside the waters is expressive of what in the ways of a thousand years man had come to desire.«

15 Da Vinci, *Von der Grausamkeit des Menschen* (übersetzt von Marie Herzfeld), S. 302 f.

16 Dies ist eine Paraphrase von Aphorismus 129, vgl. Bacon, *Neues Organon* (übersetzt von Rudolf Hoffmann und Gertraud Korf), S. 271.

17 Twain, »The Work of Gutenberg«, S. 7: »All the world acknowledges that the invention of Gutenberg is the greatest event that secular history has recorded.«

18 Luther, *Sendbrief vom Dolmetschen* (1530), S. 150.

19 Die Auffassung, Moskau sei das »dritte Rom« (nach Rom und Konstantinopel bzw. dem Römischen und dem Byzantinischen Reich), legte Filofej in drei Briefen dar. Obwohl diese Formel oft zitiert wurde und in der Tat für das russische Selbstverständnis als Großmacht eine wichtige Rolle spielen sollte, wäre es verfehlt, darin eine ausgeklügelte Staatstheorie zu sehen. Entscheidender ist der Grundgedanke der *translatio imperii,* also die Vorstellung, ein Weltreich könne (ein lineares Geschichtsmodell vorausgesetzt) die Nachfolge eines anderen antreten, die sich auch andernorts in Europa antreffen lässt. Bemerkenswert ist zudem der Ansatz der »ex-post-Prophetie«: Historische Ereignisse werden als Stationen eines teleologischen Prozesses so interpretiert, dass mit dem Jetzt-Zustand gleichsam das »Ende der Geschichte« erreicht scheint. Die gegenwärtige Ordnung wird durch ihre historischen Vorläufer legitimiert und – »ein viertes Rom wird es nicht geben« – für alternativlos erklärt.

20 Las Casas, *Kurzgefaßter Bericht von der Verwüstung der Westindischen Länder* (übersetzt von D.W. Andreä), S. 15.

21 Montaigne, *Über die Menschenfresser* (übersetzt von Hans Stilett), S. 319.

22 Shakespeare, *Der Sturm* (übersetzt von Erich Fried), S. 577.

23 Montaigne, *Über die Wechselhaftigkeit unseres Handelns* (übersetzt von Hans Stilett), S. 18.

24 Cesaire, *Ein Sturm* (I,2).

25 Rushdie, »The empire writes back with a vengeance«, in: *The Times* vom 3. Juli 1982.

26 Die Heirat von Isabella I. von Kastilien (1451–1504) und König Ferdinand II. von Aragón (1452–1516) im Jahr 1469 war ein Meisterstück dynastischer Diplomatie und von zentraler Bedeutung für den spanischen Einigungsprozess. Den Titel »Katholische Könige« verlieh ihnen 1496 Papst Alexander VI.

27 Auch die mit allen Wassern gewaschene und trotz aller Skrupellosigkeit irgendwie imponierende Kupplerin Celestina aus Fernando de Riojas gleichnamiger

hyperrealistischer Tragicomedia von 1500 (!) gehört in diese Reihe der Figuren aus der weltabgewandten Seite der Geschichte.

28 Cervantes, *Don Quijote* (übersetzt von Susanne Lange), S. 31.

29 Ebd., S. 250 f.

30 Ebd., S. 259.

31 Ebd., S. 429.

32 Mit diesem Ausruf beginnt ein Hamlet gewidmetes Gedicht von Ferdinand Freiligrath aus dem Jahr 1844 (»Deutschland ist Hamlet! Ernst und stumm/In seinen Toren jede Nacht/Geht die begrabne Freiheit um«). 1964 legte der Literaturwissenschaftler Walter Muschg unter diesem Titel in der *ZEIT* eine Analyse der deutschen Hamlet-Rezeption vor.

33 Shakespeare, *Hamlet* (übersetzt von A.W. von Schlegel), S. 316.

34 Camus, *Der Mythos des Sisyphos* (übersetzt von Vincent von Wroblewsky), S. 143, 135.

35 Luther, *Die 95 Thesen* (übersetzt von Karl-Heinz Göttert), S. 56–59.

36 *Gedichte des Barock*, S. 116.

37 Grimmelshausen, *Simplicissimus Teutsch*, S. 216 (2. Buch, 27. Kapitel).

38 Callot, *Die großen Schrecken des Krieges* (übersetzt von Lothar Klünner), S. 60 (11, Die Gehenkten).

39 Huizinga, *Holländische Geschichte im 17. Jahrhundert* (übersetzt von Werner Kaegi), S. 149.

40 Der schwedischen Intervention ging das Ausscheiden Dänemarks aus den Kriegshandlungen voran (1629), wodurch die verbleibenden protestantischen Kriegsparteien in große Bedrängnis gerieten. Gustav Adolf von Schweden landete im Juli 1630 mit seinen Truppen auf Usedom. Im Mai 1631 gelang dem katholischen Feldherrn Tilly noch die Eroberung von Magdeburg, das dabei nahezu vollständig zerstört wurde; rund vier Monate später wurden sein Heer jedoch bei Leipzig (Schlacht von Breitenfeld) von den Truppen Gustav Adolfs vernichtend geschlagen. In der Folge stießen die Schweden bis Süddeutschland vor. Erst der zum neuen Anführer der kaiserlichen Truppen ernannte Wallenstein konnte den schwedischen Vormarsch schließlich stoppen.

41 Descartes, *Von der Methode des richtigen Vernunftgebrauchs und der wissenschaftlichen Forschung* (übersetzt von L. Gäbe), S. 47.

42 Ebd., S. 25, 47.

43 Ebd., S. 31, 33.

44 Leibniz, *Monadologie* (übersetzt von Hartmut Hecht), S. 51 (§ 69).

45 Grass, *Das Treffen in Telgte*, S. 125.

46 Goethe, *Wilhelm Meisters Lehrjahre*, S. 278 (4. Buch, 20. Kapitel).

47 Benjamin, *Ursprung des deutschen Trauerspiels*, S. 868.

Tabula rasa oder Endlosschleife?

1 Max Dax, »›Alle Dinge sind verzauberte Menschen‹«.
2 Die 1986 erschienene deutsche Ausgabe von Hayden Whites Buch *Tropics of Discourse. Essays in Cultural Criticism* (1978) trägt den Titel: *Auch Klio dichtet oder die Fiktion des Faktischen. Studien zur Tropologie des historischen Diskurses.*

IV Das Projekt »Aufklärung«

1 Kant, *Beantwortung der Frage: Was ist Aufklärung?*, S. 9.
2 Im Englischen Bürgerkrieg (1642–1649) bekämpften sich die Anhänger König Karls I. und die Anhänger des englischen Parlaments. Auch religiöse Spannungen (etwa zwischen Puritanern, Anglikanern, Katholiken) spielten in dem Konflikt eine wichtige Rolle. 1649 wurde der König hingerichtet, und England wurde für rund ein Jahrzehnt eine Republik (*Commonwealth of England*). Der puritanische Parlamentarier Oliver Cromwell (1599–1658) stieg im Bürgerkrieg zu einem Heerführer auf und hatte in der Republik das mächtige, auf ihn zugeschnittene Amt des Lordprotektors inne, das nach seinem Tod direkt auf seinen – weniger erfolgreichen – Sohn überging. Cromwells Stellung in der Republik wurde so mächtig, dass ihm sogar die Königskrone angeboten wurde, die er jedoch ablehnte. Sein autoritärer Regierungsstil (royalistische Aufstände schlug er mit äußerster Brutalität nieder, die Königreiche Irland und Schottland wurden auf seinen Befehl von englischen Truppen besetzt) brachten ihm den Ruf eines Diktators ein.
3 Das französische Original *La crise de l'esprit européen* erschien 1935, die deutsche Übersetzung 1939.
4 Sein *Traité des passions de l'âme* erschien 1649 in Paris und 1650 in Amsterdam auf Latein. In seinem Nachlass tauchten bewusst zurückgehaltene Schriften auf wie der *Traité de l'homme/De homine*, die Jugendschrift *Regulae ad directionem ingenii* und die *Inquisitio veritatis per lumen naturale* (1701).
5 Descartes, *Von der Methode des richtigen Vernunftgebrauchs und der wissenschaftlichen Forschung* (übersetzt von L. Gäbe), S. 43.
6 Descartes, *Über den Menschen* (übersetzt von Karl E. Rothschuh), S. 44.
7 Locke, *Versuch über den menschlichen Verstand* (übersetzt von Carl Winckler), S. 6 (»An den Leser«).
8 So der Titel des ersten Buches.
9 Locke, *Versuch über den menschlichen Verstand* (übersetzt von Carl Winckler), S. V–VI.

10 Ebd., S. 76 (I,2).
11 Ebd., S. 84, 94 (I,3).
12 Voltaire, *Philosophische Briefe* [Vierzehnter Brief, Über Descartes und Newton] (übersetzt von Rudolf von Bitter), S. 51.
13 Pope, *The Works*, Bd. 2, p. 403 (»Epitaph intended for Sir Isaac Newton in Westminster-Abbey«).
14 Locke, Versuch über den menschlichen Verstand (übersetzt von Carl Winckler), S. 107 f. (II,1).
15 Feuerbach, *Pierre Bayle*, S. 95.
16 Lessing, *Emilia Galotti*, S. 85 (V,7).
17 Goethe, *Iphigenie auf Tauris*, S. 8 (I,1).
18 Zitiert nach: Chartier, »Der Gelehrte«, S. 138. – Die literarischen und politischen Salons im Paris des 18. Jahrhunderts boten einen geschützten, halböffentlichen Raum, in dem Gelehrte, Dichter, Philosophen und interessierte Zeitgenossen ihre Ideen austauschen und sich miteinander vernetzen konnten. Die Salons fanden in der Regel in den privaten Räumlichkeiten hochgestellter (meist adliger) Personen statt, die auf persönliche Einladung erfolgende Teilnahme hing jedoch nicht von der Standeszugehörigkeit ab. Im Paris des 18. Jahrhunderts waren es oft adlige Frauen, die als Gastgeberinnen auftraten. Kulturgeschichtlich lassen sich die Salons als »bürgerliche« Nachfolger herrschaftlicher Musenhöfe einordnen, als gezielte Zusammenstellung einer mehr oder weniger exklusiven Runde großer Geister, mit der sich überdies häufig auch progressive politische Ansprüche verbanden. Die Kulturtechnik des Salons entfaltete sich (etwas später als in Frankreich) auch in Deutschland, wo die literarischen Salons von Caroline Schelling oder Rahel Varnhagen wichtige Diskurszentren der deutschen Romantik wurden.
19 Diderot, *Brief über die Blinden* (übersetzt von Theodor Lücke), S. 49.
20 Ebd., S. 46.
21 Kant, *Beantwortung der Frage: Was ist Aufklärung*, S. 11.
22 Vor allem Diderots 1749 veröffentlichter »Brief über die Blinden zum Gebrauch für die Sehenden«, in dem er ganz offen atheistische Positionen bezog, wurde als unerhörte Provokation und Herausforderung der moralischen Ordnung empfunden. Noch im selben Jahr wurde Autor der »Blasphemie« bezichtigt und für etwas mehr als drei Monate ins Gefängnis gesperrt, wo ihn unter anderem Jean-Jacques Rousseau besuchte. Seine Freilassung war an die Bedingung geknüpft, künftig keine religionskritischen Schriften mehr zu veröffentlichen.
23 Beschluss des königlichen Rates (*Arrêt du Conseil du roi Louis XV*) vom 7. Februar 1752. Im Original: »Sa Majesté a reconnu que dans ces deux volumes on a

affecté d'insérer plusieurs maximes tendant à détruire l'autorité royale, à établir l'esprit d'indépendance et de révolte et, sous des termes obscurs et équivoques, à élever les fondements de l'erreur, de la corruption des mœurs, de l'irreligion et de l'incrédulité.« (*Die Welt der Encyclopédie*, S. 475 f.)

24 Diderot, Brief an Voltaire vom 19. Februar 1758, zitiert nach: *Die Welt der Enzyklopädie*, S. 476.

25 *Die Welt der Encyclopédie*, S. 476.

26 Ebd., S. 75.

27 Ebd., S. 76 f.

28 *Die Welt der Encyclopédie*, S. 267.

29 *Die Welt der Encyclopédie*, S. 447.

30 Das *jus primae noctis* (»Recht der ersten Nacht«) ist eine – möglicherweise nur imaginäre, da historisch kaum verbürgte – feudale Rechtsgepflogenheit, der zufolge einem Grundherrn bei der Heirat von zwei ihm untergebenen Personen das Recht zusteht, die Hochzeitsnacht mit der Braut zu verbringen. Seit der Frühen Neuzeit lässt es sich als erotische Phantasie in literarischen Texten nachweisen, im Zeitalter der Aufklärung wird es oft als besonders eindringliches Beispiel für die Schrecken des Feudalismus herangezogen.

31 Beaumarchais, *Der tolle Tag oder Figaros Hochzeit* (übersetzt von Josef Kainz), S. 111 (V,3).

32 Goethe, *Die Leiden des jungen Werther*, S. 46 f. (Erstes Buch, 12. August)

33 Pope, *Vom Menschen* (deutsch von Eberhard Breidert), S. 37.

34 Dieser Ausruf stammt aus *Emilia Galotti* und kommt dort gleich zwei Mal vor: Zunächst stößt die Gräfin Orsina ihn aus (IV,7), später zitiert ihn Emilias Vater Odoardo (V,5).

35 Voltaire, *Gedicht über die Katastrophe von Lissabon*, S. 71.

36 Rousseaus, »Brief über die Vorsehung« [An Voltaire, 18. August 1756], S. 81.

37 Rosseau, *Abhandlung über den Ursprung und die Grundlagen der Ungleichheit unter den Menschen* (übersetzt von Philipp Rippel), S. 125 (Anmerkungen).

38 Rousseau, *Emile oder Über die Erziehung* (übersetzt von Eleonore Sckommodau unter Mitarbeit von Martin Rang), S. 108 f. (1. Buch).

39 Leibniz, *Von dem Verhängnisse* (übersetzt von A. Buchenau), S. 129.

40 Leibniz, *Die Vernunftprinzipien der Natur und der Gnade* (übersetzt von A. Buchenau), S. 434.

41 Wolff, *Vernünfftige Gedanken Von den Würckungen der Natur*, S. 687 (Kap. XIV: Von den Sinnen, § 427).

42 Goethe, *Das erste Weimarer Jahrzehnt*, S. 514 f. (Brief an Charlotte von Stein, 7. Juni 1784).

43 Ebd., S. 515.

44 Voltaire, *Candide oder der Optimismus* (übersetzt von Wolfgang Tschöke), S. 15.
45 Ebd., S. 21.
46 Swift, *Ein bescheidener Vorschlag* (übersetzt von Felix Paul Greve), S. 55 f.
47 Diderot, *Rameaus Neffe* (übersetzt von Johann Wolfgang Goethe), S. 3. – Länger als ein Jahrzehnt arbeitete Diderot an diesem Dialog, der zu seinen Lebzeiten nicht erscheinen sollte. Die erste Veröffentlichung erfolgte 1805 in Deutschland, in der Übersetzung Goethes.
48 Ebd., S. 5.
49 Ebd., S. 21.
50 Ebd., S. 35.
51 Ebd., S. 66.
52 Kleist, »Über die allmähliche Verfertigung der Gedanken beim Reden«, S. 320 f.
53 Rousseau, *Vom Gesellschaftsvertrag* (übersetzt von Hans Brockard in Zusammenarbeit mit Eva Pietzcker), S. 32 (II,3).
54 *Déclaration des droits de l'homme et du citoyen*, S. 44 ff. (Artikel VI).
55 Zitiert nach https://de.wikipedia.org/wiki/Le_Chant_du_D%C3%A9part.
56 Schiller, *Die Räuber*, S. 504 (I,2).
57 Ebd., S. 507 (I,2)
58 Schiller, »Was kann eine gute stehende Schaubühne eigentlich wirken?«, S. 826–828.
59 Ebd., S. 828.
60 Ebd., S. 830.
61 Ebd., S. 831.
62 Schiller, *Die Verschwörung des Fiesco zu Genua*, S. 667 (I,12).
63 Büchner, *Dantons Tod*, S. 127 (IV,5).
64 Ebd., S. 110 (III,3).
65 Laut EU-Resolution symbolisiert die Hymne »nicht nur die Europäische Union, sondern auch Europa im weiteren Sinne. Mit seiner ›Ode an die Freude‹ brachte Schiller seine idealistische Vision zum Ausdruck, dass alle Menschen zu Brüdern werden – eine Vision, die Beethoven teilte. […] Ohne Worte, nur in der universellen Sprache der Musik, bringt sie die europäischen Werte Freiheit, Frieden und Solidarität zum Ausdruck.« https://europa.eu/european-union/about-eu/symbols/anthem_de
66 Voltaire, *Aus dem Philosophischen Wörterbuch* (übersetzt von Erich Salewski und Karlheinz Stierle), S. 201–205.
67 Olympe de Gouges (eigentlich Marie Gouze) war eine revolutionäre Schriftstellerin und Frauenrechtlerin. Sie verfasste die »Erklärung der Rechte der Frau und der Bürgerin«, die sie im September 1791 der französischen Nationalver-

sammlung zur Verabschiedung vorlegen wollte. Die erhoffte Resonanz blieb aus. Während der Terrorherrschaft Robespierres wurde sie als Royalistin denunziert und im November 1793 auf dem Place de la Concorde mit der Guillotine hingerichtet.

68 *Déclaration des droits de la femme et de la citoyenne*, S. 61 (Artikel 10).

69 Corday, »An Barbaroux. 15. Juli 1793« (übersetzt von Gustav Landauer), S. 478.

70 Präambel der Verfassung der Vereinigten Staaten von Amerika, zitiert nach https://usa.usembassy.de/etexts/gov/gov-constitutiond.pdf

Wahrnehmungsschule

1 Van Gogh, Brief vom 18.6.1879 (übersetzt von Eva Schumann). In: Hess (Hrsg.), *Dokumente zum Verständnis der modernen Malerei*, S. 23 f.

2 Siehe oben, Kapitel 4.

3 Platon, *Der Staat* (übersetzt von Karl Vretska), S. 439 (Zehntes Buch, 600c–601a).

V Das Jahrhundert der Widersprüche

1 Zitiert nach https://de.wikipedia.org/wiki/Marseillaise

2 Körner, *Sämtliche Werke*, S. 18 (»Letzter Trost«).

3 Hölderlin, *Sämtliche Gedichte*, S. 217.

4 Goethe, *Die Leiden des jungen Werther*, S. 82 (Zweites Buch, Am 12. Oktober).

5 Im Juli 1830 wurde der französische König Charles X., bekannt für sein restauratives Regierungsprogramm, gestürzt. An seiner Stelle wurde mit Louis-Philippe I. erstmals in der französischen Geschichte ein »Bürgerkönig« inthronisiert. Dieser Vorgang entfaltete eine europaweite Signalwirkung, vielerorts (u.a. in verschiedenen Staaten des Deutschen Bundes, im Kirchenstaat und anderen italienischen Gebieten sowie in Kongresspolen) kam es in den folgenden Monaten zu – unterschiedlich erfolgreichen – Aufständen, Umsturzversuchen oder Verfassungsreformen; mit dem Königreich Belgien, das sich von den Niederlanden lossagte, entstand im Sog der französischen Julirevolution sogar ein neuer Staat.

6 Zitiert nach: Biermann, *Victor Hugo*, S. 88.

7 Blake, *Milton. A Poem*, 42,13–14 (»Writing/Is the Divine Revelation in the Litteral expression«).

8 So in einem der bekanntesten Gedichte Baudelaires (»Correspondances«/»Entsprechungen«) aus den *Fleures du mal* (*Blumen des Bösen*), S. 22 f.

9 Blake, *Jerusalem – The Emanation of the Giant Albion*, plate 66: »building[s] of eternal death, whose proportions are eternal despair«. – *Jerusalem* bildet den Abschluss von Blakes privatmythologischer Gedichtserie »Prophetic books«.
10 Blake, »Zwischen Feuer und Feuer«. In: ders, *Die Hochzeit von Himmel und Hölle* (übersetzt von Thomas Eichhorn), S. 225.
11 Wordsworth, *Lyrical Ballads*, S. 98.
12 Blake, »Alle Religionen sind eine«. In: ders, *Die Hochzeit von Himmel und Hölle* (übersetzt von Thomas Eichhorn), S. 33–35.
13 Blake, »When Klopstok England defied«, Übersetzung zitiert nach: Gelfert, *Was ist ein gutes Gedicht*, S. 103 f. – Blake schrieb das Gedicht als Antwort auf kritische Äußerungen Klopstocks zur englischen Poesie.
14 Heine, *Sämtliche Gedichte*, S. 96. – Es handelt sich um das Gedicht XXXVII aus dem Zyklus »Lyrisches Intermezzo« in Heinrich Heines erstem großen Gedichtband *Buch der Lieder* (1827).
15 Novalis, »Die Christenheit oder Europa«, S. 526.
16 Hugo, »Rede beim Pariser Friedenskongress«, S. 29. – Im Zuge der politischen Entwicklungen im Jahr 1848 trat erstmals eine europäische pazifistische Bewegung auf den Plan. Noch im September fand in Brüssel ein Friedenskongress statt, ein weiterer im Jahr darauf in Paris. Den Pariser Friedenskongress eröffnete Victor Hugo am 21. August 1849 mit seiner Rede.
17 Heine, *Deutschland, ein Wintermärchen*, S. 167 (Caput VII).
18 Dickens, *Große Erwartungen* (übersetzt von Melanie Walz), S. 44 (I, Kap. 4).
19 Musset, *Bekenntnis eines jungen Zeitgenossen* (übersetzt von Eveline Passet), S. 28.
20 Balzac, »Vorrede zur Menschlichen Komödie«, S. 423.
21 Ebd., S. 425.
22 Ebd., S. 429.
23 Ebd., S. 429.
24 Simmel, *Philosophie des Geldes*, S. 577 f.
25 Marx, »Der französische Crédit mobilier«, S. 31.
26 Marx, *Das Kapital*, S. 783 (I, § 7, 24.6.).
27 Balzac, *Das Bankhaus Nucingen* (übersetzt von Else Hollander), S. 23.
28 Balzac, *Verlorene Illusionen* (übersetzt von Udo Wolf), S. 310.
29 Vgl. Tolstoi, *Anna Karenina* (übersetzt von Fred Ottow), S. 183 f. (II, 11).
30 Der jüdische Hauptmann Alfred Dreyfus wurde 1894 durch ein Kriegsgericht in Paris zu Unrecht als Landesverräter verurteilt. Der Prozess war einer der größten Justizskandale der Dritten Republik und erregte großes Aufsehen. In der hitzig geführten Kontroverse wurde das Ausmaß des Antisemitismus in der Gesellschaft sichtbar. Zola veröffentlichte 1898 seinen berühmt geworden

Artikel »J'accuse …«, mit dem er für Dreyfus Partei ergriff und den Freispruch des wahren Schuldigen kritisierte. Dieser Artikel schlug so hohe Wellen, dass Zola für ein Jahr nach London floh, um einer Haftstrafe in Frankreich zu entgehen. Mit der offiziellen Rehabilitierung des unschuldigen Hauptmanns fand die »Dreyfus-Affäre« 1906 zwar offiziell ein Ende, die in ihr zutage getretenen gesellschaftlichen Konflikte wirkten jedoch noch lange nach.

31 Zola, *Der Experimentalroman.*
32 Zola, *Thérèse Raquin* (übersetzt von Ernst Sander), S. 6.
33 Bahr, *Die Décadence*, S. 226.
34 Mann, *Buddenbrooks*, S. 498 (VIII,6).
35 Ebd., S. 748–750 (X,2).
36 Baudelaire, »Richard Wagner und der ›Tannhäuser‹ in Paris« (übersetzt von Friedhelm Kemp), S. 108.
37 Nietzsche, *Die Geburt der Tragödie*, S. 30 (Abschnitt 1).
38 Baudelaire, »Richard Wagner und der ›Tannhäuser‹ in Paris« (übersetzt von Friedhelm Kemp), S. 109.
39 Siehe oben, Kapitel 8.
40 George, *Werke*, S. 47. (»Algabal«)
41 Wilde, *Salomé* (übersetzt von Hedwig Lachmann), S. 14.
42 Huysmans, *Gegen den Strich* (übersetzt von Walter Münz und Myriam Münz), S. 86. Moreaus Gemälde siehe oben Kapitel 9.
43 Mach, »Antimetaphysische Vorbemerkungen«, S. 138.
44 Nietzsche, *Ecce homo*, S. 374 (§ 8).
45 Nietzsche, *Der Fall Wagner*, S. 11 f. (Vorwort).
46 Ebd., S. 27 (§ 7).
47 Nietzsche, *Nachgelassene Fragmente*, S. 453 (15 [72, 73]).
48 Nietzsche, *Ecce homo*, S. 374 (§ 8, 9).
49 Kafka, *Tagebücher 1910–1923,* S. 305.
50 Ebd., S. 306.
51 Körner, *Sämtliche Werke*, S. 334 (»Zriny. Ein Trauerspiel in fünf Aufzügen«, V,7).
52 Heym, *Werke*, S. 135 ff.
53 Kraus, *Die letzten Tage der Menschheit*, S. 75 (I,1).
54 Rilke, *Die Gedichte*, S. 875 (»Fünf Gesänge. August 1914«).
55 Nietzsche, Also sprach Zarathustra, S. 264 (Dritter Teil. Von alten und neuen Tafeln, 23).
56 Jünger, *In Stahlgewittern*, S. 47.
57 Jünger, *Feuer und Blut*, S. 439–538.
58 »Aufruf an die Kulturwelt vom 4.10.1914«, S. 47 f.

59 Kraus, *Die letzten Tage der Menschheit*, S. 439 (IV, 7).
60 Mann, *Der Zauberberg*, S. 993 (VII).
61 Kraus, »Reklamefahrten zur Hölle«, S. 96–98.
62 Hitler, *Mein Kampf*, S. 1657–1659.
63 Szczypiorski, »Das Wahre, Schöne, Gute«, S. 11.
64 Belorusets, »Ruhm der Ukraine«, S. 55.
65 Harms, »Diesmal muss die EU mehr Mut haben«, S. 64.
66 Dostojewski: *Tagebuch eines Schriftstellers*, S. 49 f.
67 Zitiert nach Fridrich, »Die russische Seele und die Lust am Leiden. Hintergründe einer Mentalität«.
68 Tolstoi, *Anna Karenina*, S. 183.
69 Lenin, »Tolstoi als Spiegel der russischen Revolution«, S. 414.
70 Kropotkin, *Ideale und Wirklichkeit in der russischen Literatur*, S. 314 f.
71 Tschechow, *Briefe*, S. 70.
72 Tschechow, *Drei Schwestern*, 4. Akt.
73 Zitiert nach Urban, *Über Čechov*, S. 347.
74 Bulgakow, *Der Meister und Margarita*, S. 476 f.
75 Kafka, *Der Prozess*, S. 210.
76 Gogol, *Die toten Seelen*, S. 287.
77 Ebd., S. 44.
78 Kundera: »Un occident kidnappé oder die Tragödie Zentraleuropas«, S. 43.
79 Celan, »Ansprache anlässlich der Entgegennahme des Literaturpreises der Freien Hansestadt Bremen«, S. 185.
80 Gong, »Topographie«, in: *Die verlorene Harfe*, hrsg. von Petro Rychlo.
81 Schulz, »Die Nacht der Großen Saison«, S. 142 f.
82 Ebd., S. 144.
83 Roth, »Reise durch Galizien«, S. 283–285..
84 Roth, *Hiob*, S. 20 f.
85 Szczypiorski, *Notizen zum Stand der Dinge*, S. 178.
86 Kundera, *Das Buch vom Lachen und Vergessen*, S. 165.
87 Solschenizyn, *Nobelpreis-Rede*, S. 27.
88 Ebd., S. 61.
89 Hering, »Die Ballade von Klaus Störtebecker«.

Wir sind wir – oder sind wir die anderen?

1 Kant, *Physische Geographie*, S. 316.

VI Selbstmord und Weiterleben

1 Zitiert nach Dedijer, *Die Zeitbombe*, S. 668.

2 Lenin musste 1907 aus Russland fliehen und lebte seit 1908 in Genf. 1917 verhalf das Auswärtige Amt des deutschen Reiches ihm und insgesamt rund 400 weiteren russischen Exilierten in der Schweiz zur Rückkehr nach Russland, um das Zarenreich zu destabilisieren. Im April 1917 reisten Lenin und seine Begleiter mit der Bahn von der Schweiz über Deutschland und Schweden bis nach Petrograd.

3 Broch, *Schlafwandler*, S. 463.

4 Zitiert nach https://www.spiegel.de/kultur/kino/zitate-von-leni-riefenstahl-ich-bedaure-zu-100-prozent-hitler-kennengelernt-zu-haben-a-264954.html (9.9.2003, abgerufen am 6.1.2020).

5 Hitler, »Erklärung der Reichsregierung vor dem Deutschen Reichstag, 1. September 1939«, S. 47.

6 In seinem Essay »Bilanz der deutschen Judenheit« unternahm Arnold Zweig 1933, quasi auf der Schwelle zum Exil, eine Rückschau auf die zurückliegenden eineinhalb Jahrhunderte deutsch-jüdischer Beziehungsgeschichte. Und Siegmund Kaznelson versuchte noch 1934 mit seinem Handbuch *Juden im deutschen Kulturbereich* den Beitrag der deutschen Juden zum deutschen Kulturleben sichtbar zu machen. Das Buch wurde von der Gestapo verboten (»Der Leser erhält ein ganz falsches Bild über die wahre Betätigung, insbesondere die zersetzende Tätigkeit der Juden in der Deutschen Kultur.«) und erst mit der 2. Auflage (1959) zu einem weitverbreiteten Nachschlagewerk.

7 Heine, *Almansor*, S. 153.

8 Zweig, »Rückblick auf Barbarei und Bücherverbrennung«, S. 82 f.

9 Kästner, »Bei Durchsicht meiner Bücher«, S. 146.

10 Fried, *Gesammelte Werke*, Bd. 2, S. 56.

11 Celan, »Entwürfe zur Meridian-Rede«, (Tübinger Celan Ausgabe), S. 172.

12 Ebd., S. 79.

13 Ebd., S. 131 und 190.

14 Celan, *Gesammelte Werke in sieben Bänden*, Bd. 3 (Gedichte III, Prosa, Reden), S. 185.

15 Adorno, *Aspekte des neuen Rechtsradikalismus* [1967], S. 54.

16 Weidermann, »Klub der Visionäre«, S. 2.

17 Fichte, *Ketzerische Bemerkungen*, S. 11.

18 Lu Hsün, »Die Literatur einer revolutionären Phase« (übersetzt von Rolf Dornbacher), S. 24.

19 Handke, *Kaspar*, S. 102.

20 Schuman, »Rede im französischen Außenministerium, 9. Mai 1950«, S. 97.

21 Zitiert nach Polóny, *Heil und Zerstörung*, S. 490 ff.

22 Im Juli 1690 siegte in der Schlacht am Fluss Boyne König Wilhelm II. von England über seinen Kontrahenten Jakob II. aus dem Geschlecht der Stuarts und brachte dadurch das vom Königreich abgefallene Irland wieder unter seine Kontrolle. Bis heute pflegen die radikalen Protestanten des Oranier-Ordens den Brauch, diesen historischen Sieg durch provokative Aufmärsche in katholischen Wohnvierteln zu feiern. Dabei kommt es immer wieder zu blutigen Ausschreitungen.

23 »Word by word a new constellation emerges, untranslatable without personal experience. A new constellation in the center of the world, in Sarajevo [!], in Sarajevo's burnt down National Library, accompanied by the ceremony of sacrifice [!] of ›Memoria Bosniace‹, accompanied by the sounds of harp, letter, speech, page …« Zitiert nach Wertheimer, *Krieg der Wörter,* S. 23.

24 Vgl. Koschnick, *Brücke über die Neretva.*

25 Andrić, *Brief aus dem Jahre 1920* (übersetzt von Milo Dor und Reinhard Federmann), S. 45.

26 Andrić, *Die Brücke über die Drina* (übersetzt von Ernst E. Jonas, überarbeitet von Katharina Wolf-Grießhaber), S. 123.

27 Ebd., S. 124.

28 Ebd., S. 227.

29 Ebd., S. 258.

30 Ebd., S. 429 f.

31 Heiner Müller, *Werke*, Bd. I. (Die Gedichte), S 178.

32 Die Rede ist nachzulesen unter: https://www.bundesfinanzministerium.de/Content/DE/Reden/2018/2018-11-28-Europarede-HU-Berlin.html, abgerufen am 13.12.2019

33 Nachzulesen unter anderem hier: https://www.europarl.europa.eu/factsheets/de/sheet/165/human-rights, abgerufen am 13.12.2019

34 Coudenhove-Kalergi, *Adel*, S. 17, sowie (leicht abgewandelt) ders., *Praktischer Idealismus*, S. 22 f.

35 So Golls Selbstcharakterisierung in der 1920 von Kurth Pinthus herausgegebenen Anthologie *Menschheitsdämmerung*, S. 341.

36 Nachzulesen hier: https://www.bundestag.de/resource/blob/189558/21543d1184c1f627412a3426e86a97cd/charta-data.pdf, abgerufen am 13.12.2019

37 Sartre, »Vorwort«. In: Fanon, *Die Verdammten dieser Erde,* S. 20–22.

Das Europa der Frau

1 Im Bereich der gleichfalls männlich geprägten jüdischen Religion kommt Frauen eine ähnlich dominante und zugleich dienende Funktion zu – wenngleich etwa die Prophetin, Richterin und Kämpferin Deborah eine vergleichsweise aktive Rolle spielt und an entscheidender Stelle ins politische Geschehen eingreift.
2 Diderot, *Über die Frauen* (übersetzt von K. Scheinfuß), S. 325.
3 Nietzsche, *Götzen-Dämmerung*, S. 113 (Streifzüge eines Unzeitgemässen, 5).
4 Bebel, *Die Frau und der Sozialismus*, S. 5 (Einleitung).
5 Bachmann, »Tagebuch«, S. 61, 64.
6 Ebd., S. 68.
7 Bachmann, »Böhmen liegt am Meer«, S. 94 f.
8 2015 wurde das Stück in Österreich erstmals aufgeführt. Veröffentlicht hatte Jelinek den Text schon 2013, die Uraufführung fand 2014 im Rahmen des Festivals »Theater der Welt« am Nationaltheater Mannheim statt (Regie: Nicolas Stemann).
9 Herta Müller, Vortrag am 7.11.2018 an der Universität Tübingen (unveröffentlicht).
10 Müller, »Samtpfoten und Ohrfeigen«.

Was wir gelernt haben – könnten

1 Heine, *Sämtliche Gedichte*, S. 711.
2 Lessing, *Nathan der Weise*, S. 159 (V, 7).

Bibliographie

Adorno, Theodor W.: Aspekte des neuen Rechtsradikalismus. Mit einem Nachwort von Volker Weiß. Berlin: Suhrkamp 2019 [1967].

Aischylos: Die Orestie. Agamemnon, Die Choephoren, Die Eumeniden. Eine freie Übertragung von Walter Jens. Reinbek bei Hamburg: rowohlt repertoire 2016.

Aleman, Mateo de: Der grosse spanische Vagabund Guzmán de Alfarache. Wie er aus Sevilla auszog, sein Glück zu suchen in Madrid … Ein Schelmenroman. Herausgegeben und mit einem Nachwort versehen von Reinhard Lehmann. Illustrationen von Christa Jahr. Berlin: Eulenspiegel-Verlag 1986 [1599].

Andrić, Ivo: Die Brücke über die Drina. Eine Chronik aus Višegrad. Deutsch von Ernst E. Jonas, überarbeitet von Katharina Wolf-Grießhaber. Mit einem Nachwort von Karl-Markus Gauß. München: dtv 2013 [serbische Originalausgabe 1945].

—: Brief aus dem Jahre 1920. Übertragen aus dem Serbokroatischen von Milo Dor und Reinhard Federmann. In: ders.: Sämtliche Erzählungen. Band III. Gesichter. München: Carl Hanser 1964, S. 32–47.

Anonym: Lazarillo de Tormes/Klein Lazarus vom Tormes. Spanisch/Deutsch. Übersetzt, kommentiert und mit einem Nachwort versehen von Hartmut Köhler. Stuttgart: Reclam 2007 [1552].

Apollonios von Rhodos: Die Fahrt der Argonauten. Griechisch/Deutsch. Herausgegeben, übersetzt und kommentiert von Paul Dräger. Stuttgart: Reclam 2002.

Aristoteles: Die Poetik. Übersetzt und herausgegeben von Manfred Fuhrmann. Stuttgart: Reclam 1982.

Assmann, Jan: Exodus. Die Revolution der Alten Welt. 3., durchgesehene Auflage. München: C.H. Beck 2015.

Auerbach, Erich: Mimesis. Dargestellte Wirklichkeit in der abendländischen Literatur. Bern/München: Francke 1982 [1946].

Aufruf an die Kulturwelt (4. Oktober 1914). In: Aufrufe und Reden deutscher Professoren im Ersten Weltkrieg. Mit einer Einleitung herausgegeben von

Klaus Böhme. 2. Auflage mit einem Nachwort von Hartmann Wunderer. Stuttgart: Reclam 2014, S. 47–49.

Augustinus: Confessiones, Bekenntnisse. Übersetzt von Wilhelm Thimme. Mit einer Einführung von Norbert Fischer. Düsseldorf/Zürich: Artemis 2004.

Bachmann, Ingeborg: Tagebuch. Beitrag zur Probenummer einer internationalen Zeitschrift. In: Die Wahrheit ist dem Menschen zumutbar. Essays, Reden, kleiner Schriften. München: Piper 2003, S. 58–72.

—: Böhmen liegt am Meer. In: Kursbuch 15. November 1968. Kultur, Revolution, Literatur. Herausgegeben von Hans Magnus Enzensberger, S. 94 f.

Bacon, Francis: Neues Organon. Lateinisch/Deutsch. Lateinischer Text nach der Ausgabe Spedding. Deutscher Text nach der Ausgabe Buhr in der Übersetzung von Rudolf Hoffmann und Gertraud Korf. Anmerkungen von Wolfgang Krohn. Ausgabe in 2 Teilbänden. Hamburg: Meiner 1990 [1620].

Bahr, Hermann: Die Décadence. In: Die Wiener Moderne. Literatur, Kunst und Musik zwischen 1890 und 1910. Herausgegeben von Gotthart Wunberg unter Mitarbeit von Johannes J. Braakenburg. Stuttgart: Reclam 2013, S. 225–232.

Balzac, Honoré de: Das Bankhaus Nucingen. Erzählungen. Deutsch von Else Hollander. Zürich: Diogenes 1977 [1838].

—: Verlorene Illusionen. Aus dem Französischen übersetzt von Udo Wolf. Mit einem Nachwort von Fritz-Georg Voigt. Berlin/Weimar: Aufbau 1978 [1837 bis 1843].

—: Vorrede zur Menschlichen Komödie. In: Balzac. Leben und Werk. Herausgegeben von Claudia Schmölders und Daniel Keel. Zürich: Diogenes 2007 [1842], S. 423–440.

Baudelaire, Charles: Die Blumen des Bösen. Les Fleurs du Mal. Vollständige zweisprachige Ausgabe. Deutsch von Friedhelm Kemp. München: dtv 1986 [1857].

—: Richard Wagner und der »Tannhäuser« in Paris. In: ders.: Sämtliche Werke/ Briefe. Band 7. Richard Wagner. Meine Zeitgenossen. Armes Belgien! 1860–1866. Herausgeben von Friedhelm Kemp und Claude Pichois in Zusammenarbeit mit Wolfgang Drost. Übersetzt von Friedhelm Kemp. München: Hanser 1990 [1861], S. 89–133.

Bayle, Pierre: Historisches und kritisches Wörterbuch: eine Auswahl Günter Gawlick. Übersetzt und herausgegeben von Günter Gawlick. Hamburg: Meiner 2003 [1694–1697].

Beaumarchais, Pierre Augustin Caron de: Der tolle Tag oder Figaros Hochzeit. Ins Deutsche übertragen von Josef Kainz. Berlin/Leipzig: Volk und Wissen 1949 [1784].

Bebel, August: Die Frau und der Sozialismus. Berlin/DDR: Dietz 1979 [1879].

Belorusets, Yevgenia: Ruhm der Ukraine. In: Claudia Dathe; Andreas Rosteck (Hrsg.): Maidan! Ukraine, Europa. Berlin: Edition FotoTapeta 2014, S. 55–57.

Benjamin, Walter: Ursprung des deutschen Trauerspiels. In: Gesammelte Werke I. Frankfurt am Main: Zweitausendeins 2011 [1928], S. 763–955.

Biermann, Karlheinrich: Victor Hugo. Hamburg: Rowohlt 1998.

Blake, William: Zwischen Feuer und Feuer. Poetische Werke. Zweisprachige Ausgabe. Aus dem Englischen neu übersetzt und mit Anmerkungen versehen von Thomas Eichhorn. Mit einem Nachwort von Susanne Schmid. München: dtv 2000.

—: All Religions are One. Alle Religionen sind eine [1788]. In: ders.: Poetische Werke, S. 32–25.

—: The Marriage of Heaven and Hell. Die Hochzeit von Himmel und Hölle [1794]. In: ders.: Poetische Werke, S. 212–245.

—: Jerusalem. The Emanation of the Giant Albion. Herausgegeben mit einer Einleitung und Anmerkungen von Morton D. Paley. Millbank, London: The Tate Gallery 1998 [1804].

—: Milton a Poem. Herausgegeben mit einer Einleitung und Anmerkungen von Robert N. Essick und Joseph Viscomi. Millbank, London: The Tate Gallery 1993 [1810].

—: Als Klopstock England den Handschuh hinwarf. Zitiert nach Gelfert, Hans-Dieter: Was ist ein gutes Gedicht? Eine Einführung in 33 Schritten. München: C.H. Beck 2016, S. 103 f.

Brecht, Bertolt: Mutter Courage und ihre Kinder. Eine Chronik aus dem Dreißigjährigen Krieg. In: ders.: Die Stücke von Bertolt Brecht in einem Band. Frankfurt am Main: Suhrkamp 1978 [1941], S. 541–578.

Breidert, Wolfgang (Hrsg.): Die Erschütterung der vollkommenen Welt. Die Wirkung des Erdbebens von Lissabon im Spiegel europäischer Zeitgenossen. Darmstadt: Wissenschaftliche Buchgesellschaft 1994.

Broch, Hermann: Die Schlafwandler. Kommentierte Werkausgabe. Band 1. Herausgegeben von Paul Michael Lützeler. Frankfurt am Main: Suhrkamp 1978 [1930, 1931, 1932].

Büchner, Georg: Dantons Tod. Ein Drama. In: ders.: Werke und Briefe. Münchner Ausgabe. Herausgegeben von Karl Pörnbacher u.a. München: Carl Hanser 1988 [1835], S. 67–133.

Bulgakow, Michail: Der Meister und Margarita [1966]. Aus dem Russischen von Thomas Reschke. Mit literaturgeschichtlichen Anmerkungen von Ralf Schröder. München: Sammlung Luchterhand 1994.

Caldéron de la Barca: La vida es sueño. Das Leben ist Traum. Spanisch/Deutsch. Übersetzt und kommentiert von Hartmut Köhler. Mit einem Beitrag von Burkhard Vogel. Stuttgart: Reclam 2009 [1635].

Callot, Jacques: Die großen Schrecken des Krieges. 18 Radierungen. Herausgegeben und mit einem Nachwort versehen von Bernd Schuchter. Bildbeschreibungen von Abt Michel de Marolles, übersetzt von Lothar Klünner. Innsbruck: Limbus Verlag 2016 [1633].

Camus, Albert: Der Mythos des Sisyphos. Deutsch und mit einem Nachwort von Vincent von Wroblewsky. Reinbek: Rowohlt 2013 [1942].

Castiglione, Baldassare: Das Buch vom Hofmann. Übersetzt von Fritz Baumgart. München: dtv 1986 [1528].

Celan, Paul: Gesammelte Werke in sieben Bänden. Herausgegeben von Beda Allemann und Stefan Reichert unter Mitwirkung von Rolf Bücher. Gedichte III, Prosa, Reden. Frankfurt am Main: Suhrkamp 2000.

—: Ansprache anlässlich der Entgegennahme des Literaturpreises der Freien Hansestadt Bremen. In: ders.: Gesammelte Werke in sieben Bänden. Dritter Band. Gedichte III, Prosa, Reden. Herausgegeben von Beda Allemann und Stefan Reichert unter Mitwirkung von Rolf Bücher. Frankfurt am Main: Suhrkamp 2000 [1958], S. 185 f.

—: Entwürfe zur Meridian-Rede [1960]. In: ders.: Werke. Tübinger Ausgabe. Herausgegeben von Jürgen Wertheimer. Der Meridian. Endfassung. Entwürfe. Materialien. Herausgegeben von Bernhard Böschenstein und Heino Schmull unter Mitarbeit von Michael Schwarzkopf und Christiane Wittkop. Frankfurt am Main: Suhrkamp 1999.

Cervantes Saavedra, Miguel de: Der geistvolle Hidalgo Don Quijote von der Mancha. Herausgegeben und neu übersetzt von Susanne Lange. 2 Bände. München: dtv 2014 [spanische Originalausgabe 1605, 1615].

Cesaire, Aimé: Ein Sturm. Aus dem Französischen von Monika Kind. Berlin: Wagenbach 1970 [1969].

Chamisso, Adelbert von: Peter Schlemihls wundersame Geschichte. Stuttgart: Reclam 2003 [1813].

Chartier, Roger: Der Gelehrte. Aus dem Französischen von Bodo Schulze. In: Michel Vovelle (Hrsg.): Der Mensch der Aufklärung. Essen 1998, S. 122–168.

Chrétien de Troyes: Le Roman de Perceval ou Le Conte du Graal/Der Percevalroman oder Die Erzählung vom Gral. Altfranzösisch/Deutsch. Herausgegeben und übersetzt von Felicitas Olef-Krafft. Stuttgart: Reclam 1990.

Conrad, Joseph: Herz der Finsternis. Deutsch von Reinhold Batberger. Frankfurt am Main: Suhrkamp 1992 [engl. Originalausgabe 1902].

Corday, Charlotte: An Barbaroux. 15. Juli 1793. In: Briefe aus der Französischen Revolution. Ausgewählt, übersetzt und erläutert von Gustav Landauer. Berlin: Kadmos 1999 [1919], S. 477–485.

—: An Herrn von Corday d'Armont. In: Briefe aus der Französischen Revolution. Ausgewählt, übersetzt und erläutert von Gustav Landauer. Berlin: Kadmos 1999 [1919], S. 485.

Coudenhove-Kalergi, Richard Nikolaus: Adel. Leipzig: Verlag Der Neue Geist/Dr. Peter Rheinhold 1922.

—: Praktischer Idealismus. Adel, Technik, Pazifismus. Wien/Leipzig: Paneuropa Verlag 1925.

Dante Alighieri: Die Göttliche Komödie. Aus dem Italienischen übersetzt von Karl Zoozmann. In: Dante. Das Neue Leben. Die Göttliche Komödie. Herausgegeben von Dr. Erwin Laaths. Berlin/Darmstadt 1968.

Dax, Max: »Alle Dinge sind verzauberte Menschen«. Alexander Kluge spricht im Interview mit der Frankfurter Rundschau über die Band Kraftwerk, die Melancholie der Roboter und die Chance auf ein zeitgenössisches Requiem. In: Frankfurter Rundschau, 15.1.2015.

Déclaration des droits de l'homme et du citoyen. Die französische Erklärung der Rechte des Menschen und des Bürgers (26. August 1789). In: Quellen zur Geschichte der Menschenrechte. Von der Amerikanischen Revolution zu den Vereinten Nationen. Herausgegeben von Bardo Fassbender. Stuttgart: Reclam 2014, S. 42–51.

Déclaration des droits de la femme et de la citoyenne. Die Erklärung der Rechte der Frau und der Bürgerin von Olympe de Gouges (September 1791). In: Quellen zur Geschichte der Menschenrechte. Von der Amerikanischen Revolution zu den Vereinten Nationen. Herausgegeben von Bardo Fassbender. Stuttgart: Reclam 2014, S. 54–65.

Defoe, Daniel: Robinson Crusoe. Erster und zweiter Band. Aus dem Englischen von Franz Riederer. Mit einem Essay von Hans-Rüdiger Schwab und einer Zeittafel. Mit den Illustrationen der Amsterdamer Ausgabe von 1726/1727. München: dtv 2012 [engl. Originalausgabe 1719].

Descartes, René: Philosophische Schriften in einem Band [zweisprachig]. Mit einer Einführung von Rainer Specht und »Descartes' Wahrheitsbegriff« von Ernst Cassirer. Hamburg: Meiner 1996.

—: Discours de la méthode pour bien conduire sa raison, et chercher la verité dans les sciences. Von der Methode des richtigen Vernunftgebrauchs und der wissenschaftlichen Forschung. In: ders.: Philosophische Schriften in einem Band. Hamburg: Meiner 1996 [1637].

—: Meditationes de prima philosophia. Meditationen über die Grundlagen der

Philosophie. In: ders.: Philosophische Schriften in einem Band. Hamburg: Meiner 1996 [1641].

—: Über den Menschen [Traité de l'homme]. Nach der französischen Ausgabe von 1664 übersetzt von Karl E. Rothschuh. Heidelberg 1969.

—: Regulae ad directionem ingenii. Regeln zur Ausrichtung der Erkenntniskraft. In: ders.: Philosophische Schriften in einem Band. Hamburg: Meiner 1996 [1684].

Dickens, Charles: Große Erwartungen. Übersetzt von Melanie Walz. München: Hanser 2011 [Originalausgabe 1860/1861].

Diderot, Denis: Jacques der Fatalist und sein Herr. Übersetzt und mit einem Nachwort von Ernst Sander. Stuttgart: Reclam 2008 [franz. Originalausgabe 1796].

—: Brief über die Blinden. In: ders.: Philosophische Schriften. Herausgegeben und mit einem Nachwort versehen von Alexander Becker. Aus dem Französischen von Theodor Lücke. Berlin: Suhrkamp 2013 [franz. Originalausgabe 1749], S. 11–71.

—: Über die Frauen. Übertragen von K. Scheinfuß. In: ders.: Die Nonne. Über die Frauen. Erzählungen und Essays. Stuttgart/Hamburg: Deutscher Bücherbund 1967 [franz. Originalausgabe 1772], S. 321–336.

—: Enzyklopädie. In: Die Welt der Encylopédie. Ediert von Anette Selg und Rainer Wieland. Frankfurt am Main: Eichborn 2001,S. 68–89.

—: Zölibat. In: In: Die Welt der Encylopédie. Ediert von Anette Selg und Rainer Wieland. Frankfurt am Main: Eichborn 2001, S. 447.

—: Rameaus Neffe. Ein Dialog. Aus dem Manuskript übersetzt von Johann Wolfgang Goethe. Stuttgart: Reclam 1977 [1805].

Dostojewski, Fjodor: Tagebuch eines Schriftstellers. Notierte Gedanken [1873]. Aus dem Russischen von E. K. Rahsin. Nachwort Aleksandar Flaker. München/Zürich: Piper 1992.

Dowden, Edward: A Critical Edition of the Complete Poetry. Hrsg. von Wayne K. Chapman. Clemson (South Carolina): Clemson University Press 2015.

Eco, Umberto: Der Name der Rose. Übersetzt aus dem Italienischen von Burkhart Kroeber. München: Hanser 1982 [1980].

Euripides: Medea. Übersetzt und herausgegeben von Paul Dräger. Stuttgart: Reclam 2017.

—: Die Bakchen. Übersetzt, mit Nachwort und Anmerkungen von Oskar Werner. Stuttgart: Reclam 2001.

Fanon, Franz: Die Verdammten dieser Erde. Mit einem Vorwort von Jean-Paul Sartre. Aus dem Französischen von Traugott König, Frankfurt am Main: Suhrkamp 2008 [franz. Originalausgabe 1961].

Feuerbach, Ludwig: Pierre Bayle. Ein Beitrag zur Geschichte der Philosophie und Menschheit. Zweite, umgearbeitete und vermehrte Auflage. Leipzig: Otto Wigand 1848 [1838].

Feyerabend, Paul: Wider den Methodenzwang. Skizze einer anarchistischen Erkenntnistheorie. Aus dem Englischen von Paul Vetter. Frankfurt am Main: Suhrkamp 1976 [engl. Originalausgabe 1975].

Fichte, Hubert: Ketzerische Bemerkungen für eine neue Wissenschaft vom Menschen. Rede in der Frobenius-Gesellschaft, Frankfurt am Main am 12. Januar 1977. Mit einem Essay von Michael Fisch. Hamburg: Europäische Verlagsanstalt 2001.

Freiligrath, Ferdinand: Hamlet. In: Freiligraths Werke in sechs Teilen. Herausgegeben, mit Einleitung und Anmerkungen versehen von Julius Schwering. Teil 2. Ein Glaubensbekenntnis. Zeitgedichte 1844. Berlin: Bong 1909.

Freud, Sigmund: Eine Kindheitserinnerung des Leonardo da Vinci. Un souvnir d'enfance de Léonard de Vinci. Paris: Galimard 1991 [1910].

Fridrich, Michaela: Die russische Seele und die Lust am Leiden. Hintergründe einer Mentalität. Abrufbar unter: https://www.deutschlandfunk.de/die-russische-seele-und-die-lust-am-leiden.1184.de.html?dram:article_id=185459

Fried, Erich: Gesammelte Werke. Herausgegeben von Volker Kaukoreit und Klaus Wagenbach. Band 2. Gedichte II. Berlin: Wagenbach 1998 [1972]

Gedichte des Barock. Herausgegeben von Ulrich Maché und Volker Meid. Stuttgart: Reclam 2009.

George, Stefan: Werke. Ausgabe in zwei Bänden. Band 1. München: dtv 2000.

Goethe, Johann Wolfgang von: Iphigenie auf Tauris. Ein Schauspiel. In: ders.: Werke. Hamburger Ausgabe. Band 5. Dramatische Dichtungen III. Textkritisch durchgesehen von Liselotte Blumenthal und Eberhard Haufe. Kommentiert von Stuart Atkins, Dieter Lohmeier, Waltraud Loos und Marion Robert. München: dtv 2000 [1779], S. 7–67.

—: Die Leiden des jungen Werther. In: ders.: Werke. Hamburger Ausgabe. Band 6. Romane und Novellen I. Textkritisch durchgesehen von Erich Trunz. Kommentiert von Erich Trunz und Benno von Wiese. München: dtv 2000 [1774], S. 7–124.

—: Wilhelm Meisters Lehrjahre. Hamburger Ausgabe. Band 7. Romane und Novellen II. Textkritisch durchgesehen und kommentiert von Erich Trunz. München: dtv 2000 [1795/96].

—: Das erste Weimarer Jahrzehnt. Briefe, Tagebücher und Gespräche vom 7. November 1775 bis 2. September 1786. Herausgegeben von Hartmut Reinhardt. Frankfurt am Main: Deutscher Klassiker Verlag 1997, S. 513–515.

Gogol, Nikolai: Die toten Seelen oder Die Abenteuer Tschitschikows [1842]. Aus dem Russischen von Alexander Eliasberg. In: ders.: Gesammelte Werke. Frankfurt am Main: Zweitausendeins 2009, S. 7–442.

Gong, Alfred: Topographie. In: Petro Rychlo (Hrsg.): Die verlorene Harfe. Eine Anthologie deutschsprachiger Lyrik aus der Bukowina. 2. Auflage. Černivci: Zoloti lytavry 2008.

Grass, Günter: Das Treffen in Telgte. Eine Erzählung und dreiundvierzig Gedichte aus dem Barock. München: dtv 1999 [1979].

—: Ein weites Feld. Göttingen: Steidl 1995.

Gregorovius, Ferdinand: Geschichte der Stadt Rom im Mittelalter. Vom V. bis zum XVI. Jahrhundert. 1. Band. Vom Beginn des V. Jahrhunderts bis zum Untergang des westlichen Reichs im Jahre 476. 2. Buch, 2. Kapitel, Abschnitt 5. Zweite, durchgearbeitete Auflage. Stuttgart 1869.

Grimmelshausen, Hans Jacob Christoffel von: Simplicicissimus Teutsch. Herausgegeben von Dieter Breuer. Frankfurt am Main: Deutscher Klassiker Verlag 2005 [1668].

Handke, Peter: Publikumsbeschimpfung. In: ders.: Publikumsbeschimpfung und andere Sprechstücke. Berlin: Suhrkamp 2018 [1966], S. 11–111.

—: Kaspar. 37. Auflage. Berlin: Suhrkamp 2019 [1967].

Harms, Rebecca: Diesmal muss die EU mehr Mut haben. In: Claudia Dathe; Andreas Rosteck (Hrsg.): Maidan! Ukraine, Europa. Berlin: Edition FotoTapeta 2014, S. 63–66.

Hazard, Paul: Die Krise des europäischen Geistes. 1680–1715. Aus dem Französischen übertragen von Harriet Wegener. Hamburg: Hoffmann und Campe 1939 [franz. Originalausgabe 1935].

Heine, Heinrich: Deutschland, ein Wintermärchen. In.: ders.: Sämtliche Werke. Band II. Herausgegeben von Hans Kaufmann. München: Kindler 1964 [1844].

—: Almansor. Eine Tragödie. In: ders.: Sämtliche Werke. Band IV. Herausgegeben von Hans Kaufmann. München: Kindler 1964 [1823], S. 143–216.

—: Disputation. In: ders.: Sämtliche Werke. Band III. Romanzero, Gedichte 1853 und 1854, Nachlese zu den Gedichten (1812–1831). Herausgeben von Hans Kaufmann. München: Kindler 1964.

—: Sämtliche Gedichte. Kommentierte Ausgabe. Herausgegeben von Bernd Kortländer. Stuttgart: Reclam 2006.

Hering, Lutz: Die Ballade von Klaus Störtebecker. Text und Musik sind abrufbar unter: http://lutz-hering.de/texte/die-ballade-von-klaus-stoertebeker, aufgerufen am 2.11.2021.

Heym, Georg: Der Krieg. Werke. Mit einer Auswahl von Entwürfen aus dem Nachlass, von Tagebuchaufzeichnungen und Briefen. Herausgegeben von Gunter Martens. Stuttgart: Reclam 2006.

Hitler, Adolf: Mein Kampf. Eine kritische Edition. Herausgegeben von Christian Hartmann, Thomas Vordermayer, Othmar Plöckinger und Roman Töppel. Unter Mitarbeit von Edith Raim, Pascal Trees, Angelika Reizle und Martina Seewald-Mooser. 2 Bände. Im Auftrag des Instituts für Zeitgeschichte. München/Berlin 2016.

—: Erklärung der Reichsregierung vor dem Deutschen Reichstag, 1. September 1939. In gekürzter Fassung und mit einer kritischen Einordnung versehen. In: Gerhard Jelinek (Hrsg.): Reden, die unsere Welt veränderten. Berlin: dtv 2012, S. 157–164. Vollständige Fassung enthalten im Protokoll der Reichstagssitzung vom 1 September 1939. Online abrufbar unter: https://www.reichstagsprotokolle.de/Blatt2_n4_bsb00000613_00046.html

Hölderlin, Friedrich: Sämtliche Gedichte. Herausgegeben von Jochen Schmidt. München: Deutscher Klassiker Verlag 2005.

Homer: Ilias. Aus dem Griechischen übersetzt und kommentiert von Kurt Steinmann. Nachwort von Jan Philipp Reemtsma. Mit 16 Illustrationen von Anton Christian. München: Manesse 2017.

—: Odyssee. Aus dem Griechischen übersetzt und kommentiert von Kurt Steinmann. Mit 16 Illustrationen von Anton Christian. Zürich: Manesse 2007.

Hugo, Victor: Rede beim Pariser Friedenskongress vom 21.8.1849. In: Les grands textes qui ont inspirés l'Europe. Die bedeutendsten Texte, die Europa inspiriert haben. Herausgegeben von Juliette Charbonneaux. Paris 2019, S. 24–31.

Huizinga, Johan: Holländische Kultur im siebzehnten Jahrhundert. Eine Skizze. Deutsch von Werner Kaegi. Fassung letzter Hand. Mit Fragmenten von 1932 und einem Nachwort von Horst Gerson. Frankfurt am Main: Suhrkamp 1977 [1933].

Huntington, Samuel P.: Kampf der Kulturen. Die Neugestaltung der Weltpolitik im 21. Jahrhundert. Aus dem Amerikanischen übersetzt von Holger Fließbach. Hamburg: Spiegel Verlag 2006 [amerik. Originalausgabe 1996].

Huysmans, Joris-Karl: Gegen den Strich. Übersetzt und herausgegeben von Walter Münz und Myriam Münz. Stuttgart: Reclam 2000 [franz. Originalausgabe 1884].

Jünger, Ernst: In Stahlgewittern. In: ders.: Sämtliche Werke. Bd. 1. Tagebücher I. Der Erste Weltkrieg. Stuttgart: 1978 [1920], S. 9–300.

—: Feuer und Blut. ders.: Sämtliche Werke. Bd. 1. Tagebücher I. Der Erste Weltkrieg. Stuttgart: 1978 [1925], S. 439–538.

Kästner, Erich: Bei Durchsicht meiner Bücher [1946]. In: Dort wo man Bücher verbrennt. Stimmen der Betroffenen. Herausgegeben von Klaus Schöffling. Frankfurt am Main: Suhrkamp 1983, S. 146–147.

Kafka, Franz: Beschreibung eines Kampfes. Novellen, Skizzen, Aphorismen aus dem Nachlass. Herausgegeben von Max Brod. 5. Auflage. Frankfurt am Main: Fischer 1992 [1917/1930], S. 51–62.

—: Tagebücher 1910–1923. Herausgegeben von Max Brod. Frankfurt am Main: Fischer 1983.

—: Der Prozess [1925]. In: ders.: Sämtliche Werke. Romane und Erzählungen. Frankfurt am Main: Zweitausendeins 2004, S. 210–367.

Kant, Immanuel: Physische Geographie. In: Kant's gesammelte Schriften. Herausgegeben von der Königlich Preußischen Akademie der Wissenschaften. Band IX. Berlin 1905 [1801].

—: Beantwortung der Frage: Was ist Aufklärung? (1784). In: Was ist Aufklärung? Thesen, Definitionen, Dokumente. Herausgegeben von Barbara Stollberg-Rilinger. Stuttgart: Reclam 2014, S. 9–18.

Karolus Magnus et Leo Papa: ein Paderborner Epos vom Jahre 799. Lateinisch/Deutsch. Übersetzt von Franz Brunhölzl. Mit Beiträgen von Helmut Beumann, Franz Brunhölzl und Wilhelm Winkelmann. Herausgegeben von Joseph Brockmann. Paderborn: Bonifacius-Druckerei 1966.

Kehlmann, Daniel: Die Vermessung der Welt. Reinbek bei Hamburg: Rowohlt 2010 [2005].

Keller, Werner: Und die Bibel hat doch recht – Forscher beweisen die Wahrheit des Alten Testaments. Berlin: Ullstein 2009 [1955].

Kepler, Johannes: De Harmonice Mundi libri V (Weltharmonik in fünf Büchern). In: ders.: Was die Welt im Innersten zusammenhält. Antworten aus Schriften von Johannes Kepler. In deutscher Übersetzung mit einer Einleitung, Erläuterungen und Glossar. Herausgegeben von Fritz Krafft. Wiesbaden: Marix 2005 [1619], S. 331–682.

Kleist, Heinrich von: Über die allmähliche Verfertigung der Gedanken beim Reden. In: ders.: Sämtliche Werke und Briefe. Herausgegeben von Helmut Sembdner. Zweibändige Ausgabe in einem Band. Zweiter Band. München: dtv 2001, S. 160–195.

—: Die Verlobung in St. Domingo. In: ders.: Sämtliche Werke und Briefe. Herausgegeben von Helmut Sembdner. Zweibändige Ausgabe in einem Band. Zweiter Band. München: dtv 2001, S. 319–324.

Körner, Theodor: Sämtliche Werke. Ausgabe in einem Band. Leipzig: Reclam o. J.

Der Koran. Aus dem Arabischen neu übertragen von Hartmut Bobzin unter Mitarbeit von Katharina Bobzin. München: C. H. Beck 2012.

Koschnick, Hans: Brücke über die Neretva. Der Wiederaufbau von Mostar. München: dtv 1995.

Kraus, Karl: Die letzten Tage der Menschheit. In: Karl Kraus: Schriften. Herausgegeben von Christian Wagenknecht. Band 10. Die letzten Tage der Menschheit. Tragödie in fünf Akten mit Vorspiel und Epilog. Frankfurt am Main: Suhrkamp 1986.

—: Reklamefahrten zur Hölle. In: Die Fackel, Nr. 577–582, November 1921. S. 96–98.

Kropotkin, Petr A.: Ideale und Wirklichkeit in der russischen Literatur. Autorisierte Übersetzung von B. Ebenstein. Neu herausgegeben von Peter Urban. Frankfurt am Main: Suhrkamp 1975.

Kundera, Milan: Das Buch vom Lachen und Vergessen [1979]. Aus dem Tschechischen von Susanna Roth. München: Hanser 1992.

—: Un occident kidnappé oder die Tragödie Zentraleuropas. Aus dem Französischen von Cornelia Falter. In: Kommune. Forum für Politik und Ökonomie 2 (1984), Nr. 7, S. 43–52.

Las Casas, Bartolomé de: Kurzgefaßter Bericht von der Verwüstung der Westindischen Länder. Deutsche Übersetzung von D. W. Andreä. Herausgegeben von Hans Magnus Enzensberger. Frankfurt am Main: Insel 1981.

Leibniz, Gottfried Wilhelm: Monadologie. Französisch/Deutsch. Übersetzt und herausgegeben von Hartmut Hecht. Stuttgart: Reclam 2019 [1714].

—: Von dem Verhängnisse. In: ders.: Philosophische Werke. Herausgegeben von A. Buchenau und Ernst Cassirer. Zweiter Band. Hauptschriften zur Grundlegung der Philosophie. Übersetzt von A. Buchenau. Durchgesehen und mit Einleitungen und Erläuterungen herausgegeben von Ernst Cassirer. Zweiter Band. Zweite Auflage. Leipzig: Meiner 1924, S. 129–134.

—: Die Vernunftprinzipien der Natur und der Gnade. In: ders.: Philosophische Werke. Herausgegeben von A. Buchenau und Ernst Cassirer. Zweiter Band. Hauptschriften zur Grundlegung der Philosophie. Übersetzt von A. Buchenau. Durchgesehen und mit Einleitungen und Erläuterungen herausgegeben von Ernst Cassirer. Zweiter Band. Zweite Auflage. Leipzig: Meiner 1924 [1714], S. 423–434.

—: Die Theodizee. Übersetzung von Artur Buchenau. Einführender Essay von Morris Stockhammer. Hamburg: Meiner 1968 [1710].

Lenin, W. I.: Tolstoi als Spiegel der russischen Revolution [1908]. In: ders.: Sämtliche Werke, Band 12. Die Bilanz der Revolution von 1905: für die revolutionär-marxistische Ideologie und Taktik 1907–1908. Ins Deutsche übertragen nach der 2., ergänzten und revidierten russischen Ausgabe. Wien/Berlin: Verlag für Literatur und Politik 1933, S. 413–418.

Leonardo Da Vinci: Von der Grausamkeit des Menschen. In: Leonardo Da Vinci. Der Denker, Forscher und Poet. Nach den veröffentlichten Handschriften. Auswahl, Übersetzung und Einleitung von Marie Herzfeld. 2., vermehrte Auflage. Jena: Eugen Diederichs 1906.

—: Malerei und Wissenschaft [Auszüge]. Deutsch von Marianne Schneider. In: Ralf Konersmann (Hrsg.): Kritik des Sehens. 2. Auflage. Leipzig: Reclam 1999, S. 93–104.

Les grands textes qui ont inspirés l'Europe. Die bedeutendsten Texte, die Europa inspiriert haben. Herausgegeben von Juliette Charbonneaux. Paris 2019.

Lessing, Gotthold Ephraim: Minna von Barnhelm oder das Soldatenglück. Ein Lustspiel in fünf Aufzügen. Anmerkungen von Jürgen Hein. Stuttgart: Reclam 2014 [1763].

—: Emilia Galotti. Stuttgart: Reclam 2015 [1772].

—: Nathan der Weise. Ein dramatisches Gedicht, in fünf Aufzügen. Studienausgabe. Herausgegeben von Kai Brenner und Valerie Hantzsche. Stuttgart: Reclam 2013 [1779].

Locke, John: Versuch über den menschlichen Verstand. Band I: 1. Buch. Weder Prinzipien noch Ideen sind angeboren. In: ders.: Versuch über den menschlichen Verstand in vier Büchern. Deutsch von Carl Winckler. Band 1: Buch I und II. 5., durchgesehene Auflage. Hamburg: Meiner 2006 [1790].

Lu Hsün: Die Literatur einer revolutionären Phase. Deutsch von Rolf Dornbacher. In: Kursbuch 15. November 1968. Kultur, Revolution, Literatur. Herausgegeben von Hans Magnus Enzensberger, S. 18–24.

Luther, Martin: Sendbrief vom Dolmetschen. In: ders.: An den christlichen Adel deutscher Nation. Von der Freiheit des Christenmenschen. Sendbrief vom Dolmetschen. Mit einer kurzen Biographie und einem Nachwort herausgegeben von Ernst Kähler. Stuttgart: Reclam 1999 [1530], S. 151–173.

—: Die 95 Thesen. Stuttgart: Reclam 2016.

Mach, Ernst: Antimetaphysische Vorbemerkungen. In: Die Wiener Moderne. Literatur, Kunst und Musik zwischen 1890 und 1910. Herausgegeben von Gotthart Wunberg unter Mitarbeit von Johannes J. Braakenburg. Stuttgart: Reclam 2013 [1886], S. 137–145.

Machiavelli, Niccolò: Der Fürst. Übersetzt von Philipp Rippel. Stuttgart: Reclam 2017 [1513].

—: La vita di Castruccio Castracani. Das Leben des Castruccio Castracanis aus Lucca. Herausgegeben von Dirk Hoeges. München 1997 [1520].

Macpherson, James: Fragments of Ancient Poetry, Collected in the Highlands of Scotland, and Translated from the Gaelic or Erse Language. The Second Edition. Edinburgh 1760.

Mann, Charles C.: Kolumbus' Erbe. Wie Menschen, Tiere, Pflanzen die Ozeane überquerten und die Welt von heute schufen. Reinbek bei Hamburg: Rowohlt 2013 [amerik. Orginalausgabe 2011].

Mann, Thomas: Buddenbrooks. Verfall einer Familie. Frankfurt am Main: Fischer 1990 [1901].

—: Der Tod in Venedig. In: ders.: Gesammelte Werke in dreizehn Bänden. Band VIII. Erzählungen, Fiorenza, Dichtungen. Frankfurt am Main: Fischer 1990 [1912], S. 444–525.

—: Der Zauberberg. Frankfurt am Main: Fischer 1990 [1924].

Marc Aurel: Selbstbetrachtungen. Übersetzt und herausgegeben von Gernot Krapinger. Stuttgart: Reclam 2019.

Marmontel, Jean-François: Mémoires. Kritische Ausgabe. Herausgegeben von John Renwick. Band 1, Clermont-Ferrand 1972, zitiert nach: Roger Chartier, Der Gelehrte. In: Michel Vovelle: Der Mensch der Aufklärung. Essen: Magnus 2004, S. 122–168, hier S. 138.

Marx, Karl: Der französische Crédit mobilier. In: MEW XII, S. 31–36. Berlin/DDR: Dietz 1974.

—: Das Kapital. Kritik der politischen Ökonomie. MEW XXIII. Berlin/DDR: Dietz 1975.

Michelangelo: Sämtliche Gedichte. Italienisch und deutsch. Übertragen und herausgegeben von Michael Engelhard. Frankfurt am Main: Insel 1992.

Montaigne, Michel de: Über die Menschenfresser. In: ders.: Essais. Erste moderne Gesamtübersetzung von Hans Stilett. Erstes Buch. Frankfurt am Main 1998, S. 314–333.

—: Über die Wechselhaftigkeit unseres Handelns. In: Montaigne: Essais. Erste moderne Gesamtübersetzung von Hans Stilett. Zweites Buch. Frankfurt am Main 1998, S. 9–19.

Mozart, Wolfgang Amadeus: Il dissoluto punito o sia Il Don Giovanni. Dramma giocoso in due atti. Der bestrafte Verführer oder Don Giovanni. Komödie in zwei Akten. Textbuch Italienisch/Deutsch. Libretto von Lorenzo Da Ponte. Übersetzung von Thomas Flasch. Nachwort von Stefan Kunze. Stuttgart: Reclam 2018.

Müller, Heiner: Werke I. Die Gedichte. Herausgegeben von Frank Hörnigk. Frankfurt am Main: Suhrkamp 1998, S. 178.

Müller, Herta: Vortrag am 7.11.2018 an der Universität Tübingen (unveröffentlicht).

—: Samtpfoten und Ohrfeigen. Das Denken spricht doch mit sich selber völlig anders. In: NZZ vom 21./22. April 2001.

Muschg, Walter: Deutschland ist Hamlet. In: DIE ZEIT, 17/1964 (24. April).

Musset, Alfred de: Bekenntnis eines jungen Zeitgenossen. Aus dem Französischen übertragen von Eveline Passet. Zürich: Manesse 1999 [franz. Originalausgabe 1836].

Neuwirth, Angelika: Der Koran als Text der Spätantike. Ein europäischer Zugang. Berlin: Verlag der Weltreligionen im Insel Verlag 2010.

Newton, Isaac: Mathematische Grundlagen der Naturphilosophie. (Philosophiae Naturalis Principia Mathematica). Ausgewählt, übersetzt, eingeleitet und herausgegeben von Ed Dellian. Hamburg: Meiner 1988 [1687].

Das Nibelungenlied. Mittelhochdeutsch/Neuhochdeutsch. Nach der Handschrift B herausgegeben von Ursula Schulze. Ins Neuhochdeutsche übersetzt und kommentiert von Siegfried Grosse. Stuttgart: Reclam 2015.

Nietzsche, Friedrich: Über Wahrheit und Lüge im aussermoralischen Sinne. In: ders.: KSA 1. Herausgegeben von Giorgio Colli und Mazzino Montinari. München: dtv 1988, S. 873–890.

—: Also sprach Zarathustra I–IV. KSA 4. Herausgegeben von Giorgio Colli und Mazzino Montinari. München: dtv 1988.

—: Jenseits von Gut und Böse. Vorspiel einer Philosophie der Zukunft. In: ders.: KSA 5. Herausgegeben von Giorgio Colli und Mazzino Montinari. 11. Auflage. München: dtv 2010, S. 9–243.

—: Der Fall Wagner. In: ders.: KSA 6. Herausgegeben von Giorgio Colli und Mazzino Montinari. 10. Auflage: München: dtv 2011, S. 10–53.

—: Ecce homo. Wie man wird, was man ist. In: ders.: KSA 6. Herausgegeben von Giorgio Colli und Mazzino Montinari. 10. Auflage: München: dtv 2011, S. 255–374.

—: Nachgelassene Fragmente 1887–1889. KSA 13. Herausgegeben von Giorgio Colli und Mazzino Montinari. München: dtv 1988.

Novalis: Die Christenheit oder Europa. Ein Fragment. (Geschrieben im Jahre 1799.). In: ders.: Werke in einem Band. Herausgegeben von Hans-Joachim Mähl und Richard Samuel. Kommentiert von Hans-Joachim Simm unter Mitwirkung von Agathe Jais. München/Wien: Carl Hanser 1984, S. 525–544, hier S. 526.

Pascal, Blaise: Gedanken. Eine Auswahl. Übersetzt, herausgegeben und eingeleitet von Ewald Wasmuth. Stuttgart: Reclam 1975.

Pater, Walter H.: Studies in the History of the Renaissance. London: Macmillan and co 1873.

Pinthus, Kurt (Hrsg.): Menschheitsdämmerung. Ein Dokument des Expressionismus. Reinbek: Rowohlt 1959 [1919].

Platon: Der siebente Brief. Übersetzt von Ernst Howald. Stuttgart: Reclam 1964.

—: Der Staat. (Politeia). Übersetzt und herausgegeben von Karl Vretska. Stuttgart: Reclam 1982.

Plutarch: Große Griechen und Römer. Eingeleitet und übersetzt von Konrat Ziegler. Band 1. Zürich/München: Artemis 1979.

Polo, Marco: Il milione. Die Wunder der Welt. Übersetzt von Elise Guignard. Zürich: Manesse 1989.

Polónyi, Carl: Heil und Zerstörung. Nationale Mythen und Krieg am Beispiel Jugoslawiens 1980–2004. Berlin: Berliner Wissenschafts-Verlag 2010.

Pope, Alexander: Vom Menschen. Essay on Man. Übersetzt von Eberhard Breidert. Mit einer Einleitung herausgegeben von Wolfgang Breidert. Englisch/Deutsch. Hamburg: Meiner 1993 [1734].

—: The Works of Alexander Pope, Esq., in Nine Volumes, Complete, Volume the Second. London 1797.

Quevedo y Villegas, Francisco Gómez de: Der abenteuerliche Buscón oder Leben und Taten des weitbeschrieenen Glücksritters Don Pablos aus Segovia. Eine kurzweilige Geschichte. Übersetzt von H. C. Artmann. Frankfurt am Main: Insel 1980 [1626].

Rilke, Rainer Maria: Fünf Gesänge. August 1914. In: ders.: Die Gedichte. Frankfurt am Main/Leipzig: Insel 1998, S. 872–878.

Rioja, Fernando de: La Celestina oder Tragikomödie von Calisto und Melibea. Spanisch/Deutsch. Aus dem Spanischen übersetzt von Fritz Vogelgsang. Radierungen und Aquatinten von Pablo Picasso. Frankfurt am Main: Insel 1989 [spanisches Original 1499].

Das altfranzösische Rolandslied. Zweisprachig. Übersetzt und kommentiert von Wolf Steinsieck. Nachwort von Egbert Kaiser. Stuttgart: Reclam 2015.

Das Rolandslied des Pfaffen Konrad. Mittelhochdeutsch/Neuhochdeutsch. Herausgegeben, übersetzt und kommentiert von Dieter Kartschoke. Stuttgart: Reclam 1993.

Roth, Joseph: Reise durch Galizien [1924]. In: ders.: Werke 2. Das journalistische Werk 1924–1928. Herausgegeben und mit einem Nachwort von Klaus Westermann. Frankfurt am Main/Wien: Büchergilde Gutenberg 1994, S. 281–289.

—: Hiob [1930]. In: ders.: Werke 5. Romane und Erzählungen 1930–1936. Herausgegeben und mit einem Nachwort von Fritz Hackert. Frankfurt am Main/Wien: Büchergilde Gutenberg 1994, S. 1–136.

Rousseau, Jean-Jacques: Abhandlung über den Ursprung und die Grundlagen der Ungleichheit unter den Menschen. Aus dem Französischen übersetzt und herausgegeben von Philipp Rippel. Stuttgart: Reclam 1998 [franz. Originalausgabe 1755].

—: Brief über die Vorsehung. [An Voltaire, 18. August 1756]. In: Wolfgang Breidert (Hrsg.): Die Erschütterung der vollkommenen Welt. Die Wirkung des Erdbebens von Lissabon im Spiegel europäischer Zeitgenossen. Darmstadt: Wissenschaftliche Buchgesellschaft 1994, S. 79–93.

—: Vom Gesellschaftsvertrag oder Grundsätze des Staatsrechts. In Zusammenarbeit mit Eva Pietzcker übersetzt und herausgegeben von Hans Brockard. Stuttgart: Reclam 2011 [franz. Originalausgabe 1762].

—: Emile oder Über die Erziehung. Herausgegeben, eingeleitet und mit Anmerkungen versehen von Martin Rang. Unter Mitarbeit des Herausgebers aus dem Französischen übertragen von Eleonore Sckommodau. Stuttgart: Reclam 2014 [franz. Originalausgabe 1762].

Rushdie, Salman: »The empire writes back with a vengeance«. In: Times vom 3. Juli 1982.

Sappho: 130LP/137D »Eros wieder erschüttert, entkräftet mich,/Bittersüß unvermeidliche Kreatur.« Zitiert nach https://www.gottwein.de/Grie/lyr/LyrSapph96.php

Schedelsche Weltchronik. Nachdruck der deutschen Ausgabe von 1493. Mit einem Nachwort von Rudolf Pörtner. Dortmund: Harenberg-Kommunikation 1979.

Schiller, Friedrich: Die Räuber. In: ders.: Sämtliche Werke. Band 1. Gedichte. Dramen 1. Herausgegeben von Albert Meier. München: dtv 2004 [1782], S. 481–638.

—: Die Verschwörung des Fiesco zu Genua. In: ders.: Sämtliche Werke. Band 1. Gedichte. Dramen. Herausgegeben von Albert Meier. München: dtv 2004 [1783], S. 639–754.

—: Was kann eine gute stehende Schaubühne eigentlich wirken? Eine Vorlesung, gehalten zu Mannheim in der öffentlichen Sitzung der kurpfälzischen deutschen Gesellschaft am 26. des Junius 1784 von F. Schiller, Mitglied dieser Gesellschaft und herzogl. Weimarischen Rat. In: ders.: Sämtliche Werke. Band V. Erzählungen. Theoretische Schriften. Herausgegeben von Wolfgang Riedel. München: dtv 2004, S, 818–831.

—: Wallensteins Lager. In: ders.: Sämtliche Werke. Band II. Dramen 2. Herausgegeben von Peter-André Alt. München: dtv 2004 [1798], S. 269–311.

Scholz, Olaf: Europarede vom 28. November 2018. Online brufbar unter: https://www.bundesfinanzministerium.de/Content/DE/Reden/2018/2018-11-28-Europarede-HU-Berlin.html.

Die Schrift. Verdeutscht von Martin Buber gemeinsam mit Franz Rosenzweig. Band 1. Die fünf Bücher der Weisung. Stuttgart: Deutsche Bibelgesellschaft 1992.

Schulz, Bruno: Die Nacht der großen Saison. In: ders.: Die Zimtläden. Aus dem Polnischen neu übersetzt von Doreen Daume. Mit einem Essay von David Grossmann. Mit 10 Illustrationen von Bruno Schulz. München: Deutscher Taschenbuch Verlag 2009.

Schuman, Robert: Rede im französischen Außenministerium, 9. Mai 1950. In: Les grands textes qui ont inspirés l'Europe. Die bedeutendsten Texte, die Europa inspiriert haben. Herausgegeben von Juliette Charbonneaux. Paris 2019, S. 94–99.

Seneca, Lucius Annaeus: Medea. Lateinisch/Deutsch. Übersetzt und herausgegeben von Bruno W. Häuptli. Stuttgart: Reclam 2011.

—: Apocolocyntosis/Die Verkürbissung des Kaisers Claudius. Lateinisch/Deutsch. Herausgegeben und übersetzt von Anton Bauer. Stuttgart: Reclam 1986.

Shakespeare, William: King Richard III/König Richard III. Englisch/Deutsch. Übersetzt und herausgegeben von Herbert Geisen. Stuttgart: Reclam 2003 [1593].

—: Der Kaufmann von Venedig. In: 27 Stücke von William Shakespeare in der Übersetzung von Erich Fried. Herausgegeben von Friedmar Apel. Band 1. Frankfurt am Main: Zweitausendeins 1995 [1600], S. 439–496.

—: Macbeth. Englisch/Deutsch. Übersetzt und herausgegeben von Barbara Rojahn-Deyk. Stuttgart: Reclam 2017 [UA 1606].

—: Hamlet. In: 27 Stücke von William Shakespeare in der Übersetzung von Erich Fried. Herausgegeben von Friedmar Apel. Band 2. Frankfurt am Main: Zweitausendeins 1995 [UA 1609], S. 377–461.

—: Der Sturm. In: 27 Stücke von William Shakespeare in der Übersetzung von Erich Fried. Herausgegeben von Friedmar Apel. Band 3. Frankfurt am Main: Zweitausendeins 1995 [UA 1611], S. 571–620.

Simmel, Georg: Philosophie des Geldes. Achte Auflage. Berlin: Duncker & Humblot 1987 [1900].

Snell, Bruno: Die Entdeckung des Geistes. Studien zur Entstehung des europäischen Denkens bei den Griechen. Freiburg: Alber 1948 [1946].

Solschenizyn, Alexander: Nobelpreis-Rede über die Literatur 1970. Zweisprachige Ausgabe. Übersetzt von Helmuth Dehio. 2. Auflage. München: Deutscher Taschenbuch Verlag 1974.

Sophokles: Antigone. Übersetzung von Friedrich Hölderlin. In: Friedrich Hölderlin: Sämtliche Werke und Briefe. Band II. Herausgegeben von Michael Knaupp. Darmstadt: Wissenschaftliche Buchgesellschaft, S. 317–368.

Suttner, Bertha von: Die Waffen nieder! München: Droemer Knaur 1983 [1889].

Swift, Jonathan: Gullivers Reisen. Aus dem Englischen von Franz Kottenkamp. Mit einem Vorwort von Hermann Hesse, einer Lebensbeschreibung des Autors von Walter Scott, einem Swift-Lexikon und einem Nachwort von Franz Riederer. Ungekürzte Ausgabe. Zürich: Diogenes 1998 [engl. Originalausgabe 1726].

—: Ein bescheidener Vorschlag, wie man verhindern kann, dass die Kinder der Armen ihren Eltern oder dem Lande zur Last fallen. In: ders.: Satiren. Mit einem Essay von Martin Walser. Frankfurt am Main: Insel 1965 [engl. Originalausgabe 1729], S. 53–64.

Szczypiorski, Andrzej: Notizen zum Stand der Dinge. Aus dem Polnischen von Klaus Staemmler. Zürich: Diogenes 1990.

—: Das Wahre, Schöne, Gute. Rede zur »Europa musicale« am 26. Oktober 1993 in München. In: ders.: Europa ist unterwegs. Essays und Reden. Aus dem Polnischen von Klaus Staemmler. Zürich: Diogenes 1996, S. 9–13.

Tertullian: Apologeticum. Verteidigung des christlichen Glaubens. Deutsch/Lateinisch. Eingeleitet und übersetzt von Tobias Georges. Freiburg im Breisgau: Herder 2015.

Tolstoi, Leo: Anna Karenina. Aus dem Russischen übertragen von Fred Ottow. München: Winkler 1982 [1878].

—: Bekenntnisse. Was sollen wir denn thun? (Ev. Luca, 3,10). Aus dem russischen Manuskript übersetzt von Hermann von Samson-Himmelstjerna. Leipzig: Duncker & Humblot 1886.

Tschechow, Anton: Briefe 1892–1897. Herausgegeben und übersetzt von Peter Urban. Zürich: Diogenes 1979.

—: Drei Schwestern [1901]. Deutsch von Johannes von Guenther. In: ders.: Werke. Novellen/Erzählungen/Dramen. Hamburg/München: Ellermann 1963, S. 613–697.

Twain, Mark: »The Work of Gutenberg,« Hartford Daily Courant, 27. Juni 1900, S. 7.

Urban II.: Kreuzzugsaufruf (nach Robert dem Mönch). Abgedruckt in: Die Kreuzzüge. Stuttgart: Reclam 2017, S. 111–113.

Urban, Peter: Über Čechov. Zürich: Diogenes 1988.

Van Gogh, Vincent: Sämtliche Briefe/Vincent van Gogh. In der Übersetzung von Eva Schumann. Herausgegeben von Fritz Erpel. Mit einem Vorwort und einem Nachwort des Herausgebers. Einleitung von Michael Erlhoff; Bd. 4: An den Bruder Theo. Briefe ins Englische übersetzt. Online abrufbar unter: http://www.vangoghletters.org/vg/letters.html

Vega, Lope de: Comedia famosa de Fuente Ovejuna/Das berühmte Drama von Fuente Ovejuna. Spanisch/Deutsch. Herausgegeben und übersetzt von Hartmut Stenzel unter Mitarbeit von Rafael de la Vega. Stuttgart: Reclam 1993 [1619].

Verdi, Giuseppe: Nabucco (Nabucodonosor). Dramma lirico in quattro parti. Operndrama in vier Teilen. Textbuch Italienisch/Deutsch. Libretto von Temistocle Solera. Übersetzt und herausgegeben von Henning Mehnert. Stuttgart: Reclam 2017.

Vergil: Aeneis. Lateinisch/deutsch. Übersetzt und herausgegeben von Edith und Gerhard Binder. Stuttgart: Reclam 2008.

Verlaine, Paul: Gedichte. Französisch und Deutsch. Herausgegeben und übertragen von Anneliese Hindenberger. Heidelberg: Lambert Schneider 1979.

Vertrag von Lissabon zur Änderung des Vertrags über die Europäische Union und des Vertrags zur Gründung der Europäischen Gemeinschaft, unterzeichnet in Lissabon am 13. Dezember 2007. Online abrufbar unter: https://eur-lex.europa.eu/legal-content/DE/TXT/?uri=CELEX:C2007/306/01

Veyne, Paul: Glaubten die Griechen an ihre Mythen? Frankfurt am Main: Suhrkamp 1987 [franz. Originalausgabe 1983].

Voltaire: Philosophische Briefe. [Letters concerning the English Nation]. Aus dem Französischen von Rudolf von Bitter. Durchgesehen, ergänzt, mit Anmerkungen und einem Nachwort versehen von Jochen Köhler. Frankfurt am Main: Fischer 1992 [1733].

—: Vierzehnter Brief. Über Descartes und Newton. In: ders.: Philosophische Briefe. Aus dem Französischen von Rudolf von Bitter. Durchgesehen, ergänzt, mit Anmerkungen und einem Nachwort versehen von Jochen Köhler. Frankfurt am Main: Fischer 1992 [1734].

—: Gedicht über die Katastrophe von Lissabon oder Prüfung jenes Grundsatzes »Alles ist gut« [zweisprachig]. In: Wolfgang Breidert (Hrsg.): Die Erschütterung der vollkommenen Welt. Die Wirkung des Erdbebens von Lissabon im Spiegel europäischer Zeitgenossen. Darmstadt: WBG 1994 [1756], S. 61–73.

—: Candide oder der Optimismus. Aus dem Französischen übersetzt und herausgegeben von Wolfgang Tschöke. München: dtv 2012 [franz. Originalausgabe 1759].

—: Aus dem Philosophischen Wörterbuch. Herausgegeben und eingeleitet von Karlheinz Stierle. Übersetzt von Erich Salewski. Frankfurt am Main: Insel 1967 [franz. Originalausgabe 1764].

Weidermann Volker: Klub der Visionäre. Die deutschsprachige Literatur im Jahr 1968 – eine Inspektion. In: Der Spiegel 5/2018, Beilage »Literatur Spiegel«, S. 1–3.

Die Welt der Encylopédie. Herausgegeben von Anette Selg und Rainer Wieland. Frankfurt am Main: Eichborn 2001.

Wertheimer, Jürgen: Krieg der Wörter. Die Kulturkonfliktslüge. Marburg: literaturwissenschaft.de 2003.

Wilde, Oscar: Salomé. Tragödie in einem Akt. Mit Illustrationen von Aubrey Beardsley. Aus dem Französischen übersetzt von Hedwig Lachmann. Nachwort von Ulrich Karthaus. Stuttgart: Reclam 2012 [engl. Originalausgabe 1893].

Wolf, Christa: Der geteilte Himmel. Frankfurt: Suhrkamp 2008 [1963].
—: Kassandra. Berlin: Suhrkamp 2011 [1983].
—: Medea. Stimmen. Berlin: Suhrkamp 2010 [1996].
Wolff, Christian: Vernünfftige Gedancken Von den Würckungen der Natur. Halle in Magdeburg 1723.
Wolfram von Eschenbach: Parzival. Studienausgabe. Mittelhochdeutscher Text nach der sechsten Ausgabe von Karl Lachmann. Übersetzung von Peter Knecht. Einführung zum Text von Bernd Schirok. Berlin/New York: de Gruyter 1998
—: Willehalm. Mittelhochdeutsch/Neuhochdeutsch. Nach dem kritischen Text von Werner Schröder ins Neuhochdeutsche übersetzt, kommentiert und herausgegeben von Horst Brunner. Stuttgart: Reclam 2018.
Wordsworth, William: Preface (Vorrede). In: ders., Samuel Taylor Coleridge: Lyrical Ballads. 1798 and 1802. Herausgegeben von Fiona Stafford. Oxford: Oxford University Press 2013, S. 95–115.
Zola, Émile: Thérèse Raquin. Aus dem Französischen übersetzt und mit einem Nachwort von Ernst Sander. Stuttgart: Reclam 2007 [1868].
—: Der Experimentalroman. Eine Studie. Herausgegeben und mit einem Nachwort versehen von Wolfgang Bunzel. Hannover: Wehrhahn 2014 [1893].
Zweig, Arnold: Rückblick auf Barbarei und Bücherverbrennung (1934). In: Dort wo man Bücher verbrennt. Stimmen der Betroffenen. Herausgegeben von Klaus Schöffling. Frankfurt am Main: Suhrkamp 1983, S. 81–88.

Personenregister